Der Kardinal:
»O Papst, Du Verbreiter der einzig wahren Religion. Wir folgen Dir und wir gehorchen Dir. Du erhabener Verbreiter des göttlichen Lichtes in einer finsteren Zeit. Wenn Du einst in den Himmel entrückst, wird einer von uns zum Papst erhoben werden und nur darum geht es uns! Laßt uns mächtig sein und die Bischöfe kontrollieren!«.

Der Papst:
»Gelobet sei Gott in der Höhe, der die Erde vor 6.000 Jahren in sechs Tagen erschaffen hat. Jesus wurde von einer Jungfrau geboren. Er wurde gekreuzigt und ist nach seinem Tode (wieder) auferstanden. Die Bibel ist göttlich und inspiriert. Allein der leiseste Zweifel an unserem Irrtum ist todeswürdig!«.

nden« 1568, zum Ausgang der Reformation
n. Der Leitgedanke ist Evangelien entnom-
Sie sind blinde Führer von Blinden. Wenn
beide in die Grube fallen! Trifft dies (auch)
aften zu? Wir wollen keineswegs den Glau-
Christen nur ermuntern, sich mehr mit der
der ihnen »aufgezwungenen« Religion zu
espondenzbände.

Die Kritiker:
»Purzelt nur in die Glaubensgrube, Ihr Glaubensnarren. Ihr habt 1.700 Jahre Falsches gepredigt und Unwahres verbreitet. Bald folgt die Stunde der Abrechnung und die Geschichte wird Euch einholen. Lest die Bücher von Hubertus Mynarek, Erich Mertes und Hans-Jürgen Wolf: Euch werden die Augen aufgehen!«.

»Das Allerstärkste auf Erden ist eben doch der Gedanke. Ihm die Bahn zu verschließen, gelingt auf die Dauer keiner Gewalt und keiner List!«.
Hermann Schell

-

»In einem totalitären Staat sind die Historiker mächtiger als der liebe Gott. Sie können sogar die Wahrheit verändern«.
Salvador de Madrigala.

-

»Es ist keine Schande, die historische Herkunft zu verleugnen, denn wir alle schöpfen aus der Geschichte. Doch es ist eine, die offenliegenden Fakten zu verdrehen«.

-

Damit es niemals vergessen wird:
»Da die Religion nicht so sehr in den Handlungen als in der Einfalt und Erkenntnis des Herzens besteht,hat niemand ein Recht über sie, auch der Staat nicht«.
Spinoza (1665)

Titelbild:
Gottesdienst zur Einweihung von der Kapelle der Nuntiatur in Berlin. Begrüßung der Kardinäle und Bischöfe vor der Nuntiatur in Berlin im Beisein des dortigen Nuntius. Bildnachweis: Foto: Journalismus-Archiv. Bildnummer 0201273 50145. Photo: Katharina Eglau / Joker. 27.01.02.Berlin. Deutschland. Mit freundl. Genehmigung.Untertitel und Banderolentext (auch die Textblöckchen des Vorsatzes) sind verlagsseitige Ergänzungen und entsprechen nicht unbedingt der Auffassung des Autors.

Schmutztitel:
Der Religionswissenschaftler, Philosoph und Ex-Theologe Hubertus Mynarek bei der Arbeit (um 1986). Hier ist auf die Liste seiner vornehmlich kirchenkritischen Bücher auf den Seiten 486 und 487 zu verweisen. Einige Pressestimmen über Mynareks literarisches Werk finden Sie auf Seite 488 hier im Buch. Wir bitten um Beachtung.

Vorsatz:
Peter Brueghel malt das »Gleichnis von den Blinden« 1568, zum Ausgang der Reformation im deutschsprachigen Raum und mitten in den Wirren der Gegenrefomation. Der Leitgedanke des Bildes ist Evangelien entnommen (Matthäus 15,14; Lukas 6,39). »Laßt sie. Sie sind blinde Führer von Blinden.Wenn aber ein Blinder einen Blinden führt, so werden sie beide in die Grube fallen! ***Ist dies eine Vision, eine Vorahnung auf den Untergang der römisch-katholischen Kirche? Trifft dies (auch) auf die gewaltsame Verbreitung der (un)christlichen Frohbotschaften zu?*** *Die Textblöckchen in den Kästchen wurden verlagsseitig eingefügt. Dokumentieren sie das »wahre« Wesen der römischen Kurie? Wenn heute so vehement über die innerstaatlichen Verfilzungen, Korruptionen, Privilegien, Sparmaßnahmen und Geldschiebereien - wegen geschaffener Abhängigkeiten - gesprochen wird, wäre es interessant, diese Phänomene auch beim »großen Bruder« des Staates, der sie weitgehend lenkenden Kirchen, zu analysieren.* Der

Nachsatz:
wird erläutert durch den einspaltigen Text im schwarzen Kasten auf der vorletzten Buchseite. Das farbige Innenmotiv stammt aus der Werkstatt des Rogier van der Weyden. Pieta. London, National Gallery. Mit freundl. Genehmigung. Der umlaufende Text zeigt das Zentralproblem aller Weltreligionen,von denen das Christentum »**nur**« eine Variante darstellt: Historische Unsicherheit.Auch wenn man etwas 1.700 Jahre unablässig behauptet, kann es unwahr sein. Zu verweisen ist auf den Korrespondenzband von Julius Lippert: *Geschichte des Priestertums* mit dem Untertitel: **Irrtum Theologie!**

Hubertus Mynarek

Herren und Knechte der Kirche

Neuausgabe

Eine kritische Studie über die »heutigen« Verhältnisse im kirchlichen Herrschaftsapparat und deren negativen Einflüsse auf Staat, Politik,Gesellschaft,Gläubige und Steuerzahler. Ein Blick unter die Tarnkappe einer »machtbewußten« und in Verblendung erstarrten Machtkirche, die einer Religionsvariante unwürdig ist.

Historia

2002

CIP - Kurztitelaufnahme der Deutschen Bibliothek
Hubertus Mynarek
Herren und Knechte der Kirche
Neuausgabe. Historia-Verlag
D - 89079 Ulm. 1. Auflage 2002
ISBN: 3 - 980 - 6576 - 1 - 2

Auslieferung: Verlagsbüro Langner *). Uhlandstraße 4 D - 89155 Erbach-Ersingen.
E-Mail: historia@freenet.de
www.historia-verlag.com
Bestellungen werden kurzfristig ausgeführt. Nicht anwort bedeutet: Zensur. (In diesem Fall Bestellung per Einschreiben wiederholen). Lektion für Zufallsgläubige und Nachhilfeunterricht in Staatsbürgerkunde!

*) Im Auftrag des Historia-Verlags.

Grußwort zur Neuausgabe des Buches *Herren und Knechte der Kirche* von Hubertus Mynarek

Wer Wirklichkeit verändern will, lernt die Wirklichkeit erst kennen. Die Wahrheit dieses Satzes hat Hubertus Mynarek durchlebt, nachdem er das Recht freier Meinungsäußerung für sich in Anspruch genommen und die römisch-katholische Kirche verlassen hat. An seinem Fall wird deutlich, wie sehr wir auch in Deutsch land trotz gegenteiliger Bekundungen von einer Trennung vom Staat entfernt sind und mit welcher Brutalität gegen Dissidenten vorgegangen wird. Dies gilt nicht nur für den römisch-katholischen, sondern auch für den evangelischen Bereich, wie ich selbst als ehemaliger Professor für Neues Testament seit der Beanstandung meiner Lehre durch die Konförderation evangelischer Kirchen in Niedersachsen erfahren mußte.

Die beiden großen Kirchen in Deutschland nehmen gezielt gemeinsame Interessen wahr, wozu auch die Sicherung ihres gegenwärtigen Besitzstandes gehört. Ein Ende ihrer Herrschaft ist nicht in Sicht. Nicht umsonst beschäftigen ihre Leitungsorgane genausoviel Juristen wie Theologen.

Hubertus Mynarek ist für mich ein säkularer Held. Eine seiner großen Tugenden, die schonungslose Wahrhaftigkeit, schränkt indes seine Wirkung ein. Er kann nicht mehr, wie es seine kirchlichen Gegner als kirchliche Amtspersonen gezwungenermaßen tun, den Anspruch erheben, Sprachrohr Gottes zu sein. Sondern er redet und schreibt so, daß Millionen ihn verstehen. Seine Stimme ist leise, genauso wie die Stimme der Vernunft.

Ich wünsche der Neuausgabe seines Buches *Herren und Knechte der Kirche* eine große Resonanz.

Prof. Dr. theol. Gerd Lüdemann
Universität Göttingen
Juni 2002

Hans-Jürgen Wolf, Autor kirchenkritischer Werke und Begründer der kirchenkritischen Reihe seines Historia-Verlags.

In eigener Sache ...

Uns, unserer Arbeit und vor allem unseren kirchenkritischen Büchern gegenüber, wird immer wieder zum Vorwurf gemacht, daß wir »Ketzer«, »Apostaten«, »Aufwiegler« und »religiöse Abweichler« seien, die (nur) das Ziel verfolgen, den »einzig wahren« Glauben zu untergraben und die römisch-katholische Kirche zu beschmutzen.

Davon kann keine Rede sein. Keiner unserer Mitarbeiter, Autoren und deren Bücher wendet sich **gegen** den Glauben - gleich gegen welchen von hunderten Varianten -, auch nicht **gegen** irgendeine religiöse oder sonstige Weltanschauung. Wir verletzen weder den Religionsfrieden, noch können wir in die beliebte Schublade der »Gotteslästerer« gesteckt werden! Wir stellen lediglich »unsere« Meinung, frei und unerschrocken vorgetragen, einer »anderen« gegenüber. Das kann in einem **scheinbar** zivilisierten und **scheinbar** demokratischen Land nicht strafbar sein. Es muß berechtigt sein, die kirchlichen Dogmen zu hinterfragen, überhaupt dann, wenn sie seit Jahrhunderten Glaubenstorten backen, die Glaubensschafe kneten und sie unaufhörlich mit Spekulationen berieseln!

Wir wollen lediglich dazu beitragen, die angestauten Ungerechtigkeiten ans Tageslicht zu befördern, damit einen Beitrag zur Wahrheitsfindung über eine Religionsvariante zu leisten, deren Historie über weiteste Strecken blutgetränkt und gewaltbefleckt ist. Auch das ist legal! Nur wenn die Christen begreifen, in welches Joch man sie gedrückt und welche dubiose Rolle sie zu spielen haben, kann diese Glaubensvariante mit neuem Mut, Vitalität und Tatkraft gefüllt werden. Das fossil-autoritäre Papsttum ist dazu nicht erforderlich. Auch keine »katholische« Amtshierarchie!

Das Buch *Herren und Knechte der Kirche* ist auch in der jetzt vorliegenden Neufassung keine Sensationsmache; es ist der Protest eines Aufrichtigen. Sinngemäß folge ich Neven Du Mont, der die Erstauflage dieses Buches publiziert hat, und dies aus voller Überzeugung: »Weil ich den Mut und die Zivilcourage des Autors bewundere«. Ich mache das Buch noch aus einem zweiten Grund. Immer wieder wird hervorgekehrt, wie extrem blutbefleckt die katholische Zwangsjacke in der »Geschichte« gewesen sei. Wir haben dieser allbekannten Thematik einige Bücher gewidmet. Und nun hat Johannes Paul II., alleiniger Geschäftsführer dieser Religionsvariante, - vielleicht um nochmals etwas Gutes für seine Mannen zu tun - gleichsam einem Pygmäenmäuslein eine Totgeburt zur Welt gebracht und hervorgepiept, »man habe Fehler begangen, mitunter die Grenzen von Toleranz und Gerechtigkeit überschritten und daher werde man sich entschuldigen«. Doch geändert hat sich nichts.

Hubertus Mynarek jedenfalls dokumentiert mit dem Skalpell des Insiders, authentisch und biografisch, den schärfsten Angriff auf die katholische Kirche, ihre **»heutigen«** Machtstrukturen und ihre **»heutige«** Moral. Er zeigt auf, was hinter der Fassade der Frömmigkeit und unter dem hauchdünnen Mäntelchen geheuchelter Nächstenliebe **»heute«** geschieht. Es mußte zum Aufschrei der Beleidigten kommen; mögen Sie weiter lamentieren, prozessieren und polemisieren: Mynarek hatte recht. Sagte nicht mal ein altchinesischer Fürst über die Bedeutung des gesprochenen und geschriebenen Wortes: »Es fliegt wie ein Pfeil um die Welt und niemand mehr vermag es einzuholen«. **Möge dieser mit Aufrichtigkeit und dem Gift der Wahrheitsliebe getränkte Pfeil mitten ins kalte Herz des Vatikans treffen.** Man kann Bücher verbrennen und Schriftsteller vernichten - die Geschichte der römisch-katholischen Kirche bietet genügend Beispiele -, aber eines kann man nicht, man kann den von den Kirchengegnern freigetretenen Geist mit keiner Macht der Welt unterbinden.

Noch ein Aspekt sollte erwähnt werden. Beim Durcharbeiten seines Manuskriptes stößt man, insbesondere bei den Argumenten seiner »kirchlichen« und »weltlichen« Gegner, immer wieder darauf, daß Hubertus Mynarek auch den Staat kritisiere und z.B. behaupte, daß wir einen Kirchenstaat haben, in dem bereits viele hörige Politiker dem Kirchenregiment »zu Kreuze kriechen«, dass also die Kirche, wie in einer Zangenfunktion, den Staat umschlossen hält und viele seiner Regungen und Bewegungen kontrolliert. Auch die - insbesondere bayerische - Justiz kommt nicht ungeschoren davon.

Es bleibt unbestritten: Hier streitet ein mutiger Einzelkämpfer »unbeirrt« für »sein« Recht und für »seine« Meinung, um wenigstens »zwei« staatliche Krebsgeschwüre aufzuzeigen, nämlich die, wie weit er von den demokratischen Grundzügen entfernt und wie steuerbar die Masse der Bürger sind. Auch wir sind der Auffassung, daß die kritische Marke überschritten ist und dass es an der Zeit wäre, dass unsere Politiker das Kirchenregiment, den »immerwährenden Blutsauger« nach dort verweisen, wo er seine »ausschließliche« Berechtigung hat, die ihm heute nur noch Mittel zum Zweck zu sein scheint, in der Verbreitung einer »glaubwürdigen« Religionsvariante auf »eigene« Kosten.

Etwa 1/3 unserer Bürger nähert sich einer »unchristlichen« Glaubenssphäre, was nicht heißt, dass sie ungläubig sind. Sie haben sich nur von den beiden Glaubensriesen abgewendet, und gewiß hatten die meisten von ihnen gute Gründe. Die entscheidende Frage ist, dass die inzwischen etwa 25 Millionen Konfessionslosen im Lande Anspruch auf einen neutralisierten, qualifizierten und nicht vom Katholizismus infiltrierten und indirekt beherrschten Schul- und Religionsunterricht beanspruchen können und müssen. **Hat der Staat in diesem Punkt seine fundamentale und zugleich »staatstragende« Funktion übersehen?**

In diesem Sinne wünschen wir Herr Mynarek noch lange Gesundheit, Kraft und Mut - den hat er ohnehin -, damit weitere Bücher folgen. Möge das Mynareksche Standardwerk der **»zeitgemäßen«** Kirchenkritik viele kritische Leser finden und den blockierten Verstand der fromm-unkritischen Systemsklaven der römisch-katholischen Religionsvariante aufbrechen. Der tönerne und auf theologischem Streusand errichtete Glaubensriese ist seit Jahrhunderten in Selberverherrlichung erstarrt. **Das Buch von Hubertus Mynarek trägt die Flamme der Humanität ein Stück voran. Wir verneigen uns vor seiner Zivilcourage!**

Eines aber ist geradezu furchtbar erschreckend. Da schreibt ein kluger Zeitgenosse ein notwendiges Buch. Seine Gegner, möglicherweise »(un)vollkommen belesen« und einer dogmatisch ausgerichteten Institution verpflichtet, stürzen naiv darüber her, beißen sich an Marginalien fest, erkennen nicht den Zenit des literarischen Angriffs und blamieren sich bis auf die Glaubensknochen. Selbst das wäre nicht sonderlich aufregend, ist es aber in diesem Fall; denn die Gegner Mynareks rekrutieren sich aus Scheinmächtigen! Im Grund genommen sind sie schwach, (ohn)mächtig, geistige Winzlinge, aggressiv und wissensarm. Es sind teilweise Kriecher und sich selbst verspottende Spötter, die nicht begriffen haben, wie wichtig es ist, gute Bücher zu verfassen und nicht verstehen, was »literarische Freiheit« bedeutet! Weil sie dazu kaum in der Lage sind, schlagen sie auf den ein, der sie möglicherweise - von seinem geistigen Ansatz her - selbst gerne sein wollten, doch gezwungen sind, sich in ihrer geistig-unfreien Armut hinter Anderen und einer blutbefleckten Institution zu verstecken!

Dies in einem Land, in dem per Grundgesetz Denk-, Presse- und Redefreiheit verankert sind. Wenn man das Mynarek-Buch kritisieren darf, muss man auch die Bibel und die gesamte angestaute Kirchen-Verherrlichungsliteratur kritisieren dürfen; alles andere wäre Unrecht per Gesetz! Genau das ist problematisch! Die damaligen und wieder zu erwartenden Mynarek-Gegner haben der Geschichte der kritischen Literatur einen Gefallen getan; sie haben falsch, überzogen und lächerlich reagiert, weil sie den Kern seines Buches unangetastet gelassen oder nicht begriffen haben. **Jetzt liegt sie vor; des Autoren Retourkutsche: Da man ihn nicht verstanden hat, erscheint das Buch eben noch einmal: Präziser, notwendiger und kritischer!**

Man wird auch über dieses wie ein Milan auf eine Goldammer stürzen und wieder schäumen. Doch an einem kann selbst der mächtigste Kirchenmann nicht vorbeikommen: **Die Gedanken sind frei!** Mynarek hat »seine« (ehemalige) Kirche mitsamt seinem staatsverfilzenden System durchschaut, charakterisiert und für kritische Zeitgenossen verständlich dargestellt. Dafür gehört er gewürdigt und nicht gestraft! Mynarek war stärker als alle seine Gegner, denn er straft die christlichen Wortfechter samt der Staatskriecher der Unaufrichtigkeit!

Die bisherige Prozessflut konnte der wissenschaftlichen und kirchenkritischen Aussage seines Buches einschließlich seiner zeithistorischen Details nichts anhaben. **Hubertus Mynarek geht als ungekrönter Sieger aus dem (ungleichen) Kampf hervor!**

Fair wäre gewesen, wenn die - in diesem Fall - überwiegend kirchlichen Gegner - selbst die Feder gespitzt hätten, um die Sachargumente »literarisch« und nicht »polemisch« zu entkräften. Das haben sie nicht getan und das können sie nicht! Die juristische Bekämp fung einer »Fistelstimme« - kann man alberner argumentieren? -, war ihnen wichtiger als Sachkritik. Sie mussten so reagieren, weil sie keine Argumente im Glaubensbeutel hatten. Kurzum: Der von ihnen bestellte Kirchenanwalt (und möglicherweise aus der Kirchensteuer bezahlte Rechtsverdreher!) hat sich in seinem absurden Engagement »höchstpersönlich« »höchst lächerlich« gemacht! In gewisser Weise betrifft es auch einen damaligen Vertreter der KNA!

Eine erbarmungswürdige Rolle - vor dem nichtexistenten Herrn - spielt das religiöse Fußvolk, das in seinem Unverstand den Autor mit zig Morddrohungen belegt, seine Frau und ihn in übelster Weise beschimpft und ihm an die 20x die Autoreifen zerstochen hat. Welcher kluge Kopf kann sich mit einer solchen Religionsvariante identifzieren? **Hans-Jürgen Wolf**

Grußwort zum Buch von Hubertus Mynarek *Herren und Knechte der Kirche*

Wer sich mit der Kirche befasst, kommt an der Bibel nicht vorbei. Die Auseinandersetzung mit ihr ist die mit einem schönen Märchen. Soweit wäre alles gut und die Welt noch heil, wenn da nicht ein Haken wäre. Dieses Mär chen wird seit 1.700 Jahren als »Ewige Wahrheit« verkauft.

Wer es nicht glaubt, wird aus der Gemeinschaft der Gläubigen geschlossen. **Schlimmer noch: Wer das nicht glaubte, wurde vor Jahrhunderten von Gläubigen (!) getötet.** Wenn ich als einzelner Mensch (trotz besserer Erkenntnis) das Glaubensbekenntnis bloß mit meinen Lippen nachplappre, dann bleibe ich zwar in der Gemeinschaft der Gläubigen, aber dann bin ich doch ein scheinheiliger Heuchler, der hinter der Maske der Heuchelei sein wahres Gesicht verbirgt. **Es ist der Zustand vieler Christen, das Ergebnis einer nahezu 2.000jährigen christlichen Erziehung und einseitigen Gehirnwäsche.**

Das Evangelium ist nach Wilhelm Kammeier nicht dazu da, Geschichte zu überliefern, sondern das Gesetzbuch der christlichen Priesterschaft zu konstituieren. Vollkommene und unvollkommene Gläubige bilden die zwei Klassen von Geistlichen und Laien. Die Priesterschaft übernimmt dabei die Führungsrolle als Herrenklasse, der die Laien als Knechte und Schafe zu gehorchen haben.

Diesen dialektischen Widerspruch, die Unterdrückung und Ausbeutung der Knechte, besser der Schafe, durch ihre kirchlichen Herren, die Hohenpriester, hat der Theologe Professor Dr. Hubertus Mynarek in seinem Buch *Herren und Knechte der Kirche* so überzeugend dargestellt, daß es einem wie Schuppen von den Augen fällt. Niemand kann besser davon berichten als er, der als Professor der Theologie an den Universitäten Würzburg, Bamberg und Wien lehrte. Möge dieses Buch als Fackel der Aufklärung sonnengleich die Menschen rund um die Erde aus der Finsternis des Unwissens entführen. **Wer dieses Buch aufmerksam gelesen und verstanden hat, muß einer solchen Institution den Rücken kehren.**
Erich Mertes, Mai 2002

Vorwort

Insiderberichte aus Organisationen haben oft etwas unangenehmes Denunziatorisches - jedenfalls dann, wenn sie aus kleinen, gejagten und entrechteten Gruppen stammen, welche den Staat und seinen Justizapparat gegen sich haben: Denken wir an die Ex-Juden Margarita und Pfefferkorn oder, schon aufgrund ihrer gröligen Niveaulosigkeit mindestens ebenso scheußlich, die Ex-Scientologin Hartwig. Aber was ist, wenn es sich um mächtige bis fast allmächtige, superreiche und massiv privilegierte Organisationen handelt, welche den Staat und seinen Justizapparat genauso parteilich auf ihrer Seite haben, allen voran die katholische Kirche? Da wird man sicher sein können, daß jedes Wort dreimal gesiebt, jeder Satz dreimal gefiltert, jede Aussage fünfmal juristisch abgeklopft worden ist, bevor sie die Öffentlichkeit erreichen kann - auf diesen parteilich vorgesäuberten Rest kann sie sich also wirklich verlassen. Darüberhinaus hat die katholische Kirche nicht nur ranghohe Mitglieder, und mindestens für die Authentizität des Insiderberichts auf deren unterster Rangstufe ist es nicht gerade schwierig, glaubwürdige Zeugen zu finden - in vielen Fällen sogar einfach durch Introspektion.

Hubertus Mynarek hat das Wagnis auf sich genommen, einen Insiderbericht über die katholische Kirche von der größten Ranghöhe her zu verfassen, von welcher dies bisher jemals vorgekommen ist - er »hat's gewagt« wie Ulrich von Hutten, als er durch seinen Entlastungsangriff zugunsten Johannes Reuchlins indirekt die westeuropäischen Juden zumindest für die nächsten Jahrhunderte rettete -, und dafür mußte er, sehr ähnlich wie der von der Inquisition attackierte, aber zu deren Ärger vor direktem Kirchenjustizmord geschützte große Gelehrte der Frühen Neuzeit, sehr grausam büßen. Es hat ihn weder gebrochen noch verbittert, und das sagt einiges über Mynareks menschlichen Rang.

Die Quälerei durch jene Organisation, aus deren Nähkästchen er geplaudert hat, erinnert aber noch an das Leben eines anderen seiner noch viel älteren Geistes- und Schicksalsverwandten, mit dem ihn zahlreiche weitere Übereinstimmungen verbinden: An dasjenige Abaelards. Zwar kann die Kirche sich nicht mehr an seiner physischen Integrität vergreifen, aber Mynareks Degradierung vom hervorragend bezahlten Theologieprofessor zum Ausgestoßenen und lange Zeit ernsthaft notleidenden Außenseiter einer von der über und über gemästeten und privilegierten Kirche beherrschten Gesellschaft (denken wir nur an Subsidiaritätsprinzip und RU-Pille, beispielsweise) erinnert doch sehr an die Marter Abaelards und die geradezu paramilitärischen Übergriffe des feigen »heiligen« Bernhard von Clairveaux auf ihn, eines jener von Voltaire mit Sicherheit mit diesem Ausdruck gemeinten »heiliggesprochenen Verbrecher«, der der schon angekündigten öffentlichen Diskussion mit dem ihm so turmhoch überlegenen Linksscholastiker und - höchst gemäßigten - Frühstaufklärer so wortbrüchig auswich.

Aber die Parallelen gehen noch viel weiter: Theoretische wie praktische Zölibatskritik verbinden Abaelard und Mynarek ebenfalls, wobei in beiden Fällen der Widerwille gegen Heuchelei und Doppelleben das Hauptmotiv abgeben; vor allem aber, und das dürfte die Hauptsache sein, der von jeder Zweideutigkeit freie und reine Einsatz für beider heute so entsetzlich seltene Haupttugend: Die Toleranz. (Dadurch hat er es freilich auch mit etlichen organisierten Atheisten verdorben, die sich nun schon ganz lange und heftig darüber in den Haaren liegen, ob gegenüber Mynarek und überhaupt eine lasche Vierteltoleranz oder nicht lieber doch eine radikale Intoleranz am Platze sei - wahrlich, hätten diese Menschen alle Macht im Himmel und auf Erden, es wäre von ihnen ein schauderhaftes, parastalinistisches Terrorregime zu erwarten, neben welchen sich dajsenige eines Paolo Caraffa oder ähnlicher Feinde der Geistesfreiheit noch geradezu gemäßigt ausnehmen würde. Positiver Glaubenszwang setzt offenbar keine Religion voraus, und obwohl ich mir erlaube, bekennender Marxist zu sein, verstehe ich doch sehr gut, daß Marx selber so nicht genannt werden wollte. Zur Intoleranz sogar allerschärfster Art genügen allerdings auch die gewöhnlichsten spätbürgerlichen **Ideologien** - Popperismus, neoliberale Pressetreue und sog. Anarchismus tun es ohne weiteres auch. Mynarek selber ist freilich, egal welche **Irrtümer** er vielleicht hat, von Ideologien durchaus frei, jedenfalls soweit ich das erkennen kann - woher käme sonst auch sein Einsatz für echte Toleranz, gerade - denn sonst ist sie Dreck -, wo dieser Einsatz gefährlich ist?!

Echte Toleranz ist immer Symptom wie Ergebnis innerer Stärke - deshalb war sie, als das aufsteigende Bürgertum zur Französischen Revolution drängte, Meinungsfreiheit, Rechtssicherheit und Gleichheit vor dem Gesetz kraftvoll und unzweideutig erzwingen wollte, auch so weit verbreitet - wer weiß, daß er sich vielleicht irren kann, die Gegenseite aber notorisch lügt und ausweicht, wird aus dieser Empfindung innerer Stärke die Toleranz nie als lächerlichen Selbstzweck, sondern als wirksamstes Mittel der Wahrheitsfindung betrachten, vor welcher er sich nicht zu fürchten braucht, wohl aber seine Gegner, die darum auch Grund haben, Gewalt und Drohung in die Debatte zu schmuggeln. Mit dem Absterben eines breit gestreuten, freiheitsschützenden Kleineigentums ist sowohl diese moralische Stärke selten geworden wie der Wille zur echten, weil kraftvollen Toleranz zerstoben; es ehrt Mynarek vielleicht mehr als alle anderen, daß er diese immer und ohne Abstriche verteidigt und verteidigt hat, so viele Feinde er sich in einer niedergehenden, toleranzfeindlichen Zeit damit auch machen mußte.

Nun wird es aber Zeit, sich seinem Bericht aus dem Leviathan der genuinen und substanziellen Intoleranz **zuzuwenden. Er ist ein kostbares Dokument.**

Fritz Erik Hoevels
Mai 2002

HORST HERRMANN
AN EINEN UNVERZAGTEN

Warum die Lebensarbeit von Hubertus Mynarek, in die er mit diesem Buch weitere Einblicke gewährt, so unverzichtbar wichtig ist: Er öffnet die Augen vieler für die Wirklichkeit, und das ist nicht der geringste und ungefährlichste Beitrag eines Schriftstellers zur Wahrheitsfindung.

Der allgemeine Eindruck unter den Deutschen ist anders: Noch immer halten sich nicht nur in traditionellen Kreisen, sondern beispielsweise auch unter den »Grünen« politisch höchst effektvoll verwertete Vorstellungen, die Gesellschaft, der Staat, die Nation bedürften zu ihrem Überleben oder zumindest zu ihrem humanen Leben der Religion, ja noch mehr; einer Organisation nach dem Modell der überkommenen Kirche. Deren Funktionäre tun denn auch alles, um solchen Irrsinn am Leben zu halten. Kein Wunder, sie leben, nicht zuletzt finanziell, davon. Daher sind noch immer viel zuviele Menschen falsch erzogen und entsprechend manipuliert, so bald sie meinen, ohne einen Bezug zu Gott, vermittelt durch die herkömmlichen Kirchenbeamten, gehe der Mensch, der Staat in die Irre.

Doch niemand hätte eine Religion, hätte man ihm diese nicht anerzogen. Kirchenfreie Menschen stehen nicht am Abgrund des Humanum, stürzen nicht in eine moralische oder ethische Lehre, sind nicht von vornherein zur Schandtat bereit. Zumindest sind sie nicht schlechter als jene, die sich zu einer Kirche bekennen! Im Gegenteil. Soll schon aufgerechnet werden: Die überkommenen Großkirchen sind historisch und aktuell von so viel Unmenschlichkeit geprägt, daß es eine Zumutung ist, als ein Mensch, der sich von derlei hat befreien können, ausgerechnet von dieser Seite Apelle an eine traditionelle Moral entgegennehmen zu müssen. »Die Moral existiert. Unmoralisch ist das Christentum« (Albert Camus). Der lange Marsch durch die Institution Kirche, die Ereignisse nach dem Kirchenaustritt beweisen genug. Unsereins benimmt sich, aus Gründen des guten Geschmacks, in den Kirchen anständig. Zu hoffen bleibt, daß sich Katholiken in den Bezirken des Geistes ebenso benehmen. Sie von den Priestertypen, die Mynarek kenntnisreich und entsprechend angefeindet beschreibt, solches zu erhoffen, ist vergeblich. Das politisch folgenlose, individuelle Lamento sollte denn auch erledigt sein. Wer sich mit der Organisation anlegt und ihr die Überlebensfähigkeit abspricht, darf am allerwenigsten mit Schonung rechnen. Nichts ist rachsüchtiger als christliche Demut; wer sich mit Demütigen befaßt, besudelt sich. Wer seine Verfolgung beklagt, steht erst am Anfang des sozialen Wissens. Kirchenkritik ist, wenn sie ihren Namen verdient, eine nüchterne Sache, kommt sie von außen, potenziert sich die Kühle. Ich empfinde Langeweile, wenn ich mir ständig dieselben »Sinnfragen« aufdrängen lassen soll, als rühre die Kirche (Theologie) an irgendein anderes als an ein hausgemachtes Problem. Sollen wir uns da noch darüber wundern, wie jämmerlich wenig die hochdotierten theologischen Universitätsfakultäten zum Geistesleben der Republik beitragen? Da bleiben, ebenso wie beim Religionsunterricht, alljährlich Milliarden fehlinvestiert, und kein Finanzminister, keine Kultusministerin, kein Parlament schert sich darum. **Eine Schande für die Demokratie, die allein die politische Klasse der hochmögenden staats- und kirchentragenden Kräfte zu verantworten hat.**

Die Vorsitzende des Zentralkomitees der deutschen Katholiken fragte mich nach einer Talkshow über den Tisch, wer mich so verletzt habe. Antwort: Niemand. Kein Bischof, kein Berufskatholik schaffte es, mir zu nahe zu treten. Alle schienen Angst vor der Diskussion von Sachproblemen gehabt zu haben, und selbst in den härtesten Auseinandersetzungen brauchte ich niemals bloß zu reagieren. Schaue ich zurück, bin ich froh: Die ersten Schritte gegangen zu sein, die Themen vorgelegt und nicht nachgebetet zu haben, erscheint verglichen mit dem gewohnten Gehabe in Kirchenkreisen wie ein Glücksfall. Gerade diese Tatsache verbindet mich, von den Einwänden abgesehen, die ich gegen manche Thesen Mynareks habe, mit diesem Autor: Er ist originell, er betet nicht nach, selbst wenn es Theologen gegeben haben sollte, die behaupten konnten, alles schon früher gesagt zu haben. Gesetzt der Fall, das stimme: Wo blieb ihr persönlicher Mut, wo die unverzagte Tapferkeit, alle Konsequenzen aus ihrer wissenschaftlichen Einsicht zu ziehen? Nach wie vor gibt es zu denken, daß die Institution Kirche in den Herzen der von ihr Beherrschten Angst verbreitet und alles daran setzt, Menschen wie Hubertus Mynarek lebenslang zu verfolgen, die zu recht Befreier von dieser Angst genannt werden dürfen.

Prof. Dr. H. Herrmann

Institut für Soziologie der Universität Münster. Mai 2002.

Damit es endlich begriffen wird: Vom Deckmantel religiöser Nächstenliebe! *)

Die volkstümliche Auffassung, wer Armen, Kranken, Bettlern, Hilfsbedürftigen und kirchlichen Organisationen etwas aus freien Stücken gibt, handelt gut, wenn es uneigennützig geschieht!

Dem steht entgegen: Wenn »ich« einem Armen etwas gebe, kann ich damit mein »eigenes« schlechtes Gewissen beruhigen. Ich sühne damit - unbewußt - eine antike Kultschuld, die es in realita niemals gegeben hat, d.h., die Priester Menschen eingeredet haben, um selbst in den Genuß von Prosperität zu kommen!

Es heißt, wenn es keine Armen gäbe, müßte man sie eigens zu diesem Zweck erfinden. Es heißt: Die An zahl der Armen auf der Welt muß gesteigert werden, indem man kapitalistische Untugenden fördert: Allen voran tut es die Kirche, die reichste Firma in Deutschland, die Andere zu ständigen Zahlungen auffordert, doch aus der eigenen Tasche noch niemals auch nur eine Lira bezahlt hat! (so der Jesuit Alighiero Tondi **). Schon der Kirchenvater Augustinus meinte, daß es genügend Arme geben müsse, schließlich sei deren das Himmelreich.

An dieser trügerischen Stelle setzt der katholische Hebel an: wer kuscht, betet und zahlt, erlangt himmlischen Lohn; wer den kirchlichen Ordonnanzen widerspricht, opponiert und dem klerikalen Bodenpersonal aus dem Weg geht, kommt in die Hölle, um ewig zu schmoren.

Hier wird das Prinzip Gut: Böse geschickt ausgehebelt, um eine »Angstreligion« daraus zu schmieden, die verwerflich ist.

Damit nicht genug: Die Kirchen lassen sich dafür bezahlen, daß sie andere geistig unterdrücken und sie gleichzeitig wirtschaftlich ausbeuten. Die Konsequenz kann nur sein:

1. Überzeugter Kirchenaustritt, denn man kann auch ohne diese Institution Gutes tun und

2, Einstellen der Spendentätigkeit an sie.

*) Es handelt sich um eine verlagsseitige Anmerkung.

**) Einst Professor an der Gregoriana und wegen seiner liberalen Ansichten um 1960 von der italienischen Amtskirche »gefeuert«.

Inhalt

Zur Stimme eines christlichen Wahrheitssuchers *)

»Statt frohe, kritische, ehrliche und freie Gottesverehrer, die innerlich mit ihr verbunden sind, hat die Kirche seit Jahrhunderten Kirchensklaven rekrutiert. Sie hat den Geist des Individuums geknebelt und gebunden, anstatt ihn zu erwecken und zu befreien.

Die Kirche nimmt den Gläubigen die eigene Geistesarbeit ab und vergibt ihnen alle Sünden, wenn sie ihr irdisch und äußerlich gehorsam sind; wenn sie den Willen der Kirche tun. Das ist ein Verbrechen wider Toleranz und Menschenwürde.

Die Kirche beraubt ihrer Mitglieder der Denkfreiheit und verwehrt ihnen die Möglichkeit des Prüfens. Sie zwingt den Gläubigen Deutungen auf, deren strikte Einhaltung lediglich dem Klerus Nutzen bringt.

Gefordert wird die sinnentlehrte Unterwerfung unter die bischöfliche und päpstliche Allgewalt, von der heute jedes Schulkind weiß, daß sie auf tönernen Füßen steht. Eine solche Gewalt gibt es nicht und ein Papst ist ein Mensch wie jeder andere.

Die Kirche manipuliert bei Leichtgläubigen die Wahnvorstellung, daß für alles, was sie für die Kirche tun, himmlischer Lohn ansteht. Davon kann keine Rede sein. Sie spielt sich zum Richter über sündige Menschen auf; so als ob sie ein Recht hätte, himmlische Plätze zu vergeben.

Endlose Scharen ließen sich durch Lockungen zugelassener Trägheit des Geistes zum einschläfernden Schoß der Kirche ziehen. Die gottfeindliche Selbstherrlichkeit aller Kirchen trennt ihre Gläubigen, anstatt sie zu ihm zu führen. Der breite und bequeme Weg, den die Kirchen bis heute um des eigenen Vorteils willen vortäuschen, ist falsch«.

*) Hubertus Mynarek legt die Hand der Versöhnung in offene Wunden. Er legt die *Sünden der Machtkirche* bloß, begangen an den von ihr in die geistige Irre Geführten und Geblendeten. Friedrich Doepner.

Einleitung

Als im November 1973 die erste Auflage von *Herren und Knechte der Kirche* erschien, war dies auf dem Büchermarkt eine Sensation. Das Nachrichten-Magazin *Der Spiegel* urteilte: »Mynareks Erinnerungen werden zweifelsohne für Deutschlands und Österreichs katholische Hierarchie die ärgerlichste Lektüre seit langem sein«. Dem *Stern* schwante von vornherein, dass heftige Proteste und Prozesse dem Buch und seinem Autor bereitet würden, denn »angeprangert werden höchste kirchliche Würdenträger«. Und über das, »was Mynarek über höchste Würdenträger verbreitet, könnten brave Fußvolk-Katholiken nur entsetzt sein«.

Der Medienkonzern Bertelsmann, der das Manuskript von *Herren und Knechte der Kirche* zunächst unbedingt haben wollte, seinem Autor einen Honorarvorschuß von DM 50.000.-- gezahlt, in seiner Werbekampagne das Buch als »den seit Jahrzehnten schärfsten Angriff auf Struktur und Moral der katholischen Kirche« proklamiert, auch schon Druckfahnen und Umbruch von diesem Werk fertiggestellt hatte, erklärte plötzlich seinen Rücktritt vom Verlagsvertrag, als ihm Vertreter der Kirche mit Prozessen und hohen Schmerzensgeld- und Schadenersatzforderungen drohten. Der einige Zeit später für Bertelsmann eingesprungene, das Buch auf den Markt bringende Kölner Verlag Kiepenheuer & Witsch betonte im Klappentext seiner Ausgabe von *Herren und Knechte der Kirche*: »Trotz aller Versuche, das Buch von Hubertus Mynarek *Herren und Knechte der Kirche* nicht erscheinen zu lassen, liegt es jetzt vor und gibt die beste Antwort auf eine Kampagne, die durch erste aus dem Zusammenhang gerissene Veröffentlichungen in der Presse ausgelöst wurde. Im November vorigen Jahres hatten der Kirchenaustritt des Wiener Theologieprofessors und Prodekans der Katholisch-Theologischen Fakultät und sein kritischer Brief an Papst Paul VI. Aufsehen erregt. Das Aufsehen ist inzwischen ständig gewachsen, weil hier zum erstenmal ein Priester und Mitglied des kirchlichen Braintrusts wagte, die Deformationen innerhalb der Kirche nicht nur mit theologischer Scheindialektik zu umschreiben, sondern korrekt beim Namen zu nennen. Als betroffener und scharfsichtiger Beobachter legt Mynarek die pervertierenden Auswirkungen einer Hierarchie bloß, die ihren Machtanspruch durch das Unfehlbarkeitsdogma aufs Äußerste verhärtet hat. Er weist nach, wie die Anpassungszwänge bis in die Persönlichkeitsstruktur der Theologieprofessoren hineinreichen und Möglichkeiten der Veränderung durch Heuchelei, Manipulation und ein permanentes Intrigenspiel verhindern. Von diesen Missständen sind alle betroffen, denn die Herrschaft der Kirche, auch das beweist Mynarek, reicht weit. Sein Buch, das einen intimen Einblick in den kirchlichen Machtkomplex unserer Gesellschaft verschafft, ist deshalb ein notwendiger Beitrag zur öffentlichen Information«.

Kirchenkritische Blätter, z.B. die *Europäische Kirchenfreie Rundschau*, bezeichneten *Herren und Knechte der Kirche* als »das zweifellos beste Buch, das ein ehemaliger Priester und katholischer Theologieprofessor unseres Jahrhunderts geschrieben hat«.

Die *Materialien und Informationen zur Zeit* (MIZ), das Organ des Internationalen Bundes der Konfessionslosen, stellte die grundsätzliche Frage, was dieses Buch eigentlich so wertvoll mache. Die Antwort dieser Zeitschrift: »Hier wurden - unseres Wissens in dieser detaillierten Form zum ersten Mal - von einem ›Insider‹ die Missstände der Kirche Punkt für Punkt offengelegt. Hier werden Informationen gegeben, die der aufgeklärte Mensch des 20. Jahrhunderts für einen mittelalterlichen Alptraum des Hieronymus Bosch halten würde. Doch leider ist es kein Traum, sondern bittere Realität unserer Gegenwart. In *Herren und Knechte* wird aufgezeigt, dass sich die katholische Kirche in ihrem Wesen überhaupt nicht verändert hat, sondern dass nur die Formen, in denen sie heute ihre Macht ausspielt, sich verfeinert haben. Scheiterhaufen brennen ›noch nicht mehr‹, aber die unterschwellig-subtilen Formen der Machtausübung machen die ganze Sache nur umso hintergründiger. Dies weiß Hubertus Mynarek, und hier setzt er an.

Durch seine dankenswerte Offenheit, ja teilweise detaillierte Spitzfindigkeit, die in diesem Fall unbedingt von Nöten ist, gibt er dem Leser überhaupt erst einmal das Bewusstsein für die Problematik, die aus der uralten Verfilzung von Kirche und Staat auch und gerade heute noch besteht. Ja, das Schicksal dieses Buches selbst ist ein schauerliches Zeugnis für die Verfilzung von Kirche und Staat. Staatliche Gerichte haben bereits einstweilige Verfügungen gegen den weiteren Verkauf dieses Buches erlassen, und nur, wer zufällig noch ein Exemplar bekommen konnte, kann sich als glücklicher Besitzer dieses informativen Werkes schätzen (...).

Allem Anschein nach sollen die Versuche all jener bereits im Keim erstickt werden, die die Strukturen der Kirche zu kritisieren vorhaben und dabei auch die Personen mitberücksichtigen müssen, die durch diese Strukturen pervertiert werden und innerhalb derselben ihre Macht missbrauchen«. Tatsächlich erfolgten die ersten einstweiligen Verfügungen gegen das Buch, als es auf der Bestsellerliste des *Spiegel* auftauchte.

Über alle Presseberichte zur ersten Auflage des Buches *Herren und Knechte der Kirche* wird im Folgenden noch mehr zu sagen und zu zitieren sein. Im Rahmen dieser Einleitung wollte ich nur andeuten, dass die erste Auflage im Jahr 1973 in den Augen der Presse tatsächlich eine Sensation war, weil noch kein Insider so ehrlich und schonungslos offen über das Innenleben der Macht in der römisch-katholischen Kirche des 20. Jahrhunderts berichtet hatte. Aber der Inhalt dieser ersten Auflage wird trotzdem noch enorm in den Schatten gestellt durch das, was danach geschah, durch die teilweise unvorstellbaren, auch von mir größtenteils keineswegs vorhergesehenen Reaktionen auf das erste Erscheinen meines Buches.

Denn das danach Geschehene und in der hier vorliegenden Neuauflage von *Herren und Knechte der Kirche* Festgehaltene und ausführlich Beschriebene, nämlich die ganzen Kampagnen gegen die erste Auflage des Buches, seinen Autor und dessen Familie, die Gerichtsprozesse mit Kirchenvertretern und einem Mediengiganten, die Diffamierungen, der Telefonterror, die finanziell-wirtschaftliche Ruinierung und so weiter und so fort - all das zeigt ja noch viel deutlicher und beweiskräftiger als die erste Auflage meines Buches, wozu eine autoritär-absolutistische Institution wie die Kirche in Gestalt ihrer kirchlichen Vertreter und ihrer gesellschaftlichen Helfershelfer auch im 20. Jahrhundert noch fähig ist und wie nach dem Erlöschen der lodernden Scheiterhaufen des Mittelalters bis hinein in die Neuzeit und unter den veränderten politisch-sozialen Bedingungen unseres Jahrhunderts Inquisition trotzdem noch funktionieren kann.

Es dürfte ja auch ziemlich einmalig in der neueren Geschichte des Verhältnisses zwischen Verlag und Buchautor sein, dass der größte deutsche Medienkonzern und einer der größten der Welt ungefähr fünf Jahre lang gegen einen einzelnen Autor wegen eines Buches über die Kirche prozessiert, vor allen Bayerischen Gerichtsinstanzen alles gewinnt, was nur zu gewinnen ist, um dann vor dem obersten Gericht, dem Bundesgerichtshof in Karlsruhe, die entscheidende Niederlage einstecken zu müssen. Goliath von David geschlagen! Die Geschichte entbehrt nicht der grotesken und komischen Züge. Ich habe ihr im Folgenden ein ganzes Kapitel gewidmet. Dass Vertreter der Kirche gegen einen ihr nicht Genehmen Gerichtsprozesse anstrengen, ist sicherlich weit weniger erstaunlich. Doch dürfte in meinem Fall die Anzahl der angestrengten Prozesse (13 von Seiten verschiedener Kirchenmänner, einer seitens der Katholischen Nachrichten Agentur) dennoch zum Staunen Anlass bieten. Auch über diese Prozesse, ihre Hintergründe und die dabei in Anwendung gebrachten Strategien, Tricks und Intrigen wird in zwei weiteren Kapiteln der hier vorliegenden Neuausgabe des Buches *Herren und Knechte der Kirche* eingehend berichtet.

Weit aufschlussreicher als bei einer rein theoretischen, akademischen Beschreibung zeigen sich dabei die »Herren und Knechte« und ihre Helfershelfer in Aktion. Erst im Zusammenhang mit schwerwiegenden Ereignissen, wie es Gerichtsprozesse ja meist sind, erlebt man, wieviele Menschen, auch solche, die gar nichts mit der Kirche zu tun haben dürften, sich noch von ihr beeinflussen lassen. Der »magisch-numinose« Rest wirkt weit über die markierten Grenzen der Kirche hinaus und bewirkt, dass Politiker, Journalisten, Richter, Anwälte, Gerichtsvollzieher, Buchhändler, Akademiker und einfache Leute, überhaupt Angehörige aller möglichen Berufs- und Weltanschauungskategorien Aktionsbündnisse mit der Kirche eingehen und sich für deren Strategien und Taktik missbrauchen lassen, indem sie munter **mit**behindern, **mit**hetzen und **mit**eindreschen auf einen »Dissidenten«, »Abgefallenen«, »Abtrünnigen«, »Renegaten«, »Apostaten« usw. Nicht bloß die drei »Gerichts-Kapitel« im vorliegenden Buch, auch die anderen Kapitel desselben handeln unter anderem darüber, besonders das mit der Überschrift »Theologen und Priesterfunktionäre, die mit der Kirche brechen, leben gefährlich«.

Ein Blick ins Inhaltsverzeichnis zeigt zudem, wie das vorliegende Buch aufgebaut ist, wie jedes Kapitel in anderer Beleuchtung und Entwicklung, unter anderen Gesichtspunkten das inhumane Verhalten der »Herren der Kirche« und ihrer anpassungswilligen »Knechte« ins Visier nimmt. Diesem Verhalten wird in allen Situationen, von fast allen Lebenslagen und Lebensbereichen her, vor allem in seinen Verknüpfungen und Verästelungen mit dem Willen zur Herrschaft, zur Macht über Andere nachgegangen.

So stellt gerade die 29 Jahre nach der Erstauflage erscheinende Neuausgabe von *Herren und Knechte der Kirche* eine besonders konkrete, hautnah an der tatsächlichen Wirklichkeit dieser Institution orientierte Dokumentation ihres auch im 20. und 21. Jahrhundert weiterhin bestehenden antiemanzipatorischen und inquisitorischen Charakters dar. Denn fast immer bilden den Ausgangspunkt der einzelnen Berichte dieser Neuausgabe ganz konkrete Ereignisse, authentische Vorfälle und Begebenheiten, die in besonders anschaulicher Weise das Machtgehabe und -gebaren sowie die Herrschaftsgelüste der »Herren der Kirche« ans Tageslicht bringen.

Es entsteht auf diese Weise eine »Innenansicht« kirchlicher Interessenverflechtungen mit allen möglichen einflussreichen, legalen wie dubiosen Elementen in Wirtschaft und Gesellschaft, wie sie in dieser Wirklichkeits- und Detailtreue kaum eine Parallele hat. So rücksichtslos offen hereingeleuchtet in das Innerste der römisch-katholischen Kirche, in ihr »kaltes« Herz, nämlich die gnadenlose

Ausübung ihrer Herrschaft über die Seelen, und nicht bloß über diese, und in die Hintergründe ihrer Macht, haben in jedem Jahrhundert der Kirchengeschichte nur Wenige.

Ohne Maske, aus nächster Nähe und intimster Kenntnis werden im vorliegenden Buch die Affären, Intrigen, Erpressungen, Verlokkungen, Bestechungen, Taktiken, Strategien, Brutalitäten und Grausamkeiten dargestellt, durch die die Kirchengeschichte auch des 20. und 21. Jahrhunderts »würdig« im Fahrwasser der Kirchenhistorie aller Jahrhunderte bleibt und treibt.

»Es ist die ganze Kirchengeschichte Mischmasch von Irrtum und Gewalt!« (Goethe). Was der Bertelsmann Verlag in seiner Werbung über die erste Auflage schrieb, trifft auf die Neuauflage von *Herren und Knechte der Kirche* weit mehr zu: Sie ist eine schonungslose Kritik an Struktur und Moral der katholischen Kirche in ihrer gegenwärtigen hierarchischen Struktur und Funktion.

Nach dem bisher in dieser Einleitung Gesagten braucht wohl kaum mehr besonders deutlich gemacht zu werden, dass die jetzige Neuausgabe von *Herren und Knechte der Kirche* tatsächlich etwas Neues darstellt und mit der Erstauflage dieses Buches im Jahr 1973 in Vielem nicht mehr übereinstimmt. Die »Herren der Kirche«, die sich damals durch mein Buch beleidigt fühlten, Prozesse gegen es anstrengten und mit neuen Prozessen für den Fall einer zweiten Auflage drohten, können ruhig oder aufgeregt, ganz nach Belieben oder Stimmungslage, Seite für Seite in der Neuauflage des Buches blättern. Sie werden ihre Namen nicht genannt finden und auch die mit ihrem Namen verbundenen gerichtlich beanstandeten Stellen nicht entdecken.

Ich konnte auf diese Passagen der ersten Auflage meines Buches leichten Herzens verzichten, weil die »Herren der Kirche« und ihre dienstbeflissenen Theologen das eigentlich Gravierende meiner Kritik an kirchlichen Missständen und Perversionen, die wesentliche Substanz des Inhalts der Erstauflage, nie zum Gegenstand von Gerichtsprozessen machten. Wohlweislich, denn sie wären sonst möglicherweise in weitreichende und gefährliche Diskussionen um das inhumane oder unmenschliche Wesen der Kirche hineingezogen worden.

Wogegen die »Herren der Kirche« und ein paar anpassungsfreudige Theologieprofessoren prozessierten, waren ironische Lappalien, die ich zur Auflockerung der Lektüre eingestreut hatte. Beanstandet wurde von bayerischen Gerichten z.B., dass ich einen Theologen, der eine beachtliche akademische Karriere mit Hilfe des Wohlwollens seiner kirchlichen Vorgesetzten gemacht hatte, einen »braven, stillen, demütigen« Mann genannt hatte. So etwas kann man natürlich nicht durchgehen lassen! Das sei eine Verhöhnung des theologischen Gegners, meinte das Landgericht München.

Schlimmer war da wohl schon, dass ich von einem künftigen Bischof sagte, »er sei feminin und seine Fistelstimme könnte im Dom und anderswo die Gläubigen zu Lachsalven animieren«. Da hört bei »frommen« Richtern der Humor ganz auf, gegen so etwas muss gerichtlich eingeschritten werden! Ich will den jetzigen Punkt nicht ausführen, alles Wesentliche ist dazu in den drei »Gerichtskapiteln« im zweiten Teil des vorliegenden Buches gesagt.

Mir ging es lediglich darum, zu zeigen, dass dem Leser der vorliegenden Neuauflage nichts wirklich Wichtiges, nichts wirklich Brisantes vorenthalten wird, wenn er die wegen der gerichtlich beanstandeten Stellen verbotene erste Auflage meines Buches nicht mehr erwerben kann. Wie gesagt, die in der jetzigen Neuauflage aufgezeichnete Geschichte der unheimlichen, auch unheimlich mannigfaltigen Reaktionen der »Herren der Kirche« und der mit ihnen liierten gesellschaftlichen Kräfte auf das Erscheinen der Erstauflage im Jahr 1973 ist noch wesentlich brisanter, aufschlussreicher und interessanter.

All das, was meinem Buch und mir nach dem Kirchenaustritt sowie vor und nach dem ersten Erscheinen dieser Publikation widerfuhr, ist hier auf den folgenden Seiten geschildert. Bis in unsere unmittelbare Gegenwart hinein werden kirchenrelevante Ereignisse beschrieben und analysiert. Aktualität ist garantiert, auch wenn der Leser der Neuausgabe Verständnis dafür aufbringen möge, dass ich im Zusammenhang mit ekklesiogenen negativen und unmoralischen Phänomenen, die ich in dieser Neuauflage meines Buches veröffentliche, keine Namen nenne. Ich möchte nicht, dass auch das neue Buch *Herren und Knechte der Kirche* unterdrückt, aus dem Verkehr gezogen oder beschlagnahmt wird, nur weil ein paar Kirchenfürsten und opportunistische Theologen weinerlich behaupten, sie seien in ihrer Ehre gekränkt oder angetastet worden, obwohl mir einer der führenden Presseanwälte der Bundesrepublik, der nach Überprüfung der Erstauflage grünes Licht für das Erscheinen des Buches im Jahr 1973 erteilt hatte, angesichts der dann trotzdem angelaufenen Prozesse erklärte: »Dass die ›Herren der Kirche‹ auf Attacken mimosenhafter reagieren als Politiker, konnte auch ich nicht voraussehen!«. Wie gesagt, Namensnennungen fehlen durchgängig bei der Schilderung negativer kirchlicher Phänomene. Dafür aber haben mir die im vorliegenden Buch behandelten Reaktionen auf seine Erstauflage Gelegenheit gegeben, noch viele weitere Repressionsmechanismen der kirchlichen Machthaber aufzudecken und zu ergänzen. Dinge also, die in der Erstauflage noch nicht stehen konnten. Das hier vorliegende Buch ist aber auch dadurch ein Ganzes, dass es abweichend von der Erstauflage sozusagen von der Pike an die Dressurmaßnahmen und Anpassungsmechanismen charakterisiert, die ein künftiger Mann der Kirche von Jugend an zu durchlaufen hat. Es wird also im ersten Teil des vorliegenden Buches der »lange Marsch durch die Institution Kirche« geschildert: Die Jahre im Priesterseminar, die Auseinandersetzung mit den kirchlichen Vorgesetzten, den »Halbgöttern in Schwarz«, die Vorfälle und Gründe, die einen ethisch bewussten und selbstbestimmten Menschen eigentlich zum Bruch mit der Institution veranlassen müssen.

Es handelt sich beim vorliegenden Buch wenigstens teilweise um eine Autobiographie, um Memoiren. Doch wäre es falsch, grundsätzlich zu sagen, dieses Buch sei nur eine Autobiographie oder ein Erinnerungsband. Vielmehr liegt ein Charakteristikum des Buches gerade in der Dialektik zwischen Biographie und Sachvortrag. Dies sogar noch abgesehen von der Tatsache, dass der dritte Teil des Buches ohnehin ganz systematisch, so gut wie völlig ohne autobiographische Elemente, die Linie des typischen Kirchenmannes nachzeichnet.

Meines Erachtens sind weite Teile des vorliegenden Buches durch folgende Eigenart gekennzeichnet: Anhand einer konkreten Biographie, eines aktuellen Lebensschicksals wird systematisch und gleichzeitig auf die lebendigste Weise der Zugang zu den verdeckten kirchlichen Herrschaftsstrukturen, -methoden, -mechanismen und ihren Hintergründen eröffnet. Es handelt sich um die Geschichte eines Buches, um die Geschichte einer Person und um die Geschichte einer Institution und ihrer Machthaber im 20. Jahrhundert. Und alle drei Geschichtsebenen sind ineinander verschränkt, miteinander verzahnt. Gerade dieser Umstand könnte ein besonders interessantes Phänomen des vorliegenden Buches ausmachen.

Aber natürlich kann man auf dieser Grundlage auch Einwände gegen mein Buch erheben, vor allem den Einwand des Subjektivismus wegen des Anteils des autobiographischen Elementes am vorliegenden Buch. Dazu möchte ich noch kurz Folgendes sagen: Zwar handelt es sich bei den hier dargelegten Tatsachen nicht selten um Begebnisse, deren unmittelbarer Zeuge oder sogar Betroffener ich selbst war, aber nach eingehender Selbstprüfung glaube ich sagen zu dürfen, dass mein Blick für die diesen Begebenheiten zugrunde liegenden tieferen Zusammenhänge und Sachverhalte dadurch nicht getrübt worden ist.

Wer mir unter Hinweis auf den Umstand, dass manche Fakten dieses Buches mit meinem Leben eng verbunden sind, den Vorwurf des Subjektivismus machen möchte, möge bedenken, dass ein solcher Vorwurf gegen die Struktur und Abfolge engagierten, hart an der Sache bleibenden Denkens und Schreibens überhaupt gerichtet wäre. Denn es ist nun einmal so, dass man erst am eigenen Leib die Ungerechtigkeiten eines autoritären Systems erfahren haben muss, um ganz offen und sensibel für die Repressionen zu sein, die es anderen zufügt.

Wer entschlossen, allen Ernstes und mit letztem Einsatz gegen eine repressive Institution vorgehen will, darf nicht nur theoretisch wissen, dass sie ungerecht ist. Sein »Idealismus« wird sich sonst sehr bald als Schwärmerei und Strohfeuer entpuppen. Außerdem käme gegenüber einem, der nicht selbst betroffen ist, bald der Verdacht auf, er suche nur ein Betätigungsfeld für seine überschüssigen Aggressionsenergien. Bei manchen Jugendlichen, die aus reichen Elternhäusern stammen, soziale Ausbeutung und Unterdrükkung nie persönlich erlitten haben und das Establishment angreifen, liegt ja dieser Verdacht wirklich nahe. Ihr »Kampf für eine gerechtere Welt« währt auch meistens nicht lange, reifer und »weise« geworden, treten sie in Vaters Fußstapfen.

Im Übrigen wäre es nie zu Konfrontationen mit der kirchlichen Macht gekommen, wenn ich ein sklavisch fügsamer, ein kirchlicher Typ gewesen wäre. Mentalität und Lebensweg mussten mich deshalb logisch und konsequent aus einer Institution herausführen, in der man nur bleiben kann, wenn man ständig zur Unterwerfung und zur Blockierung seines freien Denkens bereit ist. Dass es mir trotzdem nicht leicht fiel, einen Weg, auf dem ich als Priester, Professor an einer philosophisch-theologischen Hochschule, dann als Universitätsprofessor der Theologie und Dekan einer theologischen Fakultät nach den Maßstäben einer kirchlichen Karriere äußerlich gesehen sehr gut vorankam, als Holzweg zu erkennen und abzubrechen, dürfte selbst einem voreingenommenen Kritiker einleuchten.

Ich habe diese Dinge hier auch nur erwähnt, um auf einen weiteren Glaubwürdigkeitsgrund für die Objektivität meiner Aussagen über meine persönlichen Konfrontationen mit den Machtstrukturen der Kirche hinzuweisen. Denn durch meinen Kirchenaustritt habe ich keine persönlichen Vorteile erlangt, wohl aber einige verloren. Gerade die durch die Kirche geforderte und vom österreichischen Staat befolgte Enthebung von der Ausübung meiner Professur an der Universität Wien ist ein solcher schwerwiegender Verlust aufgrund einer persönlichen Konfrontation mit dem römischen System, d.h. aufgrund meines Austrittes aus ihm. Denn auch dem an dieser Stelle möglicherweise erhobenen Einwand, ich sei vielleicht ge-

Aus dem Mynarekschen Familienalbum. Familie Mynarek um 1940. Vater Heinrich, Mutter Gertrud, drei Schwestern - Bruder Georg. Links neben dem Vater steht Hubertus Mynarek, der spätere Dekan der theologischen Fakultät der Universität Wien und der Autor des hier vorliegenden Buches.

zwungen worden, aus der Kirche auszutreten, muss ich mit Entschiedenheit widersprechen. Mein Austritt erfolgte vollkommen freiwillig und viele, darunter eine ganze Reihe von Bischöfen, hätten es - schon »um des Volkes willen« und um es nicht zu verunsichern - gern gesehen, wenn ich geblieben wäre.

Dieser Schritt erforderte schon deshalb einigen Mut, als er praktisch der erste war. Mir war zum Zeitpunkt meines Kirchenaustritts und ist bis heute kein einziger Universitätsprofessor der Theologie im deutschsprachigen Raum des 20. Jh. bekannt, der es vor mir gewagt hätte, aus dem »allumfassenden Heilsverband« Kirche auszutreten. Denn außerhalb der Kirche gebe es ja doch, das meinen selbst fortschrittliche Theologen nicht selten, kein echtes Heil! Wenn aber einer einen Schritt tut, scheint es für die Anderen leichter zu sein. Jedenfalls sind nach mir einige Theologieprofessoren aus der Kirche ausgeschieden. Auch davon wird im Buch die Rede sein.

Das vorliegende Buch versucht auch eine Antwort auf die Fragen zu geben, die sich inzwischen sogar katholische Blätter (z.B. *Publik-Forum* Nr. 21/1989, 33) stellen, nämlich, warum das Christentum »durch die ganze Kirchengeschichte hindurch immer auch autoritäre, ja faschidoide Charaktere anzieht, warum eine befreiende Botschaft derart pervertiert wird, dass hasserfüllte Kampagnen und Diffamierungen in den eigenen Reihen möglich werden. Möglicherweise wird man dann feststellen, dass jeder Anspruch, die absolute Wahrheit, und sei sie auch noch so göttlich, zu besitzen und anderen aufzuzwingen, in die Barbarei, in die Unmenschlichkeit führen muß«.

Und auch noch eine letzte Frage innerhalb dieser Einleitung sei angeschnitten. **Hat es überhaupt noch Sinn, sich mit der katholischen Kirche zu befassen?** Mit einer Kirche, **die** trotz der Lautstärke der ständig in der Öffentlichkeit erhobenen Mahnungen ihrer Vertreter **in den Herzen und im Handeln der meisten Menschen bereits den Tod der Gleichgültigkeit und Belanglosigkeit gestorben ist.** Zwar haben die meisten Gegner der Kirche, von denen die Geistesgeschichte des Abendlandes berichtet, auf ein imposantes Ereignis im Zusammenhang mit dem Tod dieser gewaltigen Organisation gewartet und einige ihrer Nachfolger tun es heute noch. Es kam jedoch kein Ereignis, sondern das Siechtum. **Aber selbst der Leichnam Kirche beherbergt und befehligt noch viele Klassen von Ausgebeuteten, denen die Kunde von Altersschwäche und Tod ihres Dienstherren und ihrer Befreiung erst noch mit letzter Deutlichkeit plausibel gemacht werden muss.** Gerade im Hinblick auf sie und ihre Befreiung war es nötig, ein so offenes Buch zu schreiben.

Vielleicht trägt das vorliegende Buch dazu bei, **dass Glasnost und Perestroika eine der letzten theokratischen Diktaturen auf unserem Erdball zum Einsturz bringen**; dass auch noch das letzte Glied des kirchlichen Fußvolkes erkennt, dass die Institution der von der Basis völlig abgehobenen, total undemokratisch regierenden und vorgehenden Kirchenfürsten radikal abzuschaffen ist, wenn die stets in deren Predigten angerufene »Freiheit der Kinder Gottes« Wirklichkeit werden soll, denn bis auf den heutigen Tag, und schon seit etlichen Jahrhunderten, nehmen die »Herren der Kirche« diese Freiheit nur für sich, aber da in vollen Zügen, in Anspruch. Doch für die, von denen sie leben, haben sie stets nur die »Gnade« des Gehorsams und der Fügsamkeit anzubieten. **Keine halbherzige Reform, eine demokratische Revolution in der Kirche ist gefordert!**

Hubertus Mynarek
Mai 2002

Erster Teil

Der lange Marsch durch die Institution Kirche

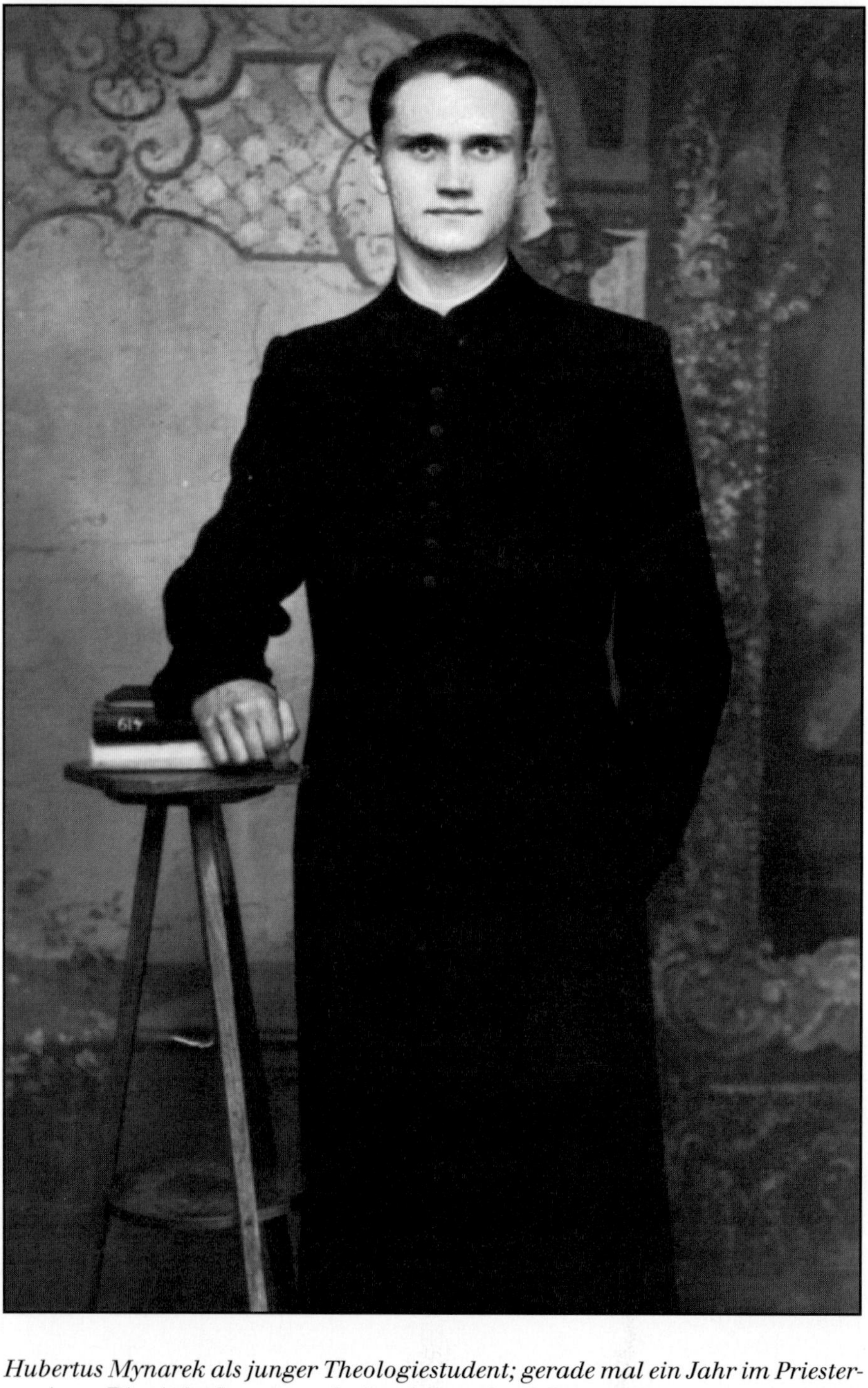

Hubertus Mynarek als junger Theologiestudent; gerade mal ein Jahr im Priesterseminar. Die Aufnahme entsteht im August des Jahres 1949.

1. Kapitel
Wie es zum Entschluss kam, Priester zu werden

Wenn einer als Sohn römisch-katholischer Eltern in Oberschlesien geboren ist, dann ist damit praktisch schon die erste Phase seines religiösen Entwicklungsprozesses vorgezeichnet. So wuchs auch ich zunächst einfach, problemlos, reflexionslos in die konventionelle, in meiner oberschlesischen Heimat gewohnte und geübte katholische Religion hinein.

Es war vor allem eine Pflichtreligiosität: »Man« ging sonntags zum Gottesdienst. Wenn »man« Gott besonders gefallen, besondere Verdienste vor Ihm sammeln wollte, möglichst zweimal: Früh zur Messe, am Nachmittag zur »Vesperandacht«. An deren liturgische Form erinnere ich mich nicht mehr, weil ich kaum darauf achten konnte. Flüsterten und quatschten doch meine Sitznachbarn unaufhörlich mit mir und ich mit ihnen. Von Zeit zu Zeit gab es dabei doch eine Unterbrechung, nämlich wenn der vom Pfarrer als Aufpasser aufgestellte Küster einen besonders laut sich gebärdenden Jungen aus der Bank holte und zur Verabreichung einer Strafe in die Sakristei abführte.

Auch der Predigt vormittags in der Sonntagsmesse wurde von uns Kindern kaum Beachtung geschenkt. Manche Ermahnung aber gelangte dennoch an unsere Ohren. Zum Beispiel erinnere ich mich, dass ein Priester einmal von der hoch über unseren Köpfen postierten Kanzel aus vom »inneren Schweinehund« sprach, den jeder in sich trage und den es zu überwinden gelte. Am Morgen stelle sich dieser »Schweinehund« als Faulheit dar, die uns daran hindere, gleich nach dem Wecken aus dem Bett zu springen, uns kalt zu waschen und noch vor der Schule auch wochentags zur Frühmesse zu gehen, um Gott dem Vater für den neuen Tag zu danken.

Durch diese Art von Ermahnungen erweiterte sich mein katholischer Pflichtenkatalog: Ich stand öfters eher auf, um noch die Frühmesse zu besuchen. Das tat ich aber nicht eigentlich aus Religiosität, sondern weil der Priester gesagt hatte, dass man durch solche »Taten« seinen Willen stähle und man dafür einmal von Gott, der alles sehe, belohnt werde.

Gern und freudig erfüllte ich keine der religiösen Pflichten, die ich als Junge zwischen 6 und 15 Jahren übernahm. Aber ich war, ohne darüber irgendwelche Überlegungen anzustellen, überzeugt, dass man sich so zu verhalten habe. Ein dunkles, düsteres »Muss« stand hinter all dem, was ich in »religiöser« Hinsicht tat. Religion war für mich ein Katalog von einigermaßen unangenehmen Pflichten, die man aber erfüllen musste, wenn man Gott gefallen und böse Schicksalsschläge im Leben verhindern wollte. Ganz besonders düster wurde es mir mit der Religion immer vor Ostern.

Meine Eltern hielten sich streng an das damals noch in Geltung befindliche 40tägige Fasten vor Ostern, und wir Kinder (ich hatte noch drei Schwestern und einen Bruder) mußten mitfasten. Das fiel mir besonders schwer; hinzu kamen die mir endlos erscheinenden Kreuzwegandachten, zu denen wir hinmussten und in denen es unaufhörlich um das furchtbare Leiden des Gottessohnes für unsere Sünden ging.

Den Höhepunkt der langen Fastenzeit bildete die Karwoche mit dem Karfreitag, an dem der Christus jedes Jahr von neuem wegen unserer Sünden geopfert, ja - denn so malten es die meisten Prediger aus - regelrecht geschlachtet wurde. Als Kind überkam mich diese Zeit vor Ostern immer wieder wie ein Alptraum, überschattete mich wie eine dunkle, schwere, undurchdringliche und nicht abstreifbare Wolke, ohne dass ich dies damals so hätte ausdrücken können. Aber ich fühlte, wie dieser Abschnitt des liturgischen Jahres der Kirche auf mir lastete. Gott sei Dank kam ja danach Ostern, das Fest der Auferstehung, an dem wir nicht bloß Alleluja zu singen hatten, sondern auch nette Ostergeschenke erhielten.

Gott wurde als solcher bei all dem nie eigentlich thematisch, niemals zum Reflexionsgegenstand. Er war halt ganz selbstverständlich da, und zwar irgendwo am äußersten Rand der Welt, von wo er uns beobachtete, uns belohnte oder bestrafte. Allerdings fühlte ich schon relativ früh, dass er ein gestrenger Herr sein müsse. Ich stellte diese Strenge damals nicht in Frage, fand es aber ganz furchtbar, dass Gott auf seine eigene Strenge nicht verzichten dürfe, so wenn er z.B. seinen eigenen Sohn opfern müsse, um die sonst nie mehr verzeihbare Gewalt der Sünde aus der Welt zu schaffen. Mein Vater kam mir (auch etwa bis zu meinem 15. Lebensjahr) sehr streng vor, aber ich war froh, dass er kein Gott war. Denn ich war überzeugt, dass mich mein Vater trotz seiner Strenge nie in den Tod geschickt hätte.

Als ganz schlimme Pflicht in meinem katholischen Pflichtenkatalog empfand ich das Beichten. Deutlich erinnere ich mich noch an meine erste Beichte. Der Kaplan, der uns Kindern den Beicht- und Erstkommunionsunterricht erteilte, hatte so eindrucksvoll vom Vater im Himmel, der alles sehe und keine einzige Sünde übersehe, gesprochen, hatte abschreckende Beispiele von Menschen angeführt, die nicht alle ihre Sünden vor dem Beichtvater bekannt hätten und deshalb von Gott schwer bestraft worden seien, dass ich tagelang fast nichts anderes mehr tat, als alle möglichen Untaten der ersten sieben Jahre meines Lebens aus dem Gedächtnis hervorzuquetschen. Nach der ersten Beichte meines Lebens hatte ich trotzdem das völlig unbefriedigende Gefühl, bestimmt noch viele »Sünden« vergessen zu haben. Und dieses Gefühl verließ mich auch bei meinen weiteren Beichten nicht. Meine bisherige Gewohnheitsreligion erfuhr einige Zeit später einen tiefen Bruch. Es war das Jahr 1945, und in Oberschlesien hatten Russen und Polen die Macht übernommen.

Schon gegen Ende Januar dieses Jahres hatten die Russen meine Heimatstadt Groß Strehlitz erobert. Im Mai desselben Jahres übernahm dann die polnische Verwaltung unsere Stadt. Die ganzen, teilweise tragischen Geschehnisse und Umstände, die mit all dem verbunden waren, habe ich im Buch *Zwischen Gott und Genosssen* (Ullstein Verlag, Berlin 1981) ausführlich beschrieben. Hier und jetzt beschränke ich mich darauf, den Teil der Ereignisse zu schildern, der zu meinem Entschluß führte, katholischer Priester zu werden. Allerdings möge mir der Leser verzeihen, wenn ich in der gleich folgenden Darstellung auch Negativitäten und Brutalitäten zur Sprache bringe, weil sie den notwendigen Hintergrund bilden, auf dem mein Entschluss erwuchs.

Es war Mitte Mai 1945. Da erschien ein Beamter der polnischen Geheimen Staatspolizei (Urzad Bezpieczenstwa = UB, wörtlich: Amt für Sicherheit) bei uns und fragte in hartem gebrochenem Deutsch: »Wohnt hier ein Hubert Mynarek?«. Meine Eltern deuteten auf mich. Darauf er: »Packen Sie Rucksack, kommt nie mehr zurück!«.

In aller Eile legte meine verzweifelte Mutter ein paar Sachen und Lebensmittel in einen Rucksack. Den stülpte ich über meine Schultern und folgte dann dem Geheimpolizisten, der mich zur Kommandantur des UB brachte. Das große Haus eines Groß Strehlitzer Kaufmanns namens Kirstein war in diese Kommandantur umgewandelt worden. Unter der Kommandantur, vor der zwei Posten mit aufgepflanztem Bajonett Wache standen, befand sich ein großer Keller, der früher als Warenlager gedient hatte. Nachdem ich vor der Tür des Kellers meinen Rucksack auf Geheiß des Polizisten abgegeben hatte, bekam ich einen Fußtritt und flog die Treppen herunter, die in den Keller führten. Langsam begann ich mich in dem trotz der Nachmittagsstunde recht dunklen Keller zu orientieren. Etwa sechzig Männer lagen oder saßen da eng aneinandergepfercht, die meisten auf dem Zementboden, der Rest auf übereinandergeschichteten Brettern.

Ich erspähte eine Lücke zwischen zwei auf den Brettern liegenden dunklen Gestalten und quetschte mich zwischen sie, nachdem mir jemand zugerufen hatte, ich solle gefälligst nicht wie eine Bohnenstange herumstehen. Den rechts neben mir Liegenden erkannte ich als einen früheren Schulkameraden, den ich, da er zweimal sitzengeblieben war, später aus den Augen verloren hatte. Von ihm bekam ich meine ersten Informationen über das, was mich hier erwarten sollte. Denn dem Geheimpolizisten, der mich abgeführt hatte, konnte ich auf dem ganzen Weg zum polnischen Gefängnis keinerlei Antwort auf meine Fragen, was das Ganze denn solle, abringen.

Die Information, die mir mein ehemaliger Schulkollege zuteil werden ließ, erschien mir allerdings zunächst sehr verschlüsselt. Er fragte mich nämlich, ob ich gut gepolstert sei. Und als ich ahnungslos »Nein, wieso denn« antwortete, lachten alle Nächstliegenden und -sitzenden, und mein Kollege gab mir nur noch den Hinweis: »Na, warte bis zum Abend, dann wirst Du's schon sehen«.

Am Abend - es mochte gegen 19.00 Uhr sein - kam dann ein Trupp schwerbewaffneter, uniformierter Polen herein. Wir mussten uns in Reih und Glied aufstellen, es wurde abgezählt, und dann begann das »Spielchen«, das sich jeden Abend mit vielen Variationen und Neueinlagen wiederholen sollte.

An jenem ersten Abend meines Einsitzens im polnischen Gefängnis sah das Spiel folgendermaßen aus: »Parteigenossen heraustreten«, brüllte der Anführer des Trupps. Etwa zwanzig, meist ältere Männer, die in der Nazi-Partei gewesen waren, sonderten sich von uns anderen ab. »Soldaten heraustreten«, lautete der zweite Befehl des polnischen Führers. Das Spiel schien bekannt zu sein, denn Oberschlesier, die bei der Wehrmacht gedient hatten und auf dem Rückweg in ihre Heimat von den Polen gefangengenommen worden waren, begannen jetzt eine zweite Gruppe neben den Parteigenossen zu bilden. Von den zu dieser zweiten Gruppe Gehörenden bekam jetzt jeder einen Gummiknüppel in die Hand gedrückt und den Befehl, je einen der Nazis zu schlagen. Diesen war schon vorher befohlen worden, zu tanzen.

Es war eine düster-makabre Szene. Auf der einen Seite die sich wie altersschwache Bären im Kreis um sich selbst drehenden Parteigenossen, auf der anderen Seite die massiv auf sie einschlagenden früheren Angehörigen der deutschen Wehrmacht, denen bei jedem schwachen Schlag angedroht wurde, dass sie gleich selber den Tanzenden beigesellt würden. Eine raffiniertere Rache der Sieger konnte sich kaum ein Gehirn ausdenken. Nach etwa 45 Minuten war der Zauber vorbei. Der Trupp zog zufrieden ab. Zu essen aber bekamen wir Gefangene an diesem Abend nichts. Das Essen wurde, wie ich erst am nächsten Tag bemerken konnte, gegen Mittag ausgegeben und es bestand in einem Schlag undefinierbarer Suppe und einem einzigen Stück Brot.

Am Abend des zweiten Tages meiner Haft hatte das »Spiel« mit den Gefangenen wieder eine andere Gestalt. Nach dem üblichen in Reih und Glied Aufstellen und Abzählen der Gefangenen musste jeder bekennen, ob er Deutscher oder Pole sei. Der an erster Stelle Stehende, ein baumlanger Kerl, der Unteroffizier bei der deutschen Wehrmacht gewesen war, stand stramm und sagte »Deutscher«. Daraufhin packten ihn zwei Milizsoldaten von hinten an den Armen, und ein dritter, der vor ihm stand, schlug ihn mit fürchterlichen Boxhieben ins Gesicht und in den Bauch halb tot. Der zweite zu Fragende war gewarnt. Er fühle sich als Pole, sagte er. Dieses Bekenntnis entfachte die Wut der polnischen Schläger ganz besonders, denn für sie stand ja die Gleichung »Oberschlesier = Deutscher« absolut fest und so fühlten sie sich durch diese Option für Polen auf den Arm genommen. Der Mann wurde, am Boden liegend, fast zertrampelt.

Die beiden ersten Gefangenen waren so brutal traktiert worden, dass eine Steigerung kaum mehr möglich schien. Sie kam aber dennoch und sie klingt so unglaubwürdig, dass sie nur das paradoxe Lebensschicksal selbst aushecken konnte. Denn eine weitere Alternative der Option für das Deutschtum oder das Polentum schien es ja nicht mehr zu geben. Aber der im Glied an dritter Stelle Stehende, ein überaus gutmütiger, einfältiger Busche, erklärte, er sei staatenlos und oben im Büro der Gefängnisdirektion liege auch eine entsprechende Bescheinigung. Eine solche dritte Möglichkeit aber schien über den Horizont der primitiven Schläger zu gehen, sie betrachteten das Bekenntnis zur Staatenlosigkeit als Provokation, als bodenlose Unverschämtheit. Jedenfalls misshandelten sie diesen Burschen derart und so lange, bis er bewusstlos und wie tot liegen blieb.

An diesem Abend wurden alle Häftlinge durch die Reihe geschlagen, aber keinen erwischte es mehr so hart wie die ersten drei. Nach den ersten drei Männern war es aber auch jedem weiteren Gefangenen klar geworden, dass die polnischen Polizisten das Bekenntnis zum Deutschtum noch als das »Normalste« ansahen und deshalb gaben jetzt alle die Antwort, sie seien Deutsche.

Die allabendliche Prügelei der Häftlinge war leider nur ein Teil der ihnen zugefügten Schikanen. Hinzu kamen beispielsweise die zahlreichen Einzelvernehmungen im Büro des Gefängnisdirektoriums. Sie fanden meist nachts statt. War man endlich eingeschlafen und zwar trotz des Schnarchens und Röchelns mancher Häftlinge und trotz der Kälte auf dem Zementboden, auf dem die meisten schliefen, weil den jeden Abend neu entstehenden Kampf um die Bretterunterlagen nur wenige gewinnen konnten, dann wurde man oft im Schlaf brutal hin und hergezerrt und, wenn man die Augen aufschlug, schaute man auf ein Bajonett, dessen Spitze die Brust berührte, und dahinter auf einen Milizsoldaten, der einen zum Verhör abholte.

Während einer dieser Vernehmungen erfuhr ich dann endlich, warum man mich verhaftet hatte. Die den Polen bekanntgewordene Tatsache, dass ich Oberjungzugführer in Hitlers Jungvolk gewesen war, war der Grund. In ihren Augen war diese an sich harmlose Position eines Vierzehn- oder Fünfzehnjährigen in der Nazi-Jugend ein strafwürdiges Verbrechen. Da ich noch immer kein Wort polnisch verstand, übersetzte mir ein Dolmetscher die Fragen der polnischen Gefängnisdirektoren.

Ich spreche von Direktoren, weil es vier waren, die sich bei den Verhören abwechselten. Sie betonten zu Beginn fast jeder Vernehmung, dass sie im deutschen Konzentrationslager Entsetzliches erlebt hätten. Tatsächlich waren drei der vier Direktoren Juden. Ich muss auch sagen, dass ich niemals einen dieser vier Direktoren einen Häftling schlagen sah, nicht einmal im Keller des Gefängnisses zeigten sie sich. Die Prügelarbeit besorgte die polnische Wachmannschaft.

Der Deutschenhass dieser vier Direktoren war sozusagen distanzierter, vornehmer, aber er war zweifellos vorhanden. Vor allem der eine von ihnen ließ keine Gelegenheit aus, um in allen möglichen Umschreibungen und Ausschmückungen folgende These zu proklamieren: »Haben früher zehn Polen für einen Deutschen gearbeitet, so werden jetzt umgekehrt zehn Deutsche für einen Polen arbeiten. Ihr werdet alle ins Innere Polens geschafft werden und die von euch zerstörten polnischen Städte Stein um Stein wiederaufbauen. Eher kommt keiner von Euch frei!«.

Tatsächlich wurde jeden Donnerstag ein Transport mit einem Teil der Häftlinge zusammengestellt und nach Polen abgeschoben. Jeder war froh, der diesem Transport nicht, noch nicht angehörte. Und trotz der tagtäglichen brutalen Behandlung durch die Wachmannschaft war die Angst, deportiert zu werden und vielleicht nie mehr meine Eltern und Geschwister zu sehen, für mich eigentlich das unangenehmste Gefühl während der gesamten Haft.

Aber auch die Haft selbst wurde für manchen von uns schier unerträglich. Ganz besonders hatte es die wachhabende Soldateska auf zwei Häftlinge abgesehen. Der eine von ihnen hatte das Pech gehabt, in seiner Försteruniform von den Polen gestellt zu werden. Das war keine Wehrmachtsuniform, aber diesen Leuten war jede deutsche Uniform suspekt. Sie galt ihnen offenbar als Beweis, dass ihr Träger ein amtlicher Repräsentant des nationalsozialistischen

Staates war. Allabendlich kamen zwar alle Häftlinge dran, da wurde jeder schikaniert. Aber wenn uns einer der polnischen Aufseher noch außerdem während des Tages mit seinem Besuch »beehrte«, musste stets der Förster aus der Masse der Mithäftlinge heraus- und vor den Aufseher hintreten. Das Weitere der grausamen Zeremonie sah dann stets so aus, dass der letztere den ersteren mit seinem Gewehrkolben traktierte, ihm mit zehn, zwanzig Stößen fast die Brust einrammte. Der alte Mann, denn um einen solchen handelte es sich (oder kam es mir nur so vor? War er im Gefängnis so gealtert!), bat auf den Knien, ihn zu erschießen. Aber den Gnadenschuss gab man ihm nicht. Erst einige Monate später starb er eines »natürlichen« Todes, nachdem man ihn kurz zuvor entlassen hatte.

Der andere Häftling, für den sich die polnische Wachmannschaft außerordentlich interessierte, war zwar Zivilist. Aber Mithäftlinge erzählten mir, dass er während des Krieges auf einem deutschen Gut einen Polen geschlagen haben sollte, der ihn später identifiziert habe. Bei ihm bestand das Bestrafungsritual darin, dass er vor jedem Angehörigen des polnischen Wachpersonals hinknien musste und dieser ihn dabei in die Genitalien trat. Ich habe einmal bei einem dieser Auftritte sechzig Fußtritte gezählt. Man kann sich vorstellen, in welcher psychischen Verfassung der Mann war, da sich die Zeremonie ja stets wiederholte und er keine Hoffnung mehr hegte, sie würde je aufhören. Er konnte inzwischen weder sitzen noch liegen und wimmerte unaufhörlich.

Viele Mithäftlinge waren aber inzwischen so abgebrüht, dass ihnen Schläge, die einem anderen verabreicht wurden, gar nichts mehr ausmachten. Sie verbaten sich sehr energisch sein Gewimmer, weil sie ihre Ruhe haben wollten. Sie sollten sie bald haben, denn als wir eines Morgens aufwachten, hing er an einem Balken unterhalb der Kellerdecke. Er hatte Selbstmord begangen.

Überhaupt war eine meiner enttäuschendsten Erfahrungen im polnischen Gefängnis die Tatsache der mangelnden Solidarität zwischen den Häftlingen. Auch erlebte ich damals, wie widerlich und brutal nah Leid und Lust nebeneinander liegen können. Während nämlich unten im Keller des Gefängnisses Menschen zu Tode geschunden wurden, wurden im obersten Stockwerk über dem Büro des Direktoriums, das im ersten Stock lag, Orgien gefeiert, und zwar praktisch jede Nacht. Das »weibliche Material« für diese Feste der Lust und des Suffs bestand in BDM-Führerinnen, die man verhaftet hatte. Im ganzen Kreis Groß Strehlitz suchte man nach ihnen und verbrachte sie in unser Gefängnis. Es waren etwa zehn Mädchen, die man geschnappt hatte und die irgendeine unbedeutende

Rolle im nationalsozialistischen »Bund Deutscher Mädchen« gespielt hatten. Sie fungierten auch nicht im eigentlichen Sinn als weibliche Häftlinge, vielmehr wurden sie als Köchinnen und Dienstmädchen im Rahmen des Gefängnisbetriebes verwendet. Für dieses »Entgegenkommen« mussten sie dann aber ausnahmlos nachts zu Diensten der Herren des Gefängnisses stehen oder genauer: liegen. Sie machten, wenn man ihnen im Gefängnishof begegnete, trotzdem keinen traurigen Eindruck. Manche waren sogar ausgesprochen lustig. Anscheinend betrachteten sie nach den mit der Verhaftung verbundenen Ängsten ihr Los als erträglich.

Materiell ging es ihnen ja auch gut, denn sie bekamen im Gegensatz zu uns gut zu essen. Wie keusche, gegen ihren Willen vergewaltigte Jungfrauen sahen sie jedenfalls nicht aus. Bei den häufigen Strafexpeditionen des UB auf die umliegenden Dörfer des Landkreises Groß Strehlitz wurden übrigens nicht nur Mädchen, sondern auch Naturalien in allen Mengen requiriert, so dass immer ausgiebig Nachschub für die Fress- und Bumsorgien der Gefängnisleiter vorhanden war.

Ich habe damals ungeheuren, wenn auch ohnmächtigen Hass gegen die Gefängnisleitung und die Gefängnismiliz empfunden. Seitdem sind aber viele Jahre vergangen und auch die Distanz der Zeit hat das Geschehene verobjektiert. Ich weiß heute um die Verbrechen des Nazi-Regimes in Osteuropa in ihrem ganzen Ausmaß, und ich muss daher die Brutalitäten im polnischen Gefängnis von 1945 als Revanche und Reaktion auf durch Deutsche an Polen verbrochenes Unrecht ansehen. Zwar ist damit diese Brutalität nicht von jeder Schuld losgesprochen, weil Grausamkeit überhaupt nie gerechtfertigt werden kann, aber sie kann jetzt wenigstens zeitgeschichtlich eingeordnet und begriffen werden.

Die wesentlich durch den Krieg und die Nazi-Verbrechen in Osteuropa mitbedingte Brutalität der russischen und polnischen Soldaten und Kommissare richtete sich auch keineswegs nur auf Deutsche, sie war zu einem allgemeinen Phänomen geworden. Das zeigte sich z.B. daran, dass sich Russen und Polen auf den Großpartys, die auf die nach dem Zusammenbruch des Nazi-Regimes fast pausenlos veranstalteten Siegesfeiern folgten, ständig in die Wolle gerieten und dabei von der Schusswaffe großzügigsten Gebrauch machten. Tote und Verwundete waren fast immer ein Endprodukt dieser »fröhlichen« gesellschaftlichen Ereignisse in unserer Stadt bzw. den umliegenden Dörfern.

Ich habe diese Dinge so ausführlich geschildert, weil nur auf diese Weise verständlich wird, warum ich Priester geworden bin. Denn nun saß ich also im Gefängnis, und keine Hoffnung hellte die trostlose Szene auf. Gegenüber diesem Inferno von Roheit, Brutalität und Gewalt, das ich dort erlebte, fühlte ich mich total ausgeliefert, unvorstellbar ohnmächtig und hilflos. Zwar hatte ich bereits beim Einmarsch der Russen und dann bei der Niederbrennung des Hauses, in dem wir gewohnt hatten, sowie bei einigen anderen Übergriffen der neuen Herren Ohnmacht und Hilflosigkeit in fataler Weise erlebt.

Aber jetzt hatte ich den Eindruck, als ob es noch sehr viel tiefere Stufen dieser Ohnmacht gebe und ich, am Ende dieser Stufen angelangt, trotzdem noch weiter stürzte, in einen dunklen bodenlosen Schacht. Ich war der jüngste unter den Häftlingen, gerade 16 Jahre alt geworden, und hatte sehr viel Liebe und Zuneigung in meinem Wärme und Geborgenheit gewährenden Elternhaus erfahren. Das mochte der Grund sein, warum ich in mir nicht jene Abwehrmechanismen ausgebildet hatte, die ich bei einigen älteren Häftlingen so bewunderte.

Weniger idealistisch ausgedrückt: Sie hatten eine »dicke Haut« und eine gewisse Routine entwickelt, um mit den unmenschlichen Bedingungen der Gefängniswirklichkeit doch irgendwie besser fertig zu werden. Manche von ihnen waren ja auch an der Front gewesen und hatten da noch Schlimmeres erlebt. Im Gegensatz zu ihnen habe ich in den endlosen Stunden und Tagen verzweifelt nach irgendeinem psychischen Halt, einem Rettungsanker gesucht und fand keinen. Wer oder was hätte mir auch helfen sollen oder können. Die Macht derer, die mich gefangen hielten, erschien mir riesig, erdrückend, jeden Widerstand im Keim erstickend. Meine Eltern, die doch räumlich nicht weit entfernt waren und sich sicherlich den Kopf zerbrachen, wie sie mir helfen könnten, waren wie durch eine unüberwindliche Mauer von mir getrennt.

Mein Inneres empfand ich als haltlos, bodenlos schwach, deprimierend substanzlos. Da gab es keinen stabilen Kern in meiner Psyche, der sich dem Verderben, das mich umhüllte und immer tiefer in mich eindrang, entgegengestellt hätte. Dieser restlose Ausverkauf meiner Psyche, diese absolute Widerstandslosigkeit zeigte sich z.B. daran, dass ich mich nicht im geringsten dagegen zur Wehr setzte, die mir am Ende jeder Vernehmung vorgelegten Protokolle zu unterschreiben, obwohl ich mir sagte, dass ich damit vielleicht mein Todesurteil oder ein auf lebenslängliche Haft lautendes Urteil besiegelte. Verstehen konnte ich die polnisch abgefassten Texte ohnehin nicht.

Es war alles, was da mit mir als passivem Objekt geschah, außerhalb der Vernunft, vor-rational, vor-personal. Nur der Instinkt eines gehetzten, in die Enge getriebenen Tieres arbeitete noch, duckte sich, krümmte sich, passte sich jeder Windung und Wendung der Schicksal spielenden polnischen Quälgeister an. In dieser Situation, in der ich ins Bodenlose zu versinken drohte, in der mir kein Mensch, keine menschliche Macht helfen konnte, begann ich zu beten. Zuerst tat ich es ziemlich mechanisch, wie ich das auch früher beim Morgen- und Abendgebet getan hatte. Dann immer intensiver, fordernder, fanatischer, und als dennoch keine Hilfe von oben kam, wieder demütig, sklavisch, kriecherisch. Ich flehte alle Heiligen des katholischen Pantheons, St. Joseph, die Mutter Gottes, den lieben Gott, an, mich aus der Haft zu befreien. Ich wollte, so versprach ich, auch nie mehr Böses tun, nicht mit Mädchen gehen, nicht fluchen noch schimpfen, den Eltern jeden Wunsch von den Augen ablesen etc.

Angesichts des zunächst ausbleibenden Erfolgs meiner Gebete wurden meine Forderungen an die Himmlischen immer kleiner, meine ihnen gemachten Versprechungen immer größer. Ich wäre ihnen, so bekräftigte ich schließlich zum wiederholten Mal, schon dankbar für einen Tag, ja einige Stunden wiedergewonnener Freiheit. Am Ende dieser Frist könnten sie mich wieder verhaften lassen. Das meinte ich damals wirklich ernst, denn angesichts der mich wie eine Zwangsjacke einengenden Gefängniswirklichkeit erschien mir schon ein Spaziergang durch Wiesen und Felder als köstlicher Freiheitsgenuss.

Ebenso ernst meinte ich es damals mit meinen Versprechungen. Ich versprach, keine schönen Gegenstände mehr besitzen oder verlangen zu wollen, keine Bücher, an denen ich so hing, keine eleganten Kleidungsstücke, kein Taschengeld, nichts, das mir gefallen würde, sollte fortan meine Begehrlichkeit wecken. Ganz arm wollte ich sein, und alles, was ich hatte oder erwarb, sollte gleich wieder an andere verteilt werden. Mein Verzicht auf alles Materielle war ernst gemeint, aber er fiel mir natürlich in der Situation, in der ich mich befand, leicht. Zwar glaubt man gar nicht, an wievielen Dingen schon das Herz eines Fünfzehn- oder Sechzehnjährigen hängt. Aber im Gefängnis besaß ich ja überhaupt nichts mehr, so dass mir das Geschenk der Freiheit als einziger, wahrer Besitz erscheinen konnte.

Auch zerbrach ich mir den Kopf, was denn so einem Gott besonders gefallen, mit welchen Versprechen man ihn ganz speziell für sich gewinnen könnte. Da mir früher das Beten und der Kirchgang besonders langweilig vorgekommen waren, versprach ich ihm, jeden Tag morgens zur Messe und noch einmal am Nachmittag für eine Stunde zum Gebet in die Kirche zu gehen, denn dass Gott katholisch sei, setzte ich ganz mechanisch voraus. Als auch diese

Gelübde meine Befreiung aus dem Gefängnis nicht bewirkten, erhöhte ich die Stundenzahl. Am Ende wollte ich praktisch den ganzen Tag nur noch beten. (Als ich später in Freiheit war, hatte ich mit diesem Punkt echte Schwierigkeiten, bis mir ein Beichtvater sagte, dass Gott Unmögliches nicht verlange, man müsse schließlich noch arbeiten, lernen und essen).

Aber all mein Flehen und Bitten, meine Forderungen und Versprechungen schienen erfolglos. Ich befand mich auf der tiefsten Stufe der Depression, denn nun hatte nach dem Versagen aller menschlichen Hilfe auch die göttliche Macht nicht eingegriffen oder es gab sie gar nicht. Jetzt schimpfte und verfluchte ich Gott mitsamt seinen Heiligen und tat das teilweise so laut, auch in der Nacht, dass sich neben mir liegende Häftlinge das verbaten. Der Wutphase folgte aber bald eine Phase hoffnungsloser Resignation. In meinem Unterbewußtsein musste es jedoch damals unaufhörlich gearbeitet haben, denn plötzlich stand es eines Morgens klar wie eine Offenbarung vor meinen Augen: Gott verlangt von mir, dass ich Priester werde.

Im Gegensatz zu all meinen anderen Vorsätzen, die ich im Gefängnis gefasst hatte, handelte es sich hier um etwas, das mir zu diesem Zeitpunkt immer noch schwer fiel. Denn von allen Berufen, die ich kannte, erschien mir der geistliche als der unattraktivste. Die mir bekannten Pfarrer und Kapläne waren auch in der Mehrheit alles andere als Ideale für einen lebhaften Jugendlichen. Ihr Tun reduzierte sich in meiner Vorstellung auf langweilige Predigten und Kulthandlungen, auf gutes Essen und steif-würdevolles Hin- und Her-Gehen im Pfarrgarten mit dem Brevier unterm Arm.

Aber gerade das höchst Unattraktive des Priesterberufes und die damit verbundene Last meiner Entscheidung erschienen mir - und dieses Argument kam wie eine Erleuchtung über mich - damals als Beweis dafür, dass sich in diesem Fall Gott selbst eingeschaltet hatte und dieses Opfer von mir verlangte, denn ich wäre ja nie darauf gekommen, dass er einen solchen Wunsch hegen könnte oder ich ein derart ausgefallenes Versprechen geben sollte. So sagte ich innerlich ja zu dieser damals von mir zweifelsfrei als Forderung Gottes an mich aufgefassten Frage, ob ich Priester werden wolle.

Nach dieser Entscheidung waren Niedergedrücktheit, Mut- und Hoffnungslosigkeit mit einem Schlage verflogen. Eine durch und durch positive Gestimmtheit breitete sich in mir aus. Ruhe, Gelassenheit, Angstlosigkeit, das Gefühl innerer Freiheit und einer absolut in der Stille des Inneren verbleibenden Freude bestimmten mich jetzt. Das war äußerst merkwürdig, denn in den äußeren Verhältnissen hatte sich gar nichts geändert. Ich befand mich weiter in

Haft, und am Abend desselben Tages wurde uns wieder die tägliche Prügelportion verabreicht. Aber ich hatte jetzt das sichere Gefühl, dass ich bald freigelassen würde. Und tatsächlich erfolgte die Freilassung schon am Vormittag des nächsten Tages. Ich kehrte gerade den Gefängnishof, da kam einer der Gefängnisdirektoren vorbei und bedeutete mir, ihm zu folgen. Ich ließ den Besen an der Stelle fallen, wo ich gerade stand, und ging ihm in sein Büro nach. Dort lag bereits in einer Ecke der Rucksack, den man mir bei der Inhaftierung weggenommen hatte. »Los, nehmen Rucksack und weg!«, sagte mir der Direktor. Ich packte auch sofort den Rucksack und machte mich aus dem Staub, denn jetzt hatte ich doch wieder ein bisschen Angst, der Mann könne es sich noch anders überlegen.

Noch war ich mir nicht einmal sicher, ob es nicht ein Scherz war, den man sich da mit mir erlaubte, denn ich hatte ja noch ein schweres Hindernis vor mir, nämlich die Wachtposten am Gefängnistor. Würden die mich überhaupt durchlassen, wo mir doch der Direktor keinen Entlassungsschein, keinerlei Beweis dafür, dass ich rechtmäßig entlassen war, mit auf den Weg gegeben hatte? Als ich in die Nähe der Posten kam, nahm ich allen Mut zusammen, guckte keinen von ihnen an, sondern ging aufrechten Schrittes zwischen ihnen durch. Es erfolgte keinerlei Reaktion von ihrer Seite. Wortlos ließen sie mich passieren.

Draußen, in der Freiheit, etwa dreißig oder vierzig Meter vom Gefängnistor entfernt, stand mein Vater. Er hatte hier, wie er mir nachher sagte, in den letzten Wochen jeden Tag stundenlang gestanden, um die herein- oder herauskommenden Leiter des Gefängnisses um meine Freilassung zu bitten. Auch an diesem Tag hatte er ohne Hoffnung auf Erfolg seine Warterei vor dem Gefängnis angetreten. Als er mich sah, kümmerten ihn die vorübergehenden Leute nicht mehr. Er fiel auf die Knie und dankte Gott laut für meine Rettung.

Das erste, was wir taten, war nicht der Gang nach Haus, sondern in die Kirche, wo wir Gott noch einmal für das Wunder meiner Entlassung aus der Haft dankten. Tatsächlich musste ich in der damaligen aussichtslosen Lage meine Freilassung, die doch ohne ersichtlichen Grund geschah, mit einer gewissen psychologischen Notwendigkeit als von oben gewirktes Wunder ansehen. Hinzu kam, dass mein Vater mir gleich bei der ersten Wiederbegegnung auf den Kopf zugesagt hatte: »Gelt, Du hast versprochen, Priester zu werden!«.

Nach der Entlassung aus dem Gefängnis erfüllte mich etwa zwei Monate lang ein mein Inneres fast sprengendes ekstatisch-rauschhaftes Gefühl unbeschreiblichen Glücks, unerhörter Wonne. In diesem Gefühl bildeten das Bewusstsein, wieder frei zu sein, und die Überzeugung, von einem existierenden und wirkenden Gott selbst befreit worden zu sein, eine Synthese von höchster Harmonie. Selbst die Folgeerscheinungen des Gefängnisaufenthaltes konnten mein Glück nicht antasten, obwohl sie nicht gerade angenehm waren.

Die miserablen hygienischen Verhältnisse während der Haft waren nämlich dafür verantwortlich, dass ich eine stark juckende, fast meinen ganzen Körper bedeckende Krätze und eine Menge Läuse mit nach Hause gebracht hatte. Dazu kamen - wahrscheinlich infolge der Unterernährung und der Aufregungen während der Haft - ein paar Kreislaufzusammenbrüche, von denen ich mich jedoch bald erholte.

Aber all diese Phänome waren, wie gesagt, sekundär. Ich war vor allem restlos glücklich und glaubte damals, die Gegenwart Gottes geradezu greifbar zu spüren, und zwar unentwegt, ununterbrochen, überall. Die Menschen, die Blumen, Bäume, Wiesen und Felder, die Tiere und alle Dinge waren für mich lebendige Beweise des in ihnen anwesenden, durch sie wirkenden und lediglich hinter einem dünnen, fast durchsichtigen Schleier verborgenen Gottes.

Es fiel mir deshalb auch nicht schwer, bereitete mir vielmehr echte Freude, mein im Gefängnis gegebenes Versprechen zu halten und tagtäglich stundenlang in der Kirche im Gebet zu verharren. Es war allerdings meist nicht die Pfarrkirche, in die ich mich zum Beten begab, sondern die Kapelle eines Nonnenklosters, das sich in unmittelbarer Nachbarschaft des Hauses, in dem wir jetzt wohnten, befand. Meine stundenlange Beterei ging schließlich sogar den durchaus wohlwollenden Ordensschwestern, die mich schon seit meiner Kindheit kannten, auf die Nerven.

Meinen Eltern sagten sie, dass diese »Bekehrung« eines früher so lebhaften, ja mitunter frechen Jungen und seine übertrieben lange Anwesenheit in der Kapelle, die sogar länger dauere als ihre eigenen vorgeschriebenen Betübungen, doch wohl »nichts Gesundes« seien. Für mich aber war eine solche abwertende Meinung damals nur ein Hinweis auf die Richtigkeit meines »christlichen Weges«, der ja laut Evangelium, in das ich mich immer mehr vertiefte, nie ohne Anfeindungen gegangen werden kann. Außerdem kamen mir die Nonnen dieses Klosters sehr bald zu weltlich vor.

In dieser Auffassung wurde ich durch einen ganz bestimmten Vorfall bestärkt. Es gab in diesem Kloster eine Nonne, die in unserer Stadt besonders beliebt war, weil sie viele Krankenbesuche machte. Natürlich beschenkte man sie aus Dankbarkeit dafür immer reichlich, vor allem mit Lebensmitteln. Nach der Ordensregel aber war sie verpflichtet, alle Geschenke bei der Oberin abzuliefern. Das fiel ihr offenbar schwer, denn eines Tages schob man im Rahmen einer Generalreinigung der Klosterkapelle den Altar an eine andere Stelle und fand dabei auf seiner Rückseite, die bisher ganz eng an eine der vier Wände dieses Betraumes angelehnt gewesen war, Schinken, Speck und Hartwurst in allen Mengen und in teilweise schon verfaulendem oder verschimmeltem Zustand. Die Empörung der übrigen Nonnen war riesengroß, obwohl oder vielleicht gerade weil sie alle ohne Ausnahme gut genährt waren.

Der eben geschilderte Vorfall ereignete sich erst, als ich bereits aus meinem ungefähr zwei Monate währenden seligen Gefühlszustand herausgetaucht war und die Welt wieder nüchterner und realistischer sah. Während dieses Zustandes aber erblickte ich in allen Menschen nur das Gute und hätte auch für den erwähnten Vorfall eine das Verhalten der betreffenden Ordensschwester entschuldigende Interpretation gefunden.

Psychologisch war es natürlich klar, dass mein ekstatischer Zustand, jenes Gefühl, allem Irdischen enthoben zu sein und gleichsam himmlisch frei über der Erde zu schweben, nicht von Dauer sein konnte. Mich traf das Ende dieses Zustandes trotzdem wie ein furchtbarer Blitz aus heiterem Himmel, weil ich keine Ahnung von irgendwelchen psychologischen Gesetzmäßigkeiten besaß und deshalb dieses Ende einem sündhaften Fehlverhalten von mir zuschrieb.

Ich machte nämlich damals meine Zweifel dafür verantwortlich, dass alle positiven Gefühle wie weggewischt waren und ich mich todunglücklich fühlte. War doch ganz plötzlich in mir die Frage aufgetaucht, ob das alles, was ich in den letzten beiden Monaten erlebt hatte, nicht zu schön sei, um wahr zu sein; ob es nicht ein herrlicher, aber wirklichkeitsfremder Traum gewesen sei; ob ich mir Gott, den ich zwar unmittelbar gespürt und gefühlt, aber doch nicht gesehen hatte, vielleicht nur eingebildet hätte. Ich brauchte diese Fragen gar nicht zu beantworten. Es genügte, dass ich sie mir stellte, genauer: Dass sie sich mir mit Gewalt aufdrängten, um mich zutiefst schuldig zu fühlen. Denn es erschien mir als rabenschwarze Undankbarkeit Gott gegenüber, der mich doch nach meiner Überzeugung aus dem polnischen Gefängnis herausgeführt hatte, dass ich überhaupt solche Fragen stellen konnte.

Trotzdem drängten sie sich mir immer wieder von neuem auf, und ich verstrickte mich in immer neue Schuld, weil ich krampfhaft nach einem Beweis Gottes suchte, wo mir doch andererseits bereits das Verlangen nach einem solchen Beweis als Gotteslästerung erschien. Keinem Menschen hätte ich mich in dieser Situation anvertrauen können, weil ich keinen außer mir für so schlecht hielt, dass er an der Existenz Gottes Zweifel hegen konnte.

Mit den bohrenden Fragen und Zweifeln in mir konnte ich nicht fertig werden. Daher war ich froh, als noch in den letzten Monaten des Jahres 1945 Ereignisse eintraten, die mich von den ungelösten Konflikten in meinem Inneren ein wenig ablenkten. Die jetzt nur verdrängten, aber nicht gelösten religiösen Probleme verstärkten aber noch meinen im Gefängnis geweckten Willen, Priester zu werden und Theologie zu studieren, um eine Klärung der Gottesfrage zu erreichen. Dabei war es paradox, ja geradezu absurd, dass ich zwar an der Existenz Gottes zweifelte, jedoch sicher war, dass er mich zum katholischen Priestertum berufen hatte. Auch war ich sicher, dass mich nichts davon abbringen würde, diesen Beruf zu ergreifen.

Ein ähnlicher Widerspruch bestand darin, dass ich zwar Priester werden, jedoch nicht zur Schule gehen wollte. Nicht, dass ich überhaupt die Schule als solche gehasst hätte. Aber es passte mir nicht, dass ich polnisch lernen und die polnische Schule besuchen sollte.

Und deutsche Schulen gab es ja nicht mehr in Oberschlesien. Bis zum Einmarsch der Russen war ich fünfeinhalb Jahre aufs deutsche Gymnasium in Groß Strehlitz gegangen und dabei, oberflächlicherweise und ohne es mir richtig klarzumachen, überzeugt, dass man mir in der polnischen Schule gar nichts mehr beibringen könne. Bis dahin hatte ich ja auch Polen und die Polen fast nur von ihrer schlechtesten Seite erlebt. Meine damalige schlechte Meinung über alles Polnische übertrug ich natürlich auch auf die Qualität der polnischen Schulen.

So arbeitete ich denn nach der Entlassung aus dem polnischen Gefängnis und etwa zwei Wochen des Nichtstuns und der Erholung von den Strapazen der Haft bei meinem Vater und hoffte höchstens, was die meisten Schlesier damals wünschten, dass die Polen Schlesien wieder an Deutschland zurückgeben würden und ich erneut zur deutschen Schule gehen könnte.

Eines Tages aber - es war im Spätherbst des Jahres 1945 - kam ein polnischer Volksschullehrer in unsere Werkstatt, um seine Aktentasche reparieren zu lassen. Im Gegensatz zu den meisten Polen spach er recht gut deutsch. Er unterhielt sich längere Zeit mit Vater und mir, wie das bei so manchen Kunden, die uns besuchten, der Fall war. Dann aber sagte er zu meinem Vater etwa Folgendes: »Glauben Sie mir, Herr Mynarek, ich schätze das Sattlerhandwerk sehr. Aber verzeihen Sie mir, wenn ich Ihnen das sage, ich habe doch den Eindruck, dass Ihr Sohn etwas anderes machen sollte. Er sollte zur Schule gehen und vielleicht studieren!«.

»Ich selbst«, antwortete da lächelnd mein Vater, »habe gar nichts dagegen, aber bringen Sie das mal meinem Sohn bei!«. Der polnische Lehrer argumentierte daraufhin so überzeugend, dass ich mich bereit erklärte, wieder zur Schule zu gehen. Tatsächlich verschaffte er mir einen Platz in der zweiten Klasse des vor einigen Wochen eröffneten polnischen Gymnasiums in Groß Strehlitz. Er sah dies, angesichts meiner völligen Unkenntnis der polnischen Sprache, als außerordentlichen Erfolg an, den er beim Direktor dieses Gymnasiums erreicht habe. Aber ich gelangte bald zu der Erkenntnis, dass mich diese Unterbringung in der zweiten Gymnasialklasse um Jahre zurückwarf.

Zwar verstand ich nicht, was die Unterrichtenden sagten, aber ich begriff sehr gut, dass das, was sie beispielsweise in Mathematik an die Tafel schrieben oder zeichneten, ein Stoff war, den ich schon vor Jahren durchgenommen hatte. Auch waren die Schüler in meiner Klasse wesentlich jünger als ich. Erst später erkannte ich auch, dass die Struktur des damaligen polnischen Schulwesens eine gänzlich andere als die der deutschen Schule war. Während ich 1939 nach vier Jahren Volksschule sofort auf das neunklassige Gymnasium übergewechselt war, besuchten die polnischen Jugendlichen, soweit sie nicht in ihr bleiben wollten, sechs Jahre lang die Volksschule, ehe sie in das vierklassige Gymnasium und danach in das zwei Klassen umfassende Lyzeum gehen durften. Die »matura«, das polnische Abitur, war der erfolgreiche Abschluss des Lyzeums.

Es gelang mir jedoch nicht, mich den polnischen Gymnasiallehrern verständlich zu machen, ihnen klarzumachen, dass ich aufgrund meiner bisherigen Schulausbildung in eine höhere Klasse gehörte. Ich stellte mich aber auch mit den paar Brocken polnisch, die ich bisher aufgeschnappt hatte, unbeholfen und ungeschickt an, tapste von einer dummen Situation in die andere, konnte auf Fragen, die im Unterricht an mich gestellt wurden, nicht antworten und fühlte mich immer elender. Andererseits lenkte mich diese Art von »Elend« nachhaltig von den bohrenden religiösen Zweifeln in meinem Inneren ab, die ich vorhin erwähnt habe.

Dem polnischen Volksschullehrer, der weiterhin ziemlich oft Vaters Werkstatt aufsuchte und der meine Situationsschilderung wenigstens verstand, gelang es dann doch noch, mich in der vierten Gymnasialklasse unterzubringen. Ich hatte also noch eine Gymnasialklasse und zwei Lyzealklassen bis zum Abitur zu bewältigen. In meiner neuen Klasse war ich der einzige Oberschlesier, alle anderen Schüler stammten aus Ost- und Zentralpolen.

Zunächst reagierte ich nicht einmal richtig, wenn mich die Klassenleiterin, Frau Turkowna, nach meinem Vor- und Nachnamen oder nach dem ebenfalls ins Klassenbuch einzutragenden Geburtsdatum fragte. Was ich in polnischer Sprache von mir gab, war grammatikalisch, stilistisch, wie akzentmäßig haarsträubend. Aber zu meinem Erstaunen lachte niemand über mich, alle, Lehrer wie Schüler, waren unwahrscheinlich zuvorkommend und höflich, obwohl sie wussten, dass ich noch vor kurzem als »Politischer« im polnischen Gefängnis gesessen und früher der Hitlerjugend angehört hatte. Dieses Benehmen der Polen in der Schule stand in krassem Gegensatz zur Haltung der polnischen Milizianten während meiner Haft [1)].

Angesichts meiner im polnischen Gefängnis erlebten »religiösen« Wende hatte ich mich besonders auf den Religionsunterricht gefreut, der ja in den ersten Jahren nach dem Krieg noch an polnischen Schulen erteilt wurde, ehe man ihn staatlicherseits aus ihnen verbannte. Auch hatte ich gehofft, dass der Religionsunterricht mir bei der Lösung einiger der für mich schwierigsten religiösen Probleme helfen würde. Aber ich hatte mich schwer getäuscht. Was der ältere geistliche Herr, den die polnischen Schüler herablassend-mitleidig staruszek (= Greis, Alterchen) nannten, von sich gab, stand allerhöchstens auf Katechismus-Niveau. Wichtig war ihm allein, dass wir auf seine stereotypen Fragen auswendig gelernte Antworten bereithielten. Seine wichtigste Frage lautete: »Wozu ist der Mensch auf Erden?«. Die richtige Antwort hatte zu lauten: »Der Mensch ist auf Erden, um Gott zu ehren, ihn zu loben, ihm zu dienen und den Mitmenschen zu lieben!«

Die Existenz Gottes wurde dabei problemlos vorausgesetzt. Aber gerade ihr gegenüber hegte ich meine furchtbaren Zweifel, und ich kam mir wieder wie ein grässlicher Sünder vor, als ich bemerkte, dass kein einziger meiner Mitschüler von ähnlichen Zweifeln geplagt wurde. Dabei waren sie nicht etwa frömmer als ich. Keiner ging wie ich tagtäglich frühmorgens zur Messe, keiner verbrachte jeweils eine Stunde seiner Freizeit am Nachmittag in der Kirche, wobei mir selbst diese eine Stunde, auf die ich mein im Gefängnis gegebenes Versprechen immerwährenden Betens reduziert hatte, bereits wie schwärzester Undank Gott gegenüber erschien, an dessen Dasein ich doch zweifelte.

Durch besondere Frömmigkeit, eine Vielzahl religiöser Übungen und die Teilnahme an allen kirchlichen Veranstaltungen versuchte ich die Not meines aus dem Zweifel an Gottes Dasein resultierenden schlechten Gewissens zu beschwichtigen. Erst einige Jahre später tröstete mich ein wenig der mir bekanntgewordene Auspruch Blaise Pascals: »Ich würde Dich, Gott, nicht suchen, wenn ich Dich nicht bereits gefunden hätte«.

Die polnischen Mitschüler zweifelten deshalb nicht an Gott, weil sie, wie mir ebenfalls erst später aufging, religiös gar nicht interessiert waren. Sie gingen zwar in den Religionsunterricht, mehr oder weniger auch in den sonntäglichen Gottesdienst, etwa vierteljährlich, insbesondere vor den großen Feiertagen Weihnachten, Ostern, Allerheiligen bzw. Allerseelen, zur Beichte und danach zur Kommunion. Aber sie taten es aus Gewohnheit, aus Gründen einer für sie ganz selbstverständlichen polnischen Volkstradition, zu deren geradezu unabänderlichem Inventar die Einhaltung der von der katholischen Religion angezeigten Pflichten und eben auch der selbstverständliche, in keiner Weise tiefer reflektierte Glaube an Gott, an Jesus, Maria und die Heiligen gehören.

Aber Gott spielte keine Rolle in der persönlichen Existenz meiner Mitschüler. Bis zur matura, dem polnischen Abitur, habe ich nie ein Gespräch über religiöse Fragen zwischen ihnen wahrgenommen. Sie waren fast ausnahmslos gute, nette Kerle, aber ihre Gutheit war angeboren, sie resultierte keineswegs aus persönlich erlebter Religiosität. Leise Anklänge einer solchen konnte ich nur dann bemerken, wenn vom Lehrer oder Kanzelprediger die gottgewollte oder von der Mutter Gottes bewirkte Ehre und Tapferkeit der polnischen Nation, ihr geradezu messianisches, stellvertretendes Leiden für alle anderen Völker gepriesen wurden.

Die überschwängliche Begeisterung auch der polnischen »Inteligencja«, die entgegen westlicher Auffassung gar nicht besonders religiös-katholisch ist, angesichts der Polenbesuche des polnischen Papstes, Johannes Pauls II., ist ebenfalls zum Großteil darauf zurückzuführen, dass er ihr als mächtigster Exponent des sich gegenüber dem sowjetrussischen Kommunismus behauptenden polnischen Nationalismus erschien.

Eine Anekdote, die sich tatsächlich noch zur Zeit des Ostblock-Kommunismus ereignet haben könnte, mir auch als wirkliche Begebenheit von verschiedenen Polen erzählt worden ist, scheint mir treffend die Mentalität weiter Teile der polnischen Intelligenz zu illustrieren: Heilige Wandlung während der sonntäglichen Hochmesse in einer großen Warschauer Kirche. Das Volk kniet, während der Priester die Hostie emporhält, tiefgebeugt und ehrfürchtig vor dem Allerheiligsten, manche schlagen sogar, wie ich das in Polen oft gesehen habe, mit der Stirn wiederholt an den Boden. Nur einer verharrt in stehender Position, ein unerhörter Vorgang innerhalb einer Messe in Polen! Einer der in der Kirche anwesenden Priester stellt ihn deshalb zur Rede. Es stellt sich heraus, dass es ein Dozent der Warschauer Universität ist: »Warum lästern Sie Gott, warum knien Sie nicht bei der Wandlung wie alle anderen?«, fragt ihn der

Geistliche schroff. »Weil ich nicht glaube« antwortet der Mann. »Warum kommen sie dann überhaupt in die Kirche?«. »Weil ich gegen das herrschende Regime bin!«.

Auch die dem Besucher aus dem Westen so auffallenden vollen Kirchen dürfen nicht darüber hinwegtäuschen, daß viele Polen nur an den drei oder vier allerhöchsten katholischen Feiertagen zum Gottesdienst gehen. In meiner eigenen Klasse ging mindestens die Hälfte sonntags nicht in die Kirche. Und ich hatte überhaupt nicht den Eindruck, dass irgendeiner meiner Mitschüler die Religion wirklich ernstnahm. Ja, ich fasste es damals in meiner überhitzten Frömmigkeit geradezu als Blasphemie auf, dass einige von ihnen genau zu der Zeit Bälle aus der Turnhalle des Gymnasiums für ihr Fußballspiel entwendet hatten, zu der die übrigen Schüler in der Kirche zum sonntäglichen Gottesdienst versammelt waren.

Die Zeit verann wie im Flug. Schon hatte ich die vierte, also letzte Gymnasialklasse und die erste Lyzealklasse hinter mich gebracht. Jetzt aber, ein Jahr vor dem Abitur, bahnte sich erneut eine Wende in meiner Geschichte mit der polnischen Schule an. Die Schulleitung hatte unsere Klasse darüber informiert, dass der Unterricht nicht mehr weitergeführt werden könne, weil qualifiziertes Lehrpersonal in ausreichendem Maße nicht mehr vorhanden sei. Tatsächlich waren einige »Professoren« und »Professorinnen« zu Gymnasien in anderen Städten abgewandert.

Groß Strehlitz war aber auch mit seiner zerstörten Innenstadt und seinem Fehlen jeglicher kulturellen Anreize alles andere als eine Stätte, zu der man sich hingezogen fühlen konnte. Auch das Schulgebäude selbst war zu eng und technisch kaum geeignet, ein Gymnasium und Lyzeum zu beherbergen. Das riesengroße Gebäude des deutschen Gymnasiums Johanneum am Annaberg war von der einmarschierenden roten Armee niedergebrannt worden, so dass man das polnische Gymnasium und Lyzeum im St. Anna Stift, einer von Nonnen geleiteten Haushaltsschule, untergebracht hatte. Die deutschen Nonnen hatte man kurzerhand ausquartiert. Aber in dieser früheren Haushaltsschule fehlte es natürlich an allen technischen Hilfsmitteln für den Unterricht, und ich vermisste ganz besonders die reich ausgestatteten, hellen und geräumigen Säle für den Chemie-, Biologie-, Zeichen- und Gesangsunterricht, über die das deutsche Gymnasium verfügt hatte.

Für nostalgische Erinnerungen war jetzt jedoch ohnehin keine Zeit mehr. Ich hatte vielmehr zu überlegen, an welcher Schule ich meine matura machen wollte. Da ich später Theologie studieren wollte, sollte es möglichst eine Schule sein, die in der Disposition und Darlegung ihres Unterrichtsstoffes noch relativ unabhängig verfahren konnte, unabhängig vom jetzt ständig stärker forcierten Kurs der staatlichen, marxistischen Unterrichtspolitik. Es gab meines Wissens damals in ganz Schlesien nur eine einzige Privatschule, die vom Staat zugelassen war, über alle Rechte staatlicher Schulen verfügte, deren matura staatlicherseits anerkannt wurde und zum Hochschulstudium qualifizierte: Das Bischöfliche Gymnasium und Lyzeum des hl. Jacek in Kattowitz, der Hauptstadt der schlesisch-dambrauer Woiwodschaft (wojewodztwo slasko-dabrowskie). Diese Schule hatte den Ruf, über das höchste Unterrichtsniveau und die bestqualifizierten Lehrkräfte zu verfügen. Für sie entschied ich mich.

Ich begab mich also nach Kattowitz und bat den Direktor dieser Schule um Aufnahme in die letzte Klasse des Lyzeum und ins Internat, denn Groß Strehlitz liegt etwa 70 Kilometer von Kattowitz entfernt, so dass ein tägliches Hin- und Herpendeln zwischen Elternhaus und Schule nicht in Frage kam. Nach Prüfung meiner bisherigen Zeugnisse in der polnischen Schule wurde meinem Antrag stattgegeben. Freilich versäumte der Direktor nicht, mich zu warnen: »Es ist anzunehmen, dass Sie jetzt mit größeren schulischen Anforderungen konfrontiert werden als bisher. Haben Sie sich diesen Schulwechsel nur ein Jahr vor der matura auch gut überlegt? Die Sache kann ins Auge gehen!«. Ob ich mir den Wechsel in diese Eliteschule gut überlegt hatte, wusste ich nicht. Aber das damit verbundene Risiko reizte und motivierte mich.

Eine Eliteschule war es in der Tat. Das erkannte ich sehr bald im Umgang mit der Klasse, in die ich nun kam. Elitär war bereits der soziale Status einer ganzen Reihe der neuen Mitschüler. Es waren Söhne der neuen Herrschaftsschicht Polens, Kinder von Politikern und Wirtschaftsfunktionären. Dass führende Kommunisten ihre Söhne auf ein bischöfliches Lyzeum schickten, konnte ich zunächst gar nicht verstehen. Aber diese Leute ließen sich wohl von dem Motiv leiten, ihren Sprößlingen eine möglichst perfekte und weltanschaulich offenere und liberalere Ausbildung zuteil werden zu lassen.

Wahrscheinlich war so eine Zweigleisigkeit auch nur in der polnischen Variante des realen Sozialismus möglich, undenkbar wäre sie jedenfall etwa in der damaligen DDR gewesen. Umgekehrt verhielten sich auch die Kirche und der Bischof, denen ja die Schule gehörte, äußerst zurückhaltend. Von spezifisch religiöser und katholischer Unterweisung war außer im Religionsunterricht in keinem Fach etwas zu spüren. Die Tendenz ging lediglich dahin, möglichst viele weltanschauliche, politische, literarische, gesellschaftliche und ökonomische Strömungen ziemlich gleichrangig darzustellen und den Schülern die Qual der Wahl zwischen ihnen zu überlassen.

Diese liberale Tendenz der Unterrichtenden, von denen auch nur der Religionslehrer katholischer Priester war und unter denen sich ein paar ausgesprochen weltmännisch-elegante Epikureer befanden, war eine Wohltat gegenüber den inzwischen eingeführten offiziellen Unterrichtsprogrammen, nach denen der Marxismus in seiner orthodoxen Katechismusform immer im Recht war und als die einzig wahre Weltanschauung und ökonomische Lehre zu gelten hatte. Neben den eben erwähnten Schülern gehörten zu meiner Klasse noch die Söhne von Leuten mit selbständigen Berufen, also von Ärzten, Rechtsanwälten, freischaffenden Künstlern, Schriftstellern u.ä.

Man kann sich leicht vorstellen, welche Beredsamkeit, Wortgewalt, Formulierungskunst und welchen rhetorischen Schwung diese Burschen an den Tag legten, wenn über die verschiedensten Themen diskutiert werden durfte, und zu solchen Diskussionen regten uns die Unterrichtenden immer wieder an. Sie hatten ihr köstliches Vergnügen daran und und griffen nur selten korrigierend oder mäßigend ein. Die intelligentesten Diskutanten wurden von unseren Lehrern sorgfältig notiert. Denn bei den nicht gerade seltenen Kontrollbesuchen der kommunistischen Schulbehörde waren sie die vorzeigbaren Paradepferde, die von unseren »Professoren« drangenommen wurden, um das hohe Niveau unserer Schule unter Beweis zu stellen und den Nachweis zu erbringen, dass ihr alle staatlichen Rechte weiterhin über allen Zweifel erhaben zustanden.

Immer wieder nämlich wurden trotz des Umstandes, dass zahlreiche hohe Parteifunktionäre ihre Söhne in unsere Schule schickten, Versuche seitens des polnischen Unterrichtsministeriums unternommen, ihr diese Rechte abzuerkennen. Einige Jahre nach meinem Abitur (matura) trat diese Aberkennung dann auch tatsächlich ein. Eine Privatschule in kirchlichem Besitz, die die Elite der polnischen Jugend heranbildete - das war ein Stachel im Fleisch der kommunistischen Machthaber, der eher oder später gezogen werden musste.

Für mich bedeutete es ein ganz neues, intellektuelles Vergnügen, den eleganten und gewandten Wortgefechten meiner Mitschüler zuzuhören. Sie waren in jeder Hinsicht so selbstsicher, ohne jegliche Angst vor einer Blamage konnten sie die phantastischsten oder absurdesten selbsterfundenen wissenschaftlichen Hypothesen lauthals vor den Lehrern verkünden, sparten auch keineswegs mit mir verwegen erscheinenden Etikettierungen der letzteren oder Bewertungen ihrer Unterrichtsweise, ohne sich um deren Anwesenheit zu kümmern. Die Lehrer schienen es geradezu darauf abgesehen zu haben, bei den Schülern als besonders großzügig, vorurteilsfrei und antiautoritär eingestuft zu werden. Trotz der Euphorie, in der ich mich angesichts der glanzvollen wissenschaftlichen Atmosphäre in der neuen Klasse und Schule befand, fühlte ich mich anfangs in diesem Rahmen ziemlich deplaciert. Ich kam mir vor wie ein Bäuerlein aus der tiefsten Provinz, das sich - ziemlich hilflos - zum ersten Mal in der Großstadt zu orientieren versucht. In materieller wie formaler Hinsicht, in Bezug auf den Umfang ihres Wissens wie die Art seiner Anwendung, waren mir die meisten Mitschüler zweifellos weit überlegen. Mit einer gewissen Bangigkeit stellte ich mir die Frage, ob ich es im Laufe eines Schuljahres überhaupt schaffen könne, ihren Vorsprung einzuholen und das Abitur zu bestehen.

Es gelang mir dann doch eher, als ich zu hoffen gewagt hätte, das wissenschaftliche Niveau der Klasse zu erreichen. Am Ende des Schuljahres gehörte ich zusammen mit zwei Mitschülern zu jenen, die das Abitur mit der höchstmöglichen Auszeichnung bestanden. Das Abitur selbst aber war für keinen der Schüler unserer Klasse eine leichte Prozedur gewesen, denn die staatliche Schulaufsichtsbehörde hatte Prüfer bzw. Beobachter der Reifeprüfung entsandt,

Aus dem Familienalbum: Das Geschäft des Vaters von Hubertus Mynarek in Groß Strehlitz vor der Zerstörung 1945 durch die Russen.

die möglichst bei jeder Antwort des Prüflings etwas zu beanstanden versuchten und tatsächlich auch erreichten, dass einige durchfielen.

2. Kapitel
Realitäten und Zwänge eines Priesterseminars

Nach meinem religiösen Erlebnis im polnischen Gefängnis hatte ich nie Zweifel an dem von mir einzuschlagenden Berufsweg gehegt. Während meine Klassenkollegen teilweise noch nach dem Abitur in dieser Hinsicht unschlüssig waren, stand es bei mir felsenfest: Ich werde katholischer Priester. Diese von keinerlei Zweifel angetastete Absicht stand, wie ich früher schon erwähnte, im merkwürdigen Gegensatz zu meinen Zweifeln an der Existenz Gottes.

Andererseits hoffte ich, dass mir das Studium der Theologie alle diesbezüglichen Zweifel ausräumen würde. Das eigentliche Motiv aber, das mich zum Priestertum trieb, war meine damalige Überzeugung, dass ich als katholischer Seelsorger das Beste für die Menschen tun, sie gegen die Mächte des Bösen, gegen jeden ungerechten Zwang von innen her wappnen könne.

Der Leser der bisherigen Ausführungen dieses Buches weiß schon, woran ich bei den Mächten des Bösen und den ungerechten Zwängen denke. Ich hatte als Jugendlicher in rascher Abfolge den braunen und roten Totalitarismus, den letzteren in seiner sowjetrussischen und polnischen Variante, erlebt, hatte mit diesen Systemen verbundenes grauenhaftes Unrecht gesehen und persönlich erlitten, und mit der reinen und radikalen, freilich auch wenig differenzierenden und teilweise rücksichtslosen Kraft, wie sie eben nur dem jugendlichen Idealismus eigen ist, hatte ich mir vorgenommen, jedes erkannte gesellschaftliche Übel mit dem vollen Engagement meiner Person zu bekämpfen.

Interessanterweise glaubte ich damals völlig unreflektiert, dass ein solcher Kampf wider jede Form von Ungerechtigkeit im Organisationsrahmen der römisch-katholischen Kirche am besten gelingen müsse, in ihr die besten Voraussetzungen fände. Zweifellos hing das mit meiner katholischen Erziehung zusammen und ebenso mit dem Umstand, dass ich diese Organisation bisher von innen her, insbesondere in ihren führenden Vertretern, noch gar nicht oder nur sehr bruchstückhaft kannte. Auch stand die Frage der Existenz Gottes derart im Mittelpunkt meines Denkens, dass ich andere religiöse Fragen sehr stiefmütterlich behandelte. Ich war überzeugt: Mit der Klärung der Existenzfrage Gottes lösen sich alle weiteren religiösen Probleme ganz von selbst auf. Vor allem schien mir damals Folgendes evident: Wenn ich mir nur Gottes Dasein bewiesen haben werde, wenn er also existiert, dann ist es auch klar, dass er eine Organisation beauftragt haben muss, die Menschen unfehlbar zu Gott und zum Heil zu führen. Für mich war es damals völlig unreflektiert klar, dass diese Organisation nur die römisch-katholische Kirche sein konnte.

Bevor ich mich nach dem Abitur zur Aufnahme ins Priesterseminar meldete, hatte ich noch eine überraschend entstandene, allerdings nicht sonderlich schwere Klippe zu überwinden. Ich bekam eine Vorladung zum starosta, zum Landrat des Kreises Groß Strehlitz. Ausdrücklich stand auf der Vorladungskarte, ich möchte ihn doch in seiner Privatwohnung aufsuchen. Nichtsahnend, aber ein wenig neugierig machte ich mich nach dorthin auf. Der starosta leitete das Gespräch ein, indem er mir zum bestandenen Abitur gratulierte. Er habe in der Zeitung von meinem erfolgreichen Abschneiden gelesen. Tatsächlich hatte die in Kattowitz herausgegebene Bistumszeitung, die auch in der Groß Strehlitzer Kirche auslag, darüber berichtet.

Der starosta gehörte einer 1948 noch zugelassenen, nichtkommunistischen Partei an und war Katholik. Jedenfalls sah man ihn bei größeren kirchlichen Feiertagen in der Kirche, wenn ich auch den neuen Groß Strehlitzer Pfarrer einmal sagen hörte, der Herr starosta sei kein guter Mensch, denn er lebe in wilder Ehe mit einer sehr viel jüngeren Frau und sei zu einer Trennung von ihr nicht zu bewegen. Während meines Gesprächs mit dem starosta kam seine ausgesprochen schöne Frau auch für einen Moment ins Wohnzimmer, wo unsere Unterredung stattfand, ohne mich jedoch zu begrüßen. Sie wirkte stolz, überheblich, aber ich konnte trotz meiner damaligen streng antifeministischen Einstellung verstehen, warum sich der Landrat nicht von ihr trennen wollte. Noch auf dem Nachhauseweg kam mir ihre aufreizend schöne Erscheinung immer wieder in den Sinn, obwohl ich mich innerlich gegen sie zur Wehr setzte. Der starosta hatte anscheinend schon von meinem Plan, ins Priesterseminar einzutreten, gehört. Denn er versuchte zuerst sanft, dann immer kategorischer, mich von diesem Plan abzubringen. Mich empörte besonders der Satz, dass einer, der Priester werde, für die Gesellschaft verloren sei, wo ich doch genau vom Gegenteil überzeugt war. Meine idealistisch hochgestochenen Gegenargumente tat er mit einem mitleidigen Lächeln ab. Umgekehrt machten seine vor mir ausgebreiteten Perspektiven von einer herrlichen politischen oder ökonomischen Karriere auf mich keinen Eindruck.

Er deutete sogar an, obwohl das sicher auch für ihn nicht ungefährlich war, dass »unsere Gesellschaft« intelligente Nichtkommunisten brauche, die an der Gestaltung des neuen Polen auf einflussreicher Position mitwirkten. Wie ich später erfuhr, war er gebürtiger Oberschlesier, der sich aber in einer für Grenzvölker typischen Art total als Pole fühlte, so wie es Oberschlesier gibt, die sich trotz ihrer slawischen Herkunft in einer jeden Zweifel verbannenden Weise als Deutsche ansehen. In meiner damaligen dezidiert religiösen Phase aber waren nationalistische Argumente, wie sie mir der Landrat servierte, ganz besonders zweck- und wirkungslos. Das konnte jedoch dieser Mann, der es sicher gut meinte, nicht wissen. Das Gespräch verlief jedenfalls ergebnislos, obwohl ich noch lange darüber nachdachte, vor allem über den letzten Ausspruch, den er getan hatte, bevor er mich entließ: »Wir haben Mittel und Wege, um Ihnen Ihre Flausen auszutreiben. Aber selbst wenn wir das nicht tun, werden Sie mit Ihrem wirklichkeitsfremden Idealismus innerhalb der Kirche scheitern. Sie haben ja keine Ahnung, wie es dort zugeht«.

Mein Nachdenken über das Gespräch mit dem starosta hatte mich irgendwie betroffen gemacht, aber es war trotzdem nicht gleichbedeutend mit irgendwelchen Zweifeln an dem von mir eingeschlagenen Berufsweg. In dieser Hinsicht hatte mich die Aggressivität des Landrats eher in der Überzeugung von der Richtigkeit meines Weges bestärkt. Oft genug hatte ich ja auch in den letzten drei Jahren religiöse Bücher gelesen, die lang und breit die Widerstände ausmalten, die einem begegneten, der den geistlichen Beruf erwählt.

So konnte es eigentlich gar nicht anders kommen: Ich setzte mich bald darauf in den Zug und fuhr nach Oppeln zum Generalvikariat der provisorischen Diözese (damals vor der Erhebung in den Rang einer Diözese durch den Vatikan eigentlich nur Apostolische Administratur), wo ich um Aufnahme ins Priesterseminar ersuchte.

Die erst in ihren organisatorischen Anfängen befindliche Diözese Oppeln besaß damals, 1948, noch nicht einmal ein eigenes Priesterseminar. Es existierte lediglich ein Vertrag mit dem Kattowitzer Bistum, demzufolge die Oppelner Priesteramtskandidaten im Priesterseminar dieses Bistums untergebracht wurden. Das Priesterseminar der Diözese Kattowitz befand sich aber nicht etwa in Kattowitz, sondern in Krakau, weil es hier eine Universität mit einer theologischen Fakultät gab, an der die Seminaristen Vorlesungen hören und ihre Examina ablegen konnten. In den traditionell polnischen Gebieten, wie in Krakau oder Warschau, hatte es die neue polnische Regierung nach 1945 nicht gewagt, die theologischen Fakultäten an den wiedereröffneten Universitäten nicht zuzulassen (gemeint sind dabei immer die katholisch-theologischen Fakultäten, denn evangelisch-theologische Fachbereiche gab es an den polnischen Universitäten angesichts der verschwindend geringen Rolle des Protestantismus in Polen überhaupt nicht).

Dagegen stieß die Regierung auf keinerlei Widerstand, als sie an der wiedereröffneten Breslauer Universität, also auf früher ostdeutschem Gebiet, die Theologie von vornherein aussperrte. Auch als das Priesterseminar der neuen Breslauer Apostolischen Administratur (später Diözese, analog zu dem vorhin über die Oppelner Administratur bzw. Diözese Gesagten) eröffnet wurde, ließ sich der Staat nicht erweichen, eine theologische Fakultät an der Universität zu errichten. Es wurde also nur ein internes theologisches Studium, ein sogenanntes studium domesticum, den Priesteramtskandidaten der Breslauer Diözese innerhalb ihres Priesterseminars geboten. Aber auch die theologischen Fakultäten in Altpolen konnten sich nicht mehr lange ihrer Präsenz an den Universitäten erfreuen. Auch sie wurden vom Staat liquidiert. Die theologische Fakultät an der Alma Mater Jagiellonensis in Krakau ereilte dieses Schicksal im Jahr 1956 [2)].

Aus der Sicht eines sich der marxistischen Ideologie verpflichtet fühlenden Staates war diese Verbannung der katholischen Kirche von den Universitäten nur konsequent. Bevor es jedoch zu dieser radikalen Trennung kam, versuchte er immer wieder, Einfluss auf die theologischen Universitätsfakultäten zu nehmen. Diese Einflussversuche bekamen ausgerechnet die jüngsten Priesteramtskandidaten besonders zu spüren, denn sie mussten vor ihrer Immatrikalution an der Universität und als Bedingung ihrer Zulassung zum Studium an der theologischen Fakultät u.a. eine Prüfung ihrer Marxismuskenntnisse über sich ergehen lassen. Es war ganz schön paradox, aber das Priesterwerden hing tatsächlich u.a. davon ab, ob man den Marxismus kannte, konnte und die entsprechende Prüfung bestand.

Paradox war auch die Zusammensetzung der Prüfungskommission, denn der eigentliche Prüfer war zwar ein Kommunist, ein Dozent für das Fach »Marxismusstudien«, aber als offizielle Beobachter waren drei Vertreter der Kirche zugelassen. Sie passten höllisch auf, ob den Priesteranwärtern seitens des marxistischen Examinators kein Unrecht geschah. Sie wussten auch bereits, dass er sehr knifflige und ins Detail gehende Fragen stellte, und dementsprechend hatte sich der Regens des Kattowitzer Priesterseminars in Krakau eine bestimmte Strategie zurechtgelegt.

Er ging davon aus, dass der erste Eindruck auf den Prüfer der wichtigste sei, und ließ den neuen Jahrgang der Priesteramtskandidaten nicht in alphabetischer Reihenfolge zur Prüfung antreten, sondern schickte zuallererst einige Ältere, Spätberufene ins Feuer des Examens, Leute also, die schon einen anderen Beruf ausgeübt oder ein anderes Studium absolviert bzw. angefangen hatten, ehe sie sich für den Weg zum Priesteramt entschieden hatten. Der Regens setzte also auf die längere theoretische und Lebenserfahrung dieser Älteren. Aber genau damit verrechnete er sich, denn gerade bei denjenigen, welche eben erst ihr Abitur gemacht hatten, war ja die in der Schule erworbene Kenntnis des Marxismus noch ganz frisch. Sie schnitten also viel besser ab als die zuerst ins Examen Geschickten, von denen eine ganze Reihe durchfiel. Es war dann allerdings doch nicht so, dass das Theologiestudium der beim Examen Durchgefallenen beendet war, bevor es überhaupt begonnen hatte. Sie mußten lediglich ihre Marxismus-Prüfung noch einmal wiederholen.

Zufällig begegnete ich am Tag nach diesem Examen dem marxistischen Dozenten in einem Korridor der Universität. Er hielt mich an, legte mir die Hand auf die Schulter und kritisierte mich freundschaftlich: »Mensch, wie können Sie mit Ihren Marxismus-Kenntnissen Theologie studieren? Wissen Sie, dass Sie bei der Prüfung am besten abgeschnitten haben?«. Das wusste ich nicht, denn der Regens hatte uns nach der Rückkehr ins Seminar lediglich mitgeteilt, wer bestanden hatte bzw. wer durchgefallen war.

Der Marxist ermunterte mich noch bevor er sich verabschiedete: »Überlegen Sie sich die ganze Sache noch einmal. Theologie ist doch alles andere als eine Wissenschaft und meinem Eindruck nach sind Sie für die wissenschaftliche Laufbahn wie geschaffen!«.

Ich bildete mir damals auf die mir von diesem Mann bescheinigten Kenntnisse des Marxismus ziemlich viel ein. Aber gerade während des Studiums an der theologischen Fakultät kam ich bald dahinter, dass ich vom originären Marxismus nicht die blasseste Ahnung hatte. Lediglich von der orthodoxen Katechismusform des Marxismus-Leninismus-Stalinismus, wie sie damals in den Lehrbüchern für Gymnasien und Lyzeen dargeboten wurde, wusste ich einiges. Aber von Marx selbst hatte ich zu diesem Zeitpunkt nicht ein einziges Werk gelesen.

Die Sache mit dem Marxismus-Examen hatte für mich übrigens noch ein kleines Nachspiel im Seminar. Der Subregens nahm mich auf sein Zimmer und erklärte mir, dass sich die Seminarleitung über meine ausgezeichneten Antworten auf die Fragen des marxistischen Prüfungsleiters selbstverständlich freue, dass sie sich aber ernstlich frage, wie so ein umfassendes Wissen in dieser Materie ohne echtes Interesse, ja Liebe zum Marxismus möglich und erwerbbar sei. Ich war wegen des dabei leise anklingenden Verdachts empört, obwohl er keineswegs in gehässiger Form geäußert worden war. Erst etwa zwei Jahre später wurde mir die Angst der Seminarleitung ein wenig verständlicher, als ich erfuhr, dass tatsächlich junge Leute mit der vermeintlichen Absicht, Theologie studieren und Priester werden zu wollen, ins Seminar eingeschleust wurden, um die hier herrschenden Verhältnisse auszuspionieren. Der Subregens ließ unser Gespräch versöhnlich ausklingen: »Dass wir unsere Maßnahmen nicht auf vage Verdachtsmomente gründen, können Sie daraus ersehen, daß wir Sie zum Ductor des neuen, eben ins Seminar eingetretenen Jahrgangs ernennen«.

Zum Posten des Ductors ist hier kurz einiges zu sagen. Wer Theologie studieren und Priester werden will, kommt in Polen vom ersten Augenblick seiner kirchlichen Anerkennung als Priesteramtskandidat an ins Priesterseminar und wohnt darin, von den Ferien einmal abgesehen, fünf Jahre lang. (Es könnten heute - angesichts der Verlängerung des Theologiestudiums - auch sechs Jahre sein, aber damals, als ich in den Jahren 1948 bis 1953 mein Theologiestudium absolvierte, war es so wie eben geschildert).

Dementsprechend gibt es fünf Jahrgänge (in Polen »Kurse« genannt) von Priesteramtskandidaten in jedem Priesterseminar, nämlich diejenigen, die schon das fünfte bzw. die erst das vierte, dritte, zweite oder erste Jahr im Seminar sind. An der Spitze jedes Jahrganges oder Kurses steht ein Ductor (= Führer), der die Kommilitonen seines Kurses über die Befehle, Weisungen, Wünsche und Kritiken der Seminaroberen informiert und andererseits den letzteren gegenüber die Interessen der Seminaristen seines Jahrganges vertritt.

Das schließt selbstredend nicht aus, dass sich die Seminarleitung auch direkt, ohne Vermittlung durch den Ductor, an die Alumnen wenden kann. An der Spitze aller Ductoren steht der Ductor jenes Kurses, der schon am längsten im Priesterseminar ist, also im allgemeinen des fünften Jahrganges, wenn es sich nicht gerade um ein erst vor kürzerer Zeit eröffnetes Seminar handelt. Dieser Ductor wird Senior genannt. Die Ductoren werden nicht von den Alumnen gewählt, sondern von der Seminarleitung ernannt. Sie bleiben ein Jahr im Amt, können aber auch für ein zweites Jahr vom Regens des Priesterseminars bestellt werden.

Über meine Ernennung zum Ductor mokierten sich einige Alumnen des ersten Jahrgangs, die der Kattowitzer Diözese angehörten. Ich gehörte ja zusammen mit nur vierzehn Neueingetretenen der Oppelner Diözese an, war also bloß Gast des Kattowitzer Priesterseminars, während etwa fünfzig »Neulinge« aus dem Kattowitzer

Bistum kamen. Die empfanden die »Ductorenschaft« eines Mannes, der aus der - schon aus räumlichen Gründen nur geduldeten - Minderheit kam, als Zumutung. Das Seminargebäude platzte tatsächlich fast aus den Nähten, weil sich die Kattowitzer Diözese nie über Mangel an Priesternachwuchs beklagen konnte. Diese räumliche Enge führte denn auch ein Jahr nach meinem Eintritt ins Priesterseminar dazu, dass wir Oppelner ausquartiert wurden. Aber davon später mehr.

Angesichts meines mangelnden organisatorischen und administrativen Interesses, vielleicht auch Talents, fühlten sich aber bald alle Kollegen meines Kurses derart wenig verwaltet, dass sich die besten Kontakte zu den Kattowitzern herstellten. Mich absorbierten fast völlig die neuen wissenschaftlichen Probleme, die sich im Zusammenhang mit dem Besuch der Vorlesungen und Arbeitsgemeinschaften an der Universität ergaben. Deshalb war ich sicherlich kein guter Ductor im Sinne der Seminarleitung, weil ich zu wenig auf die allgemeine Disziplin, auf Pünktlichkeit beim Gang zur Kapelle oder zu den Mahlzeiten, Ruhe beim Studium und auf den Zimmern etc. achtete und praktisch keinem meiner Kurskollegen die Bitte um Ausgangserlaubnis abschlug.

Die letzteren aber waren mir dafür dankbar, dass ich mir ihre Beschwerden über Missstände im Seminar oder über als ungerecht empfundene Maßnahmen der Seminarleitung fast stets zu eigen machte und den Regens, den Subregens oder den »Prokurator« (= ksiadz prokurator: Der Priester im Seminar, der die ganze ökonomische und geschäftliche Seite des Instituts Priesterseminar zu verwalten hat) immer wieder darum anging, diese Negativa abzustellen.

Im Umgang mit den Kollegen meines Kurses wie der höheren Jahrgänge merkte ich bald, dass ich doch sehr viele Abstriche von meinen idealistischen Erwartungen machen musste, die ich in Bezug auf den Charakter der künftigen Priester gehabt hatte. Ich hatte mir vorgestellt, dass ich innerhalb der Mauern des Priesterseminars nur Idealisten antreffen würde, die eines mit ganz selbstloser Zielsetzung anstrebten: Auf dem Weg strenger asketischer Willensübungen sich vorzubereiten auf ein Leben des zu jedem Opfer, zu jeder Anstrengung bereiten Dienstes an den Mitmenschen.

Aber bald erkannte ich, dass es auch andere »weltlichere« Motive gibt, derentwegen so mancher die Pforte zum Priesterseminar durch schreitet. Während in Westeuropa der Priesterberuf nicht sonderlich attraktiv, der Priester in der säkularisierten, modernen Gesellschaft nicht besonders geachtet ist, vielfach sogar in intellektuellen Kreisen wie ein Relikt aus dem Mittelalter angesehen wird, rechnen es sich die meisten polnischen oder oberschlesischen Familien noch immer als eine ganz hohe, ja die höchste Ehre an, mindestens einen Sohn Theologie studieren zu lassen.

Ragt ein Sohn intelligenzmäßig ein wenig über den Durchschnitt hinaus, so ist das für viele Eltern bereits ein Fingerzeig Gottes, ein Beweis, dass er zum Priestertum berufen ist. Wie in manchen Gesellschaften Kinder schon sehr früh verheiratet werden, so werden in vielen Familien Polens die Söhne bereits im Kindesalter »zum Altar!« bestimmt. Auch wenn sie später ganz andere Interessen entwickeln, können die meisten von ihnen auf die Dauer dem ständig auf ihnen lastenden Erwartungsdruck ihrer Eltern nicht widerstehen und werden entgegen ihren Neigungen katholische Priester.

Hinzu kommt, wie angedeutet, dass der Priester in der polnischen Bevölkerung noch etwas gilt, ja etwas Besonderes ist. Ihm wird von ihr eine geradezu magisch zu nennende Führerrolle ohne weiteres, d.h. ohne dass er sich nun besonders darum bemühen müsste, eingeräumt. Dieses leicht zu erringende Ansehen beim Volk war tatsächlich der Beweggrund zum Eintritt ins Priesterseminar für manche meiner Kollegen gewesen. Allerdings trat dieses Motiv auch oft mit einem anderen vermischt auf: Mit dem Versorgungsmotiv.

Es gibt die Überzeugung im polnischen Volk, die auch in vielen polnischen Sprichwörtern zum Ausdruck kommt, dass ein Priester selbst in notvollsten Zeiten nie darben müsse. Die Gläubigen würden stets für ihn sorgen. Ansehen also und ein materiell gesichertes Dasein - mehr erstrebten viele meiner Kommilitonen nicht. Und sie gaben es auch leise, aber offen zu, wenn sie wussten, dass sie deswegen nicht beim Regens verpfiffen wurden.

Manche fügten sogar hinzu, dass sie das »gepfefferte Opfer«, fünf Jahre lang den alle Pflichten einhaltenden, disziplinierten, enthaltsamen Alumnen hinter den freiheitsberaubenden Mauern des Priesterseminars zu spielen, notgedrungen auf sich nähmen, dann aber ihr Leben ganz nach ihrem Gusto einrichten würden. Auch ein »süßes Mädchen« werde in dem neuen Lebensstil nach Beendigung des Priesterseminars mit seinen lästigen und allgegenwärtigen Kontrollmechanismen keineswegs fehlen. Man müsse es nur einigermaßen geschickt anstellen.

Mir bereiteten die so »weltlichen« Motive meiner Kommilitonen große Schwierigkeiten. Noch immer war ich damals geprägt von der Atmosphäre im polnischen Gefängnis, die mich in Bezug auf alles Materielle und Irdische wunschlos gemacht hatte. Auch war ich völlig unkritisch überzeugt, dass auch die »Kirche als solche« ganz selbstlos denke und handle, dass eben nur viele ihrer Vertreter selbstsüchtig und unwürdig seien. Offen gebe ich zu, dass ich deshalb manchesmal mit der Versuchung kämpfte, die Priesteranwärter, die kein reines Motiv hatten, den Oberen zu melden, um so das Seminar von allen Elementen zu reinigen, die meiner Meinung nach gar nicht vorhaben konnten, ihren Mitmenschen selbstlos das Heil zu vermitteln und mutig für mehr Gerechtigkeit in der Gesellschaft und im Staat einzutreten. Aber ich gab dann doch dieser Versuchung nie nach, weil ich am eigenen Leibe erfahren hatte, was Denunziation anrichten kann.

Einer Denunziation verdankte ich ja meine Einlieferung ins Gefängnis. Auch gab es - Gott sei dank - in den höheren Semestern, die ansonsten im allgemeinen recht hochnäsig auf uns Jüngere herabblickten, einige Alumnen mit hoher religiös-sittlicher Ausstrahlung, die mich in Bezug auf das moralische Niveau des Priesterseminars wieder optimistischer stimmten. Und schließlich trat bald ein Ereignis ein, das mir die Einsicht vermittelte, dass mein eigener idealistischer Purismus und moralischer Rigorismus überheblich und arrogant war und dass er in der hautnahen Konfrontation mit der harten Wirklichkeit mächtig ins Wanken geriet.

In den vergangenen drei Jahren seit 1945 hatte ich nämlich überhaupt keine erotischen oder sexuellen Probleme gehabt. Ich erklärte mir das nachträglich so, dass die Wucht und Gewalt dessen, was ich im polnischen Gefängnis erlebt hatte, so nachhaltig auf meine Jugendpsyche wirkten, dass meine Sexualsphäre wie ausgeleert, meine Sexualenergien wie ausgelöscht waren. Aber der Kontrast zwischen der asketischen, fast düster-sterilen Wirklichkeit im Priesterseminar, in dem man nur Männern begegnete, und der lebendigen, aufregenden, reizenden Wirklichkeit da draußen außerhalb der Seminarmauern, in der einem - etwa auf dem Hof oder auf den Gängen der Universität oder während der Ferien - immer wieder hübsche Mädchen über den Weg liefen, war so krass, dass jetzt, etwa ein Jahr nach meinem Eintritt ins Priesterseminar, die sexuelle Problematik in mir urplötzlich und explosiv aufbrach.

Sie meldete sich allerdings nicht als typisch oder grob sexuelle. Dann wäre es meinem jugendlichen Idealismus leichter gefallen, mich ihr entgegenzustellen. Vielmehr überfiel mich gleichsam über Nacht eine ungeheure, süß-erotische Sehnsucht nach einer Studentin, der ich rein zufällig einige Male an der Universität begegnet war. Was legte ich damals nicht alles an wunderschönen Eigenschaften in sie hinein. Ganz zweifelsfrei war sie ein Engel der Unschuld, der Güte, der Selbstlosigkeit usw., obwohl ich sie überhaupt nicht kannte. Natürlich wurde es mir dadurch nur noch schwerer, ihr, der mit so unendlichen Vollkommenheiten Bedachten, innerlich zu widerstehen. Wer kann schon einer Göttin Widerstand leisten? Freilich wollte ich gar nichts Besonderes von ihr. Ich sehnte mich damals nur übermächtig danach, mit ihr spazieren gehen zu dürfen oder ihr allerhöchstens das Händchen zu halten. Andererseits glaubte ich fest an meine Berufung zum Priestertum. Beides schloss sich meiner damaligen Überzeugung nach wie Feuer und Wasser aus [3].

Ich litt Höllenqualen und trug mich ernsthaft mit dem Gedanken, meiner Berufung untreu zu werden. Als eine solche Untreue erschien mir bereits ein erstes Ansprechen der Studentin, das ich deshalb immer wieder hinauszögerte. Da kam mir ein Zufall zu Hilfe. Auf dem Heimweg von einem Abendvortrag sah ich »mein« Mädchen in einer Toreinfahrt. Sie stand da, engumschlungen mit einem jungen Mann, mit dem sie sich leidenschaftlich küsste. Ich war geheilt, denn eine Göttin konnte sie nach meinen damaligen hochgestochenen Vorstellungen nun nicht mehr sein. Und genau diese Eigenschaft als weibliches Überwesen hatte ja für mich ihre Unwiderstehlichkeit ausgemacht.

Dieses Erlebnis hatte mich demütig gemacht. Ich hatte meine Ohnmacht gegenüber ideal-ethischen Forderungen, wie ich sie damals auffasste, erfahren. Den Umstand, dass ich von der »weltlichen« Liebe bewahrt worden war, fasste ich als eine Art Gnade auf. Dementsprechend beurteilte ich jetzt auch meine Kommilitonen milder und sagte mir, dass die unter ihnen, die aus nicht ganz reinen Motiven den Weg zum Priestertum eingeschlagen hatten, vielleicht noch durch verschiedene Erfahrungen, Widerstände und Enttäuschungen geläutert würden.

Das Interessanteste am Leben im Priesterseminar spielt sich übrigens gar nicht innerhalb seiner Mauern, sondern an der Universität ab. Ich meine hierbei die Vorlesungen und Seminare, die wir im Rahmen unseres theologischen Studiums besuchten. In den ersten zwei Jahren dieses Studiums nahm die Philosophie, nicht die Theologie im strengen Wortsinn, den größten Raum ein. Es wurden zwar verschiedene Einführungskollegs in die Bibelwissenschaft, in die dogmatische Theologie, in die Kirchengeschichte gehalten, aber im Zentrum der ersten sechs Trimester des Theologiestudiums stand doch die Philosophie (das Studienjahr wird in den polnischen Hochschulen nicht in zwei Semester, sondern in drei Trimester aufgeteilt). Die Philosophie - das war im Grunde ein ganzes Bündel von Fächern, mit denen man sich vertraut machen musste und die auch einzeln für sich geprüft wurden: Logik, Erkenntnistheorie, Metaphysik, Kosmologie, spekulative oder rationale Psychologie, Geschichte der Philosophie, Ethik und Anthropologie.

Das »Theologische« an dieser Philosophie war erstens, dass sie im Rahmen der theologischen Fakultät geboten wurde, obwohl noch außerdem alle philosophischen Disziplinen an der philosophischen Fakultät vertreten waren, aber es war uns Theologiestudenten seitens der Seminarleitung streng verboten, ohne besondere Erlaubnis diese »weltliche Philosophie« zu hören; war zweitens, dass den Professoren und Dozenten der Philosophie an der theologischen Fakultät kirchlicherseits immer wieder wärmstens empfohlen und dringlich nahegelegt wurde, alle philosophischen Fächer im Geiste des »Doctor angelicus«, des hl. Thomas von Aquin (1225 - 1274) zu lesen; war drittens, dass alle unsere Lehrer der Philosophie Priester waren, die wegen ihres besonderen Status von der Amtskirche abhängiger und kontrollierbarer sind.

Dementsprechend war das Metaphysik-Kolleg von Prof. Alexander Usowicz orthodoxester und langweiligster Thomismus. Die dabei im Vorlesungsraum herrschende gähnende Langeweile wurde noch durch die leise, monotone Stimme des Vortragenden erhöht, der übrigens als Mensch sehr sympathisch war.

So war es kein Wunder, dass ein anderer Philosophieprofessor an unserer Fakultät für uns Studenten eine größere wissenschaftliche Autorität darstellte: Kasimir Klusak (in polnischer Schreibweise: Klósak), denn dieser bezeichnete sich zwar auch als Neuthomist und Neuscholastiker im weitesten Sinne des Wortes, aber er trug in geradezu skrupulöser Weise in den von ihm gelesenen Fächern Logik, Erkenntnistheorie, Kosmologie und Geschichte der Philosophie alle modernen Einwände gegen den Thomismus, ja gegen eine christliche Philosophie überhaupt zusammen und war von diesen Argumenten selber dann immer so beeindruckt, dass er Mühe hatte, uns das Dennoch-Festhalten an der christlichen Position genügend plausibel zu machen. Seine Offenheit, die jede Schwäche der eigenen Position zugab, seine manchmal fast selbstmörderisch anmutende wissenschaftliche Redlichkeit, die kein Gegenargument unterdrückte, seine vornehme Ironie gegenüber traditionell festgefahrenen kirchlichen Standpunkten und sein ständiges Suchen nach neuen Lösungen brachten ihm bei uns Theologiestudenten den Ruf eines revolutionären Theoretikers ein.

Wir schwärmten für ihn, er bewegte ständig etwas in uns, aber zugleich nahm er uns alle Sicherheiten im Glauben, und wir verließen jedes seiner Kollegs mit neuen Zweifeln in der Brust. Wir, d.h. allerdings nur der kleinere Teil der Theologiestudenten. Denn anfangs, in den ersten Vorlesungsstunden, verstand keiner von uns sein anspruchsvolles, auf einem recht hohen Abstraktionsgrad sich bewegendes Denken. Und später begriff nur eine Minderheit, was er meinte. Die anderen taten ihn als genialen Spinner ab und meinten, dass das Ganze mit Theologie gar nichts zu tun habe, sie deshalb auch keine Unruhe in ihrem gläubigen Inneren zu hegen bräuchten. Überhaupt betrachtete die Mehrheit der Theologiestudenten die Philosophie als unnötiges Vor- und Vorbereitungsfeld auf die eigentliche Theologie und verhielt sich dementsprechend desinteressiert.

In den Vorlesungen und Seminaren von Prof. Klusak lernte ich jetzt auch endlich den Marxismus als kritische Denkherausforderung, nicht mehr wie bisher als orthodox-dogmatisches System, kennen.

Angesichts der vom polnischen Staat offiziell geförderten marxistischen Ideologie war es nur konsequent, dass Klusak einen großen Teil seiner aktuellen wissenschaftlichen Denk- und Forschungsarbeit der Auseinandersetzung mit dem Marxismus widmete und seine Schüler über diese Arbeit ständig auf dem Laufenden hielt. Er gab auch eine Schrift u.d.T. *Dialektischer Materialismus. Kritische Studien*, heraus, die ihn mit einem Schlag zum einzigen ernstgenommenen katholischen Gegner der damaligen polnischen Marxismus-Elite, darunter Adam Schaff und zu dieser Zeit noch Leszek Kolakowski, avancieren ließ. Wenn in den Arbeiten der führenden marxistischen Theoretiker Polens der katholische Standpunkt überhaupt kritisch erwähnt wurde, dann geschah das praktisch immer im Zusammenhang mit der Nennung des Namens von Prof. Klusak.

Bekämpft wurde Klusaks vermeintlich zu weitgehendes Eingehen auf und Konzedieren an den Marxismus im katholischen Lager von einer anderen imposanten philosophischen Persönlichkeit, die ich erst einige Jahre später an der Katholischen Universität in Lublin persönlich kennenlernte: Vom Dominikanerpater Prof. Albert Krapiec.

Ich hatte, wie schon wiederholt geäußert, gehofft, das Theologiestudium könne mir meine brennenden Zweifel am Dasein Gottes nehmen. Prof. Klusak befasste sich auch tatsächlich viel umfassender und gründlicher als alle Theologieprofessoren, die ich im Laufe meines Studiums kennenlernte, mit dieser Frage. Aber seine scharfsinnige und -sichtige Analyse der »quinque viae« des hl. Thomas ließ nicht viel von dessen Gottesbeweisen übrig. Er selbst versuchte zwar einen neuen Beweisweg plausibel zu machen, der von sehr spekulativen Analysen des Zeitproblems und der Relativitätstheorie Einsteins ausging, aber er sprach dieser Argumentation selber nur den Grad einer bedenkenswerten Hypothese zu. Schon der Titel seines Buches, in dem er diesen neuen Gedankengang u.a. vortrug, deutet dessen hypothetischen Charakter an. Er lautete: *W poszukiwaniu pierwsej przycyny* (Auf der Suche nach der ersten Ursache).

Meine durch Klusaks Theorien nur noch verstärkten Zweifel an der Existenz Gottes entzündeten sich außerdem noch an der Art und Weise, wie er das Problem der Evolution behandelte. Für ihn war die Entstehung des menschlichen Geistes aus hochentwickelter tierischer Psyche eine Sache von zumindest höchster Wahrscheinlichkeit, und er zerpflückte mit der ihm eigenen, zwischen Ironie und Zynismus lavierenden Art die entgegengesetzten Äußerungen des kirchlichen Lehramtes, z.B. dass jede menschliche Geistseele persönlich von Gott geschaffen sei. Geradezu lustig machte er sich darüber, dass die päpstliche Bibelkommision »noch in unserem Jahrhundert« die Entstehung Evas aus der Rippe Adams den Katholiken als reale, keineswegs allegorisch zu bewertende Begebenheit zu glauben befahl.

Aber wie sollten wir als Studenten der Theologie und künftige Priester das alles verdauen? Wie sollten wir kritisch denken, wozu uns wenigstens manche der Theologieprofessoren aufforderten, und gleichzeitig gehorsam die Dekrete des kirchlichen Lehramtes entgegennehmen, was uns die Seminarleitung ständig einschärfte?

Sollten wir später - als schon geweihte Priester - den Gläubigen die kritische Universitätstheologie oder die unterwürfige, alle Probleme unter den Tisch fegende »Seminartheologie« predigen? Selbstverständlich war es der Seminarleitung und den Bischöfen der Diözesen, die ihre Priesteranwärter an der Krakauer Universität studieren ließen (es waren die Priesterkandidaten der Krakauer, Tschenstochauer, Kattowitzer und Oppelner Diözese), nicht recht, dass »Zweifel in unsere gläubigen Seelen« hereingetragen wurden. Besonders Prof. Klusak wurde von den kirchlichen Behörden unter Beschuss genommen, aber die angespannte Lage im Verhältnis zwischen Kirche und kommunistischem Staat in Polen hatte für kritische Theologen oder Philosophen den Vorteil, dass die Amtskirche nicht so durchgreifen konnte, wie sie wollte und sonst auch durchgegriffen hätte.

Klusaks Position gegenüber der Amtskirche verstärkte sich noch dadurch, dass er Kontakte zu der vom Grafen Piasecki angeführten »Friedenspriesterbewegung« aufrecht erhielt und seine wissenschaftlichen Aufsätze u.a. in den von dieser Bewegung herausgegebenen Publikationsorganen veröffentlichte. Diese Pax-Priester-Bewegung Piaseckis suchte die konsequente umfassende Annäherung der katholischen Priester und der Kirche überhaupt an den neuen polnischen und kommunistischen Staat und an seine gesellschaftliche und ökonomische Ordnung. Sie bemühte sich um den Abbau aller Feindseligkeiten zwischen dem kommunistischen und dem katholischen Lager und versuchte dem Konfrontationskurs mancher Bischöfe Polens gegenzusteuern. Sie handelte sich dadurch viel Argwohn und Hass von seiten der Amtskiche ein, wurde aber vom Staat mit sehr viel Sympathie und Protektion bedacht. Wer dieser Bewegung angehörte, wurde von den staatlichen Behörden gegen die Kirche in Schutz genommen.

Die Philosophievorlesungen Prof. Klusaks an der theologischen Fakultät der Krakauer Universität führten zu einer eigentümlichen Spaltung meiner Innenwelt. In meinem Kopf war ich jetzt Rationalist, fast Atheist. Mein Wille und mein Gemüt aber waren weiterhin von einer tiefen Religiosität und Frömmigkeit durchdrungen. Ich wollte, dass Gott existieren möge, ich liebte ihn als Ideal aller Vollkommenheit, aber ich sah weit und breit kein Argument der Vernunft, das imstande gewesen wäre, mir sein Dasein plausibel zu machen.

Früher hatte ich immer noch die Schönheit und Zweckmäßigkeit in der Natur als ziemlich wahrscheinlichen Hinweis auf die Existenz eines superintelligenten Weltgrundes gedeutet. Aber Klusak stellte uns die Höherentwicklung der Lebewesen und ihre zunehmend zweckmäßigere Organisation aufgrund kleiner, sich jedoch addierender Mutationen und des »Generals« Selektion, der eine Richtung in die an sich zufälligen Abänderungen des Erbgutes hereintrage, so überzeugend dar, dass der teleologische Gottesbeweis, der Erweis des Daseins Gottes aus der Zweckmäßigkeit und Zielstrebigkeit der Lebensvorgänge, in meinem Bewusstsein immer mehr an Boden verlor. Zwar verhehlte unser wissenschaftlich so unbestechlicher Lehrer nicht das Vorhandensein »weißer Flecken« in der uns bisher bekannten Evolution, er wies also durchaus darauf hin, dass zwischen älteren und neueren Bauplantypen des Lebens so manche Lücke klaffe und einige der von der Theorie hier geforderten Zwischenglieder noch nicht gefunden seien.

Aber »unglücklicherweise« brachte er bei dieser Schwierigkeit das marxistische Gesetz des dialektischen Sprungs, das Gesetz vom Umschlag quantitativer Veränderungen in qualitative ins Spiel. Er hielt es für möglich, dass quantitative Veränderungen innerhalb einer grundlegenden Organisationsform des Lebens ein nicht mehr überschreitbares Maß erreichten und daher in die neue Qualität einer andersartigen Organisationsform umschlügen. Wie ich das hörte, blitzte in mir der »diabolische« Zweifel auf, ob nicht ganz allgemein, also nicht nur in Bezug auf die Evolution der Lebewesen, die marxistische Erklärung »von unten«, die Herleitung aller Dinge, Systeme, Prozesse, Eigenschaften und Verhaltensweisen aus der ewig bestehenden Materie und ihren quantitativen und qualitativen Veränderungen, gerechtfertigter sei als die Erklärung »von oben«, die Ableitung alles Seienden aus einem Schöpfungsakt Gottes. Erst viel später wurde mir klar, dass die Materie selbst nie geistfremd, geistlos, ungeistig ist [4)].

Ich wollte den Zweifeln keinen Raum geben, wollte glauben, glauben an Gott und seine Schöpfung, vermochte es damals aber nicht. In dieser Situation suchte ich nach Vorbildern, Hilfen, Stützen. Am sinnvollsten erschien mir ein Gespräch mit Prof. Klusak selbst. Der war ja schließlich auch noch Priester. Wie konnte der seine Existenz als Priester der katholischen Kirche mit seiner wissenschaftlichen Weltanschauung in Einklang bringen? Nach seinen Vorlesungen war er immer von einem ganzen Schwarm ihm Fragen stellender Theologiestudenten umringt.

Ich wartete daher und bat ihn dann um eine längere Unterredung. Er wich aus, wies darauf hin, daß er wenig Zeit habe, sehr beschäftigt sei. Ich könne ihn aber bis vor seine Wohnung begleiten. Auf dem Weg dorthin stellte ich ihm die grundsätzliche Frage, wie er denn noch glauben könne, wo doch die katholische Weltanschauung rational auf so schwachen Füßen stehe. Ich wusste, dass er als sehr fromm galt, dass er sehr penibel alle seine Pflichten als katholischer Priester erfüllte, dass er seine Messe unter genauester Beachtung aller rubrizistischen Vorschriften zelebrierte. Somit musste es doch auch in seiner Psyche einen Konflikt zwischen Religiosität und Wissenschaft geben, und meine Frage konnte ihn nicht völlig unvorbereitet und unengagiert finden.

Wie ich ihm meine Frage stellte, setzte er wieder sein ironisches Lächeln auf. Dann gab er mir zu bedenken, dass es sicheren Glauben, den ich allem Anschein nach suchte, nicht gebe. Glaube sei stets angefochten und seiner Meinung nach seien das philosophische Bedenken der Dinge bis auf ihren Grund und das positivistisch-empirische Vorgehen der Wissenschaft die beiden gefährlichsten Infragestellungen des Glaubens, der sich in der Individualität jedes Menschen bis an dessen Lebensende dieser doppelten Provokation stellen müsse. Ein selbstgewisses »Haben« der Wahrheit, auf dem man ausruhen könne, sei nicht möglich und in diesem Leben auch nicht erreichbar. »Mehr kann ich Ihnen eigentlich nicht sagen, und mit seinen Glaubensproblemen muss letztlich jeder allein fertig werden«. Mit diesen Worten verabschiedete er sich.

Allem Anschein nach wollte er mir aber doch noch eine gewissse Hilfestellung geben. Denn beim nächsten Seminar, das er leitete, drückte er mir Rudolf Ottos *Das Heilige*, Max Schelers *Vom Ewigen im Menschen* und einige kleinere Publikationen Johannes Hessens über die Illuminationstheorie des hl. Augustinus in die Hand und verband damit die Anregung, ich möchte doch anhand dieser Bücher die Möglichkeit prüfen, ob nicht die religionsphilosophische und -psychologische Analyse menschlicher Grenzerfahrungen zu einer Glaubensvertiefung und Glaubensvergewisserung führen könne: »Ihre Erkenntnisse können Sie uns allen hier bei Gelegenheit vortragen«, merkte er noch an.

Klusak ahnte damals wohl selbst noch nicht, dass er in diesem Augenblick den Schwerpunkt meiner Denkbemühungen für eine ganze Reihe von Jahren festgelegt hatte. Denn sowohl meine theologische Magisterarbeit *Das Problem der Gotteserkenntnis in der Philosophie Max Schelers*, die ich 1952, also drei Jahre später, fertigstellte, als auch meine Doktordissertation, die ich der theologischen Fakultät der Universität Krakau 1954 vorlegte und die sich mit *Johannes Hessens Philosophie des religiösen Erlebnisses* [5] befasste, stellten Versuche dar, auf dem Weg über die erhellende Analyse innerer Erfahrungen die Zweifel an Gottes Existenz zu vermindern, dem Glauben an ihn eine psychische Stütze zu geben.

Man kann anhand dieser Schilderung meiner damaligen seelischen Situation wohl auch verstehen, warum die innerkirchlichen Missstände und die hypertrophierende totalitäre Organisationsstruktur der römisch-katholischen Kirche noch jahrelang nicht in mein Blickfeld gelangen konnten. Immer noch und noch lange lebte ich in der Überzeugung, dass die Lösung oder mindestens teilweise positive Klärung des für mich schwierigsten Problems der Existenz Gottes die Beantwortung aller weiteren religiösen und kirchlichen Fragen außerordentlich leicht machen würde.

Es war die Erschütterung der Grundfesten meiner eigenen Existenz während meines Einsitzens im polnischen Gefängnis, also eine innere Erfahrung, die meine intensive Frömmigkeit und tiefe Religiosität ausgelöst hatte. Diese Religiosität schien mir brennend daran interessiert, dass Gott sein möge, und sie mobilisierte ständig meinen Verstand, rational gangbare und verantwortbare Wege zu ihm zu suchen und ausfindig zu machen. Erst viel später erkannte ich, was mir im Rahmen meiner kirchlichen Erziehung lange nicht einleuchten konnte, dass Religiosität durchaus nicht so fest an die Existenz eines persönlichen Gottes gebunden ist, dass es echte, existentielle, nicht bloß in philosophischen Werken verbal vertretene pantheistische Weltfrömmigkeit, ja sogar atheistische Religiosität gibt [6]. Vorher aber spielte sich in meiner Psyche jahrelang ein heftiger Kampf zwischen meiner Religiosität und meinem »atheistischen« Verstand ab. Dieser Konflikt führte mich wiederholt in die Versuchung, aus dem Priesterseminar auszutreten und radikaler Atheist zu werden, denn der Atheismus erschien mir damals viel logischer und nicht so problembefrachtet wie der Erweis einer nicht sichtbaren Überwelt nach Maßgabe der katholischen Dogmatik.

Was mich letztlich in den Mauern des Priesterseminars festhielt, wenn sich diese Versuchung riesengroß vor mir auftürmte, war mein im Gefängnis Gott oder vielleicht auch nur mir selbst gegebenes Versprechen, Priester zu werden. Auch vor meinem Beichtvater und dem Pater Spiritual klagte ich mich wegen meiner Glaubenszweifel und der Versuchung zum Atheismus an. Man musste ja im Priesterseminar jede Woche zur Beichte gehen.

Da blieb sowieso kein Interessengebiet, kein seelischer Konflikt, keine sündhafte Neigung des Pönitenten dem Beichtvater auf die Dauer verborgen. Man war wegen des kurzen zeitlichen Zwischenraumes zwischen zwei Beichten ohnehin immer auf der Suche nach einem interessanten Gesprächsstoff, den man dem Beichtvater »servieren« konnte. Die Möglichkeit der Begehung schwerer Sünden gab es ja innerhalb des Priesterseminars kaum, wenn ich hier einmal von homophilen Neigungen und homosexuellen Kontakten einiger Seminaristen absehe. Denn diese Neigungen und Kontakte wurden von den Seminarleitern immer wieder als himmelschreiende Todsünden gebrandmarkt. Auch ich war damals derselben Meinung wie die Seminarobrigkeit, und es verging noch mehr als ein Jahrzehnt, bis ich zu einer toleranteren Sicht der Homosexualität als einer zu respektierenden Komponente innerhalb der weiten Grenzen sexueller Verhaltensweisen gelangte [7)].

Wie gesagt, man suchte manchmal krampfhaft nach »Beichtstoff«. Zwei Alumnen meines Jahrganges, die dasselbe Zimmer bewohnten, verfielen sogar auf den Gedanken, sich vor der Beichte zu prügeln. Die Prügelei eskalierte und einer von ihnen griff sich einen Eimer mit Wasser, um ihm dem anderen an den Kopf zu werfen. Dieser bückte sich und der apostolische Administrator Boleslaus Kominek, der seinen Oppelner Priesteramtskandidaten im Kattowitzer Priesterseminar gerade einen Besuch abstatten wollte und unerwartet im Türrahmen stand, bekam die Ladung ins Gesicht: »Wie kann man sich nur so schlagen«, fragte der keineswegs aggressiv reagierende Kominek. »Ach, wir haben uns lediglich auf die heutige Beichte vorbereitet«, antwortete der Eimerwerfer Olgier Pietrek, der allerdings mit der besonderen Nachsicht des kirchlichen Würdenträgers rechnen konnte, weil sein Vater eng mit demselben befreundet war.

Neben der wöchentlichen Beichte, bei der man immerhin unter vier Beichtvätern den auswählen konnte, dem man sein Inneres preisgeben oder auch hinter einem Schwall frommer Worte verbergen wollte, mussten wir Alumnen noch einmal monatlich beim Pater Spiritual erscheinen. Ihm hatten wir bei diesen »Monatsaudienzen« einen detaillierten Bericht über den gegenwärtigen Stand unseres Strebens nach Vollkommenheit zu geben.

Der Pater Spiritual ist jener Priester innerhalb der Seminarleitung, der nur für die geistlichen Dinge zuständig ist, der sich um den Verwaltungskram eines Seminars nicht zu kümmern braucht. Er hat auch keine exekutiven Vollmachten, so dass er beispielsweise direkt auch keinen Alumnen aus dem Priesterseminar entfernen kann. Er darf an sich auch zu keinem darüber sprechen, was ihm von den Alumnen anvertraut wird. Indirekt aber hat er sehr wohl die Möglichkeit, einen Seminaristen zurück »in die Welt« zu befördern, denn wenn er aufgrund vertraulicher Gespräche mit diesem zur Überzeugung gelangt, dass dessen Charakter mit der Würde des Priestertums nicht vereinbar ist, kann er ihm den als unfehlbaren Willen Gottes hingestellten, im Gewissen bindenden Befehl geben, »aus eigener Initiative« aus dem Priesterseminar auszutreten. Ähnlich kann der Beichtvater dem Alumnen, dessen Sünden ihm zu großkalibrig erscheinen, als »Buße« aufgeben, den Regens wegen fehlender Berufung zum Priestertum um Entlassung aus dem Priesterseminar zu bitten.

Man ist noch nicht lange im Seminar, da werden einem schon die Gefahren des »indirekten Rausschmisses« durch den Beichtvater oder den Pater Spiritual beredt von seiten der älteren Semester geschildert. Also tüfteln gerade die Alumnen, die etwas verbergen zu müssen glauben, raffinierte Verschleierungsstrategien aus - und erstrahlen so vor den Augen der geistlichen Väter in einem viel helleren Licht als jene Naiven, die offen von allem reden, was in ihnen vorgeht.

Zu einer guten Strategie gehört natürlich auch, dass man den Charakter des Spirituals kennt, denn die moralischen Kategorien, nach denen dieser einen beurteilt, sind oft sehr eigenartig und eigenwillig. Einer dieser Spirituale, mit denen ich es im Laufe meiner Ausbildung zum Priester zu tun hatte, verbot mir z.B. kategorisch den Kampf mit einer Tendenz in mir, die ich damals wirklich als meinen großen Fehler und unbedingt auszurottendes Übel betrachtete. Wir Alumnen hatten nämlich in einem großen Saal das Mittag- und Abendessen gemeinsam mit dem Regens, Subregens, Prokurator und Spiritual einzunehmen. Diese vier saßen allerdings an einem besonderen Tisch, der sich auf einer erhöhten Plattform befand, so dass sie das Geschehen im Saal überblicken konnten. Sie bekamen auch ein besseres Essen vorgesetzt als wir.

An den anderen Tischen saßen jeweils acht Seminaristen, und der Tisch, an dem ich mit sieben anderen saß, befand sich in nur geringem Abstand von dem der Seminarleitung. Mein Fehler bestand nun darin, dass ich eine Zeitlang fast nie der Versuchung widerstehen konnte, jeweils einen der mit mir am Tisch Sitzenden aufs Korn zu nehmen, ihn durch den Kakao zu ziehen. Mein kritischer Blick erspähte immer sehr schnell die schwache Stelle eines Kollegen, und über diese machte ich mich dann mit Ironie, teilweise sogar mit Zynismus lustig. Alle, die das hörten, fanden das spaßig und suchten weitere negative Attribute für den Angegriffenen heraus. Aber der vermochte kaum zu parieren. Nachher tat mir der Betreffende immer sehr leid, und ich hatte auch bereits Fortschritte in dieser Hinsicht erzielt, indem es immerhin schon vorkam, daß ich mich dieser Anpflaumerei enthielt.

Über diesen Aspekt meiner Arbeit an meinem Charakter berichtete ich also dem Spiritual. Aber der reagierte empört: »Das dürfen Sie nicht, Sie dürfen Ihre vermeintliche Unsitte nicht abstellen. Was meinen Sie, wie köstlich wir (er meinte die Seminarleitung) uns dabei amüsieren. Ihr Witz ist doch eine Gottesgabe. Sie spenden ja anderen damit Freude«. »Und was ist mit dem, über den ich meine Witze mache und der sich gar nicht freut?«, fragte ich. »Der muss halt richtig zu reagieren lernen oder ein bisschen leiden. So schlimm ist doch Ihre Kritik gar nicht«, antwortete der Spiritual.

Und er fügte noch hinzu: »Sehen sie, jeder hat irgendein Kreuz zu tragen. Sie tragen mit Ihren Glaubenszweifeln wieder ein anderes als der von Ihnen auf die Schippe Genommene. Schlimm wird alles erst, wenn man die goldene Mitte verläßt und in irgendein Extrem fällt. Ich habe nicht den Eindruck, dass Ihr Humor zu scharf und verletzend ist, und wegen Ihrer Zweifel an der Existenz Gottes würde ich Ihnen erst dann zum Verlassen des Seminars raten, wenn diese zur Vernachlässigung Ihrer religiösen und sittlichen Pflichten führen sollten, was ja offensichtlich noch nicht der Fall ist«.

Trotz der zahlreichen Kontrollmechanismen, über die ein Priesterseminar verfügt und zu denen auch die wöchentliche Beichte und die monatliche Audienz beim Spiritual gehören, ist es nicht zu schwierig, seine wahren Absichten, seine Vergehen und seinen eigentlichen Charakter vor den wachsamen Augen der Seminarleitung zu verbergen, wenn man es wirklich darauf anlegt. Als z.B. die Seminarleitung den Alumnen der untersten drei Jahrgänge Fragebögen vorlegte, auf denen auch die Frage zu beanworten war, ob man schon mit einem Mädchen koitiert oder sonstige schwere Sünden gegen das sechste Gebot wie Onanie usw. begangen habe, verneinten ausnahmslos alle eine Aktivität in dieser Richtung, weil sie von

Kollegen der beiden obersten Kurse gewarnt worden waren: »Wer hier etwas zugibt, fliegt«. So flog aus diesem Grund niemand und der Regens mit seinen Mitarbeitern konnte sich über die makellose Keuschheit seiner Zöglinge freuen und die Meldung darüber zufrieden an das Ordinariat weiterleiten.

Das erste Jahr im Priesterseminar ging sehr schnell seinem Ende entgegen, und eine neue, nicht unwesentliche Veränderung bahnte sich an. Zuerst war es nur ein Gerücht, deren es Hunderte in einem relativ isolierten Kollektiv gibt, wie es ein Internat oder Priesterseminar darstellt. Dann aber wurde das seit einiger Zeit Befürchtete zur Gewissheit. Die aus der Oppelner Diözese stammenden Alumnen, die ja im Priesterseminar des Kattowitzer Bistums in Krakau nur Gastrecht genosssen, durften dieses Recht nicht länger in Anspruch nehmen.

Der nachrückende neue Jahrgang von Priesteramtskandidaten der Kattowitzer Diözese war zahlenmäßig derart stark, dass es zu echter Raumnot im Seminar kam. Die in erster Linie Leidtragenden waren wir Oppelner, denn uns wurde seitens der Seminarleitung befohlen, uns auf eigene Faust in Krakauer Pfarrhäusern oder den zahlreichen Klöstern in dieser Stadt und ihrer Umgebung eine neue Bleibe zu suchen. Privatvermieter kämen - wegen der sittlichen Gefahren - nicht in Frage, und ebenso hätten wir darauf zu achten, zusammen zu bleiben. Wir suchten lange Zeit vergeblich, schließlich fand sich ein Kloster der Kapuziner bereit, uns vierzehn Oppelner Alumnen gemeinsam aufzunehmen, indem es uns vier Zimmer und einen kleinen Gemeinschaftsraum zur Verfügung stellte. Das vom Erfolg unserer Bemühungen benachrichtigte Generalvikariat der Diözese Oppeln schloss dann einen Mietvertrag mit dem Prior des Kapuzinerklosters und erreichte, dass dieser einen seiner Mönche damit beauftragte, als Pater Spiritual für unser geistliches Wohl zu sorgen. Ansonsten hatten wir uns selbst zu verwalten. Allerdings legte, wie sich bald herausstellen sollte, dieser Mönch seine Sorge um unser geistliches Wohl auf eine sehr eigenartige und eigenwillige Weise aus.

Der neue Spiritual war so ziemlich das genaue Gegenteil vom bisherigen. Bereits in seinem Aussehen unterschied er sich stark von ihm. Denn er war nicht wohlbeleibt und gemächlich wie dieser, sondern ein hageres, kleines Männlein und zugleich ein unwahrscheinlich bewegliches, drahtiges Energiebündel. Sein Gesicht war streng, fast düster. Nie sah man ihn lachen oder auch nur lächeln. Stand man ihm gegenüber, dann fühlte man sich auch ganz unwillkürlich mit der Gedankenkette »Tod-Endgericht-Jenseits« konfrontiert. Ihn umgab eine Atmosphäre des Unweltlichen, Unirdischen. Das lag nicht bloß daran, dass er einem der strengeren Orden der katholischen Kirche angehörte. Denn es gab in demselben Kloster auch andere Patres, die nicht den Eindruck machten, als ob sie den weltlichen Gelüsten abgeneigt waren [8)].

Die letzteren sprachen von unserem neuen Spiritual mit jener Hochachtung, wie man sie Personen entgegenbringt, die man zwar bewundert, aber nicht gerade nachahmen möchte. Der Verdacht, der sich schon bei seinem ersten Kennenlernen aufdrängte, dass er nämlich sehr streng sich selbst, aber auch anderen gegenüber sein müsse, bewahrheitete sich in der Folgezeit mit fast minutiöser Präzision. Asketisch wie seine Erscheinung und Lebensweise war der Inhalt seiner religiösen Ansprachen an uns und seine Predigten vor den Gläubigen in der Klosterkirche: Er erzählte keine heiligen Geschichten, er exegetisierte kaum die Bibel, er verlor sich nicht in Erklärungen und Kommentaren zu den Dogmen der Kirche; vielmehr ging er immer sogleich auf das für ihn Wichtigste los, indem er maximale sittliche Forderungen stellte.

Er war trotzdem ein glänzender, glühender, begeisternder Redner, vor allem im Vergleich zum Spiritual des Kattowitzer Seminars, bei dessen allabendlich dargereichten »puncta meditationis« als Leitlinien für die Betrachtung am nächsten Morgen vor der Messe wir fast regelmäßig eingeschlafen waren. Die Quintessenz der langweiligen Meditationspunkte des letzteren hatten wir einmal spöttisch so zusammengefaßt: »Thema: Zwei Jünger Jesu gingen nach Emmaus. Erster Meditationspunkt: Wieviele waren es? Zweiter Meditationspunkt: Wohin gingen sie?«.

Die Strenge des neuen Spirituals sollten wir bald zu spüren bekommen. Unsere Disziplin hatte nämlich fast gleichzeitig mit dem Augenblick des Auszugs aus dem Kattowitzer Priesterseminar nachgelassen. In diesem war alles bis aufs kleinste geregelt gewesen: das Studium, die Zeiten des gemeinsamen Morgen-, Mittags- und Abendgebetes, die Beichtzeiten, die morgendliche Messe und Betrachtung, die Stunden, in denen der gregorianische Gesang geübt wurde, die Essenszeiten, der allwöchentliche große Spaziergang und die Erholungspausen, die sog. Rekreation.

Und über die Einhaltung aller Regeln unseres Gemeinschaftslebens war genau gewacht worden. Der neue Spiritual aber hatte noch verschiedene Funktionen innerhalb seines Ordens zu erfüllen, im Vergleich zu den Vorgesetzten des Priesterseminars erschien er relativ selten auf der Bildfläche. Er schien sich weniger um uns zu kümmern. Wir Oppelner hatten uns also weitgehend in Eigenregie zu verwalten, und das bedeutete, dass wir taten, was wir wollten und wann wir es wollten.

Insgesamt gesehen war das sogar ein Fortschritt gegenüber der von oben befohlenen und überwachten Moral im Kattowitzer Priesterseminar. Aber bei einigen von uns führte die jetzt vermeintlich zur Verfügung stehende größere Freiheit und Selbständigkeit doch zu mehr als nur zur Unpünktlichkeit oder zum Auslassen gewisser religiöser Übungen. Sie kamen nach den Vorlesungen an der Universität, die meist vormittags stattfanden, nicht gleich heim, sondern blieben oft den ganzen Nachmittag, ja nicht selten bis spät in die Nacht weg, indem sie ihre Zeit mit allerlei Vergnüglichem, mit Sitzen in Kneipen und Rendezvous mit Mädchen verbrachten.

Da das Kloster seine Tore und Pforten abends bald schloss und sie über die Klostermauern kletterten, um in unsere im Erdgeschoss befindlichen Zimmer zurückzukehren, konnte ihr Tun unserem geistlichen Leiter nicht lange verborgen bleiben. Denn wo er selbst nicht dahinterkam, meldeten es ihm, wie wir bald feststellten, seine Ordensbrüder, die es geradezu als ihre besondere Verantwortung erachteten, auf uns aufzupassen (sicher spielte dabei das stets vorhandene Konkurrenzdenken zwischen Ordens- und Weltpriestern auch eine Rolle, obwohl oder vielleicht gerade, weil wir doch erst Kandidaten für das Priesteramt waren).

Auf jeden Fall war die bei weitem nicht so ins Auge fallende, sehr diskrete Überwachung durch die Ordensleute im Grunde effektiver und gefährlicher als die Kontrolle im Kattowitzer Priesterseminar. Hinzu kam, dass unser neuer Vorgesetzter nie jemanden zur Rede stellte und auch in seinen Ansprachen nie irgendwelche Vergehen von uns direkt anvisierte, dafür aber immer alles sofort dem Generalvikariat in Oppeln meldete. So kam es bald dazu, dass der Apostolische Administrator persönlich bei uns aufkreuzte und die ihm gemeldeten Missetäter ins Kreuzverhör nahm, aber auch die nicht in diese Sachen Verwickelten ausfragte. Dreien von uns wurde nahegelegt, unser Mini-Priesterseminar freiwillig zu verlassen oder sich in den nächsten vier Monaten absolut untadelig zu verhalten. Alle drei blieben oder genauer: Sie warteten die nächsten Ferien ab, nach welchen sie nicht mehr ins Seminar zurückkehrten.

Obwohl ich entsprechend meiner damaligen Auffassung vom Priestertum und von der Vorbereitung darauf nicht zu jenen gehörte, die über die Stränge geschlagen hatten, wurde zu dieser Zeit im Oppelner Generalvikariat ernstlich erwogen, auch mich über die Klinge springen zu lassen. Das erfuhr ich allerdings erst geraume Zeit später, nämlich im Rahmen der Befragung vor der Subdiakonatsweihe. Zwei Dinge waren es, die mich in Misskredit brachten. Zum ersten der Umstand, dass ich meinen Zimmergenossen nicht verpetzt hatte; zum zweiten mein angeblicher deutscher Nationalismus.

Beides muss näher erklärt werden. Mein Zimmergenosse war einer jener drei, die spät in der Nacht über die Klostermauer kletterten. Vor mir gab er es offen zu, dass er eine Studentin kennengelernt habe und sie jeden Tag treffe. Aber da er zugleich betonte, er werde zur gegebenen Zeit ohnehin aus dem Seminar austreten, er wolle lediglich die ersten zwei theologischen Studienjahre über die Runden bringen, sah ich schon deshalb keine Veranlassung, gegen sein Tun irgendetwas zu unternehmen. Die Herren vom Generalvikariat aber waren da anderer Meinung. Sie legten meine Rolle als Mitwisser im Sinne der Billigung des Verhaltens meines Zimmergenossen aus.

Verschärfend wirkte sich auf ihre Einstellung gegen mich der Bericht eines Studienkollegen aus, der mich als deutschen Fanatiker hingestellt hatte. Unter uns vierzehn Oppelner Alumnen, die im Krakauer Kapuzinerkloster wohnten, waren nur drei gebürtige Oberschlesier, die übrigen elf stammten aus Ostpolen. Es war nun kurios, aber auch bezeichnend, dass nicht etwa eine dieser elf Personen an meiner politischen Gesinnung etwas auszusetzen hatte, sondern einer der drei Oberschlesier. Ich habe schon gelegentlich darauf hingewiesen, dass der Charakter der Oberschlesier als eines Grenzvolkes die Nationalität oft zu einer Entscheidungsfrage macht. Es kann vorkommen, dass in ein und derselben Familie der eine entschiedener Deutscher, der andere dezidierter Pole ist. Bei dem betreffenden Kommilitonen war nun das letztere der Fall. Er war ohne die kleinste Übertreibung als fanatischer Pole einzustufen.

Sicher, er war für seine nationalistische Überzeugung manches Risiko eingegangen, denn er hatte sie auch vor 1945 nicht verborgen. Etwa zehn Jahre älter als ich, hatte er versucht, sich dem Dienst in der deutschen Wehrmacht zu entziehen, und war, als er dann doch eingezogen wurde, bei der ersten Gefechtsberührung mit den Russen zu diesen übergelaufen. Als hochdekorierter polnischer Offizier kehrte er nach dem Krieg nach Oberschlesien zurück. Sein politisches Weltbild kannte nur die Farben schwarz und weiß. Die Deutschen waren ohne Ausnahme Schweine, Verbrecher, Massenmörder, die Polen ausnahmslos Engel, Heilige.

Nur gegen diese Schwarzweißmalerei hatte ich Stellung bezogen und mich dabei sogar theologischer Argumente bedient, indem ich - vielleicht etwas zu spöttisch - auf das Dogma der Erbsünde hingewiesen hatte, von der die Polen ja wohl nicht durch ein besonderes Wunder Gottes befreit worden seien. »Soweit mir bekannt, lehrt die katholische Dogmatik nur, dass einzig und allein zwei Wesen nie mit der Erbsünde behaftet gewesen sind: Maria und ihr Sohn Jesus«.

Ebenso sprach ich die von Polen nach 1945 in Schlesien verübten Verbrechen an, wobei ich durchaus den durch die noch brutaleren deutschen Schandtaten in Polen verursachten Revanchecharakter der polnischen Gewaltakte zugab. Aber für Differenzierungen hatte mein Berufskollege überhaupt keine Antenne. Offensichtlich war er zu lange beim Kommiss gewesen, denn er fing an zu brüllen und forderte mich im barschen Kommandoton auf, die »unerhörten Beleidigungen der polnischen Nation« zurückzunehmen. Da lachten sogar die bei dieser »Diskussion« anwesenden, aus Ostpolen stammenden Kommilitonen.

Nach seiner Explosion und als Reaktion auf meine Weigerung, mich zu entschuldigen, verließ er wutschnaubend unseren Gemeinschaftsraum, in dem diese Auseinandersetzung stattgefunden hatte. Danach schien alles wieder in Ordnung zu sein. Er verhielt sich wieder normal, und ich tat, als ob es diesen Zwischenfall gar nicht gegeben hätte. Wir sprachen auch wieder miteinander. Erst später erfuhr ich, dass er in widerlicher, die Wahrheit verdrehender Weise unsere Auseinandersetzung dem Oppelner Ordinariat gemeldet hatte.

Drollig war dagegen eine andere Geschichte, die jedoch auch beinahe dem Ordinariat mitgeteilt worden wäre. Wir hatten ein Unikum unter uns Alumnen, das einfach nicht bereit war, alle, auch die nebensächlichsten Vorschriften, unterwürfig zu akzeptieren. Die Gleichung: »Von den Vorgesetzten vorgeschrieben - ergo gottgewollt und vernünftig«, wollte ihm nicht einleuchten. Er widersetzte sich ihr aber nicht etwa verbal, mit theoretischen Argumenten, sondern durch sein Verhalten.

Das Ulkigste, das er sich in dieser Hinsicht leistete, war Folgendes: Die Kapuzinermönche blähten ihre Gottesdienste für die Gläubigen immer sehr pompös auf. Vor allem veranstalteten sie bei allen möglichen feierlichen Anlässen Prozessionen, bei denen die Gottesdienstbesucher in den Bänken blieben und nur die Mönche und - auf ihren Wunsch - auch wir durch die Gänge der Kirche schritten. Die langsam und majestätisch einherschreitenden »geistlichen Herren« wurden vom Volk ehrfüchtig bestaunt, das Mysterium tremendum und fascinosum, das es dabei erlebte, war geradezu greifbar. Und das war ja auch wohl der von den Kapuzinern beabsichtigte Zweck der Sache, wiewohl sie den »Nebeneffekt« der bei solchen Prozessionen höher ausfallenden Kollekte sicher nicht verachteten.

Es war vorgeschrieben, aber für uns auch selbstverständlich, dass wir Alumnen zu diesen Prozessionen in der schwarzen Soutane und darüber einem weißen, bis an die Knie reichenden Chorhemd antraten. Auch unser Unikum machte das eine Zeitlang so. Dann aber kam ihm diese Vorschrift zu steif vor. Jedenfalls bemerkten wir erst während einer Prozession selbst, dass er zwar das Chorhemd anhatte, darunter aber keine Soutane, sondern einen dunkelroten Straßenanzug trug. Die Gläubigen waren teils befremdet, teils kicherten sie, als sie diesen Barockengel mit einer brennenden Kerze in der rechten Hand, den aus dem Chorhemd herausstehenden roten Hosenbeinen und braungelben Filzpantoffeln, nicht etwa schwarzen Straßenschuhen, an den Füßen an sich vorbeischlurfen sahen.

Diesmal sprach unser empörter Pater Spiritual die Sache sogar direkt an. Er hielt in unser aller Anwesenheit dem Betreffenden eine Standpauke, die sich gewaschen hatte und die in dem Satz gipfelte, dass Unordnung im Äußeren auf ein seelisches Chaos schließen lasse, vor dem ihm graue. Wenn etwas Ähnliches noch einmal passiere, sehe er sich gezwungen, die Entfernung des Betreffenden aus dem Priesterseminar zu veranlassen.

Ein Jahr lang waren wir Oppelner Priesteramtskandidaten Gäste des Kattowitzer Priesterseminars in Krakau gewesen. Und auch unser »Gastspiel« im Kloster der Kapuzinermönche dauerte wiederum nur ein Jahr. Danach trat eine neue Veränderung ein. Inzwischen hatte nämlich das Ordinariat der Oppelner Diözese ein eigenes Priesterseminar eröffnet, und zwar in Neisse O/S. Wir bekamen Weisung, nach den Sommerferien des Jahres 1950 in dieses Seminar einzuziehen. Zufrieden mit dieser Veränderung war keiner von uns. Mussten wir doch die Universitätsstadt Krakau mit ihrer intellektuellen und kulturellen Beweglichkeit, ihrem reichen Angebot an Kunstwerken, Sehenswürdigkeiten und geschichtlichen Erinnerungen verlassen und in ein Provinznest ziehen. Neisse war zwar auch einmal Bischofssitz und eine kulturell recht ansehnliche Stadt, aber es war gegen Ende des Krieges zu einem großen Teil zerstört worden. Stehengeblieben war u.a. ein im Kirchenbesitz befindliches Hospital, und dieses war nun in ein Priesterseminar umfunktioniert worden.

Ehe ich mich nach Neisse begab, hatte ich noch eine innere Hürde zu nehmen. Immer noch plagten mich ja die Zweifel an der Existenz Gottes und jetzt während der Ferien, da ich keinen besonderen zeitraubenden Verpflichtungen nachzukommen hatte und mich außerhalb der Gemeinschaft einigermaßen Gleichgesinnter befand, beschäftigte mich dieses Problem wieder viel stärker. Ein wenig beneidete ich auch die jungen Männer meines Alters, die sich so ungezwungen amüsieren durften, die baden und tanzen gehen konnten, während mir dies alles verboten war.

Uns Priesterkandidaten war ja sogar befohlen worden, stets die Soutane zu tragen, da diese Art von Kleidung uns vor den Gefahren der Welt schütze und unsere besondere Stellung in ihr hervorhebe. Anders als im Westen muss der polnische Priesteranwärter spätestens nach dem ersten Jahr seines Aufenthaltes im Priesterseminar eine solche Soutane gekauft haben und sie von da ab ständig in der Öffentlichkeit tragen. Das ging so weit, dass wir sogar zum Volleyballspiel im Seminar in der knöchellangen Soutane antraten. Das führte auch dazu, das man polnische Theologiestudenten und Priester total betrunken im Rinnstein liegen sehen konnte. Sie verhielten sich damit zwar nicht ganz moralisch, aber der amtskirchlichen Vorschrift, immer in der Soutane zu gehen, hatten sie auch in und bei diesem »Fall« Folge geleistet. Und - sie unterschieden sich selbst noch im Rinnstein - von nichtklerikalen Betrunkenen!

Da ich mir mein eigenes künftiges Priestertum nur im Zusammenhang mit dem radikalen Verzicht auf alle »weltlichen« Güter und Genüsse vorstellen konnte, verlangte ich in diesen Ferien des Jahres 1950 von Gott ein Zeichen, ähnlich dem, das ich im polnischen Gefängnis 1945 erhalten zu haben glaubte. Denn, so argumentierte meine innere Bedürfnisstruktur, wenn ich schon auf alles verzichten soll, dann muss ich wenigstens wissen, wofür und für wen ich dieses Opfer bringe. Wenn er, Gott, existiert, dann ist es, so meinte ich damals, ja auch nicht schwer, vor seinem alles sehenden Auge und angesichts der von ihm in Aussicht gestellten Unsterblichkeit alles Irdische als Vorläufiges und Provisorisches zu verachten. Der Gedanke, dass ich ein falsches Gottesbild haben könnte, auch wenn es das traditionell und konventionell christliche war, kam mir damals überhaupt nicht. Dabei hätte es doch sehr nahegelegen, die Existenz Gottes, der kleinlich und engherzig jeden Genuss seiner eigenen Schöpfung verbietet, als absurd abzulehnen.

Ich beschloss, das experimentum fidei zu machen, indem ich längere Zeit fastete und auf jede Art von Bequemlichkeit verzichtete, indem ich des weiteren betete, meditierte und mich von allen nichtreligiösen Vorstellungen und Phantasiebildern freizumachen suchte. Durch inneres Leerwerden und konzentrierteste Fixierung auf den Gottesgedanken wollte ich die höchste Sensibilität für das Empfangen irgendeines Zeichens seiner Gegenwart erreichen. Lange Zeit spürte ich nichts, merkte ich keinerlei über- oder unweltliche Realität, die meiner religiösen, sehnsüchtig fragenden und wartenden Subjektivität eine Antwort gegeben hätte. Wenn ich in mich hineinsah, erschien mir alles in ein düsteres Grau getaucht. Ich war verzweifelt, denn ich hatte mir geschworen, beim Ausbleiben eines göttlichen Zeichens nicht mehr ins Priesterseminar zurückzukehren, auch wenn ich damit meinen früheren Schwur, Priester zu werden, brechen musste. Aber als ich schon keinerlei Hoffnung mehr hegte und in einen Abgrund der Trostlosigkeit angesichts der Vision einer Universal-atheistischen Wirklichkeit herabgestürzt war, hatte ich in einer plötzlichen, seligen Gefühlsaufwallung den sicheren Eindruck, von einer Unirdisch-überirdischen Macht emporgehoben und getragen zu werden.

Gestützt auf das, was ich für eine experimentelle Erfahrung Gottes hielt, kehrte ich ins Priesterseminar zurück. Es machte mir jetzt gar nichts mehr aus, dass im Neisser Priesterseminar die Wohnverhältnisse schlechter waren als in Krakau.

Die vorhandenen Räumlichkeiten waren derart, dass nur wenige Alumnen zu dritt oder viert in einem Zimmer wohnen konnten. Die meisten wurden in Sälen, von uns spöttisch »Kolchosen« genannt, untergebracht, in denen fünfzehn oder sogar zwanzig Kommilitonen nebeneinander studieren und schlafen mussten. Die ans Priesterseminar angeschlossene Seminarkirche ließ uns, da sie unbeheizbar war, im Winter während der langen Gottesdienste, Gebets- und Betrachtungsübungen, Exerzitien etc. zu Eiszapfen erstarren. Aber auch das passte ganz harmonisch zu meinem asketisch-eschatologischen Weltbild, für das ich durch die vorhin erwähnte Gotteserfahrung eine Bestätigung erhalten zu haben glaubte.

Weniger gut vermochte ich mich mit der Tatsache abzufinden, dass die Theologieprofessoren des Neisser Seminars aufs ganze gesehen doch eine ganze Klasse tiefer standen als die an der Krakauer Universität. Meine kritischen Fragen an den Vorlesungsstoff, die den meisten Krakauer Professoren durchaus willkommen gewesen waren, nahmen mir die Neisser Lehrer der »hl. Theologie« größtenteils übel. Einigen von ihnen waren diese Fragen Symptome des geistigen Hochmuts, der Aufsässigkeit und nicht meines Wissensdurstes, und dementsprechend forderten sie vom Regens des Seminars, Jan Tomaszewski, er solle Disziplinarmaßnahmen gegen mich in Anwendung bringen.

Glücklicherweise war Tomaszewski ein Pädagoge, der sich lieber auf seinen eigenen Verstand, seine fünf Sinne und seine Menschenerfahrung verließ. Er zitierte mich zwar zu sich, aber sein Gespräch mit mir verlief sicher nicht im Sinne der mich anklagenden Professoren. Wohl riet er mir, mich lieber nicht mehr mit Fragen an sie zu wenden, aber für dieses Quasi-Verbot schaffte er mir vollgültigen Ersatz in Form der Erlaubnis, alle zwei Wochen nach Krakau zu fahren und dort jeweils zwei Tage lang Vorlesungen und Seminare, insbesondere von Prof. Klusak, zu besuchen. »Herr Klusak hat mich während der Ferien getroffen«, sagte er noch. »Er hat mich gebeten, Ihnen diese Ausnahmeerlaubnis zu erteilen, weil Sie als einziger von allen Alumnen der Krakauer Priesterseminare die Prüfungen in allen Philosophiedisziplinen mit ›eminenter‹ bestanden haben und weil er möchte, dass Sie bei ihm Ihr Magisterium und Doktorat machen«.

Ich hätte vor Freude über diese Erlaubnis am liebsten Luftsprünge veranstaltet, besann mich aber eines besseren und bedankte mich lediglich freundlich-zurückhaltend beim Regens, dessen Charakter ich damals ja noch nicht näher kannte. Und auch ich war für ihn noch ein Buch mit sieben Siegeln. Außerdem wusste er von den oben erwähnten Überlegungen im Oppelner Generalvikariat, mich an die Luft zu setzen, wobei er es gewesen war, der die Herren im Generalvikariat vor voreiligen Maßnahmen gewarnt und für eine erst einmal abwartende Haltung plädiert hatte. Von all dem erfuhr ich aber, wie gesagt, erst kurz vor der Subdiakonatsweihe.

Für die Verantwortlichen im Generalvikariat stellte der Rausschmiss eines Priesteramtskandidaten aus dem Seminar überhaupt kein Problem dar. Die polnischen Priesterseminare waren überfüllt, und das Oppelner Priesterseminar zu Neisse stellte diesbezüglich keine Ausnahme dar. Jedes Jahr pochten Hunderte von Abiturienten vergeblich an die Pforten der polnischen Priesterseminare, die schon aus räumlichen Gründen niemanden mehr aufnehmen konnten. Deshalb weinten die Verantwortlichen denen, die gingen oder gegangen wurden, für gewöhnlich keine Träne nach. Auch das eben erst eröffnete Priestersemiar in Neisse musste in den Jahren 1950 bis 1954 von den jeweils etwa zweihundert Neubewerbern um einen Platz im Seminar die Hälfte wieder nachhause schicken.

Schlagartig änderte sich das etwa in der Mitte der fünfziger Jahre. Stalin war seit 1953 tot, sein Günstling und Liebling, Boleslaus Bierut, Polens Präsident, war im März 1956, nachdem er einer Anweisung des Großen Bruders, nämlich des sowjetrussischen Zentralkomitees, nach Moskau zu kommen, nachgekommen war, unter mysteriösen Umständen dort verstorben.

In Polen kam Wladyslaw Gomulka an die Macht, und sein Kulturminister Bienkowski hielt eine bemerkenswerte programmatische Rede, die von allen Zeitungen gedruckt wurde. Sinngemäß führte er darin u.a. aus: »Die stalinistische Ära ist beendet. Ihr harter Konfrontationskurs gegen alle nichtmarxistischen Ideologien und Institutionen hat nirgendwo das erbracht, was bezweckt worden war: Die Auslöschung abweichender Gedanken und Lebensstile. Der marxistische Atheismus ist nicht attraktiver geworden. Der von uns Kommunisten massiv ausgeübte Druck auf die Bevölkerung führte genau zum Gegenteil dessen, was wir erreichen wollten, z.B. zu überfüllten Gotteshäusern und Priesterseminaren. Vergegenwärtigen wir uns dagegen die Situation in Westeuropa. Dort sind die Kirchen leer und die Bischöfe jammern, weil kaum ein Jugendlicher bereit ist, das ›sanfte Joch des Priestertums‹ auf sich zu nehmen. Daraus ergibt sich für uns, dass wir in Polen ein günstiges Klima für jene Ursachen schaffen müssen, die auch im Westen für Atheismus und Materialismus verantwortlich sind. Das heißt: wir müssen die puritanische Atmosphäre der Stalinzeit auflockern, müssen der Jugend vor allem ein reichhaltiges Angebot an Zerstreuungs- und Vergnügungsmöglichkeiten vorsetzen, müssen mehr Kinos, mehr Bars und Diskotheken eröffnen. In unseren Filmen und illustrierten Magazinen muss auch die in der Stalin-Ära vollkommen abgewürgte Sexualität zu ihrem Recht kommen«.

Die Verantwortlichen in Staat und Gesellschaft hielten sich in den nächsten Jahren weitgehend an dieses Programm des polnischen Kulturministers. Das Resultat war verblüffend, denn bald darauf sank beispielsweise im Neisser Priesterseminar die Quote der jährlichen Neuzugänge von Priesteramtskandidaten auf vierzig, und Regens Tomaszewski kritisierte die verfehlte Strategie des Oppelner Ordinariats, das ihm in den »Jahren des Überflusses« strikt untersagt hatte, pro Jahr mehr als hundert Kandidaten aufzunehmen.

In anderen Priesterseminaren Polens war ebenfalls der Trend zu immer weniger Neueintritten festzustellen. Wohlgemerkt: ich spreche hier von Entwicklungen in den Jahren zwischen 1955 und 1958. Das zuletzt genannte Jahr war das meiner Ausreise aus Polen, und danach habe ich die dortigen Verhältnisse aus dem Auge verloren.

Von einem politischen Aspekt der Priesterseminare sprachen wir eben. Von einem anderen muss hier noch die Rede sein. Im Priesterseminar der Oppelner Diözese zu Neisse waren etwa 50 % der Priesteramtskandidaten gebürtige Oberschlesier, die andere Hälfte der Priesteranwärter rekrutierte sich aus in Schlesien angesiedelten Polen. Dieses Verhältnis barg gehörigen Zündstoff in sich. Beide Seiten, Polen wie Oberschlesier, waren für die zum Teil sehr gefährlichen Spannungen auf ihre Weise verantwortlich. Selbstverständlich machte das Aggressionspotential, das sich auf beiden Seiten angesammelt hatte, nicht vor den »heiligen« Innenräumen des Priesterseminars Halt.

Aber dieses Potential wäre möglicherweise nie zur Explosion gelangt, wenn es nicht einen raffiniert und systematisch vorgehenden Scharfmacher gegeben hätte. Es war ein polnischer Theologieprofessor, der früher der ostpolnischen Erzdiözese Lemberg (Lwow) angehört hatte und der nun in unserem Seminar lehrte. Wir Oberschlesier, aber selbst eine Reihe der objektiveren polnischen Alumnen, nannten ihn nur den »Giftpilz« oder »Giftzwerg«. Der Spitzname war geradezu maßgeschneidert. Nicht bloß war dieser Mann unverhältnismäßig klein, er hegte auch ein spontanes Misstrauen gegenüber allen, denen die Natur eine größere Länge beschert hatte. Ruhelos suchten seine Augen in den ihm Begegnenden nach den kleinsten Anzeichen, die sein Misstrauen rechtfertigten, bestätigten oder verstärken konnten. Wehe, wenn er ein solches Symptom ausgemacht hatte. Er verspritzte dann sein gesamtes Gift über den Unglücklichen. Aber mehr noch als die Langen hasste dieser Professor die Oberschlesier, die allesamt für ihn deutsche Chauvinisten waren (wiederum von einigen Ausnahmen abgesehen, auf die wir noch zu sprechen kommen).

Jedenfalls hatte sich dieser Mann ein Programm der totalen Repolonisierung oberschlesischer Priesteramtskandidaten zurechtgelegt, das für negativ darauf Reagierende alle Mittel des psychischen und physischen Terrors bereithielt. Das besonders Fatale daran war, dass er das Bekenntnis zum Polentum völlig mit der kriecherischsten Unterwürfigkeit gegenüber seiner Person gleichsetzte. Das waren dann die Ausnahmen, die ich vorhin erwähnte: Die wenigen Oberschlesier, die sich ihm unterwarfen, protegierte er maßlos, wie ein abgöttisch seine Kinder liebender Vater. Dann machte es ihm auch gar nichts mehr aus, wenn eines seiner geliebten Kinder ihn um zwei oder drei Köpfe überragte. Es stärkte sein Selbstbewusstsein, dass ihm diese Langen total ergeben waren. Er förderte seine »Untertanen« noch über das Priesterseminar hinaus, indem er seinen Einfluss bei der Beschaffung guter Priesterstellen spielen ließ.

An sich hat ein Theologieprofessor wenig mit der kirchlichen Verwaltung zu tun. Sein Einfluss bei der Besetzung von Priesterämtern beschränkt sich für gewöhnlich auf den Umstand, dass er seinem Günstling eine gute Note in dem von ihm gelehrten Fach mit auf den Weg ins kirchliche Leben außerhalb des Priesterseminars gibt. Aber unser »Giftpilz« machte sich das staatliche Dekret zunutze, wonach die kirchliche Behörde bei Stellenbesetzungen von Klerikern nur das Vorschlagsrecht, der polnische Staat aber das Bewilligungs- und eigentliche Einsetzungsrecht hatte.

Um diesen Umstand für seine Bestrebungen nutzen zu können, nahm er engen Kontakt mit dem in Oppeln befindlichen Woiwodschaftsamt für religiöse Angelegenheiten und dem UB, dem polnischen Staatssicherheitsdienst, auf. Bald wurde er für diese beiden staatlichen Institutionen geradezu unentbehrlich, denn er lieferte ihnen das, worum sie sich schon seit langem mit bisher nur schwachem Erfolg bemüht hatten, nämlich ausführliche Informationen über jeden Seminaristen. Er hatte ja die uneingeschränkte Möglichkeit, an alle ihre Personalakten heranzukommen, und außerdem hatte er inzwischen einen Apparat ihm höriger Alumnen aufgebaut, die ihm alles über ihre Kommilitonen zutrugen. Der polnische Geheimdienst interessierte sich selbst für scheinbar belanglose Dinge bis hin zur Frage, ob jemand Parfüm, Haarwasser oder irgendwelche Luxusartikel für seine Körperpflege verwendete. Ganz besonders interessierte er sich natürlich für die politische Einstellung der Seminaristen, aber auch für ihr Verhältnis zum Geld, zu Luxus und Genuss, ihre Freundschaften mit Kommilitonen, ihre Einstellung zu Frauen etc. Auf diese Weise sollten die Schwachstellen eines jeden Priesteramtskandidaten und damit die Möglichkeiten entdeckt werden, ihn zu beeinflussen, unter Druck zu setzen, wenn nötig zu erpressen, ihn als Mitarbeiter, als Agenten zu gewinnen usw. Schließlich handelte es sich bei den Seminaristen um künftige Kapläne, Pfarrer, vielleicht sogar Bischöfe. Damit war die Perspektive, auch in die kirchliche Hierarchie einzudringen, gegeben.

Professor »Giftpilz« frisierte natürlich seine Informationen an den polnischen Staatssicherheitsdienst und das Amt für religiöse Angelegenheiten. Diejenigen, die er hasste oder die auf irgendeine Weise sein Missfallen erregt hatten, stellte er als Feinde des polnischen Staates und des Sozialismus dar. Sein Hass ging so weit, dass er selbst vor Leuten, deren polnische Nationalität nicht bezweifelbar war, nicht haltmachte, wenn er diese aus irgendeinem subjektiven Grund als seine Feinde ansah.

Zu solchen Feinden rechnete er beispielsweise aus Polen stammende Kleriker, die für sein Ansinnen, ihre oberschlesischen Kollegen auszuspionieren, kein Verständnis zeigten oder die weiterhin ein freundschaftliches Verhältnis zu einem von ihm gehassten Oberschlesier unterhielten. Selbst der Regens des Neisser Priesterseminars, der ihn lange für seinen Freund hielt und wie er aus der Lemberger Gegend stammte, wurde von ihm als reaktionär, als Feind der polnischen Volksdemokratie und als germanophil denunziert.

Regens Tomaszewski hatte sich den Hass des Giftzwergs zugezogen, weil er nicht duldete, dass wir Oberschlesier im Seminar und nach der Priesterweihe bei der Besetzung kirchlicher Ämter benachteiligt wurden. Überdies hatte er es gewagt, das Seniorenamt und die Duktorenposten im Seminar vorwiegend mit Oberschlesiern zu besetzen. Das brachte unseren Giftzwerg derart auf die Palme, dass er ein Memorandum unter dem hier wörtlich übersetzten Titel *Über die germanischen Verhältnisse im Priesterseminar zu Neisse* an den damaligen polnischen Regierungschef Josef Cyrankiewicz richtete.

In dieser Denkschrift, die in Wirklichkeit eine niederträchtige Hetzschrift war, wurde die »faschistische Vergangenheit« all der Oberschlesier »entlarvt«, denen von Regens Tomaszewski irgendeine verantwortliche Funktion im Rahmen des Seminarbetriebes übertragen worden war. Bei zwei Oberschlesiern hatte der Giftzwerg entdeckt, dass sie Leutnant bzw. Unteroffizier in der deutschen Wehrmacht gewesen waren. Mit der Phantasie und der Obsession eines psychopathischen Fanatikers malte er im Memorandum aus, wie diese beiden deutschen »Militaristen« gegen polnische und russische Soldaten sowie gegen die feindliche Zivilbevölkerung vorgegangen sein dürften.

Den Umstand, dass der Regens den einen von ihnen als Senior, den anderen als Duktor eingesetzt hatte, bezeichnete der »Giftzwerg« als Beweis dafür, dass preußischer Drill im Neisser Seminar etabliert werden sollte. Andere, darunter ich, wurden im Memorandum wegen ihrer früheren Zugehörigkeit zur »verbrecherischen Organisation der Hitlerjugend« aufs Korn genommen. Bei mir versäumte der Verfasser des Memorandums nicht den Hinweis, dass ich völlig zu Recht als Politischer im polnischen Gefängnis gesessen hätte, »leider zu kurz«, wie er hinzufügte. Auch vermeintliche Gespräche einiger namentlich angeführter oberschlesischer Alumnen waren im Memorandum wiedergegeben. Die Gesprächsprotokolle sollten als Beweis dafür dienen, dass diese Alumnen intensive Sympathien für das westdeutsche Adenauer-Regime hegten. Insgesamt verlangte der Giftzwerg vom polnischen Regierungschef die Entfernung von vierzig Alumnen aus dem Priesterseminar. Darüber hinaus betonte er, dass er die antipolnische und antisozialistische Einstellung einiger oberschlesischer Theologiestudenten inzwischen für derart untragbar halte, dass er dafür plädiere, sie ins Gefängnis zu sperren.

Auch der Regens bekam im Memorandum seinen Saft ab. Das hatte »politische«, aber auch psychologische Gründe. Der Giftzwerg hätte nämlich liebend gern die Leitung des Seminars übernommen, also verdächtigte er auch aus diesem Grunde den amtierenden Regens. Dieser behandle, so behauptete er, jene polnischen Alumnen, die in der Roten Armee bzw. in der polnischen Befreiungsarmee gekämpft hatten, als Menschen zweiter Kategorie. Er versuche, sie aus dem Seminar hinauszuekeln. Bei dieser Anschuldigung bediente sich unser rasender Theologieprofessor geschickt eines tatsächlichen Vorfalls. Bei den üblichen Nachforschungen über jeden Seminaristen vor der Subdiakonatsweihe stellte sich heraus, dass ein polnischer Priesteranwärter, der gegen Ende des Krieges der Roten Armee angehört hatte, ein Mädchen geschwängert hatte. Der Pfarrer der Gemeinde, in der das Mädchen wohnte, hatte das dem Regens des Priesterseminars gemeldet. Der Regens wollte die Geschichte nicht einmal glauben, aber es gehörte zu seinen Pflichten, ihr nachzugehen. Er beauftragte eine Kommission von drei Geistlichen, den richtigen Tatbestand zu eruieren. Alle drei bestätigten aufgrund ihrer Recherchen den Bericht des Pfarrers über das Mädchen. Nach kirchlichem Recht blieb Regens Tomaszewski gar keine andere Wahl, als den betreffenden Priesteramtskandidaten nicht zur Subdiakonatsweihe zuzulassen. Außerdem hatte er aber auch noch vom Generalvikariat die Weisung erhalten, den Kandidaten nicht weihen zu lassen. Auf dieses Vorkommnis berief sich nun unser Giftzwerg im Memorandum an Cyrankiewicz. Er stellte es als Beweis dafür hin, dass der Regens Hassgefühle gegen die Sowjetrussen hege. Und das war in Polen so ziemlich die gefährlichste Anschuldigung, die einem damals widerfahren konnte.

Auch der neue Spiritual des Priesterseminars in Neisse demonstrierte unserem Hetzprofessor zufolge die progermanischen Verhältnisse in diesem Seminar. Regens Tomaszewski hatte dem Ordinariat die Ernennung dieses Pfarrers zum Spiritual vorgeschlagen, weil er seine menschlichen und religiösen Qualitäten schätzte.

Gade, so hieß der Spiritual, hatte nie einen Hehl daraus gemacht, dass er sich als Deutscher fühle. Er hätte es auch schlecht verbergen können, denn sein Polnisch klang haarsträubend, und die nichtoberschlesischen Seminaristen konnten oft kaum verstehen, was er meinte. Aber der Mann war geradezu das Musterbeispiel eines unpolitischen Menschen, der einzig die Vervollkommnung seines Inneren im Kopfe hatte. Das hinderte jedoch unseren Giftpilz in keiner Weise, die Ernennung des Pfarrers Gade zum Spiritual als Beweis dafür hinzustellen, dass Regens Tomaszewski die Germanisierung des polnischen Priesterseminars zu Neisse vorantreibe.

Das Memorandum wirbelte viel Staub auf. Es bewirkte, dass der UB sich noch mehr mit unserem Priesterseminar befasste und dass er die gleiche Forderung stellte, die schon im Memorandum erhoben worden war: Die Entfernung von vierzig Priesteranwärtern aus dem Seminar zu Neisse. Nur dass diese Forderung jetzt noch massiver wirkte, da sie nicht mehr von einer Einzelperson, sondern vom polnischen Staatssicherheitsdienst gestellt wurde. Der Regens entwickelte eine hektische Tätigkeit, um diesem brutalen Verlangen nicht nachkommen zu müssen.

Hubertus Mynarek als Seminarist (1949)

Er empfahl jedem der im Memorandum Angegriffenen, eine schriftliche Entgegnung auf die Vorwürfe, Verleumdungen und Überinterpretationen von Prof. »Giftzwerg« zu verfassen, und reichte den ganzen Stoß dieser Verteidigungsschriften im Sekretariat des polnischen Regierungsschefs in Warschau ein. Jedoch, er erhielt keine Antwort. Stattdessen drohte der UB mit der Schließung des ganzen Priesterseminars für den Fall der Nichtentfernung der Vierzig. Die Situation spitzte sich immer mehr zu. Jeden Tag musste mit der Schließung des Seminars gerechnet werden. Regens Tomaszewski wollte unbedingt den Rausschmiss der vierzig Priesteramtskandidaten verhindern. Er wusste ja, dass die politisch-nationalistischen Gründe gegen sie nur vorgetäuscht waren, dass es sich in Wirklichkeit um die fähigsten, qualifiziertesten Alumnen handelte, die gerade wegen ihres hohen Intelligenz- und ethischen Niveaus das Seminar verlassen sollten.

Aber er stand mit seinem Willen, die Vierzig nicht preiszugeben, so gut wie ganz allein da. Mit der Unterstützung seitens des Oppelner Ordinariats konnte er nicht mehr rechnen, denn darin waren inzwischen Veränderungen eingetreten, die ihm keineswegs sympathisch sein konnten. Der apostolische Administrator Boleslaus Kominek, der Tomaszewski als Regens eingesetzt hatte, war 1951 in einer Nacht- und Nebel-Aktion von den staatlichen Behörden abgesetzt und vom polnischen Staatssicherheitsdienst in ein Kloster bei Krakau verbracht worden, das er nicht verlassen durfte.

Eilends waren einige Dekane [9)] vom UB nach Oppeln zusammengetrommelt worden, die vor die Alternative gestellt wurden, entweder einen bestimmten geistlichen Herrn als kommissarischen Leiter der Diözese [10)] zu wählen oder alle möglichen Unannehmlichkeiten auf sich zu nehmen. Die Dekane, von denen kein einziger den Ruf zum Martyrium in sich verspürte, zogen es vor, unisono für den vom Staatssicherheitsdienst vorgeschlagenen Pfarrer zu stimmen. Dieser war eine Marionette der Kommunisten, ein willfähriges Werkzeug in ihrer Hand. Er tat in der Folgezeit immer genau das, was die staatlichen Behörden des damals noch stalinistisch geprägten Regimes in Polen von ihm verlangten oder auch nur als ihren Wunsch andeuteten. Ob er aus Feigheit handelte oder weil er erpresst wurde, entzieht sich meiner Kenntnis.

Sicher ist, dass er von einem fanatischen Deutschenhass besessen war und daher Weisungen der staatlichen Organe, die oberschlesische Priester oder Priesteramtskandidaten in negativer Weise betrafen, mit Freuden nachkam. Er setzte seine Unterschrift z.B. unter ein Papier, das die Ausweisung einer Reihe von oberschlesischen Pfarrern aus ihrer Heimat verfügte. Diese Pfarrer durften nicht etwa in die Bundesrepublik Deutschland ausreisen, sondern mussten Oberschlesien in Richtung Osten verlassen. Es war ihnen erlaubt, in Zentral- oder Ostpolen seelsorgerische Funktionen auszuüben. Vergegenwärtigt man sich, wie stark oberschlesische Katholiken an ihren Pfarrern hängen, wie schwer sie sich nach 1945 mit den aus Polen angereisten Geistlichen taten, dann kann man den Schlag ermessen, der ihnen mit der Ausweisung dieser Pfarrer zugefügt wurde.

So versteht es sich von selbst, dass der neue kommissarische Leiter der Oppelner Diözese auch gegen die Ausweisung vermeintlich prodeutscher und prokapitalistischer Theologiestudenten aus dem Priesterseminar nichts einzuwenden hatte und Regens Tomaszewski keinerlei Unterstützung bei der Verhinderung dieser Aktion gewährte. Im Gegenteil: Der nunmehrige Leiter der Geschäfte der Diözese, der ebenfalls aus der früheren Erzdiözese Lemberg stammte, entpuppte sich bald als starker Verbündeter von Prof. »Giftpilz«. Beide intrigierten in der gemeinsten Weise gegen Regens Tomaszewski, um ihn zum »freiwilligen« Rücktritt vom Posten des Leiters des Priesterseminars zu zwingen. Sie machten ihn vor allem beim Primas der polnischen Bischöfe, bei Kardinal Wyszynski, schlecht, wobei die größte Perversion dieser beiden Charaktere wohl darin bestand, ihre Kollaboration mit den polnischen Staatsorganen zu vertuschen und sich vor dem Primas als Kämpfer für die kirchliche Integrität eines polnischen Oberschlesiens aufzuspielen. Der eminent patriotische Pole Wyszynski fiel auch prompt darauf herein. Die Kollaboration selbst aber schoben die beiden Intriganten ausgerechnet dem in die Schuhe, der unter ihr am meisten zu leiden hatte: Regens Tomaszewski.

Dabei kam ihnen freilich ein Umstand zu Hilfe, für den der Regens zwar die Verantwortung trug, aber für den es in seiner Situation auch keine Alternative, zumindest keine ethisch vertretbare, gab. Als nämlich der UB den Rausschmiss der vierzig Priesteramtskandidaten verlangte und für den Weigerungsfall immer massiver mit der Schließung des Priesterseminars drohte, traten führende Vertreter der polnischen Friedenspriesterorganisation, von deren offizieller Kooperation mit den Staatsorganen bereits die Rede war, an Tomaszewski heran.

Für den Fall seines Beitritts zu ihrer Organisation versprachen sie ihm, den Rausschmiss der Vierzig ebenso abzuwenden wie die Schließung des Seminars. Tomaszewski trat also in diese Bewegung der katholischen Pax-Priester und -laien ein, und diese hielt ihr ihm gegebenes Versprechen. Die Gefahr war gebannt. Aber der Regens konnte nun mit Leichtigkeit durch Prof. »Giftpilz« und den ihn massiv unterstützenden kommissarischen Leiter der Oppelner Diözese vor dem Primas Polens als »Verräter der Kirche« hingestellt werden. Jedes Kind in Polen wusste ja, dass Wyszynski ein entschiedener Gegner der Friedenspriesterbewegung unter dem Grafen Piasecki war, dessen Buch *Zagadnienia istotne* (Wesentliche Probleme) über das Verhältnis von Kirche und Staat in Polen nicht ohne sein Zutun vom Vatikan auf den kirchlichen Index gesetzt worden war.

Kardinal Wyszynski war der eigentliche, vom Vatikan mit der provisorischen Regierung der früheren ostdeutschen Diözesen Beauftragte, da Rom damals noch keine polnischen Bischöfe für diese kirchlichen Verwaltungsgebiete zugelassen hatte. Er behielt es sich auch meist vor, die Absolventen des Oppelner Priesterseminars zu Neisse persönlich zu Priestern zu weihen, obwohl er diese Aufgabe auch einem anderen Bischof irgendeiner polnischen Diözese hätte übertragen können, während Apostolische Administratoren oder gar kommissarische Leiter einer Diözese [10)] nicht befugt sind, die Priesterweihe zu spenden.

Als Wyszynski also das nächste Mal wieder nach Oppeln und Neisse kam, war er schon entsprechend vom Quasi-Ordinarius (s. Anmerkung 10) und von Prof. »Giftpilz« informiert. Der Regens wurde vom Primas wie ein Aussätziger behandelt, und es machte dem Kardinal auch gar nichts aus, dass selbst wir Alumnen diesen Affront bemerken mussten. Die Chance, auch nur für kurze Zeit mit dem Kardinal allein zu sprechen und dabei die Dinge klarzustellen, z.B. auf die dem Kirchenfürsten gar nicht bekannte Gefährdung des Priesterseminars zu Neisse durch dessen angedrohte Schließung hinzuweisen, erhielt Regens Tomaszewski nicht.

Prof. Giftzwerg und der Quasi-Ordinarius der Oppelner Diözese waren keineswegs die einzigen prominenten Vertreter ihrer Kirche, die mit dem kommunistischen System im damaligen Polen kollaborierten. Es ist also keineswegs so, wie es in kirchlichen Kreisen des Westens gern hingestellt wird, dass nämlich die polnische Kirche nach 1945 als Märtyrerkirche existiert und durchgehalten hat.

Sie hat vielmehr ziemlich genau dasselbe getan, was die katholische Amtskirche in allen Jahrhunderten ihres Bestehens in allen Staaten gemacht hat, die ideologisch mit ihr nicht übereinstimmten und auf sie Druck ausübten: Sie hat sich weitgehend angepasst und jeden Konfrontationskurs tunlichst vermieden.

»Tapferer« trat die polnische Kirchenhierarchie in den dreieinhalb Jahrzehnten nach dem Zweiten Weltkrieg gegenüber den Vertretern des kommunistischen Regimes stets nur dann auf, wenn sie Symptome seiner Schwächung bemerkte. Aber auch in diesen Fällen dosierte sie stets ihren Protest, wohlwissend, dass die ökonomische oder sonst eine Schwächung des kleinen kommunistischen Bruders, d.h. Polens, noch nicht eo ipso mit der Schwäche des »Großen Bruders«, der Sowjetunion, identisch war. Auf jeden Fall hat der Protest der polnischen Amtskirche gegenüber Gesetzen und Übergriffen des Staates nie jene schrillen und massiv donnernden Töne angenommen, wie sie etwa die immer wieder erneuerten Kampagnen der katholischen Bischöfe der Bundesrepublik gegen den Abtreibungsparagraphen auszeichnen. Auch diese Kampagnen sind freilich gut berechnet.

Die Bischöfe wissen ganz genau, dass sie in Deutschland nichts riskieren, wenn sie sich so gebärden. Ihre einstigen bischöflichen Vorgänger wussten dagegen ganz genau, dass ihnen der Nazi-Staat keine Narrenfreiheit ließ. Sie passten sich dementsprechend maximal an, lautstark wurden sie im allgemeinen nur, wenn sie die Gemeinsamkeiten mit den Zielen der braunen Bewegung betonten, z.B. im gemeinsamen Kampf gegen den Bolschewismus.

Kehren wir aber wieder zu den Verhältnissen im Neisser Priesterseminar zurück. Durch die oben charakterisierte Aktivität Prof. Giftzwergs und deren Folgen hatte sich das »Betriebsklima« in unserem Seminar außerordentlich verschlechtert. Die Schwächung der Position des Regens auch durch das auffällige Benehmen des obersten der polnischen Bischöfe gegen ihn bewirkte, dass der giftversprühende Professor nun der eigentliche Herr im Seminar war.

Die meisten Professoren hielten jetzt zu ihm, nicht zum Regens. Diejenigen Professoren, die das Verhalten des ersteren nicht billigten, hatten jedoch nicht den Mut, offen und effektiv für den letzteren Partei zu ergreifen. Und keiner von ihnen wagte dem Giftpilz Vorhaltungen ob der auch den Seminaristen bekannten Tatsache zu machen, dass er ganz ungeniert Leute vom polnischen Staatssicherheitsdienst in sein Seminarappartement einzuladen und zu empfangen pflegte. Die meisten Alumnen rochen ebenfalls den Braten, d.h. sie stellten sich auf das neue Kräfteverhältnis im Priesterseminar um. Hatten sie vorher vor allem den Regens umwedelt, so schmeichelten sie jetzt dem neuen »Größten« innerhalb der Seminarmauern, und dieser nutzte das gehörig aus.

Das begann schon bei seinem perfiden System der Benotung. Anpassler, Schmeichler, Speichellecker bekamen die besten Zensuren, sie wussten, dass sie sich auf die Prüfungen kaum vorbereiten mussten. Der Rest konnte noch so gut präpariert sein. Er konnte von Glück reden, wenn er gerade noch ein sufficienter (= ausreichend) erreichte. Ein Fach mit schlechter Zensur bedeutet im Rahmen der vielen theologischen Fächer noch nicht viel. Aber der Giftzwerg bearbeitete einige seiner Kollegen derart massiv, dass auch sie sich seinem System der Benotung anschlossen. Das heißt: Er wusste es immer so einzurichten, dass sein Prüfungstermin vor den Prüfungen durch die anderen Professoren lag. Diese brauchten dann nur noch in das Prüfungsbuch des Prüflings zu gucken und diesem in ihrem Fach dieselbe Zensur zu geben, die ihm bereits der Giftzwerg verpasst hatte.

Auf die Dauer genügten unserem Gipftpilz bloße verbale Bezeugungen der Unterwürfigkeit nicht. Er stellte richtige Kriterien echter Konformität mit ihm auf. Er verlangte von seinem Gefolge und den Alumnen, die in dieses aufgenommen zu werden wünschten, vor allem Gesinnungsschnüffelei. Sie hatten ihm zu melden, was die »abseits stehenden« Seminaristen über ihn dachten und sagten; sie hatten die Auszuspionierenden in Gespräche zu verwickeln, die zur »Entlarvung ihrer Meinungen und Absichten« führen sollten.

Dabei ging Prof. Giftpilz in seiner »Selbstverleugnung« sogar so weit, dass er seinen Agenten gestattete, in ihren Kundschaftergesprächen ganz übel über ihn herzuziehen, um so die anderen aus ihrer Reserve zu locken und zum Sprechen zu bringen. Natürlich wurden die gesammelten Ergebnisse dieser Spionagetätigkeit vom Professor auch dem UB unterbreitet. Denn es wurden ja in diesen Gesprächen auch politische und gesellschaftliche Missstände angesprochen. Und Prof. Giftpilz war seinerseits das »trojanische Pferd« des Staatssicherheitsdienstes im Neisser Priesterseminar.

Nicht alle hielten den Zwiespalt zwischen der Vorbereitung auf den Beruf des Seelsorgers und der Aufgabe eines Spitzels durch. Mir sagte einmal der Regens, es wären schon über zwanzig Alumnen ganz frustriert zu ihm gekommen und hätten ihm ihre Denunziationsdienste für den betreffenden Professor bzw. für den UB gestanden. Obwohl Prof. Giftzwerg »die Agentur des UB« auf dem Terrain des Seminars war, ließ es sich der polnische Staatsicherheitsdienst nicht nehmen, noch eigens von ihm ausgewählte oder präparierte Leute direkt ins Seminar einzuschleusen. Vielleicht wollte er auf diese Weise auch noch die Kontrolle über die Aktionen des Professors behalten, denn über die vom UB Eingeschleusten wusste nicht einmal dieser genau Bescheid, und Misstrauen selbst gegenüber den eigenen Leuten gehört nun einmal zum Charakter jedes Geheimdienstes.

Die Dienste, die die Getreuen des Giftzwergs zu leisten hatten, erstreckten sich sogar auf die Ferien. Sie mussten in der Ferienzeit die Orte bereisen, in denen die Familien und Bekannten von Seminaristen wohnten, die der Giftzwerg aus irgendeinem Grund verdächtigte. Dort hatten sie dann die Familienverhältnisse, Freundschaften und Bekanntschaften des Betreffenden genauestens unter die Lupe zu nehmen, um später ihrem Chef darüber detailliert berichten zu können.

Der größte, in Wirklichkeit peinlichste und schmutzigste Erfolg, den die Agentengruppe des Giftzwergs zu verbuchen hatte, war die auf der Grundlage ihrer Recherchen erfolgte Verhaftung eines Alumnen, der aufgrund ihrer Anschuldigungen zu vier Jahren Gefängnis verurteilt wurde. Seine ganze Schuld bestand eigentlich nur darin, dass er naiv-vertrauensselig war und sich dementsprechend mit seinen Interessen so gab, wie er war. Erstes Missfallen erregte er bei den Gefolgsleuten des Giftzwergs dadurch, dass er oft und ungeniert deutsch sprach, obwohl das offiziell verboten war. Daraufhin setzten sie sich auf seine Fährte und fanden als erstes heraus, dass er in seinem Bücherregal im Seminar fast nur deutsche Bücher stehen hatte, darunter einige Geschichtsbücher aus der Nazizeit. Eines dieser Bücher wurde zum corpus delicti.

Es rechtfertigte den Überfall Polens durch Hitler. Es wird wohl nie mehr zu klären sein, ob ihm dieses Buch nicht untergeschoben worden war. Bei der Gerichtsverhandlung, die seiner Verurteilung vorausging, beteuerte er jedenfalls immer wieder, dass dieses Buch nicht sein Eigentum sei, er es gar nicht kenne und nie in der Hand gehabt habe. Aber seine wiederholten Beteuerungen beeindruckten die Richter nicht im mindesten. Diese schenkten den Zeugen Glauben, die einmütig den Angeklagten belasteten. Als Zeugen fungierten Kollegen des Angeklagten aus dem Priesterseminar, darunter sogar seine besten oberschlesischen Freunde. Ihnen war ebenfalls mit Verhaftung gedroht worden, wenn sie sich nicht im Sinne der Anklage äußern sollten.

Und sie »sangen« in beschämender Weise das Hasslied gegen ihren Freund! Der Regens war nach der Gerichtsverhandlung, der er beigewohnt hatte, ganz geknickt wegen ihrer Feigheit. Von einem dieser »Sänger« weiß ich, dass er heute in der Bundesrepublik lebt, einen deutschen Patrioten spielt und bei fast keinem Treffen der Heimatvertriebenen fehlt.

Gegenstand der belastenden Aussagen der Zeugen war übrigens auch die »deutsche Atmosphäre« in der Familie des Angeklagten. In dieser Hinsicht konnte man sich auf die »Recherchen vor Ort« der Giftzwerg-Gruppe stützen. Der Verurteilte musste dann doch nicht die ganzen vier Jahre absitzen, aber zwei leidvolle Jahre verbrachte er im Gefängnis. Als nach diesen zwei Jahren sein Vater aus Gram über die ungerechte Behandlung seines Sohnes starb, und sein Tod die Erinnerung an die ganze Affaire wiedererweckte, so dass es zu neuen Missfallensäußerungen der Autochthonen in der Stadt kam, aus der der Angeklagte stammte, wurde dieser sang- und klanglos freigelassen, freilich ohne in irgendeiner Weise rehabilitiert oder entschädigt zu werden. Auch durfte er sein Theologiestudium nicht wieder aufnehmen.

All diese Dinge verdaute das gute Gewissen von Prof. Giftpilz ohne Schwierigkeiten. Im Gegenteil, er machte die von ihm ausgeheckten Ungerechtigkeiten geradezu mit seinem Herrgott aus. Immer wenn er einen neuen massiven Schlag gegen jemanden vorbereitete, konnte man ihn tiefgebeugt in der Seminarkirche beten sehen. Oft verharrte er so stundenlang in seinem Gebet, ehe er sich, neugestärkt für seine Taten, erhob und beschwingten Schrittes die Kirche verließ. Ein solches Bewusstsein von der Notwendigkeit ihrer Aktionen muss wohl auch die Inquisitoren früherer Jahrhunderte erfüllt haben. Uns Alumnen erfüllte allerdings etwas anderes, nämlich Angst, wenn einer von uns mit der Nachricht kam: »Der Giftzwerg betet wieder!«.

Trotzdem schien auch dieser nicht ohne Angst zu sein. Und seine Angst bewirkte wiederum, dass wir, die von ihm Verfolgten, doch von Zeit zu Zeit lachen, genauer: schadenfroh grinsen konnten. Als Beweis seiner geradezu krankhaften Angst bewerteten wir, dass er sich einen Leibwächter zugelegt hatte. Es war komischerweise ein oberschlesischer Theologiestudent, der bereits Feldwebel bei der deutschen Wehrmacht gewesen war, ein baumlanger, kraftstrotzender Bursche, der nicht besonders gut polnisch sprach, aber sich dem Professor hündisch ergeben zeigte. Die beiden waren ein Herz und eine Seele, und es war zu lustig, den Giftzwerg neben dem Riesen spazierengehen zu sehen. Nachts musste der letztere im Vorzimmer des Appartements des ersteren schlafen, um einen etwaigen Angriff auf dessen Leben abzuwehren. Trotz der Gefahr für uns konnten wir es uns nicht verkneifen, den Riesen ob seiner Gorilla-Funktion zu hänseln, aber den focht das nicht an. Er bekam ja auch vom Giftzwerg viele Vergünstigungen, unter denen die guten Benotungen durch diesen und andere auf dessen Seite stehende Professoren angesichts der unterdurchschnittlichen Intelligenz des Gorillas nicht gering zu veranschlagen waren.

Trotzdem war dieser Seminarist kein eigentlich schlechter Kerl. Er war nur nicht gescheit genug, das Intrigenspiel seines Chefs zu durchschauen. Dieser konnte ja auch unwahrscheinlich charmant zu denen sein, die er mochte. Der Zufall wollte es, dass der »Riese« ein paar Jahre später Kaplan in derselben Pfarrgemeinde wurde, in der ich bereits seit einem Jahr tätig war.

Gemeinsam mit dem polnischen Pfarrer, der über die Verhältnisse im Priesterseminar zu Neisse ebenfalls empört war, machte ich mich nun daran, den neuen Kaplan über seinen früheren Chef, den »Giftzwerg«, systematisch aufzuklären. Bald erfüllte ihn eine ungeheure Wut, als er kapierte, dass er sich für eine schlechte Sache hatte ausnutzen lassen. Als der Giftzwerg das nächste Mal anrief, weil er seinen Leibwächter auf eine Reise mitnehmen wollte, fiel er aus allen Wolken, als sein sonst stets so gefügiges Riesenlamm jede weitere Zusammenarbeit mit ihm kategorisch verweigerte.

Die Rache des Giftzwergs ließ nicht lange auf sich warten. Er benutzte seinen Einfluss beim neuen Leiter der Diözese und bei den staatlichen Behörden, um den noch gar nicht lange als Kaplan tätigen früheren Leibwächter in ein ganz einsames, verkehrsungünstig gelegenes Dorf als Pfarrverweser zu versetzen. Das Pech wollte es, dass sich der an sich gutmütige Riese in diesem Dorf dazu hinreißen ließ, ein Kind während des Religionsunterrichts zu ohrfeigen. Er wurde dafür zu einem Jahr Gefängnis verurteilt. In seiner Not wandte er sich jetzt doch wieder an Prof. Giftzwerg, denn dieser hatte aufgrund seines Einflusses und seiner Beziehungen zu den staatlichen Organen ohne weiteres die Macht, die Affäre unter den Tisch zu fegen. Aber der zeigte seinem ehemaligen Leibwächter die kalte Schulter und rührte keinen Finger. So musste dieser für ein bitteres Jahr hinter Schloss und Riegel.

Auch in anderer Hinsicht war Prof. Giftzwerg weiterhin negativ aktiv, wiewohl sein Hauptplan, vierzig oberschlesische Priesteramtskandidaten aus dem Seminar zu entfernen, gescheitert war. Ein Gegenstand seines besonderen Hasses war der sog. »Wissenschaftliche Kreis«, den Regens Tomaszewski innerhalb des Priesterseminars gegründet hatte. Der Regens verband mit dieser Gründung die Absicht, durch wissenschaftlich-ethische Bemühungen in Gestalt von Vorträgen, Studien, Diskussionen und Arbeitsgemeinschaften die Moral und Toleranz im Seminar, insbesondere das Verhältnis zwischen oberschlesischen und polnischen Alumnen, wieder zu verbessern.

Mich hatte er zum Vorsitzenden dieser wissenschaftlichen Institution gemacht, und das genügte dem Giftzwerg schon wieder als Beweis der »germanisierenden Ziele« dieser Institution. Auch sah ich gar nicht ein, warum ich im Rahmen der Arbeit des wissenschaftlichen Kreises die Studenten nicht mit jenen deutschen Denkern bekannt machen sollte, die etwas Wesentliches zu den Problemen der Ethik, Humanität, Toleranz, Gerechtigkeit etc. ausgeführt hatten. Auch diesen Umstand registrierte Prof. Giftzwerg voller Wut. Ebenso den, dass er im Unterschied zu einigen anderen Professoren nie um einen Vortrag gebeten wurde. Mit allen möglichen Mitteln versuchte er, die Arbeit des wissenschaftlichen Kreises zu torpedieren und zu diffamieren. Es gelang ihm nicht. Selbst viele seiner Gefolgsleute kamen gern in die Veranstaltungen dieses Kreises, weil, wie ich glaube sagen zu können, meine Mitarbeiter und ich stets interessant gestaltete wissenschaftliche Themen zu bieten hatten.

Der Giftzwerg versuchte es auch direkt, mich dazu zu bringen, meine Energien nicht mehr auf die Arbeit im wissenschaftlichen Kreis zu konzentrieren. Während eines Examens, das ich bei ihm abzulegen hatte, versuchte er mich zu ködern: »Sie wissen, dass ich viel Einfluss habe. Ich könnte mich dafür verwenden, dass Sie eine glänzende Karriere machen. Allerdings müssten Sie auf meine Seite übergehen und die Arbeit im wissenschaftlichen Kreis aufgeben. Wenn Sie sie aufgeben, zerfällt er sowieso«. »Ich verstehe nicht« erwiderte ich, »warum Sie so gegen diesen Kreis sind. Sie behaupten zwar, dass darin unter dem Mantel der Wissenschaft für den deutschen Geist geworben werde. Aber gehen Sie doch einmal selbst die Themen der Veranstaltungen dieses Kreises durch, dann werden Sie sehen, daß ich mich um Ausgewogenheit bemühe. Es kamen bisher sogar mehr ost- als westeuropäische Denker zur Sprache. Nach meinen schlechten Erfahrungen mit der menschlichen Brutalität im Gefängnis, worüber Sie ja Bescheid wissen, und meinen guten Erfahrungen mit völkerverbindender Kameradschaft in der polnischen Schule wäre es mir völlig unmöglich, ein Volk über das andere zu stellen. Sie schätzen mich also wirklich falsch ein!«.

Aber der Mann war nicht ansprechbar. Er sagte nur leise, ohne jede Gefühlsregung: »Wenn Sie nicht für mich arbeiten, werde ich Sie erledigen«. Es waren nicht Arroganz und Überheblichkeit, denn ich kannte ja schon zur Genüge die destruktiven Fähigkeiten dieses Menschen, aber es waren die Unbekümmertheit und Vitalität meiner Jugend, die sich gegen seinen Vernichtungsspruch aufbäumten: »Versuchens Sie's doch«, warf ich ihm trotzig entgegen, »zwar gestehe ich, dass ich ganz gern die wissenschaftliche Laufbahn einschlagen möchte, und ich kann mir denken, dass Sie mir in dieser Hinsicht viele Steine aus dem Weg räumen könnten. Aber der Preis, den Sie dafür verlangen, erscheint mir unmoralisch. Ich werde ihn nicht zahlen«.

»Wir werden sehen«, sagte er höhnisch und ebenso höhnisch reichte er mir mein Prüfungsbuch, in das er ein »vix sufficienter« (kaum ausreichend) eingetragen hatte. Diese Zensur war nur der Anfang meiner schlechten Benotungen durch den Giftzwerg und seine Anhänger im Professorenkollegium.

Während ich an der Jagiellonen-Universität in Krakau, die über viel gebildetere Professoren verfügte, in allen Fächern ein »emi-

Die zehn Jungpriester. *In der Mitte Regens Tomaszewski. Rechts von ihm sitzt Hubertus Mynarek, der (spätere) Verfasser des hier in einer Neuauflage vorliegenden kirchenkritischen Buches. Die Erstauflage erschien 1973 - heißumstritten, vom Klerus argwöhnisch beobachtet - mit einer Startauflage von 25.000 Exemplaren.*

nenter« (ausgezeichnet, hervorragend) bekam, kam ich jetzt, d.h. in den letzten zwei Jahren vor meiner Priesterweihe, bei der Benotung durch die weniger intelligenten Professoren des Neisser Seminarstudiums selten über ein »sufficienter« hinaus.

Die größte Show aber hatte sich der Giftzwerg zusammen mit zwei ihm assistierenden, fanatisch nationalistischen, polnischen Theologieprofessoren unseres Seminars für die Zeugnisverteilungsfeier am Ende meiner Studienzeit und kurz vor meiner Priesterweihe aufgehoben. Vor der versammelten Mannschaft des gesamten Priesterseminars, also auch vor den jüngeren Kursen, die die Zusammenhänge und Hintergründe nicht kannten und mich wegen meines Engagements im wissenschaftlichen Kreis schätzten, hielt Prof. Giftzwerg eine emotionsgeladene Rede, in der er zunächst die gewaltigen Verdienste, Erfolge und wissenschaftlichen Leistungen seiner, jetzt das Seminar beendenden Schützlinge herauskehrte. Danach verfinsterte sich sein Gesicht und zugleich versuchte er, bei den Hörern seiner Ansprache den Eindruck zu erwecken, als ob es ihm leid tue, zu sagen, was nun gesagt werden müsse:

»Wir kommen nun zum Abschlusszeugnis des künftigen Priesters Mynarek. Wir Professoren (er deutete auf die beiden schon erwähnten, links und rechts von ihm stehenden theologischen Lehrer) müssen gestehen, dass wir uns lange Zeit durch die glänzende Fassade von Mynareks Intelligenz täuschen ließen. Er brachte ja aus Krakau hervorragende Zensuren mit und dementsprechend haben wir hier in Neisse ihn zunächst überdurchschnittlich benotet. Erst allmählich erkannten wir, dass das alles nur Schein war. Heute müssen wir betonen, dass wir diesen Mann wegen seiner unterdurchschnittlichen Leistungen nur mit allergrößter Sorge und den massivsten Bedenken in die pastorale Arbeit im Weinberg des Herrn entlassen. Wenn es nach uns ginge, dürfte Mynarek gar nicht zur Priesterweihe zugelassen werden. Aber wir sind überstimmt worden. Doch damit später nicht uns die Schuld für seine künftige klägliche Seelsorgearbeit in der Diözese Oppeln angelastet wird, mussten wir unsere Bedenken gegen ihn hier zum Ausdruck bringen!«.

Der Professor hatte mit seiner detektivischen Meisterleistung der Entlarvung des »wahren Wesens meiner Intelligenz« noch keineswegs sein ganzes Gift versprüht. Auch als ich schon zum Priester geweiht war und mich jenseits der Mauern des Seminars befand, nutzte er die ihm zur Verfügung stehende Macht dazu, jede wichtige Station meiner seelsorgerischen Tätigkeit negativ zu beeinflussen. Im Grunde hörten seine Racheakte erst auf, als ich im Jahr 1958 in die Bundesrepublik Deutschland übersiedelte.

Ich habe hier ziemlich ausführlich die destruktiven Aktivitäten eines polnischen Theologieprofessors im Neisser Priesterseminar dargestellt. Aber ich muss gestehen, dass es auch eine blind-patriotische deutsche Vereinigung im Seminar gab, die dazu beitrug, die Atmosphäre zu vergiften. Selbst einige gemäßigtere Oberschlesier, die an sich für einen guten, gleichberechtigten modus vivendi zwischen autochthonen und polnischen Seminaristen eintraten, gesellten sich zu ihr, als Prof. Giftzwerg seine chauvinistischen Tendenzen immer offener zum Ausdruck und zur Auswirkung brachte und immer mehr polnische Alumnen seinen Parolen folgten. So kam es zu einer traurigen Polarisierung innerhalb des Seminars zwischen einem extrem polnischen und einem extrem deutschen Flügel, und die gemäßigte Gruppe von Oberschlesiern und Zugereisten, die sich für eine Überbrückung der Gegensätze einsetzte, hatte einen schwachen Stand. Die beiden extremen Flügel misstrauten ihr jeder auf seine Weise. Den deutschen Hurra-Patrioten war sie zu polnisch, den polnischen zu deutsch. Ich habe schon angedeutet, dass die Tätigkeit des Wissenschaftlichen Kreises im Seminar u.a. dem Zweck diente, dieser gemäßigten Gruppe argumentativ den Rücken zu stärken. Extrema se tangunt! Dass dieser Spruch von der Berührung der Gegensätze sich auch in diesem Fall bewahrheitete, zeigte sich daran, dass es nicht nur im extrem polnischen, sondern auch im extrem deutschen Flügel eine Reihe von Spitzeln gab, die für den polnischen Sicherheitsdienst arbeiteten. Wenn dieser die deutschen Fanatiker nur ein bisschen unter Druck setzte, waren sie meistenteils sehr schnell weichgeknetet und zur Mitarbeit bereit. Es drohten ihnen allerdings auch empfindliche Strafen, wenn sie wegen ihrer deutschen Propaganda oder ihrer Kritik an der vermeintlich minderwertigen polnischen Kultur unter Anklage gestellt worden wären. Bezeichnenderweise gehörte keiner der Vierzig, deren Ausweisung aus dem Seminar der polnische Staatssicherheitsdienst gefordert hatte, dem extremen nationalistischen deutschen Flügel an.

Möglicherweise war es die durch den übertriebenen Nationalismus und seine Begleiterscheinungen vergiftete Atmosphäre im Seminar, die im Zusammenhang mit den üblichen, in jeder geschlossenen Gemeinschaft wirkenden Zwängen und den besonderen Zwangsmechanismen einer so perfekt verwalteten Religion wie der katholischen [11] bei einigen Alumnen zu schweren psychischen Störungen führte. Der in dieser Hinsicht tragischste Fall erschütterte die meisten Seminaristen derart tief, dass eine Zeitlang sogar ein Abebben der nationalistischen Spannungen zu verzeichnen war. Es handelte sich um einen Theologiestudenten des vierten Semesters (bzw. des sechsten Trimesters), der als sehr höflich und zuvorkommend, aber auch als sehr zurückhaltend und schweigsam galt. Ausgerechnet er stürzte an einem Nachmittag, ohne anzuklopfen, in das Appartement des Spirituals und brüllte ihn an: »Ihr (gemeint war die ganze Seminarleitung) habt mich geistig kastriert! Ihr habt mich seelisch fertiggemacht! Ihr habt jeden selbständigen Gedanken in mir niedergeschlagen! Ihr habt mich total zerstört!«.

Wutentbrannt warf er sich auf den laut um Hilfe schreienden Pater Spiritual (es war ein Kamillianerpater, der als Nachfolger des oben erwähnten Spirituals Gade fungierte, da dieser der deutsch-polnischen Antagonismen im Seminar wegen seinen Posten hatte aufgeben müssen). Und man weiß nicht, was dieser physisch starke, aber psychisch aus dem Gleichgewicht gefallene junge Mann mit dem Spiritual angestellt hätte, wenn nicht einige Seminaristen diesem zur Hilfe geeilt wären und mit vereinten Kräften den außer sich geratenen Seminaristen in einen fensterlosen Raum gesperrt hätten.

Beim gemeinsamen Abendessen war der Eingesperrte natürlich Gesprächsthema Nr. 1. Aber obwohl zwei bärenstarke Kleriker auf ihn aufpassten, konnte er sie überlisten bzw. überwinden, denn er raste plötzlich in den Saal, in dem wir gerade das Abendessen einnahmen, und schrie mit schriller Stimme: »Ich lasse mich nicht einsperren, ich gehöre zur Gemeinschaft und werde jetzt mit Euch speisen«. Jedoch setzte er sich lediglich auf seinen gewohnten Platz, rührte keinen Bissen an und saß ganz steif da, die Augen starr auf einen Punkt gerichtet. Nach dem Abendessen ließ er sich willenlos ins Appartement des Regens führen.

Irgend jemand hatte den polnischen Staatssicherheitsdienst informiert, der sofort zwei Leute ins Seminar schickte. Sie verhörten den jungen Mann im Beisein des Regens. Entgegen den Befürchtungen und zur Verwunderung des letzteren verneinte jedoch der erstere alle Fragen der Männer vom Sicherheitsdienst, die sich auf einen eventuell auf ihn ausgeübten Druck durch die Seminarleitung bezogen. Er wirkte vor diesen vollkommen klar, logisch, überlegt.

Kaum waren die Leute vom Staatssicherheitsdienst weg, überschüttete er den Regens und die anderen Vorgesetzten des Seminars, auch einige Kommilitonen, wieder mit Vorwürfen. Wieder sperrte man ihn ein und wieder konnte er sich losreißen. Diesmal waren wir zur Abendandacht in der Seminarkapelle versammelt, da stürmte er herein. Er nahm aber nicht auf dem Stuhl, auf dem er sonst saß, Platz, sondern näherte sich jetzt langsam, fast majestätisch dem Altar, von dem aus der Pater Spiritual eine Ansprache an uns hielt. Er unterbrach dessen Rede und verlangte laut und wildentschlossen von diesem, er möge ihm die hl. Kommunion spenden.

Nach dem kirchlichen Ritual durfte das der Spritual nicht. »Sie haben doch«, argumentierte dieser deshalb, »schon heute früh zusammen mit allen anderen Alumnen die Kommunion empfangen. Sie können sie doch nicht zweimal im Laufe eines Tages bekommen«. Aber es war ein so furchtbarer Ernst in der ganzen Haltung, zugleich ein so starkes Verlangen des jungen Mannes nach dem »Leib des Herrn«, dass der Spiritual nachgab.

Nach der Erteilung der Kommunion sackte der Arme lautlos zusammen. Es war, als wenn er nur darauf gewartet hätte, ein letztes Mal in seinem Leben an der Eucharistie teilzunehmen. Vier Alumnen trugen ihn wieder in den fensterlosen Raum, der eine eventuelle Flucht unmöglich machen sollte. Als er aus seiner Bewusstlosigkeit erwachte, war er nicht mehr derselbe. Mal weinte er kläglich und fragte die Anwesenden, ob er noch eine Chance habe, Priester zu werden. Mal richtete er sich von dem Bett, auf das man ihn gelegt hatte, hoch auf, riss die Arme weit auseinander und schrie: »Ich bin Christus, der Auferstandene«.

Der Primas Polens, Kardinal Wyszynski, bei der Predigt im Rahmen der Priesterweihe - auch der des Hubertus Mynarek - auf dem oberschlesischen Annaberg, einer bekannten Wallfahrtsstätte, die wohl im Verbund mit einer parallel stattfindenden Männerwallfahrt außerordentlich geschickt von der Kurie in Szene gesetzt worden ist. Mynarek bezeichnet dieses Ereignis als »Manifestation des Triumphal-Katholizismus«.

Christologische Lobpreisungen und diabolische Verwünschungen lösten einander ab. Am nächsten Morgen kam sein telefonisch von allem verständigter Vater angereist. Mit seinem Einverständnis wurde der Sohn in eine Nervenheilanstalt gebracht. Die Ärzte dort meinten, der Fall sei nicht so schwer, er werde in spätestens sechs Monaten wiederhergestellt sein. Aber als man ihn wegen seiner Tobsuchtsanfälle in die Zwangsjacke steckte und er ständig von »universaler Freiheitsberaubung« sprach, auch kein Essen mehr annahm, starb er nur eine Woche nach seiner Einlieferung. Die Nachricht von seinem Tod löste lähmendes Entsetzen bei uns Alumnen aus.

Noch ganz unter dem prägenden Eindruck dieses jähen Endes eines Kommilitonen, der unmittelbaren Nachbarschaft von Leben und Tod, empfing ich am 21. Juni 1953 die Priesterweihe. Zusammen waren wir zehn Priesteramtskandidaten der Oppelner Diözese, die die Priesterweihe erhielten. Ort des Geschehens war nicht die Seminarkirche in Neisse, auch nicht die Kathedralkirche in Oppeln, sondern der Annaberg. Dass dieser Ort für die Spendung des Sakraments der Priesterweihe vom Primas Polens, Kardinal Wyszynski, ausersehen worden war, hatte wahrscheinlich historische und sogar politische Gründe. Auf jeden Fall sahen das so die staatlichen Organe, die ob dieser Manifestation des Triumphalkatholizismus auf dem »heiligen Berg« Oberschlesiens sehr sauer waren.

Und als Manifestation des selbst in einem kommunistisch regierten Ostblockstaat triumphal sich behauptenden Katholizismus war das Ganze ja wohl auch von der Kirchenleitung konzipiert worden. Das Ganze - das war nicht bloß die Erteilung der Priesterweihe durch den polnischen Primas, dessen Anreise seit Wochen von den Kirchenkanzeln herab angekündigt worden war -, das war auch das zur gleichen Zeit erfolgende Zusammenströmen von über 50.000 katholischen Männern auf diesem Berg anlässlich einer Männerwallfahrt, die gleichsam als würdige Umrahmung der vom obersten der polnischen Bischöfe gespendeten Priesterweihe gedacht war. Klar, dass eine solche Konzentration von Männern an einem Ort von der politischen Führung des Landes als Provokation aufgefasst wurde.

Mit dem Annaberg als dem höchsten, etwa 600 m über dem Meeresspiegel liegenden Berg Oberschlesiens ist deutsche wie polnische, politische wie kirchliche Geschichte eng verbunden. Um ihn als einem Wahrzeichen Oberschlesiens tobten die Kämpfe des deutschen Freikorps mit den polnischen Insurgenten in den Jahren nach dem ersten Weltkrieg. Hier errichteten später die Nazis eine kitschig-monumentale Gedenkstätte und ein gewaltiges Amphitheater, das die oberschlesischen Massen anziehen und von den Wallfahrten zur heiligen Mutter Anna, der der Berg gewidmet ist, abziehen sollte. Als Verwalter des heiligen Berges fühlten sich die Mönche des Franziskus von Assisi, deren wuchtiges Kloster, fast genau an der höchsten Stelle des Berges errichtet, die Täler ringsum beherrscht. Während des Zweiten Weltkrieges mussten die Mönche das Kloster verlassen, die SS quartierte sich ein.

Als nach dem Krieg die Franziskaner wieder das Kloster in Besitz nahmen und die ersten Wallfahrten veranstalteten, überschritt die Zahl der heranpilgernden Gläubigen und Neugierigen oft die magische Grenze von 100.000 Menschen. Entsprechend fielen die Spenden für die armen Bettelmönche des Bruders Franz aus. Die üblichen Behälter für die Kollekten reichten bald nicht mehr aus, man sammelte das gespendete Geld nur noch waschkörbeweise ein. Messdiener und Ordensbrüder bahnten sich, oft recht brutal, ihren Weg durch die frommen Pilgermassen und riefen die Leute auf, ihr »Opfer« in die ihnen entgegengehaltenen Waschkörbe zu werfen.

Auch sonst hatten die Franziskanermönche die feine Art nicht gerade gepachtet. Wenn z.B. die Prozessionen der Pilger den heiligen Berg mit seinen vielen, dem Leiden Jesu gewidmeten Stationen umschritten, und es dabei immer wieder passierte, ja passieren musste, dass einige von ihnen wegen der Enge auf den Wegen auf die anliegenden Äcker abgedrängt wurden, spurteten die Diener des hl. Franziskus mit Ruten und Stöcken heran und schlugen auf die »Undisziplinierten« drein, die es gewagt hatten, ihre kostbaren Felder zu »verwüsten«.

Ein Franziskanerpater trieb es in dieser Hinsicht am schlimmsten. Man nannte ihn bald nur noch den »Pater Grausam«. Er wurde nicht in seiner Schlägertätigkeit, wohl aber in der Schnelligkeit des Heranpreschens zum jeweiligen Ort des Geschehens noch von einem jungen Pater übertroffen, den die Pilger auch flugs mit der Bezeichnung »Pater Hurtig« versahen. Der letztere war auch sonst sehr hurtig. Die Messe las keiner so schnell wie er. In zwölf Minuten hatte er sie ganz leicht herunterzelebriert, wobei er noch genügend Zeit fand, die Leute genau zu mustern, die den in Oberschlesien während der Messe üblichen Opfergang um den Altar herum machten. Als er einige Jahre später in der Pfarre, in der ich als Kaplan tätig war, während der Karwoche aushalf, lobte er sich vor mir, er habe innerhalb von vier Stunden über fünfhundert bei ihm Beichtenden die Absolution erteilt: »Weniger wäre da mehr gewesen«, entgegnete ich kühl und ließ ihn stehen.

Die durch die beträchtlichen Spendeneinkommen ermöglichte Lebensweise der franziskanischen Bettelmönche auf dem Annaberg konnte man bald nicht mehr anders als luxuriös und materialistisch bezeichnen. Die an sich fromm-katholische Bevölkerung in der näheren und weiteren Umgebung des Berges war empört. Ganz ungeniert kaufte Pater Prior in der zwölf Kilometer vom Annaberg entfernten Kreistadt Groß Strehlitz, meiner Heimatstadt, für seine ihn begleitende Freundin die feinsten Geschenke ein. Natürlich steckte er dabei im Zivilanzug, und in was für einem! Er war so elegant herausgeputzt und sah so dynamisch aus, dass er wohl glaubte, die Leute würden ihn nicht mit dem behäbig-bescheidenen Ordensmann identifizieren, der in jeder Predigt an die Pilger appellierte, ihr Herz sprechen zu lassen und großzügig für die zahlreichen Anliegen der Mutter Kirche zu spenden.

Nach einem großen Wallfahrtstag fand man »Pater Hurtig« und »Pater Grausam« vereint vor einer Kneipe liegen, im volltrunkenen Zustand, aber - im Gegensatz zum Prior - in ihrer Mönchskutte. Angesichts der Tatsache, dass sich diese Vorkommnisse häuften und die Proteste von seiten der Gläubigen intensiver wurden, blieb der obersten Leitung des Franziskanerordens in Polen nichts anderes übrig, als den völlig kompromittierten Pater Prior und die Mehrzahl seiner das diesseitige Leben so bejahenden Confratres vom Annaberg abzuziehen und sie durch eine neue Führungscrew zu ersetzen. Aber auch bei diesen Umbesetzungen spielten Intrigen, Konkurrenzneid und die Antagonismen zwischen oberschlesischen und polnischen Franziskanern eine Rolle.

Für mich war mit dem Annaberg, auf dem ich jetzt die Priesterweihe empfing, noch eine persönliche Erlebnisqualität verbunden. Gleich unterhalb des Berges, gleichsam in seinem Windschatten, liegt das Dorf Hohenkirch (heute: Wysoka), wo das Haus der Eltern meines Vaters stand und wo ich oft meine Ferien verbracht hatte. Im Winter hatte mein Vater fast jeden Sonntag einen Pferdeschlitten für meine Geschwister und mich gemietet, der uns auf den romantisch verschneiten Annaberg brachte, von dessen Gipfeln wir dann auf Skiern ins Tal sausten. Mit diesem Berg verbanden sich also sehr schöne Erinnerungen aus meiner Kindheits- und Jugendzeit, und der Gedanke daran erhöhte noch die feierliche Stimmung, die mich während der mit der Priesterweihe verbundenen Zeremonien bewegte.

Im Zusammenhang mit der Spendung der Priesterweihe hielt Primas Wyszynski eine Predigt für die im weiten Rund um die Annaberger Altargrotte versammelten katholischen Männer. Er war ein glänzender Stilist und sprach das beste Polnisch von allen Bischöfen Polens. Ein Professor für polnische Literatur sagte mir einmal, eine ganze Reihe seiner Kollegen und auch er selbst hörten sich die Predigten des Primas aus rein stilistischen Gründen an, weil sie das beste gesprochene Polnisch seien, das es momentan gebe.

Aber für die naiv-gläubig zu ihm emporschauende oberschlesische Männerwelt war die hochpolnische Sprache des Kardinals ein Buch mit sieben Siegeln. Sie verstand kaum etwas davon, um so weniger, als Wyszynski seine staatskritischen Gedanken, die er in dieser Predigt äußerte, auf einem hohen Abstraktionsniveau vortrug und konkrete Beispiele, die ihm nur Scherereien mit den staatlichen Behörden eingebracht hätten, tunlichst vermied.

Im Grunde konnte nur ein Akademiker seine Gedanken verstehen und die Intentionen seiner Predigt richtig deuten. Aber der Primas schien nicht zu bemerken, dass für das Volk unter ihm, zu dem er vom erhöhten Podest aus sprach, seine Predigt sprachlich und inhaltlich zu anspruchsvoll war. Im Gegenteil, immer wenn man schon dachte: »Jetzt hört er auf«, regte ihn eine neue Intuition an, mit neuer Begeisterung weiter zu sprechen. Man hatte den Eindruck, der Kardinal berausche sich am Klang seiner eigenen Worte.

Zwei Stunden sprach er schon und unbarmherzig brannte die Sonne auf die Häupter der geduldigen Pilger. Es war eben der höchste Kirchenfürst Polens, der da predigte, und da musste man wohl oder übel ausharren. Aus der ganzen Gestik und Pantomimik dieses Mannes ersahen ja auch diese einfachen Arbeiter und Bauern Oberschlesiens, dass er ihnen etwas Wichtiges mitteilen wollte, auch wenn sie es eben nicht verstanden.

Der Primas hatte seine Predigt am Vormittag im Rahmen eines Pontifikalamtes gehalten. Am Nachmittag versammelten sich die Gläubigen, die Alumnen des Priesterseminars und wir zehn Neupriester wieder, um im Rahmen einer Vesperandacht Gott und dem Primas für die von ihm erteilte Priesterweihe zu danken. Regens Tomaszewski hatte mich beauftragt, im Namen der Neupriester eine Dankansprache an Wyszynski zu richten. Der Anblick der gläubigen Masse animierte mich.

Ich hatte den Eindruck, dass diese Männer auf die Barrikaden gehen würden, wenn man ihnen die zu erkämpfenden Ideale nur anschaulich genug ausmalte. Hinzu kam, dass ich die geheimnisvolle Zeremonie der Priesterweihe wie in einer Ekstase erlebt hatte. Plötzlich hatte ich wieder das Gefühl der unmittelbaren, alle Zweifel beseitigenden Gegenwart Gottes, wie es mich nach meiner Entlassung aus dem polnischen Gefängnis durchdrungen hatte. Ich war jetzt felsenfest überzeugt, dass mit der Priesterweihe meine

Berufung zum Priestertum endgültig besiegelt worden war, dass mich Gott selbst beauftragt hatte, von nun an sozusagen offiziell für mehr Gerechtigkeit in der Welt zu kämpfen und die Menschen von der Wahrheit zu überzeugen. Angst kannte ich in diesem Hochgefühl nicht, obwohl ich gewarnt worden war.

Ein Ex-Theologiestudent, mit dem ich befreundet war und der nach seinem Ausscheiden aus dem Seminar als Redakteur im *Slowo Powszechne* (Allgemeines Wort), der Tageszeitung der Friedenspriesterbewegung, arbeitete, somit immer sehr gut infomiert war, hatte mich gemahnt: »Hubertus, es wimmelt hier heute von Spitzeln, die über jedes Wort, jede Geste des Klerus während der ganzen Veranstaltung dem UB zu berichten haben. Halt' dich also zurück!«.

Ich schlug die Mahnung in den Wind, was noch Konsequenzen haben sollte. Obwohl der Regens die Thematik meiner Dankesrede an den Primas in keiner Weise festgelegt hatte, wählte ich das brenzligste Thema, das man sich in der damals bestehenden politisch-kirchlichen Situation in Polen überhaupt denken konnte. Ich malte sehr undifferenziert, aber mit gläubigem Pathos in der Stimme den »ewigen Kampf« zwischen zwei weltanschaulichen Lagern in der Weltgeschichte aus, den Kampf zwischen Licht und Finsternis, Gott und Satan, Katholizismus und Materialismus. Alle guten, idealen, geistigen Eigenschaften ordnete ich dem ersteren, alle entgegengesetzten Attribute dem letzteren zu.

Klar, dass die anwesenden Atheisten, Kommunisten und die unter das Volk gemischten Spione und Denunzianten meine Rede politisch auffassten und alle negativen Aspekte derselben auf sich beziehen mussten. Aber das kümmerte mich in meiner damaligen Euphorie überhaupt nicht. Eventuelle Bedenken zerstreute obendrein die Tatsache, dass sowohl der Primas als auch Regens Tomaszewski mich zu meiner Rede beglückwünschten.

Aber bald sollte ich die Rache der sich angegriffen Fühlenden spüren. Zwei Wochen Urlaub hatten wir nach der Priesterweihe erhalten. Danach sollten wir den Seelsorgedienst in den uns noch zuzuweisenden Pfarrgemeinden antreten. Die mit mir geweihten Priester konnten auch tatsächlich sofort nach diesem Urlaub ihren Dienst versehen. Nur ich bekam keinerlei Benachrichtigung vom Oppelner Ordinariat, keinerlei Hinweis auf den Ort, wo ich meinen künftigen Dienst als Priester verrichten sollte. Urlaub und Ferien sind ja etwas Schönes, aber ich brannte darauf, das, wovon ich überzeugt war, an die Menschen heranzutragen. Hatte mich Gott dazu berufen, arbeitslos zu sein?

Ich fuhr zum Regens, dem ich das größte Vertrauen schenkte, und fragte ihn nach den Ursachen meiner Nichtberücksichtigung. »Wir haben Sie weder nicht berücksichtigt noch vergessen«, erklärte er mir, »im Gegenteil, das Ordinariat hat Sie schon dreimal für einen Posten vorgeschlagen. Wenn es nach uns ginge, wären Sie also bereits in Beuthen, Gleiwitz oder Hindenburg (Bytom, Gliwice, Zabrze) als Kaplan aktiv. Aber die staatliche Behörde hat jedesmal entschieden widersprochen.

Sie seien, das gehe auch aus Ihrer Rede auf dem Annaberg hervor, ein Demagoge, der die Arbeitermassen in diesen drei Industriestädten gegen den Kommunismus aufwiegeln würde. Nach diesen Verdikten der staatlichen Behörde, die ja, wie Sie wissen, das eigentliche Vollzugsrecht bei Stellenbesetzungen hat, bleibt dem Ordinariat nichts anders übrig, als ständig neue Stellen für Sie zu beantragen«.

Ordinariat - das war, genauer gesagt, der für die Einstellung von Pfarrern und Kaplänen zuständige Abteilungsleiter. Der Quasi-Ordinarius der Diözese Oppeln war zu diesem Zeitpunkt mit meiner Sache noch nicht befasst.

Etwa zwei Monate später erhielt ich doch noch eine Anstellung, nämlich als Kaplan der Pfarrgemeinde Falkenberg (polnisch: Niemodlin). Diese Doch-Noch-Anstellung war ein raffinierter Schachzug, den Staat und Kirche gemeinsam ausgeklügelt hatten. Kirche - das war hier nicht der Primas, der bald nach meiner Priesterweihe vom polnischen Geheimdienst festgenommen und in ein entlegenes Kloster verbracht worden war, wo er unter streng bewachtem Hausarrest stand, um jeden Kontakt des polnischen Volkes mit diesem »eigentlichen Vater der Nation« zu verhindern (Die Kommunisten hatten eine panische Angst vor dem religiösen Enthusiasmus des polnischen Volkes).

Kirche - das war hier vielmehr besonders der von den Kommunisten eingesetzte Quasi-Ordinarius der Diözese Oppeln, der jetzt - nach der Isolierung und Entmachtung des Primas - ganz freie Hand hatte und auch mit dem weiterhin aus dem Hintergrund gegen mich agierenden Giftzwerg eng kollaborierte. Die Beiden hatten, wie mir später der mich weiterhin mit seinem Wohlwollen begleitende und unterstützende Regens des Priesterseminars eröffnete, den Plan ausgeheckt, mich bei einem der kommunistischen Partei total ergebenen, ihr alle möglichen Informationen über Mitbrüder zutragenden Pfarrer, eben dem von Falkenberg, unterzubringen. Diesen Plan unterbreiteten sie dem polnischen Geheimdienst und gewannen ihn dadurch dafür, dass sie ihm klarmachten, wie auf diese Weise der »Kommunisten- und Polenfeind« Mynarek auf die beste und einfachste Art zu bespitzeln wäre.

Es kam aber anders, als der Plan vorsah. Obwohl der Pfarrer vor meinem Amtsantritt von Haus zu Haus gegangen war und seine polnischen Landsleute vor dem »deutschen Nationalisten« Mynarek gewarnt hatte, merkten diese bald, wes Geistes Kind ich in Wirklichkeit war, und liefen dem »idealistischen jungen Priester« in Scharen zu, während sie Gottesdienste, Messen, Predigten des Pfarrers überhaupt nicht mehr besuchten und auch seine Spendung der Sakramente, Taufen, Trauungen, Beerdigungen usw. nicht mehr in Anspruch nehmen wollten. Wutentbrannt begab sich mein famoser Pfarrer zum Quasi-Ordinarius und verlangte meinen sofortigen Rausschmiss aus seiner Pfarrei, der von der kommunistischen Partei, wie er betonte, auch bereits abgesegnet sei. So kam es, dass ich nach prompt drei Monaten schon wieder ohne Anstellung war.

Ich kehrte also in meine Heimatstadt Groß Strehlitz zurück. An der Abhaltung von Privatmessen in der heimatlichen Pfarrkirche konnte mich die politische Behörde nicht hindern, und der zuständige Pfarrer hatte nicht das Geringste dagegen. Allmählich übertrug er mir auch heimlich und leise, dann aber immer offener alle Funktionen eines Kaplans. Ich predigte, nahm die Beichte ab, spendete die Sakramente. Das Einzige, worin ich mich von dem anderen Kaplan dieser Pfarrei unterschied, war, dass ich offiziell garnicht angestellt war, kein Placet der staatlichen Religionsbehörde für meinen Job hatte und keinerlei Gehalt bezog. Schließlich wurden der Pfarrer und ich noch mutiger.

Ich hatte ihm die desolate Situation der Jugendlichen geschildert, die immer seltener oder überhaupt nicht mehr in die Kirche kamen, weil sie in Schule und Öffentlichkeit unter atheistischem Dauerbeschuss standen. »Es müssten also«, sagte ich zum Pfarrer, »spezielle Veranstaltungen für Jugendliche zwischen 14 und 25 Jahren her. In denen müsste man die Jugend aufklären, dass es neben der einzigen offiziellen Weltanschauung, dem dialektischen und historischen Materialismus, eben noch viele andere Denk- und Lebenssysteme gibt«.

Der Pfarrer war von meinem Vorschlag regelrecht begeistert. Er gab sofort grünes Licht für diese Aktion, verlangte lediglich, dass ich die Sache in voller Eigenverantwortung übernehme und eventuelle negative Konsequenzen selber trage. »Denn gefallen wird das Ding den Behörden auf keinen Fall. Gerade auf die Jugend melden sie ja ständig ihren Monopolanspruch an«, warnte er. Ich machte mich also an die Arbeit. Einige Erfahrungen hatte ich in dieser Hinsicht schon in Falkenberg gesammelt. Denn auch dort hatte ich jeden Sonntag um 16 Uhr die berufstätige Jugend in der Pfarrkirche versammelt, hatte sie weltanschaulich informiert und mit ihr aus-

Hubertus Mynarek (rechts im Bild) während seiner Weihe zum katholischen Priester.

giebig diskutiert. 150 bis 200 Jugendliche waren stets meinen Aufrufen, an den sonntäglichen Veranstaltungen teilzunehmen, gefolgt. Ich war also gespannt, wieviele es in Groß Strehlitz sein würden. Drei Wochen lang machte ich Propaganda für diese Neuerung in der Pfarrgemeinde Groß Strehlitz. Der Erfolg war überwältigend. Die erste diesbezügliche Veranstaltung in der Groß Strehlitzer Pfarrkirche am Abend eines gewöhnlichen Werktages (den Sonntag als Veranstaltungstermin hatte der Pfarrer abgelehnt) führte etwa 600 Jugendliche zusammen.

In der auf meinen Vortrag folgenden Diskussion wurde in einer Weise leidenschaftlich gefragt, argumentiert und gekontert, die ich nicht erwartet hatte. Ich hatte den Eindruck, dass diese Jugend nur darauf gewartet hatte, ein solches freies Diskussionsforum zu erhalten. Selbst junge Leute, die sich als überzeugte Marxisten bezeichneten, schienen sich zu freuen, dass sie hier einmal ohne jeden ideologischen Zwang, ohne die Benutzung der sonst stramm von ihnen wiederholten dogmatischen Formulierungen der marxistischen Schulphilosophie laut nachdenken konnten.

Vorgeschlagen und akzeptiert wurde auch ein Zettelkasten für Frager, die aus irgendeinem Grund anonym bleiben wollten. Jeweils bei der nächsten Veranstaltung hatte ich auf diese Fragen zu antworten. Es herrschte bei all diesen Zusammenkünften stets eine Bombenstimmung. Ein unwahrscheinlicher Freiheitsrausch erfüllte alle, denn wir bildeten ja sozusagen eine ganz vereinzelte Oase in der Wüste einer damals noch alles beherrschenden stalinistischen Orthodoxie.

Von meinem heute doch stark erweiterten Erfahrungsbereich aus gesehen, war das, was ich meinen jungen Freunden in Vorträgen und Diskussionsbeiträgen bot, freilich auch ziemlich eng und dürftig. Ich stellte zwar in möglichst leichtverständlicher und vereinfachter Form verschiedene philosophische und weltanschauliche Systeme dar, aber ich hob, meiner damaligen Einstellung entsprechend, an diesen nichtmarxistischen Systemen mehr oder minder bewußt, manchmal auch ganz unbewusst, meist jene Züge hervor, die mit meinem katholischen Credo übereinstimmten oder in Einklang zu bringen waren.

So lag der Schwerpunkt meines intellektuellen Einflusses auf die Jugend während dieser Veranstaltungen doch auf einer Gegenüberstellung von marxistischer und katholisch-christlicher Weltanschauung. Nun war natürlich schon die Tatsache, dass ich überhaupt von anderen philosophischen Systemen neben dem Marxismus sprach, ein Dorn im Auge der örtlichen Behörden, die selbstverständlich von allem wussten, was in der Pfarrgemeinde geschah.

Selbst an den polnischen, staatlichen Universitäten wurde ja mittlerweile praktisch nur noch eine Philosophie, die des Marxismus, gelehrt. Offiziell gab es also auch für Studenten nur eine Philosophie. Und den Schülern aller Schulformen in Polen wurde ständig eingehämmert: Der Marxismus ist die einzige wissenschaftliche Weltanschauung. Um so wütender musste die staatliche Vertretung am Ort die Tatsache machen, dass ich gerade das Ensemble aller unwissenschaftlichen und magischen Weltbetrachtungen, das »Opium des Volkes« (K.Marx), die Religion, und diese sogar noch in ihrer autoritärsten Form, der katholischen, zum wissenschaftlich diskutablen Gegner des Marxismus hochstilisierte.

Auch wurden mir von anwesenden Spitzeln Fangfragen gestellt, die ich meist zwar als solche durchschaute, auf die ich aber dennoch ganz offen und direkt antwortete, weil ich das meinen anderen Hörern schuldig zu sein glaubte. Diese durchschauten ja meist die boshafte Tendenz mancher Fragen nicht. Es war mein Fehler, mich damals im Zusammenhang mit diesen Fangfragen bisweilen auf die Ebene oder sogar das Glatteis einer billigen Verteidigung der Kirche, ihrer Vertreter und Institutionen, locken zu lassen. Zum Beispiel fragte man mich, was ich zu den von allen polnischen Zeitungen veröffentlichten Berichten über ein Verhältnis des Papstes

Katholische Pfarrkirche in Groß Strehlitz, zugleich der Geburts- und Heimatstadt von Hubertus Mynarek. Zugleich Kirche seiner Primizfeier. In ihr fungierte er 1 1/2 Jahre als Kaplan.In dieser Kirche versammelte er die Jugendlichen, um sie über aktuelle und vor allem in den Aussagen differenzierende Fragen der Weltanschauung aufzuklären. Und er sagt dazu: »Denn wir bildeten ja sozusagen eine ganz vereinzelte Oase in der Wüste einer damals noch alles beherrschenden stalinistischen Orthodoxie«.

(gemeint war Pius XII.) mit seiner Haushälterin, einer bayerischen Nonne, zu sagen hätte. »Das stimmt nicht« sagte ich prompt, »damit will man doch bloß die Kirche madig machen«. Schon das gesprochene Oppositionswort war im stalinistischen Polen vor dem politischen Tauwetter des Jahres 1956 verhasst. Noch verhasster aber war das geschriebene. Auch in dieser Hinsicht verstieß ich gegen ungeschriebene Gesetze des Stalinismus. Denn als seitens einiger Jugendlicher die nicht unberechtigte Bitte an mich herangetragen wurde, die wesentlichen Punkte meines jeweiligen Vortrags und der Diskussion schriftlich zu fixieren und das Papier mit der Zusammenfassung im Bekanntmachungskasten neben der Eingangstür der Kirche anzubringen, damit sie sich im Laufe einer Woche bis zur nächsten Veranstaltung den Stoff einprägen könnten, überzeugte mich ihr Anliegen, das ich auch umgehend in die Tat umsetzte. Aber für den Groß Stehlitzer Staats-Referenten für religiöse Angelegenheiten war, wie ich erst später erfuhr, diese »schriftliche Propaganda gegen die einzige wissenschaftliche Weltanschauung« ein

Politikum, ein Akt gegen den polnischen Staat, der sich ja mit der Ideologie des Marxismus identifizierte.

So kam es, wie es kommen musste. Es erfolgte mein zweiter Rausschmiss. Immerhin aber war es diesmal nicht gleich nach drei Monaten, sondern nach etwa anderthalb Jahren. Dieser zweite Rausschmiss war aber insofern noch härter und schmerzlicher als der erste, weil ich nicht bloß aus einer mir ans Herz gewachsenen Pfarrgemeinde herausmusste, sondern auch durch Beschluss der staatlichen Behörde aus ganz Schlesien ausgewiesen wurde, und zwar nicht etwa in Richtung »Goldener Westen«, sondern nach Ostpolen.

»Die von uns übernommenen früheren deutschen Ostgebiete«, sagte mir der oberste Referent für religiöse Angelegenheiten in Oppeln, »dürfen Sie nicht mehr betreten. In den altpolnischen Gebieten aber können Sie sich aufhalten, wenn sie dort keinerlei seelsorgerische Funktionen übernehmen«.

Dass er so sprach, hatte natürlich seinen Grund und Zweck. Er konnte ja schlecht angeben, dass ich aus der Volks*demokratie* Polen bzw. einem Teil von ihr nur deshalb verbannt wurde, weil ich das freie weltanschauliche Wort gegenüber Jugendlichen riskiert hatte. Nein, es musste wieder der alte, hundertmal widerlegte Vorwurf meines deutschen Nationalismus her, wonach ich sogar, wie der Referent hinzufügte, in der Beichte versucht hätte, Oberschlesier wieder für das Deutschtum zu gewinnen. Nicht bloß Sympathien, sogar direkte Kontakte (wie hätte ich das bloß anstellen sollen?!) zum »Adenauer-Regime« warf mir der Herr vor. Aber eine faire Diskussion war mit ihm sowieso gar nicht möglich.

So entschloss ich mich, noch einmal das Studium aufzunehmen. Den Dr. theol. hatte ich ja bereits, aber nun immatrikulierte ich mich an der ostpolnischen katholischen Universität in Lublin (KUL) noch für das komplette Studium der Philosophie, das ich dann auch mit dem Mag. phil. abschloss. Seit Jahren lief aber auch mein, angesichts dessen, was ich in Polen erlebt hatte, verständlicher Antrag auf Ausreise nach Westdeutschland im Rahmen der Familienzusammenführung (ein Teil der Familie war seit 1946 im Westen), dem endlich im Frühjahr 1958 stattgegeben wurde. Im April dieses Jahres reiste ich also in die BRD.

3. Kapitel
Halbgötter in Schwarz

Aus der Ferne sieht alles positiv aus. Ich hatte im Osten schon so viel Negatives mit der real existierenden Kirche, insbesondere mit einigen Repräsentanten derselben, erlebt und war daher unreflektiert überzeugt, dass sich die kirchlichen Amtsträger in Westeuropa durch ein weit höheres sittliches und menschliches Niveau auszeichnen würden. Noch war mir ja nicht klar, dass eine Institution wie die römisch-katholische Kirche mächtig genug ist, systemübergreifend zu wirken, dass sie fähig ist, sich überall Systemsklaven, »Knechte« zu schaffen, unabhängig von der sonstigen völkischen, rassischen, politischen, geographischen usw. Situation der von ihr Beherrschten. Da ich dieses »Gesetz« noch nicht durchschaut hatte, musste ich natürlich sehr enttäuscht werden, als ich im Westen Europas, in den ich gerade übergesiedelt war, gleich auf einige sehr unangenehme »Produkte« der Amtskirche stieß. Sie waren Herren und Knechte in einem, manipulierte Manipulierer, wie das in einem streng hierarchisch gestuften System nicht anders sein kann. Sie handelten einerseits als Knechte der Amtskirche und andererseits als Herren über die Untergebenen nach dem Grundsatz: »Nach oben beten, nach unten treten«.

Einem dieser Herren und Knechte in einer Person sollte ich sehr bald nach meiner Ankunft in Westdeutschland begegnen. Es handelte sich um einen inzwischen verstorbenen Ordinarius für Religionswissenschaft am katholisch-theologischen Fachbereich der Universität Münster, auf den wir sehr bald zu sprechen kommen werden. Ich zelebrierte damals gewöhnlich die Messe in der Heilig-Kreuz-Kirche in Münster/Westfalen. Dort lernte ich den sympathischen Professor Volk kennen, den späteren, inzwischen ebenfalls verstorbenen Kardinal und Bischof von Mainz. Ich stellte ihm die Frage, wie ich mein an der Universität Krakau erworbenes Doktorat in Deutschland nostrifizieren (anerkennen) lassen könne. Er verwies mich wegen des Themas meiner Dissertation (*Johannes Hessens Philosophie des religiösen Erlebnisses*) an den Ordinarius für Religionswissenschaft an der katholisch-theologischen Fakultät der Universität Münster. Als ich bei ihm vorsprach, war dieser die Höflichkeit in Person. Er machte mir den Vorschlag, sein Assistent zu werden, und verwies mich in Bezug auf die Frage der Nostrifikation meines Doktorats an den Dekan der Fakultät.

Der Dekan führte in meiner Sache ein längeres Telefongespräch mit einem Juristen der Universität, ließ sich meine theologischen Arbeiten zeigen und diskutierte eine Weile über meine Doktorarbeit mit mir. Schließlich sagte er: »Wissen Sie, an einer Nostrifikation Ihres Doktorats haben wir eigentlich kein Interesse, es sei denn, Sie erklären sich bereit, sich bei uns zu habilitieren. Schauen Sie: Der Professor für Religionswissenschaft ist alt und fast ständig krank. Sobald Sie habilitiert sind, könnten Sie seinen Lehrstuhl übernehmen. Gehen Sie zu ihm und sagen Sie, dass Sie sich bei ihm habilitieren möchten. Aber erwähnen Sie sonst nichts von dem, was ich Ihnen anvertraut habe«. (Bedingung der Berufung auf den Lehrstuhl einer Universität ist im allgemeinen noch die Habilitation, die Erwerbung der Lehrberechtigung aufgrund einer Habilitationsschrift und einer Probevorlesung).

Während meines zweiten Besuchs bei dem Religionswissenschaftler, der ja zugleich katholischer Priester war, fragte ich ihn also, ob ich mich bei ihm habilitieren könnte. Er stellte mir sofort die Gegenfrage: »Stammt dieser Wunsch, sich zu habilitieren, allein von Ihnen?«. Da ich mir nicht vorstellen konnte, wieso die Habilitation eines Dr. theol. bei einem Universitätsprofessor ein Verbrechen sein sollte, und da mir das »Problem«, von wem dieser Vorschlag zur Habilitation zuerst gemacht worden sei, ziemlich belanglos erschien, antwortete ich wahrheitsgemäß, dass der Dekan mir dazu geraten habe.

Die Reaktion auf meine Antwort war erschreckend: Der Herr wurde blass, die ganze Höflichkeit, die er vorher an den Tag gelegt hatte, war wie weggewischt, er stand brüsk auf und sagte mir beim Hinausgehen nur noch, dass er sich die Frage meiner Habilitation noch überlegen müsse.

Inzwischen schlug mir der Dekan vor, eine Assistentenstelle bei den katholisch-theologischen Seminaren der Universität Münster anzustreben. Er verband damit wahrscheinlich die »missionarische« Tendenz, angesichts des akuten Priestermangels der Diözese Münster, der er selbst angehörte, einen neuen Priester zuzuführen. Jedenfalls betonte er, dass es leichter sein werde, eine Assistentenstelle zu erhalten, wenn ich mich vorher für die Diözese Münster inkardinierte. Das tat ich dann auch. Ich muss diesen an sich unbedeutenden Umstand erwähnen, weil er später die noch näher zu charakterisierende Grundlage der Verfügungsgewalt des bischöflichen Generalvikariats über mich darstellte.

Denn ein paar Tage später teilte mir der Generalvikar der Diözese Münster in einem auf seinen Wunsch hin anberaumten Gespräch mit, dass der Professor für Religionswissenschaft persönlich bei ihm gewesen sei und ihm einen Beschluss der katholischen Fakultät übermittelt habe. Danach sei ich völlig unintelligent und dürfe ausschließlich in der rein praktischen Seelsorge Dienst tun. Er, der Generalvikar, bedaure diese Entwicklung, könne sich aber über einen Fakultätsbeschluss nicht hinwegsetzen und müsse mich, da ich ja jetzt zur Diözese Münster gehörte, in die praktische Seelsorge »stecken«.

Er empfahl mir, nochmals mit dem Dekan und dem betreffenden Professor zu sprechen, fügte aber hinzu, dass er persönlich nicht an dessen Gesinnungswandel glaube. Der Dekan schüttelte auf die Frage, ob ein solcher Fakultätsbeschluss gegen mich vorliege, nur verblüfft den Kopf. »Das ist wieder typisch für meinen Kollegen«, sagte er. »Gehen Sie zu ihm hin und versuchen Sie ihn umzustimmen, denn gegen ihn können wir Sie hier als Assistenten und Habilitanten nicht einstellen«.

Das war der ganze Einsatz eines Dekans in meiner Sache. Dabei war er schuld, dass ich mich der Diözese Münster anschloss und deshalb vom Generalvikariat dieser Diözese nach Belieben in der praktischen Seelsorge, in der ich schon in Oberschlesien zwei Jahre tätig gewesen war, eingesetzt werden konnte.

Ich machte dem Professor für Religionswissenschaft also einen dritten Besuch und fragte ihn, warum er den Generalvikar denn dazu bewogen habe, mich in die praktische Seelsorge zu versetzen. Er antwortete zunächst nicht direkt darauf, sondern hielt mir einen recht abstrakten Vortrag über Sein und Schein. Als er aber diese beiden Worte immer wieder beschwörend wiederholte, erkannte ich, dass er mich damit treffen wollte, indem er das »Sein« sich selbst, mir aber den »Schein« zuordnete. Konnte ich aber diesbezüglich noch gewisse Zweifel hegen, so wurde er später immer direkter: »Wie heißen Sie?«, fragte er, obwohl er doch meinen Namen kannte. »Sehen Sie«, stellte er zynisch und triumphierend fest, nachdem ich meinen Namen noch einmal angegeben hatte, »das ist ein slawischer Name. Und Sie wissen ja wohl auch um die kulturelle Unterlegenheit des Ostens gegenüber dem Westen«.

Als ich konterte, dass die schlesische Universität Breslau lange Zeit der Universität Münster weit überlegen gewesen sei, gab er barsch zur Antwort: »Einen deutschen Professor kritisiert man nicht, merken Sie sich das!«. Am Schluss des Gesprächs gab er mir in schroffem Ton folgende Befehle: 1. Ich befehle Ihnen, kein einziges wissenschaftliches Buch mehr zur Hand zu nehmen und sich ganz der Seelsorge zu widmen. 2. Ich verbiete Ihnen, auch nur den geringsten Kontakt mit einer Universität aufzunehmen oder aufrecht zu erhalten«. Dann stand dieser geistliche Diktator auf, gab mir hohnlächelnd die Hand und wünschte mir Glück in meinem neuen Wirkungskreis.

Obwohl ich an einer philosophisch-theologischen Hochschule im Osten (Heinzendorf bei Breslau) bereits christliche Philosophie gelehrt und an der Universität Krakau 1954 das Doktorat der Theologie, an der Universität Lublin 1956 das Lizentiat der Philosophie erworben hatte und später auch beobachten konnte, dass so mancher deutsche Theologieprofessor wissenschaftstheoretisch und wissenschaftsmethodologisch minimal orientiert ist und von so manchen polnischen Kollegen diesbezüglich einiges lernen könnte, traute das Generalvikariat in Münster in typischer Arroganz mehr den Worten eines deutschen Theologieprofessors in Bezug auf das niedrigere Intelligenzniveau eines »Östlers« und setzte mich nicht einmal als Kaplan, sondern als Hilfsgeistlichen in der Stadtrandpfarre St. Laurentius in Haltern/Westfalen ein.

Der Pfarrer dort war Westfale, also in den Augen der bischöflichen Verwaltung der Diözese Münster ein besserer Deutscher als der Hilfsgeistliche aus Oberschlesien. Trotzdem bat er mich sehr oft, die Predigten für ihn zu übernehmen, weil er sich damit sehr schwer tat. Meine Predigten und Ansprachen kamen gut an und hielten auch in sprachlich-stilistischer Hinsicht jeden Vergleich mit niveauvollen deutschen Predigten aus. Angesichts einer Predigt, die ich am Pfingstfest 1958 während einer von Prof. Volk zelebrierten Messe in der Heilig-Kreuz-Kirche in Münster hielt, lobte auch er vor dem Pfarrer dieser Gemeinde die »sprachlich und inhaltlich überzeugende« Rede.

Ich erwähne diese Belanglosigkeit nur deshalb, um dem Leser eine Vorstellung von der Überraschung zu vermitteln, die ich nach einigen Wochen aufgrund eines Schreibens der Bischöflichen Kurie der Diözese Münster erlebte. In diesem Schreiben forderte mich ein Monsignore Quiel barsch auf, »erst einmal zu beweisen, dass Sie der deutschen Sprache überhaupt mächtig sind«. Andernfalls wäre es doch nicht möglich, mich als Priester der Diözese Münster anzuerkennen. Sodann sollte ich ihm auch beweiskräftig belegen, »dass Sie überhaupt ein Abitur haben«. Als ich ihm mein Abiturzeugnis brachte, erwies er mir zwar die Gnade, mir die Hand zu geben, wischte sie sich aber sofort darauf ostentativ an der Hose ab.

Wieder vergingen einige Wochen. Da erschien plötzlich mein Professor der Religionswissenschaft auf der Bildfläche. Es war ein Samstagnachmittag, der Pfarrer war verreist, und ich musste in den Beichtstuhl, weil viele Leute in der Pfarrkriche darauf warteten, sich von ihrer »Sündenschuld« zu befreien. Außerdem wartete ein Brautpaar in der Pfarrkanzlei auf den Brautunterricht.

Ich machte den Professor auf diese meine seelsorgerischen Pflichten, zu deren Erfüllung er mich während meines letzten Besuches bei ihm doch so nachdrücklich aufgefordert hatte, aufmerksam. Er hatte mir doch eindrücklich gesagt, dass meine wissenschaftlichen Bestrebungen Hochmut seien, dass die Seelsorge viel wichtiger, da Dienst am Menschen, sei.

Das störte ihn jetzt aber nicht im geringsten. Er blieb ganze vier Stunden und die »Seelen der Christen« waren ihm plötzlich - trotz seiner mir noch im Ohr nachhallenden Rede, Seelsorge gehe vor

Wissenschaftsbetrieb - gar nicht mehr wichtig.

Gegenstand unseres Gesprächs war eine längere, etwa 20 Schreibmaschinenseiten zählende Inhaltsangabe meiner in polnischer Sprache abgefassten Doktorarbeit. Die katholisch-theologische Fakultät hatte sie seinerzeit, d.h. vor meiner »Verfrachtung« in die Seelsorge, von mir angefordert, um eine Beurteilungsgrundlage für die Frage meiner Zulassung zur Habilitation zu haben. Für mich war die ganze Angelegenheit nicht mehr aktuell. Die Haltung des Professors, die Untätigkeit der Fakultät und die Einstellung der Bischöflichen Kurie in Münster waren für mich ein ausreichender Beweis, dass man in Westdeutschland zwar geistliche Hilfsarbeiter aus dem Osten, aber keine Wissenschaftler brauche. Trotzdem hatte ich noch vor meiner Übersiedlung nach Haltern ein deutsches Exposé meiner Dissertation angefertigt und der Fakultät übergeben. Aber - wie gesagt - ich hatte die Angelegenheit schon vergessen und fand auch gar nicht die Zeit, während der Arbeit in der Pfarrgemeinde noch wissenschaftlich zu arbeiten.

Der Professor aber hatte das Exposé mitgebracht und tat so, als ob er wieder Interesse an der Frage meiner wissenschaftlichen Verwendung fände. Im weiteren Verlauf des Gesprächs merkte ich jedoch immer deutlicher, dass er nur ein Alibi suchte, um vor der Fakultät mein wissenschaftliches Elaborat mit »gutem Gewissen« als ungenügend hinstellen zu können. Denn er kritisierte praktisch jeden Satz dieses Exposés.

Aber nicht einmal so sehr das »Dass«, sondern das »Wie« dieser Kritik bewies mir, dass er keine objektiven und redlichen Absichten mit meinem Exposé verband. Die Kritik war so kleinlich, kasuistisch und unwissenschaftlich - ganz abgesehen von dem Umstand, dass er manche Thesen des Dissertationsauszugs partout nicht begriff -, dass ich ihm, nachdem ich ihm vier Stunden lang anhaltenden Nachhilfeunterricht in den Methoden und Systemen der Religionsphilosophie erteilt hatte, sagte, dass er keinen blassen Schimmer von dem habe, was heute in dieser Disziplin vor sich gehe. Zu meinem Erstaunen gab er das sogar teilweise zu, denn er antwortete: »80 % der Religionsphilosophen mögen gegen mich sein, aber 20 % werden sicher für mich sein«. Wir einigten uns schließlich auf 5 %, die ich ihm nicht abschlagen wollte, da er wirklich angestrengt um mein Zugeständnis, er sei kein absoluter Ignorant in seinem Fach, kämpfte.

Gegen Ende unseres Gesprächs war er aber wieder der Alte: Er hielt mir noch einmal von oben herab einen Vortrag, wie ich Seelsorge zu betreiben und die Kinder zu unterrichten hätte, gab mir dann das Exposé, das nur ein paar Gramm wog, und befahl mir, es (obwohl er es hergebracht hatte) an seine Adresse zurückzuschikken: »Oder glauben Sie, ich werde Ihre Sachen schleppen?«.

Vier Wochen nach diesem »hohen« Besuch erhielt ich ein kurzes Schreiben der katholisch-theologischen Fakultät der Universität Münster, in dem mir mitgeteilt wurde, dass die Fakultät »zwar den wissenschaftlichen Charakter des Dissertationsauszuges anerkenne«, jedoch »dem Wunsch eines Referenten« nach Vorlage der Übersetzung der ganzen Arbeit stattgegeben habe.

Natürlich konnte es sich bei diesem Referenten nur um den besagten Professor handeln, da der zweite Referent, a.o. Prof. Nisters, gar nicht als eigentlicher Gutachter, sondern nur in beratender Funktion für diese Fakultät tätig war. Er sollte wegen seiner Kenntnis der polnischen Sprache lediglich die formale Übereinstimmung meines Dissertationsauszugs mit wesentlichen Thesen der Dissertation selbst prüfen.

Der Ordinarius der Religionswissenschaft an der katholisch-theologischen Fakultät der Universität Münster hatte ein wesentliches Ziel erreicht: Indem sich die Fakultät seinen Standpunkt, die Übersetzung meiner ganzen Dissertation zu fordern, zu eigen gemacht hatte, war meine Habilitation für lange Zeit, wenn nicht für immer, auf Eis gelegt. Denn infolge der Beanspruchung durch meine Seelsorgefunktionen fehlten mir die Zeit und die Konzentrationsmöglichkeit, die fast 300 Schreibmaschinenseiten lange Dissertation zu übersetzen.

Selbst die Auflage der Fakultät, eine völlig neue Arbeit zu schreiben, hätte mir weit weniger Mühe gemacht, weil 1. der Geist und die Struktur der polnischen und der deutschen Sprache außerordentlich verschieden sind und weil 2. die Nähe zum Original mich, der ich in beiden Sprachen gelebt und gedacht hatte, leicht zu Polonismen verführen konnte (umgekehrt hätte die Übersetzung einer deutschen Arbeit keinen guten polnischen Stil ergeben).

Ich machte eine erste Bestandsaufnahme des Westens: Ende April 1958 hatte ich westdeutschen Boden betreten. Zwar hatte ich mir hier in keiner Weise ein Paradies gewünscht oder vorgestellt, aber dass sich ausgerechnet die katholische Geistlichkeit in der Bundesrepublik, von wenigen Ausnahmen abgesehen, so kalt, arrogant, ja teilweise zynisch und inhuman verhalten würde, hätte ich mir vorher nicht träumen lassen.

Nach den oben dargestellten enttäuschenden Kontakten mit der »theologischen Wissenschaft« und ihren Vertretern in Münster hatte ich fürs erste die Nase voll. Ich rührte nicht etwa deshalb, weil der Professor es empfohlen hatte, sondern aus Resignation und Enttäuschung kein wissenschaftliches Buch mehr an und erfüllte

Feierliche Primiz des Jungpriesters Hubertus Mynarek in seiner Heimatpfarre Groß Strehlitz im Jahr 1953. Auch ein solcher Gang soll - noch heute - die besondere Wichtigkeit des Glaubens demonstrieren, als dessen Makler ja die Priester auftreten, weshalb sie von den ehr- und gottesfürchtigen Leichtgläubigen in besonderer Weise verehrt werden.

lediglich, so gut ich konnte, meine Seelsorgefunktionen. Auf den wöchentlichen Conveniats der Geistlichen des Dekanats Haltern wunderte ich mich, der Hilfsgeistliche, jedoch sehr über das bescheidene wissenschaftliche Niveau der meisten Priester dieses Seelsorgebezirks.

Man trug mit erstaunlicher Sicherheit und ziemlich pathetisch theologische Leerformeln vor, und es machte mir - das gebe ich unumwunden zu - Spaß, viele hohle Phrasen kritisch zu zerpflükken. Vor allem warf man mit den Namen führender deutscher Theologen nur so um sich, aber bei gezielten Fragen stellte sich immer sehr schnell heraus, dass die meisten geistlichen Mitbrüder diese Namen lediglich wie magische Zauberworte primitiver Religionspriester gebrauchten, ohne die Position des betreffenden Theologen wirklich zu kennen.

Eines Tages - es mochte knapp ein Jahr nach meiner Übersiedlung in die BRD vergangen sein - zitierte mich der Ordinarius der Diözese Münster, Bischof Keller, zu sich. »Wie ich aus Ihrem Dekanat höre«, leitete er das Gespräch ein, »sind Sie ein begabter, in der theologischen Literatur gut orientierter Mann. Haben Sie denn gar nicht den Wunsch, wissenschaftlich zu arbeiten und zu diesem Zweck von der unmittelbaren Seelsorgetätigkeit freigestellt zu werden? Meines Wissens hat Ihnen die katholisch-theologische Fakultät hier in Münster eine Assistentenstelle geben wollen, aber die von ihr gestellte Bedingung, Ihre polnische Dissertation zu übersetzen, haben Sie wahrscheinlich aus Trägheit oder irgendeinem anderen Grund nicht erfüllt«.

Den Vorwurf der Trägheit wollte ich nicht auf mir sitzen lassen. Deshalb erzählte ich dem Bischof die Art der Behandlung meiner Angelegenheit durch den Professor. Der Bischof tat sehr erstaunt: »Wir wissen hier natürlich alle, dass Hochwürden ... ein schwieriger Mensch ist, aber dass er Sie so traktieren würde, hätte ich nicht für möglich gehalten. Ich mache Ihnen einen Vorschlag«, fuhr er dann fort, »ich lasse bei ihm nachfragen, ob er an Ihnen noch Interesse hat, d.h. Sie als Assistenten und Habilitanden zuzulassen gewillt ist. Wenn Sie mit diesem Vorschlag einverstanden sind, werde ich Ihnen in absehbarer Zeit einen endgültigen Bescheid zukommen lassen«. Ich gab mein Einverständnis, und die Audienz war beendet.

Nach ungefähr zwei Wochen rief mich Prof. Hermann Volk an, dem der Bischof die Aufgabe, mit dem betreffenden Professor zu sprechen, übertragen hatte, und teilte mir mit, dass der letztere durchaus bereit sei, sich um eine Asisstentenstelle für mich zu bewerben. Volk gab auch seiner Verwunderung darüber Ausdruck, dass ich seinen Kollegen vor dem Bischof kritisiert hatte, denn vor ihm habe dieser nur positiv über mich gesprochen und meinen hohen Intelligenzgrad betont. Volk war nicht Psychologe genug, um dieses Spiel zu durchschauen.

Der Professor für Religionswissenschaft aber wusste genau, dass sich auf die Dauer seine dem Generalvikariat soufflierte Version, ich sei für die wissenschaftliche Arbeit nicht geeignet, nicht aufrecht erhalten lassen würde. Vorerst konnte er jedoch mit dem Hinweis auf meine Intelligenz den Eindruck, er habe Angst vor einem künftigen wissenschaftlichen Konkurrenten, einigermaßen verwischen.

In Wirklichkeit hatte er nichts weniger vor, als sich um eine Assistentenstelle für mich zu kümmern. Das bewies der weitere Verlauf der Angelegenheit. Zwar lud er mich nach seinem Gespräch mit Volk zu sich ein und war während des daraufhin zustande gekommenen Treffens wieder die Höflichkeit in Person. Er versprach mir auch eine Assistentenstelle, die ihm ohnehin genehmigt sei.

Aber bei diesem Versprechen blieb es. Fast zwei weitere Jahre hörte ich nichts mehr von ihm.

Kurz vor Ostern 1961 fragte ich dann brieflich bei ihm an, was ich eigentlich von seinem Prof. Volk und auch mir gegebenen Versprechen, mir eine Assistentenstelle zu besorgen und mir dadurch die Freistellung von der praktischen Seelsorgearbeit zu ermöglichen, halten solle. Wieder lud er mich in sein Haus und erklärte mir: »Tja, die Möglichkeit, Assistent bei mir zu werden, ist an sich gegeben. Doch bewerben sich viele um die Stelle. Ich kann Sie Ihnen also nur geben, wenn Sie folgende Bedingungen zu erfüllen bereit sind: 1. Sie erlernen die chinesische Sprache, 2. Außerdem die italienische, 3. Sie haben Residenz-Pflicht, d.h. Sie haben vormittags und nachmittags zu meiner Verfügung zu stehen und verbringen diese Zeit im Assistentenzimmer der Fakultät, 4. Sie haben mir auf der Schreibmaschine Briefe und andere Ihnen von mir aufgetragene Arbeiten zu schreiben, 5. Sie übersetzen in kürzester Zeit Ihre polnische Doktorarbeit, 6. Sie erstellen einen Sachkatalog der religionswissenschaftlichen Bibliothek innerhalb der katholisch-theologischen Seminare der Universität, 7. Sie besuchen alle meine Vorlesungen und Seminare.

Mir war sofort klar, dass mir diese diktatorischen Bedingungen die Möglichkeit und Zeit zur Habilitation nehmen sollten. Aber ich wollte nach drei Jahren Seelsorgetätigkeit im Westen von 1958 bis 1961 endlich wieder wissenschaftlich arbeiten und hoffte trotz dieser Bedingungen noch die Kraft und Zeit zu finden, um eine gute Habilitationsschrift anzufertigen. So versprach ich, die nicht anders als erpresserisch zu nennenden Bedingungen zu halten und wagte nur den Einwand, dass es doch wohl sinnvoller sei, wegen der Bedeutung des Buddhismus und der indischen Religionen Sanskrit anstatt chinesisch zu lernen.

Die groteske Antwort des Professors: »Ich kann zwar selbst kein Chinesisch, aber jeder künftige Religionswissenschaftler muss die Sprache schon deshalb kennen und sprechen können, weil im Jahr 2000 jeder vierte Mensch Chinese sein wird«. Dass ich selbst im Jahr 2000 bereits 71 Jahre alt sein würde, kam dem Professor bei seinem komischen Argument gar nicht in den Sinn.

Als dieses Gespräch stattfand, hatte mein künftiger Chef mit der ersten Bedingung übrigens noch nicht die später hinzugefügte Teufelei verbunden, dass meine religionswissenschaftliche Habilitationsschrift nur eine sprachexegetische Studie über einen altchinesischen Religionstext sein dürfe. Man vergegenwärtige sich, was hier verlangt wurde: Selbst für einen modernen Chinesen ist es sehr schwer, das Altchinesische zu verstehen und richtig zu interpretieren. Ich aber sollte erst in jahrelanger Fleißarbeit die chinesische Zeichensprache malen, lesen und verstehen lernen, um mich dann in die Welt der altchinesischen Hieroglyphen zu vertiefen. Dabei verlangten schon die anderen vom Chef gestellten Bedingungen äußerst viel Zeit und Mühe.

Trotzdem ging ich meinem Versprechen gemäß an die Sisyphosarbeit. Ich absolvierte einen Kursus der chinesischen Sprache und paukte fleißig chinesische Schriftzeichen. Von den zehn Teilnehmern (außer mir alles Nichttheologen) kapitulierten nach Ablauf eines Jahres acht vor den Schwierigkeiten dieser Sprache. Selbst der Kursleiter hatte mitunter Mühe, manche chinesische Wortbilder korrekt auf die Tafel zu bringen. Auch wurde mir immer klarer, dass ich mit dem, was ich da lernte, niemals meine chinesische Habilitationsschrift zustande bringen konnte.

Hinzu kamen die vielen anderen Arbeiten, die der Chef gemäß seinen mir gestellten Bedingungen eisern verlangte und kontrollierte. Er erschien auch bei meinem Kursleiter und befragte ihn nach meinen Fortschritten in Chinesisch. Dessen ungeachtet machte er mir fast täglich Vorwürfe darüber, dass ich ihm die Übersetzung meiner Doktorarbeit noch nicht abgeliefert hatte.

Ende April 1961 war ich als Assistent der katholisch-theologischen Seminare der Universität Münster angestellt worden. Im Juli desselben Jahres legte ich dem Professor meine übersetzte Doktorarbeit vor. Wenn ich aber geglaubt hatte, damit wenigstens eine der vielen von ihm aufgetragenen Arbeiten hinter mich gebracht zu haben, so hatte ich mich schwer getäuscht. Denn nach etwa zwei Monaten erklärte er mir unter Berufung auf Professor Nisters, dass meine Übersetzung keine wörtliche Übertragung meiner polnischen Doktorarbeit ins Deutsche darstelle; er müsse deshalb noch einmal eine vollkommen wortgetreue Übersetzung verlangen.

Ich hatte mich schon so sehr darauf gefreut, endlich eine neue wissenschaftliche Arbeit beginnen zu können und nun sollte ich wiederum an der alten herumbasteln. Ich entschloss mich, wenigstens indirekten Widerstand zu leisten, indem ich nur eine größere Partie meiner Dissertation vollkommen wortgetreu übersetzte.

Angesichts der völlig anders gearteten Struktur der Redewendungen der deutschen und der polnischen Sprache kam dabei ein derartiger Un- und Blödsinn heraus, dass selbst bei meinem Chef der Groschen fiel und er einzusehen begann, dass diese Forderung nach einer völlig wortgetreuen Übersetzung nur seine eigenen simplen Auffassungen vom Denken und Sprechen der Völker bloßlegen und ihn selbst blamieren musste.

Aber wenn er auch jetzt seine Forderung, die ganze Dissertation nochmals wörtlich zu übersetzen, fallen ließ, war doch die Angelegenheit selbst damit noch längst nicht aus der Welt geschafft. Er hatte sich bei seinem Drängen, ihm endlich die übersetzte Doktorarbeit vorzulegen, stets auf eine diesbezügliche Forderung der Fakultät berufen. Ich wartete deshalb auf ihre schriftliche Entscheidung in Bezug auf die Qualität meiner Dissertation. Aber mein Professor sprach überhaupt nicht mehr von ihr, und eine Entscheidung der Fakultät wurde mir auch nicht mitgeteilt. Schließlich fragte ich ihn selbst: »Ja, ja, jetzt ist alles in Ordnung«, erklärte er nur kurz und sprach sofort von etwas anderem.

Das war mir dann doch zuviel. Zuerst hatte er die Übersetzung in einer Intensität gefordert, die einen glauben machen konnte, dass von ihr die halbe Welt abhinge, und nun sollte mir eine banale mündliche Erklärung genügen. Ich wandte mich an den Dekan der Fakultät (das war inzwischen Prof. E. Lengeling) und verlangte eine schriftliche Stellungnahme der Fakultät. Vom Dekan erfuhr ich daraufhin, dass der Professor meine Arbeit der Fakultät überhaupt nicht vorgelegt und auch keine Entscheidung von ihr erbeten hatte. Lengeling erklärte sich aber bereit, die Angelegenheit auf der nächsten Fakultätssitzung endgültig zu klären.

Mit Schreiben vom 22. 02. 1962 wurde mir dann endlich folgender Fakultätsbeschluss mitgeteilt: *»Die Fakultät ist in ihrer Sitzung vom 21.2.1962 in der Frage Ihrer Krakauer Promotion zum Dr. theol. zu folgendem Beschluss gekommen: Da das Kultusministerium des Landes Nordrhein-Westfalen Ihnen die Genehmigung zur Führung des am 30. Juni 1954 an der Universität Krakau erworbenen akademischen Grades Doctor S. Theologiae erteilt hat, ist eine Nostrifikation gegenstandslos geworden. Die Fakultät erklärt, dass Ihre Promotion als Grundlage für die beabsichtigte Habilitation an unserer Fakultät mit dem in Krakau erteilten Prädikat anerkannt wird. Ich freue mich, dass die Klarstellung nunmehr erfolgt ist. Mit freundlichen Grüßen* (Lengeling) Dekan«.

Meine übersetzte Doktorarbeit ist 1963 unter dem Titel *Johannes Hessens Philosophie des religiösen Erlebnisses* im Schöningh-Verlag erschienen, und jeder einigermaßen unvoreingenommene Leser wird die Gründlichkeit und Exaktheit der darin durchgeführten religionspsychologischen und -philosophischen Analysen bestätigen können. Unter den zahlreichen Rezensionen dieses Buches gab es keine einzige, die diese Vorzüge nicht hervorgehoben hätte [12)].

Eine der von meinem Halbgott gestellten Bedingungen war erfüllt, aber es blieben noch die restlichen sechs. Und unter ihnen waren einige, die zeitlich nicht begrenzt waren, also gar nicht wie die Vorlage der übersetzten Doktorarbeit ein für allemal erledigt werden konnten (s. Bedingungen 3, 4, 7). Die Erfüllung der anderen war nur in einem sehr langen Zeitraum möglich.

Unter diesen Umständen musste der Satz aus dem Schreiben der Fakultät, meine Promotion werde »als Grundlage für die beabsichtigte Habilitation« anerkannt, wie ein schlechter Witz erscheinen. Zwar lachten alle Kollegen meines Chefs an der Fakultät über diesen Pedanten, zwar tröstete man mich mit dem Hinweis, dass er im Grunde an allem und jedem etwas auszusetzen habe, so, wenn er etwa sogar Kapläne aus der nahegelegenen Kirche zu sich kommen lasse und ihnen wegen ihrer nicht genügend strammen Haltung bei ihren liturgischen Handlungen Vorwürfe mache. Zwar machte die Anspielung auf's Chinesischlernen bald die Runde, aber die Autonomie und Selbstherrlichkeit eines theologischen Ordinarius war für alle Professoren dieser Fakultät ein so selbstverständliches und unantastbares Gut, dass an eine effektive Gegenaktion dieser Leute nicht zu denken war.

Dabei erklärten mir einige Ordinarien der katholisch-theologischen Fakultät ganz offen, dass eine so enge und spezifische Festnagelung eines Habilitanden auf ein Thema (altchinesischer Religionstext) ein Unrecht sei. Aber mit einem offiziellen Affront der gesamten Fakultät gegen meinen Boss hätten sich ja diese Herren ins eigene Fleisch geschnitten, ihre weitgehende Verfügungsgewalt über Studenten, Assistenten und Habilitanden hätte beeinträchtigt werden können. Diese waren zwar meistensteils auch Priester, aber eben niedere. Wo sollte man mit dem hierarchischen Prinzip noch landen, wenn einem niederen gegen einen höheren Priester recht gegeben worden wäre?

Auch von der Persönlichkeit und der ganzen Lebensauffassung seiner Fakultätskollegen her war kein entscheidender Schritt gegen meines Chefs Habilitationsmethode zu erwarten. Es waren zum Teil weltfremde, wenn nicht gar verschrobene, zum anderen Teil introvertierte oder völlig egozentrische Typen unter ihnen. Zur ersten Gruppe gehörte der damalige Ordinarius der Moraltheologie. Für ihn gab es zwischen Himmel und Erde so gut wie nichts anderes als den Vaterkomplex. Kein Wunder, dass über ihn im Bereich der katholisch-theologischen Fakultät die meisten Witze kursierten, so dass schließlich Wahrheit und Dichtung nicht mehr auseinander zu halten waren.

Beispiel: Der Professor zelebriert in einer Kirche zum erstenmal. Während er die Messe feiert, spielt der Organist gekonnt auf der Orgel. Frage des Professors nach der Messe an den Küster: »Was war das für ein Mann, der eben Orgel gespielt hat?« Antwort des

Küsters: »Ich weiß wohl, wie er heißt. Aber näher kenne ich ihn nicht«. »Aber ich kenne ihn«, erwidert daraufhin der Professor, »weil ich genau weiß, dass er einen guten Vater hatte, sonst könnte er nicht so gut spielen«. Ich hielt die Reden über den Vaterkomplex des Professors für das übliche Witzeln von Theologen über ihre Vorgesetzten. Aber bald darauf konnte ich mich persönlich davon überzeugen, dass es ihm mit der exklusiven »Universalursache« des Vaterkomplexes bitter ernst war.

Er fragte mich bei irgendeiner Gelegenheit, welche Motive und Gründe für den Verlust des Glaubens ich in meiner Dissertation angegeben hätte. Ich zählte ihm eine ganze Reihe auf. Plötzlich unterbrach er mich kategorisch und sagte in einem Ton, in dem wohl Todesurteile ausgesprochen werden: »Ihre Arbeit liegt vollkommen falsch. Es gibt überhaupt nur einen einzigen stichhaltigen Grund für den Glaubensverlust, nämlich wenn man einen schlechten Vater gehabt hat. Und diesen Grund haben Sie versäumt anzugeben«.

Mich juckte der Hafer und ich gab zu bedenken, dass eine schlechte Mutter oft noch zerstörerischer auf ihre Kinder wirken könne, schließlich könne fehlende und mangelnde Mutterliebe nach dem Aufweis der Psychologie beim Kinde zu den schlimmsten Persönlichkeitsveränderungen führen. Er schaute mich erstaunt, fast zornig an und wiederholte dann mit Nachdruck und fast feierlich: »Glauben sie mir, ich verfüge über eine große Lebenserfahrung, es gibt nur einen wesentlichen Grund des Glaubensverlustes: Das Versagen des Vaters«.

Vielleicht verdächtigte er auch mich, keinen guten Vater zu haben und mir deshalb durch »das Weib« die fehlende Liebe ersetzen zu wollen, jedenfalls versuchte er an einem Samstag unbedingt mein Assistentenzimmer zu besichtigen. Samstag war der einzige Tag der Woche, an dem ich nicht für meinen Chef zu arbeiten brauchte und die katholisch-theologischen Seminare der Universität außer für Professoren und Assistenten geschlossen waren.

Ich hatte mich eingeschlossen, um ungestört ein Buch durcharbeiten zu können. Plötzlich klopfte es und sofort wurde die Klinke heruntergedrückt. Ich verhielt mich still und dachte, der ungebetene Gast werde wieder verschwinden. Aber das Hämmern an meiner Tür wurde immer heftiger. Da öffnete ich. Vor mir stand der Professor für Moraltheologie. Im Grunde stand er nicht, sondern drückte sich schon an mir vorbei und sah neugierig in jeden Winkel des Zimmers. Er war sichtlich enttäuscht, als er niemanden außer mir im Zimmer finden konnte. Er ging noch schneller hinaus, als er hereingekommen war.

Zurückhaltend, schüchtern, auf jeden Fall sehr sensibel erschien mir der Pastoraltheologe Professor Filthaut. Er versicherte mich einige Male seiner Sympathie, betonte aber, das man gegen meinen Chef nicht bestehen könne. Infolge seiner Krankheit, die dann auch zu seinem zu frühen Tod führte, war er für eine Zurechtweisung desselben ohnehin kaum der geeignete Mann.

Der größten Autorität innerhalb des Fachbereiches erfreute sich der Dogmatikprofessor Volk. Ich hatte den Eindruck, dass er darauf bedacht war, jedermann Gerechtigkeit wiederfahren zu lassen. Aber er gab mir zu verstehen, dass die Auflagen, die mir mein Chef gemacht hatte, dessen Sache seien. Wegen der Ordinarienautonomie könne er ihm nicht in sein Fach hineinreden.

Es gab da noch an der Fakultät einen derb-robusten, extrovertierten Kirchenhistoriker. Der hätte von seinem rustikalen Typ her wohl am ehesten das Zeug dazu gehabt, meinen Chef auf seine Pflichten gegenüber einem Habilitanden aufmerksam zu machen. Aber bei ihm hatte ich immer den Eindruck, dass er es schon als Überfremdung der Westfälischen Wilhelms-Universität und ihrer katholischen Fakultät ansah, weil ein »Östler« sich in ihrem Windschatten bewegte. Jedenfalls erwiderte er häufig nicht einmal meinen Gruß.

Aber vielleicht wollte er sich auch nur von einem heißen Eisen möglichst weit entfernt halten, um sich keine Feinde zu schaffen, zumal er damals nach dem Tode von Bischof Keller mit seiner Nominierung zum Ersten Hirten der Diözese rechnete. Als wir Assistenten einmal an einem Sonntagvormittag bei ihm zu Besuch waren, stieß mir seine mangelnde Geistigkeit unangenehm auf. Unsere Diskussion mit ihm unterbrach er alle Augenblicke mit der herausgebrüllten Frage an seine Haushälterin, ob denn die Gans schon fertig gebraten sei. Als die Haushälterin darauf endlich mit Ja antwortete, hatte er nichts Eiligeres zu tun, als uns hinauszukomplimentieren.

Zwei Landsleute im engeren und weiteren Sinn [13)], der durch einen tragischen Unfall später ums Leben gekommene Neutestamentler Professor Gewieß und der Missionswissenschaftler Professor Glazik, hatten zwar keinen bedeutenden Einfluß in der Fakultät, mühten sich aber redlich ab, meinen Chef umzustimmen und von der »chinesischen Auflage« für mich abzubringen. Aber Gewieß war ein viel zu höflicher, vorsichtiger und zurückhaltender Mensch, um mit diesem fertig zu werden, und Glazik war eben erst Ordinarius geworden und schon vom Fach her, das selbst Theologen meist nicht als wissenschaftliche Disziplin, sondern nur als Anwendung ethnologischer und religionswissenschaftlicher Erkenntnisse auf die Erfordernisse der Missionsgebiete zu betrachten bereit sind, bei einem selbstbewussten Mann wie meinem Ordinarius von vornherein zum Scheitern verurteilt.

Immerhin war Glazik der einzige, der ihm glatt ins Gesicht sagte, dass seine mir gestellte Bedingung, chinesisch zu lernen, schlichtweg Unsinn sei, solange er mir kein Stipendium besorge und einen längeren Studienaufenthalt auf Formosa (Taiwan) ermögliche. Aber dazu war mein Chef auf gar keine Weise zu bewegen. Er beschäftigte mich weiter so, dass ich für die eigentliche Aufgabe, die Erstellung einer Habilitationsschrift, niemals Zeit und Konzentration zur Verfügung hatte.

Auch der Oberschlesier Herbert Doms, emeritierter Professor für Moraltheologie an der Universität Münster, schüttelte den Kopf über derartige Herrschaftsmethoden. Aber seit der Indizierung seines 1935 herausgegebenen Werkes über *Sinn und Zweck der Ehe* war er im Grunde ein gebrochener und ängstlich gewordener Mann, der es nie gewagt hätte, seine Meinung offen und direkt auszusprechen.

Denken in hierarchischen Kategorien war schon während der »professoralen Zeit« charakteristisch für den späteren Kardinal von Köln, Josef Höffner, der damals noch Ordinarius der christlichen Sozialwissenschaft in Münster war. Von ihm war also auch keine Intervention zu erwarten. Allerdings bat ich ihn auch nicht darum, wie überhaupt hier vermerkt sei, dass ich niemanden um eine Intervention in meiner Angelegenheit gebeten habe. Ordinarien wie Glazik oder Gewieß taten das aus freien Stücken und erzählten mir erst nachträglich von ihren Versuchen, meinen Chef umzustimmen.

Als Freund desselben galt der Fundamentaltheologie-Professor Adolf Kolping. Selbst ihm schien das, was mein Chef mir auferlegt hatte, zu schwer. Eines Tages sagte er mir: »Die Befehle, die mein Kollege Ihnen gibt, könnte ich meinen Habilitanden nicht stellen. Aber Sie müssen selber sehen, wie Sie mit ihm ins Reine kommen«.

Diese unvollständige Skizze eines katholisch-theologischen Fachbereichs dürfte dennoch deutlich genug gezeigt haben, wie schwierig die Situation und wie groß die Abhängigkeit eines Habilitanden in Theologie von seinem Professor ist, wenn ersterer mit keiner Unterstützung seitens der anderen Fakultätsmitglieder rechnen kann. Die Theologieprofessoren sind oft auch heute noch Götter in ihrem Fachbereich. Ein Würzburger Theologieprofessor hat diesen Sachverhalt einmal spöttisch vor mir so ausgedrückt: »Jede nichttheologische Fakultät ist auch eine Bande. Aber in den theologischen Fakultäten ist jeder Professor eine Bande für sich«.

Das hängt sicherlich zu einem wesentlichen Teil auch damit zusammen, dass die katholischen Theologieprofessoren dem Zölibatszwang unterliegen. Die Aufbietung aller Energien mit dem Ziel, der Anziehungskraft des Erotischen nicht zu erliegen, dem sexuellen Prinzip von Stauung und Entladung nicht nachzugeben, oder aber im Gegensatz zur Wirklichkeit, d.h. zu den tatsächlich vorhandenen sexuellen Kontakten mit Frauen oder Männern, nach außen hin krampfhaft den Schein des vorbildlichen Zölibatärs zu wahren, verursacht im Laufe der Zeit zwangsläufig eine Verschiebung und Störung des leib-seelischen Gleichgewichts.

Dies äußert sich unter anderen darin, dass Geltungsstreben und Herrschsucht und in ihrem Gefolge Neid, Missgunst und Rachegefühle in demselben Maß zunehmen, in dem man der erotisch-sexuellen Sphäre oder ihren verschiedenen Aspekten unnatürliche Beschränkungen auferlegt. Nicht wenige Theologieprofessoren scheinen an immer neuen Reglementierungen ihrer Studenten, Doktoranden und Habilitanden echte Lustempfindungen zu entwickeln.

Wenn diese Tendenz in der unmittelbaren Gegenwart etwas rückläufig zu sein scheint, so ist das dem von außen, von den anderen Universitätsbereichen her auch in die katholisch-theologischen Fakultäten hereingetragenen liberaleren Geistesklima zu verdanken, ändert aber an den spezifischen und konstitutiven Auslösefaktoren der Herrschsucht und Manipulationslust der Theologieprofessoren in der Substanz nichts.

Hinzu kommt der Unfehlbarkeitswahn der Katholiken, der sich auch bei Theologieprofesoren findet; nicht wenige von ihnen sind überzeugt, dass sie die eigentlichen Bewahrer und Bewacher der Integrität des Glaubensgutes sind und deshalb vor allem junge Theologen besonders überwachen müssen. Einer breiteren Öffentlichkeit ist dieser Sachverhalt nur deshalb nicht bekannt, weil die Presse meist nur von den paar bekannten progressiveren Theologen berichtet. Die anderen mögen den Journalisten von der Sache her unerheblich erscheinen, quantitativ sind sie das jedoch sicher nicht.

Die Gründe für die von meinem Chef mir gegenüber praktizierten Manipulationsmethoden liegen zu einem wesentlichen Teil sicher in dem eben umschriebenen Motivationsfeld, das für alle gilt, die Zölibatäre und Theologieprofessoren zugleich sind. Mein Chef verkörperte nur in besonders krasser, gleichsam exemplarischer Weise die Versuchung zum Missbrauch der Macht.

Als ein Indiz für die Richtigkeit der Vermutung, dass sein Verhalten mir gegenüber auch auf das von ihm unbewältigte »Problem Frau« zurückzuführen ist, kann man seinen plötzlich nach der Emeritierung einsetzenden Kampf um die Aufhebung des Pflichtzölibats ansehen. Ein Mann wie er, der scharf und überempfindlich auf jede vermeintliche Antastung seiner Ordinarienallmacht reagierte, ist natürlich geradezu dafür prädestiniert, Macht in allen Schlupfwinkeln auszumachen. So hatte der repressive Charakter in seinem Wesen wenigstens etwas Gutes: Schärfer als jeder andere Bekämpfer des Pflichtzölibats sieht er dessen Ursachen im unbedingten Herrschaftswillen der Hierarchie: »Das (d.h. die Verpflichtung zum Zölibat) hat nichts mehr mit Gnade, aber alles mit Macht zu tun«.

Diese These meines damaligen Chefs ist richtig, aber sie macht seine Persönlichkeit für den, der ihn kennt oder auch nur seine Vorlesungen gehört hat, nicht sympathischer. Hörer seiner Vorlesungen werden sich vielleicht noch an seine mehrfach geäußerte Forderung erinnern, Kinder armer Leute und aus unteren sozialen Schichten nicht zum Studium zuzulassen. Er begründete seine Forderung mit einem durchaus »christlichen« Argument: »Wenn diese Kinder mit dem Studium fertig sind, haben sie sich ihren Eltern entfremdet und verachten sie oft sogar«.

Als ihm vor seinem nächsten Kolleg Zettel mit Gegenargumenten aufs Pult gelegt wurden, eröffnete er, nachdem er sie durchgelesen hatte, nicht etwa eine Diskussion mit uns. Er sagte nur: »Sie haben mich nicht überzeugt. Ich bleibe bei meiner These!«. Dann wandte er sich seinem Vorlesungsstoff zu.

Das unbewältigte »Problem Frau« brachte er von Zeit zu Zeit auch zur Sprache, vor allem zu Beginn einer Vorlesungsstunde und dann immer sehr spontan. Die Studenten witzelten in solchen Fällen: »Heute muß er wieder Krach mit seiner Haushälterin gehabt haben«. Hier einige Beispiele aus dem reichen Schatz seiner »Weisheiten« über die Frau: »Meine Damen und Herren! Der Mann war zwar in der Geschichte der Menschheit manchmal hart und grausam. Aber glauben Sie mir: Das eigentlich grausame Wesen ist die Frau!«. Oder: »Meine Herren! Wenn Sie einmal als Kapläne in den Pfarrgemeinden arbeiten, machen Sie möglichst keine Hausbesuche. Sie wären sonst enttäuscht, denn sie würden erleben, dass die Männer alle unterm Pantoffel sind«.

Manche Studenten besuchten seine Vorlesungen nicht mehr, weil seine Abschweifungen mitunter zum Geschwätz wurden. Er stellte unmögliche Vergleiche an, so wenn er z.B. die Kategorie der Unmöglichkeit durch folgende »einleuchtende« Begründung plausibel zu machen suchte: »Mit einer Schreibmaschine kann man keine Strümpfe stopfen!«. Auch ich hätte gern seine Vorlesungen geschwänzt, aber er passte stets genau auf, ob ich anwesend war.

Ich möchte hier nicht den Eindruck erwecken, als ob seine Ausführungen überhaupt nichts Wissens- und Bedenkenswertes für eben der Oberschule entwachsene junge Menschen geboten hätten, aber mir boten sie beim besten Willen nichts Neues. Mir gegenüber ging es ihm einfach um die Durchsetzung eines Machtprinzips, die Erzwingung des Gehorsams auch in Bezug auf Befehle, die nicht einsichtig waren. Ein Silberstreifen zeigte sich am Horizont, als der Chef die Genehmigung zur Anstellung einer Schreibkraft erhielt. Damit entfielen für mich die mit der vierten Bedingung verbundenen Arbeiten, die mir auch deshalb so schwer gefallen waren, weil ich - was der Chef wusste - nur mit einem Finger maschineschreiben konnte. Dieser Silberstreifen löste sich nach knapp zwei Monaten wieder auf, denn die neue Sekretärin war durch die Art, wie er sie behandelte, einem Nervenzusammenbruch nahe und quittierte ihren Dienst. Besonders nervös gemacht hatte sie die Tatsache, dass ihr der Chef mit der Stoppuhr in der Hand diktierte. Gerade dadurch, so erzählte sie mir, sei sie unter ihrer normalen Schnelligkeit im Tippen geblieben.

Sie weinte vor mir, sie weinte auch vor der Haushälterin des Chefs. Die tröstete sie auf ihre Weise: Eines Tages diktierte diese Haushälterin der Sekretärin aus einem Manuskript des Chefs in meinem Assistentenzimmer, das durch eine Tür mit seinem Vorstandszimmer verbunden war. Er pflegte, nachdem er seinen täglichen Kontrollbesuch bei mir gemacht hatte, diese Tür immer zuzuschließen. Während des Diktats der Haushälterin kam er plötzlich ins Assistentenzimmer, unterhielt sich eine Weile lang mit den beiden Damen und sagte dann: »So, jetzt gehe ich«, und zur Haushälterin gewandt, fügte er hinzu: »Nehmen Sie Ihre Sachen aus meinem Zimmer, denn ich schließe es ab«.

Die Haushälterin: »Schließen Sie nicht ab und lassen Sie meinen Mantel, wo er ist«. »Das werden wir doch sehen!«, erwiderte mein Ordinarius. Sagte es, sprang fast durch den Türrahmen und verschloss die Tür von innen. Er hatte gesiegt! Aber die Haushälterin blieb kühl und schien gar nicht enttäuscht. Nach kurzer Zeit zeigte sich der Grund, warum sie ihre Haltung bewahrt hatte: Die Tür wurde wieder aufgeschlossen, der Chef kam leise und demütig herein und gab der Haushälterin den Schlüssel zu seinem Zimmer mit den Worten: »Schließen sie bitte, wenn Sie mit dem Diktieren fertig sind und Ihre Sachen geholt haben, mein Zimmer ab und bringen Sie den Schlüssel nachhaus«. Als er endgültig weggegangen war, sagte die Haushälterin zur Sekretärin: »Sehen Sie, so müssen Sie mit ihm umgehen. Dann ersparen Sie sich Tränen«.

Aus einer einzigen Begebenheit kann man keine zu weitreichenden Schlüsse ziehen, aber die Frage ist vielleicht berechtigt: Sollte der Despotismus des Chefs mir gegenüber u.a. die Kehrseite der

Kardinal Wyszynski legt Hubertus Mynarek die Hände bei dessen Priesterweihe auf. Wir haben hier im Grunde ein uraltes Ritual vor uns, in dem »vermeintlich« Heilige Kraft, nämlich die sakramentale Gnade zum priesterlichen Sein und Handeln, übertragen werden soll. Natürlich kann man das glauben, aber in der Realität ist es nicht so. Ein Kardinal ist - ebenso wie ein Papst - ein Mensch wie jeder andere auch: Er kann weder Sünden vergeben noch jemand »weihen«. Er ist ein hervorragend bezahlter Bestallter am Gängelband des Vatikans, um dessen Interessen zu vertreten.

Unterwürfigkeit gegenüber seiner Haushälterin gewesen sein? Dieser Despotismus machte jedenfalls auch vor jeder logischen Motivation entbehrenden Demütigungen meiner Person keineswegs Halt. Da ich im Unterschied zu Assistenten anderer Professoren vormittags und nachmittags in der Uni zu sein hatte, traf er mich manchmal mit einem Butterbrot in der Hand im Assistentenzimmer essend an.

Darüber war er stets ungehalten und bezeichnete das als Faulheit. Um den Eindruck zu erwecken, dass ihm wirklich an meinem wissenschaftlichen Fortschritt gelegen sei, kritisierte er ständig meine zu geringe Arbeitsleistung. »Wissen Sie«, sagte er mir eines Tages sein endgültiges Urteil über mich, »ich kenne Ihren Vater« (mein Vater hatte nach seiner Übersiedelung aus Schlesien in die Bundesrepublik seine Werkstatt in der Nähe von seiner Wohnung), »das ist ein fleißiger Mensch, aber Sie sind das genaue Gegenteil von ihm. Sie sind zwar spekulativ begabt, aber das, worauf es heute ankommt, sind die empirischen und sprachwissenschaftlichen Disziplinen. Deshalb habe ich Ihnen den Auftrag gegeben, chinesisch zu lernen. Aber auch darin machen Sie keine fulminanten Fortschritte. Überhaupt: Was bilden Sie sich ein, in Ihrem Alter schon Professor werden zu wollen. Ich bin erst mit 54 Jahren ordentlicher Universitätsprofessor geworden. Wollen Sie es etwa mit 33 sein?«.

Einige Tage nach diesem Gespräch sagte mir ein Kollege, der wie ich Assistent an der katholisch-theologischen Fakultät der Universität Münster war: »Ich habe erfahren, dass dein Chef bei der Habilitation seinerzeit durchgefallen ist. Vielleicht piesackt er dich nur deshalb so, weil er selbst keine Habilitation vorzuweisen hat«. Ich habe nicht nachgeprüft, ob mein Chef sich nun habilitiert hat oder nicht. Aber wenn die Behauptung meines Kollegen stimmen sollte, wäre das ein weiterer Baustein zur Erklärung seines Verhaltens mir gegenüber.

Kommen wir zum letzten Akt der »Tragödie« oder »Tragikomödie«. Professor Glazik hatte mir über die Vergeblichkeit seiner Bemühungen um eine Sinnesänderung dieses Mannes berichtet. Der Chef war nicht bereit, mir ein echtes Studium der chinesischen Sprache und Kultur zu ermöglichen. Noch schroffer verweigerte er eine Änderung des Themas meiner Habilitationsschrift, das auch meiner spekulativen Begabung Rechnung getragen hätte.

Glazik riet mir in dieser Situation, meine Habilitation an einer anderen Universität durchzuführen. Er sehe bei meinem jetzigen Habilitationsvater keine Möglichkeit. Er selbst sei mit dem Fundamentaltheologen und Religionswissenschaftler des theologischen Fachbereichs der Uni Würzburg gut bekannt und könne mich ihm empfehlen.

Ich ließ es daher bei meinem Chef darauf ankommen, das heißt, ich besuchte nicht mehr den chinesischen Sprachkurs, der nur in die allerprimitivsten Anfänge dieser Sprache einzuführen vermochte und zu meinem Ziel, der Erstellung einer Habilitationsschrift, etwa in demselben Verhältnis stand wie eine Mücke zu einem Elefanten. Da der Chef mein Tun auf Schritt und Tritt beobachtete, konnte es nicht ausbleiben, dass er bald von meiner Pflichtverletzung erfuhr.

Wie es seiner pedantischen Art entsprach, bestellte er mich für einen Samstagvormittag um 11.00 Uhr in seine Wohnung, obwohl er mich doch sofort an der Universität, wo mein Zimmer neben seinem eigenen lag, hätte zur Rede stellen können. Vielleicht wollte er aber auch vermeiden, dass jemand sein Verhalten mir gegenüber bemerkte. Ich kam also zum angegebenen Termin zu ihm ins Haus. Das ganze Gespräch zwischen uns dauerte höchstens drei

Minuten. Dann war ich meines Postens enthoben.

Die Unterredung wickelte sich in Windeseile folgendermaßen ab: Der Chef: »Wie steht es mit Ihren Fortschritten in der Erlernung der chinesischen Sprache?«. Ich: »Unter den gegebenen Umständen sehe ich beim besten Willen keinen Sinn im Besuch eines Sprachkurses, der mich der Habilitation keinen Deut entgegenbringt«. Der Chef: »Dieser Besuch war aber eine der wesentlichen Bedingungen dafür, dass Sie die Assistentenstelle bei mir bekommen haben. Da Sie diese Bedingung nicht erfüllen wollen, müssen Sie die Konsequenzen tragen. Sie sind entlassen. Bei mir jedenfalls können Sie nicht mehr arbeiten«.

Das alles, was hier über meinen Halbgott in Schwarz geschildert wurde, hätte natürlich noch nicht den Rang einer Tragödie. Aber der letzte Akt dieses Mannes war dann doch tragisch, und er zeigt, wie sein egozentrischer Herrschaftstrieb sich in massiver Destruktivität auch gegen ihn selbst wandte. Er wurde nämlich in einem Hotel in Süddeutschland zusammen mit seiner Haushälterin tot aufgefunden. Sie hatten Selbstmord begangen.

Einen ganz anderen Charakter hatte mein neuer Chef, der Professor für Fundamentaltheologie und Vergleichende Religionswissenschaft an der theologischen Fakultät der Universität Würzburg. Aber obwohl er sich in Temperament und Lebenseinstellung sehr stark von meinem Münsteraner Chef unterschied, zeigte sich doch auch an ihm, wie wir bald sehen werden, dass eine so totalitäre Institution wie die Vatikankirche mächtig genug ist, ihre Funktionäre trotz aller charakterologisch bedingten Differenzen gleichförmig zu manipulieren und für ihre Zwecke einheitlich zu verwenden.

Ehe wir jedoch näher darauf eingehen, seien hier noch kurz die Umstände meines Überwechselns von Münster nach Würzburg beschrieben. Professor Glazik hatte sich mit dem Würzburger Fundamentaltheologen in Verbindung gesetzt und ihn davon überzeugt, dass er mit dem Habilitanden Mynarek kein Risiko eingeht. Und Dekan Lengeling richtete eine offizielle Empfehlung für mich an das Dekanat der Würzburger theologischen Fakultät. So wurde denn mein Habilitationsgesuch von der theologischen Fakultät der Universität Würzburg akzeptiert: Ich bekam die Erlaubnis, eine Habilitationsschrift zu verfassen und sie der Würzburger Fakultät vorzulegen. Auch das ging nicht ganz ohne Schwierigkeiten ab.

Einer der Professoren warnte auf der betreffenden Fakultätssitzung vor dem Flüchtling Mynarek, denn Flüchtlinge seien »immer gefährlich«. Ein anderer glaubte nicht der offiziellen Empfehlung von Dekan Lengeling und bat noch einen Kollegen von der katholisch-theologischen Fakultät in Münster um ein Gutachten über meine

Person. In bezug auf die Thematik der Habilitationsarbeit zwang mich der neue Habilitationsvater zu einem gewissen Kompromiss.

Ich hätte gern ein Thema aus dem Bereich der Religionswissenschaft oder der theologischen Anthropologie bearbeitet. Dagegen hatte er auch nichts, wenn ich ein solches Thema nur grundsätzlich und speziell mit dem Würzburger Theologen Herman Schell (1850 - 1906) zu verbinden bereit war. Denn für ihn und seine Überzeugung gab es kein Problem der Theologie oder ihrer Grenzgebiete, das von Schell, seinem mittelbaren Vorgänger auf dem vormals apologetischen Lehrstuhl der Universität Würzburg, nicht bereits angegangen, ja in den allermeisten Fällen sogar gelöst worden wäre. Deshalb musste auch nahezu jeder seiner Doktoranden oder Habilitanden seine Arbeit irgendeinem Aspekt der Schellschen Theologie widmen.

Schließlich einigten wir uns auf einen etwas holprig klingenden Titel der Habilitationsschrift: *Die naturtheologische Anthropologie H. Schells.* Gemeint war damit, dass ich Schells Gedanken zu einer theologischen Anthropologie aus seinem umfangreichen Gesamtwerk herausarbeiten, interpretieren, systematisch zusammenfügen und in ein Verhältnis zu den heutigen Erkenntnissen auf diesem Gebiet bringen sollte. Das Ergebnis sollte eine Theologie des Verhältnisses von Mensch und Natur sein, und zwar auch in deren evolutivem Charakter, denn eine »Theologie der Evolution« fehlte damals noch weitgehend.

Meinen neuen Chef kannte ich vorher weder persönlich noch aufgrund seiner Veröffentlichungen. Er war in vielem das genaue Gegenteil meines vorherigen Chefs. Er war jovial, gesellig, gemütlich, unheimlich redefreudig und verlangte sogar von seinen Assistenten, zu denen jetzt auch ich gehörte, dass sie ihn duzten. Disziplin und pedantische Ordnung, die für meinen Münsteraner Boss oberste Priorität hatten, schätzte er gar nicht hoch ein. Er benahm sich keineswegs wie ein Halbgott in Schwarz. Nichts in seinem äußeren Gebaren hätte auf eine entsprechende Tendenz in ihm schließen lassen können. Dennoch übte er, wie wir noch sehen werden, Macht aus und genoss es, wenn er aufgrund dieser seiner Macht das zu erreichen vermochte, was er sich vorgenommen hatte. Oft sagte er vor uns Assistenten: »Was ich durchdrücken will, drücke ich durch«. Da er immer sehr viel redete, nahm ich diesen Spruch nicht ernst, sondern hielt ihn für eine Floskel. Doch damit hatte ich mich getäuscht. Mein neuer Chef, so erkannte ich bald, verfügte über einen enormen Einfluss. Es war seltsam. Der neue Vorgesetzte war sicher kein Krösus an wissenschaftlicher Begabung, und seine Kollegen an der theologischen Fakultät Würzburg nahmen ihn diesbezüglich nicht ernst. Wenn er seine theologische oder philosophische Meinung äußerte, hörten sie nicht zu, und das Gespräch kreiste gleich wieder um das Thema, das zur Debatte stand, bevor er das Wort ergriffen hatte. Aber sobald sie ihre »Habilitationssöhne« an anderen Universitäten unterzubringen versuchten, wandten sie sich meist an ihn, und er schaffte es auch in der Mehrzahl der Fälle. Ich kenne persönlich keinen Mann, der über so viele Querverbindungen zu den verschiedensten Institutionen und Vereinen und über so viele persönliche Beziehungen verfügte wie er. Er rechnete viele Kardinäle und Bischöfe zu seinen Freunden, und ich konnte mich persönlich einige Male davon überzeugen, wie schnell er aufgrund eines einzigen Telefongesprächs seine Ziele bei ihnen durchsetzte. Ob es sich nun darum handelte, einen bisher in der Seelsorge beschäftigten Priester für die Universitätslaufbahn freizubekommen oder dem Bischof das Placet für einen Lehrstuhlkandidaten abzuringen, mein Chef siegte so gut wie immer.

Als Bischof Graber von Regensburg von deutschen Juden wegen gewisser Vorkommnisse angegriffen wurde und diese eine große Kampagne gegen ihn vorbereiteten, bat Kardinal Döpfner als damaliger Vorsitzender der deutschen Bischofskonferenz meinen Chef um Intervention beim Bund für jüdisch-christliche Zusammenarbeit. Und dieser wandte wieder einmal das »Unheil« ab. Hörer seiner Vorlesungen werden sich erinnern, wie er manchmal in den Vorlesungssaal gestürmt kam und, in der hocherhobenen Hand einen Brief haltend, stolz verkündete: »Ein Schreiben von Ottaviani! [14)]«. Er war auch ein enger Vertrauter des verstorbenen Münchener Kardinals Faulhaber, und mit dem inzwischen ebenfalls verstorbenen Münchener Oberhirten Döpfner verbanden ihn freundschaftliche Bande.

Über all das wäre noch viel zu sagen, vor allem auch über die Gründe seines großen Einflusses auf hohe Vertreter der Amtskirche. Denn diese Gründe lagen nicht einfach in seiner Persönlichkeit, die kein besonderes Fluidum, geschweige denn irgendeine Art von Faszination ausstrahlte. Zweifellos muss mein Chef den Hierarchen, wahrscheinlich auch Rom, manchen guten und wichtigen Dienst erwiesen haben. Er erzählte mir mehrmals, dass er sich nach dem Krieg bei den Amerikanern für den damals führenden, aber wegen seiner allgemein bekannten Sympathie für die Nazis gefährdeten Dogmatikprofessor Michael Schmaus mit Erfolg eingesetzt habe.

Von Professor Hans Küng sagte er mir, dass dieser ohne sein Gutachten den Lehrstuhl in Tübingen nicht bekommen hätte. Mag vielleicht auch manches von dem, was er behauptete, geflunkert und Produkt seiner Eitelkeit gewesen sein (zweifellos hätte Küng einen

Lehrstuhl auch ohne ihn bekommen, im negativen Falle vielleicht etwas später). Tatsache bleibt, dass er viele Dinge, an denen sich andere die Zähne ausgebrochen hätten, mit Leichtigkeit durchzusetzen vermochte.

So konnte es jedenfalls nicht ausbleiben, dass die meisten Schüler dieses mächtigen Meisters ihre Chance, Karriere in der Theologie und in der Kirche zu machen, in der strikten Unterwerfung unter ihn erblickten. Wichtiger als eine gute Doktor- oder Habilitationsschrift war die Kenntnis dessen, was dem Meister gefiel. Wer diese Kenntnis besaß und nach ihr handelte, der hatte auf dem Weg zum angestrebten Ziel keine wesentlichen Hindernisse mehr zu befürchten.

Vor allem gefiel dem Meister, wenn er von seinen Schülern ausgiebig zitiert wurde. Schon die Theologiestudenten brachten in ihren schriftlichen Seminararbeiten seitenlange Zitate aus seinen Büchern, weil sein Urteil über solche Arbeiten vornehmlich von der Zahl dieser Zitate abhängig war. Die meisten Doktoranden und Habilitanden von ihm verfuhren nicht wesentlich anders als diese Studenten.

Die »soziale Seite« ihres »Vaters« mussten die Habilitanden und Doktoranden ebenfalls einplanen. Der Chef war gereizt bis bös, wenn man ihn nicht jeden Tag in seinem Zimmer an der Universität aufsuchte und sich stundenlang mit ihm unterhielt. Zwei bis vier Stunden gingen auf diese Weise täglich verloren, wenn man gewillt war, ihn bei Laune zu halten. Ich hatte keine Lust, meine Zeit damit zu verplempern, dass ich jeden Tag stundenlange Gespräche mit dem Chef führte, Gespräche, die sich um ganz banale Dinge drehten, so gut wie nie um wissenschaftliche Probleme. Zudem erzählte er viele Dinge zehn- bis zwanzigmal. Man kam sich wie beim Kaffeeklatsch älterer Damen vor.

Aber gerade mein damals noch gehegter »naiver« Glaube, der Chef werde doch objektiv genug sein, um wissenschaftliche Kriterien nicht mit gesellschaftlichen zu verwechseln, sollte sich später rächen. Jedenfalls brachte mir die Realisierung meines Entschlusses, ihn höchstens ein- oder zweimal in der Woche aufzusuchen, wesentliche Minuspunkte ein, obwohl es nie einen Streit zwischen uns gab und ich stets um ehrliche Höflichkeit ihm gegenüber bemüht war. Zumindest schied ich aus dem Kreis der Kandidaten für die Wiederbesetzung seines Lehrstuhls nach seiner Emeritierung von vornherein aus. Denn - so die Überlegung des nach Gesellschaft dürstenden Greises - ein Habilitand, der seine Zeit vor allem der Wissenschaft widmet, wird als Ordinarius noch weniger Zeit für seinen Vorgänger haben. Das mag stimmen. Aber die Universität ist auch kein Altersheim, sondern eine Stätte der Wissenschaft. Vor allem aber hätte der Meister ein wenig mehr Psychologie besitzen müssen und mehr auf Wahrhaftigkeit als auf Gesellschaftlichkeit Wert legen sollen. Denn kaum hatten des Chefs »Gesellschafter« sein Zimmer verlassen, machten sie sich über den »alten Onkel« lustig.

Für einen, der beim Chef gut angeschrieben sein wollte, war es auch wichtig, ihm selbst in Bezug auf nicht mehr vertretbare Meinungen Recht zu geben, ja ihn - wo immer das nur möglich war - zu loben. Kurz ein charakteristisches Beispiel dafür: In der in Münster/Westfalen erscheinenden *Zeitschrift für Missions- und Religionswissenschaft* hatte ein Assistent Professor Glaziks ein Buch meines Vorgesetzten besprochen und dabei die kritische Bemerkung gemacht, dass man so vor 30 oder 40 Jahren schreiben durfte, dem heutigen Wissen und Problembewusstsein mit den Ausführungen dieses Buches aber nicht gerecht werden könne.

Die Reaktion meines Chefs: Er beschwerte sich bei Professor Glazik, dem Herausgeber der genannten Zeitschrift, und betonte, dass er seine Bücher in Zukunft überhaupt nur noch von seinen eigenen Assistenten und Habilitanden besprechen lassen werde. Natürlich! Denn die mussten ihn positiv rezensieren, wenn sie ihre theologische Karriere nicht gefährden wollten.

Anpassungsfähigkeit war überhaupt Trumpf. Für meinen Chef war eine Doktor- oder Habilitationsschrift dann Klasse, wenn man sie so schrieb, wie der Meister es wollte, ja teilweise sogar diktierte. Am anpassungsfähigsten war in dieser Hinsicht ein Kandidat, der zur Promotion und Habilitation von seinem väterlichen Freund regelrecht durchgeboxt wurde. Seine Doktor- wie Habilitationsarbeit über jeweils einen Aspekt der Theologie Schells waren Produkte der allerengsten Zusammenarbeit zwischen Habilitationsvater und Habilitationskind, wobei der erstere nicht wenigen Partien dieser beiden Schriften seinen Stil und seine Anschauungsweise bis in den Wortlaut hinein aufdrückte.

Der betreffende Kandidat, der zu einem etwas konfusen Denken neigte, wurde vom Chef mit harten Worten, mitunter sogar mit Püffen und Stößen, die aber alle letztlich gut gemeint waren, immer wieder auf den rechten Weg der Theologie (seines Meisters) zurückgebracht. Das Habilitationskolloquium des Kandidaten vor den Professoren der theologischen Fakultät der Universität Würzburg war eine Katastrophe, das gab auch der Meister selbst zu, der sich am meisten über die unlogischen und verworrenen Antworten seines Habilitanden auf die ihm von den Fakultätsmitgliedern gestellten Fragen aufregte. Auch seine mit der Habilitation in Würzburg verbundene öffentliche Probevorlesung war dürftig, darüber waren sich alle, die sie gehört hatten, einig.

Der Chef sagte mir, die Fakultät habe erwogen, seinen Habilitanden durchfallen zu lassen. Aber für seine Freunde, d.h. für die, die den Willen des Meisters als absolute Lehr- und Lebensnorm anzunehmen bereit waren, kämpfte der Boss wie ein Berserker. Wie konnte da die Fakultät widerstehen? Mit der fadenscheinigen Begründung, man habe beim Habilitanden berücksichtigt, dass er noch sehr jung sei, ließ man ihn passieren.

Nicht weniger kämpfte der Chef bei der Habilitationsprozedur eines weiteren ihm total ergebenen Kandidaten. Dessen Habilitationsschrift war gewiss von anderem Format als die eben charakterisierte. Aber sie war nach des Meisters eigenen Worten derart hochgestochen und hochgeschraubt, mit tiefsinnigen und hochfliegenden Spekulationen derart durchsetzt, dass sie keiner verstehen konnte. »Was ja gut ist«, fügte er hinzu, »denn dann kann man sie auch nicht kritisieren«.

Zunächst traf jedoch das Gegenteil ein. Die Mehrheit der Fakultät war zuerst entschlossen, gegen die Akzeptierung dieser Schrift zu stimmen. Wortführer dieser Mehrheit war vor allem der damalige Ordinarius für Altes Testament, der wenigstens so viel zu verstehen glaubte, dass er sich berechtigt fühlte, dem Habilitanden eine dilettantische Behandlung des Alten Testaments in dessen Habilitationsschrift vorzuwerfen. Doch der Chef stieg wieder auf die Barrikaden. Von den Beschimpfungssalven, die die beiden hochwürdigen Professoren im Dekanat der theologischen Fakultät aufeinander abfeuerten, hallten die Gänge der altehrwürdigen Universität am Sanderring wider, und unter Studenten entstand der Slogan: »Theologische Streithähne krähen am lautesten!«.

Schließlich drohte mein Chef, vor ein ordentliches Gericht zu gehen, wenn der Wortführer der Gegenseite nicht aufgeben sollte. Wie er mir selbst erzählte, fuhr er sogar mit dem Geschütz von Haushälterinnenklatsch und -intrigen bei einem Fakultätskollegen auf, der den Standpunkt der Gegenseite besonders hartnäckig verfocht. Am Ende stimmte die ganze Fakultät mit Ausnahme des Wortführers, der sich nur noch der Stimme enthielt, für die Habilitierung.

Ich will hier die zahlreichen weiteren, ähnlich gelagerten Fälle bezüglich der Art, wie man auch bei etlichen anderen Theologieprofessoren zur Habilitation bzw. zur Promotion bzw. auf einen Lehrstuhl gelangen kann, nicht mehr erörtern. Jedenfalls ist es nicht selten so, dass dabei die persönlichen Beziehungen fast alles, die wissenschaftliche Qualifikation fast nichts zu bedeuten hat.

Mit den schon gebrachten Beispielen möchte ich aber auf gar keinen Fall den Eindruck erwecken, als ob ich an der Habilitation als unumgänglicher Bedingung der Ernennung zum Professor festhielte. Nur die reale wissenschaftliche Befähigung und das Niveau der Veröffentlichungen sollten bei einer Berufung auf einen Lehrstuhl ausschlaggebend sein, unabhängig davon, ob sich der Betreffende habilitiert hat oder nicht.

Die angeführten Vorkommnisse zeigen ja gerade, dass man sich auch ohne besondere wissenschaftliche Leistung habilitieren kann, wenn man nur über gute persönliche Beziehungen zum Habilitationsmonarchen oder besser noch auch zu weiteren Mitgliedern des theologischen Lehrkörpers verfügt. Allerdings verhilft eminente Anpassungsfähigkeit sogar ohne durch Protektion erworbene Habilitation nicht selten zu einem Lehrstuhl.

Es kann natürlich im Ausnahmefall auch schon einmal passieren, dass einer ein begabter Wissenschaftler ist und zugleich über die entscheidenden persönlichen Beziehungen verfügt. Das gilt z.B. von Johannes Baptist Metz, dem damaligen Ordinarius für Fundamentaltheologie an der Universität Münster. Man wollte seinerzeit nicht ihn, sondern Professor Karl Rahner auf diesen Lehrstuhl berufen. Rahner winkte jedoch ab, er wollte die berühmte Lehrkanzel Guardinis in München übernehmen, was ihm auch gelang. Ein paar Jahre später nahm er dann - unter anderem aufgrund gewissser Differenzen und Dissonanzen mit der Münchener katholisch-theologischen Fakultät - einen Ruf, diesmal auf den einen der beiden dogmatischen Lehrstühle der katholisch-theologischen Fakultät Münster an. Aber als ihn der erste Ruf aus Münster erreichte, schaltete er schnell. Er könne zwar nicht persönlich kommen, ließ er die Fakultät in Münster wissen, aber er erlaube sich, einen außerordentlich fähigen Mann vorzuschlagen: J.B. Metz.

Wenn Rahner jemanden vorschlug, galt das als wertvoller als die Habilitation. Metz bekam, auch ohne sich habilitiert zu haben, die fundamentaltheologische Professur in Münster und bewies, dass er nicht zu Unrecht von Rahner protegiert worden war. Persönliche Momente spielten, wenn auch in einer für mich negativen Weise, ebenfalls bei meiner Habilitation eine Rolle.

Es ist sicher noch keinem Menschen gelungen, eine vollkommen objektive Erkenntnis seiner selbst zu erlangen. Trotzdem glaube ich der Wahrheit recht nahe zu kommen, wenn ich behaupte, dass ein Großteil der Differenzen und Spannungen, die zwischen einigen Theologen und mir bestanden, ursächlich auf die innere Geradlinigkeit und Wahrhaftigkeit meines Charakters zurückzuführen ist.

Ein in seinem innersten Wesen noch unverbogener Mensch, dem man das geistige Rückgrat durch den ständigen Hinweis auf das Kreuz des Erlösers und die Notwendigkeit unseres Mitleidens mit ihm in Demut und Unterwerfung unter die kirchlichen Oberen trotzdem noch nicht zerbrochen hat, muss sich unter den meisten Priestern und Theologieprofessoren einfach unwohl fühlen.

Die ganze Atmosphäre bei Begegnungen von Theologen ist süßlich, warm, unecht und vieldeutig, oft selbst dann, wenn diese Theologen gute Bekannte oder sogar Freunde sind. Man spricht die Dinge nie ganz klar aus, weil Offenheit ja negative Konsequenzen für die eigene Person und Karriere mit sich brächte. Im Gegenteil: Meistens macht man aus der Not eine Tugend und ist stolz auf die Kunst der Dialektik, des »sowohl-als-auch«, des kühnen Überholens aller Linken um ein beträchtliches Stück und des sofortigen Um- und Einschwenkens auf die konservativste Linie. Ich hörte selbst so manches Mal, dass man sich für ein solches Verhalten auf ein Wort des hl. Paulus berief. Man müsse eben »allen alles sein«.

Als ich einmal zu meinem Chef sagte, dass ich von Herman Schell ein wenig enttäuscht sei, weil er in seiner Korrespondenz mit Atheisten ganz konträr zu dem, was er offiziell als Theologe verkündete, gesprochen habe, war mein Professor geradezu empört: »Wer diese Kunst der Dialektik nicht beherrscht, wird nie ein führender Theologe«.

In der Tat beherrschen führende Theologen diese Kunst ausgezeichnet. Im Grunde können sie beispielsweise gegen die Kritik an der Unfehlbarkeit des kirchlichen Lehramtes kaum sachlich stichhaltige Argumente aufbieten. In Wirklichkeit glauben sie auch ebensowenig an diese Unfehlbarkeit wie jeder einigermaßen vernünftige Mensch. Zugleich aber müssen sie doch ihre Kirchlichkeit unter Beweis stellen, und zwar auch aus vielen persönlichen Gründen. So kommt es dann zu spitzfindigen Argumentationen, die einem Scholastiker des ausgehenden Mittelalters alle Ehre machen würden.

Walter Kasper beispielsweise, der spätere Stuttgarter Bischof und jetzt sogar Kardinal im Einheitssekretariat des Vatikans, polemisierte als Theologieprofessor gegen die Kritik an den unfehlbaren Lehrsätzen der Kirche folgendermaßen: Das 1. Vatikanische Konzil spricht »nicht ausdrücklich von unfehlbaren Sätzen, sondern von unfehlbaren Instanzen«, von dem unfehlbaren Lehramt des Papstes und der allgemeinen Konzilien.

»Von den von solchen unfehlbaren Instanzen unter genau definierten Bedingungen vorgelegten Sätzen wird lediglich gesagt, sie seien unabänderlich. Diese Unabänderlichkeit wird jedoch vom

Konzil wiederum nicht auf den Satz als solchen bezogen, sondern auf die im Satz gemeinte Sache. Irrtumslos verstanden werden können solche Sätze im Gesamtzusammenhang des kirchlichen Glaubens und Lebens. Wenn man dagegen das Problem unfehlbarer Sätze isoliert hochspielt, wird es praktisch unlösbar«.

»...es gibt nach katholischer Überzeugung Glaubenszeugnisse, welche nicht in jeder Hinsicht auf eine von ihnen ablösbare ›objektive‹ Wahrheit hin hinterfragt werden können. Die Wahrheit solcher Glaubenszeugnisse wird verbürgt durch die Verbindlichkeit, mit der sie vorgetragen werden! [15)]«.

Wenn diese Ausführungen des damaligen Dogmatikprofessors und heutigen Kardinals Kasper etwas beweisen, dann nur eines: Dass es um den mit der Unfehlbarkeit des kirchlichen Lehramtes gegebenen Autoritarismus noch schlimmer steht, als viele wahrhaben möchten. Wenn nämlich die Unfehlbarkeit von den Sätzen abgezogen wird und in Instanzen, dem Papst und den Konzilien, ihren eigentlichen zentrierten Ort hat, wenn also - um Kaspers Worte zu gebrauchen - die Wahrheit der Glaubenszeugnisse verbürgt wird durch die Verbindlichkeit, mit der sie vorgetragen werden, dann ist es um die Wahrheit überhaupt geschehen.

Es geht dann primär nicht mehr um verifizierbare Wahrheit und um entsprechende, d.h. vernünftige Kriterien derselben, sondern um die Macht der Persönlichkeit, des Ansehens und das Ranges der Hierarchen, die mit dem Willen zur Verbindlichkeit für alle Gläubigen kategorisch etwas behaupten. Sie können sich dabei mit Kasper darauf berufen, dass es objektive Wahrheit, abgelöst vom Glaubenszeugnis, nach katholischer Auffassung nicht geben müsse. Und es reicht vollkommen, wenn man der eigenen autoritären Verbindlichkeit einen gewissen Anschein objektiver Wahrheit gibt, indem man sich auf den (von jedem denkenden Menschen mit Sicherheit je anders gesehenen und gewerteten) Gesamtzusammenhang des kirchlichen Glaubens und Lebens möglichst häufig und autoritativ beruft.

Schließlich hat ja auch die Glaubenskommission der deutschen Bischofskonferenz prompt mit diesem Argument, das keines ist, seinerzeit das Memorandum der Ökumenischen Universitätsinstitute in der Bundesrepublik über die Reform und Anerkennung kirchlicher Ämter verurteilt.

Fazit: Klar und eindeutig ausgedrückt, bestätigen und stützen Kaspers Ausführungen die Willkürherrschaft der Hierarchie auch auf dem Gebiet der Wahrheit. Aber der Theologe Kasper drückt es eben nicht klar und eindeutig aus, so dass alles in einem geschickt ausgebreiteten milderen Licht erscheint, in welchem einem das

Dogma der Unfehlbarkeit nicht mehr ganz so lächerlich und abstrus vorkommt.

Der Theologe und Kardinal Walter Kasper steht keineswegs allein da. Viele andere Theologen verfahren um keinen Deut besser mit der Sache der Wahrheit. Was Nietzsche durch den Mund Zarathustras von den Priestern und ihrem Gott sagte, gilt auch von heutigen Theologen: »Ich liebe alles, was hell blickt und redlich redet. Aber er - du weißt es ja, du alter Priester, es war etwas von deiner Art an ihm, von Priester-Art - er war vieldeutig. Er war auch undeutlich«.[16)]

Kirchentheologen gehen daher Wahrheitsliebe und Geradlinigkeit mächtig auf die Nerven. Es gab Theologieprofessoren, die mir ins Gesicht sagten, dass sie bei Diskussionen meine Fragen am meisten fürchteten. Die Eloquenz mancher Theologen, die so viele Außenstehende blendet, beeindruckte mich nicht. Ich stülpte diese elegante Oberfläche der Beredsamkeit zurück und fragte nach dem eigentlichen Sinn ihres Sprechens und sie kamen ins Stottern oder wurden verlegen; oder ich zeigte den Widerspruch in ihrem Sowohl-als-auch-Lavieren auf und das empfanden sie als unangenehm, obwohl ich nie die Person, sondern nur ihre Ausführungen kritisierte, wenn diese innere Widersprüche aufwiesen.

Aus ähnlichen Gründen wuchs auch der innere Widerstand in meinem Chef gegen mich, obwohl ich stets all das erfüllte, was ein Habilitationsvater von seinem Habilitanden berechtigerweise fordern kann. Aber da mir Schmeichelei zuwider war, da es mir nicht möglich war, Lobeshymnen auf ihn als »einen der größten Theologen« zu singen, und er sich schon indigniert zeigte, wenn man einen anderen Theologen in seiner Gegenwart lobend erwähnte, da ich außerdem auch meine eigenen theologischen Meinungen zu haben und so lange zu vertreten wagte, bis man mir ihre Unhaltbarkeit bewiesen hatte, entstand in ihm allmählich eine Mauer der Missgunst und der Ablehnung meiner Person, die - weil nie zur Sprache gebracht - schwer abzutragen war.

Dieser negative Gefühlsstau veranlasste ihn, mich - wo das nur möglich war - herabzusetzen. Schon als ich ihm meine in Münster übersetzte Dissertation zur Einsichtnahme und zum besseren Kennenlernen meines Denkstils vorlegte, erklärte er mir ein paar Wochen später: »Gib zu, dass Du das nicht selber geschrieben hat. Das müssen Dir ein paar schlesische Professoren in Münster geschrieben haben, denn so differenziert denken kann man in Deinem Alter noch nicht«.

Andererseits strich er mir im Widerspruch zu dieser Aussage einige Stellen meiner Doktorarbeit als sprachlich nicht korrekt und nicht deutsch an. Diese Stellen waren ohne Ausnahmen Zitate aus Hessens Religionsphilosophie, was er beim langsamen Lesen der Dissertation wegen der nicht zu übersehenden Anführungszeichen leicht hätte erkennen können. Aber auch er ging von dem Vorurteil aus, dass ein Mann aus dem Osten eben nicht fähig sein könne, korrekt deutsch zu sprechen. Später erzählte er in theologischen Kreisen sogar, erst er habe mir die deutsche Sprache beigebracht. Wäre das der Fall, dann müsste ich allerdings ein Kauderwelsch aus fränkischem Dialekt und hochdeutschen Sprachfetzen sprechen, das der Rede des Meisters ähnlich wäre.

Die Mauer der Antipathie im Chef wuchs noch durch einige Vorkommnisse, die von mir gar nicht herbeigeführt waren, mir aber doch negative Punkte beim Habilitationsvater einbrachten. So trat eines Tages eine Dame an mich heran, die unbedingt mit mir sprechen wollte. Ich hatte sie einige Male in Gesellschaft meines Professors gesehen, sie begleitete ihn manchmal auch auf Vortragsreisen, und ich glaubte deshalb, annehmen zu müssen, dass es auch in seinem Sinne sei, wenn ich ihrer Bitte um eine Unterredung stattgab.

Sie eröffnete mir, dass der Herr Professor seit vielen Jahren ein Verhältnis mit ihr habe, dass er sie aber jetzt verlassen wolle, weil er mit einer anderen Frau verkehre. Seinerzeit habe er sie, die damals noch Jungfrau gewesen sei, damit geködert, dass er seine Einsamkeit in den schwärzesten Farben gezeichnet habe. Er habe ihr sogar gedroht, den Beruf des Priesters wegen ihres hartnäckigen Widerstandes an den Nagel zu hängen, wofür sie dann die Verantwortung zu tragen hätte. Nachdem sie sich also damals als Opfer dargeboten habe, wolle er sie nun verlassen, und zwar unter dem fadenscheinigen Vorwand, jetzt alt zu sein und sich durch Frömmigkeit auf den Himmel vorbereiten zu wollen. Plötzlich komme er nur noch mit seinem Neffen und dem Brevier unter dem Arm zu ihr. Sie sei auch schon beim Kardinal Döpfner in München gewesen, der habe sie auch angehört, aber gegen seinen Freund nichts unternommen.

Im Priesterseminar hatte man uns den Grundsatz: »mulieri non est credendum« (einer Frau ist nicht zu trauen) eingetrichtert, und ich hatte zu dem Zeitpunkt, als mir diese Eröffnung über meinen Chef gemacht wurde, auch gar keinen Grund, den Beschuldigten im Lichte der Ausführungen der »betrogenen« Dame zu sehen. Das sagte ich ihr auch höflich, aber bestimmt. Außerdem erklärte ich ihr, ich fände es seltsam, dass sie ausgerechnet mir diese Geschichte erzählte.

»Zu Ihnen«, erwiderte sie, »habe ich halt Vertrauen und nebenbei gesagt: Das weibliche Personal an der Fakultät hält Sie so ziemlich für den einzigen Theologen, der so lebt, wie er redet«. Das Gespräch mit der Dame habe ich bis zum Augenblick, wo ich diese Zeilen zu Papier bringe, für mich behalten. Sie hatte mich nach dieser Unterredung noch einige Male zu sprechen versucht, um mir »weitere Fakten« über den Chef zu erzählen, aber ich lehnte jetzt, nachdem ich wusste, worum es ging, jedesmal ab.

Mein Habilitationsvater musste trotzdem von unserem Gespräch Wind bekommen haben. Tatsache ist, dass sich seine Einstellung zu mir kurze Zeit nach der besagten Unterhaltung mit der Dame wesentlich verschlechterte. Vielleicht hat die Dame, die ich noch öfter in seiner Gesellschaft antraf, es ihm selbst erzählt, um ihn unter Druck zu setzen.

Manchmal hatte ich geradezu den Eindruck, dass er auf eine Berichterstattung über mein Gespräch mit seiner Bekannten wartete, aber das hätte er mir deutlicher zu verstehen geben müssen. So vertiefte sich der Graben des Misstrauens zwischen uns.

An einem weiteren Vorkommnis trage ich selbst eine gewisse Schuld. Ich hatte nämlich eine fatale Entdeckung gemacht, die mich so überraschte, dass ich meinem Herzen Luft machen musste. Dabei konnte ich nicht ahnen, dass der Assistent, dem ich davon erzählte, nichts Besseres zu tun haben würde, als meine Worte sofort zum Chef zu tragen. Bei der Durcharbeitung der Literatur über Herman Schell hatte ich mit Erstaunen bemerkt, dass in einem Buch meines Habilitationsvaters ganze Partien aus zwei anderen Arbeiten über Schell wörtlich, aber ohne Anführungszeichen, übernommen waren, ohne dass er die Autoren dieser Arbeiten noch deren Titel an den betreffenden Stellen angab. Es handelte sich um die nicht in Buchform erschienenen, sondern nur als Manuskripte in der Universitätsbibliothek Münster bzw. Würzburg liegenden Arbeiten von L. Carl *Der Begriff des Geistes bei Herman Schell*, Würzburger phil. Dissertation, 1953, und von Ch. Reermann *Sein und Freiheit nach Herman Schell*, Münsterer phil. Dissertation, 1947.

Als Jahre später Veröffentlichungen von Teilen der ersten Auflage meines Buches *Herren und Knechte der Kirche* im Magazin *Der Spiegel* erschienen, schickte mein Chef eine Gegendarstellung an den *Spiegel*: *»Unwahr ist auch die Behauptung, ich hätte bei Niederschrift meines Werkes ... weite Passagen aus zwei Werken anderer Autoren ohne Anführungen und Quellenhinweise wörtlich abgeschrieben, als mir eigene Gedanken ausgeblieben wären. Wahr ist dagegen, dass aus Gründen wissenschaftlicher Erfordernisse in dem weit angelegten Werk viele Autoren zu Worte kamen und ich stets die nötigen*

Quellenhinweise gab, bei wörtlicher Übernahme mit Anführung, dass, wo dies nicht geschehen ist, es auf Übersehen und Unterlassungsfehlern, nicht aber darauf beruht, dass mir eigene Gedanken ausblieben. Das Manuskript wurde von einer älteren, etwas schwerhörigen Dame geschrieben und pressierte sehr, weil es noch zu Schells 100. Todesstag erscheinen sollte«.

Die Behauptung, meinem Chef seien »eigene Gedanken ausgeblieben« ist im Manuskript meines Buches *Herren und Knechte der Kirche*, das dem *Spiegel* vorlag, nicht zu finden. Diese Formulierung stammt von dem genannten Nachrichten-Magazin. Was ich in der betreffenden Sache behauptet habe, steht auch in dem Abschnitt meines jetzigen Buches, der der eben wiedergegebenen Gegendarstellung unmittelbar vorausgeht.

Der Chef gibt übrigens in dieser Gegendarstellung zu, dass meine Behauptung stimmt, versucht diese aber dadurch zu entkräften, dass es sich nicht um ein Abschreiben, sondern um »Übersehen und Unterlassungsfehler« gehandelt habe. Dem steht entgegen, dass in Bezug auf die Thematik der betreffenden Stellen im Buch des Chefs die Ausführungen der beiden Manuskripte, von denen er abgeschrieben hat, das Beste sind, was über Schell in dieser Hinsicht gesagt worden ist, so dass es sich hier um kein einfaches Versehen handeln kann.

Mein Chef konnte deshalb mit den Ausführungen der beiden Arbeiten derart willkürlich und wider jede wissenschaftliche Regel des Gebrauchs der Gedanken anderer umgehen, weil diese beiden Arbeiten nicht in Buchform erschienen sind, sondern nur als Manuskripte in schwer erreichbarer Form in zwei Universitätsbibliotheken liegen. Der Chef machte noch geltend, dass das Manuskript »von einer älteren, etwas schwerhörigen Dame geschrieben worden sei und sehr pressiert« habe, »weil es noch zu Schells 100. Todestag erscheinen sollte«. Im allgemeinen pflegte er jedoch seine Manuskripte nicht zu diktieren, sondern mit der Hand zu schreiben und dann seinen Schreibkräften zum Abschreiben mit der Maschine zu geben.

Geradezu kurios aber ist der Hinweis auf den Zeitdruck wegen des bevorstehenden 100. Todestages von H. Schell. Wäre es nämlich wirklich um diesen 100. Todestag gegangen, dann hätte sich mein Chef mit der Fertigstellung seines Manuskripts sehr viel Zeit lassen können. Schell starb nämlich 1906 und sein 100. Todestag wird erst im Jahre 2006 sein!

Ich habe von meiner Entdeckung seinerzeit sonst zu niemandem gesprochen, muss also annehmen, dass der Assistent, dem ich im Augenblick der ersten Reaktion von der Angelegenheit erzählte, den

Chef davon in Kenntnis gesetzt hat. In der Folgezeit erwähnte nämlich dieser in meiner Gegenwart immer wieder die Namen Reermann und Carl, er fragte mich, ob ich die Manuskripte der beiden schon gelesen hätte. Er unterhielt sich über den Inhalt dieser Arbeiten, wie um mich dahin zu bringen, dass ich »auspackte« und ihm ins Gesicht sagte, er habe abgeschrieben. Aber das brachte ich nicht fertig. Er wusste ja, wie es gewesen war, und hätte von sich aus dieses heiße Eisen anfassen müssen. Hätte ich es ihm selbst gesagt, dann wäre seine Eitelkeit maßlos verletzt worden.

Das wusste ich von Anlässen her, bei denen es um weit weniger ging. Er gab uns Assistenten zum Beispiel Artikel zur Korrektur, die er geschrieben hatte. Wenn wir dann aber einen Terminus oder eine Redewendung geändert hatten, strich er sie durch und ersetzte sie wieder durch das, was vorher dort gestanden hatte. Zudem war er dann immer eine Zeitlang beleidigt, dass man sich »über ihn erhoben« hatte. Immer deutlicher hatte ich das Empfinden, dass der Chef darauf wartete, sich für mein Wissen um seine Schwäche zu rächen. Dabei machte ich von meinem Wissen gar keinen Gebrauch.

Es schien auch, als ob mein Habilitationsvater sich nicht vorzustellen vermochte, dass einer wirklich zölibatär leben kann. Ich halte es zwar auch für schlecht möglich, dass ein Mensch sein ganzes Leben lang radikal ohne seine Sexualsphäre auskommt, erachte es aber für möglich, dass er sich längere Zeit hindurch einer Aufgabe so widmet, dass sie ihn ganz absorbiert und er für das erotische Gebiet in diesem Zeitraum keine Neigung hat. Eine wesentliche Rolle spielt dabei natürlich auch die Motivation.

Ich glaube so strukturiert zu sein, dass der Logos weitgehend die Grundlage meines Ethos bildet, das heißt, dass etwas, das ich für wahr halte, im entscheidenden Maß mein Verhalten zu bestimmen vermag. Jedenfalls habe ich von den fast 20 Jahren von meiner Priesterweihe bis zu meinem Kirchenaustritt etwa 16 Jahre lang alle erotischen Erlebnisse von mir ferngehalten. Das gelang manchmal nur unter äußersten Anstrengungen und im Rahmen einer bisweilen lebensfeindlichen Askese, so dass die Tatsache, dass ich es geschafft habe, mir heute selbst unglaubwürdig vorkommt.

Als aber die tragende Motivation wegfiel, als ich relativ spät, zu einer Zeit, da ich nicht mehr in Würzburg war, zu der Erkenntnis kam, dass die Zölibatsverpflichtung der Priester lediglich ein aus den Machtstrukturen der Amtskirche resultierendes Gesetz ist, war es aus mit meiner »Tugend«.

Ich machte ganz bewusst die Bekanntschaft eines Mädchens, und da ich nie fähig war, zu heucheln, zeigte ich mich mit ihm - im

Gegensatz zu meinen nach außen hin die zölibatäre Weste vorweisenden geistlichen Mitbrüdern - durchaus auch öffentlich, z.B. auf Studentenbällen der Wiener Universität, und ein wenig später sogar als Dekan der katholisch-theologischen Fakultät Wien. Ich tat es nicht, weil es mir leichtfiel - im Gegenteil, es gehörte viel Zivilcourage dazu. Aber ich wollte auch öffentlich die Sinnlosigkeit und Unzumutbarkeit des Zölibatszwanges dokumentieren. Während meiner Würzburger Zeit war jedoch der Groschen noch nicht gefallen. Ich lebte sehr zurückgezogen und wich, soweit das möglich war, jeder Begegnung mit dem anderen Geschlecht, dessen sinnliche Suggestion ich durchaus in mir verspürte, aus.

Wie gesagt: Mein Habilitationsvater schien sich ein wirklich zölibatäres Leben auf keinen Fall vorstellen zu können. Er steht damit unter den Theologen durchaus nicht allein. Mehr als einmal hörte ich von Theologieprofessoren den zynischen Satz, der Zölibat bestehe nur darin, dass man keine Frau heiratet; das, was man sonst mit ihr mache, sei zwar auch Sünde, aber zu deren Tilgung gebe es ja so etwas wie die Beichte. So schickte mir denn mein Habilitationsvater unter den fadenscheinigsten Vorwänden des öfteren einen Studenten, der als wissenschaftliche Hilfskraft bei ihm angestellt war, in meine einsame Dachbude, wo ich an meiner Habilitationsschrift arbeitete. Er sollte mich wahrscheinlich in flagranti erwischen. Jedenfalls schien er immer ganz enttäuscht, wenn er niemanden bei mir antraf. Zugleich schimpfte er stets wie ein Rohrspatz auf den »alten Onkel«, wahrscheinlich wollte er mich dazu bewegen, mich daran zu beteiligen.

Ich könnte nun noch, ohne zu lügen, zwanzig bis dreißig Begebenheiten, die sich zwischen dem Chef und mir zutrugen, erzählen. Begebenheiten, an denen ich keine eigentliche Schuld hatte, die aber seiner Auffassungs- und Lebensweise nach negativ von mir zeugten. Aus für mich damals nicht durchsichtigen Gründen wollte er sich rächen. Der erste Racheakt war meine »Versetzung« nach Bamberg.

Er zwang mich, an der dortigen philosophisch-theologischen Hochschule eine Dozentur für Religionsphilosophie und Fundamentaltheologie anzunehmen, obwohl ich mich weigerte, vor der Habilitation irgendeine größere Aufgabe zu übernehmen. Aber mir blieb zuletzt keine andere Wahl, denn der Chef drohte, bei weiterem Widerstand meine Habilitation zu hintertreiben. Ich verlor also jeweils fast die Hälfte der Woche durch meine Fahrten nach und Vorlesungen in Bamberg, wobei ich die Zeit meiner Vorbereitung auf diese Vorlesungen gar nicht berücksichtige. Dadurch brauchte ich natürlich viel mehr Zeit für die Abfassung meiner Habilitationsschrift, und der Boss frohlockte vor Bekannten: »Der schafft die Habilitation nie«.

Hinzu kam, dass er, und auch ich, wusste, dass seine Kollegen an der Fakultät gar nicht gern sahen, wenn ein Theologe schon vor seiner Habilitation seine Kräfte verzettelte und nicht konzentriert genug an seiner Habilitationsschrift arbeite, wenn er zu früh eine »Professur« annahm. Mein Schritt, der gar nicht meiner war, brachte mir also Antipathien bei einigen Würzburger Theologieprofessoren ein.

Als ich nach 2 1/2 Jahren meine Habilitationsschrift abgab, war der Chef zunächst angesichts der Tatsache, dass ich diese Schrift buchreif fertig hatte, äußerst überrascht. Nun war das Gegenteil dessen, was er durch seine Bemühungen angepeilt hatte, eingetroffen. Daraus resultierte die erste Reaktion. Er nahm die Wirklichkeit nicht zur Kenntnis, er tat so, als ob ich meine Habilitationsschrift nicht abgegeben hatte. Vorher hatte er mich genüsslich bei jeder Begegnung irritiert, indem er sich stets etwa in dem Sinn äußerte: »Wann bist Du endlich mit Deiner Habilitationsschrift fertig? Wenn Du so langsam schreibst, bist Du doch zu wissenschaftlicher Betätigung nicht geeignet. Komm mit Deinem ganzen Zeug, das Du schon fertig hast, ich diktiere Dir den Rest«.

Der letzte Satz zeigt, dass er nur so weit gegen mich war, als ich mich von ihm nicht manipulieren ließ. Manchmal fügte er seinen Äußerungen noch ein Beispiel aus seinem Leben hinzu: »Was meinst Du, was mein Vorgänger auf dem Würzburger Lehrstuhl und Doktorvater alles mit mir gemacht hat?! Der hat meine Thesen und Formulierungen durchgestrichen, mich einen Esel genannt und sie durch seine eigenen ersetzt«. Das war aufschlussreich, denn der Chef wollte, bewusst, halbbewusst oder unterbewusst, nichts anderes als die seit ganzen Professorengenerationen bestehende Linie von manipulierenden und manipulierten Theologen weiter fortsetzen.

Diese Verzögerungstaktik gegenüber Habilitationsarbeiten, die von nicht genügend fügsamen Theologen eingereicht werden, wenden übrigens auch andere Theologieprofessoren an. So vergingen mindestens zwei bis drei Monate seit der Abgabe meiner Habilitationsschrift, ohne dass mein Chef mit irgendeinem Wort auf sie eingegangen wäre. Nach diesem Zeitraum erfolgte die zweite Reaktion: »Ich verstehe Deine Arbeit überhaupt nicht«, sagte er mir eines Tages, »außerdem ist sie zu lang, gib mir eine Inhaltsangabe Deiner Schrift mit den wesentlichen Thesen und Begründungen auf etwa 50 Schreibmaschinenseiten«.

Mein Habilitationsvater hatte sicher nicht gelogen, wenn er behauptete, er verstehe meine Habilitationsschrift nicht. Die meisten Theologen, auch die führenden, sind notorisch unfähig, naturwissenschaftliche Sachverhalte zu verstehen und richtig einzuordnen. Was beispielsweise Karl Rahner in seinem zusammen mit Paul Overhage herausgegebenen Buch *Das Problem der Hominisation* (1961) als theologische Interpretation der Entwicklung des Menschen aus dem Tierreich auftischt, ist für einen Naturwissenschaftler, selbst wenn er sich über weltanschauliche Konequenzen biologischer Forschungsergebnisse Gedanken macht, absolut irrelevant, diese Interpretation geht an dem, was sie zu interpretieren hat, an dem, was die Naturwissenschaftler über die Entwicklung des Menschen wissen, einfach und schlicht vorbei. Vielleicht hat das Rahner später selbst eingesehen. Jedenfalls hat er sein in dem genannten Buch angekündigtes Werk einer Gesamtdarstellung des Verhältnisses von Theologie und Evolution nie publiziert. [17] Kein Wunder also, dass ein kleinerer Theologe wie mein Chef sich um so mehr außerstande sah, meine Habilitationsschrift zu verstehen. Nachdem sie in Buchform erschienen war, hat man an ihr »die wirklich sprengende Fülle der verarbeiteten Literatur des In- und Auslandes, vor allem über Evolution und Anthropologie« hervorgehoben. »Es ist eine wahre Fundgrube für die gegenwärtigen Diskussionen, die in Biologie, Paläontologie, auch in Philosophie und Theologie um den Menschen geführt werden«. [18]

Des Chefs Forderung, wegen der Länge meiner Habilitationsschrift ein 50seitiges Exposé von ihr anzufertigen, betrachtete ich zunächst als einen berechtigten, aber schwierigen Auftrag. Denn im Grunde handelte es sich dabei um die Fertigstellung einer kleineren, neuen Habilitationsschrift. Schließlich waren die tausend Seiten der ersten Schrift nicht der Beweis einer Wörterinflation, sondern notwendiger quantitativer Ausdruck des Versuchs einer umfassenden Zusammenschau von Naturwissenschaft und Theologie, wobei das theologisch-historische Problem, die Naturtheologie und -philosophie H. Schells, dieser Zusammenschau unter- und eingeordnet worden war. Nach drei Tagen mühevoller Arbeit legte ich das maschinengeschriebene Exposé meinem Habilitationsvater vor. Obwohl die Sprache meiner Habilitationsschrift nur so schwer war, wie es der schwierige Behandlungsgegenstand erforderte, und von allen Rezensenten nach Erscheinen dieser Schrift in Buchform als äußerst klar und verständlich bezeichnet wurde, hatte ich im Exposé versucht, schwierigere Sachverhalte noch anschaulicher zu verdeutlichen. Aber mein Chef erklärte mir nach kurzer Zeit, das Ganze sei schon wieder so geschrieben, dass er es nicht verstehen könne.

Ich solle ein neues Exposé anfertigen, das aber noch kürzer sein müsse.

Wiederum gehorchte ich ohne Widerrede, weil diese nur die sofortige Ablehnung meiner Habilitationsschrift zur Folge gehabt hätte. Die Fertigstellung meiner Habilitationsschrift hatte, auch in Verbindung mit meinen Bamberger Pflichten, viel Arbeit gekostet, und ich hatte gehofft, nach ihrer Abgabe ein wenig ausruhen zu können. Nun aber musste ich ein Exposé nach dem anderen anfertigen. Hinzu kam die traurige Aussicht, dass eine nochmalige Kürzung der Habilitationsschrift von den wesentlichen Aussagen derselben nicht mehr viel übrig lassen konnte.

Mir wurde jetzt auch klar, dass der Chef, ganz abgesehen von seiner Unfähigkeit, naturwissenschaftlich relevante Sachverhalte zu verstehen, auch gar nicht den Wunsch hatte, meine Habilitationsarbeit aufgrund adäquaten Verstehens gerecht zu beurteilen, denn dann hätte ihm das erste Exposé genügen müssen. Mir wurde die Sache jetzt zu bunt. Ich verbreitete unter Bekannten meines Habilitationsvaters die Meinung, er sei nicht intelligent genug, um eine nicht von ihm selbst mitverfasste Habilitationsarbeit zu verstehen. Das wirkte. Als ich ihm nämlich mein zweites Exposé vorlegte, forderte er kein drittes mehr an, sondern sagte mir: »Die Arbeit mit dem zweiten Exposé hättest Du Dir sparen können. Ich habe inzwischen Deine Habilitationsarbeit nochmals durchgesehen und alles verstanden«.

Verstanden hatte er zwar weiterhin nichts und durchgesehen ebensowenig, aber die Blöße, nicht intelligent zu sein, wollte er sich nicht geben. Nun war ich wenigstens der Mühe enthoben, immer neue Exposés anzufertigen. Aber der Anerkennung meiner Habilitationsschrift durch ihn war ich dadurch noch nicht wesentlich nähergerückt. Vielmehr machte er jetzt seiner Lust, mich zu demütigen, auf andere Weise Luft. In Anwesenheit seines damals noch nicht promovierten »Lieblingssohnes«, eines Assistenten, bei dem es ihm übrigens gar nichts ausmachte, dass der für seine Doktorarbeit fast soviel Zeit brauchte wie ich für meine Habilitationsschrift, pflegte er das Manuskript meiner Schrift abrupt zu öffnen, irgendeinen Satz aus dem Zusammenhang zu reißen und spöttisch-ironisch vorzutragen: »Du siehst also«, sagte er, zu mir gewandt, stets am Schluss solch lustiger Szenen, »so kann man doch nicht schreiben«.

So verging die Zeit. Mein Chef hatte noch immer kein Gutachten über meine Habilitationsschrift erstellt. Das hatte noch einen anderen Grund. Als zweiten Gutachter für die Bewertung meiner Habilitationsschrift hatte die Fakultät den Moraltheologieprofessor Alfons Auer bestellt. Auer galt als guter Kenner der Phänomenologie und Theologie Teilhard de Chardins, auf den meine Schrift vom Thema her zwangsläufig des öfteren eingehen musste.

Der Chef sagte sich also womöglich: »Warten wir erst einmal das Gutachten Auers ab. Das wird sicher negativ sein, und wenn ich dann mein eigenes Gutachten im selben Sinn ausstelle, kann mir keiner die Schuld für den Durchfall meines Habilitanden anlasten«. Persönlich war ich sehr froh, dass Auer Korreferent meiner Habilitationsschrift war. Er galt unter den am theologischen Fachbereich der Universität Würzburg Studierenden als der wissenschaftlich versierteste von den dortigen Theologieprofessoren. Ihn holte deshalb die unter den katholisch-theologischen Fakultäten in der Bundesrepublik führende Tübinger Fakultät auch bald von Würzburg weg, indem sie ihn auf ihren Lehrstuhl der Moraltheologie berief.

Auer erstellte also sein Gutachten eher als mein Habilitationsvater und gab es beim Dekanat der Fakultät ab. Der letztere ließ es sich sofort von der »Dekaneuse«, der Sekretärin des Dekanats, geben und las es mir vor. Meines Habilitationsvaters Miene wurde immer finsterer, denn statt des erwarteten totalen Verisses meiner Habilitationsschrift durch Professor Auer lobte dessen Gutachten diese in den höchsten Tönen. Hier einige Sätze aus dem siebenseitigen Gutachten Auers:

»Die einzelnen Gegenstände der Untersuchung sind nicht nur in klarer Ordnung dargestellt, sondern erscheinen von der Zentralidee der Evolution her innerlich verbunden. Der Stil des Verfassers ist sehr angenehm und großzügig und bleibt es auch in den gedanklich schwierigsten Passagen. So umfänglich die Arbeit (mit ihren fast 1.000 Seiten) auch sein mag, der Leser wird in jedem Kapitel neu engagiert und muss kaum Mühe aufwenden, sein Interesse wachzuhalten. Es besteht kein Zweifel darüber, dass der Habilitand eine weit überdurchschnittliche kritische und spekulative Begabung besitzt. Er wird in der nachdrängenden Generation der Fundamentaltheologen - es findet sich hier bekanntlich eine Reihe starker Begabungen - mit Sicherheit bestehen können. Ergebnis der Überprüfung: Die Arbeit kann der Hohen Fakultät zur Annahme als Habilitationsschrift voll empfohlen werden! [19)]«.

Mein Chef erholte sich schnell von seiner Enttäuschung. Er machte sogar aus seiner Niederlage einen Sieg: »Der Auer«, bemerkte er bald, nachdem er dessen ganzes Gutachten vorgelesen hatte, »schreibt doch nur so positiv, weil Du sein Typ bist. Er sieht hochgewachsene Typen, wie Du einer bist und wie er selber einer ist, gern. Du solltest Dir daher auf seine Lobschrift gar nichts einbilden. Außerdem konnte der Auer ja gar nicht anders schreiben, sonst verreiße ich ihm das nächste Mal seinen Habilitanden. Aber da ich ihm schon einige Habilitanden gut benotet habe, musste er sich mir ja in Deinem Fall dankbar erweisen«. Rudolf Augstein hat in einem anderen Zusammenhang die These aufgestellt: »Den Theologen kann man nichts falsch machen!« [20]. Diese Behauptung trifft auch auf meinen (damaligen) Chef zu.

Nachdem Auer meine Habilitationsschrift so positiv bewertet hatte, war es für jenen praktisch unmöglich, ein Gutachten anzufertigen, das dem der Koryphäe Auer entgegengesetzt war. Er wusste genau, dass er sich wissenschaftlich und theologisch mit Auer nicht messen konnte. Mein Chef stellte ein Gutachten aus, das zahlreiche Partien aus meinen beiden Exposés übernahm, und beurteilte dann meine Habilitationsschrift fast mit den gleichen Worten wie Professor Auer:

»Anzuerkennen ist ferner das saubere methodische Vorgehen, der übersichtliche Aufbau, in dem die verschiedenen Stoffe der Untersuchung glücklich eingeordnet und zugleich durch die übergreifende Idee der Entwicklung verbunden erscheinen. Der Stil ist gewandt, die Darstellungsweise lebendig, auch in Bewältigung schwierigster Gedankengänge, und vermag das Interesse des einschlägig engagierten Lesers bis zum Ende des dreibändigen Werkes wachzuhalten. Gediegene philosophisch-theologische Kenntnisse, Spekulationskraft, kritisches Urteil, zäher Fleiß, solide Art, gute Lehrgabe empfehlen den Habilitanden für sein Fach ... Jedenfalls ist die vorliegende Arbeit ein wertvoller Beitrag sowohl zum Verständnis des Schellschen Werkes selbst wie zur Erarbeitung einer theologischen Anthropologie, so dass sie der Hohen Fakultät zur Annahme als Habilitationsgrundlage durchaus vorgeschlagen werden kann«.

Meine Habilitationsschrift erschien ohne wesentliche Veränderungen in Gestalt von zwei Büchern *Der Mensch - Sinnziel der Weltentwicklung. Christliches Menschenbild auf dem Hintergrund eines dynamisch-evolutionären Kosmos* (Schöningh-Verlag 1967) und *Mensch und Sprache. Über Ursprung und Wesen der Sprache in ihrer anthropologischen Valenz* (Herder-Verlag 1967). Die durchweg positiven Besprechungen zahlreicher Naturwissenschaftler und Theologen [21] bestätigten in vieler Hinsicht die Richtigkeit von Auers Gutachten und widerlegen - wenn so eine Widerlegung überhaupt für nötig befunden werden sollte - die alberne These meines Chefs, Auer habe mich nur »wegen meiner Körperlänge« so positiv beurteilt.

Auch nach der Annahme meiner Habilitationsschrift aufgrund der beiden Gutachten durch die theologische Fakultät der Universität Würzburg konnte es der Boss nicht lassen, mich zu piesacken. Für die zum Habilitationsverfahren gehörende öffentliche Probevorlesung hatte ich drei Themen zu bearbeiten, von denen eines durch die Fakultät ausgewählt und dem Habilitanden etwa eine Woche vor der Vorlesung als offizielles Thema auferlegt wurde. Der Chef ließ sich die Bearbeitung der drei Themen vorlegen. Das war sein gutes Recht. Aber er kritisierte wieder einmal fast jeden Satz und fast jedes Wort davon, immer mit dem Zusatz: »Du wirst sehen, damit fällst Du durch«. Fast hatte ich den Eindruck, dass er das doch noch wollte. Denn einen Tag vor der Probevorlesung ließ er mich noch einmal zu sich kommen und wollte mir zusammen mit einem anderen Doktoranden die »richtige Gestik« beibringen. Jeden Satz meines Vorlesungselaborats musste ich sprechen und ihn mit den »notwendigen und richtigen Gebärden« unterstützen.

Das gelang mir nun gar nicht, denn einerseits hielt ich es für sinnlos, jeden Satz durch Handbewegungen zu unterstreichen (selbst bei einer Predigt in der Kirche wäre das zuviel), andererseits machte mich das anwesende, ironisch lächelnde »Publikum« nervös. Die Bewegungen, die ich machen musste, um des Chefs Zorn nicht zum Überschäumen zu bringen, waren daher wirklich lächerlich.

Darauf aber hatte er gerade gewartet. »Also so, wie Du das machst, Mynarek, blamierst Du Dich unsterblich und fällst durch. Los, Hans,[22)]«, befahl er seinem unterwürfigen Doktoranden, »zeig ihm, wie man das macht!«. Und Hans zeigte es. Mit Händen, Armen und Beinen wie ein Zappelphilipp herumfuchtelnd, bewies er, wie er die Professoren mit Hilfe seiner beweglichen Persönlichkeit beim Habilitationsvortrag überzeugen würde, wenn er die verdammte und bei ihm doch eigentlich gar nicht notwendige Doktor- und die Habilitationsarbeit schon hinter sich hätte. Und auch der Chef selbst, obwohl mit seinem Schüler voll zufrieden, stieg auf das Podest, um mir die Sprache der Bewegungen beizubringen. Hätte ich diese Sprache bei der Probevorlesung wirklich imitiert, wäre ich wohl mit Sicherheit durchgefallen.

Obwohl ich beim öffentlichen Habilitationsvortrag selbst in keiner Weise die Bewegungen der beiden nachahmte, erzählten sie nachher einigen Leuten, dass der Mynarek bei der Probevorlesung unweigerlich durchgefallen wäre, wenn sie ihm nicht noch schnell Nachhilfeunterricht in »Bewegungstechnik« gegeben hätten.

Die Schwierigkeiten, auf die ein eigenständig denkender und handelnder Habilitand in der Theologie stößt, dürften mit der soeben beendeten Schilderung ausführlich und anschaulich zur Sprache gekommen sein. In anderen »Schulen« anderer Theologieprofessoren geht es nicht wesentlich anders zu. Sie alle versuchen, ihre Schüler, wenn diese schön brav und artig sind und ihren Meister stets loben, mit dem Engagement ihrer ganzen Persönlichkeit und dem »Spielenlassen« all ihrer persönlichen Beziehungen an den theologischen Fakultäten der Universitäten unterzubringen, damit auch sie, die vorher Manipulierten, von Generation zu Generation andere manipulieren können!

Bisher war vornehmlich von den Habilitanden und Doktoranden manipulierenden Theologieprofessoren die Rede. Aber man täuschte sich schwer, wenn man annähme, dass diese Professoren nur Subjekt, nicht auch Gegenstand der Manipulation seien oder dass Theologen nach gelungener Habilitation auf einem Lehrstuhl wirklich frei denken und handeln könnten. Denn alle Professoren der Theologie sind jeweils einer fundamentalen Einschränkung ihrer Forschungs- und Lehrfreiheit mehr unterworfen als ihre Kollegen an anderen Fakultäten bzw. Fachbereichen und wissenschaftlichen Instituten.

Diese Beschränkung rechtfertigt die Behauptung, es handle sich bei Theologieprofessoren um von der Amtskirche manipulierte Wissenschaftler. Dass diese Objekte der Manipulation der Hierarchie in dem ihnen gewährten engen Freiheitsrahmen zugleich mit anderen (Habilitanden, Doktoranden, Assistenten und Studenten) mehr oder weniger manipulieren, sie also in anderer Hinsicht auch Subjekt der Manipulation sind, hat sich soeben von Fall zu Fall, bei der oben gegebenen Darstellung konkreter Vorfälle, erwiesen.

Die erwähnte fundamentale Einschränkung der Forschungs- und Lehrfreiheit katholischer Theologieprofessoren setzt sich im Grunde aus einem ganzen Bündel von Bedingungen zusammen, die von Rom, den Bischofskonferenzen der einzelnen Staaten sowie vom zuständigen Ortsbischof gestellt bzw. nach Maßgabe örtlicher und personeller Verhältnisse angewandt werden.

Die Manipulierung der Theologie durch die Amtskirche beginnt in diesem Zusammenhang bereits beim Habilitationsverfahren. Bedingung der Berufung auf einen Lehrstuhl einer Universität ist im allgemeinen noch die Habilitation, die Erwerbung der Lehrberechtigung aufgrund einer Habilitationsschrift und einer Probevorlesung. Aber ein Theologe muss noch ganz andere Bedingungen erfüllen, die mit Wissenschaft nichts zu tun haben, wenn er sich habilitieren oder auf eine Professur berufen werden will. Solche Bedingungen sind in der nachfolgenden Tabelle angegeben.

Es ist leicht zu erkennen, dass die angegebenen Bedingungen den Bischöfen eine vortreffliche Waffe zur Unterdrückung kritischer Geister unter den Theologen in die Hand geben. Ein bekanntes Nachrichten-Magazin nennt diese Waffe mit Recht »ein altes Machtmittel der Kirche«, denn »die Bischöfe entscheiden darüber, wer an Universitäten, kirchlichen Hochschulen und Schulen Theologie lehrt - und bestimmen damit das Niveau kirchlicher Glaubens- und

Bedingungen, die ein Theologe erfüllen muß, wenn er sich habilitieren oder auf eine Professur berufen werden will *).

1. Rechtgläubigkeit, d.h. Übereinstimmung der Lehre des Habilitanden mit der Lehre der Kirche.
2. Leben aus dem Glauben.
3. Im allgemeinen eine mehrjährige praktische Tätigkeit in pastoralen Diensten (im außeruniversitären Bereich).
4. Zur Habilitation und Berufung auf einen Lehrstuhl ist sowohl bei Priestern als auch bei Laien das »nihil obstat« des zuständigen Diözesanbischofs erforderlich. Es bedeutet nicht bloß Zulassung, sondern kirchliche Sendung zur Verkündigung der Botschaft Christi nach der Lehre der Kirche. Der zuständige Diözesanbischof gibt oder verweigert es für Nichtpriester unter Berücksichtigung eines Gutachtens einer dafür eingesetzten Kommission von Bischöfen.

*) Quelle: Originalmanuskript des Autors bei der Übertragung in den Computer, Seiten 123 und 124.

Moralvorstellungen im Land [23] «.

Das trojanische Pferd der Amtskirche und damit des Vatikans ist also immer schon auf dem staatlichen Boden der Universität präsent. Selbst der Amtskirche treu ergebene Theologen geben zu, dass den oben aufgezählten Bedingungen die definitorische Präzision und die Eindeutigkeit fehlen. Ob einer rechtgläubig ist, ob er ein Leben aus dem Glauben führt, d.h. vor allem, ob er den rechten Lebenswandel vorweisen kann, bestimmt der zuständige Diözesanbischof, bei Nichtpriestern unter Berücksichtigung eines Gutachtens einer hierfür eingesetzten Kommission von Bischöfen.

Damit ist natürlich dem Spionagewesen in der Kirche Tür und Tor geöffnet. Grundlage der Erforschung der Rechtgläubigkeit eines Habilitanden sind ja nicht nur seine veröffentlichten Bücher und Aufsätze, sondern auch seine Vorträge, seine Diskussionen in einem kleinen Kreis »Eingeweihter«, seine ganz privaten Äußerungen vor Kollegen oder Theologiestudenten, denen er zu Recht oder zu Unrecht sein Vertrauen geschenkt hat.

Im allgemeinen sind Kandidaten für einen theologischen Lehrstuhl vor der endgültigen Berufung in ihren Publikationen sehr vorsichtig und »zahm«, um sich nicht um das »nihil obstat« des Bischofs zu bringen. Aber bei Gesprächen, bei direkt oder indirekt, plötzlich und abrupt gestellten Fragen werden sie ihre kritische Gesinnung, falls vorhanden, kaum ständig verheimlichen können.

Und Späher und Lauscher des Bischofs, des päpstlichen Nuntius, des bischöflichen Ordinariats usw. finden sich in jeder kirchlichen Gruppierung.

Gegenstand der Überwachung durch die Bischöfe, den Nuntius und ihre Helfer ist neben der Rechtgläubigkeit der Habilitanden und Kandidaten für einen theologischen Lehrstuhl deren »Leben aus dem Glauben«. Da man aus dem Wesen der Sache heraus Glauben nicht sehen, nicht messen, empirisch nicht feststellen kann, muss ein »solider«, »sittlicher«, »anständiger« usw. Lebenswandel als Beweis des an sich nicht sichtbaren Glaubens herhalten. Bedenkt man, dass ein solcher Lebenswandel einen ganz konkret-massiven Vorteil, die Habilitation oder den Lehrstuhl, verheißt, dann kann man sich gut vorstellen, wie viele Theologen nicht aus dem Glauben an Gott, sondern aus dem Glauben an den erhofften Vorteil »gut« wandeln.

Außerdem entscheidet darüber, was als sittlicher Lebenswandel zu gelten hat, wiederum das Gehirn des Bischofs oder der Bischöfe (und wie wir nachher noch sehen werden: Auch noch andere Vertreter der Amtskirche). Damit aber werden Gehorsam, Kirchentreue, Anpassungsfähigkeit an den und Kritiklosigkeit gegenüber dem Bischof zu den wichtigsten Elementen eines guten Lebenswandels. Speichellecker, Heuchler, Menschen mit gekrümmtem Rückgrat, Leute, die ganz anders denken und mit einem auch anders reden als mit den offiziellen Vertretern der Kirche, trifft man unter Doktoranden und Habilitanden der Theologie en masse an. Dass manche von ihnen im Rahmen des Konkurrenzkampfes um Hochschul- und Universitätslehrstühle ihre Mitbewerber auch diffamieren und denunzieren, kann unter derartigen Umständen nicht ausbleiben.

Gegenüber der vierten Bedingung für die Erteilung der kirchlichen Lehrbefugnis durch den zuständigen Diözesanbischof sind zum großen Teil die gegen die ersten zwei kirchlichen Beschränkungen der Forschungs- und Lehrfreiheit an den Hochschulen bereits geäußerten Bedenken wiederum geltend zu machen. Doch kommen noch einige Gesichtspunkte hinzu: »Zunächst fällt nämlich auf, dass das ›nihil obstat‹ ausdrücklich nicht mehr ›bloß Zulassung‹ sein soll, sondern kirchliche Sendung zur Verkündigung der Botschaft Christi nach der Lehre der Kirche. Nimmt man diese Bestimmung genau, dürften wohl tatsächliche Verfahrensänderungen notwendig sein. Gegenwärtig wird das ›nihil obstat‹ vom zuständigen Ministerium beim zuständigen Bischof erfragt und auch dem Ministerium mitgeteilt. Die kirchliche Sendung aber könnte nicht dem Ministerium, sondern nur dem zu Sendenden mitgeteilt werden. Zudem wird mit der genannten Formulierung eher die

Predigtvollmacht umschrieben als die Aufgabe eines akademischen Lehrers. Die Frage allerdings, die besonders dringend einer befriedigenden Lösung harrt, lautet: Nach welchen Kriterien wird das nihil obstat erteilt?« [24]. Diese »Kriterien« stehen ganz im Belieben des Bischofs.

Hinzu kommt aber, dass selbst der Bischof, der die »nihil-obstat«-Erklärung zu geben hat, keineswegs frei in seiner Entscheidung ist. Rom kann sich einschalten und schaltet sich tatsächlich oft genug ein. Rom - das bedeutet in dieser Hinsicht aber zugleich die Einschaltung des päpstlichen Nuntius, denn er ist die eigentliche Schaltstelle, Informationsaufnahmestelle und Transformationsstelle für all das, was in dem Staat, in dem er akkreditiert ist, vorgeht und was für Rom von Wichtigkeit sein könnte. Damit ist zugleich eine neue Möglichkeit für die Tätigkeit kirchlicher Denunzianten bei der Ausforschung eines Habilitanden oder Dozenten der Theologie eröffnet.

Nach Kardinal Suenens, dem seinerzeitigen Primas von Belgien, ist der päpstliche Gesandte in den Hauptstädten der mit dem Vatikan konkordatär geregelte, diplomatische Beziehungen unterhaltenden Staaten »ein dezentralisiertes Mitglied der Kurie; damit beauftragt, an Ort und Stelle die Einhaltung der kirchlichen Gesetze zu überwachen und die Bischöfe zu beaufsichtigen ... die diplomatische Funktion der Nuntien beruht auf falschen Grundsätzen. Sie stellt den Dialog mit Rom auf der Ebene politischer Mächte her und die Stimme der Armen wird nicht gehört. Manchmal ist sie sogar erstickt ... Die tägliche Arbeit eines Nuntius ähnelt den Geheimdiensten der Regierungen ... Von Amts wegen ist er der Mann, bei dem man seine Klagen einreicht - Briefkasten für Denunzianten - und deren gibt es, weiß Gott, genug«.

Seine Hauptaufgabe sei es, »eine Art negativer Polizei zu spielen [25]«. Als negativer Polizist betätigt er sich auch im »nihil obstat«-Verfahren. Theologen, wenigstens die meisten unter ihnen, wissen das sehr gut. Aber gegen die unchristlichen Tätigkeitsaspekte der Nuntien aufzubegehren, fällt nur ganz wenigen ein. Die meisten Theologen berücksichtigen den Faktor »Zentralüberwachung durch den Nuntius« in ihrem gesamten Verhalten, sie richten es sich in der nun einmal so und nicht anders gearteten und vorgegebenen Wirklichkeit Kirche bequem ein und fahren - vom Standpunkt kirchlicher Karriere aus gesehen - gut damit.

Diese Unaufrichtigkeit von Theologen ist aber nur sekundärer Natur. Die primäre Ursache liegt in der Sache selbst. Denn es ist eine recht zweideutige und nach Unaufrichtigkeit riechende Angelegenheit, wenn »die Berücksichtigung eines Gutachtens einer Bischofskommission und die Einholung des ›nihil obstat‹ in Rom, die in einem Erlass der Studienkongregation vom 01.10.1957 gefordert sein soll, innerkirchlich vorgeschrieben werden kann«, während dem Staat gegenüber aufgrund des Konkordats »die Verantwortung beim Diözesanbischof bleibt«. Selbst kirchliche Blätter in der Bundesrepublik halten unter diesen Umständen »die Klärung des Verfahrens zur Erteilung bzw. Verweigerung des nihil obstat für dringlich«. [26)]

Ein Habilitand innerhalb der Theologie ist jedoch nicht nur in einer mit der Freiheit der Wissenschaft nicht zu vereinbarenden Weise von der Amtskirche abhängig. Er steht darüber hinaus zu seinem Habilitationsvater in einem viel stärkeren Abhängigkeitsverhältnis als seine Kollegen an nichttheologischen Fakultäten. Dafür sind viele Faktoren verantwortlich. Nicht alle können hier angeführt werden. Doch vergegenwärtigen wir uns wenigstens die Situation, aus der die Herrschaft der Theologieprofessoren entspringt:

Auch der als Habilitationsvater fungierende Theologieprofessor ist ein »Geschöpf« des zuständigen Diözesanbischofs, weil auch er auf Herz und Nieren geprüft und beobachtet wurde, bevor er seinen Lehrstuhl bekam. Aber nun, da er ihn hat, verfügt er über eine nicht unerhebliche Macht und Geltung in der Kirche. In den meisten Fällen genügt ein Wort von ihm, um die kirchliche Karriere seines Habilitanden abrupt zu bremsen. Die meisten Bischöfe leihen ihr Ohr sehr gern Theologieprofessoren, deren Kirchentreue und unbedingte Loyalität ihnen gegenüber erwiesen ist. Und das sind nicht wenige.

Viele Theologieprofessoren sind für Treue und Loyalität der Kirche gegenüber ausgezeichnet worden, indem man sie zu Prälaten ernannte. Unter den zahlreichen Theologieprofessoren, die zugleich Prälaten sind, gibt es nur wenige Ausnahmen im Sinne selbständiger Persönlichkeiten, die mit dem Herrschaftssystem der Kirche nicht ganz übereinstimmen. Die Zusammenarbeit der Mehrheit von ihnen mit den Bischöfen gedeiht blendend, und der Habilitand muss das jederzeit berücksichtigen, wenn er weiterkommen will. Hat er aber durch Schmeichelei, Lobhudelei und Anpassungsfähigkeit an die Eigenheiten des Habilitationsvaters dessen Gunst erworben, dann braucht er sich um die Qualität seiner Habilitationsschrift in den meisten Fällen keine größeren Sorgen mehr zu machen. Er wird bei der oder den entscheidenden Fakultätssitzungen schon durchgeschleust werden und die »venia legendi« erhalten.

Der zweite Gutachter [27)] der Habilitationsschrift wird ja oft auf Vorschlag des Habilitationsvaters nominiert, obwohl auch die Fakultät formell ihre Zustimmung dazu geben muss. Auch die verschiedenen Interessengruppen innerhalb der Fakultät sind bei einem gewissen Maß an Diplomatie für den Habilitanden zu gewinnen.

Brechen wir die Darlegungen über die Macht der Bischöfe, Nuntien und Theologieprofessoren und die Abhängigkeit der Theologiestudenten, -assistenten, -doktoranden und -habilitanden an diesem Punkt ab. Der ganze Themenkomplex von kirchlicher Macht und Abhängigkeit wird unter anderen Gesichtspunkten noch einige Male in diesem Buch behandelt werden müssen. Im folgenden Kapitel aber soll es zunächst wieder »persönlicher« zugehen. Es sollen nämlich jene Erfahrungen wiedergegeben werden, die mich zum Entschluss führten, aus der römisch-katholischen Kirche auszutreten.

4. Kapitel
Die Dinge treiben dem Höhepunkt zu oder Wie es zum Bruch mit der Kirche kam

Nach meiner Habilitation an der Universität Würzburg sollte meine bisherige Dozentur an der philosophisch-theologischen Hochschule Bamberg in eine Professur für Religionsphilosophie und Fundamentaltheologie umgewandelt werden. Zu diesem Zweck musste ich Verhandlungen mit dem Bayerischen Unterrichtsministerium in München führen. Der sehr joviale Ministerialrat, mit dem ich es dort zu tun hatte, unterhielt sich zunächst, anscheinend sehr interessiert, über neuere Entwicklungen in der Theologie. Doch dann stellte er ziemlich unvermittelt die Frage, welches Monatsgehalt ich denn als Professor im Bamberg verlangen würde.

»Das, was mir nach meinem Alter und beruflichen Werdegang zusteht«, erwiderte ich. Der Ministerialrat war ganz verblüfft: »Die anderen geistlichen Herren, mit denen ich bisher verhandelt habe, haben mindestens 1.000.- DM über die ihnen zustehende Summe verlangt«. Das war im Jahr 1966, als die DM noch einiges wert war! Ein besonderer Hang der Theologen zum Geld schien für den Ministerialbeamten eine feststehende Tatsache zu sein. Er konnte gar nicht verstehen, dass ich weiterhin darauf bestand, nur das »normale« Gehalt, ohne den üblichen »Bonus« für Theologieprofessoren, zu bekommen.

Nicht zu übersehen war, dass sowohl der Herr Ministerialrat wie auch sein Vorgesetzter, ein Ministerialdirigent, mit dem ich ebenfalls ins Gespräch kam, persönlich von den Theologen und der Kirche nicht viel hielten. Ebenso klar ersichtlich aber war, dass sie alles Mögliche zu tun bereit waren, um das überaus gute Verhältnis zwischen dem von ihnen repräsentierten Bayerischen Staat und der Kirche auf dem Sektor der Besetzung theologischer Lehrstühle aufrecht zu erhalten bzw. noch zu verbessern.

Das sollte sich auch gleich noch in anderer Beziehung zeigen, denn ich wünschte zwar keine Besserstellung meiner Person im Hinblick auf das zu beziehende Gehalt. Aber für das schlecht ausgestattete Institut für Religionsphilosophie und Fundamentaltheologie an der Hochschule Bamberg verlangte ich ziemlich entschieden einen hohen Zuschuss des Ministeriums. Er wurde mir anstandslos bewilligt.

Ich erkannte auch noch im Zusammenhang mit einigen weiteren Tatbeständen, wie weit das Bayerische Staatsministerium für Unterricht und Kultus der Kirche entgegenzukommen bereit war. Es erschien mir, als ich mich später genauer damit befasste, geradezu grotesk, dass dieses Ministerium in Würzburg 16 Lehrstühle (darunter gleich zwei für Dogmatik!) für 238 Theologiestudenten unterhielt, aber nur zehn Ordinariate für 1.149 Studenten des wirtschafts- und sozialwissenschaftlichen Fachbereichs.

Fast noch grotesker mutete es mich an, dass hundert Kilometer weiter an der Theologischen Hochschule Bamberg mit kaum mehr als 30 Theologiestudenten elf Professuren vom bayerischen Staat finanziert wurden, obwohl diese Studenten leicht in Würzburg unterrichtet werden konnten und dies auch gern getan hätten, wenn ihnen der Bamberger Erzbischof die Erlaubnis dazu gegeben hätte. Doch diese Erlaubnis gab er nicht, weil er die Theologiestudenten und künftigen Priester für seinen Hofstaat, d.h. für den liturgischen Dienst in seiner Kathedrale brauchte. Auch an der Universität Augsburg war die Zahl der Theologiestudenten gering. Aber der katholisch-theologische Fachbereich besaß dennoch die meisten Lehrstühle, nämlich 15 gegen 10 im juristischen Fachbereich, 13 in den Wirtschafts- und Sozialwissenschaften und 9 im erziehungswissenschaftlichen Fachbereich. In anderen Bundesländern sieht es diesbezüglich nicht viel anders aus. Doch ist der Freistaat Bayern absolut führend, wenn es darum geht, der Kirche entgegenzukommen. Paradebeispiel: Die einzige »katholische Universität« Deutschlands in der mittelbayerischen Kleinstadt Eichstätt. Obwohl 90 Prozent des Budgets dieser Universität vom Freistaat aufgebracht werden, lässt sich die Kirche in die ganze Programmatik und Strategie dieser Hochschule in keiner Weise hereinreden. Die katholische Universität Eichstätt (KUE) untersteht direkt dem päpstlichen Recht. Man spricht selbst in kirchlichen Kreisen von der »katholischen Kaderschmiede«.

»Kulturminister« dieser Universität ist nicht etwa ein bayerischer Staatsminister, sondern in Wirklichkeit der Eichstätter Bischof. Über sämtliche Belange derselben entscheidet als höchstes Gremium ein sog. Stiftungsrat. Er bestimmt über die Vergabe aller Gelder und Mittel, er achtet bei der Berufung von Professoren streng auf die Einheit von Glaube und Lehre. Nach der Stiftungsverfassung müssen Professoren prinzipiell katholisch sein, so dass tatsächlich nur wenige von den über hundert Dozenten den »falschen« Taufschein haben. Auch Insider kreiden der Universität die häufig abenteuerliche Berufungspraxis zugunsten linientreuer Bewerber an. Hochschulpolitik wird hier vor allem als gezielte Personalpolitik betrieben.

Sogar so weit geht die Selbstentäußerung des Staates zugunsten der alle nur möglichen Privilegien an sich reißenden Kirche, dass manche theologischen Lehrstühle praktisch doppelt besetzt werden. Als beispielsweise der Priester Georg Denzler, Professor für Kirchengeschichte an der Universität Bamberg, heiratete und die kirchliche Lehrerlaubnis verlor, hielt es der Bamberger Erzbischof nicht mehr für zumutbar, dass Denzler die Theologiestudenten unterrichtet.

Also musste der Freistaat Bayern eine weitere Professur für Kirchengeschichte bewilligen. Denzler selbst aber kann nach geltendem Bayerischen Konkordat seinen Lehrstuhl nicht verlieren. So gibt es denn zwei Lehrstuhlinhaber für Kirchenhistorie an der Universität Bamberg, einer Hochschule mit wenigen Theologiestudenten, aber umso mehr Theologieprofessoren! Und das ist kein Einzelfall. Auch ein Insider, der Theologieprofessor Knut Walf, kritisiert in *Publik Forum* (Nr. 4/1989, S. 34): »Die Fakultäten und Universitäten fühlen sich unter der Knute des Staates, der - wiederum unter dem Druck der Kirche - den Fakultäten und Universitäten fachfremde und damit unerwünschte Kollegen aufdrängt, und dies in einer Zeit rigider Sparmaßnahmen«.

Ich habe hiermit einige Dinge vorweggenommen, die erst später geschahen. Aber, insgesamt gesehen, waren ja die Beziehungen zwischen Kirche und Staat auf dem Sektor Hochschulpolitik schon seit langem so wie eben geschildert. Und als ich mir damals (d.h. um das Jahr 1966 herum) diese Verhältnisse vergegenwärtigte, stand ich wieder vor dem mich schon im Ostblock bewegenden Dilemma zwischen Ethik und Macht. Der Kirche geht es, das wurde mir klarer und klarer, stets und überall um Macht und Einfluss, in diesem Fall an den Universitäten und Hochschulen, auf das Geistesleben einer Nation. Den Staat spannt sie rabiat für diese Zwecke ein.

Hier konnte mir meine lange Zeit vorgeschobene Ausflucht, nicht die Kirche, sondern ihre Vertreter, seien machtgeil und korrupt, nichts mehr helfen, denn Geschichte wie Gegenwart bewiesen mir lückenlos und massiv, dass es die Kirche selbst, die Kirche als Institution, war und ist, die Macht und Herrschaft in jedem Staat zu erzwingen sucht und zur Erreichung ihrer Ziele die eigenen Funktionäre zu rücksichtslosem Einsatz aufruft und hindrängt. Solche Gedanken drängten sich mir zwar immer häufiger auf, aber sie waren wie unzusammenhängende Bruchstücke, sie hatten noch keine entscheidende Macht über mich. In der Tiefe meiner Psyche bestand weiterhin eine in Jahren gewachsene feste Schicht, die sich immer noch mit der Kirche identifizierte.

1966 war ich Professor an der Philosophisch-Theologischen Hochschule Bamberg geworden. Die zwei Jahre, die ich dann noch in Bamberg verbrachte, waren ruhige Jahre. Ich konnte mich ganz der Theorie, der Wissenschaft widmen. Bamberg ist tiefste Provinz. Der Erzbischof, residierend in seinem Palais, hatte alles in der Stadt im Griff. Der Regens und die anderen Vorgesetzten des Priester-

Nirgends besser als bei einer solchen Zeremonie wie der Priesterweihe wird der kirchliche Gehorsamswahn deutlich. Man muß sich unterwerfen, den eigenen Willen auf- und preisgeben. Zu den hier auf dem Boden Liegenden gehörte auch Hubertus Mynarek.

seminars in Bamberg waren ihm treu ergeben. Hier lief alles in gewohnten Bahnen, konnte nichts Weltbewegendes geschehen.

In meinen Studien befasste ich mich also in aller Ruhe mit meinen damaligen Lieblingsthemen, den Grenzfragen zwischen Theologie und Philosophie, zwischen Theologie und Naturwissenschaften, sowie zwischen Christentum und den anderen Religionen. Rückblikkend müsste ich eigentlich sagen, dass ich mich derart theoretischen, weit von der Praxis entfernten Themen deswegen mit einem solchen Aufwand an Zeit und Energie widmete, weil ich das Problem der absoluten Herrschaftstendenzen der Kirche, das mir natürlich auch in Bamberg begegnete, unterbewusst verdrängen und einfach nicht sehen wollte. Die ganze Problematik der inneren hierarchischen Struktur der Kirche wie die des Verhältnisses dieser Institution zu anderen Gemeinschaften, Gruppen und Gesellschaften, die sie alle zu dominieren sucht, klammerte ich unbewusst aus. Wahrscheinlich aus einer nicht eingestandenen Angst heraus, mit der radikalen Infragestellung der Kirche genau den Boden unter den Füßen zu verlieren, der mir lange Jahre Halt gewährt hatte.

Doch relativ bald sollten Umstände eintreten, die mein Leben ziemlich radikal veränderten. Es begann damit, dass die katholisch-theologische Fakultät der Universität Wien an mich herantrat und mich ersuchte, den dortigen Lehrstuhl für Religionswissenschaften zu übernehmen. Ich war keineswegs sehr glücklich darüber, schon wieder eine wichtige, neue Weichen stellende Entscheidung treffen zu müssen. Wenn mein Ideal nur das der reinen, zweckfreien Wissenschaft war, dann hatte ich in Bamberg die besten Bedingungen dafür zur Verfügung. Hier hatte ich die nötige Ruhe und außer den wenigen Vorlesungsstunden brauchte ich mich nur um die ständige Vertiefung meines Wissens zu kümmern.

So ließ ich mir auch viel Zeit mit meiner Antwort an die Wiener Fakultät. Es verging fast ein Jahr, ehe meine Antwort in Wien einging. Ich vermag heute nicht einmal mehr genau anzugeben, was letztlich den Ausschlag dafür gab, dass ich mich für eine Übersiedlung nach Österreich entschied. Eine ganze Reihe mir bekannter Kollegen an verschiedenen deutschen Universitäten, die ich bei gelegentlichen Begegnungen nach ihrer Meinung gefragt hatte, riet mir, eine so ehrenvolle Berufung auf den Lehrstuhl einer ausländischen Großstadt nicht auszuschlagen. Es würde mir als jungem Wissenschaftler auch als Überheblichkeit, vielleicht sogar Arroganz ausgelegt werden, wenn ich die Berufung ausschlüge.

In Wien, wohin ich im Frühjahr 1968 übersiedelte, war alles anders! Zwar waren mir die Schmährufe und -schriften österreichischer Literaten und Intellektueller gegen das provinzielle, lethargische, morbide usw. Wien nicht unbekannt, aber im Verhältnis zu Bamberg kam es mir doch wie eine Weltstadt vor. Alles erschien mir zunächst geistig großzügiger, weiträumiger. Da gab es nicht bloß wie in Bamberg oder Würzburg eine katholisch-theologische Fakultät, sondern auch eine evangelisch-theologische mit aufgeschlossenen, teilweise recht fortschrittlichen Theologen wie Lüthi und Dantine. Da gab es Künstler- und Literatenkreise, zu denen ich bald Zugang finden sollte und in denen eine außerordentlich freie Atmosphäre herrschte. Die angeregten bis aufgeregten Diskussionen in diesen Kreisen über alles und jedes nahmen manchmal ganze Nächte in Anspruch.

Kollege Klostermann von der katholisch-theologischen Fakultät hatte zusammen mit den zwei vorhin erwähnten evangelischen Theologen einen ökumenischen Arbeitskreis gegründet, zu dem er mich einlud und an dem ich fortan ziemlich regelmäßig teilnahm. Meine praktische Kenntnis der evangelischen Seite, ihrer Kirchenvertreter wie ihrer Theologen, bereicherte sich auf diese Weise zusehends, vor allem aufgrund von Referaten, Diskussionen, persönlichen Gesprächen usw.

Der Inhaber des Lehrstuhls für Philosophie an der philosophischen Fakultät der Universität Wien, Erich Heintel, bot mir an, mit ihm und einem Vertreter der evangelischen Theologie eine philosophisch-theologische Arbeitsgemeinschaft zu halten. Diese Arbeitsgemeinschaft, an der auch viele Dozenten, Assistenten und Studenten teilnahmen, funktionierte während der vier Jahre meines Aufenthaltes in Wien prächtig und gab mir viele Inspirationen und neue Perspektiven.

»Weltatmosphäre« zog auch dadurch in Wien ein, dass der Vorsitzende der österreichischen Bischofskonferenz, Dr. Franz König, die Stiftung »Pro oriente« ins Leben gerufen hatte. Sie sollte grundlegend und umfassend Kontakte österreichischer, ja überhaupt westlicher Theologen und Kirchenmänner mit griechisch- und russisch-orthodoxen Kirchenvertretern in die Wege leiten und fördern. Auf den Tagungen von »Pro oriente« lernte ich diese fremdartig wirkende Welt des östlichen Christentums kennen: Die dem nüchternen Westler in ihren Gewändern bzw. Trachten ehrwürdig bis merkwürdig erscheinenden Gestalten der Patriarchen, Metropoliten, Archimandriten und Popen mit ihren meist imposanten Bärten und ihren vom Denken der Westkirche durchaus differierenden Denkstil. Aber auch mit einer ganzen Reihe von westlichen Kirchenmännern und Theologen bekam ich im Rahmen der Sitzungen der Stiftung mehrfach Kontakt.

Der Kardinal selbst erschien mir anfangs auch sehr viel positiver als eine ganze Reihe von Kirchenfürsten, die ich bisher kennengelernt hatte. Tatsächlich galt er ja auch in den sechziger und siebziger Jahren des soeben vergangenen Jahrhunderts innerhalb des Kardinalskollegiums als Anwalt der Freiheit, der Toleranz, des guten Verhältnisses der Kirche zu den Wissenschaftlern und den Atheisten. Er wurde deshalb auch von Papst Paul VI. beauftragt, den im Sommer 1968 auf ihrer sechsten Tagung in Lindau versammelten Physik-Nobelpreisträgern die grotesk-komische Eröffnung zu machen, »dass eine entsprechende Initiative ergriffen wird, um den Fall Galilei einer klaren und offenen Lösung zuzuführen«.

König war auch der Leiter des Sekretariats für die Nichtglaubenden und erklärte einmal während eines Gesprächs mit mir nicht ohne Stolz, dass sich bei ihm ziemlich regelmäßig prominente Vertreter der modernen Wissenschaft versammelten oder mit ihm im regen Gedankenaustausch stünden. U.a. fielen die Namen der Professoren Steinbuch und Heisenberg.

Die österreichische Zeitschrift *Profil* hat noch weitere Beweise von Königs Weltoffenheit gesammelt. »König suchte damals überall Kontakt zu allen: Er propagierte die Öffnung zu den Religions-Feinden in der Jehangier-Halle in Bombay; und als erster katholischer Kirchenfürst im geistigen Zentrum des Islam, der Al-Azhar-Universität in Kairo. König schrie ungarisch mit Mindszenty in Budapest (weil sich dieser einbildete, der Geheimdienst höre mit und deshalb das Radio auf volle Lautstärke stellte), er predigte lateinisch vor Polen in Lowicz, er redete polnisch vor einer tausendköpfigen Menschenmenge im Marienwallfahrtsort Tschenstochau, obwohl ihm russisch geläufiger gewesen wäre.

König organisierte den Athenagoras-Besuch beim Papst [28)], er öffnete eigenhändig seine Tür zum Audienzzimmer für den französischen Marxisten Roger Garaudy. Garaudy: ›Könnten Sie mich zum Kardinal führen?‹. König: ›Das bin ich!›. Nach Jahren des offiziellen Klagens über die Unterdrückung der ›schweigenden Kirche in den Oststaaten‹ fordert der Wiener Erzbischof als erster katholischer Kirchenfürst die Christen in den Volksdemokratien zur Mitarbeit am wirtschaftlichen Aufbau der KP-Staaten auf. Bei den Empfängen der Auslandskorrespondenten in Wien genoss es der ›große Horcher‹ (Günther Nenning über König), wenn er als jener Kirchendiplomat angesprochen wurde, der die Ostkontakte für Johannes XXIII. aufgebaut hat«. [29)]

Später trübte sich das Bild, das ich von Kardinal König hatte. Aber davon später mehr. Weniger weltoffen erschien mir gleich zu Anfang die katholisch- theologische Fakultät der Universität Wien. Es gab da zwei - wie man damals sagte - progressive Theologen, Klostermann und Dreher. Aber die restlichen 13 Professoren waren durch die Bank konservativ bis doktrinär-reaktionär. Einige von ihnen gaben offen zu, der verlängerte Arm der Amtskirche auf dem Terrain der Universität zu sein. Ein Theologieprofessor, betonten sie, habe vor aller Wissenschaft die Interessen der Kirche im Hochschulbetrieb wahrzunehmen. Dementsprechend wurde auch bei mir ganz genau darauf geachtet, was ich in Fakultätssitzungen und Vorlesungen von mir gab. Studenten, Sekretärinnen, wissenschaftliche Mitarbeiter wurden über mich ausgefragt, es herrschte eine Atmosphäre der Denunziation und Bespitzelung. Das Ganze war allerdings mit Wiener Charme garniert, so dass ich am Anfang diese Art von »Betreuung« als wohlwollend-aufmerksame Interessiertheit an der Person eines neuen Fakultätskollegen empfand.

Trotzdem wählte mich im Studienjahr 1971/1972 die Fakultät zum Dekan. Ich war sehr überrascht darüber, weil ich so ziemlich der jüngste Ordinarius im theologischen Professorenkollegium war und mit Sicherheit den Vorstellungen der Mehrheit von dem, wie ein kirchentreuer Theologe aussehen und sich verhalten soll, nicht entsprach. Möglicherweise wollte man mich aber auch mit dieser Ehrung der Ernennung zum Dekan der Fakultät dazu motivieren, wieder auf den rechten Weg der Anpassung an die Mutter Kirche zurückzufinden, denn es war ja keinem im Professorenkollegium verborgen geblieben, dass ich in Vorlesungen, Seminaren und Arbeitsgemeinschaften immer kirchenkritischer wurde.

Aber gerade als Dekan der Fakultät wurde mir das ganze Herrschaftssyndrom Kirche weit massiver deutlich. Aufgrund dieses Amtes kam ich mit vielen Würdenträgern der römisch-katholischen Kirche zusammen, auch solchen aus dem damaligen Ostblock, die auf ihrer Reise zum »Heiligen Vater« in Wien Station machten.

Bisher hatte ich alle Defekte in der Kirche ja doch noch vorwiegend auf das Versagen ihrer menschlich-unzulänglichen Vertreter zurückgeführt. Langsam aber dämmerte mir aufgrund zahlreicher persönlicher Begegnungen und Gespräche mit hohen Vertretern des Kirchenapparates die Erkenntnis, dass die ungewöhnliche Anhäufung von Karrieretypen, von geltungs- und machtsüchtigen Individuen im Herrschaftsapparat der Kirche system- und strukturbedingt sein mußte. Ich erlebte so viel männlichen Ehrgeiz, Kälte und Zynismus, die sich oft ganz offen zeigten, wenn diese »Herren der Kirche« sich unter sich befindlich wähnten, dass ich nicht umhin konnte, diesen Dingen auf den Grund zu gehen.

Diese Leute - das erkannte ich damals immer deutlicher - sind in einer wesentlichen Dimension ihres Menschseins, z.B. im Wissen um die ständige Kontrolle durch noch höhere Beamte des Kirchenapparates oder in ihrer Beziehung zur Frau, gehandicapt, eingeschränkt, verklemmt, frustriert und brauchen deshalb die von Männern konstruierte Dogmatik und das patriarchalische Gottesbild der Kirche, um ihre Psyche zu stabilisieren und die von ihnen verinnerlichte Notwendigkeit, »nach oben zu beten und nach unten zu treten«, zu begründen sowie um ihre männliche Überlegenheit metaphysisch zu rechtfertigen. Auch ich selbst empfand in diesem Zusammenhang ganz konkret, dass ich in Gefahr stand, um wichtige Dimensionen meiner eigenen Wesensentfaltung gebracht zu werden.

Die hohen Vertreter der Kirche, denen ich begegnete, mit denen ich mich auf Sitzungen, Tagungen, Empfängen, Audienzen usw. unterhielt, konnten vom Typ und Temperament her noch so verschieden sein. Sie konnten selbstbewusst und hochaufgerichtet oder demütig und gesenkten Hauptes auftreten. Eine Eigenschaft hatten sie alle gemeinsam:

Die stolze Überzeugung, einer Institution anzugehören, die sich allen anderen Mächten und Staaten dieser Welt haushoch überlegen fühlt und auf sie herabschaut. Ich konnte es jedesmal bei derartigen Begegnungen geradezu sinnlich spüren, wie sehr die hohen geistlichen Herren es genossen, an der Macht dieser Institution Kirche zu partizipieren, wie wenig sie von den manchmal anwesenden Politikern hielten, mit denen sie artige äußere Höflichkeiten austauschten. Als wir z.B. vor dem Auditorium Maximum der Universität Wien standen (wir, d.h. die Dekane der fünf Fakultäten mit dem Rektor der Universität an der Spitze und fast die gesamte Regierung Kreisky mit den Ministern und dem damaligen Bundespräsidenten Jonas), um sogleich feierlich mit Anna Freud, der Tochter Sigmund Freuds, die ehrenhalber promoviert werden sollte, in den Festsaal einzumarschieren, flüsterte mir der Rektor, der damals ebenfalls zugleich Theologieprofessor und Priester wie ich war, leise zu: »Schau dir diese ganze Riege der SPÖ-Leute an. Atheisten und Sozialisten sind sie, aber zur Beichte kommen sie alle zu mir!«. »Diese Leute», die sich so viel Mühe gaben, mit der Kirche in ein gutes Verhältnis zu kommen, wirkten auf ihn wie lächerliche Zwerge.

Immer wieder konnte ich in Gesprächen zwischen Vertretern der Kirche und des Staates die Floskel hören, die erstere sei nicht von dieser Welt, ihr sei es nur daran gelegen, dass Christus in der Welt Raum gewinne, dass sein rein geistiger Einfluss sich ausbreite. Aber wenn Weltlichkeit Neigung zur und Bindung an Macht bedeuten sollte, dann sind die meisten Bischöfe, Kardinäle und Päpste der

Geschichte wie der Gegenwart die weltlichsten Kreaturen unter der Sonne.

Sie sind unfehlbar und ganz selbstverständlich davon überzeugt, die Welt gedeihe nur, wenn sie als Vertreter der Kirche alles im Griff, alles ohne Ausnahme unter Kontrolle haben. Deswegen ruhen und schlafen sie nicht, bis sie in jedem einigermaßen einflussreichen Gremium, Rat, Kreis, Bereich des Staates und der Gesellschaft Sitz und Stimme haben und ihre Fäden ziehen können. Ich erlebte es, wie hartnäckig und geduldig sie dabei ihre Zwecke verfolgten, unnachgiebig in der Sache, aber höflich in der Form; wie sie dabei das Numinose ins Spiel brachten, das Ewige, Heilige, Jenseitige der Kirche, der es nur um die großen Ideale und Ziele der Menschheit gehe, die doch auch den Politikern höchste Pflicht sein müssten. Und da auch in den meisten Politikern noch ein »magischer« Rest steckt, der Angst vor den »überirdischen« Bestrafungsritualen der Kirche empfindet, wagt es kaum ein Regierender, ihr Privilegien vorzuenthalten, die sie in Staat und Gesellschaft vehement einfordert.

Ich erlebte das Gefeilsche von Kirchenvertretern um Zuschüsse des Staates oder mancher Unternehmer, bemerkte mit zunehmender Empörung, wie Geld den »Herren der Kirche« niemals stinkt. Sie haben ja die »Heilige Waschanlage« in Gestalt der Beichte und anderer Sakramente, Zeremonien und Segnungen, um jedes Geld, auch Drogen-, Rüstungs-, Bordell- und Mafiageld reinzuwaschen und den »erhabenen« guten Zwecken der Mutterkirche zuzuführen.

Besonders liegt den Kirchenfürsten der Kontakt zu den Unternehmern am Herzen. Zu einer österreichischen Unternehmervereinigung, von der ich einige Male zu Vorträgen eingeladen worden war, unterhielt ein Kardinal, dessen Namen ich hier nicht erwähnen möchte, um nicht wieder in Gerichtsprozesse verstrickt zu werden, besonders gute Kontakte.

Als ich im Frühjahr 1970 einen Vortrag vor diesen Unternehmern hielt, betrat der Kardinal den Saal. Ich unterbrach meinen Vortrag, da der Kirchenfürst sich mit den Unternehmern über kirchliche und gesellschaftliche Fragen zu unterhalten wünschte. Die letzteren stellten ihm in meiner Anwesenheit verschiedene, die Entwicklungen in der Kirche der Gegenwart betreffende Fragen.

Die Antworten, die der Kardinal gab, waren so ziemlich das Schwächste, was ich bei Diskussionen über religiöse Probleme je vernommen hatte. Frage eines Unternehmers: »Eminenz, wie erklären Sie sich die vielen Affären und Sünden in der Kirche?«. Antwort des Kardinals: »Es gibt ein göttliches und ein menschliches

Element in der Kirche. Die Affären und Sünden gehen auf das menschliche Element zurück«. Frage: »Glauben Eminenz, dass es zu einer Vereinigung mit der Ostkirche kommt?« Antwort des Kardinals: »Papst Paul VI. hat mir schon vor Jahren gesagt: Die Vereinigung kommt!«.

Am kuriosesten aber war die Antwort des Kardinals auf die Frage eines Unternehmers, ob Rom einmal den Zölibat aufheben werde. Auf diese Frage, sagte der Kardinal, möchte er lieber mit einem Beispiel antworten. Im Zusammenhang mit den Sitzungen des II. Vatikanischen Konzils habe er den anglikanischen Bischof von Chichester und seine Frau kennengelernt. Der Bischof sei als Vertreter der anglikanischen Kirche beim Konzil in der Funktion eines Gastes und Beobachters tätig gewesen. Er sei ein sehr stattlicher, hochgewachsener Mann. Seine Frau klein, rundlich und dicklich. Deshalb sei es auch nicht schwer, die Frage zu beantworten, was der anglikanische Bischof heute täte, wenn er noch einmal zwischen Ehe und Ehelosigkeit wählen könnte, vor allem, wenn er an seine gegenwärtig alles andere als hübsche Gemahlin denke. Ein Kommentar dazu ist wohl überflüssig. Selbst die Herren Unternehmer waren ob dieser Antwort wie vor den Kopf gestoßen.

Wie vor den Kopf geschlagen war ich auch jedesmal, wenn ich in der Residenz eines Bischofs, Erzbischofs und/oder Kardinals gewesen war. Diese gewaltigen Paläste! Diese prunkvollen Säle! Die dienstbaren Geister und Nonnen, die dem Palastherrn jeden Wunsch von den Augen ablasen, die es als Gnade und Ehre zugleich ansahen, wenn er mit leiser, aber fester Stimme einen Befehl erteilte!

Ich war überwältigt, meine bischöflichen Gastgeber registrierten es mit sichtlicher Zufriedenheit, gingen aber mit der moderaten Geste des Besitzenden, für die das alles eine ihnen ganz natürlich zustehende Selbstverständlichkeit ist, darüber zur Tagesordnung über. Sie deuteten mein Überwältigtsein ganz falsch. Sie dachten, dass mir dies ungeheuer imponiere.

Überwältigt war ich jedoch vom krassen Widerspruch zwischen dem, was sie besaßen bzw. bewohnten, und dem, was sie verkündeten und zu leben vorgaben. Dem Volk verkünden sie einen armen Jesus, der allen Reichtum, allen Besitz verschmähte, der jeden aufrief, ihm in der Verachtung des »Habens« zu folgen; der ganz aus dem Vertrauen auf die Vorsehung Gottes, die schon für ihn sorgen werde, lebte.

Alle materiellen Probleme ihrer Gläubigen beantworten sie mit der Empfehlung, sich doch nicht soviele Sorgen zu machen, mehr Vertrauen, mehr Glauben, mehr Hingabe an den guten Gott zu hegen, das übermäßige Sicherheitsdenken abzustellen. Nie fehlt dabei auch der Hinweis an das christliche Volk, dem Erlöserleiden Jesu gleichförmig zu werden. »Er hat gelitten, wurde gekreuzigt. Leiden auch wir, nehmen wir die uns tagtäglich begegnenden Kreuze auf uns!«. In der Tat tragen sie ja, wie ich mit Bitterkeit bemerkte, teure Kreuze auf der Brust, nur kein wirkliches Kreuz auf dem Rücken. Das überlassen sie stets den Anderen!

Diese Notizen machte ich vor fast dreißig Jahren. Aber die Praxis der Hirten der Kirche bleibt diesbezüglich stets dieselbe. Sie haben auch immer so hübsche Beispiele parat und ein paar Narren, die ihre Verkündigung ernst nehmen, können sie auch stets auf dem Tablett servieren. Da betonte z.B. ein Bischof gewichtig, dass zwar alle für Mutter Teresa schwärmten, aber kaum jemand deren Entbehrungen auf sich zu nehmen bereit sei. Viel wäre schon getan, wenn die geistlichen Großmoguln auch nur die Entbehrungen der Gläubigen ihrer Diözesen auf sich nähmen.

Denn diese Herren können sich nicht einmal vorstellen, was es für eine Familie mit Kindern bedeutet, eine Mietwohnung zu suchen oder in engen Räumlichkeiten von 30, 40, 50 oder 70 qm zu hausen, wo doch jeder der bischöflichen Singles in Palästen oder Großvillen mit 400, 500 oder 600 Quadratmetern Wohnfläche residiert. Oder was es bedeutet, Arbeitslose und daher Unzufriedene tagaus, tagein in der eigenen Familie zu haben. Für sie selbst hat ja aber auch der Herrgott alles so herrlich geordnet und gefüget. Selbst wenn sie in ihren großen, zu ihrer Residenz gehörenden Parkanlagen spazierengehen, stört sie niemand.

Die »Herren der Kirche« gehen jedoch auch »mutig« an die Öffentlichkeit und verlangen eine großzügige und liebevolle Aufnahme von Aussiedlern, Ausländern, Asylanten. Sie haben dabei das gute innere Gefühl, stets Wesentliches getan zu haben, wenn die Medien ausführlich über diesen ihren Einsatz für Menschenrechte berichten.

Es fiele den allermeisten von ihnen aber nicht im Traum ein, etwa ihre großräumigen Paläste und Häuser für den Strom der Obdachlosen zur Verfügung zu stellen. Sie empfinden bei diesem Widerspruch niemals Gewissensbisse, weil sie nicht einmal fähig sind, hier einen Gegensatz zwischen Haltung und Reden zu bemerken.

Innerlich sind sie nie betroffen, sie bleiben immer außen vor den Problemen, sie stellen sich selbst nie in Frage. Sie sind »die da oben«, die über die Moral, die Menschenrechte etc. zu wachen haben. Es wäre aber für die Moral einer Gesellschaft und eines Staates ihrer Meinung nach nicht gut, wenn »die da oben« auch noch von den kleinlichen Sorgen »derer da unten« bedrängt würden. Sie müssen doch auf den Bergen verbleiben, damit es unten in den Tälern unter ihrer Regie einigermaßen ordentlich zugeht.

Wie gesagt, was mich fast rasend machte, war die absolut undurchdringliche Wand, die die »Herren der Kirche« als Schutzwehr für sich gegen die enorme Not dieser Welt aufgerichtet hatten. Sie konnten bisweilen echt zuhören, wenn man ihnen von dieser Not berichtete. Sie schienen ganz Ohr zu sein, bis ich an Kleinigkeiten merkte, dass ihnen die Not der Menschen zwar leid tut, sie aber nie eine Verbindungslinie zu sich selbst herstellten. Innerlich blieben sie von all dem unberührt, sie schienen stets überzeugt zu sein, dass der gütige Gott schon alles zum Besten gerichtet habe und weiterhin richten werde.

Ihnen selbst aber, davon waren sie ebenso zutiefst überzeugt, habe Gott einen Status verliehen, der sie über das Elend dieser Welt meilenweit hinaushebt. Etwas Oberlehrerhaftes haftete allen von ihnen an, ebenso etwas Salbungsvolles, wenn sie am Ende solcher Gespräche den moralischen Schluss aus der Geschichte zogen. Für sie war sie damit beendet. Eine weitere Befassung mit ihr hätte ihrer eigenen, für die Allgemeinheit so wichtigen seelischen Gesundheit geschadet. Nein, sie mussten jetzt ja auch dringend weitere Amtsgeschäfte erledigen.

Ich nehme jetzt etwas vorweg, indem ich über eine Kleinigkeit spreche, die erst später, nämlich bald nach meinem Kirchenaustritt, passierte. Aber sie passt in den jetzigen Zusammenhang und sie beleuchtet zum x-ten Mal die Unfähigkeit von Kirchenfürsten, sich durch irgendein Ereignis in Frage stellen zu lassen. Meinen Kirchenaustritt quittierte der Bischof einer Diözese, der ich früher einmal angehört hatte, vor seinen Diözesanpriestern mit der Bemerkung: »Wie traurig, traurig!«.

Er schien tatsächlich betroffen und niedergeschlagen zu sein. Aber sogleich war er wieder der Hochgemute, der seine Brüder - wie Petrus die anderen Apostel - im Glauben zu stärken hat: »Wir wollen unseren Mitbruder Hubertus nicht verurteilen, nicht verdammen. Er ist vom rechten Weg abgewichen. Aber wir wollen ihn in unser Gebet einschließen und hoffen, dass er wieder zu uns zurückfinde«.

Das war wirklich gut gemeint. Aber eben im unüberschreitbaren Rahmen kirchlichen Wohlmeinens. Dass vielleicht die Kirche selbst und ihre obersten Vertreter daran schuld sein könnten, dass ein Laie oder Priester austritt, überschreitet das Vorstellungsvermögen eines Kirchenfürsten. Genau das aber fiel mir damals, d.h. kurz vor meinem Kirchenaustritt, endgültig wie Schuppen von den Augen: Die Heuchelei, das Pharisäertum der »Herren der Kirche« ist absolut notwendig, ist strukturbedingt. Sie repräsentieren eine Institution, die nur ein Ziel hat: Macht-, Einfluss- und Profitvermehrung. Aber für diese Institution ist es ganz wesentlich, dass sie ihr Ziel im Unterschied von weltlichen Herrschaftssystemen unter religiösem Vorzeichen anstrebt. Sie muss also ständig so tun, als ob es ihr allein um Glauben, um Religion, um den selbstlosen, für alle Menschen daseienden Jesus geht.

Macht und Profit unter dem Deckmantel der Religion. Macht und Profit, zu denen man sich aber nicht offen bekennen darf! Das ist ganz notwendig ein innerer Widerspruch, das bedeutet strukturell grundgelegte Schizophrenie für alle Mitarbeiter dieser Institution. Diese Schizophrenie wollte ich nicht mittragen, ich wollte von ihr nicht endgültig angesteckt werden. Der Gedanke, mit einer solchen Kirche zu brechen, wurde in mir immer dringender und zwingender.

Tage-, ja wochenlang war ich auch wie erschlagen von dem Gedanken, dass die Kluft zwischen dem materiell-finanziellen Status der geistlichen Großverdiener, nämlich der Bischöfe, und ihrer permanenten Rede vom armen und leidenden Christus im Grunde unüberbrückbar ist und dass man an einem so widersprüchlichen System doch nicht partizipieren dürfe. Ich schlug in einer solchen Phase der Niedergeschlagenheit das Neue Testament auf und meine Augen trafen auf die Worte der Bergpredigt: »Doch wehe euch, ihr Reichen, denn ihr habt euren Trost dahin. Wehe euch, die ihr jetzt satt seid, denn ihr werdet hungern« (Luk. 6,24 f).

Für mich war es damals blitzartig klar, dass von Jesus bzw. dem Evangelisten mit diesen Reichen und Satten prophetisch und prognostisch ganz besonders die Kaste der »Herren der Kirche« gemeint war, die sich ja schon in der Geschichte der Frühkirche relativ bald zu etablieren begann und dann bis zum heutigen Tag immer mehr erstarkte und sich bereicherte, ja in ihrer alle Güter dieser Welt verschlingenden Gefräßigkeit nie ein definitives Ende findet.

Bezeichnend in diesem Zusammenhang ist das Argument von Erzbischof Marcinkus, dem noch vor kurzem höchsten Vertreter der Kirche für das Finanzwesen. Als er wegen der schmutzigen Geschäfte des Vatikans mit der Banco Ambrosiano angegriffen wurde, antwortete er ungerührt: »Die Kirche lebt nicht nur vom Ave Maria!«.

Selbst Kirchentreue wissen ja oft nicht, dass die Kirche in der BRD der reichste Großgrundbesitzer ist. Henry Miller war in dieser Phase meiner Probeme und Überlegungen nicht zu widerlegen, und er mahnte mit den gleich zu zitierenden Sätzen auch sofort die von mir persönlich zu ziehenden Konsequenzen an. Originalton Miller: »... ich glaube, existierte ein Christ, könnte er unmöglich

Mitglied einer Kirche sein. Alles, wofür die Kirche eintritt, scheint mir Hohn und Spott auf das, was Jesus predigte. Ich bin sicher, käme Jesus heute, würde er von der Kirche nicht erkannt, sondern wahrscheinlich verfolgt und wieder zu Tode gemartert werden«. [30] Mein eigener Austritt aus der Kirche erschien mir immer unausweichlicher.

Jetzt fiel mir auch der feine Unterschied auf. Selten predigen die »Herren der Kirche« nämlich vom irdischen Jesus, der, wenn wir den Evangelien Glauben schenken wollen, auch selbst nicht ohne Kanten, Ecken und Fehler war, der wahrscheinlich wie ein religiös-sozialer Alternativer heutiger Tage das Land durchwanderte. Nein, viel öfters und nachhaltiger sprechen sie vom göttlich erhöhten Christus, vom Sohn Gottvaters, zu dem die Gläubigen ehrfürchtig und mystisch benebelt aufschauen sollen, weil er die metaphysische Legitimation für die göttliche Funktion und Notwendigkeit der Herrschaft der Kirche in der menschlichen Gesellschaft liefert.

Als ich Dekan der katholisch-theologischen Fakultät der Universität Wien war, hatte gerade Adolf Holl, damals Dozent dieser Fakultät, ein mehr soziologisch orientiertes Buch über Jesus herausgegeben, über einen Jesus ohne kirchlichen Heiligenschein. Er bekam beträchtliche Schwierigkeiten seitens der Amtskirche. Mir trug der Wiener Kardinal auf, dafür zu sorgen, dass meine Fakultät ein Gutachten gegen Holl erstellt, ein Gutachten, das feststellen sollte, dass die in diesem Buch vertretenen Thesen nicht mehr mit dem katholischen Glauben vereinbar seien.

Auf unserer ersten Fakultätssitzung nach den Sommerferien 1971 gab es erregte Debatten darüber, ob die Fakultät dem Wunsch des Kardinals nach Erstellung eines Gesamtgutachtens über das Buch nachkommen solle. Einige Kollegen kritisierten die Tatsache, dass über diesen Punkt überhaupt debattiert wurde. Der Wunsch des Kardinals sei eindeutig, und die Fakultät müsse sofort ein gemeinsames Gutachten erstellen. Als ich dem gegenüber geltend machte, dass wir als Ordinarien einer wissenschaftsautonomen Universität zu nichts verpflichtet seien und dass ein Missverstehen der Bitte des Kardinals als Befehl konsequent zu einer Antastung unserer akademischen Freiheit führen würde, herrschte einen Augenblick erstaunte bis empörte Stille. Aber keiner wagte es, offen Einwände gegen dieses Argument vorzubringen.

Schließlich einigte sich die Fakultät auf einen Kompromissvorschlag. Nach dem Prinzip der Freiwilligkeit sollten die Ordinarien, die es tun wollten, Privatgutachten über das Buch verfassen und sie über den Dekan dem Kardinal zustellen. Der Kardinal war mit dieser Entwicklung der Dinge gar nicht zufrieden und gab seiner

Enttäuschung auch in einigen Gesprächen mit Fakultätsmitgliedern Ausdruck. Aber zum verlängerten Arm dieser Art von Gutachtertätigkeit für die Kirche wollte sich die Fakultät als ganze denn doch nicht machen lassen. Für eine öffentliche Verurteilung des Dozenten fehlte dem Kardinal die Rückendeckung des theologischen Lehrkörpers der Universität Wien.

Aber der Fall beleuchtete mir erneut, wie sehr die Kirche am göttlichen, theologisch zurechtgebastelten Christus, wie wenig sie im Grunde am Menschen Jesus, wenn dieser denn wirklich gelebt haben sollte, interessiert ist. Letzterer ist für sie ein blasses, leeres X, in das sie ideologisch-theologisch-metaphysisch und aufgrund ihres vermeintlich höheren Offenbarungswissens alles Mögliche hineingeheimnissen kann, das der Rechtfertigung ihrer Macht dient. Der Fall zeigte mir aber auch, dass die theologischen Fakultäten im Grunde lediglich die Vollstrecker der Strategie der Amtskirche sein sollen.

Das wurde mir auch an einem weiteren Fall klar, bei dem es um Professor Dr. Imre Timko ging. Dr. Timko war damals Priester, ordentlicher Universitätsprofessor und Dekan der katholisch-theologischen Fakultät der Universität Budapest. Die katholisch-theologischen Fakultäten der Universitäten Wien und Budapest hatten auch in der Phase des realexistierenden Sozialismus gute Kontakte miteinander, die sich u.a. in gegenseitigen Besuchen der Lehrkörper äußerten.

Als ich im Studienjahr 1971/1972 Dekan war, machte mir Professor Timko in meiner Wiener Wohnung einen Besuch. Ich habe die sehr sympathische, theologisch versierte und politisch aufrechte und aufrichtige Persönlichkeit dieses Mannes damals kennen und schätzen gelernt. Timko wünschte sich neben seiner Tätigkeit in Budapest einen Lehrauftrag an der katholisch-theologischen Fakultät der Universität Wien. Unsere Fakultät stand diesem Wunsch positiv gegenüber und ersuchte den Kardinal, die in solchen Fällen nötige kirchliche Lehrerlaubnis zu gewähren. Die Antwort, die ich mit Schreiben vom 13. Juni 1972 vom Erzbischöflichen Ordinariat erhielt, lautete: *»Sehr geehrter Herr Dekan, zu Ihrer Zuschrift vom 29. Mai 1972, Z1. 333/62-1971/72, müssen wir Ihnen mitteilen, daß sich Se. Eminenz außerstande sieht, das von Ihnen für Dr. Timko, Budapest, nachgesuchte Placet zu erteilen!«*. Unterschrieben hatte dieses Schriftstück der Generalvikar.

Der Grund für die Verweigerung des erzbischöflichen Placets war offensichtlich, dass Dr. Timko Dekan einer theologischen Fakultät in einem Ostblockland war. Als solcher »musste« er ja nach Auffassung der westlichen Kirchenbehörden selbst rot angehaucht, wenn nicht ein potentieller Verräter Roms sein. Jedenfalls ersparte man sich durch die Nichterteilung der kirchlichen Lehrbefugnis die theologische und weltanschauliche Diskussion mit ihm und behütete die Theologiestudenten sorgsam vor Einflüssen aus dem »bösen« Osten. Der Mensch Timko interessierte dabei überhaupt nicht.

In meine Zeit als Dekan fiel auch die Entscheidung über die Besetzung des Lehrstuhls der christlichen Philosophie an der katholisch-theologischen Fakultät der Universität Wien. Auch dabei war das Verhalten der Kirche sehr bezeichnend. Zum besseren Verständnis der Situation, in der der Kardinal von Wien seine Entscheidung traf, sei vermerkt, dass es der Einfluss der Kirche in manchen Staaten fertiggebracht hat, den Universitäten dieser Länder einen Lehrstuhl für christliche Philosophie aufzudrängen.

Ein derartiger Lehrstuhl ist ein integrierter Bestandteil der katholisch-theologischen Fakultäten dieser Universitäten, obwohl innerhalb jeder philosophischen Fakultät noch ein, meistens aber mehrere Lehrstühle für Philosophie ohnehin schon existieren. Das Ziel, das die Amtskirche damit verfolgt, ist leicht erkennbar. Theologie kann ohne philosophische Terminologie und Begrifflichkeit nicht auskommen. Insofern darf das Studium der Philosophie in der theologischen Ausbildung nicht gänzlich fehlen. Aber die Philosophie muss »ancilla theologiae« (die Magd der Theologie) bleiben, muss jene Begriffe und Lösungen der weltanschaulichen Probleme liefern, die die Ansichten der Schultheologie stützen. Das aber ist bei der »weltlichen« Philosophie, die an den philosophischen Fakultäten gelehrt wird, nicht gewährleistet. Deshalb muss es »christliche Philosophie« und die entsprechenden Lehrstühle für sie geben, obwohl echte Philosophie dadurch entmündigt wird.

Ein solcher Lehrstuhl für christliche Philosophie existiert auch an der katholisch-theologischen Fakultät der Universität Wien, und dieser war wegen Emeritierung seines bisherigen Inhabers freigeworden. Die Fakultät setzte auf die ersten drei Plätze der Kandidatenliste für die Wiederbesetzung des Lehrstuhls Laien, also Nichtpriester. Mit einem Widerstand des Kardinals wegen der Nominierung von Laien rechnete keiner der Fakultätskollegen, zumal es sich doch bei diesen Laien um sehr profilierte und als »charakterlich gefestigt« geltende Katholiken handelte. Außerdem war wohl jeder von uns überzeugt, dass an den vielen Äußerungen in Bezug auf die Aufwertung der katholischen Laien durch das II. Vatikanische Konzil etwas Wahres dran sein müsse.

Umso erstaunter war ich, als ich durch das Bundesministerium für Wissenschaft und Forschung vom Veto des Kardinals Kenntnis erhielt. Das Ministerium legte der Fakultät nahe, eine neue Liste zu erstellen, da keine Aussicht bestehe, dass der Kardinal einen der drei vorgeschlagenen Kandidaten akzeptieren werde. Zum Beweis schickte mir das Ministerium eine Fotokopie des diesbezüglichen Ablehnungsschreibens des Kardinals, dessen Wortlaut ich hier wiedergebe:

»Zurückkommend auf das am 18. d.M. geführte Telefongespräch bitte ich, von seiten des Bundesministeriums für Wissenschaft und Forschung darauf Bedacht zu nehmen, daß kirchlicherseits Schwierigkeiten bestehen, eine Lehrkanzel für Philosophie mit einem Nichtpriester zu besetzen. Die Österr. Bischofskonferenz sieht zwar grundsätzlich die Möglichkeit gegeben, dass ein sog. Brückenfach, d.h. wenn für das betreffende Fach über das theologische Studium hinaus eine Fachausbildung in einer anderen Disziplin erforderlich ist, auch durch einen Nichtpriester an den theologischen Fakultäten gelehrt werden kann. Bei der Philosophie an der kath.-theologischen Fakultät jedoch ist die besondere Beziehung zu den anderen theologischen Hauptfächern maßgeblich. Dies wurde auch erst vor kurzem von der Kongregation für die Kathl. Bildung unterstrichen. Da nach Artikel V, § 1 des Konkordates die innere Einrichtung sowie der Lehrbetrieb nach den jeweiligen kirchlichen Vorschriften geregelt werden, müssen auch in diesem Punkt die für die Gesamtkirche geltenden Vorschriften eingehalten werden«.

Der Text dieses Schreibens, das der Kardinal übrigens in seinem Charakter als Vorsitzender der österreichischen Bischofskonferenz verfasst hat, zeigt noch einmal deutlich, vor allem in seinen letzten drei Sätzen, die Knebelung der theologischen Universitätsfakultäten durch die Kirche. Selbst die Philosophie hat sich im Rahmen dieser Fakultät dem Machtanspruch der Amtskirche zu unterwerfen.

Während eine ganze Reihe von Fakultätsmitgliedern sich bereits für sie sofortige Erstellung einer neuen Liste mit »priesterlichen« Kandidaten für die Wiederbesetzung des vakanten Lehrstuhls stark machte, bat ich drei Kollegen, mich zum Kardinal zu begleiten, um ihn vielleicht doch noch umzustimmen. Der Kardinal verschanzte sich wieder hinter »anderen Mächten«, in diesem Fall hinter einem Beschluss der österreichischen Bischofskonferenz.

Erst als ich fragte, ob er auf diese Konferenz denn gar keinen Einfluss ausüben könne, war seine persönliche Ehre, der Erste unter den österreichischen Bischöfen zu sein, angesprochen. Jedenfalls versprach er, besagten Beschluss auf der nächsten Sitzung der Bischofskonferenz noch einmal zur Beratung vorzulegen. Zunächst bat er mich um Aufzeichnung der vorgetragenen Argumente für die Besetzung des Lehrstuhls der christlichen Philosophie mit einem katholischen Laien, damit er bei dieser Beratung auf eine Gedächtnisstütze zurückgreifen könne. In einem Schreiben vom 30. Mai 1972 an den Kardinal machte ich in Anlehnung an das mit ihm geführte Gespräch vier Argumente geltend:

1. Als die Fakultät ihre Entscheidung traf, kannte sie noch nicht den Beschluss der österreichischen Bischofskonferenz bezüglich der Nichtbesetzung eines philosophischen Lehrstuhls an theologischen Fakultäten durch einen Laien. Unsere Entscheidung hatte also keinen irgendwie polemischen Charakter.

2. Die auf die Liste gesetzten Laien erschienen der Fakultät nach bestem Wissen und Gewissen als besonders geeignet. Die Fakultät hat sich wirklich große Mühe gegeben, unter den Priestern geeignete Leute für dieses Fach zu finden. Aber sie kam zu dem Schluss, dass ein echter Niveauunterschied zwischen den erwähnten Laien und den eventuell in Frage kommenden Theologen besteht. Ja, es muss sogar hinzugefügt werden, dass die Fakultät überhaupt nur noch einen Theologen als wissenschaftlich diskutabel befand, der aber aus anderen Gründen in keinem Fall die Mehrheit der Fakultät in der Abstimmung gefunden hätte.

3. Von Herrn Professor F. (erste Stelle der Liste) und Herrn Professor U. (zweite Stelle der Liste) ist mit Sicherheit zu sagen, dass sie eine harmonisiertere christliche Weltanschauung und Lebensweise verkörpern als viele Theologen.

4. Natürlich können Anträge oder Beschlüsse ausländischer Bischofskonferenzen keinen Modellcharakter für die Österreichische haben, doch sei hier nur nebenbei der Vermerk gestattet, dass in Rom ein Antrag der deutschen Bischofskonferenz vorliegt, der sogar um die Erlaubnis der Besetzung echt theologischer Fächer mit Laien bittet.

Nach zwei Wochen kam dann der Bescheid des Kardinals, dass er nach Rücksprache mit den anderen Mitgliedern der Österreichischen Bischofskonferenz sich nun doch in der Lage sehe, die Besetzung des christlich-philosophischen Lehrstuhls mit einem Laien ausnahmsweise zu genehmigen. Aber wieviel unnützer Energie- und Zeitaufwand war nötig gewesen, um diese positive Entscheidung doch noch zu erwirken!

Für mich persönlich wurden all diese Dinge immer bedrängender. Gerade dadurch, dass ich als Dekan permanent mit organisatorischen und Machtfragen konfrontiert wurde, ständig als Vermittler zwischen der theologischen Fakultät und der Amtskirche, dem Erzbischöflichen Palais und dem Generalvikariat, zu fungieren hatte, bekamen alle Probleme, denen ich mich gegenübersah, noch schärfere und deutlichere Konturen. An jedem dieser Probleme wurde mir überdeutlich klar, dass der Amtskirche an einem echten Wachstum von Humanität, Geistigkeit, Ethik, wirklicher Religiosität und Spiritualität der Menschen überhaupt nicht gelegen ist.

Der Mensch muss lediglich »Mitglied« der Kirche sein, denn je mehr Mitglieder, desto bombastischer kann sie unter Berufung auf ihre gewaltigen Mitgliederzahlen gegenüber Staaten und Gesellschaften auftreten und auftrumpfen und Privilegien einfordern. Und sie braucht Mitglieder, um das horrende Summen einbringende Kirchensteuersystem aufrecht zu erhalten. Wenige der Gläubigen wissen z.B., dass jede der beiden Großkirchen in der BRD jährlich über 4 Milliarden Euro (das sind 8 Milliarden DM !!!) alleine aus der Kirchensteuer einnimmt und davon nur knapp 14% für sozialcaritative Zwecke verwendet.

Die Sektenbeauftragten der Kirchen zetern und schimpfen, rufen nach dem starken Arm des Staates, wenn irgendeine nichtkirchliche religiöse Gruppe von ihren relativ wenigen Anhängern höhere finanzielle Opfer fordert. Die Einnahmen dieser Gruppen stehen in keinem Verhältnis zu den Rieseneinkünften der Kirchen, die zudem noch hohe Subventionen vom Staat, das Gros aller nur möglichen Steuererleichterungen, die er zu vergeben hat, und höchstmögliche Kredite von den Großbanken einheimsen.

Im Hirn eines Kirchenfürsten, das merkte ich zum hundersten Mal, ist ein Vertreter des Staates ohnehin nur das Wesen, das dazu da ist, von der Kirche strategisch benutzt zu werden: Ein nützlicher Idiot, Wachs in den Händen der Herren der Welt. Vor den Politikern haben die »Herren der Kirche«, wie schon ein paarmal erwähnt, nicht die geringste Achtung.

Warum sollten sie auch? Welcher Politiker kriecht denn nicht vor ihnen? Oder betätigt sich höchstens als Gummilöwe, der dann bald klein beigibt, wie seinerzeit die Herren Ministerpräsidenten von Nordrhein-Westfalen und Rheinland-Pfalz im Fall der Besetzung des Erzbischöflichen Stuhls von Köln durch Joachim Meisner?

Ginge es nach dem Kopf der »Herren der Kirche«, so pfiffen sie, das wurde mir ebenfalls klar, sogar den ganzen naturwissenschaftlichen Prozess der Neuzeit und der Moderne zurück und starteten ihn noch einmal von neuem, diesmal aber unter dem alles prägenden kirchlichen Einfluss. Denn es wurmt sie unheimlich, dass die Wissenschaft so wenig Notiz von ihnen nimmt, dass sie in den Augen der Wissenschaft so nachhaltig blamiert dastehen.

Was haben die »Herren der Kirche« aber auch nicht alles getan, sagte ich mir, um die Wissenschaft zu ihrem Knecht zu machen? Da war ja nicht bloß der Fall Giordano Bruno und der Fall Galilei [31)], da waren nicht nur die hässlich verleumderischen Attacken gegen Charles Darwin und Sigmund Freud. Da war vielmehr noch

Im Jahre 1954 erfolgt die Promotion von Hubertus Mynarek zum Dr. theol. Er profiliert sich in der weiteren Folge - vielleicht aber gerade durch seine Tätigkeit im theologisch-schulischen Szenario - zum aufrichtigen Wahrheitssucher. Er wendet sich trotz hoher Würden - Prof. Dr. theol. und Dekan der theologischen Fakultät der Universität Wien - von diesem System ab, »weil er dessen Heuchelei und Doppelmoral nicht mehr ertragen konnte«. In etwa dreißig exzellenten Büchern manifestiert er seine kritische Haltung gegenüber einem »perfekten System der geistigen Unterdrückung und wirtschaftlichen Ausbeutung« von Millionen Leichtgläubiger. Er wird heftigsten Verfolgungen ausgesetzt, nur weil er so ist, »wie alle anderen sein müßten!«.

der göttlich »unfehlbar gewordene« Papst Pius IX.[32)], der in seiner Enzyklika vom 15. August 1854 verkündet: »Die abgeschmackten und irrigen Lehren oder Faseleien zur Verteidigung der Gewissensfreiheit sind ein außerordentlich verderblicher Irrtum ... eine Pest, die vor allem anderen in einem Staat am meisten zu fürchten ist«.

Und der in seiner Enzyklika vom 8. Dezember 1864 den Bannfluch ausspricht über »diejenigen, die die Freiheit des Gewissens und des Glaubens behaupten«, sowie über »alle solche, die darauf bestehen, dass die Kirche nicht Gewalt üben dürfe«. Noch am Anfang des 20. Jh. hat ja die päpstliche Bibelkommission verbindlich für die Gläubigen erklärt, der Bericht der Hl. Schrift über die Entstehung der ersten Frau aus der Rippe des ersten Mannes sei wörtlich und historisch-real aufzufassen.

»Aber das Verhältnis der Kirche zu den Wissenschaften verbessert sich ja täglich und stündlich«, stellte ich sarkastisch fest. In der Sache hat sich zwar nichts geändert, und Jungfrauengeburt, leibliche Himmelfahrt Jesu oder Marias, drei göttliche Personen in einer Substanz und andere Dogmen widersprechen nach wie vor der Biologie, der Mathematik und dem gesunden Menschenverstand. Aber dafür investiert die Kirche sehr viel in die Herstellung persönlicher Kontakte zu den Koryphäen der Wissenschaft, entsendet sie auf große wissenschaftliche Kongresse Beobachter und Vertreter, beschickt sie jede Nobelpreisträgertagung in Lindau mit einem Kardinal, macht sie Wissenschaftler mit großen Namen zu Mitgliedern und Referenten ihrer Päpstlichen Akademie der Wissenschaften.

Und wenn das überweltlich Numinose im ehrwürdigen Gewand eines Papstes oder Kardinals daherkommt, flammt selbst bei manchen durchrationalisierten und durchsäkularisierten Männern der Wissenschaft plötzlich wieder der »magische Rest« in den untersten Winkeln ihrer Seele auf und sie fühlen sich gebauchschmeichelt, weil ein Kirchenfürst sich so um sie bemüht. »O tempora, o mores!«.

Die kirchlichen Faschingsprinzen, schon von dem Rom besuchenden Goethe als das Widerwärtigste unter der Sonne angeprangert, haben in jedem Jahrhundert Hochkonjunktur. Zumindest finden sie stets noch ein paar gewichtige Persönlichkeiten, die ihnen Glauben schenken. Wozu hat man auch einen Carl Friedrich von Weizsäcker, der für das gute Verhältnis von Kirche und Wissenschaft sozusagen persönlich garantiert? Wenn er mit den »Herren der Kirche« konferiert, sagt er ihnen ja auch nicht, dass er noch seine Sonderlehren hat, die gar nicht so sehr mit der kirchlichen Dogmatik übereinstimmen, dass er aufgrund mancher seiner Aussagen z.B. eher als Pantheist denn als Theist, eher als Buddhist denn als Christ einzustufen wäre [33)]. Die Gefahr, dass Kirchenfürsten seine naturphilosophischen Bücher lesen, ist denkbar gering. Dazu gehen ihnen sowohl die Fähigkeit als auch die Zeit ab, die sie fürs Regieren und Intrigieren brauchen.

Die Eindrücke und Einsichten, die ich aufgrund meiner zahlreichen Begegnungen mit den »Herren der Kirche« gewann, bedrückten mich schwer und bereiteten mir viele schlaflose Nächte. Wenn ich in solchen Nächten diese »erlauchte Versammlung« von hohen Vertretern der Kirche vor meinem Geist Revue passieren ließ, konnte ich manchmal selbst nicht mehr verstehen, dass ich noch zu diesem »Laden« gehörte. Ich hatte Zeit, denn ich konnte nicht schlafen.

So beschäftigte ich mich damit, diese Leute zu kategorialisieren. Da gab es die *Kategorie der Eitlen* und rein äußerlichen Typen, die auf tadelloses, makelloses, gepflegtes Aussehen und Auftreten größten Wert legten. Kein Stäubchen durfte auf ihrer Kleidung, ihren Schuhen sein, sonst hatte ihre Haushälterin, ihr Diener oder die Nonne, die sie bediente, nichts zu lachen. Selbst die Wahl des richtigen Parfüms spielte bei ihnen ein ganz außerordentliche Rolle. Da gab es die Kategorie der *Ehrgeizlinge, Karriere- und Machtsüchtigen*, bei denen sich alles darum drehte, ja keine Chance zu weiterem Aufstieg in der kirchlichen Hierarchie und zur Erweiterung ihres Herrschaftsbereiches zu verpassen. Mit Eifersucht, ja regelrechtem Hass reagierten sie auf »Mitbrüder«, die ihnen in irgendeiner Weise zuvorgekommen waren. Gegen solche Confratres konnten sie hinter deren Rücken maßlos und, jede Objektivität außer acht lassend, bei noch Höheren intrigieren. Sie taten das vor diesen aber stets mit dem Hinweis darauf, dass sie dabei nur das übergeordnete Wohl der Heiligen Mutter Kirche vor Augen hätten.

Da gab es die Klasse der *Hochmütigen, Arroganten und Zyniker*, der Welt- und Menschenverächter, die jeden Fehler der gläubigen Schafe übergroß und überdeutlich sahen und kritisierten, aber an sich selbst nie den Schatten einer Sünde oder Schuld zu entdecken vermochten, die stets davon ausgingen, dass Gott ihnen in seiner weisen Vorsehung einen höheren und edleren Charakter verliehen habe.

Nahe verwandt mit dieser Klasse erschien mir die *Kategorie jener Priesterherren, die ständig Askese, Verzicht, Opfer, Entsagung predigten* und sich auch den Anschein gaben, in diesem Sinne zu leben; ganz für sich und heimlich aber absolute Genussmenschen waren, die nur die teuersten, edelsten Weine tranken und die kostbarsten, ausgesuchtesten Speisen zu sich nahmen, dies oft mit der Begründung, dass sie sich für die Erfüllung ihrer Pflichten recht lange gesund halten müssten. Sie waren Weichlinge, aber sie taten alles, um nach außen hin vor der Öffentlichkeit als sinnesfeindliche Asketen zu erscheinen.

An sie schloss sich die Klasse der *Bigotten, der Frömmler, Kriecher und religiös Verklemmten* an. Wenn sie sich durch die Masse der Gläubigen, die Spalier standen, den Weg bahnten, nach links und rechts den Segen des Kreuzes austeilten, lag ekstatisches Entzücken oder demütigste Bescheidenheit, wie auf Befehl herbeigezaubert, auf ihrem Gesicht. Ihr Antlitz kündete voll und ganz von dem weltjenseitigen Gott.

Auch der derweil regierende Heilige Vater kann das ja so wunderbar. Die Kameras der Fotoreporter sind alle auf ihn gerichtet, viele

Millionen Menschen schauen direkt auf ihn. Aber er vermag mystisch versunken, den Blick nach innen, nicht nach außen gerichtet, zu beten oder verklärt zu meditieren bzw. die Betonpisten der Landeplätze zu küssen, solange seine Kraft dazu reichte.

Man sollte doch auch die Mahnungen des eigenen Meisters nicht gar so ernst nehmen. Oder hatte der schon an den Papst und die anderen Herren der »neuen Synagoge« gedacht, als er warnte: »Habet acht, dass ihr eure Gerechtigkeit nicht übt vor den Leuten, um von ihnen gesehen zu werden ... Und wenn ihr betet, sollt ihr nicht sein wie die Heuchler; denn sie beten gern in den Synagogen und wenn sie an den Ecken der Straßen stehen, um sich vor den Leuten sehen zu lassen ... Du aber gehe, wenn du betest, in dein Kämmerlein und schließe deine Tür zu und bete im Verborgenen zu deinem Vater ... Wenn ihr aber fastet, sollt ihr nicht finster dreinsehen wie die Heuchler; denn sie verstellen ihr Angesicht, um sich mit ihrem Fasten vor den Leuten sehen zu lassen ... zeige dich mit deinem Fasten nicht den Leuten, sondern deinem Vater, der im Verborgenen ist« (Mat. 6,1- 18). »Wehe euch Pharisäern, dass ihr den Vorsitz in den Synagogen und die Begrüßungen auf den Märkten liebt« (Luk.11,43).

Ich dachte auch an die *missionarisch Bewegten*, die es für ihren dringendsten, psychisch bedrängendsten Auftrag halten, die Welt Christus zu Füßen zu legen; an die *Doktrinär-Reaktionären*, die die Glaubensdogmen und die moralischen Gesetze der Kirche rigoros in jedem Land, jedem Staat mit allen Mitteln durchzusetzen bereit sind, die die Gesetze des Staates nur dann für verbindlich halten,wenn sie mit denen der Kirche übereinstimmen; an die *Hysterischen*, die ein unvergleichliches Zetermordio veranstalten, wenn man die Macht der Kirche, die zugleich ihre Macht ist, in irgendeiner Weise beschneidet oder ihr Vorrechte in einem Land, einem Staat verweigert, die sie beansprucht; ja die schon aufbrüllen, wenn einer einen öffentlichen Witz über die »Herren der Kirche« macht.

In diesem ganzen Zusammenhang entdeckte ich auch die Kategorie der *Sturen*. Sie erschien mir nun als eine ganz besondere Klasse innerhalb der kirchlichen Herrschaftsstrukturen. Denn ich hatte die Unmöglichkeit erkannt, eine hierarchische Stufe nach der anderen auf dem langwierigen Weg zum Bischofsamt, zur Kardinals- oder sogar Papstwürde zu erklimmen, ohne die »Tugend« der absoluten Blindheit und Sturheit zu besitzen. Blindheit in dem Sinne, dass man keinerlei Fehler und Vergehen der Oberen, der Vorgesetzten sieht oder wenigstens permanent so tut, als ob man sie nicht sieht. Sturheit in dem Sinne, dass man, komme was da wolle und wider bessere Einsicht, auf unbedingte Konformität und Anpassung setzt, um das erhabene Ziel großen Ansehens und mächtigen Einflusses zu erreichen.

Man kann keine Karriere in einem derartig hierarchischen System wie dem der Kirche machen, in der alles von oben nach unten, nichts von unten nach oben geregelt und bestimmt wird, wenn man die »Tugend« der Sturheit nicht tagtäglich übt, d.h. sich unentwegt darin trainiert, immer dickhäutiger und unempfindlicher in seinem Gewissen zu werden. Das Gewissen muß systematisch abgetötet werden, weil man es sonst nicht aushält, denn innerhalb der hierarchischen Strukturen und Strategien der Kirche trifft man allenthalben auf Korruption, auf faule Kompromisse mit Diktaturen, Mafia und Großbanken, auf (im Sinne der offiziellen Kirchenmoral) unmoralische Verhältnisse von Kirchenfürsten mit hochqualifizierten Callgirls und Callboys oder mit Nonnen und Seelsorgehelferinnen.

Ich möchte Nonnen und Seelsorgehelferinnen hier in keiner Weise beleidigen, viele von ihnen bringen im falschen Glauben an den Idealismus der Kirche so manches Opfer. Aber welche von ihnen wird sich angesichts der andressierten Demut den »Herren der Kirche« verweigern, wenn einer dieser Herren sich gnädiglich zu ihr herablässt und sie ein wenig und freilich nur zum Schein in die Aura seines Machtbereichs hereinzieht?

Die Sturen sind deshalb eine besondere Klasse innerhalb der absolutistischen Herrschaftstrukturen der Kirche, weil ohne den Kitt der stur und bedenkenlos Ja-Sagenden kein hierarchisches System existieren kann. Nein-Sager sind unbequem, nur Leute, die es den Vorgesetzten stets recht und bequem machen, können aufsteigen. Mediokrität ist gefragt, nicht Erfindungsreichtum, keine neuen, unkonventionellen, ungewöhnlichen Ideen, keinerlei Kritik. Ist man nicht dumm, dann muss man wenigstens so tun, als ob man dümmer als der Vorgesetzte ist. Hat man eine Idee, dann muss man ganz diplomatisch zuwegebringen, dass der Vorgesetzte denkt, er selbst habe diese Idee zuerst gehabt.

So setzt sich die Kette der stur Konformen innerhalb eines hierarchischen Systems endlos fort, denn gelangt der Ja-Sager nach oben, wird er die unter ihm ebenso unterdrücken und an der freien Äußerung kritischer Ideen hindern, wie er selbst unterdrückt und behindert wurde.

Hierarchische Systeme, das wurde mir ebenfalls klar, sind krank, sind neurotisch und pathologisch, weil die Menschen, die in ihnen allein Karriere machen können, psychisch krank sind. Wären diese Menschen in sich, in ihrer Psyche, zufrieden, harmonisch, im Gleichgewicht und gesund, hätten sie es gar nicht nötig, in der Öffentlichkeit, in der Außenwelt durch eine glänzende Karriere das nachzuholen, das zu kompensieren, was ihnen innerlich fehlt.

Wen das eigene Selbst nicht bestätigt, der muss sich die Selbstbestätigung draußen holen. Der wird einen immer größeren Appetit auf »scheinbare« Überlegenheit über andere, auf Macht- und Geltungszuwachs verspüren, der wird Freude am Befehlen, Unterdrükken entwickeln. Machtmenschen sind Lebensversager! Menschen mit dem unbedingten Willen, überall zu glänzen und etwas zu gelten, sind psychische Krüppel, sind ausgeprägte Neurotiker, deren zur Schau getragene Schneidigkeit, Forschheit und Selbstbewusstheit nur die Kehrseite ihrer tiefliegenden psychischen Unsicherheit ist. Ebenso wie die Konformitäts- und Anpassungssucht, die man sich in einem hierarchischen System zur Lebensmaxime gemacht hat, nur die Kehrseite des inbrünstigen Verlangens nach Herrschaft ist, die man ausüben wird, wenn man einst oben angelangt ist.

Natürlich kann Macht auf innerer Autorität, auf echten Fähigkeiten, auf charakterlicher Kompetenz beruhen. Das ist sogar die einzige legitime Macht, und wer sie hat, wird sie zum Wohle und zur Weiterentwicklung derer nutzen, die sich diese innere, jedem zustehende Macht noch nicht bewusst gemacht und sie noch nicht entfaltet haben. Wer aber gerade diese innere Macht und Größe nicht hat, wer zur Identität seines Selbst nicht vorgedrungen ist und sich ihr verweigert, der wird immer versucht sein, mit seinen hierarchischen Positionen, der Anzahl der Untergebenen, seinem Geld, seinen materiellen Gütern u.ä. zu protzen und zu imponieren. Denn damit will er ja auch ablenken von dem, was an ihm unter der Oberfläche seines Bewusstseins ständig nagt, von seiner inneren Hohlheit hinter der glänzenden Fassade [34)].

Die religiösen Psychopathen der Macht können deshalb auch so schlecht auf materielle Besitztümer verzichten. Gegen den Verlust des Kirchenstaates an Italien protestierte das Papsttum unversöhnlich und schroff über ein halbes Jahrhundert lang. Erst Mussolini versöhnte es durch die Zahlung einer hohen Abfindungssumme.

Immer wenn ich mir all diese Kategorien und Unterklassen der Kirchenfunktionäre vergegenwärtigte, wurde mir stets geradezu physisch übel und zugleich klar, dass ich in dieser »GmbH« nicht verbleiben durfte. Und dennoch blieb ich noch eine Weile drin, weil ich die schwerwiegenden Konsequenzen fürchtete, die ich auf mich zukommen sah. Zwar flüsterte mir mein Gewissen leise, aber unaufhörlich, bedrängend und unüberhörbar zu: »Du kannst doch nicht in dieser Kirche bleiben. Dann gibst du doch alles auf, was den Sinn und das Ideal deines Lebens ausmacht. Tritt aus, solange

Prof. Dr. theol. Hubertus Mynarek - rechts im Bild - avanciert an der Universität Wien zum Dekan der theologischen Fakultät. Hier: Einmarsch der Dekane und Honoratioren bei einem Wiener Universitätsball. Erkennbar sind die Dekane als besonders geachtete Würdenträger an der »Dekanatskette«.

du von diesem unmenschlichen System noch nicht ganz infiziert, noch nicht total pervertiert bist«.

Zwar hatte ich sonnenklar durchschaut, dass eine Organisation wie die römisch-katholische, die vorgibt, die einzig wahre unter allen religiösen und ethischen Institutionen und Weltanschauungen zu sein, die sich als die allein unfehlbare und seligmachende proklamiert und dies den Menschen als unbedingt verpflichtendes Dogma zu glauben befiehlt, zwangsläufig intolerant und machtbesessen sein muss.

Zwar stand vor meiner Psyche übermächtig und riesengroß die Forderung: Wenn Kirche gar nicht das Heilsinstrument Gottes für die Menschheit ist, wenn sie nur Machtapparat unter dem Mäntelchen, sozusagen im Schafspelz des Religiösen ist, dann musst du dieses System verlassen, dann wirst du selbst mitschuldig, wenn du dich weiterhin mit ihm ganz oder auch nur teilweise identifizierst. Aber wenn auch diese Forderung klar, logisch und unabweisbar war, so war sie doch reine, abstrakte (wiewohl in meinem Gewissen dennoch sehr reale) Theorie.

In der konkreten Praxis stellte sich alles viel schwieriger dar. Ich war ja mitten im System Kirche, war Priester dieses Systems und inzwischen Theologieprofessor, und zwar an einer staatlichen Universität, aber im Rahmen einer theologischen Fakultät, durch die die Amtskirche einen nicht unerheblichen Einfluss auf den Staat und die staatlichen Forschungseinrichtungen auszuüben pflegt.

Außerdem hatte ich mir meine Theologieprofessur schwer erarbeitet, war stolz darauf, es ganz ohne »Vitamin B«, ohne diverse Beziehungen zu den verschiedensten Leuten und Gremien, die an den Universitäten den Ton angeben, geschafft zu haben. Über die entsprechende wissenschaftliche Qualifikation verfügte ich zwar auf allen Etappen meiner Hochschullaufbahn. Aber jeder Insider weiß, dass diese Qualifikation längst nicht allein darüber entscheidet, ob man einen Lehrstuhl erhält.

Man muss - und das gilt ganz besonders für den theologischen Fachbereich - fast immer auch ein versierter Anpassler, ein schlauer Taktiker, ein cleverer Opportunist sein, um die Mehrheits- und Machtverhältnisse, die in jeder Fakultät herrschen, richtig zu durchschauen und für sich zu nutzen. Aber, wie gesagt, es war mir gelungen, ohne Anpaßlerei und Kriecherei Universitätslehrer zu werden.

Sollte ich jetzt also alles Erreichte aufgeben und den Sprung ins Nichts wagen? Es ging ja dabei nicht so sehr um mein Ego, das auf etwas Liebgewonnenes verzichten sollte. Es ging vielmehr um die vielen jungen Menschen, Studentinnen und Studenten, denen ich eine Hilfe in der Bewältigung ihrer weltanschaulichen und Lebensprobleme geworden war, die in meine Vorlesungen, Seminare und Konsultationen - übrigens auch als eingeschriebene Hörer ganz anderer Fachbereiche - kamen, weil sie offensichtlich spürten, dass hier jemand kein Blatt vor den Mund nahm und nicht als »Systemsklave« sprach und handelte.

Zunächst glaubte ich, ich würde die radikale Trennung von allem Bisherigen nicht schaffen. Ich versuchte es daher mit einem mir anfänglich vertretbar erscheinenden Kompromiss. »Wenn ich nur«, sagte ich mir, »scharf und radikal alles Negative in Geschichte und Gegenwart der Kirche in meinen Vorlesungen anprangere, müsste doch der Forderung meines Gewissens Genüge getan sein«.

Eine Zeitlang handelte ich nach dieser Devise. Aber dann merkte ich, dass das keine Lösung war, dass man ein System, das derart auf Alleingeltung und -herrschaft, auf dogmatisch-moralische Bevormundung aller Menschen und auf Unterdrückung jeder wirklich freien Initiative innerhalb seiner Mauern ausgerichtet ist, nicht dadurch in Frage stellen kann, dass man bei aller Kritik an ihm dennoch in ihm verbleibt. Das gliche zu sehr dem Ertrinkenden, der sich am eigenen Schopf aus dem Wasser zieht. Mir wurde nur noch klarer: »Es führt kein Weg daran vorbei. Du musst aus diesem mal subtiler, mal brutaler vorgehenden Herrschaftssystem aussteigen«.

Auch kleine Begebenheiten überzeugten mich von der Richtigkeit dieser Schlussfolgerung. Unter den Kollegen meiner Fakultät war ich inzwischen als sehr kritischer Theologe, der kein Blatt vor den Mund nimmt, sattsam bekannt. Manche von ihnen machten mir Vorhaltungen wegen meiner »viel zu kritischen« Äußerungen in den Vorlesungen und Seminaren. Das sei doch Gift für die gläubigen jungen Seelen der Theologiestudenten.

Dass ich überhaupt »außerchristliche Themen« zur Sprache brachte, wie z.B. die Vorlesungsreihe »Yoga als Weg zur Selbstverwirklichung« oder »Der Zusammenhang von Erotik und Religion in der Kulturgeschichte der Menschheit«, erzürnte einen meiner Kollegen im theologischen Fachbereich derart, dass er eine Zeitlang nicht mehr mit mir sprechen wollte. Erst als ich ihm mit einer gewisssen Dosis Ironie, die er aber nicht bemerkte, sagte, dass ich am Ende doch immer etwas Christliches in meine Schlusshypothesen hereinbrächte, war er besänftigt.

Auch höhere Kirchenvertreter, als es die Theologieprofessoren sind, lasteten mir an, dass einige Theologiestudenten, »die wir doch so sehr brauchen«, wegen des extrem kritischen Inhalts meiner Vorlesungen abgesprungen seien und nicht mehr Priester werden wollten.

Aber mit der Zeit hatte man sich an mein in den Augen der Kirchlich-Konservativen provokantes Verhalten gewöhnt. Wenn mich meine Wiener theologischen Kollegen in irgendeine Gesellschaft einführten oder einer prominenten Person des öffentlichen Lebens vorstellten, klopften sie mir gönnerhaft und mit einem Augenzwinkern auf die Schulter und sagten »Revoluzzer! Aber sonst ein prima Kerl!«

Ich erkannte an solchen Begebenheiten: Ein paar Hofnarren kann sich jedes diktatorische System leisten. Im Gegenteil, die braucht es sogar, weil derartige Narren eine Alibi-Funktion für das System erfüllen, indem sie es (zum Schein) auflockern und kritischeren Geistern schmackhaft machen.

Es gab auch höhere Vertreter der Kirche, die meine Glaubens- und Selbstzweifel zu lindern oder auszuräumen versuchten und mir unter vier Augen sagten, dass der Glaube gar nicht das Kriterium, gar nicht das eigentliche Problem sei: »Sieh mal«, sagte mir einer von ihnen, »es gibt Leute im Kardinalskollegium, die glauben an gar nichts. Das sind reine Zyniker und Atheisten bzw. pure Libertinisten, die ein sehr freies, schönes, der Kunst im weitesten Sinne gewidmetes Leben führen. Aber sie alle erfüllen **ein** Kriterium, sie befolgen die wichtigste Norm: Sie sind loyal und kirchentreu. Allein darauf kommt es an«. »Was wird auch aus dem Volk«, fragte mich ein Prälat, »wenn wir ihm keine höhere Ethik vorleben? Aber wie's drinnen aussieht, mein lieber Hubertus, das geht niemand was an. Das musst Du ganz still, heimlich und leise mit dir selbst ausmachen!«.

Andere Kirchenmänner konnten sich partout nicht vorstellen, dass ich mich wirklich mit den Herrschaftsstrukturen der Kirche so existentiell gravierend auseinandersetzte. Deswegen sei doch noch kein normaler Mensch aus der Kirche ausgetreten. Nein, nein, meinten sie, da müsse etwas anderes dahinterstecken. Und nach einer uralten Entlarvungsdevise kirchlicher Strategie (»cherchez la femme«) sagten sie es mir geradewegs auf den Kopf zu, dass da eine Frau im Spiel sein müsse.

Manche dieser Kirchenherren »stellten« das geradezu mit Erleichterung »fest«. Denn dann sei ja die ganze Sache nicht so schlimm. »Mein Gott«, betonte so mancher von ihnen mir gegenüber: »Du kannst doch mit einer Frau auch als Priester bis zur Verlobung einschließlich alles machen, was Du willst. Nur heiraten darfst Du sie halt nicht. Aber das kann doch nicht so schlimm sein. Im Gegenteil, Du bist dann auch an nichts gebunden«.

Auch ich wusste natürlich inzwischen schon lange, dass man als notorischer Zölibatsbrecher sehr gut in der Kirche leben kann, wenn man sich ansonsten absolut angepasst verhält. Von einigen Professoren in der theologischen Fakultät wusste ich, dass sie feste Verhältnisse mit Frauen unterhielten. Einer von ihnen gab mir sogar den guten Rat: »Halt Dich an die verheirateten Frauen. Wenn da mal doch ein Kind kommt, ist der Ehemann dumm genug, zu glauben, es sei von ihm«.

Als sich immer mehr herumsprach, dass ich mich mit dem Gedanken trüge, die Kirche zu verlassen, sagte ein östereichischer Weihbischof am Rande einer Tagung zu mir: »Wenn es schon für Sie keinen anderen Grund gibt, in der Kirche zu bleiben, dann harren Sie doch wenigstens auf Ihrem Posten aus, um den Skandal zu vermeiden. Sie haben doch eine Verantwortung unserem christlichen Volk gegenüber. Was werden denn die armen einfachen Gläubigen denken, wenn ein Priester, Theologieprofessor und Dekan einer theologischen Fakultät aus der Kirche austritt? Die werden sich doch sagen: Ja, wenn der austritt, der muss es doch wissen! Also, mein lieber Mynarek, das alles können wir uns doch nicht leisten und das dürfen Sie sich und uns nicht antun!«.

Auch dieser Kirchenmann deutete mir etwas verschlüsselter als andere an, dass es kein echter Grund sei, mit der Kirche zu brechen, wenn eine Frau dahinter stecke. »Schauen Sie«, sagte er, »der Geist ist willig, das Fleisch ist schwach. Wir alle fallen mehr oder minder oft in dieser oder jener Hinsicht. Das sechste Gebot stellt da kein Ausnahmegebot dar. Vor allem, wenn es sich um sporadische Kontakte mit Frauen handelt, sehe ich darin noch keinen eigentlichen Zölibatsbruch«.

Er tat so, als ob er das nur ganz allgemein, keineswegs besonders auf mich bezogen, meinte. Aber ich hatte verstanden. Eine Frau ist in den Augen der Kirche viel zu leichtgewichtig, jedenfalls nicht gravierend genug, um einen echten Grund für eine große und wichtige Entscheidung abzugeben. Sie fällt als Motiv für ein gerechtfertigtes Verlassen der Kirche aus. Wer trotzdem einer Frau wegen die Priestersoutane ablegt und aus der Kirche austritt, ist in Wirklichkeit dumm. Dumm auch deswegen, weil er die Freiheit des Daseins für alle Frauen gegen das monogame, um nicht zu sagen monomane und lebenslängliche Zusammensein mit einer einzigen Frau eintauscht.

An dieser Stelle sei angemerkt, dass auch ich inzwischen eine Freundin hatte, nachdem ich mich nach der Priesterweihe über 16 Jahre lang »jeder Frau enthalten« hatte. Es hätte nicht der offenen und versteckten Hinweise von Kirchenvertretern bedurft, um selbst zu wissen, dass ich wegen dieser Freundin nicht aus der Kirche auszutreten brauchte. Um es noch einmal klar und deutlich zu sagen. Es waren die unmenschlichen, den Charakter pervertierenden Herrschaftsstrukturen und -strategien der Kirche, die mich bewogen, aus der Kirche auszutreten, und nicht etwa - wie mir dann in der kirchlichen bzw. kirchennahen Presse vorgeworfen oder nachgesagt wurde - »ungelöste Sexualprobleme«, mit denen ja die Kirchenoberen immer schnell zur Hand sind.

In gewisser Weise und zu einem Teil war allerdings tatsächlich auch »die Frau« Grund meines Kirchenaustritts. Nicht weil mich etwa die Freundin von der einen und/oder die Kirche von der anderen Seite gezwungen hätten, wegen dieser Liaison aus der Kirche auszutreten. Wohl aber hatte ich erkannt, dass das Zölibatsgesetz der Kirche für Priester eine einzige große Heuchelei ist und gerade als solche einen Teil der unmenschlichen Herrschaftsmethoden der kirchlichen Hierarchie darstellt. Denn zunächst einmal ist es unmenschlich und widernatürlich, dem Priester als Menschen und Mann den (auch den Körper einbeziehenden) Verkehr mit der Frau durch Kirchengesetz zu verbieten.

Zum zweiten ist dieses Gesetz ein Zeichen von Verlogenheit und moralischer Verkommenheit der »Herren der Kirche«, denn sie wisssen ja am besten (ihre Schreibtische quellen von diesbezüglichen Informationen und Denunziationen über!), dass viele Priester das Zölibatsgesetz nicht halten, ja auch gar nicht halten können. Aber dieses Gesetz ist - zum dritten - in den Augen der »Herren der Kirche« notwendig, weil es der Machtausübung und Machtentfaltung dient. Das Zölibatsgesetz der Kirche soll in personifiziert-anschaulicher Form, nämlich in der Person des Priesters, dem gläubigen Kirchenvolk (und nicht nur diesem) die Macht über das Fleisch demonstrieren, also etwas, wozu das einfache Volk nicht fähig sei. Es soll aufschauen zu den Herren, von denen jeder als echter Pontifex (Brückenbauer) zwischen dem rein geistigen Gott und dem im Sinnlich-Fleischlichen befangenen Volk existiert und agiert, indem jeder Priester vorgeblich zwar weniger als Gott, aber mehr als die einfachen Sterblichen ist, die er gerade durch seine »Tugend« der Freiheit von fleischlichen Gelüsten zur Erlösung zu führen hat.

Tatsächlich hat ja das hochorganisierte, römisch-katholische Religionssystem den Menschen jahrhundertelang verkündet, der Priester sei ein engelgleiches, von Gott ausgewähltes, von den Laien unterschiedenes und über das Natürlich-Menschliche erhobenes, begnadetes Ausnahmewesen, dem als Verwalter der Geheimnisse Gottes besondere Ehrfurcht und kindliches Vertrauen entgegenzubringen seien.

Auch katholische Kritiker warfen ja bekanntlich noch der Zölibatsenzyklika von Papst Paul VI. vor, »sie entwickle eine Theologie des Priestertums ..., die den Priester wieder zu einer Art von Ausnahmemenschen mache, ihn zu einer gefährlichen Identifikation mit Christus verleite«. Als begnadetes Ausnahmewesen wird der Priester geradezu gezwungen, sich stets andersartig, idealistischer, sittlich erhabener zu benehmen, als er tatsächlich ist. Dies gilt natürlich auch für sein Benehmen Frauen gegenüber.

Hinzu kommt, dass man ihm in vielen Jahren der Priester- und Predigerausbildung jene salbungsvolle Sprache beigebracht hat, durch die sich alle offiziellen kirchlichen Vereinbarungen, nicht zuletzt die Zölibatsenzyklika Pauls VI. oder die Erklärung der Glaubenskongregation des Vatikans »zu einigen Fragen der Sexualethik« auszeichnen. Einen Aspekt im Rahmen der permanenten Selbstrechtfertigungsideologie des römisch-katholischen Religionssystems stellt ja die Tatsache dar, dass selbst den banalsten Realitäten in Kirche und Welt sprachlich eine göttliche, eine christologische, eine moralisch-pathetische, eine pädagogische, eine von der

Vorsehung gewollte oder zugelassene Dimension hinzugefügt wird.

Dementsprechend müssen die Funktionäre des Systems - die höheren ebenso wie die niederen - mit der Zeit zwangsläufig der Illusion verfallen, sie seien tatsächlich so, wie sie sprechen. So tragen sie selber wesentlich zur Polarisierung der ihnen begegnenden Menschen bei: Diese müssen sie entweder für ethische Übermenschen oder aber für Betrüger und Ver-rückte (im ursprünglichen Sinne des Wortes) halten.

In diesem Sachverhalt liegt auch die Wurzel dafür, dass Frauen derart enttäuscht, betrogen und missbraucht werden können von Priestern, denen sie ein viel größeres Vertrauen als anderen Männern entgegengebracht haben (vgl. dazu die neuesten Berichte in meinem Buch *Casanovas in Schwarz. Frauenaffären von Priestern*, Verlag Die Blaue Eule, Essen 2000).

Aber auch über den Priester selbst, nicht nur über das Kirchenvolk, soll durch das Zölibatsgesetz Macht ausgeübt werden. Die »Herren der Kirche« wissen ja: Er kann dieses Gesetz nicht einhalten. Also bekommt er ein schlechtes Gewissen, wenn er dagegen sündigt. Leute mit Schuldgefühlen aber lassen sich gut beherrschen und ausnützen. Sie fügen sich besser, weil sie durch Wohlverhalten auf anderen Gebieten ihre »Vergehen« auf dem sexuellen Sektor gutmachen wollen. Sie müssen auch zur Beichte, so dass die Kirche Überblick und Kontrolle über das Heer der Geistlichen behält.

In besonders hinterhältiger Weise wird Macht über die Frauen der Priester ausgeübt. Oft sind es ja Seelsorgehelferinnen, Nonnen, Mädchenjugendführerinnen, die als Freundin des Priesters fungieren und sich als solche streng versteckt halten müssen [35)]. Auch sie müssen sich also ganz besonders fügen, um nicht aufzufallen bzw. um nicht bestraft und aus dem Verkehr gezogen zu werden, wenn die Sache schon herausgekommen ist. Auch der Priester-Freund selbst verlangt oft von ihnen ein Leben voller Heimlichkeit, voller Selbstzurücknahme, Selbstverleugnung und Selbstlosigkeit. Je nach seiner Position in der hierarchischen Struktur der Kirche ist er ja mehr oder minder zugleich Ausbeuter und Ausgebeuteter.

Auch im Zusammenhang mit der Behandlung des Zölibatsgesetzes durch die Kirche wurde mir daher zum wiederholten Male klar: »Es führt kein Weg daran vorbei. Du musst aus diesem Menschen vergewaltigenden Herrschaftssystem aussteigen!«.

Trotzdem hatte ich den alles entscheidenden Schritt immer noch nicht getan. Es kamen die Sommerferien des Jahres 1972. In der Stille und Abgeschiedenheit meines Feriendomizils setzte ich mich an den Schreibtisch und nahm mir vor, »nur so für mich« alle mich

Vier Dekane der Wiener Universität im Gespräch (1971/1972). Prof. Dr. theol. Hubertus Mynarek steht links.

bewegenden Argumente für den Kirchenaustritt und gegen den Herrschaftsmissbrauch der Kirche zusammenzustellen und einigermaßen systematisch und folgerichtig zu formulieren. Über 20 Schreibmaschinenseiten zählte das »Opus« nach kurzer Zeit. Wie gesagt, es war ursprünglich nur für den »Hausgebrauch« gedacht. Aber als ich es jetzt noch einmal durchlas, da geschah mir, wie es der geniale Formulierer Nietzsche einmal so ausgedrückt hat: »Erst zog ich den Schluss, dann zog er mich«. Die Darlegung der autoritär-absolutistischen Herrschaftsstrukturen und -politik der Kirche war so eindeutig und widerspruchsfrei, dass mir mein Gewissen sagte: »Wenn Du jetzt nicht austrittst, dann bist Du selbst ein Schuft, der an der Perversion der Macht Anteil hat und Anteil haben will«.

So brachte ich denn die Argumente, die mich zu meinem Austritt aus der Kirche motivierten und die ich gerade zusammengestellt hatte, in die Form eines Offenen Briefes an den Papst, den ich aber im Wissen darum, dass geistliche wie weltliche Diktatoren es nicht nötig haben, auf Einwände zu antworten, sofort auch dem Wiener Kardinal König, der Frau Wissenschaftsminister Dr. Firnberg und der Presse übersandte. Am 3. November 1972 sandte ich das Schreiben an den damals regierenden Papst Paul VI. ab [36]. In diesem Schreiben erklärte ich auch meinen offiziellen Austritt aus der römisch-katholischen Kirche [37].

Zweiter Teil

Was einem so alles nach dem Kirchenaustritt passieren kann

5. Kapitel
Theologen und Priesterfunktionäre, die mit der Kirche brechen, leben gefährlich

Das wissen sie auch und deswegen treten die meisten von ihnen erst gar nicht aus der Kirche aus. Treffend beschrieb dieses Phänomen das Nachrichten-Magazin *Der Spiegel*: »Mynarek ... verschaffte sich die Freiheit der Kritik dadurch, dass er alle Brücken zu seiner kirchlichen Vergangenheit abbrach. Die meisten Priester, die ihren Beruf aufgeben, handeln nicht so radikal wie er. Zum großen Teil lassen sie sich in Ehren vom Priesterberuf entpflichten und sich ihre Bräute kirchlich antrauen. Der andere Teil der Ex-Priester, der auf den katholischen Segen verzichtet, bleibt doch immerhin - bis auf ganz wenige Ausnahmen - der katholischen Kirche als Steuerzahler erhalten. Das gilt selbst für höhere Geistliche, deren Berufswechsel und Heirat Schlagzeilen machten, etwa für den Ex-Abt Alkuin Heising. Und unter den katholischen Theologieprofessoren gibt es zwar seit mehreren Jahren etliche, die nach Ansicht des Heiligen Stuhls eher Ketzer als Katholiken sind: Etwa die Tübinger Hans Küng und Norbert Greinacher. Aber sie bleiben auf ihren Lehrstühlen und erwägen schon gar nicht, die Kirche zu verlassen. Und selbst der Reutlinger Religionspädagoge Professor Hubertus Halbfas, der aus dem Priesterberuf ausschied und heiratete, ist Katholik und Theologieprofessor geblieben«. [38)]

Dasselbe gilt auch für einen der neueren Fälle. Den der Theologieprofessorin Uta Ranke-Heinemann, die trotz ihrer scharfen Kritik am Dogma der Jungfräulichkeit Marias, der Mutter Jesu, und am Zölibatsgesetz der Kirche gar nicht daran denkt, aus dem römisch-katholischen System auszutreten. Der *Spiegel* fragte sie: »Warum treten Sie nicht aus dieser Kirche aus?« Ranke-Heinemanns Antwort: »Ich betrachte mich als ganz und gar katholisch. Nur die Amtskirche ist es für mich nicht genug« [39)].

Ausgerechnet an Kardinal Ratzinger, den obersten Glaubenswächter und Chef der Glaubenskongregation, der früheren Inquisitionsbehörde des Vatikans (»Heiliges Offizium«), wandte sie sich in einem Brief mit der Bitte, sich doch in die theologische Diskussion um die Jungfrauengeburt der Gottesmutter einzuschalten. Dabei könnte sie trotz Kirchenaustritts in der Bundesrepublik Deutschland gar nicht ihren Lehrstuhl verlieren. Verlieren kann sie nur die kirchliche Lehrerlaubnis. Und das bedeutet lediglich, dass sie die für die Religionsausbildung notwendigen Prüfungen nicht abnehmen kann.

Aber ihr Beamtenverhältnis und ihre Lehrveranstaltungen an der Universität Essen bleiben davon unberührt. So kommt auf die Staatskasse halt wieder ein doppelt besetzter theologischer Lehrstuhl zu. Frage des *Spiegel* an die Theologin: »Wollen Sie Ihren Lehrstuhl behalten, was nach dem Staatskirchenrecht möglich ist?«. Antwort: »Selbstverständlich. Und wenn die Amtskirche ihre Ansprüche geltend macht, muss eben jetzt an der Universität Essen ein zusätzlicher Lehrstuhl für das unbeschädigte Hymen Marias aus Landesmitteln finanziert werden« [40].

Frau Ranke-Heinemann wäre aber auch schön dumm, aus Pietät gegenüber dem Verlangen der Amtskirche freiwillig den Lehrstuhl zu räumen. Gezwungen werden kann sie dazu ohnehin nicht. In Österreich ist das leider anders. Insofern bedeutete es für mich schon wegen der Perspektive der Wegnahme des Lehrstuhls ein Risiko, aus der Kirche auszutreten. Aber darüber mehr im nächsten Kapitel.

Mir ist überhaupt kein ordentlicher Universitätsprofessor der katholischen Theologie im 20. Jahrhundert und im deutschsprachigen Raum bekannt, der »vor« 1972 aus der Kirche ausgetreten wäre. Das Magazin *Spiegel* recherchierte anlässlich meines Kirchenaustritts nur bis zum Zweiten Weltkrieg zurück und machte in Deutschland lediglich einen Priesterseminarprofessor ausfindig, der 1953 aus der katholischen Kirche ausschied, jedoch an keiner Universität lehrte [41]. So konnte also auch dieses im allgemeinen sorgfältig recherchierende Nachrichten-Magazin keinen Universitätsprofessor der katholischen Theologie im Deutschland der Nachkriegszeit zwischen 1945 und 1972 ausmachen, der der Kirche radikal den Rücken gekehrt hätte.

Zum Zeitpunkt meines Kirchenaustritts wusste ich aber auch noch gar nicht, dass ich in dieser Hinsicht wohl der erste war, der diesen Schritt gewagt hatte. Ich war ja auch nicht deswegen aus der Kirche ausgetreten, um der erste zu sein. Aber obwohl dieser Umstand an sich nicht wichtig ist, musste ich ihn hier erwähnen. Denn er scheint für die Mächtigen in der Kirche ein wesentlicher Grund dafür gewesen zu sein, dass sie mir nach meinem Kirchenaustritt so zusetzten und so viele Steine in den Weg legten.

Denn während schon längere Zeit vor meinem Fall das katholische Italien durch die Sache mit dem Jesuiten Tondi [42] aufgeschreckt worden war, während in der angelsächsischen Welt 1966 die Nachricht wie eine Bombe gewirkt hatte, der englische Theologieprofessor Charles Davis, beim II. Vaticanum als Peritus an der Seite des Erzbischofs Heenan von Westminster, habe die Kirche verlassen und geheiratet, herrschte in der deutschsprachigen Kirchenlandschaft in Bezug auf Austritte von Theologieprofessoren aus dieser Institution bis 1972 völlige Grabesruhe.

Da fühlten sich die »Herren der Kirche« durch meinen Kirchenaustritt natürlich besonders auf den Schlips getreten und »genötigt«, hier ein außerordentliches Exempel zu statuieren, um eventuellen Nachahmern dieses Schrittes unter den Theologen und Priestern von vornherein ein kräftig warnendes Warnsignal entgegenhalten zu können: »Seht, das passiert Euch, wenn Ihr es wagt, ebenfalls mit der Kirche zu brechen!«. Hier, in Bezug auf diesen ersten Kirchenaustritt eines Theologieprofessors, gilt tatsächlich die Umkehrung des Spruches: »Nicht den letzten, den ersten beißen die Hunde«[43].

Jedenfalls wurde ein ganzes Arsenal an Aggressionen, Behinderungen, Erniedrigungen, Drohungen, Warnungen, Ultimaten, Verleumdungen und Verteufelungen gegen mich - offenbar exemplarisch - in Anwendung gebracht. Natürlich ging dabei beileibe nicht alles von Kardinälen, Bischöfen oder anderen hohen Vertretern der Amtskirche aus. Diese können sich ja stets darauf verlassen, dass die gläubigen Schafe, denen sie vorstehen, ihre Weisungen, ihre Drohungen, Verdammungen und Verurteilungen, mit einem Wort: den dogmatischen Glauben der Kirche immer schon derart verinnerlicht haben, dass sie von allein gegen einen »Apostaten«, »Abtrünnigen«, »Verräter« usw. initiativ und aktiv werden.

Aber es sind nicht einmal bloß die gläubigen Schafe, die als Knechte die Arbeit der »Herren der Kirche« verrichten, und nicht einmal merken, dass sie selbst die Geschorenen sind. Auch Schafe, denen die Kirchen längst gleichgültig geworden sind, glauben plötzlich empört sein zu müssen, an der allgemeinen kirchlichen Empörung über einen Abtrünnigen, der den schönen sozialen Frieden stört, teilnehmen zu sollen.

In die »richtigen Worte« fasste seine Empörung z.B. der »*Reichsbund*, der Verband katholischer Männer und Jungmänner Österreichs« in einem Rundschreiben »an alle Katholiken, denen Glaube und Religion noch etwas bedeuten«. Da werde ich als »abwegiger Mensch«, als »seltsamste Gestalt«, als »Repräsentant des Antichrist«, als mit dem »Gehirn eines Erotomanen« ausgestattet, apostrophiert. Da wird selbstbewusst betont: »Der katholischen Kirche stehen also genug Machtmittel zur Verfügung, Männer wie diesen Mynarek außerhalb der Gesellschaft zu stellen, das heißt, den verderblichen Einfluss solcher Kräfte zu brechen«. Da wird an »alle befreundeten Verbände und die Pfarrhelfer« appelliert, das Engagement und Aktionen gegen mich zu unterstützen[44].

Die *Deutsche Tagespost* (Untertitel: *Katholische Zeitung für Deutschland*) argumentierte da in ihrer Ausgabe vom 21./22. September 1973 schon um einiges niveauvoller. In Verbindung mit dem Teufel bringt sie mich zwar auch. Aber sie bemüht in eleganter Formulierung negativ Mystisches, Numinos-Dämonisches, um die Tiefe des Falles Mynarek auszuleuchten. »›Der Fall Mynarek‹ verweist im Grunde auf die Wirklichkeit tragischer menschlicher Verstrickungen in das Weltliche - eine Wirklichkeit, die sich nur dem enthüllt, der ebenso an die Existenz des personalen Gottes wie auch an die Existenz des Diabolos, des Verwirrung stiftenden Durcheinanderwerfers glaubt«.

Diese geheimnisvollen Andeutungen sind jedoch für *Bild am Sonntag* (vom 09.09.1973) schon wieder zu hoch. Sie macht es direkter und fragt in einer fetten Überschrift auf Seite 59 gerade heraus: »Sind Sie ein Lump, Herr Professor?«: »Ein abgesprungener Priester«, der »schmutzige Wäsche wäscht«, mehr ist der Fall Mynarek für dieses Blatt nicht. Kein Zweifel, dessen Leser wissen jetzt Bescheid und können den verruchten Ex-Theologen nun richtig einstufen.

Auch *Die Zeit*, sicher kein Kirchenblatt, sondern modern-liberal, vermag sich in der Be- bzw. Verurteilung meines Kirchenaustritts nur »dialektisch« zu helfen. Einerseits »Dass Mynarek konsequent war und die Kirche verließ, ehrt ihn und seinen Mut«. Ein »zweifellos außerordentlich kluger und geradeaus denkender Wissenschaftler«. Aber andererseits müsse man im Grunde von »dem tragischen Schicksal des Priesters, Professors und potentiellen Reformators Hubertus Mynarek« sprechen. Denn sein Kirchenaustritt erweise ihn doch als einen »an der Kirche, an der Hierarchie, an den Diskrepanzen und vermutlich an sich selber irre gewordenen, ja wohl gescheiterten Mann«. [45)] Die damalige evangelische Zeitung *Christ und Welt* deutete an, dass, wenn einer als Dekan einer theologischen Fakultät der Kirche den Rücken kehre, man doch begründeterweise nach seinem Geisteszustand fragen müsse. [46)]

Aber auch ein ganz weltliches Boulevard-Blatt, die in Wien erscheinende *Kronenzeitung*, damals, als sie das schrieb, der Auflagenhöhe nach an dritter Stelle in Europa rangierend, diffamiert in einem aufgeregten, hysterischen Tonfall den »üblen Priester« Mynarek. Am 10. November 1972 bringt sie auf Seite 10 einen Kommentar zu meiner Entscheidung, aus der Kirche auszutreten, der alle wesentlichen Gründe meines Austritts verschweigt, dafür aber umso ungehemmter auf die »Motive« zurückgreift, die eben ein Ex-Theologe und Ex-Katholik für sein Ausscheiden aus der unfehlbaren Kirche allein haben darf. Der Kommentar steht unter der Überschrift *Ein wahrer Pfaffe* und stammt von »Jeannée [47)]«. Ein Teil des

Kommentars sei hier wörtlich angeführt:

»Erlaubt, dass ich mir hierzu etwas von der sündigen Seele schreibe: Ich mag sie nicht und sie sind mir suspekt, die geweihten Revoluzzer, die Mynareks mit dem weißen Kragerl. Denn sie sind - und ich gestatte mir als Katholik diesen diskriminierenden Ausdruck - üble Priester. Sie mögen ein glänzender Professor sein, Herr Mynarek, ein hochgebildeter Mann und tiefgründiger Philosoph. Nur Pfarrer, Seelsorger sind Sie ganz bestimmt nicht. Heiraten Sie also, Herr Mynarek. Und heiraten Sie so schnell wie möglich. Eröffnen Sie eine Beratungsagentur: Wie ich mich gut verkaufe. Schreiben Sie ein Buch: *Paul VI., der sechste Tyrann.* Sie haben Talent, Herr Mynarek. Sie haben die Zeichen der Zeit zu deuten verstanden. Sie sind gewandt, glatt und erfahren. Siedeln Sie von der theologischen zur philosophischen Fakultät hinüber, wie Sie es angekündigt haben. Halten sie Vorlesungen: ›Vom Beichtvater zum Public-Relations-Manager: Mein Weg nach oben‹. Aber ziehen sie - um Christi willen, vielleicht aus einem Rest von Loyalität - die Kutte aus. Damit ich nie mehr das hässliche Wort ›Pfaffe‹ in den Mund zu nehmen brauche ... Bei Gott, mein Gott, jetzt ist mir leichter!«. Der Mann wurde bald danach Chefreporter bei der Bildzeitung. Eine wahrhaft verdiente Karriere!

Auch die *Presse*, diese sich unabhängig nennende, aber der Kirche nahestehende Wiener Tageszeitung, kann sich idealistische Motive im Zusammenhang mit dem Kirchenaustritt eigentlich nicht vorstellen. Wer ehrbar und anständig ist, bleibt doch in der Kirche! Deswegen wird Mynarek als »Mann mit Problemen« hingestellt. Deswegen hätten auch die österreichischen Bischöfe, die zum Zeitpunkt seines Kirchenaustritts gerade ihre Herbstkonferenz abhielten, eine Reaktion gezeigt, die »vor allem auf Bedauern und Mitleid beruht«.

Und Weihbischof Wagner, damals Sprecher der Österreichischen Bischofskonferenz, gab laut *Presse* noch eins drauf: »Was den Menschen Mynarek anlangt, weiß niemand, was an Dingen, die wir nicht kennen, hier mitspielt«. Recht so, nicht bloß der Menschenkenner Schopenhauer wusste: Was man verschlüsselt und unter geheimnisvoll-vagen Andeutungen sagt, wirkt um so diffamierender.

Die vagen Andeutungen und Vermutungen setzen sich im Artikel der *Presse* noch weiter fort. »Vielen, die mit Mynarek zusammengearbeitet haben, ist unerklärlich, wie dieser Mann so weit gekommen sein konnte, eigene unbewältigte Probleme, einschließlich der Sexualität, an die Öffentlichkeit zu tragen, und was ihn zum Verlassen der Kirche bewogen haben könnte, zumal ihm ja heute der Weg der Laisierung und Eheschließung offenstand.

Bekannte Mynareks deuten mehr oder minder verschlüsselt an, dass die Krankheit, die ihn im Frühsommer bewog, die Fakultät zu verlassen, auch psychische Auswirkungen haben könnte«. [48)] Interessant ist in diesen Ausführungen der *Presse* auch der Hinweis auf eine Krankheit von mir mit möglicherweise »psychischen Auswirkungen«. Die Redakteure dieser Zeitung seien davor gewarnt, eine Grippe zu bekommen. Denn da es sich bei meiner »rätselhaften Krankheit« um eine simple Grippe handelte, könnte auch ihre Grippe psychische Auswirkungen zeitigen.

Aus all dem geht ziemlich klar hervor: Einerseits werden die rationalen Gründe für meinen Kirchenaustritt ignoriert und unbewältigte Probleme, einschließlich der Sexualität, als eigentlicher Grund meines Schreibens an den Papst angeführt. Andererseits wird jedoch darauf verwiesen, dass diese sexuellen Probleme durchaus im Einvernehmen mit der Kirche durch Laisierung zu lösen gewesen wären. Da ich auf diese Lösung verzichtet habe, sollte man endlich meine rationalen Argumente zur Kenntnis nehmen.

Den Vorwurf der Irrationalität gebe ich also an die *Presse* und die Herren Bischöfe zurück. Die beiden Berichte dieses Blattes lassen noch einigermaßen erkennen, welche Schockwirkung mein Austritt aus der Kirche auf katholische Journalisten und Hierarchen gehabt haben muss. Jedenfalls fanden sie keine rationale Antwort auf die Argumente meines auch dem Kardinal von Wien vorliegenden Papstschreibens: »Wo der Verstand versagt, muss das Gefühl her!«. Nach diesem Motto machten nun die Bischöfe in Irrationalität, nämlich in den Gefühlen des Mitleids und des Bedauerns. Aus ihren schockierten Herzen quoll Mitleid mit dem armen »Menschen Mynarek«. Sagen wir's in Zitaten aus dem zweiten Bericht der *Presse*:

Da »der Schock über diesen Schritt allenthalben beträchtlich« war, »zeigten die Bischöfe eine Reaktion, die vor allem auf Bedauern und Mitleid beruht«. Nietzsche hatte schon recht, als er meinte, Mitleid sei eine Form der Verachtung. Nur: Der Leser entscheide selber, wen es hier zu bemitleiden und dementsprechend zu verachten gilt.

Der kirchlichen bzw. kirchennahen Presse ging es in der Polemik gegen mich nicht einfach darum, mich schlecht zu machen, sondern auch darum, weitere Wirkungs- und Berufsmöglichkeiten Mynareks zu erschweren bzw. zu verhindern. Vorsorglich wurde in manchen Blättern schon davor gewarnt, Mynarek etwa einen Lehrstuhl im philosophischen Fachbereich anzubieten. Am vornehmsten drückte sich noch die im Herder-Verlag, Freiburg i. Br., erscheinende Wochenzeitung *Christ in der Gegenwart* (Nr. 48/1972, S. 394) aus: »Die philosophische Fakultät, in die Mynarek selbst aufgenommen werden möchte, hat offensichtlich schon abgewinkt«. Das hatte sie zwar bis zu diesem Zeitpunkt nicht, aber es sollte als Wink mit dem Zaunpfahl aufgenommen werden.

Selbst ein katholischer Priester und zugleich Universitätsprofessor der Theologie tat durch Absendung anonymer und diffamierender Briefe und Berichte an verschiedene Universitäten alles, um meinen Ruf zu ruinieren und eine weitere Berufung von mir auf einen Hochschullehrstuhl zu unterbinden.

Tatsächlich war es mir nach meiner (im nächsten Kapitel noch zu schildernden) Enthebung von meinem Wiener Lehrstuhl unmöglich, einen solchen an einer philosophischen Fakultät im deutschsprachigen Raum (anderswo habe ich es nicht versucht) zu erhalten. Zwar soll die Philosophie weltanschaulich und kirchlich unabhängig sein, und dies nicht bloß an irgendwelchen Privatinstituten und Akademien der Philosophie, sondern gerade und insbesondere an den staatlichen Hochschulen. Aber Angst, die die »gesellschaftliche Kraft« Kirche als universales Druckmittel überall offen oder versteckt anwendet, empfinden selbst staatlich beamtete Philosophieprofessoren vor ihr.

Der Dekan des philosophischen Fachbereichs einer westdeutschen Universität erklärte mir, nachdem er zunächst unsicher herumdruckste und auf die überaus zahlreichen Anwärter auf einen Lehrstuhl hinwies, dass man sich durch meine Berufung nur Ärger mit der Kirche einhandeln würde. Der Arm der Kirche, fügte er hinzu, sei lang und mache auch vor den philosophischen Fakultäten keineswegs halt. »Mit Ihren philosophischen Arbeiten können Sie sich durchaus auch bei uns sehen lassen, aber das ist leider nicht das Entscheidende«, versuchte er mich am Ende des Gesprächs zu trösten.

Anfangs wollte ich nicht daran glauben, dass es überall auf philosophischen, soziologischen usw. Lehrstühlen so zugeht. Ich bewarb mich unter Beifügung meiner philosophischen und soziologischen Aufsätze, Beiträge und Bücher an verschiedenen Universitäten, wenn diese einen entsprechenden Lehrstuhl in der Presse ausgeschrieben hatten. Wenn überhaupt eine Reaktion kam, dann war es der stereotype Satz: »Wir konnten leider Ihre Bewerbung nicht berücksichtigen«.

An der Universität Bremen war ein religionswissenschaftlicher Lehrstuhl ausgeschrieben worden. Wieder bewarb ich mich, wieder kam die stereotype Absage. Da setzte ich mich in den Zug nach Bremen und stellte den Dekan der entsprechenden Fakultät zur Rede. Es war ein evangelischer Theologieprofessor, und er war sehr höflich, ja nett. Aber er sagte mir ganz klar, dass diese Ausschreibung vermeintlich erst noch zu besetzender Lehrstühle in der Presse im Grunde eine Farce sei: »Und Sie, Herr Mynarek, können noch so qualifiziert sein. Aber wir müssen hier nach dem Proporz vorgehen, und da haben Sie keinerlei Chancen. Denn nach diesem Proporz kommt bei der Besetzung religionswissenschaftlicher bzw. religionsgeschichtlicher Lehrstühle einmal ein katholischer, das andere Mal ein evangelischer Theologe dran. Nichtkirchliche Wissenschaftler sind nicht vorgesehen. Den Lehrstuhl, um den Sie sich beworben haben, bekommt diesmal ein katholischer Theologe«.

So sieht das also aus in unserem Staatskirchensystem, in dem die Trennung von Kirche und Staat bloßer Schein ist: Religionswissenschaftliche und religionsgeschichtliche Lehrstühle, die doch den Auftrag erfüllen sollen, alle Religionen möglichst vorurteilsfrei und gleichberechtigt zu behandeln, darzustellen und zu vergleichen, dürfen nur von evangelischen und katholischen Theologen verwaltet und besetzt werden. Das Ziel ist klar! Denn wo käme man denn mit der christlich-kirchlichen Religion hin, wenn diese sich dem absolut gleichberechtigten Vergleich und freien Kräftespiel mit den anderen Religionen aussetzen müsste?

Nein, am Ende muss, wie beim »Wort zum Sonntag« im Fernsehen, bildlich gesprochen, das liebe Jesulein auf der Bildfläche erscheinen und den Sieg davontragen. Ohne Bild gesprochen: Der Anspruch des Christentums, die höchste und einzig wahre Religion zu sein, muss dadurch durchgesetzt werden, dass man die religionswissenschaftlichen und religionsgeschichtlichen Lehrstühle mit kirchlichen Theologen besetzt!

Ganz ähnlich setzt sich die Sache ja auch bis ins Medium Fernsehen fort. Da gibt es fast tagtäglich religiöse Sendungen in den verschiedenen Programmen, da werden interessante Themen aus der weiten Welt der Religionen angeboten. Aber diejenigen, die diese Themen darstellen, sind so gut wie ausschließlich katholische oder evangelische Theologen und Fachleute. Eine unabhängige, vorurteilsfreie Darlegung dieser Themen durch nichtchristliche, ja auch nur durch kirchen- und konfessionsfreie christliche Religionswissenschaftler ist praktisch ausgeschlossen.

Nicht anders verhält es sich mit dem Medium Rundfunk, WDR, NDR, Bayerischer Rundfunk, SWF, SF usw. - in allen gibt es eine offizielle Sektion »Theologie und Kirche«, »Theologie und Gesellschaft«, die stets von einem kirchentreuen Mann geleitet wird und streng darauf achtet, dass Religion exklusiv christlich, kirchlich kanalisiert auf die Häupter der Rundfunkkonsumenten herabrieselt.

Konzentrieren wir uns jetzt aber wieder unmittelbarer auf das Thema des jetzigen Kapitels. Sehr viel maßloser als die oben wiedergegebenen Presseberichte und -kommentare zu meinem Fall [49] gebärdeten sich die Autoren privater Schmäh- und Drohbriefe an mich. Mich erreichte ein ganze Flut solcher Schreiben, mit denen offenbar regelrechter Psycho-Terror gegen mich ausgeübt werden sollte. Stellvertretend für viele in einem ähnlichen Ton gehaltene Briefe gebe ich im Folgenden einen von ihnen fast ungekürzt wieder:

»Herr Dr. Mynarek! Ja, sagen Sie, schämen Sie sich nicht ... Sie Dreckslump!! Sie haben sicher auch umsonst studiert, mit einem nebenbei scheußlichen und teuflischen Charakter!!! Das sagen wir Ihnen, mein Mann und ich: Sie Scheusal, das die Erde trägt, wir wünschen Ihnen aus ganzem Herzen und aus tiefster Seele eine Frau, denn Konkubinen müssen Sie ja schon genug gehabt haben, denn sonst könnten Sie nicht so sprechen, also eine Frau, die Ihnen das Leben zur Hölle macht !!! Sie ganz gemeiner, elender Schuft! Wissen Sie, wenn ich wüsste, wo ich Sie finde, abpassen würde ich Sie und mit der Hundepeitsche solange ins Gesicht schlagen, bis Sie sich nicht wiedererkennen! Obwohl ich keinem Wesen oder Tier was zu Leide tun kann, aber mein Mann gibt mir vollkommen recht, Sie gehören gedroschen bis zur Bewusstlosigkeit, für Ihr loses Maul, das soviele Menschen ins Unglück stürzt.

Sie können dem Teufel die Hand reichen, denn Sie sind ja der Satan in Menschengestalt, ohne Hemmungen, ohne Charakter! Wenn ich schon so unendlich gemein bin, dann hau ich ab und verschwind wie ein Gestank, denn Sie verbreiten ja einen bestialischen Gestank um sich ... pfui, pfui, pfui !!!

Na, das können wir Ihnen sagen, wenn es bei Ihnen zum Sterben einst kommt, da kommen, einstweilen Sie mit dem Teufel raufen, 1000 Andere in den Himmel. Man braucht nur Ihre Visage anzuschauen! Drei Bananen quer durch ihr loses Maul, das sagt einem ja Alles!!! Aber eines schreiben Sie sich noch hinter Ihre Ohren: ›Gottes Mühlen mahlen langsam, aber trefflich fein‹.

Das gilt auch für Sie, Sie charakterloser Schuft! Nun wünschen wir Ihnen ein Frauchen, das zuerst schmeichelt, dann beißt und kratzt und Sie schließlich noch betrügt soweit es nur geht! Es kommt der Zahltag, merken Sie sich es! Eine Familie, die Ihnen alles wünscht, nur nichts Gutes«.

Einige kürzere Auszüge aus anderen Briefen an mich sollen hier aber noch zur Wiedergabe gelangen, weil sie typisch und charakteristisch für die Mentalität des katholischen Fußvolkes sind, das durch die Hierarchie permanent irrgeführt wird. Da warnt in einem Brief aus Wien »eine Gruppe Ihrer Hörer«, meine Hände von brisanten Kirchenthemen zu lassen. »Bitte schreiben Sie über dieses

Thema *kein* Buch!!! Es könnte sonst was passieren!!! Jemand, der unbekannt bleiben will, aber noch rechtzeitig warnt!!!«. (Aus dem übrigen Inhalt des Briefes geht hervor, dass sein Autor oder seine Autoren ganz sicher keine Studenten sind). Da mahnt ein anderer Briefschreiber gewichtig: »Entweder Rückkehr zu Ihrem Seelenheil oder ewige Verdammnis«. Da drohen vermeintliche »Assistenten und Studenten der Universität Düsseldorf« (der Brief ist mit 36 Unterschriften versehen): »Vögeln Sie soviel Sie wollen ... aber lassen Sie Kirche, Priester und Laien aus dem Spiel. Wir warnen Sie!!! Es könnte einmal böse ausgehen!!!«.

Da können sich die Briefeschreiber als Grund für meinen Austritt aus der Kirche und meine Kritik an ihr immer wieder nur eine ausschweifende Sexualität vorstellen. Hunderte von Briefen an mich enthalten jedenfalls dieses Motiv. Nur zwei typische Beispiele. In einem Brief heißt es: »Haben Sie mit Ihrer Jetzigen, da Sie Theologe waren ... auch so doll gevögelt und daran Gefallen gefunden ...? Und wie war es bei Ihnen mit Homosex ???«. In einem anderen: »Wenn Sie Theologe waren, wieviele Seelsorge-Pfarrhelferinnen, Nonnen, Haushälterinnen und andere Mädchen haben Sie verführt?... Herr!, kommen Sie doch zur Vernunft!!!«.

Mit dieser aggressiven Briefflut stehe ich keineswegs allein da. Als die Theologin Ranke-Heinemann öffentlich erklärte, sie könne an die biologische Jungfräulichkeit Marias nicht glauben, »stand die Bistumsspitze Kopf. Seitdem wird in den Essener Kirchen aufs heftigste gegen mich gepredigt und auf beleidigende Weise für mich gebetet. Außerdem bekomme ich sehr viel fromme Post. 90 % Beschimpfungen (›rote Polithure‹) und Belehrungen«[50].

Schlimmer als die Droh-, Warn- und Schmähbriefe an mich empfand ich die äußerst zahlreichen Telefonanrufe voller Bosheit und Gemeinheit. Noch mehr litt unter ihnen meine Frau (ich hatte nach dem Kirchenaustritt inzwischen standesamtlich geheiratet), denn die telefonischen Beschimpfungen und Drohungen gegen sie kamen fast immer dann, wenn ich zu Vorträgen unterwegs und sie allein im Haus war. In Bezug auf meinen Fall sagte die Zeitschrift *Pardon* treffend:

»Das Telefon kann zum psychischen Terrorinstrument werden«[51)]. Diese Zeitschrift bat mich auch, den Telefon-Terror konkreter zu beschreiben. Hier die Quintessenz[52)]: »Wenn meine Frau Christine den Telefonhörer abnimmt, werden ihr des öfteren folgende Bemerkungen an den Kopf geworfen: ›Drecksau‹, ›Hure‹, ›Hallo Süße, wann hast Du denn Zeit für mich?‹, ›Wiener Früchtchen‹, ›Wars schön heut Nacht?‹.

Mir selbst wurden folgende Anrufe zuteil: ›Du wirst erschossen‹ (vor der beabsichtigten Herausgabe meines Buches bei Bertelsmann). ›Du glaubst doch nicht im Ernst, dass Dein Saubuch in Bayern herauskommt‹. ›Wenn das Buch herauskommt, bist Du in 14 Tagen ein toter Mann: Mit Dir, Mynarek, nimmt's ein böses Ende‹. ›Armer Hubertus, schon ein harmloser Minirock hat Dich zum Verräter werden lassen‹. Und immer wieder: ›Dreckschwein‹, ›Verräter‹, ›Hurenbock‹, ›Lump‹ ,›Gesinnungslump‹, ›Schuft‹.

Immer wieder werden wir nachts angerufen. Sobald wir den Hörer abnehmen, ist es eine Weile still und dann wird auf der anderen Seite der Leitung aufgelegt. Aber es gibt auch Tage, an denen fast ununterbrochen das Telefon klingelt, ohne dass wir je die Stimme der Person am anderen Ende der Leitung zu Gehör bekommen. Es wurde von unserer Seite eine sog. Fangnummer durch die Post beantragt. Die Täter - es sind Männer- und Frauenstimmen - konnten nicht ausgemacht werden. Laut schriftlicher Auskunft der Post waren die Anrufe von Automaten in Würzburg aus getätigt worden oder sie lagen außerhalb des Fangbereiches«.

Die Magazine *Der Spiegel* und *Stern* recherchierten unabhängig voneinander, um herauszubekommen, was an der Sache dran ist. Das erstere konstatierte »finanziellen Druck« und »psychischen Terror«, die gegen mich angewandt würden. »Hunderte Schmähbriefe (›Drecksau‹, ›Bald bist Du einen Kopf kürzer‹), anonyme Anrufe (bis 47 mal in einer Nacht) und Schikanen (20 durchstochene Autoreifen) drohten aus Mynarek einen Verschreckten zu machen, der durch halb Deutschland von Wohnsitz zu Wohnsitz hetzte, bis er schließlich in einer Mansardenwohnung nahe Frankfurt landete. Viele der Quälgeister beriefen sich auf ihren Glauben und ihre Treue zur Kirche«. [53)]

Zu einem ähnlichen Ergebnis kamen die Recherchen des *Stern*-Magazins: »Neben der finanziellen Pleite drückten Mynarek noch andere Sorgen. Nachdem die katholische Kirche gegen ihn mobil gemacht hatte, litt die Familie - damals wohnte sie noch in Kitzingen - monatelang unter dem Stress ständiger Beleidigungen von bayerischen Bürgern. Rekord waren 47 beleidigende Telefonanrufe in einer einzigen Nacht (›Drecksau‹, ›Priesternutte‹, ›Wir hauen dir den Kopf ab‹). Angetrunkene Nachbarn, streng katholisch, randalierten mit wüsten Beschimpfungen vor der Wohnung. Als Mynarek aus Kitzingen wegziehen wollte, fand er nur schwer eine neue Bleibe«. [54)]

Man ersieht aus alledem: Es ist ein Ammenmärchen, zu glauben, so etwas wie die Morddrohungen gegen den Schriftsteller Rushdie sei nur in der Welt des Islam möglich. Kirchenchristen, wenigstens ein nicht unerheblicher Teil der Kirchentreuen, können das ebenfalls sehr gut. Die von fanatischen christlichen Abtreibungsgegnern in den USA ermordeten Ärzte reden da eine noch viel deutlichere Sprache.

Eines muss ich ja meinen Gegnern innerhalb der Kirche zugutehalten: sie hatten mich nachdrücklich vor all dem gewarnt, was auf mich zukäme, wenn ich es wagen sollte, aus der Kirche auszubrechen bzw. über die Verhältnisse in der Kirche öffentlich auszupacken. Ich erinnere mich z.B. an einen katholischen Arzt, den ich nur als Gutmenschen kannte und der auch durch einige im katholischen Geist abgefasste Buchveröffentlichungen einigermaßen bekannt war.

Nach meinem Austritt aus der Kirche war er wie umgewandelt. Ich hatte in ihm bisher nur den stets freundlichen, lächelnden Menschen gesehen. Als er mir aber jetzt gegenübersaß (er hatte mich zu einem Gespräch eingeladen), machte er eine so sorgenvolle, düstere Miene, dass ich zuerst einmal dachte, es sei ihm etwas ganz Schreckliches passiert. Doch das klärte sich sehr schnell. Nicht ihm, sondern mir sei etwas ganz Furchtbares zugestoßen, und das hänge mit meinem verdammungswürdigen Schritt des Kirchenaustritts zusammen, sagte er. »Seien Sie vernünftig und machen Sie diesen Schritt so schnell wie möglich rückgängig!«.

Er bemühte sogar eine Art von Psychoanalyse: »Wenn einer so lange Priester war wie Sie, dann hat er die Lehren und Normen der Kirche derart verinnerlicht, dass sie ein unabtrennbarer Teil seiner Psyche geworden sind. Wenn Sie sich jetzt von der Kirche abwenden, wird sich Ihre Psyche mit furchtbaren seelischen und vielleicht sogar körperlichen Traumata rächen. Und ich garantiere Ihnen«, fügte er geradezu drohend hinzu, »dass dieses eiternde Geschwür in Ihnen nie geheilt, nie zur Ruhe kommen wird. So etwas kann man nicht therapieren. Sie wenden sich gegen sich selbst, gegen Ihren besten Teil, wenn Sie sich gegen die Kirche wenden«.

Zugegeben, er war ein frommer Mann und aus Frömmigkeit geradezu demütig. Einige Male hatte er sogar aus eigenem Antrieb bei meiner Zelebration der hl. Messe als Messdiener fungiert. Aber jetzt fühlte er sich offensichtlich als strafender Vertreter und Vollzieher der Urteile der Kirche. Er nahm eine ganz überlegene, fast hochmütige Haltung ein und warf mir von oben herab Untreue, Verrat, Zwiespältigkeit, psychische Inkonsequenz u.ä. vor.

Und dann kam auch dieser fromme und an sich intelligente Mann auf das katholische Standard-Argument des »cherchez la femme«. »Sehen Sie«, argumentierte er, »wenn Sie jetzt vielleicht vorhaben, zu heiraten, dann machen Sie einen großen Fehler. Ein Priester, der solange einsam als Zölibatär gelebt hat, ist praktisch eheunfähig« (womit er in vielen Fällen sogar recht haben dürfte).

Er schlug mir also etwas Anderes vor: »Kehren Sie in die Kirche zurück, bitten Sie den Heiligen Vater um Verzeihung und darum, wieder als Priester arbeiten zu dürfen. Und nehmen Sie sich, da Sie ja offensichtlich nicht ohne Frau auskommen, eine gute und fromme Seelsorgehelferin oder Pfarrassistentin als Freundin. Eine solche Frau wird Ihnen über Ihre priesterliche Einsamkeit hinweghelfen. Sie werden durch Sie fähig werden, eine ganz reine, seelisch-geistige Beziehung zu ihr aufrechterhalten.

Gut, der Körper wird sich von Zeit zu Zeit melden und seine Ansprüche geltend machen. Und Sie scheinen mir tatsächlich ein zu vitaler Mensch zu sein. Aber ich möchte Ihnen hiermit gewisse Hormonspritzen und Tabletten anbieten, die ich auch meinem Sohn, der ebenfalls Priester ist, verabreiche. Mein Sohn spürt infolge dieser Verabreichungen gar keine sexuellen Versuchungen mehr!«.

Er nannte mir auch eine Seelsorgehelferin, die ich bereits kannte und die er für diesen »Dienst am Priester« für außerordentlich geeignet hielt. »Denn«, mahnte er nochmals mit strenger Miene, »ein Mynarek ist nicht der Typ jener zugegebenerweise seltenen heiligmäßigen Priester, die überhaupt keine Frau brauchen, weil sie in Gott oder Christus ihre vollkommene Erfüllung finden.

Sie brauchen wie das Heer der übrigen durchschnittlichen Priester eine Frau. Aber das darf keine gewöhnliche Geliebte sein, die den Priester durch die körperliche Liebe nur in den Abgrund zieht und sein Leben schließlich zur Hölle macht. Das muss vielmehr eine ganz auf Geistigkeit und Frömmigkeit ausgerichtete Frau sein, wie es Frl. ... (er nannte den Namen der Seelsorgehelferin) ist«.

Er wollte auch sofort einen Telefonkontakt zwischen ihr und mir herstellen. Aber ich lehnte dankend ab, wodurch er sich wiederum schwer enttäuscht durch mich fühlte. Trotzdem, er hatte seine Sache so überzeugend vorgebracht, dass auch ich längere Zeit mit den »seelischen Geschwüren« rechnete. Schließlich hatte ich lange Zeit als Priester gelebt und den Normen der Kirche gehorcht, also musste es davon auch seelische Sedimente geben. Aber diese Geschwüre - sie kamen nicht. Ganz im Gegenteil, mit jedem Tag, den ich jenseits der Kirche verbrachte, fühlte ich mich freier und seelisch gesünder. Auch wenn das Leben für mich nun finanziell und materiell viel schwieriger geworden war.

Noch eindringlicher wurde mir das Instrumentarium kirchlicher Warnungen, Drohungen, Bestechungen und Erpressungen gegenüber einem »Priester-Renegaten« in einem Gespräch vor Augen geführt, das der Herausgeber einer großen Regionalzeitung mit mir führte. Ich hatte seiner Zeitung, genauer seinem stellvertretenden Chefredakteur, ein Interview gegeben, in dem ich scharf gegen die absolutistisch-autoritäre Struktur und die Doppelmoral der katholischen Amtskirche polemisierte.

Einige Zeit später rief mich dieser stellvertretende Chefredakteur an und erklärte mir, meine Antworten auf seine Fragen in besagtem Interview seien seinem Chef, dem erwähnten Herausgeber der Zeitung, viel zu kirchenkritisch. Es bestünde kaum eine Möglichkeit der Veröffentlichung des Interviews, es sei denn, ich wäre bereit, eine Einladung seines Chefs anzunehmen und in dessen Haus ein Gespräch mit ihm über das Interview zu führen.

Später kam ich zur Überzeugung, dass das Interview mit mir nur ein Vorwand war, um mich zu diesem Zeitungsverleger zu bringen. Da ich mich bereit erklärte, holte mich der stellvertretende Chefredakteur mit seinem Auto ab. Er bat auch meine Frau mitzukommen. Wir wurden also zum Zeitungsverleger gebracht. Große Villa, gewaltiger parkähnlicher Garten - vielleicht sollte auch das auf uns Eindruck machen -, denn wir hätten uns ja auch in irgendeinem Café oder Restaurant treffen können.

Nun saßen wir also an einem viereckigen Tisch, an der einen Seite des Tisches meine Frau und ich, sie rechts, links von mir an der sich anschließenden Seite des Tisches saß der Herausgeber der Zeitung, ihm gegenüber der stellvertretende Chefredakteur (nennen wir ihn im weiteren Verlauf dieses Berichts der Kürze wegen nur noch »Vize«). Schon rein visuell und akustisch betrachtet, entbehrte die Situation nicht einer gewissen Komik. Denn der Zeitungsboss war klein und schmächtig, sein Vize 1.90 m groß und kräftig. Der Boss sprach leise (ganz im Sinne der Tatsache, daß die Mächtigen auch gehört werden müssen, wenn sie nicht brüllen). Sein Vize, obwohl körperlich ihm doch so überlegen, nickte untertänigst und höchste Übereinstimmung manifestierend bei allem, was der Chef sagte.

Und er hatte so einiges zu sagen, wie ich mit immer größerem Erstaunen konstatierte. Er eröffnete mir nämlich, dass er von einigen führenden Kirchenmännern, darunter einem Kardinal, dessen Namen er vor uns auch nannte und dessen Freund er tatsächlich war, gebeten worden sei, dieses Gespräch mit mir zu führen. Er könne mir im Namen dieser offiziellen Vertreter der Kirche garantieren, dass ich wieder einen Lehrstuhl am theologischen Fachbereich einer Universität erhalte, wenn ich mich verpflichte, wieder in die Kirche zurückzukehren und mein angekündigtes Buch über die Verhältnisse im kirchlichen Herrschaftsapparat nicht herauszubringen.

Bis dahin hatte der Zeitungsverleger leise und recht freundlich zu mir gesprochen. Offensichtlich hatte er erwartet, dass ich sein großzügiges Angebot freudig und sofort annehmen würde. Möglicherweise wollte er auch seinen »Sieg«, also meine Bereitschaft, wieder in die Kirche zurückzukehren, auf dem schnellsten Wege dem Kardinal mitteilen.

Als aber meinerseits noch immer keine Reaktion erfolgte, wurde plötzlich seine Stimme lauter und schneidender: »Nun, ich habe Ihnen dieses Angebot gemacht, und es ist ein gutes Angebot. Wenn Sie mir keinen Glauben schenken wollen, bitte, greifen sie hier zum Telefon und rufen Sie den Rektor der Universität ... an. Er wird Ihnen bestätigen, dass Sie die Universitätsprofessur unter den angegebenen Bedingungen wirklich erhalten.

Aber ich warne Sie. Wenn Sie ein so großartiges Angebot der Kirche nicht annehmen, dann soll ich Ihnen ausrichten, dass man Sie mit dreißig und mehr Gerichtsprozessen in den finanziellen Ruin treiben wird. Und Sie werden dann, nach Jahren oder Jahrzehnten, im Rinnstein liegend um die Gnade winseln, wieder in die Kirche aufgenommen werden zu dürfen«. »Offenbar«, so setzte er seine Rede fort, »haben Ihre Vorgesetzten recht, die mir gesagt haben, Sie seien verstandesmäßig nicht zu überzeugen.

Glauben Sie mir, wir können die Scheiterhaufen früherer Jahrhunderte nicht mehr von neuem anzünden. Aber wir können auch heute noch Menschen finanziell vernichten. Wenn Sie unter Sozialhilfeniveau infolge der Prozesskosten und anderer Beeinträchtigungen vegetieren werden, werden Sie schon zu Kreuze kriechen«.

Das Ganze blieb nicht ohne Wirkung. Ich war ziemlich niedergedrückt. Der Zeitungsboss bemerkte es, innerlich triumphierend. Er schaute zu meiner Frau hinüber und wurde wieder freundlicher: »Machen Sie doch eine Weltreise mit Ihrer hübschen Gattin, zeigen Sie ihr die schöne Welt. Wir kommen dafür auf, aber vergessen Sie Ihre Kritik an der Kirche!«.

Das Gespräch dauerte etwa vier Stunden. Es war ein (wahrscheinlich beabsichtigtes) Wechselbad von Freundlichkeiten und Gemeinheiten, die mir da serviert wurden, wobei die Tendenz deutlich war, einen Keil zwischen meine Frau und mich zu treiben. Der Zeitungsverleger überhäufte sie mit Komplimenten und wiederholte mehrfach, wie sehr sie ihm leidtue, wenn sie an der Seite »eines solchen Mannes« die kommenden Jahre in Not, Elend und Kampf verbringen wolle. Die Gesprächsatmosphäre verschlechterte sich von Minute zu Minute, weil eben der vom Zeitungsboss erwartete Effekt, nämlich die Annahme seines »großzügigen« Angebots durch mich, ausblieb.

»Was bilden Sie sich überhaupt ein«, herrschte er mich plötzlich an, »sind Sie ein Übermensch oder stehen Kommunisten bzw. andere Kreise hinter Ihnen? Ein Einzelner hat doch nicht soviel Idealismus, um gegen die ganze Kirche anzukämpfen. Ich sage Ihnen sogar etwas rein unter uns: Ich glaube auch nicht an die Kirche, aber ich glaube an die Macht der Kirche, und die wird Sie zermalmen, wenn Sie nicht aufgeben!«.

Nach diesem erregten Ausbruch, der immer noch nicht die erwartete Wirkung bei mir zeigte, entstand eine Pause und danach wurde eine weitere Salve abgefeuert: »Wo Sie sitzen, da haben schon Franz Josef Strauß und etliche Kardinäle gesessen. Sie sind doch ein ganz kleiner Mann im Vergleich zu diesen Größen, aber selbst die würden es nie wagen, gegen die Kirche aufzubegehren. Wissen Sie, was Sie sind? Sie sind ein ganz miserabler Nestbeschmutzer, der seine früheren Kollegen anschwärzt!«.

Der Mann redete sich immer mehr in Rage, dies vielleicht auch deshalb, weil ich einfach neugierig zuhörte und wenig erwiderte. Zuerst war ich negativ beeindruckt gewesen, aber jetzt war es fast eine interessante psychologische Studie für mich, diesen immer mehr aufgebrachten Zeitungsboss zu beobachten. Er bewegte sich nervös auf seinem Stuhl hin und her, beugte sich dann abrupt zu mir hin und berührte mit einer Hand mein Kinn. »Sie haben doch überhaupt keinen starken Bartwuchs«, stellte er fest.

»Dann können Sie doch auch keine so großen sexuellen Versuchungen haben. Ich kenne einen Bischof (er nannte seinen Namen), den habe ich oft bei Visitationen begleitet. Wenn die knusprigen Bauernmädchen auf den Dörfern uns dann bei Tisch bedienten, griff er an ihren Po, dass es nur so zwickte. Das war ein Mann, und er hatte einen starken Bartwuchs! Aber heute, schauen Sie sich den Mann doch heute an. Sein Mund ist nur noch ein einziger Strich, ein Zeichen dafür, wie sehr er sich beherrscht, auf wieviele Dinge er verzichtet hat. Aber dafür ist er heute Kardinal! Schauen Sie dagegen auf Ihre eigenen breiten und wollüstigen Lippen, dann sehen Sie den Unterschied zwischen seinem und Ihrem Menschsein. Ihnen fehlt es an Selbstbeherrschung!«.

Wie gesagt, die Situation wurde immer grotesker und komischer. Endlich schaltete sich mal der Vize ein, hörte mit dem stets zustimmenden Nicken seines Kopfes auf und wagte auch einmal etwas zu sagen: »Was soll ich denn«, fragte er seinen Chef unterwürfig, »mit dem Interview anfangen, das Herr Mynarek mir gegeben hat. Wenn ich das veröffentliche, kriege ich doch nicht einmal die Lossprechung von meinem Beichtvater«.

Jetzt reizte es mich unwiderstehlich, der Komik der ganzen Situation noch eins draufzusetzen. Ich sagte gönnerhaft zum Vize, indem ich zugleich mit der rechten Hand pathetisch ein großes Kreuz machte: »Ach, was die Lossprechung in Ihrer Beichte betrifft, da absolviere ich Sie. Denn Sie wissen ja wohl, dass nach katholischer Lehre ein Priester stets Priester bleibt, das unauslöschliche Signum der Priesterweihe nie verliert. Also: ego te absolvo in nomine Patris et Filii et Spiritus Sancti!«.

Nun hielten mich ja die beiden Herren für einen ganz bösen, abgefallenen Priester, aber jetzt nach diesem theatralischen Akt der Absolution geradezu für den Leibhaftigen. Sie sprangen beide von ihren Sitzen auf und stürmten ob dieser furchtbaren Blasphemie, dieses himmelschreienden Sakrilegs auf mich zu. Aber als ich mich, keineswegs verängstigt, sondern belustigt, ebenfalls von meinem Stuhl erhob, um mich evtl. zur Wehr zu setzen, hielten sie sofort in Ihrer Bewegung inne und setzten sich wieder brav hin.

Aber mir reichte jetzt das Theater. Ich erhob mich erneut und schickte mich an, den Raum zu verlassen. Meine Frau, noch immer entsetzt von all dem, was sie da gehört hatte, blieb wie gebannt auf ihrem Stuhl sitzen. Das nahm der Zeitungsboss als Beweis, dass selbst meine Frau nicht mehr mit mir übereinstimmte, und machte ihr wieder Komplimente. Noch im Herausgehen hörte ich, wie er mir nachschrie: »Mir tut ja bloß Ihre arme Frau leid!«.

Draußen - es war inzwischen etwa 23.00 Uhr - war es stockfinster. Ich brauchte eine Zeitlang, um mich an die Dunkelheit zu gewöhnen. Da wir mit dem Auto des Vize hergebracht worden waren, hätte es der Anstand verlangt, dass man uns auch wieder mit dem Auto nachhause transportierte, auch wenn das Gespräch so negativ verlief, wie das nun einmal der Fall gewesen war.

Das Haus des Zeitungsverlegers war nämlich etwa vier Kilometer von der nächsten Stadt und sicher 25 km von unserer damaligen Wohnung entfernt. Aber der Zeitungsboss wollte mich offensichtlich bestrafen. Denn nicht bloß stellte er kein Auto, er hetzte noch sein Kalb von Hund hinter mir her. Von seinem Haus bis zum schmiedeeisernen Tor seines parkähnlichen Gartens waren es bestimmt ein paar hundert Meter, und dieses Tor war nur elektrisch zu öffnen und zu schließen.

Inzwischen war auch meine Frau aus dem Haus gekommen, und wir bewegten uns suchend, fast tastend, zum Gartentor hin. Hinter uns bellte und fauchte der Hund, aber immer wenn ich stehenblieb und mich zu ihm umdrehte, hielt er auch inne. Also von dem ging keine Gefahr aus. Endlich waren wir am Tor, aber das war geschlossen, und unser »liebenswürdiger Gastgeber« dachte gar nicht daran, den entsprechenden Knopf zu drücken und uns ins Freie zu lassen. Wir warteten eine Weile, als aber nichts geschah, versuchte ich das Tor aufzubekommen. Mit fast übermenschlicher Kraft bekam ich einen kleinen Spalt auf, und wir zwängten uns durch. Wir mussten aber noch vier Kilometer durch den Wald laufen, bis wir die Stadt erreichten. Von dort aus fuhren wir dann mit dem Taxi nach Hause. Übrigens berichtete der *Spiegel* (Nr. 47/1973, S. 226) aufgrund meiner Schilderung über das Gespräch mit dem Zeitungsverleger. Und dieser dementierte nicht noch sandte er eine Gegendarstellung.

Kurz nach dem eben geschilderten Vorfall meldete sich noch einmal ein der Kirche treu ergebener Theologieprofessor telefonisch bei mir und machte mir »ein sehr günstiges Angebot« als Preis für die Rückkehr in die Kirche. Als ich wieder ablehnte, waren sich die »Herren der Kirche« nun absolut sicher, dass diesem »Unbekehrbaren« nur noch der gesamte Strafkatalog der Kirche helfen konnte.

Man muss sich dabei stets gegenwärtig halten, dass die Papstkirche eine sehr alte Institution ist und im Laufe der Jahrhunderte unerhört viele Methoden erfunden, übernommen und entwickelt hat, um Abweichler und Aussteiger zu bestrafen. Ihr oberstes Gesetz war immer Machtaneignung und -vermehrung, und je größer ihre Macht wurde, umso grausamer waren die Methoden, die sie gegen jene anwandte, die ihre Macht zu gefährden schienen.

Schon die gegen den Willen Jesu erfolgte Installierung des Papsttums im Laufe des ersten Jahrtausends unserer Zeitrechnung war eine einzige kontinuierliche Kette ungeheuerlicher Machtmissbräuche und Geschichtsfälschungen [55]. Sobald sich dann die Papstkirche zur obersten aller christlichen Kirchen, zur alleinseligmachenden und stets unfehlbaren Institution sowie zur höchsten Instanz in Sachen der Wahrheit, der Moral und des Rechts aufgeschwungen hatte, leistete sie sich so ziemlich alles, was im *Wörterbuch des Unmenschen* überhaupt vorkommen kann: alle Exzesse und Perversionen des Machtrausches und der sadistischen Grausamkeiten.

Sie wurde »die am meisten verfolgende Religion, die die Welt je sah«. Die Quintessenz eines der neueren Geschichtsbücher über das Papsttum gipfelt in dem Satz: »Die größte Sünde des Papsttums und Quelle der meisten anderen Sünden war der Missbrauch seiner riesigen Macht«. [56]

Mit einer Unsumme von Intrigen, Verleumdungen, Unterstellungen, Exkommunikationen und Geschichtsfälschungen hatte sich der Bischof von Rom zum Patriarchen des Abendlandes und schließlich zum allen anderen Patriarchen der Ostkirche überlegenen Papst gemacht. Im 11. Jahrhundert folgte dann ein weiterer Paukenschlag. Hatten sich die Päpste bisher den Kaisern, sowohl den römischen als auch den byzantinischen und nachher den deutschen, im großen und ganzen untergeordnet, und zwar bisweilen in unterwürfigster Weise, um an deren ungeheuren Machtprivilegien zu partizipieren, so endete diese Phase abrupt mit Gregor VII.

Er war der letzte Papst, der zu seiner Ernennung noch die kaiserliche Bestätigung benötigte, aber auch der erste, der dann einen Kaiser absetzte! Nach ihm behaupteten noch 95 Päpste von sich, eine göttliche Autorität für die Exkommunikation und Absetzung von Staatsoberhäuptern zu haben. Um Absetzungen durchzusetzen, war den »Herren der römischen Kirche« Blutvergießen nie ein zu hoher Preis, obwohl sie sich doch bei Schwangerschaftsunterbrechungen so vehement als Hüter des Lebens aufspielen. Allein auf das Konto der Auseinandersetzung Gregors VII. mit Heinrich IV. gehen 75 blutige Schlachten!

Blutvergießen war aber stets nur eines von vielen Mitteln, mit denen die Papstkirche ihre Ziele durchsetzte. Ein anderes waren List und Hinterlist. Gregor VII. brauchte z.B. einen Beweis für seine gottgegebene Überlegenheit über den Kaiser. Nichts leichter als das! Er richtete eine Werkstatt für Dokumentenfälschung ein. Und schon gab es jene »uralten historischen Urkunden«, die diesen Beweis lieferten. In einer der gefälschten Urkunden Gregors VII. heißt es dann apodiktisch: »Niemand auf Erden kann über den Papst urteilen. Die Römische Kirche hat nie geirrt und kann bis zum Ende der Zeiten nie irren. Allein der Papst kann Bischöfe absetzen. Er kann Kaiser und Könige absetzen«.

Papst Innozenz III. (1198 - 1216) hob die maßlose Selbstüberschätzung des Papsttums noch weiter an. Die Päpste waren nun nicht mehr bloß »Stellvertreter Petri«, sondern »Stellvertreter unseres Erlösers Jesu Christus« und »Beherrscher der Welt«. Und man habe »dem Papst zu gehorchen, selbst wenn er Böses befiehlt«. Das war aber noch nicht genug. Papst Gregor IX. sah sich bereits als »Herrn und Meister über das Universum, sowohl Dinge als auch Menschen«. Papst Innozenz IV. als die »leibliche Gegenwart Christi« und Papst Bonifaz VII. (1294 - 1303) verkündete, »dass es für jedes Geschöpf zur Erlösung unbedingt erforderlich ist, dem römischen Oberhirten untertan zu sein«.

In seiner Bulle »Unam Sanctam« erklärt er: »Wer da leugnet, dass in Petri Gewalt auch das weltliche Schwert liege, beachtet nicht des Herrn Wort: Stecke Dein Schwert in die Scheide! Beide liegen also in der Gewalt der Kirche, das geistliche und das irdische, nur dass dieses für die Kirche, jenes von der Kirche zu führen ist, jenes von der Hand des Hohenpriesters, dieses von der des Königs nach dem Wink und der Erlaubnis des Priesters jedoch ... Wenn die irdische Gewalt vom rechten Weg abweicht, wird sie von der geistlichen gerichtet; wenn die höchste geistliche Gewalt es tut, wird sie allein von Gott gerichtet, nicht von einem Menschen ... Daher erklären, sagen, bestimmen und verkünden Wir, dass dem römischen Oberpriester untertan zu sein für jedes menschliche Geschöpf schlechterdings zur Heilsnotwendigkeit gehört«.

Wer da glaubt, die Päpste der Neuzeit und Moderne hätten sich von den wahnwitzigen Herrschaftsansprüchen ihrer mittelalterlichen Vorgänger distanziert, irrt gewaltig. Im Krönungsritual, mit dem auch der jetzt regierende Johannes Paul II. in sein Amt eingeführt wurde, sagt der krönende Kardinal zum neuen Papst: »... wisse, dass du bist der Vater der Fürsten und Könige, der Lenker des Erdkreises«.

Weiterhin beanspruchen auch die Päpste des 20. und 21. Jahrhunderts das höchste Richteramt über alle wirtschafts- und gesellschaftspolitischen Angelegenheiten unserer Welt. In der Enzyklika »Quadragesimo Anno« des Papstes Pius XI. heißt es: »An die Spitze Unserer Ausführungen setzen Wir den von Leo XIII. schon in helles Licht gestellten Satz: ›Nach Recht und Pflicht walten Wir kraft Unserer höchsten Autorität des Richteramtes über die gesellschaftlichen und wirtschaftlichen Fragen‹ ... Die von Gott Uns anvertraute Hinterlage der Wahrheit und das von Gott Uns aufgetragene heilige Amt, das Sittengesetz in seinem ganzen Umfang zu verkündigen, zu erklären und - ob erwünscht oder unerwünscht - auf seine Befolgung zu dringen, unterwerfen nach dieser Seite hin wie den gesellschaftlichen, so den wirtschaftlichen Bereich vorbehaltlos Unserem höchstrichterlichen Urteil« [57)].

»Unter den moralischen und religiösen Mächten nimmt die katholische Kirche unbestreitbar den ersten Rang ein, und so verlangt das Wohl der Menschheit, dass man ihrer Tätigkeit keine Hindernisse in den Weg lege« [58)]. Mit dieser Argumentation wird in einer anderen Enzyklika desselben Papstes der Anspruch des höchsten Richteramtes zusätzlich bekräftigt.

Unbeeindruckt durch die neuzeitliche Aufklärung, Liberalisierung und Säkularisierung der Gesellschaften und Staaten, hat es sich das »moderne« Papsttum selbstredend nicht nehmen lassen, auch seinen totalitären Herrschaftsanspruch selbst, sein absolutes Monarchentum von »Gottes Gnaden« direkt zum Dogma zu erheben und zum fundamentalen Bestandteil seines Kanonischen Rechts zu machen.

Auf dem 1. Vatikanischen Konzil (1869/1870) hat Pius IX. die beiden Dogmen vom universalen Jurisdiktionsprimat und der Unfehlbarkeit des Papstes proklamiert. Der Katholik ist verpflichtet, sie zu glauben, sonst verfällt er der strengsten Kirchenstrafe, der Exkommunikation. Der Text der dogmatischen Erklärung über den universalen Jurisdiktionsprimat des Papstes ist von - man kann es kaum anders bezeichnen - geistlichem Imperialismus ohnegleichen geprägt: Danach haben nicht nur die Katholiken, sondern »alle Christgläubigen« zu glauben, »dass der Heilige Apostolische Stuhl und der Römische Pontifex den Vorrang (primatum) über den ganzen Erdkreis innehat«, dass er »Haupt der gesamten Kirche, Vater und Lehrer der ganzen Christenheit ist, dass ihm ... die volle Gewalt übergeben ist, die ganze Kirche zu weiden, zu regieren und zu verwalten«.

»Die Römische Kirche besitzt ... den Vorrang der ordentlichen Gewalt über alle anderen Kirchen. Diese Gewalt der Rechtsbefugnis des Römischen Pontifex ... ist unmittelbar. Ihr gegenüber sind Hirten und Gläubige jeglichen Ritus und Ranges, einzeln sowohl wie in ihrer Gesamtheit, zur Pflicht hierarchischer Unterordnung und wahren Gehorsams gehalten, nicht allein in Sachen des Glaubens und der Sitte, sondern auch der Ordnung und Regierung der über den gesamten Erdkreis verstreuten Kirche«.

So ist »die Kirche Christi eine Herde unter einem obersten Hirten«. Der Papst ist der dogmatischen Erklärung zufolge auch »der oberste Richter aller Gläubigen«, dessen Gewalt die allerhöchste auf Erden ist, so dass er selbst von keinem gerichtet werden kann. »Das Urteil des Apostolischen Stuhls darf jedoch niemand ablehnen, da es keine höhere Amtsgewalt gibt, und niemandem ist es erlaubt, über dieses Gericht zu richten«. Es wird noch eigens betont, dass dies »die Lehre der katholischen Wahrheit« sei, »von der niemand abweichen kann, ohne Schaden zu leiden an seinem ... Heil«[59)].

Die in der Kirchenkonstitution des 1. Vaticanum dem Papst zugeschriebene »potestas suprema, plena et immediata« (die allerhöchste, volle und unmittelbare Gewalt) bedeutet die theologische und rechtliche Grundlegung und Sanktionierung der direkten Eingriffsmöglichkeit dieses Mannes in das Leben eines jeden Kirchenmitglieds, der unter dem Papst stehenden Bischöfe - auch in ihrer ordentlichen und unmittelbaren Gewalt als Hirten ihrer Diözesen [60)] - ebenso wie des letzten Laien in der Kirche. Der von jeder menschlichen Gewalt unabhängige Papst hat nach eigenem Anspruch Gewalt über jeden Christgläubigen, ja über den ganzen Erdkreis. Er kann in das Gewissen eines jeden einzelnen direkt hineinregieren, denn er hat nach der dogmatischen Konstitution des I. Vaticanum über die Kirche Christi »die ganze Fülle dieser höchsten Gewalt ... über die gesamten und die einzelnen Kirchen wie über die gesamten und einzelnen Hirten und Gläubigen« [61].

Der katholische Theologe August Hasler hat in seinem Buch *Wie der Papst unfehlbar wurde* all die Machenschaften, ja Machtbesessenheiten in der Person Pius' IX. und die zahllosen Machtintrigen im Vatikan aufgedeckt bzw. zusammengestellt, die der Proklamation des Unfehlbarkeitsdogmas durch diesen Papst zugrunde lagen [62].

In ihrem überheblichen Anspruch, die höchsten und autoritativsten Lehrer der Wahrheit und Moral zu sein, versuchten gerade die Päpste des 19. und des 20. Jahrhunderts, den Staaten und Gesellschaften vorzuschreiben, wie sie mit der Gewissens- und Religionsfreiheit ihrer Bürger umgehen sollen.

Die Enzyklika »Mirari vos« (1832) des Papstes Gregors XIV. (1831 - 1846) wendet sich gegen die vermeintlich so schädliche Gewissens- und Meinungsfreiheit mit folgenden Worten: »Aus dieser ganz verdorbenen Quelle des Indifferentismus floss die absurde und irrige Meinung oder vielmehr Verrücktheit, jedem Menschen sei Gewissensfreiheit zuzuerkennen und zu garantieren. Zu diesem höchst verderblichen Irrtum führte die volle und unbeschränkte Meinungsfreiheit, die zum Schaden der Kirche und des Staates sich überallhin ausbreitete und von der einige höchst unverschämt behaupteten, sie gereiche der Religion zum Vorteil«.

Nicht anders beschreibt Gregors Nachfolger, der schon erwähnte Pius IX., die »ewig gleichbleibende« Lehre der Kirche zu diesem Punkt in seiner Enzyklika vom 15. August 1854: »Die abgeschmackten und irrigen Lehren oder Faseleien zur Verteidigung der Gewissensfreiheit sind ein außerordentlich verderblicher Irrtum ... eine Pest, die vor allem anderen in einem Staat am meisten zu fürchten ist«.

Und in seiner Enzyklika vom 8. Dezember 1864 spricht er den Bannfluch aus über »diejenigen, die die Freiheit des Gewissens und des Glaubens behaupten«, sowie über »alle solche, die darauf bestehen, dass die Kirche nicht Gewalt üben dürfe«. Eindringlich warnt der Papst alle Völker vor der Sittenverderbnis, die aus der Freiheit komme: »Die bürgerliche Religionsfreiheit sowie die volle, für alle gewährleistete Befugnis, frei und offen irgendwelche Meinungen und Gedanken zu äußern, könnten Geist und Sitten der Völker verderben« [63]. Obwohl doch eine wie immer geartete Handlung erst dadurch sittlich gut wird, dass sie aus der Freiheit, aus der freien Entscheidung eines menschlichen Individuums kommt, halten die obersten Kirchenführer - die eben zitierten päpstlichen Aussagen belegen es - von dieser Freiheit rein gar nichts.

Oberste »Tugend« im Rahmen des katholischen Systems ist und bleibt der unbedingte Gehorsam gegenüber den kirchlichen Vorgesetzten, insbesondere dem Papst als unfehlbarer, gottgesetzter und alle Rechte und Privilegien einschließender Instanz. Insofern ist der derweil regierende Johannes Paul II., über den sich alle progressiven katholischen Theologen so entrüsten, kein Rückfall in längst überwunden geglaubte mittelalterliche Zustände der Kirche, sondern durch und durch logische Konsequenz und leuchtend-vorbildliche Erneuerung dessen, was immer den Sinn und die Strategie dieses Systems ausgemacht hat. Theologen, die das nicht sehen wollen oder nicht zugeben, lügen sich in die eigene Tasche, weil sie Angst vor den Folgen haben, die sich einstellen könnten, wenn sie mit diesem System brechen.

Diese Angst ist auch historisch bedingt. Schließlich haben ja alle Theologen Kirchengeschichte studiert und kennen daher unzählige und unsägliche Beispiele für die Art und Weise, wie die Kirche mit jenen umging, die es wagten, ihr den Gehorsam aufzukündigen [64]. Als »Beherrscher der Welt« (Innozenz III.), als »Meister über das Universum« (Gregor IX.), ja selbst über die Frage, ob einer erlöst werden könne (Bonifaz VII.), musste es den Päpsten als den obersten Herren der Kirche ja auch durchaus logisch erscheinen, wenn sie alle Mittel in Anwendung brachten, die die Unterwerfung der gesamten Menschheit unter ihre totalen und universalen Herrschaftsansprüche zu erzwingen vermochten.

Da werden Inquisitionskommandos, die sog. SS des hohen und späten Mittelalters sowie der beginnenden Neuzeit, gegen Ketzer ausgesandt. So werden z.B. Zehntausende von Albingensern niedergemacht, nur weil sie nach dem urchristlichen Evangelium, aber eben nicht nach den Weisungen der Päpste leben wollen. Da werden unzählige Frauen und Männer als Hexen, Glaubenszweifler, Häretiker, Schismatiker und Abtrünnige verfolgt, gefoltert, geschunden, verbrannt, ohne dass den »Herren der Kirche und der Welt« von irgendwoher nennenswerter Widerstand entgegengesetzt worden wäre.

Jahrhundertelang ächzte Europa unter der gigantisch-blutrünstigen Mordlust der Päpste. Über Papst Johannes XXII. (1316 - 1334) schrieb ein Zeitgenosse: »Das Blut, das er vergossen hat, hätte den Bodensee rot gefärbt, und die Leichen der Gefallenen hätten ihn von Ufer zu Ufer überbrückt«. Doch was schreibt über diesen Papst das berühmte evangelische Handwörterbuch *Die Religion in Geschichte und Gegenwart?* »Johannes war von einfachen Sitten, sparsam und fleißig, hatte großes diplomatisches Geschick und praktische Erfahrung«[63]. Nun ja, die hatte er freilich: Im Umbringen Andersgesinnter!

Von Papst Sixtus IV. (1471 - 1484), berühmt-berüchtigt durch Ketzerverbrennungen, durch von ihm angezettelte oder geschürte Kriege gegen die italienischen Staaten, gegen die Patriziergeschlechter der Medici, der Colonna, gegen die Türken, berichtet der Chronist: »Er watete mitratief in Verbrechen und Blutvergießen«. Aber seiner Kirche war er nützlich, indem er den monarchischen Charakter dieser Institution weiter untermauerte und, wie einer seiner Vorgänger, Pius II. (1458 - 1464), die Appellation an ein Konzil untersagte. Und schließlich hat er ja auch etwas für die Kunst getan: er erbaute die Sixtinische Kapelle.

Ein paar Jahrhunderte lang führte die Papstkirche einen an Brutalität und sadistischer Grausamkeit nicht zu überbietenden Vernichtungskrieg gegen die »Hexen«. Hier sollte aber eingeräumt werden, daß alle bisherigen »Schreckenszahlen« durch die Chronisten weit überzeichnet sind. Nach neuen Forschungen, ich verweise auf die Bücher von Hans-Jürgen Wolf *Geschichte des Hexenwahns* bzw. *Geschichte der Hexenprozesse*, ist die Zahl der Opfer innerhalb eines etwa 200jährigen Zeitraums im deutschsprachigen Bereich - in unterschiedlichen Verfolgungswellen - bei maximal 200.000 Opfern anzusetzen. Eine trotzdem »gigantische« Zahl sinnlos Hingeschlachteter, denen man ja in der üblichen theologischen Manier den nichtexistenten Teufel an den Rockzipfel gehängt hat. Man hat nicht nur Hexen erwürgt, zerpulvert, gefoltert und verbrannt, sondern auch Hexer und in der Schlußphase Hexenkinder. Diese Schuld ist bis heute ungesühnt. Fast schon am Rande sei bemerkt, daß hier die bigotten Priester vergessen haben, daß hinter jedem von ihnen ja eine Mutter - somit eine vermeintliche Hexe - steckt!

Die dramatischsten Hexenbrände finden nicht - wie immer noch weithin angenommen - im »finsteren« Mittelalter, sondern in der Frühen Neuzeit statt. Selbst Luther-Biographen verschweigen oft, dass auch der Reformator die Frauen als für Hexerei und Zauberei besonders anfällig hielt. Und zwar wegen ihrer allzu großen Liebe zu ihren Kindern, wegen ihrer angeblichen Dummheit, ihres Unverständnisses, ihrer Angst und Neugier. Kaum erwähnt wird selbst von seriösen Luther-Kommentatoren, dass er eine Frau mit der Begründung exkommunizierte, sie sei eine Hexe.

Die Teufelspsychose Luthers wuchs mit zunehmendem Alter. So behauptete er allen Ernstes, der Satan hause in Wäldern und Flüssen, weshalb er gegen das Baden im Freien war. Auch glaubte er fest an die Existenz sog. Wechselbälge und Kielkröpfe, die ein Produkt der Vereinigung des Teufels mit den Hexen seien. Kein Zweifel, der Hass vornehmlich gegen Frauen, wie er sich in der Hexenverfolgung kundtat (nur jede fünfte Hexe war ein Mann: Ein Hexer), »wurde von Rom aus verbreitet, im Interesse des Papsttums. Aber als die Reformation ausbrach, wurde der Wahn nicht erkannt und abgelegt, sondern er wuchs noch. Die alten Weiber wurden als vermeintliche Hexen von den Lutheranern sogar noch fanatischer verfolgt als von der alten Inquisition« [66)].

Nicht viel anders erging es den Juden sowohl seitens der römisch-katholischen Kirche wie seitens Luthers und seiner Anhänger. Ein ganzes Arsenal an Motiven und Argumenten lieferte Luther selbst noch den Nazis mit seiner Streichers *Stürmer* durchaus ebenbürtigen Hetze gegen die Juden [67)]. Aber schon die frühchristlichen Kirchenväter hetzten gegen sie. Papst Leo der Große nannte sie hassenswert und fluchwürdig, ungeheurer Verbrechen schuldig. Ende des 9. Jh. bezeichnet sie Papst Stephan als »Hunde«, Innozenz III. im Jahre 1205 als »gottverdammte Sklaven«, die man zu dauernder Knechtschaft verurteilen sollte. Das III. Laterankonzil bestimmt 1179, »dass Christen, die sich erdreisten, mit Juden zu leben, dem Kirchenbann verfallen«. Das IV. Laterankonzil von 1215 schloss sie von öffentlichen Ämtern aus und verbot ihnen bei großen christlichen Festen das Betreten der Straße. Es ordnete für sie das Tragen bestimmter Kleidung oder gewisser Abzeichen (»Schandzeichen«, ähnlich Hitlers Judenstern!) an und erklärte diese Bestimmung für einen Teil des Kirchenrechts [68)].

Schon seit 423 durfte keine Synagoge ohne kirchliche Erlaubnis gebaut werden. Ein zum Judentum konvertierter Christ verlor Eigentum und Erbrecht! Bereits das Konzil von Toledo (694) ordnete ewige Knechtschaft der Juden an.

Durch die Kirche waren die Juden »Menschen ohne Menschenrechte« geworden. Kein Wunder, dass das »christliche« Volk immer wieder Pogrome gegen sie veranstaltete. »Die grauenhaftesten Metzeleien, das Zerhacken, Verstümmeln und Aufschlitzen und Lebendig-Verbrennen von ungezählten Tausenden geschah unter der Parole des Glaubens« [69)]. Es gibt keine Brutalität und Unmenschlichkeit, die die Christen nicht an den Juden begangen hätten. »Sie starben mit Weib und Kind. Sie wurden von den Christen zu Tausenden und Abertausenden erschlagen, ertränkt, lebendig verbrannt, gerädert, gehenkt, zerhackt, gevierteilt, erwürgt und lebendig begraben. Sie wurden mit Stricken und an den Haaren zum Taufbecken gezerrt. Und der hohe Klerus hat sich an diesen Zwangstaufen aktiv beteiligt« [70)].

Nicht bloß der hohe Klerus, nämlich Bischöfe, Erzbischöfe und Kardinäle, war bei der Judenhetze und -verfolgung aktiv. Vielmehr auch der höchste, d.h. die Päpste. Es gibt aber selbst hier eine rühmlich-positive Ausnahme. 1454 stellt sich noch der im selben Jahr verstorbene Papst Nikolaus V. schützend vor die Juden. Er verbietet provozierende Reden gegen sie und warnt in einer Bulle davor, Blutbeschuldigungen gegen sie auszusprechen. Hier leuchtet das Flämmchen von Humanität und Vernunft; doch dieses hatte innerhalb der Kurie äußersten Seltenheitswert. Allein über 100 antisemitische Dokumente haben die Päpste veröffentlicht. Mehr als viele andere hatte die jüdische Gemeinde Roms unter der Kirche zu leiden. Ein Erlass des Papstes Pauls IV. pferchte 1555 alle Juden Roms in das bereits übervölkerte Getto am Ufer des Tiber mit seinen engen und dumpfen Gassen und zwang sie, die meisten ihrer Gotteshäuser zu schließen. Das Judengetto in Rom war im 19. Jh. das letzte in Europa, das aufgelöst wurde. Doch war auch dies kein Verdienst eines Papstes. Denn erst durch die Eingliederung Roms in das Königreich Italien fielen die Mauern des Judengettos!

Und als 1943 über 2.000 Juden in den Straßen des ehemaligen römischen Gettos zusammengetrieben und nach Auschwitz deportiert wurden, kam kein Wort des Protestes aus dem Vatikan, nicht von dem damals regierenden Papst Pius XII., noch von seinem engsten Mitarbeiter, dem späteren Paul VI. Aber dieses feige Schweigen war schon fast »vornehm«. Noch im 19. Jahrhundert war ein Jude, der seine Wäsche von einer Christin waschen ließ, von Papst Pius IX. ins Gefängnis geworfen worden.

Der Katholik Adolf Hitler lag also gar nicht so falsch, als er 1936 dem Osnabrücker Bischof Wilhelm Berning erklärte, in der Judenfrage tue er »nur, was die Kirche seit 1.500 Jahren tut«. Man wird die Frage: »Wäre Hitlers Judenausrottung überhaupt möglich gewesen ohne die vorausgehende, länger als eineinhalb Jahrtausende währende antijüdische Agitation der Kirche?« [71], mit einem klaren Nein beantworten müssen.

Man hat auch darauf hingewiesen, das der »sakramental begründete Antisemitismus« der Kirche »lediglich durch den rassenmäßig begründeten abgelöst wurde« [72]. Deshalb war es von der kirchlichen Ideologie her nur konsequent, dass der Vatikan ehemaligen Nazi-Größen und Judenverfolgern die Flucht nach Südamerika ermöglichte. Auch der Leiter der Zentralstelle für die »Endlösung der Judenfrage«, der Katholik Adolf Eichmann, konnte ja 1950 mit Hilfe der geheimen ODESSA-Verbindung und Unterstützung aus Kreisen des Vatikans nach Argentinien entkommen [73].

Aber nun - man höre und staune - ereignete sich das Wunder, das vielleicht größte, dessen die Menschheit seit ihren allerersten Anfängen je Zeuge geworden ist. Was den Nachfahren Hitlers und Stalins noch in tausend Jahren nicht gelingen wird, schaffte die Papstkirche mit leichter Hand! Sie erscheint in den Augen der Masse und vor allem der gesellschaftlich maßgebenden Staatsmänner, Politiker und großen Wirtschaftsbosse als »die« Institution in der Menschheit, die über die allerhöchste moralische Autorität und Integrität verfügt.

Total verdrängt und vergessen sind die Hekatomben von Menschenopfern, die sie auf dem Altar ihres Unfehlbarkeits- und Machtwahns darbrachte. Und ein Schuft und Atmosphärenvergifter, wer daran erinnert! Aber nun gut, wir wollen nicht nachtragend sein, obwohl auch ein Schuft, ja ein größerer, ist, wer emotions- und klaglos über die Toten hinwegsieht, die unschuldig gelyncht, gefoltert, gemartert, geschunden, gekreuzigt, verbrannt wurden. Aber die Frage wird doch wohl, ja muss erlaubt sein, ob die wunderbare Bekehrung der Kirche von einer Machtinstitution mit unmenschlich vielen Verbrechen in allen Jahrhunderten zu einer moralischen Anstalt höchsten Maßstabes wirklich erfolgt oder illusorisch ist. Wäre diese Bekehrung nämlich nur eine Täuschung und ginge man dieser Frage trotzdem nicht nach, dann wäre das mahnende Opfer der Millionen, die vom Unfehlbarkeitswahn und Machtrausch der Kirche zur Strecke gebracht wurden, endgültig umsonst.

Hat die Kirche sich also vom Saulus zum Paulus gewandelt? Straft und verfolgt sie die Abweichler, die Nichtkonformisten, die Ketzer, die »Heiden« und Aussteiger aus ihrem System heute nicht mehr? Ich habe am Anfang dieses Kapitels schon Teile meines Falles zur Sprache gebracht, die dieser Wandlung widersprechen. Aber um einer evtl. möglichen subjektiven Engsicht zu entgehen, wollen wir das Problem auf eine breitere Grundlage stellen. Und da muss jeder auch nur einigermaßen objektive und neutral-sachliche Beobachter zugeben: Die in die Augen fallenden Kollektiv-Verbrechen der Kirche haben sich zwar im 20. Jahrhundert verringert, aber das geschah nicht aufgrund einer Bekehrung der Kirche, die sich offiziell nie von ihren Verbrechen, selbst den größten, distanziert hat, sondern weil sich die Freiheit und Autonomie der Staaten und Gesellschaften ihr gegenüber vergrößert haben.

Der Machtschwund der Kirche und der Machtzuwachs der säkularisierten Gesellschaften haben sie »sittlicher« gemacht, präziser: Haben sie gezwungen, sich in der nichtkirchlichen Welt und Öffentlichkeit moralischer und humaner zu gebärden. Ja, da ihr Kriegs- und Angriffswaffen fehlen, mit denen sie auch nur die geringste Chance hätte, den modernen Weltmächten gegenüberzutreten, bringt sie - freilich nur verbal, aber in virtuoser Weise - die Waffe der Moral in Anwendung. Hier, auf diesem politisch-ethischen Gebiet, sonst nirgendwo im weiten Bereich der Politik, kann sie noch Triumphe feiern und Autorität und Macht präsentieren.

Es wirkt zwar für den, der das Spiel durchschaut, äußerst geschmacklos, wenn die Päpste, deren Vorgänger zu den größten Massenschlächtern der Geschichte gehören, nun ununterbrochen in ihren Ansprachen an die Menschheit die Menschenrechte herbeizitieren und ihre Verdienste um sie preisen. Aber all das schlukken schon die Massen und, solange die das tun, schlucken es auch die stets von Mehrheiten abhängigen Regierenden der Völker. Aber die Menschenrechtskonvention der Vereinten Nationen hat der Vatikan bis heute nicht unterzeichnet!

Fest steht: Es gibt keine soziale oder humane Errungenschaft der Neuzeit, die ursächlich auf die Kirche zurückginge. Jeder dieser Errungenschaften, jedem Fortschritt in den Menschenrechten hat sie stets zuerst ein schroffes »Nein« entgegengeschleudert. Dann rangen sich viele Jahrzehnte, manchmal ganze Jahrhunderte später die »Herren der Kirche« schweren Herzens zu einem »Jein« durch. Und schließlich proklamierten sie die keineswegs durch sie zustande gekommenen Errungenschaften triumphal als die ihrigen, als den »entscheidenden« Beitrag der Kirche und des Papsttums zum kulturellen, moralischen und sozialen Fortschritt der Menschheit.

Die Wahrheit aber ist, dass jede Verbesserung in puncto Gleichheit und Freiheit der Menschen, in Bezug auf das Los der Frauen, der Arbeiter, der Ausgebeuteten, der Kinder, der Tiere usw. gegen den - oft erbitterten - Widerstand der Amtskirche durchgesetzt werden musste. »Nur der Druck von außen - die Französische Revolution, Aufklärung und Liberalismus - hatten im frühen 19. Jahrhundert die von den Päpsten jahrhundertelang inszenierten Unmenschlichkeiten etwas eingedämmt. Der Kirchenstaat, der weltliche Herrschaftsbesitz des Papstes, blieb bis zu seiner Auflösung im Jahre 1870 ein Polizeistaat unter päpstlicher Flagge« [74].

Die Päpste verboten den Katholiken Italiens, am demokratischen Prozess mitzuwirken. Sie sollten weder wählen noch für politische Ämter kandidieren. Auch den politischen Willen der Einwohner des Kirchenstaates ignorierte der Papst, obwohl bei Abstimmungen das Stimmenverhältnis 1000 : 1 gegen ihn lautete. Bis zuletzt sträubte sich Pius IX. gegen die Aufgabe des Kirchenstaates. Und das Plädoyer des italienischen Staatsmannes Camillo Cavour für »eine freie Kirche und einen freien Staat« verurteilte er als Ketzerei.

Nicollo Machiavellis berühmte Klage aus dem Jahr 1518 behielt ihre Gültigkeit. »Nichts zeigt mehr den Verfall des Glaubens als die Tatsache, dass die Völker am wenigsten Religion haben, die der römischen Kirche am nächsten sind . Wir Italiener haben es in erster Linie der Kirche und den Priestern zu danken, dass wir gottlos und schlecht geworden sind«[75)].

Auch der Schock des Verlustes des Kirchenstaates, den der Vatikan bis heute noch nicht ganz verwunden hat, löste bei den »Herren der Kirche« keine innere Bekehrung aus. Gut, man hatte Land verloren, aber man besaß ja noch eine ideologische Wunderwaffe, die der (vermeintlich) von Gott geoffenbarten und allein dem obersten »Herren der Kirche« anvertrauten »absoluten Wahrheit«, mit der sich trefflich Macht ausüben und unbedingte Unterwerfung erzwingen ließ.

Je weniger die Kirche den säkularisierten Staaten und Gesellschaften der Neuzeit und Moderne noch etwas anhaben konnte, je mehr sie sich ihnen diplomatisch anbiederte, um so furchtbarer gebärdete sie sich gegen die »Feinde im Innern«, um so raffiniertere Bestrafungsmechanismen setzte sie gegen die in Bewegung, die von ihr abhängig waren. Zwar konnte sie sie nicht mehr mit direkter physischer Gewalt vernichten, konnte sie nicht mehr foltern, verstümmeln, verbrennen, ausrotten. Das hatten der Säkularisationsprozeß der Neuzeit und ihre militärische Ohnmacht unmöglich gemacht.

Nein, die Methoden waren jetzt diskreter, den Augen der Öffentlichkeit nicht so zugänglich. Man setzte die Betreffenden einfach unter massiven Druck, erpresste sie, entzog ihnen die finanzielle Lebensgrundlage. So z.B. geschehen selbst gegen Bischöfe, Erzbischöfe und Kardinäle im Zusammenhang mit dem I. Vatikanischen Konzil. Auf ihm sollten die schon seit langem praktizierte absolute Oberhoheit des Papstes über die Kirche (»Primat«) sowie seine von einem allgemeinen Konzil unabhängige Unfehlbarkeit in Glaubens- und Sittenfragen als von Gott offenbarte Wahrheiten dogmatisiert und um jeden Preis durchgeboxt werden.

Also wurden alle Raffinessen gegen jene Oberhirten in Anwendung gebracht, die sich gegen diese ungeheure Anmaßung des Papstes sträubten:[76)] Erpressungen, Bestechungen, Wahlmanipulationen, unerhörte Beschimpfungen, Diffamierungen und päpstliche Maßregelungen, Denunzierungen, Manipulation der Presse, Täuschungsmanöver, Fälschungen, Fehlinterpretationen, Spionage, Anzettelung von Skandalen, Androhung von Vergeltung für jede Art von Opposition, Freiheitsbeschränkungen, Enthebung von Posten, Ämtern und Lehrstühlen (welch letztere manche Bischöfe innehatten), Drohungen und Einschüchterungen, Erzwingung von Rücktritten (»Demissionierungen«), Entlassungen, Vernichtung von Aktenmaterial, sogar Einweisung in Nervenkliniken, Zumauerung der Türen zum Päpstlichen Geheimarchiv usw. [77].

So furchtbar empfanden die bischöflichen Opponenten die gegen sie in Anwendung gebrachten Methoden, dass sie selbst vor schlimmsten Charakterisierungen des Konzils und des Papstes nicht haltmachten, obwohl sie später alle zur Räson gebracht wurden. »Der Papst verschlingt uns«, meinte Erzbischof J.M.A. Ginoulhiac von Lyon. Von einem Verbrechen gegen Kirche und Menschheit sprach der Mainzer Bischof Wilhelm Emmanuel Freiherr von Ketteler. »Wir müssen essen, was wir erbrochen haben«, erklärte Bischof M. Domenec von Pittsburgh in Bezug auf die auf dem Konzil vom Papst und der Vaticanclique durchgepeitschten Dogmen. Bischof F. Dupanloup hielt die Art der Durchführung des Konzils für die grausamste Enttäuschung seines Lebens. Erzbischof J.P. Purcell von Cincinnati sprach von einer Komödie, die als Tragödie ende, Erzbischof G. Darboy von einem Konzil der Sakristane, einer Räubersynode und einem Grab der Bischöfe, der römische Erzbischof V. Tizzani von Praktiken der Inquisition. Andere Bischöfe bezeichneten das Konzil als niederträchtige Versammlung, als Vatikanischen Schwank. Bischof Dupanloup notierte in sein Tagebuch, er gehe nicht mehr zum Konzil: »Die Gewalttätigkeit, die Unverschämtheit, und noch mehr die Falschheit, Eitelkeit und dauernde Lüge halten davon fern«. Es gab Bischöfe, die ob der Niedertracht der vatikanischen Methoden im Zusammenhang mit dem I. Vatikanischen Konzil vor Wut heulten, krank wurden bzw. sterben wollten.

Bischof F. Lecourtier von Montpellier warf wutentbrannt seine Konzilsdokumente in den Tiber und reiste vorzeitig ab. Drei Jahre später bekam er dafür die Rechung präsentiert. Er wurde als Bischof von Montpellier abgesetzt. Ein Großteil der Oppositionsbischöfe, etwa 140, verließ ohnehin vor der feierlichen Definition des Unfehlbarkeitsdogmas die italienische Hauptstadt, und zwar »in großer Erregung. Ihre Verwirrung richtete sich vor allem gegen den Papst, der sie nicht nur wie Schüler behandelte, sondern der sie auch in eine moralische Konfliktsituation brachte. Ja, der sie vergewaltigte, weil er sie dazu zwang, auf ihre eigenen wesentlichen Rechte zu verzichten. Die Bischöfe hätten sich nur um den Preis des Schismas vor der Entmachtung retten können« [78].

Vor dem Schisma schreckten die Bischöfe zurück. Aber immerhin war damals ihr Widerstand ansehnlich. Jedenfalls sind solche Reaktionen, etwa auf Dekrete, Bischofsernennungen oder dogmatische Definitionen und Proklamationen der Päpste des 20. Jahrhunderts, bei heutigen Bischöfen, von denen inzwischen die allermeisten absolut angepasst und romhörig sind, nicht einmal mehr vorstellbar. Sie sind Zwerge im Vergleich zu den Oppositionsbischöfen des I. Vatikanums.

Das konnte man erst jüngst wieder im Zusammenhang mit den Machenschaften des Vatikans bei der Besetzung des Erzbischofsstuhls von Köln [79)] konstatieren und ebenso bei dem neuesten Skandal, nämlich der Art, wie der Vatikan die kirchliche Schwangerschaftskonfliktberatung in Deutschland zu Fall brachte, d.h. ihr die Ausstellung des sog. Abtreibungsscheines radikal und rüde verbot. Außer Bischof Kamphaus von Limburg wagte kein Bischof irgendeine Art von Protest. Kein Wort des Protestes regte sich bei den Kardinälen, Erz- und Bischöfen, als in der Mitte des 20. Jahrhunderts (!) Papst Pius XII. zum Dogma erklärte, »die unbefleckte Gottesmutter und stete Jungfrau Maria sei an ihrem Lebensende mit Leib und Seele in den Himmel aufgenommen worden«.

Alle »Herren der Kirche« wussten, dass dies eine absolut widervernünftige Lehre ist, dass es weder im Neuen Testament noch in der frühchristlichen Tradition eine Grundlage dafür gibt, dass überhaupt erst die absurden Wunderberichte der apokryphen Schrift *Transitus Mariae* die Ideen von einer Himmelfahrt Mariens ab dem 6. Jahrhundert sprießen ließen [80)].

Der Prozess der Degradierung und Degenerierung der Theologie zu einer fatalen Pseudowissenschaft hat mit der Akzeptanz dieses Dogmas seinen absoluten Gipfelpunkt erreicht. Aber alle Bischöfe schluckten brav und unterwürfig die ihnen mit diesem Dogma vom Papst angeordnete »Medizin«. Wenigstens eine bezeichnende Reaktion sei in diesem Zusammenhang angeführt. Es ist die des Mainzer Bischofs und späteren Kardinals Hermann Volk, des unmittelbaren Vorgängers des jetzigen Vorsitzenden der Dt. Bischofskonferenz.

Während der Diskussion der Vertreter der Deutschen Bischofskonferenz mit Hans Küng über dessen Thesen zur Unfehlbarkeit des Papstes am 09.01.1971 in Stuttgart schilderte Volk folgenden Vorgang: »Ich will mal eine Szene erzählen. Vor der Dogmatisierung der Assumptio (der leiblichen Aufnahme Mariens in den Himmel, definiert 1950), hatten wir mit den Evangelischen im Paderborner Kreis zusammengesessen, und die haben ja ein eigenes Votum nach Rom geschickt, man möge das doch nicht definieren. Und Söhngen (Gottlieb Söhngen, katholischer Theologieprofessor in München) hatte sich vehement dagegen ausgesprochen, dass man das definiert ... Und Schlink (Edmund Schlink, protestantischer Theologieprofessor in Heidelberg) sagte: ›Aber wenn es definiert wird, was machen Sie denn dann?‹. Und es wurde mäuschenstill, und Söhngen schwieg eine Weile, und dann sagte er: ›Dann nehme ich es an, weil ich der Kirche mehr traue - also dem Sinn nach gebe ich es wieder -, ›mehr traue als mir‹ ... Das war also die innerste Überzeugung von Söhngen. Ich habe nie mehr ein Wort von ihm dagegen gehört, so schwierig das ist. Aber das hat damals einen ungeheuren Eindruck gemacht, und ich fand die Antwort großartig: Ich fand die Antwort großartig. Das war eine ganz konkrete Situation in einer Sache, die uns allen gewiss Schwierigkeiten machte«. Volk zeigte sich besonders beeindruckt davon, »dass Söhngen sich nicht fragte, ob er diese Lehre annehmen solle oder nicht, sich ›nicht zum Maßstab‹ machte, sondern ›sich in den gesamtkirchlichen Vorgang hineinstellte « [81]. Und da gibt es noch Theologen, die beflissen und geflissentlich nach subtilen Unterschieden zwischen der Papstkirche und totalitären Parteizentralen suchen!

Fassen wir den historischen Teil innerhalb der Ausführungen des jetzigen Kapitels mit den Worten eines versierten katholischen Theologen, Philosophen, Nationalökonomen und Rechtswissenschaftlers zusammen: »Die Amtskirche, das Instrument und Vollzugsorgan des Papstes, tyrannisiert die Gewissen der Gläubigen und vernichtet, soweit ihre Macht reicht, gnadenlos jene, die sich ihr nicht fügen, sondern sich von der ›Freiheit der Kinder Gottes‹ leiten lassen (›Die Kirche wird Sie vernichten‹, so vernahm es Illich aus dem Mund seines römischen ›Richters‹).

Sie hat in Kriegen, aufgrund von Inquisitions- und Hexenprozessen unzählige Menschen umgebracht und würde heute noch genauso handeln wie vor fünfhundert Jahren, wenn ihr die neuzeitlichen Staaten nicht Grenzen gezogen hätten. Ihre Grundrechte und Freiheiten und die ... Würde der Person hat die abendländische Menschheit nicht mit Hife des Papsttums, sondern im erbitterten Ringen gegen den Widerstand des römischen Systems erreicht. In den sozialen Fragen hat sich die Papstkirche bis heute - nicht nur in Lateinamerika - auf die Seite der Reichen und Mächtigen und gegen die Armen und Unterdrückten gestellt.

Man kann Johannes XXIII. nicht als Alibi vorschützen. Dieser Papst war in den Augen der päpstlichen Kurie ein Betriebsunfall! Charisma ist Sand im Getriebe der juristischen Konstruktion des päpstlichen Systems und beeinträchtigt seine Routine. Im Papsttum vollzieht sich die Fortsetzung des Römischen Reiches in der Form einer absolutistisch-totalitären Theokratie, der das Christentum die Argumentation zur Abstützung römischer Machtansprüche zu liefern hat. In dem Bemühen, die Macht des römischen Papstes zu begründen und zu stärken, wurde das Evangelium funktionalisiert dergestalt, dass das von Rom errichtete Lehrgebäude als Ideologie zur Absicherung des römischen Klerofaschismus anzusehen ist. Der Theologie wurde noch von Pius XII. in der Enzyklika ›Humani generis‹ ausdrücklich die Aufgabe gestellt, an dieser Ideologisierung mitzuarbeiten. Dogmen und Normen, als Ausdruck der Verkündigung Jesu vorgestellt, werden als Unterwerfungsmechanismen verstanden und praktiziert. Mit ihrer Hilfe werden katholische Christen zu Marionetten degradiert, welche die Bestimmung haben, systemkonform zu funktionieren. Es ist kein Zufall, sondern Beweis einer inneren Affinität, dass die abscheulichsten Unrechtsstaaten der Welt, ... in denen die Menschenwürde verhöhnt und mit Füßen getreten wird, zu den Kernländern der Papstkirche gehören.

Innerhalb des päpstlichen Verwaltungsapparates sind die subtilsten Methoden der Intrige, der Verleumdung und des geistigen Terrors entwickelt worden, Lüge und Heuchelei, Byzantinismus und Servilität, aber auch die Albernheiten des päpstlichen Titelwesens gehören zum Bild dieses Systems. Die Frage nach Jesus würde innerhalb der Kurie ›als absurd erscheinen‹, erklärte A. Hasler, einer ihrer langjährigen Mitarbeiter. Kardinal Frings (Köln) richtete auf dem 2. Vatikanischen Konzil seine Angriffe gegen die ›unfairen Methoden‹ der Kurie. Diese hält weiterhin am Prinzip totalitärer Machtausübung fest und sucht unter Verletzung elementarer, für jeden Rechtsstaat fraglos gültiger Grundsätze der Menschlichkeit das freie Wort in der Kirche zu ersticken.

Die durch das römische System bis zur Perfektion vorangetriebene Ideologisierung des Christentums für Zwecke der Macht ist Nihilismus ... Manches deutet aber auch schon auf die Agonie einer Institution hin, die ihr Ende auf sich zukommen sieht, weil die in tiefer Unwahrhaftigkeit und Menschenverachtung verklammerte Statik dieses Systems nicht mehr länger zu halten ist« [82)].

Wie sehr aber die Kirche noch tut, was sie kann, wenn es ihr möglich ist, zeigen die während des 2. Weltkrieges unter Billigung und Unterstützung durch den Vatikan erfolgte Zwangsbekehrung von 240.000 orthodoxen Serben zum Katholizismus und die Ermordung weiterer 700.000, oft unter grausamen Umständen [83)], oder zum Beispiel auch der Schutz und die Fürsorge, die sie jenen Priestern, Nonnen und Mönchen gewährt, die an den grausamen Menschenrechtsverletzungen und dem Völkermord in Ruanda beteiligt waren.

Es ist auch nicht wahr, dass das Papsttum durch das II. Vatikanische Konzil eine echte humane Wende zu mehr Rechten für die Bischöfe und vor allem für die Menschen in der Kirche vollzogen hätte. Auch nach dem II. Vaticanum sind alle »Laien« in der Kirche

»Untergebene«, die zu striktem Gehorsam verpflichtet sind. So heißt es z.B. in einem der offiziellen Dokumente des II. Vaticanum, in der Konstitution »Lumen gentium« (cap. 3, Art. 27): »Kraft dieser Gewalt haben die Bischöfe das heilige Recht und vor dem Herrn die Pflicht, Gesetze für ihre Untergebenen zu erlassen«.

Wirklich, ein »heiliges Recht«, die Schafe zu scheren! Aber nach den Konzilsdokumenten ist ja auch die heilige hierarchische Struktur »von Christus der Kirche eingestiftet«, wie es bombastisch heißt. Da fragt man sich unwillkürlich, von welchem Christus? Und die Antwort kann nur lauten; »Von dem durch unbiblische Dogmatisierung fetischisierten Christus: Christus als ein von Menschen hervorgebrachter Fetisch« [84)].

Alle objektiv-sachlichen Kritiker kommen in der Tat darin überein, dass das II. Vatikanische Konzil an der absoluten Macht des Papstes nichts geändert hat. Es hat im Gegenteil die dogmatische Lehre des I. Vaticanum vom Universalen Jurisdiktionsprimat des Papstes bekräftigt, ja, durch die auf Wunsch Pauls VI. zustande gekommenen erklärenden Vorbemerkungen (nota praevia) zum Schema über die Kirche hat es die neu hinzugefügte Lehre von der kollegialen Einheit des Episkopats wieder ausgehöhlt, so dass die nie prinzipiell gegen die Amtskirche opponierende *Herder-Korrespondenz* bedauert: »Die restriktiven Aussagen der Nota über das Zusammenwirken von Papst und Gesamt-Episkopat rücken das Verständnis des päpstlichen Primats nahe an ein absolutistisches Modell heran« [85)].

Auf dem I. Vaticanum »hatte sich absolute Macht eine absolute ›Wahrheit‹ zurechtgemacht« (P. de Rosa), und diese »Wahrheit« blieb auch nach dem II. Vaticanum absolutes und oberstes Gesetz der römisch-katholischen Kirche. Ein einigermaßen aufgeschlossener Zeitgenosse kann sich kaum vorstellen, in welchem Grad diese absolute Wahrheit und Unfehlbarkeit des Papstes weiterhin Geltung hat. Ein Beispiel: Die Generalkongregation der Jesuiten, also dieses mächtigen Ordens in der Kirche, hatte monatelang an einem neuen, den modernen Zeiten angepassteren Konzept der Ordensform und -tätigkeit gearbeitet. Der General der Jesuiten, ihr höchster Vertreter, oft der »rote Papst« genannt, Pedro Aruppe, hatte das Konzept akzeptiert und es dem Papst vorgelegt. Doch Paul VI. lehnte den größten Teil ab und intervenierte gegen die auf dem Konzept basierenden Beschlüsse. Man stellte dem Jesuitengeneral daraufhin die Frage, ob dieses Vorgehen des Papstes auch falsch sein könnte. Seine Antwort: »Für uns ist der Papst die Wahrheit« [86)].

Die »Herren der Kirche« können sich noch so modern, weltaufgeschlossen und aufgeklärt geben, es bleibt auch heute dabei: »Man muss dem Papst gehorchen, selbst wenn er Böses befiehlt« (Papst Innozenz III.). Jan Hus (1369 - 1415), Rektor der Prager Universität, vom Konzil von Konstanz verurteilt und trotz kaiserlichem Geleitbrief verbrannt, hat die folgenden Worte geradezu mit seinem Blut geschrieben. Sie sind auch heute noch aktuell, wiewohl die »Herren der Kirche« inzwischen gelernt haben, sich weniger deutlich auszudrücken: »Ein Theologe sagte mir, dass für mich alles gut und erlaubt sei, wenn ich mich nur dem Konzil unterwerfe, und fügte hinzu: Wenn das Konzil verkündete, Du habest nur ein einziges Auge, auch wenn Du zwei hast, wäre es Deine Pflicht, mit dem Konzil zu bekennen, dass dem so sei. Ich antwortete ihm: Auch wenn es die ganze Welt behauptete, ich könnte es, da ich den Verstand habe, wie ich ihn jetzt habe, nicht ohne Widerstand des Gewissens zulassen« [87)].

In der römisch-katholischen Kirche, diesem »System der vollendetsten Universalherrschaft und geistlichen Diktatur« [88)], ist die Wahrheit zu einer bloßen Funktion der Macht verkommen. Und da Macht, besonders absolutistische Macht, stets nach anderen, sie stützenden Mächten Ausschau hält, ist es gar nicht verwunderlich, dass der Vatikan auch dubiose Bankverbindungen (Sindona, Calvi) eingeht und pflegt, und ihm selbst Kontakte mit der Mafia nicht anrüchig erscheinen [89)]. Roberto Calvi war Präsident der Banco Ambrosiano, der größten italienischen Bankengruppe mit Geschäftsinteressen in 15 Ländern. Er hatte enge Verbindungen zur Vatikanbank und ihrem Leiter, Erzbischof Paul Marcinkus. Nicht umsonst nannte man Calvi in Italien den »Bankier Gottes«. Am 18. Juni 1982 entdeckte man seinen leblosen Körper mit einem Strick um den Hals unter einem Bogen der Londoner Blackfriarsbrücke, die über die Themse führt. Calvis 23-jährige Tochter Anna erklärte in einer geheimen Aussage vor einer italienischen parlamentarischen Kommission, dass ihr Vater in den letzten Wochen seines Lebens um sein und seiner Familie Leben sehr gebangt hat. Er habe seine Frau und seinen Sohn veranlasst, in eine Wohnung im Watergate-Komplex in Washington zu übersiedeln. Er habe über die Vatikanbank und Erzbischof Marcinkus geklagt und dabei gesagt: »I preti saranno la nostra fine« (Die Priester werden unser Ende sein [90)]). Auch Calvis Frau Clara erklärte 1989, nach sieben Jahren des Schweigens, bei ihrer ersten öffentlichen Äußerung über den bislang unaufgeklärten Tod ihres Mannes: »Die Priester wollten ihn tot sehen«. Der vatikanische Pressesprecher Joaquin Navarro (Opus Dei) hat dies als »unverantwortliche Erfindung« zurückgewiesen [91)].

Die Wahrheit wird vielleicht nie ans Tageslicht kommen. Aber man erhängt sich im allgemeinen nicht, wenn man zwölf Pfund

Zementbrocken und Ziegel in seinen Taschen hat, wie sie beim toten Signor Calvi gefunden wurden.

Tatsache ist, dass der Vatikan am Geld hängt, weil er an der Macht hängt, und dass er gnadenlos diejenigen verfolgt, die ihm nicht mehr genehm sind. Selbst der kürzlich verstorbene Professor Bernhard Häring, der als einer der bedeutendsten katholischen Moraltheologen galt, gab in einem Interview gegenüber dem *Stern* auf die Frage: »Welche Kräfte sind denn im Vatikan im Vormarsch?« die Antwort: »Das ist ohne Zweifel das ›Opus Dei‹. Diese Organisation ist eine Art Geheimbund in der Kirche, ist autoritär strukturiert und hängt einer mittelalterlichen Vorstellung von der Verchristlichung der Welt nach. Man hat ›Opus Dei‹ Schriften mit Reden und Schriften des verstorbenen spanischen Diktators Franco verglichen und festgestellt, dass es sich um das gleiche Vokabular handelt. Hinzu kommt: Das ›Opus Dei‹ ist reich, und der chronisch unter Geldnot leidende Vatikan ist von ihm abhängig. Mit dem ›Opus Dei‹ hat Caraffa auch den Moraltheologen-Kongress in Rom organisiert«. Auf diesem im Frühjahr 1989 stattgefundenen Kongress hat Carlo Caraffa, der als einer der einflussreichsten Prälaten im Vatikan gilt, künstliche Empfängnisverhütung mit Mord verglichen, ein Vorgang, der durch die gesamte, fast durchweg empörte Weltpresse ging. Auch Häring hatte es nur dem neuzeitlichen Prozess der Entkirchlichung der Welt und der Machtzunahme demokratischer Staaten zu verdanken, dass er so offene Worte von sich geben konnte.

Es gibt ja auch echte Strukturgleichheiten zwischen dem fundamentalistischen Flügel im Islam und dem Vatikan. Das Presseorgan des Vatikans, der *Osservatore Romano*, hat deshalb seinerzeit auch das Buch *Die satanischen Verse* des Schriftstellers Salman Rushdie als blasphemisch verurteilt. Der ganze Tenor des Artikels im Presseblatt des Papstes drängte darauf, Gotteslästerern Presse- und Redefreiheit zu nehmen.

Diese Strukturgleichheit hat mehrere Gründe: Einige, die weit in der Vergangenheit zurückliegen, aber auch solche, die die Gegenwart betreffen. Zunächst einmal: Der gemeinsame archaische Ursprung von Islam und christlichen Kirchen im fanatisch exklusiven Gottesglauben der Bibel: »Jeder, der seinem Gott flucht, lädt Sündenschuld auf sich. Wer im Namen des Herrn lästert, soll des Todes sterben; die ganze Gemeinde steinige ihn! Sei es ein Fremder oder ein Einheimischer, für seine Lästerung des Namens soll er sterben« (Leviticus 24,15-16; aber auch an zahlreichen weiteren Stellen des Alten Testamentes). Khomeini war also ganz biblisch, ganz bibelfest, als er seinerzeit sein Todesurteil über Rushdie verhängte. Und auch die christlichen Fundamentalisten sind bibeltreu, die gegen Martin Scorseses Film »Die letzte Versuchung Christi« Maßnahmen ergriffen, die mit Bombendrohungen und Bombenwürfen gegen Filmtheater vorgingen, weil diese den Film spielten oder spielen wollten; die Filmbesucher beschimpften, bespuckten und schlugen; die Gerichte bemühten, um die Aufführung zu verhindern.

Der wohl jüngste Fall bigotter Aggression in unserem »Kirchenstaat« war wohl die Aufführung des Theaterstücks »Corpus Christi« in Heilbronn unter dem liberalen Intendanten Wagner. Hundertschaften »wahrer« Christen zogen durch die Straßen, um das »teuflische« Stück zu boykottieren. Das Theater mußte von einem mächtigen Polizeischutz bewacht werden und der Indentant erhielt -zig Mord-, Droh- und Schmähbriefe! Noch dramatischer gestaltete sich diese schauerliche Szenerie, als der Ulmer Intendant dieses Stück am hiesigen Theater als Gastspiel vorgeplant hatte. Schon vor der ersten (geplanten) Aufführung - die niemals erfolgt ist - kam es zum Sturm im Wasserglas. Der Kulturdezernent erhielt gleichfalls Mord- und Drohbriefe. Bei einer fatalen Redeschlacht im Stadthaus - sie glich einer überfüllten Konzilsaula - dokumentierten fanatische Christen ihren nicht mehr zu unterbietenden Wissensstand. Die Aufführung wurde abgesagt, wirkt doch der katholische Intendant zugleich in einem kirchlichen Gremium.

Unbiblisch ist lediglich, dass die Kirchen, allen voran die römisch-katholische, jetzt so tun, als ob sie liberaler geworden seien und dem todbringenden monotheistischen Glaubensfanatismus Adieu gesagt hätten. Außer dem Artikel des päpstlichen *Osservatore Romano* schienen ja die meisten kirchlichen Blätter damals die Empörung des Westens über die Todeskommandos Khomeinis zu teilen. Dabei hat man mit Recht konstatiert: »Von Anfang an waren Juden, Christen und Moslems verpflichtet, die Wahrheit der göttlichen Offenbarung über alles zu stellen, auch über das leibliche Leben. Das ist der unerbittliche Zusammenhang zwischen Überzeugung und Tod, den die drei Abrahams-Religionen in die Welt gesetzt haben ... Ihn preiszugeben wäre Verrat an den Prinzipien der monotheistischen Religionen, auf deren Gott die Mehrheit der Christen noch immer getauft ist. Für die Stimme aus dem brennenden Dornbusch sind die bürgerlichen Grundrechte vollkommen belanglos. Die Empörung des Westens über Khomeini dokumentiert lediglich den Abstand, den aufgeklärte Nominalchristen von der Gottesfurcht ihrer Vorväter haben« [92)].

Tatsächlich haben auch die vorausgegangenen (historischen) Ausführungen dieses Kapitels gezeigt, wie im Namen Gottes und unter ständiger Berufung auf ihn Millionen und Abermillionen Menschen durch die »Herren der Kirche« hingeschlachtet wurden. Das war ja auch rechtlich »in Ordnung«, denn selbst kirchliche und christlich-staatliche Rechtsverordnungen gingen in diese Richtung. Z. B. hatte das berühmte und lange Zeit in Geltung befindliche »Corpus Iuris Civilis« des Christen und byzantinisch-römischen Kaisers Justinian I. (527 - 565) für Gotteslästerung die Todesstrafe verordnet.

Mittlerweile knüpfen auch wenigstens einige »verantwortungsbewusste« kirchliche Kreise wieder an die »gute« Tradition an. Verfahren gegen Gottes-, Jesus-, Maria-Lästerer werden auch heute noch immer wieder angestrengt. Die Rechtssprechung des Staates wird bemüht, um die Verbreitung kritischer Gedanken zu unterbinden. Kein Zweifel: Der Unterschied zwischen Moslems und Kirchenchristen liegt lediglich »in der Zahl der Empörten. Das Gottesverständnis des Islam hat die Aufklärung noch vor sich, während die Mehrheit der Christen sie längst hinter sich gebracht hat« [93].

Trotzdem ist die Zahl derer, die »Kreuziget ihn« schreien, wenn die »heiligsten Rechte« der Mutter Kirche als Stellvertreterin Gottes auf Erden angetastet zu werden scheinen, nicht gerade klein. Selbst bekannte Schriftsteller des Westens können sich das jedoch kaum vorstellen. Im Hinblick auf die seinerzeitige Affäre Rushdie-Khomeini und die erste Auflage des vorliegenden Buches *Herren und Knechte der Kirche* vermerkte ich deshalb kritisch: »Die südafrikanische Schriftstellerin Nadine Gordimer behauptet, so etwas wie Morddrohungen gegen einen Schriftsteller wegen eines Buches habe es noch nie gegeben. Weit gefehlt! Als ich 1973 mein Buch über die *Herren und Knechte der Kirche* herausgab, wurde ich mit telefonischen und brieflichen Todesdrohungen von Katholiken nur so überhäuft« [94]. Außer *Spiegel* und *Stern* krähte damals aber fast kein Hahn im »zivilisierten« Westen darüber, dass man einen Buchautor fertig macht.

Fast unnötig hinzuzufügen, dass die schließliche Abschaffung der Todesstrafe für Gotteslästerung ein Verdienst der Aufklärung, nicht der christlichen Kirchen ist. Umso mehr aber verwundert es, dass wir heute nach Jahrhunderten Aufklärungsarbeit Zeugen einer Annäherung der Rom-Kirche an den Islam sind. Aber das hat, wie gesagt, archaische Gründe, nämlich im gemeinsamen Glauben an die donnernde Stimme des offenbarenden eifernden Wüstengottes Jahwe oder Allah. Das hat aber auch aktuelle Gründe. Die Weltumarmungstendenzen der Papstkirche haben nie nachgelassen, das wird selbst von Rom-Korrespondenten, die wegen ihrer wohlwollenden Berichterstattung den reisehungrigen Johannes Paul II. auf allen seinen päpstlichen Ausflügen in die weite Welt begleiten dürfen, offen zugeben:

»Die Päpste ... gerieten von einer Zwangslage in die andere: Vor Freimaurern und Freidenkern suchten sie Zuflucht bei den Faschisten, angesichts der Bolschewiken erschienen ihnen die Nazis vorübergehend als kleineres Übel, schließlich setzten sie auf christliche, versöhnten sich mit den liberalen und sozialistischen Demokraten, mit dem Judentum und mit der Feuerbestattung. Der theologische Waffenstillstand mit Orthodoxen und Protestanten, der Dialog mit regierenden Marxisten und die milde Bewunderung für islamische, buddhistische, ja hinduistische Spiritualität - all dies war nur die Konsequenz einer neuartigen, doch uralten Tendenz zu Universaler Weltumarmung« [95]. In der Tat sieht die Vatikankirche heute in einer Allianz mit dem Islam die Chance für eine neue strategische Großoffensive zur Re-Missionierung der ungläubig gewordenen Welt. Über viel religiöse Substanz haben das Papsttum und die Hierarchie der römisch-katholischen Kirche nie verfügt. Die Kategorie Macht, nicht die Kategorie religiöse Erfahrung und ethische Humanität, stand stets im Zentrum ihres Interesses.

Aufgrund des Aufklärungsprozesses der Neuzeit haben ihr immer mehr Menschen, vor allem die Intelligenteren, die Gefolgschaft aufgekündigt. Dieser Schrumpfungsprozeß in der Glaubwürdigkeit der Kirche wird aber heute durch ein Phänomen beschleunigt und kräftig angeheizt, das aus einer unerwarteten Ecke kommt, die die Statthalter der römisch-katholischen Kirche stets als ihren ureigenen Bereich ansahen, in dem sie ganz nach Belieben schalten, walten und dogmatisieren konnten. Es handelt sich um den Bereich der Religiosität und Spiritualität, in dem ihnen nun plötzlich in Gestalt verschiedenster außerkirchlicher, esoterischer usw. Strömungen und Gruppierungen ein Gegner erwächst, der gerade auch viele jüngere Menschen in seinen Bann zieht.

Gegenüber der ungeheuren Vielfalt, um nicht zu sagen undogmatischen Beliebigkeit der religiösen Ansätze, Glaubens-, Meditations- und Überzeugungsformen dieser Gruppen erscheint nun dem religiös-substantiell auf schwachen Füßen stehenden Vatikan der fundamentalistische, keine Alternativen zulassende, Massen von Anhängern mobilisierende fanatische Glaubensenthusiasmus des Islam für den einen patriarchalisch-apodiktischen Gott als hoffnungsvoller Weg aus der eigenen Krise und zu einer neuen Eroberung der Welt.

Denn alle Methoden und Machenschaften, selbst die rabiatesten und massivsten, die die römisch-katholische Kirche, aber auch die protestantischen Kirchen gegen die neuen religiös-spirituellen Strömungen aus eigener Kraft anwandten, haben nicht viel genützt. Die Kirchen schrumpfen weiter, und auch alle staatliche Unterstützung, die nur ihnen, nicht diesen Strömungen zuteil wird, bringt da wenig. Die öffentlichen und privaten Fernsehanstalten tun ebenfalls ihr Bestes, um durch die kirchliche Monopolisierung des religiösen Faktors den neuen Religionsgemeinschaften den Garaus zu machen.

Aber der beabsichtigte Effekt ist trotzdem minimal, obwohl die neuen Kontrolleure, nämlich die von den Kirchen aufgebotenen Sektenbeauftragten, praktisch fast unbeschränkte Sendezeit und als »*die*« Experten für alle religiösen Angelegenheiten so gut wie immer das letzte Wort erhalten. Sektenbeauftragte der beiden Staatskirchen in der BRD, von denen sich die Mehrheit wie neue Inquisitoren gebärdet, reisen durch die Lande, versuchen mit Hilfe von Helfershelfern jedes Detail der neuen religiösen und spirituellen Gruppierungen zu erschnüffeln, um Belastungsmaterial gegen sie zu finden und entsprechend aufbereiten zu können und tun schon wieder - wie im Mittelalter - so, als ob ihnen das einzig legitime Urteil über alle religiösen und weltanschaulichen Angelegenheiten zustünde [96)]. Nach altbewährter Manier wird dabei von der Kirche auch stets wieder der »staatliche Arm« bemüht.

Man bestaune auch wieder das neue Wunder, das die Kirche da auf die Beine gestellt hat. Diese Institution der lodernden Scheiterhaufen, der okkultesten Praktiken gegen Frauen als mit dem Satan kopulierende Hexen, der Judenpogrome und Heidenvernichtung, der als Kreuzzüge und »gerechte Kriege« getarnten Eroberungsfeldzüge, der gehässigsten Angriffe auf alle Aufklärer, auf Galilei, Giordano Bruno, Voltaire, Darwin, Freud, Teilhard de Chardin usw. usf., der fanatischen Bekämpfung der Gewissens-, Rede- und Pressefreiheit, diese Organisation mit den ungeheuerlichsten Macht- und Herrschaftsansprüchen, mit den wahnwitzigsten Dominanzideen über Staaten und Gesellschaften, ja über das Universum, bietet sich heute allen Ernstes und nicht ohne Erfolg den säkularisierten demokratischen Staaten als die einzig vernünftige, rationale Religion an. Als die einzige Religion, die im Gegensatz zu den neuen Religionen und Spiritualitäten, die alle lediglich Kulte des Abstrusen, Okkulten, Irrationalen, der Anarchie und Gesetzlosigkeit seien, die Legitimität der Staaten metaphysisch stützen, ihre Verfassungen, Ordnungen und Rechte grundlegend garantieren könne.

Schon wieder kann sich - weitgehend mit staatlich-gesellschaftlicher Billigung - der exklusive dogmatisch-patriarchalische, monotheistische Fanatismus, wie im Mittelalter und weithin in die Neuzeit hinein, gegen die neuen Religionsformen austoben, kann sie als faschistisch, rassistisch, autoritär-diktatorisch hinstellen. Und der Staat, der zu weltanschaulicher Neutralität verpflichtete, zieht im allgemeinen mit. Diese Kirche, der das Dogma stets mehr galt als die Wahrheit, die noch heute den Menschen ihr Dogma der vom heiligen Geist befruchteten, keinen Mann kennenden Jungfrau Maria und ihrer wundersamen Himmelfahrt am Ende ihres Lebens verbindlich zu glauben befiehlt, die, so lange sie konnte, alle Denker vernichtete, die die Wahrheit höher achteten als das blinde »Ja« zur Kirche, diese Kirche hat es wieder einmal fertiggebracht, dass sich auf ihren Wink Gerichte und Familienministerien mit den »irrationalen Auswüchsen« der neuen Religionsgemeinschaften mit ihrer vermeintlichen Indoktrinierung Jugendlicher, die ihren Eltern entzogen worden seien, befassen. Als ob es nicht gerade ein Kriterium der Gottesliebe in der Kirche aller Jahrhunderte gewesen ist, bereit zu sein, Vater und Mutter, Ehepartner und Kind zu verlassen, wenn der »Ruf Gottes« im Herzen erklang, wenn also die »höheren religiösen Interessen« im Spiel waren. Und als ob nicht auch Jesus selbst dem seinen toten Vater begraben wollenden Jüngling schroff entgegengehalten hätte: »Lass die Toten die Toten begraben. Du aber folge mir!«. Die ganze Geschichte der katholischen Frauen- und Männerorden ist auch die Geschichte der sich von ihren Angehörigen schon in sehr frühen Jahren trennenden Aussteiger, wobei aber oft von den Orden angewandte Gewalt eine Rolle spielte [97)].

Die Schauermärchen, die heute gegen die Kinder und Jugendliche »raubenden« neuen Sekten in die Welt gesetzt werden, sind ein wahres Nichts gegenüber dem, was tatsächlich hinter Klostermauern an grauenhaften Negativitäten passiert ist, ohne dass deshalb das Positive in diesem Bereich geleugnet werden soll. (Darüber nachher in diesem Kapitel noch einiges mehr). Und schließlich: Die von kirchlichen Ideologen angeprangerten gewaltigen Einnahmen der sog. Jugendsekten und -religionen sind lächerlich gering, wenn man sie nicht einmal mit den Gesamteinkünften der römisch-katholischen Kirche, sondern z.B. nur mit den Einahmen des Erzbistums Köln vergleicht.

Aber bereits die Einkünfte aus der Kirchensteuer in der BRD (beide Großkirchen in der Bundesrepublik werden allein auf dieser Grundlage pro Jahr um mehr als 4 Milliarden Euro reicher) überschreiten in einem fast schon astronomischen Maß alle finanziellen Größenordnungen der neuen Religionsgruppen.

Jedoch war es hier gar nicht meine primäre Absicht, die neuen religiös-spirituellen Strömungen zu verteidigen, zu denen man - rein wissenschaftlich betrachtet - Positives wie Negatives, aber eben in objektiver, beide Aspekte berücksichtigender Proportion, sagen kann [98)]. Ich wollte vor allem zeigen, wie sehr die »Herren der Kirche« angesichts ihrer mangelnden Spiritualität und ausgesprochenen Hilflosigkeit gegenüber den neuen religiösen Bewegungen nach einem Rettungsanker wie dem Islam Ausschau halten, sich von einem Bündnis mit allen der monotheistischen Gottesidee fundamentalistisch verpflichteten Religionen und Völkern eine regenerierende Vitaminspritze für ihr eigenes verfallendes, morsches Glaubensgebäude erhoffen.

Vor allem ist es eben der Islam, der in den beiden letzten Jahrzehnten immer mehr zu einer echten Weltmacht aufgestiegen ist [99)]. Da ist es angesichts der nie nachlassenden Weltumarmungs-, sprich: Expansionstendenz der römisch-katholischen Kirche geradezu logisch-konsequent, dass ihre Kommandozentrale, der Vatikan, seine Fühler in diese Richtung ausstreckt. Er hat ja auch etwas, was jedem Moslem imponiert: Er hat Jerusalem nie als Hauptstadt Israels anerkannt. Sollte eintreffen, was manche Kenner der politischen Weltlage voraussagen, nämlich, dass der Islam im dritten Jahrtausend Weltmacht Nr. 1 wird, dann hätte die Kirche wieder einmal vorgebaut, wie schon so oft in ihrer kontinuierlich-permanenten Anpassungsgeschichte an die Mächtigen dieser Welt. Eines muss man den Herren im Vatikan bescheinigen: sie hatten fast immer den richtigen Riecher, wann bei ihren bisherigen Verbündeten die Macht abzubröckeln begann und es Zeit wurde, sich von ihnen zu trennen, um sich den aufkommenden neuen Starken anzuschließen. Das klappte in der langen Geschichte der Kirche fast immer vorzüglich, und man war auf diese Weise stets bei den stärkeren Bataillonen.

Die Allianz mit dem Islam könnte vielleicht auch wieder eine neue Ära in der Vorgehensweise gegen Ketzer, Abweichler, Widerständler und Aussteiger aus der Kirche einleiten. Man könnte auf diese Weise an eine alte Tradition der Bücherverbrennungen und des »Index librorum prohibitorum« in der katholischen Kirche anknüpfen. Selbst intelligentere Katholiken wissen oft nicht, dass praktisch alle Geistesgrößen der Philosophie- und Literaturgeschichte auf diesem Index der von der römisch-katholischen Kirche verbotenen Bücher zu finden waren, so gut wie alle Aufklärer, aber auch der größte deutsche Philosoph Kant mit seiner *Kritik der reinen Vernunft*, Heinrich Heine mit seinen *Neuen Gedichten*, natürlich Nietzsche, Stirner, Baudelaire, Victor Hugo usw. usf. Die wenigsten wissen auch, dass der von Papst Paul IV. (1559) eingeführte »Index der verbotenen Bücher« erst 1965 offiziell abgeschafft wurde und dass den »Knechten der Kirche«, den Laien, durch Papst Clemens XI. im Jahr 1713 selbst das Lesen der Bibel verboten worden war.

Es ist ja - schaut man mit den Augen der »Herren der Kirche« - alles so lasch geworden. Einen Savonarola oder Giordano Bruno konnte man wegen ihrer Predigt bzw. wegen ihrer Bücher noch verbrennen, einem Pierre Teilhard de Chardin oder einem Leonardo Boff vermochte man nur noch Rede- und Publikationsverbot aufzuerlegen. Wenigstens aber ist es der Kirche in manchen Staaten noch möglich, kritischen Denkern aufgrund der mit diesen Staaten bestehenden Verträge den Lehrstuhl und damit einen wichtigen Einflussbereich für ihre Ideen wegzunehmen. Wir werden darüber ausführlicher im nächsten Kapitel sprechen.

Dass aber die Kirche wirklich daran denkt, die Zügel wieder straffer anzuziehen und an die alte Rigorosität anzuknüpfen, zeigt auch der neue Treueid, den Papst Johannes Paul II. mit Wirkung vom 1. März 1989 verordnet hat und den die katholischen Geistlichen bei Amtsübernahme zu leisten haben [100)].

Sie müssen nun zusätzlich zur bisher üblichen Ablegung des Glaubensbekenntnisses beeiden, dass sie vorbehaltlos der Lehre der Kirche folgen, ihre Gesetze beachten sowie den Bischöfen und dem »authentischen Lehramt« gehorchen werden. Es ist also ein (erneut erweiterter) geistiger Maulkorb. Man bedenke dabei, dass seit der Aufhebung des Antimodernisteneides 1967 nur noch die Bischöfe zu einem besonderen Eid verpflichtet waren. Dagegen verpflichtet der seit dem 1. März 1989 gültige Treueid alle in Lehre und Seelsorge tätigen katholischen Kleriker und Laien ausdrücklich auf das sog. »authentische Lehramt« der Kirche, d.h. er nagelt sie auf Dinge fest, die weit über das Glaubensbekenntnis der Kirche hinausgehen z.B. auf das Verbot der Empfängnisverhütung, der Zulassung von Frauen zum Priesteramt und der wieder verheirateten Geschiedenen zum Empfang der Eucharistie. Alles Verbote, auf denen das »authentische Lehramt« hartnäckig besteht, obwohl es damit »den Graben zur zeitgenössischen theologischen Wissenschaft, ja zur modernen Gesellschaft insgesamt vertieft«.

Das linkskatholische *Publik-Forum* beklagt daher, dass der neue Treueid die Knechte der Kirche in eine »peinvolle Zwickmühle« bringe, dass mit ihm »einer Mentalität des Kadavergehorsams« der Boden bereitet werde, dass dieser »päpstliche Treueid-Zwang« antijesuanisch, »wider die Bergpredigt« gerichtet sei, weil ja Jesus das Schwören überhaupt verboten habe (Mt 5.34).

Die »Herren der Kirche« wird diese Klage aus den eigenen Reihen kalt lassen, obwohl sich *Publik-Forum* durch die Einführung eines neuen Treueides für alle Seelsorger und Lehrer des katholischen Glaubens an »die dunkelsten Jahre päpstlichen Regiments aus der modernen Kirchengeschichte« erinnert. Bekanntlich verordnete

Papst Pius X. nach einer jahrelangen römischen Hetzjagd gegen sog. Modernistische Theologen am 1. September 1910 den sog. »Antimodernisteneid«, den die katholischen Geistlichen bis ins Jahr 1967 schwören mussten.

In Form eines Glaubensbekenntnisses mussten die Geistlichen Aussagen beschwören, die schon damals, 1910, von der Wissenschaft längst überholt waren, z.B. die unmittelbare Gründung der Kirche durch Christus, die Unwandelbarkeit der Dogmen und dergleichen mehr.

»Priestergenerationen wurden durch jenen Antimodernisteneid gedemütigt. Viele katholische Theologen wurden zu einer intellektuellen Unredlichkeit genötigt«. Aber in der Demütigung und Erniedrigung von Abweichlern, Aussteigern und Andersdenkenden war die Kirche schon immer einsame Klasse und bleibt sie sich auch heute absolut treu. Ich wurde nach meinem Kirchenaustritt als »Verräter« hingestellt, der der unfehlbaren, von Gott offenbarten Wahrheit der katholischen Kirche, und damit den heiligsten Idealen, ja Gott selbst untreu geworden sei.

Ein Generalvikar aus Osteuropa schrieb mir: »Da haben wir uns, wie Du noch bei uns warst, so für Dich eingesetzt. Und nun bereitest Du uns so eine Schande. Dein Verhalten ist im höchsten Maße beleidigend für unsere gemeinsame Mutter Kirche«. Ich fragte zurück: »Wo und wann hat sich denn die Kirche oder einer von Ihnen für mich eingesetzt?«. Eine Antwort blieb bis heute aus.

Man trat an katholisch gebliebene Angehörige von mir heran, malte ihnen ergreifend aus, welch furchtbares Ärgernis ich allein schon den kleinen Leuten, den »treuen Seelen« in der Kirche bereitet hätte, und legte ihnen wärmstens ans Herz, bei mir darauf zu dringen, entweder in die Kirche zurückzukehren oder aber irgendwohin, auf jeden Fall weit wegzuziehen, dorthin, wo mich niemand kenne. Selbst ein hoher evangelischer Kirchenvertreter, der es durchaus gut mit mir meinte, empfahl mir, meine »neuen Ideale« erst einmal »in Afrika oder Neuguinea« an den Eingeborenen zu erproben. »In einigen Jahren können Sie dann zurückkommen. Dann ist Gras über die Sache gewachsen und wir können Sie hier im kirchlichen Dienst anstellen. Vorher kriegen wir nur Schwierigkeiten mit der katholischen Kirche. Sie wissen ja: Das ökumenische Klima«.

Selbst der seinerzeitige evangelische Bischof von Berlin, Kurt Scharf, früher Ratsvorsitzender der Ev. Kirche in Deutschland, der durch seinen mutigen Besuch bei politischen Gefangenen Aufsehen erregt hatte, taktierte in meiner Sache sehr vorsichtig, um nicht zu sagen: Ängstlich. Ich wohnte damals (1975 und 1976) in Berlin, und ein evangelischer Theologe, der sich wegen meiner finanziellen Situation und meiner beruflichen Schwierigkeiten Sorgen machte, hatte mir auf eigene Initiative einen Termin bei Bischof Scharf besorgt. Es war ein großer Raum, fast ein Saal, in dem mich der Bischof empfing. Wir waren allein, mitanwesend war nur noch meine Frau. Niemand konnte uns hören. Das Zimmer der Sekretärin des Bischofs war sicher an die zehn Meter von der Stelle entfernt, wo wir saßen. Und die Tür zu diesem Zimmer war zu. Dennoch spach Herr Scharf nur ganz leise, fast im Flüsterton, mit uns. Es kam uns sehr merkwürdig vor.

Der Bischof kam auch bald zur Sache: »Sie haben ja nun als katholischer Geistlicher eine ganz andere theologische Ausbildung erhalten als unsere Pastoren. Wir könnten Sie also vorerst allerhöchstens als Hilfspastor hier irgendwo in Berlin einsetzen. Aber selbst das müssten wir vorher der katholischen Kirche mitteilen«. Der letzte Satz störte mich. Ich entgegnete: »Aber, sehr geehrter Herr Bischof, gerade ging durch die Presse, dass drei protestantische Pfarrer in Bayern zur römisch-katholischen Kirche übergetreten seien. Da hat die katholische Kirche mit Sicherheit die evangelische vorher nicht um Erlaubnis gefragt oder ihr auch nur diesen Schritt angekündigt«. »Ja, das stimmt«, erwiderte der Bischof. »Die katholische Kirche hält das nicht für nötig. Aber wir tun das. Die gute ökumenische Atmosphäre hier in Berlin ist uns zu wichtig«. Damit war die Angelegenheit für mich erledigt. Ich wollte nicht wieder auf den Gnadenakt einer Institution wie der katholischen Kirche angewiesen sein.

Beim Abschied flüsterte mir der Bischof noch zu: »Was die katholische Kirche gegen Sie getan hat« (er spielte auf die Wegnahme des Lehrstuhls, die Kirchenprozesse und die Hetzkampagne gegen mich an), »halte ich für furchtbar und absolut unchristlich. Aber wir können halt nichts machen: Uns sind die Hände gebunden«.

Überhaupt reicht auch die Negativpropaganda der katholischen Kirche gegen einen Apostaten sehr weit hinein in den protestantischen Raum. Selbst intelligente protestantische Theologen lassen sich bisweilen davon anstecken. Ich besuchte damals in Berlin den bekannten und gegenüber Missständen in Kirche und Gesellschaft doch sehr kritischen Theologieprofessor Hellmut Gollwitzer. Das erste, was er sagte, war: »Ja, mein lieber Herr Mynarek, wie konnten Sie nur so ein pornographisches Buch wie *Herren und Knechte der Kirche* herausbringen. Ich kenne Sie noch von Ihren früheren Veröffentlichungen her, die doch alle sehr seriös und auf einem hohen wissenschaftlichen Niveau waren. Und jetzt diese Porno-Sache«.

»Haben Sie denn das Buch gelesen?«, fragte ich, »denn darin steht nicht eine einzige schlüpfrige Szene. Es geht darin um die Herrschaftsmethoden, nicht um die Sexualität der Herren der Kirche«. »Nein, gelesen habe ich es nicht. Aber das sagten mir doch Ihre katholischen Kollegen«, erwiderte Gollwitzer, etwas kleinlaut geworden. Wenigstens von einem Professor sollte man ja wohl doch verlangen können, dass er ein Buch erst liest, ehe er es verurteilt. Aber Gollwitzer war gar nicht bösen Willens, er hatte nur zu leichtfertig die katholische Propaganda übernommen.

Ich bat ihn noch, mir doch einen Lehrauftrag am theologischen Fachbereich der Freien Universität Berlin zu besorgen, damit meine Kontakte zur studentischen Jugend nicht ganz abrissen. Aber er gab gequält zurück, dass er bald emeritiert werden würde und deshalb da eigentlich nichts mehr bewegen könne. Doch verwies er mich auf seinen Kollegen, den Ordinarius für Religionswissenschaft, Carsten Colpe. Mit ihm telephonierte er in meinem Beisein, und der lud mich bereitwillig in sein Haus ein. Aber in der Frage eines Lehrauftrags für mich fühlte sich auch Colpe nicht so recht wohl. Zwar betonte auch er, dass er mich als Wissenschaftler sehr schätze. Aber wahrscheinlich dachte er ebenfalls an die dann möglichen Kollisionen mit der katholischen Kirche.

Jedenfalls wies er in dieser Frage zunächst darauf hin, dass die Macht der Ordinarien an der FU weitgehend gebrochen sei und er es als positiv empfinde, dass jetzt eigentlich die Studenten das Sagen hätten. Sie bestimmten in Wirklichkeit darüber, wer einen Lehrauftrag bekommen solle. »Nun«, sagte ich, »dann lassen Sie mich doch mit den Studenten sprechen. Ich bin bei ihnen immer sehr gut angekommen«. Aber das wollte nun Prof. Colpe auf gar keinen Fall. Er wiegelte weiter ab: »Sie erhalten finanziell auch praktisch nichts für das ganze Semester, wenn Sie einen Lehrauftrag wahrnehmen«. »Darum geht es doch gar nicht«, sagte ich, »mir geht es um die wissenschaftlichen Kontakte mit der studentischen Jugend!«. Nun ja, sagte er beim Abschied, er könne das auch gar nicht allein entscheiden, er müsse darüber Konsultationen im Fachbereich führen, ich würde von ihm hören. Es verging vielleicht ein Monat. Dann wurde ich von den vereinigten Fachbereichsabteilungen Judaistik und evangelische Theologie tatsächlich zu einem Gespräch eingeladen. Ich war für ein wissenschaftliches Gespräch gar nicht vorbereitet. Man hatte mir nicht mitgeteilt, was mich erwarten würde. Tatsächlich saßen dann etwa 15 bis 20 Professoren, Dozenten und Assistenten mit mir an einem langgestreckten Tisch und stellten mir die verschiedensten Fragen. Ich muss hinzufügen, dass sich unter ihnen keine Katholiken, sondern nur Experten für Judaistisk und evangelische Theologie befanden. »Worüber würden Sie denn lesen, wenn Sie einen Lehrauftrag hätten?«, wurde ich beispielsweise gefragt. Nach einiger Überlegung antwortete ich: »Ich könnte z.B. über das Verhältnis von Religion und Evolution oder über die Frage der Wissenschaftlichkeit der Theologie oder über das Problem der Unsterblichkeit sprechen«. »Oh nein«, riefen gleich einige der Anwesenden, »das ist viel zu hoch, zu wissenschaftlich. Unsere Studenten haben nicht mehr die Abstraktionsfähigkeiten wie früher«.

»Könnten Sie nicht konkreter die Lebensläufe bedeutender Denker oder Tatmenschen behandeln?«, fragte mich ein neben mir sitzender Professor. »Warum nicht? Ich könnte z.B. über Teilhard de Chardin, aber auch über Martin Luther und Thomas Müntzer referieren«. Teilhard de Chardin sei zu philosophisch und über Luther und Müntzer stehe mir nicht zu zu sprechen. Beide seien evangelisch gewesen, und ich sei meiner Herkunft nach katholisch. Da hätte ich mit Sicherheit nicht die tieferen Detailkenntnisse, belehrte man mich. »Überhaupt«, fuhr plötzlich ein junger Dozent dazwischen, »dürften Sie vor unseren Studenten nie über Ihre Vergangenheit und Ihre Querelen rund um Ihren Kirchenaustritt und das Buch *Herren und Knechte der Kirche* sprechen. Dieses pornographische Buch ist sowieso eine Schande«. »Wenn Sie wollen« beschied ich ihn, »gebe ich Ihnen das schriftlich. Ich werde kein Wort über meine katholische Vergangenheit verlieren«.

Das Ganze war ja nun nicht mehr so interessant. Einige Anwesende dösten vor sich hin. Als sie aber das Wörtchen »schriftlich« hörten, waren alle plötzlich hellwach. Nein, schriftlich wollten sie von mir überhaupt nichts haben, gaben sie mir fast unisono und nachdrücklich zu verstehen. Einige schienen sogar empört. Offenbar war ich in ihren Augen ein Skandalautor, der auch diese schriftliche Zusage möglicherweise zu ihrem Schaden verwendet hätte. Danach betonte einer der älteren Professoren mit mahnender Stimme, dass man bei einer Bewilligung eines Lehrauftrags doch sehr vorsichtig vorgehen und berücksichtigen müsse, dass es hier an der Universität ja auch einen katholischen Theologieprofessor gebe. Der gehöre zwar nicht zur judaistisch-evangelischen Fachbereichsabteilung, er sei auch zugegebenermaßen ein schwieriger Mensch: »Aber wir wollen es uns trotzdem nicht mit ihm verderben!«.

Mit dem Bescheid, ich würde noch eine Mitteilung über meine Annahme oder Ablehnung erhalten, wurde ich nach etwas mehr als einer Stunde aus dem »Tribunal« entlassen. Ich hörte danach längere Zeit nichts, bis ich dann nach etwa zwei bis drei Monaten ein Schreiben des Fachbereichs erhielt. In ihm wurde mir mitgeteilt, dass man den Lehrauftrag für mich nicht bewilligt habe, weil man mir nicht zumuten, mir vielmehr die Enttäuschung ersparen wolle, keine Hörer zu haben. Man führte noch das Beispiel einer Japanerin an, der als Lehrbeauftragter der FU ein ähnliches Schicksal mit zu wenigen Hörern passiert sei. Angesichts der zahlreichen Hörer, die ich stets an der Universität Wien hatte, erschien mir die Begründung der Ablehnung meines Antrags auf einen Lehrauftrag äußerst fadenscheinig. Andererseits wusste ich inzwischen, dass einige der Professoren, die mich so eingehend ausgefragt hatten, nur sechs oder sieben Hörer hatten, die in ihre Vorlesungen gingen. Diese Herren fürchteten wohl, auch noch diese wenigen Studenten an mich zu verlieren.

Zweifellos aber hatten sie auch Angst davor, wegen der Zustimmung zu einem Lehrauftrag für Mynarek das Missfallen des »Großen Katholischen Bruders« zu erregen. Wahrheitshalber muss ich übrigens noch hinzufügen, dass Carsten Colpe, von dem ich gar nicht weiß, ob er an der negativen Entscheidung bezüglich des Lehrauftrags für mich mitgewirkt hat, mir zusammen mit seiner Frau den Vorschlag machte, ein paar Monate mietfrei in einem Haus zu wohnen, dessen Besitzer, Freunde der Colpes, einen längeren Urlaub machten. Ich nahm das Angebot nicht an, aber es war eine Geste guten Willens.

Guten Willen zeigten auch evangelische Lehrer und Pfarrer aus dem saarländischen Raum, die mich zu einer Tagung als Referenten einluden. Ort der Tagung: das katholische Kardinal-Wendel-Haus in Homburg a.d.S. Zu spät bemerkte der katholische Vorstand des Hauses, dass die evangelischen Gäste den Apostaten Mynarek als Referenten geladen hatten. Die Tagung war schon über die Bühne gegangen, Mynarek hatte schon gesprochen. Sein Auftritt war nicht mehr zu verhindern. Aber der obligate scharfe Protest beim evangelischen Organisator der Tagung wurde nachgeholt. Wie konnte er es sich auch nur erlauben, die ehrwürdigen Räume einer katholischen Akademie durch einen Ex-Katholiken zu entweihen!

Selbst eine Reihe von Universitäten in der Bundesrepublik lehnte es ab, Vorlesungssäle für meine Vorträge bereitzustellen. Sogar bereits gegebene Genehmigungen wurden auf Protest katholischer Kreise hin kurzerhand zurückgezogen. Verschiedene Verbände, Organisationen, Studentenverbindungen usw. hatten nach meinem Kirchenaustritt versucht, Versammlungen mit mir auf dem Terrain der Universitäten auf die Beine zu stellen.

In den meisten Fällen scheiterte das Vorhaben, weil selbst auf diesem Terrain der Einfluss der katholischen Kirche nicht gering ist. An der Universität Heidelberg gelang es. Ich konnte dort einen Vortrag vor etwa 600 Menschen halten. Aber der Angestellte der Universität, der die Sache organisiert hatte, wurde entlassen, sein Arbeitsvertrag wurde nicht verlängert. Man gab ihm auch zu verstehen, dass er wegen der Mynarek-Einladung gehen musste. Er prozessierte vor dem Arbeitsgericht. Es nützte nichts: Er ist noch heute arbeitslos.

Eine ganze Reihe von Volkshochschulen (VHS) großer Städte, an denen ich vorher regelmäßig Lesungen bzw. Vorträge gehalten hatte, lehnte es unter dem Druck katholischer und in einigen Fällen auch protestantischer Kreise ab, mir weitere Veranstaltungen in ihrem Bereich zu gewähren. Jüngstes Beispiel: Auch die URANIA, Berlins ehrwürdige und älteste, der Aufklärung feierlich verpflichtete VHS, an der ich seit langem pro Jahr zwei bis vier Vorträge vor Hunderten von Hörern gehalten habe, sah sich plötzlich unter ganz fadenscheinigen Vorwänden und unter Hinweis auf die lebenswichtige Kooperation mit gewissen gesellschaftlichen Kräften dieser Stadt außerstande, mich weiterhin zu engagieren.

Ich weiß aber, dass es auch hier katholische und protestantische Kreise und - zu meinem Erstaunen - sogar eine kleine profilsüchtige und den Kirchen und Parteien gefallen wollende Gruppe von Atheisten sind, die gegen meine Vortragstätigkeit Sturm laufen.

Der unabhängig Denkende, der sich die aktuellen Veranstaltungsprogramme der URANIA einmal anschaut, wird bestürzt sein über die große Anzahl protestantischer und katholischer Theologen bis hin zum Kardinal von Berlin und dem evangelischen Bischof dieser Stadt, die einen Großteil dieses Programms »bewältigen«.

In Bad Kreuznach lud mich der »Bund für Umwelt und Naturschutz Deutschlands« (»BUND«) zu einem Vortrag ein. So gut wie alle ihre Vorträge veranstaltet die Kreuznacher Kreisgruppe des »BUND« im katholischen Bildungszentrum St. Hildegard. Plakate und Programme meines Vortrags mit Angabe dieses Zentrums als Ort der Veranstaltung waren schon gedruckt, Ankündigungen in der Zeitung veröffentlicht. Aber fast in letzter Minute wurde den Verantwortlichen der Kreisgruppe klargemacht, dass man einen Ex-Katholiken wie Mynarek innerhalb der Mauern dieses katholischen Hauses nicht dulden könne. Dabei war das Thema meines Vortrags nur der Ökologie gewidmet. Kritik an der Kirche war nicht vorgesehen. Sie war auch gar nicht der Veranstalter, sie sollte nur die Räumlichkeiten hergeben. Bedenkt man, dass der Staat alle derartigen katholischen Einrichtungen massiv bezuschusst, obwohl sie sich trotzdem wie ein völlig unabhängiger monopolistischer »Staat im Staate« gebärden, dann ist das Ganze schon ein Skandal.

Man kann sagen, dass die Angst, der katholischen Kirche zu nahe zu treten, sozusagen auf allen Ebenen, in allen Gesellschaftsschichten präsent ist. Dazu ein weiteres Beispiel: Nach dem Erscheinen der ersten Auflage meines Buches *Herren und Knechte der Kirche* im November 1973 wurde ich im darauffolgenden Monat zur Talk-Show im 3. Programm des WDR eingeladen. Diese Sendung moderierte damals noch Dietmar Schönherr. Als Gäste wirkten neben mir noch Uta Ranke-Heinemann und der Schauspieler Hardy Krüger mit. Natürlich nahm ich kein Blatt vor den Mund und griff scharf die Vergehen der Kirche und der Päpste in Geschichte und Gegenwart an.

Außerdem kritisierte ich das Vorgehen von Kirchenvertretern im Zusammenhang mit den Umständen, die dazu geführt hatten, dass der Bertelsmann-Verlag mein von ihm bereits gedrucktes Buch nicht auf den Markt brachte, sondern einseitig von dem mit mir geschlossenen Vertrag zurückgetreten war.

Die erste Auflage des vorliegenden Buches erschien dann, wie gesagt, im November 1973, bei Kiepenheuer & Witsch (darüber wird in einem späteren Kapitel noch mehr zu sagen sein). Ich gebe zu, dass die Konturen meiner Kritik an der Kirche während dieser Talk-Show deshalb besonders scharf erscheinen mussten, weil die beiden anderen Gesprächspartner, Ranke-Heinemann und Krüger, eher Harmloses zum Besten gaben.

Uta war damals noch nicht die scharfe Kritikerin der Kirche, offenbar fühlte sie sich als Konvertitin noch recht geborgen im Schoß dieser Institution. Jedenfalls erzählte sie lang und breit über ihren Haushalt, ihre Kinder. Ihre Art der Schilderung war auch amüsant, aber zur Kirche sagte sie nichts Negatives. Auch eine entsprechende Bitte Schönherrs, ein Urteil über mein Buch abzugeben, lehnte sie ab. Und Hardy Krüger fühlte sich direkt bemüßigt, ein Veto einzulegen, als ich von den Frauen der Priester sprach. Nein, Nein, sagte er empört, er kenne eine Reihe italienischer Pfarrhäuser sehr gut. Daher wisse er ganz genau, dass so etwas wie sexuelle Verhältnisse katholischer Priester mit Frauen nicht vorkämen oder die absolute Ausnahme seien.

Kein Wunder, dass deshalb das Magazin *Stern* in einem Bericht über die Talk-Show von Dietmar Schönherr die mangelnde »Offenherzigkeit« seiner Gäste »in Sachen Geld und Sex« kritisierte. Einige löbliche Ausnahmen führte man im *Stern* allerdings an: Volker Pilgrim und Hubertus Mynarek [101)].

Wütend aber waren die offiziellen katholischen Kreise. Die Dechantenkonferenz des Erzbistums Köln empörte sich in einem Schreiben an den damaligen WDR-Intendanten Klaus von Bismarck darüber, dass man einen Ex-Katholiken mit seiner bekannt scharfen Kritik an der Kirche in einer Talk-Show überhaupt sprechen ließ. Einige Bischöfe verlangten »personelle Konsequenzen« gegen die Mitarbeiter des WDR, die an der Organisation der Sendung und der Auswahl der Gäste mitgewirkt hatten.

Einer, und zwar derjenige, der mich an meinem damaligen Wohnort in Kitzingen (Unterfranken) aufgesucht und persönlich zur Talk-Show eingeladen hatte, rief mich ganz verunsichert nach der Sendung an. Sein Stuhl wackle, man wolle ihm meinetwegen den Stuhl vor die Tür setzen, berichtete er mir. Auch der Intendant von Bismarck selbst machte einen Bückling vor dem hohen Klerus der Erzdiözese Köln. In seinem Antwortschreiben an die Dechanten erklärte er, dass gemäß »der Struktur des säkularen öffentlichen Rundfunks« Kritik an der Kirche zwar erlaubt sein müsse, dass er jedoch in diesem speziellen Fall den Vorwürfen der Dechantenkonferenz recht geben müsse.

Wörtlich schrieb er: »Zu der fraglichen Sendung stehe ich nicht an, Ihnen zu sagen, dass es ein Fehler war, wenn die in dieser Sache verantwortlichen Mitarbeiter Herrn Professor Mynarek in einer auf leichten, lockeren Konversationsstil angelegten Unterhaltungssendung Raum und Wort gaben. Ich habe keinen Anlass, mich dafür zu entschuldigen, dass Herr Mynarek - zumindest in seiner Diktion - während dieser Sendung aus der Rolle fiel. Aber es war bei einem Diskussionsleiter wie Herrn Schönherr, der als Schauspieler seine Rolle zunächst als Gesprächsstimulant zu spielen hat, kaum die Gewähr gegeben, einen ›aus dem Ruder laufenden‹ Gesprächspartner in den für eine öffentlich-rechtliche Rundfunkanstalt notwendigen Grenzen zu halten. Es erwies sich auch als Irrtum, wenn man im Vorhinein annahm, etwaige Ausfälle, die man nach Kenntnis des Buches von Herrn Mynarek zumindest einkalkulieren musste, hätten durch Frau Uta Ranke-Heinemann aufgefangen und korrigiert werden können.

Deshalb bedaure ich, dass Herr Professor Mynarek in dieser Sendung in dieser Weise zum Zuge kam. Gerade wenn man gewisse Vorwürfe an die Adresse der christlichen Kirchen und im besonderen der katholischen Kirche ernst nimmt, kann und darf man sie nicht in dieser ›munteren‹ Weise ansprechen, die gewiss viele der Kirche fernstehende Menschen unterhält, andere aber empfindlich verletzt«.

Auch Schönherr selbst musste offensichtlich von den Verantwortlichen im WDR kritisiert worden sein, worauf ja auch schon der ihn betreffende Passus im Schreiben von Bismarcks an die Dechanten der Erzdiözese Köln hinzuweisen scheint. Denn bei der

TV-Ankündigung seiner ersten Talk-Show in der ARD am 31.12.1973, 22.45 Uhr (bisher waren seine Talk-Shows im dritten Programm des Westdeutschen Rundfunks gelaufen), kam er noch einmal auf die letzte Talk-Show im 3. Programm WDR zu sprechen und erklärte dabei sinngemäß: Wir hatten als Kontroverspartner in dieser Sendung Prof. Mynarek eingeladen. Man bedenke, Mynarek war Dekan der theologischen Fakultät der Universität Wien und ist ein versierter Theologe. Man kann doch nicht von mir verlangen, dass ich Herrn Mynarek auf einem Gebiet unterbreche oder entgegentrete, auf dem ich ihm nicht das Wasser reichen kann. Und ich hoffe, dass die katholische Kirche stark und mächtig genug ist, auf ihre Verteidigung durch mich zu verzichten.

Doch mit der inneren Glaubens- und Geistesstärke der katholischen Kirche hapert's. Deswegen brauchte sie ja auch in allen Jahrhunderten die verschiedensten Bundesgenossen, die das »Werk des Herren« für sie ausführen sollten, die die Verteidigung für die so oft »grundlos Gedemütigte« zu übernehmen hatten. So mancher, von dem man das gar nicht erwarten würde, macht sich die Sache der Kirche mit einem staunenswerten Engagement zu eigen.

Nach dem Kirchenaustritt erwarb ich ein Haus in Kitzingen (etwa 25 km von Würzburg entfernt). Ich musste dafür eine Hypothek aufnehmen. Sie wurde mir vom Direktor der Kitzinger Filiale einer großen bayerischen Bank ohne weiteres gewährt. Allerdings ließ ich in meinem Vertrauen auf die Wahrhaftigkeit des Geschäftspartners die Zusage nicht schriftlich fixieren, obwohl klar war, dass ich ohne die Genehmigung der Hypothek durch die betreffende Bank das Haus gar nicht hätte erwerben können. Offenbar kannte mich der Bankdirektor, als er mir die Zusage gab, noch nicht genau. Jedenfalls erklärte er mir plötzlich, als ich schon in das neuerworbene Haus eingezogen war, es gebe keine Zusage von ihm, und die Zentrale in München würde auch eine eventuelle Zusage von ihm nie bestätigen, denn man habe vorher nicht gewusst, »dass Sie so gefährlich leben«. Dabei sprach er direkt meine Kirchenkritik an, die mir noch viele, auch lebensbedrohliche Schwierigkeiten einbringen könnte.

Ich fand dann Banken weit weg von Bayern, in Hamburg und Lübeck, die aber meine Situation ausnutzten und hohe Hypothekenzinsen erhoben. Knappe zweieinhalb Jahre konnte ich das Haus wegen dieser hohen Zinsen, der inzwischen schon im vollen Gange befindlichen Kirchenprozesse und der später noch zu schildernden Prozesse des Bertelsmann-Verlages gegen mich im Zusammenhang mit der ersten Auflage des vorliegenden Buches und wegen der mit alledem verbundenen hohen eigenen Anwaltskosten und

Gerichtsgebühren ohnehin nicht mehr halten. Das Haus wurde zwangsversteigert.

Auch meine schriftstellerischen Utensilien, z.B. die letzte Schreibmaschine, die ich noch hatte, wurden »weg-vollstreckt«. Meinem Einspruch beim Amtsgericht, dass ich ja als Schriftsteller auf die Schreibmaschine angewiesen sei, wurde nicht stattgegeben. Ein Gerichtsangestellter sagte mir brüsk und sehr direkt: »Kirchenkritische Arbeiten können Sie auch mit der Hand schreiben«. Meine Frau erhob Einspruch, weil ihre Nähmaschine, wahrlich kein Prunkstück und für Fremde praktisch wertlos, weggepfändet worden war. Die Antwort des Amtsgerichts nach ihrem ersten Einspruch: »Wir glauben nicht, dass Sie noch etwas für Ihr Kind nähen, wenn Sie am Abend von der Arbeit nach Hause kommen«. Die Antwort war zu lächerlich. Meine Frau erhob zum zweitenmal Einspruch. Sie bekam die Nähmaschine zurück. Doch meine schriftstellerischen Utensilien (Schreibmaschine, Diktier- und Fotokopiergerät usw.) sah ich nie wieder.

Die Sendung »Monitor« interessierte sich für die Vorfälle. Ein Fernseh-Team mit Redakteur Potthast an der Spitze kam zu uns nach Kitzingen und machte Aufnahmen, die tatsächlich im April 1975 ausgestrahlt werden sollten. Aber die Kirche hatte Wind von der Sendung bekommen. Ein Bischof erhob massiven Einspruch, drohte mit Entlassung der an der Sendung verantwortlich Beteiligten. Unmittelbar vor dem Sendetermin wurde das ganze Unternehmen abgesagt.

Ich weiß auch von Pfarrern und »guten Katholiken«, die Buchhandlungen unter Druck setzten, wenn es diese gewagt hatten, meine Bücher ins Schaufenster zu stellen oder auch nur im Laden zu führen: »Wir werden nicht mehr bei Ihnen kaufen!«, »die ganze Gemeinde wird nicht mehr bei Ihnen kaufen! - welcher Buchhändler, dem solches angedroht wird, hat noch den Mut, ein Buch von mir zu führen. Ein katholischer Philosophieprofessor, kein Priester und an sich recht aufgeklärt, sagte mir »als Freund«, wie er betonte, »nicht als Feind«: »Die katholische Kirche hat Mittel und Wege, um zu verhindern, dass noch irgendein Buch von Ihnen in einem angesehenen Verlag erscheint. Machen Sie meinetwegen gemäßigtere Kritik an der Kirche, aber bitteschön als Insider, als besorgtes Mitglied der Kirche. So lange Sie aber draußen sind und nicht zur Kirche zurückkehren, halten Sie gefälligst den Mund«. Wir werden in einem weiteren Kapitel noch sehen, dass tatsächlich auch große Verlage sich durch die Kirche unter Druck setzen lassen.

Einige evangelische und katholische Theologieprofessoren sagten mir bei verschiedenen Begegnungen im Laufe der ersten fünf oder sechs Jahre nach meinem Kirchenaustritt sinngemäß immer das Gleiche. Mein Kirchenaustritt sei auf keinen Fall »clever« gewesen. Ich hätte mich dadurch eines großen Teils meiner publizistischen Wirksamkeit selber beraubt. Die Zeitungen würden doch im großen und ganzen nur über Theologen berichten, die kritisch-progressiv, aber *in* der Kirche geblieben sind. Über konservative Theologen und Kirchenmänner lohne es sich im allgemeinen nicht zu schreiben. Die seien kirchenkonform und damit keine Sensation. Und über aus der Kirche ausgetretene Theologen dürfe der Journalist meistenteils nicht schreiben, sonst kriege er von der Chefredaktion eins auf den Hut, denn die habe Angst, sich Ärger mit der Kirche einzuhandeln.

Tatsächlich sind nach Darstellung der Kirchenvertreter stets die höchsten Werte und Ideale der Gesellschaft, der Nation, des Abendlandes, der europäischen Kultur usw. angegriffen, »in den Schmutz gezogen«, verunglimpft und getreten, wenn es einer wagt, die Kirche zu kritisieren. Keine Institution oder Organisation benimmt sich in ähnlichen Fällen so krankhaft übersensibel, so hysterisch wie die Kirche, insbesondere die katholische.

Und die von ihr mobilisierten Protestaktionen übersteigen meist an Intensität alle anderen. Erreicht werden soll auf diese Weise ein derart schlechtes Gewissen bei allen an der Meinungsbildung Beteiligten, dass sie sich beim nächsten Mal schwerstens überlegen, ob sie noch einen sich kritisch mit Missständen in der Kirche befassenden Artikel überhaupt veröffentlichen.

Was dem Durchschnittsbürger im allgemeinen verborgen bleibt, ist jedenfalls unumstößliche Tatsache: Die Kirche übt über die verschiedensten Kanäle auf alle wichtigeren Dimensionen des gesellschaftlichen, wirtschaftlichen, finanziellen und staatlichen Lebens gravierenden, aber überwiegend negativen Einfluss aus.

In Bezug auf eine andere als die hier besprochene Dimension, nämlich hinsichtlich der Abtreibungsdebatte, hat der Spiegel-Herausgeber Rudolf Augstein die grundsätzliche Frage gestellt: »Sollen wir uns wirklich mit dem Gedanken vertraut machen, die Bundesrepublik sei ein katholischer Staat, die Richter des Bundesverfassungsgerichtes seien katholisch inspiriert? ... Sollen denn wirklich die verrücktesten der katholischen Bischöfe hier das Sagen haben?« [102]). »Gerade in Bayern«, so Augstein, sei »noch immer eine Empfehlung des Pfarrers ein Lift, um in die gesetzgebenden Körperschaften zu gelangen«. Zwar gingen »Glaubenssätze der katholischen Kirche den Anders- oder Nichtgläubigen nichts an. Sehr wohl geht (aber) uns alle an, wenn sie sich ein Lehramt anmaßt, das ihr nicht zusteht, und es dann auch noch missbraucht ... Ihr geht es nicht um die Verbesserung unhaltbarer Zustände, sondern um ihre Disziplinargewalt ... Es hat ihr nichts ausgemacht, Millionen Menschen zu Tode zu martern, nur weil sie das Lehramt der Kirche nicht anerkennen wollten oder weil sie schlicht ›Hexen‹ waren« [103].

Zweifellos sieht es die Kirche auch als eine sehr wichtige ureigene Aufgabe an, alles, was einen in ihrem Sinne negativen Einfluss auf die Menschen und Gesellschaften ausüben könnte, stets unter Kontrolle zu halten. Dabei verschweigt sie, dass die meisten negativen Einflüsse doch von »ihr« ausgehen! Anlässlich eines Vortrages, den ich im Sommer 1972 in der Schweiz hielt, suchte mich im Hotel ein Jesuit auf. Auch er warnte: »Die Kirche wird Ihnen alle Wirkungsmöglickeiten im publizistischen und schriftstellerischen Bereich nehmen, wenn Sie nicht zu uns zurückkommen«.

Eine Aussage dieses Ordensmannes, die besonders in meinem Gedächtnis haften blieb und die ich mir sofort nach dem Gespräch notierte, lautete: »Sie denken vielleicht, die Maßnahmen der Kirche gegen Sie hätten erst mit Ihrem Kirchenaustritt begonnen. Wir beobachten und kontrollieren Sie aber schon seit ihren 1967 erschienenen beiden Büchern Der *Mensch-Sinnziel der Weltentwicklung?* und *Mensch und Sprache*, weil Sie dort behauptet haben, es sei auch christlich und theologisch vertretbar, dass der menschliche Geist aus tierischen Vorstufen und die menschliche Sprache aus tierischen Kommunikationsformen entstanden und zu erklären sei«.

Einem Uneingeweihten wird eine solche interne kirchliche Spionage wenig glaubhaft erscheinen. Aber Insider wissen es besser. Diese Spionage macht auch vor keiner wichtig erscheinenden Person Halt. Der ehemalige Dominikanerprior Gonsalv K. Mainberger berichtet: »Zürich 1972. Der Ordensgeneral ist auf kanonischer Visite ... Über die Züricher Dominikanerniederlassung musste dem Visitator etliches zu Ohren gekommen sein. Der amtierende Prior in Zürich (ich selbst) war umstritten, in Lehre und Praxis. Pointe der Unterredung: ›Wir sind besser über Sie informiert als Sie selbst über sich‹« [104].

Dieser Mann, der als promovierter Philosoph beachtliche Publikationen über Aristoteles, Cicero, Augustinus, Vico und Lévi-Strauss herausgegeben hat [105], der Dozent an verschiedenen Hochschulen der Dominikaner im ehemaligen Belgisch Kongo (Zaire), in Belgien und der Schweiz war, der von 1947 bis 1975 sozusagen alle Etappen des Ordenslebens eines Dominikanermönchs durchlief, ehe er nach 28 Jahren das Kloster verließ, stellt abschließend resigniert fest: »In mir selbst aber ist die Bindung zu einer Gemeinde von Glaubenden (zu dem, was wir, zugegebenermaßen nicht ganz unbescheiden, *auch* Kirche zu nennen uns herausgenommen haben) über all die Jahre einer von außen nach innen betriebenen Isolierung hinweg - genauer seit 1970 - zerfallen!« [106].

In seinem Buchbeitrag *Der lange Abschied vom Endgültigen*, aus dem ich eben schon zweimal zitiert habe, schildert Mainberger die unerhörte Präzision der Zwangs- und Kontrollmechanismen der kirchlichen Ordensgemeinschaften. Da stehe an erster Stelle die Suggestion, die den jungen Ordensleuten ständig eingebleut werde: die Suggestion der vermeintlich allein im Besitz der katholischen Kirche befindlichen Ewigen Wahrheit. Diese Suggestion »besagt, Wahrheit sei gegeben, Irrtum selbstverschuldet, wenn nicht gar eine Frucht der Verblendung (meistens durch Konkupiszenz). Zwar müsse die Wahrheit unentwegt gesucht werden. Aber die Suche müsse, eben dank Wahrheit, ihr absehbares Ende finden. Das sei möglich dank Kanon, Autorität und Präsenz der Ewigen Wahrheit hienieden. Sie sei verkörpert gegenwärtig und durch Sazerdotik garantiert. Das Priestertum, so verstanden, ist das Prinzip für gewährleistete Zusicherung, für die angeblich immer schon gefundene Wahrheit«.

Aber das ganze laufe auf eine große Täuschung hinaus: » ... auf dem Grunde des Bechers, der von den Lehrer-Priestern angeboten wird und aus dem der Durstige, und das heißt Lernende, trinkt, wartet kein Gott, ganz entgegen den wortreichen Versprechungen. Wohl aber treibt dort jener Götze sein Unwesen, den diejenigen produzieren, die statt überzeugen zu dürfen alles tun, um zu blenden und zu verführen«.

Natürlich fehlt auch die Methode nach dem Prinzip »Zuckerbrot und Peitsche« nicht. Man mache schon den Novizen klar, das ihnen zwar die Ordensgelübde Gehorsam, Keuschheit und Armut auferlegt werden, dass sie aber bei deren Übertretungen unter dem Schutz der Kirche stünden: »Gelübde schützen, wie nichts sonst, die Ordensleute nach außen. Sie schützen deren ›öffentliche‹ Übertretungen, Untreuen und Verstöße in Sachen Tugend davor, von Unbefugten eingeklagt zu werden ... Die Prämie winkt, wie sie stets winkt - für gelungene Anpassung«.

Durch das »heilige Gelübde« des Gehorsams, der im Orden über allem steht, der absolute Priorität besitzt, wird die »Tugend« unbedingter Anpassung und Unterordnung erreicht. Die Nonnen und Mönche geloben feierlich, »jedes Maß an Aberkennung, das ihnen zuteil wird, als Angriffswerkzeug und Mittel der Vervollkommnung gegen sich selbst zu kehren«, »auch die tiefsten Demütigungen von kirchenobrigkeitlicher Seite als gottgewollt zu verinnerlichen«; »jene Kränkungen, die ihre Ursache in amtlich geschützter Borniertheit und geheuchelter Brüderlichkeit haben, als Segnungen des gütigen

Vatergottes und seines Stellvertreters auf Erden, eben des Oberen, zu empfangen«. Auf diese Weise wird jeder »Orden ... so etwas wie ein höherer Kindergarten. Aber die Kinder sind Männer (bzw. Frauen, Anm. d. Vf.), und der Garten ist Hölle und Paradies in einem«.

Bei der Durchsetzung des Gehorsamsgelübdes durch die Ordensobrigkeit kommen wieder Zuckerbrot und Peitsche zur Anwendung. Die Lebensvollzüge im Kloster »waren (und sind) von Format. Sie verleihen ein kaum konkurrenzierbares Ansehen. Sie festigten auch den wankelmütigsten Charakter. Sie brachten jeden - so er nur wollte und rasch begriff! - auf die sichere Bahn einer fulminanten Karriere. Sie bedrohten zugleich, und zwar in unverhofftem, ja nachweislich verheerendem Maße. Auf etwa dreißig Mitglieder in einer Zeitspanne von zwölf Jahren drei Suizide.

Das schmälert die objektive Größe des sazerdotalen Großgerätes, des Ordens, nicht. Was sind schon individuelle Zusammenbrüche gegen das ... Weltformat eines Ordens? ... Der Ordensmann - eh und je ein minderer Bruder. Gleichwohl steht er, dank seiner von ihm, gekonnt, weil geübt, eingenommenen Demutsgebärde überall an erster Stelle. Mindestens immer dann, wenn es drauf ankommt«.

In Anbetracht alles dessen, was er in puncto Anpassungsdruck in Klöstern erlebt hat, kommt der Dominikaner Mainberger zu dem Schluss, den einer seiner Ordensmagister und Novizenmeister in seltener Offenheit einmal so formuliert hat: »Et à la fin, c'est l'obéissance qui gate tout« (und schlussendlich ist es dann der Gehorsam, der alles verdirbt). Diese Formulierung passe genauestens auf das zu charakterisierende Phänomen, meint Mainberger, es decke »die abgründige Normalität, ja Banalität des angeblich vollkommensten Standes, eben des Ordensstandes, mit einem Schlag« auf.

Der Gehorsam, wie er im Orden praktiziert werde, könne allein jene kuriose Mischung hervorbringen, die auch dieser Ordensmagister und Novizenmeister in seiner Person gebildet habe; er war einerseits »auf weiten Strecken seines psychischen Haushaltes zwangsgestört, ja geradezu grotesk unkontrolliert-kontrolliert«. Er war andererseits »zugleich ... ein im tiefsten Wesen heiligmäßiger Ordensmann«.

Natürlich durfte im Rahmen des Gehorsams auch die Liebe nicht zu kurz kommen. Sie wurde gegebenenfalls erzwungen, und zwar indem »gegenseitiges brüderliches Anspucken ... bei Verstößen gegen die Konstitutionen und die brüderliche Liebe« angeordnet war.

Nicht minder als die Liebe wurde auch das Gelübde der Keuschheit dem Gehorsam untergeordnet. Alles, was die Sexualität anbetraf, »fiel unter das Verdikt. Ausrottbar war sie nicht. Deshalb mussten die mit Sexualität unter- und oberirdisch verbundenen Kräfte kanalisiert, mussten die sich an ihr entzündenden Vorstellungen umgeleitet werden. Es geschah dies (und geschieht noch immer) auf dem denkbar einfachsten Weg. Nämlich auf dem Weg über die Verschiebung. Sie fand (unbewusst?) auf unterschiedlichen Ebenen statt. Sie wurde nach verschiedenen Richtungen hin getätigt. Da war zentral das Streben nach Lustbefriedigung. Ihm wurden die ihm eigentümlichen Objekte entzogen. Um jedoch keine psychischen Wracks zu hinterlassen, wurden ihm stets neue Objekte zugeführt. Ziel war (und ist) es, das Objekt ›Fleisch‹ so zu beseitigen, dass es zur Nebensächlichkeit herabsank. Erst so wurde, mit Erfolg übrigens, eine freie Stelle für etwas anderes geschaffen. In die Lücke trat nun, höchst subtil, nicht etwa der (von allen) erwartete ›Geist‹ oder ein wie immer geartetes rein geistiges Leben, sondern ein weiterhin unersättliches Streben trat auf den Plan.

Diesmal war es ein Streben nach den fleischlosen Genüssen. Es war nichts anderes als Lust - diesmal jedoch Lust an der inzwischen (beinahe) überwundenen Lust, genauer: Es war die Lust am Überwindenkönnen und Überwundenwerden von Lust.

(In jedem Lehrbuch über Mystik sind dies die Anfangsgründe des asketischen Weges. Noch besser steht es in Thomas' Traktat: *Von den Leidenschaften*, Summa theologiae, I.II. Qu. 26 u.f.)«.

Selbstverständlich darf ein Mönch, der die Wahrheit über das Leben im Kloster ausplaudert, auch nach seinem Austritt aus dem Orden von seiten der Kirche nicht einfach ungeschoren bleiben: »›Seelsorge‹ ist mir seit meinem Austritt (und subtilerweise bereits vorher) verwehrt worden. Nie mehr habe ich auch nur einen Rappen für unseren Lebensunterhalt in kirchlichen Institutionen verdienen können ... Wer immer mich eingeladen hätte, er wäre als Einladender in Schwierigkeiten gekommen.

Dasselbe beim Fernsehen. Es genügte ein Zwei-Minuten-Auftritt aus Anlass des 25. Jahrestages der Konzilseröffnung, und schon sah sich ein Ordinariat bemüßigt, offiziell Protest einzulegen. Nach meinem Kurzauftritt hatte ein Bischof im Rahmen der selben Sendung 45 Minuten lange Zeit, alles wieder zurechtzurücken ...«. Es werde in keiner Weise anerkannt, was man für die Kirche, für den Orden geleistet, es werde mit nichts belohnt, wofür man lange Zeit loyal gedient habe. Und jede Art von Seelsorge, die von der kirchlichen ein wenig abweiche, werde »nach Art der Zeloten« mit »nicht wenig Akribie und Bosheit« verhindert und völlig ins kirchliche Abseits gedrängt«[107]. Ginge es nach dem Wunsch der kirchlichen Machthaber, dann sollte die Welt, die menschliche Gesamtgesellschaft wieder zum »Kindergarten«, eben zum Kloster werden. Was man bis heute in den Orden exemplarisch durchexerziert, möchte man an sich auch in der »profanen« Welt durchführen, und man bedauert, dass es aus Gründen des Säkularisationsprozesses der Neuzeit und der fortschreitenden Emanzipation der modernen Staaten von der Vormundschaft der Kirche eben nicht mehr in vollem Umfang möglich ist.

Nicht umsonst nennt sich der wichtigste Orden der katholischen Kirche, der Jesuitenorden, »militia Christi«. Er hat auch als einziger Orden das vierte Gelübde eingeführt und zum höchsten Gesetz gemacht: Den absoluten Gehorsam gegenüber dem Willen des Papstes. Es erschien mir deshalb im Zusammenhang dieses Kapitels außerordentlich wichtig, auch die Kontroll-, Zwangs- und Verfolgungsmechanismen innerhalb von Ordensgemeinschaften wenigstens fragmentarisch zu behandeln.

Auch der Redemptoristenpater und Moraltheologieprofessor Bernhard Häring, von dem in diesem Kapitel schon die Rede war, hat die Verfolgungsmethoden der katholischen Amtskirche am eigenen Leibe erfahren. Er hatte es gewagt, Aussagen zur medizinischen Ethik zu machen, die der Machtzentrale im Vatikan nicht gefielen. Im Anhang zu seinem 1989 erschienenen Büchlein *Glaube, Geschichte, Moral* vergleicht er den Prozess vor der Glaubenskongregation in Rom, der ihm wegen dieser Aussagen in den Jahren 1975 bis 1979 gemacht wurde, mit seinen Verfahren vor den Nazi-Gerichten: »Die Prozesse Hitlers waren gefährlicher, aber sie stellten keine Verletzung meiner Ehre dar, während die des Heiligen Offiziums eine schwere Verletzung waren ... Die schrecklichste Sache war die, dass man nicht aufhörte, mich zu verfolgen, auch als man wusste, dass ich dem Tode nahe war«.

Der kürzlich Verstorbene, nach eigenen Worten »weder ein Radikaler noch ein Rebell«, empfiehlt, die römische Glaubenskongregation solle für eine gewisse Zeit ihre Arbeit einstellen, über Ghandis Weg der Gewaltfreiheit nachdenken, alle Prozesse gegen Theologen annulieren, die Archive der »alten und neuen Inquisition« öffnen und durch Konstituierung eines Expertengremiums als einer Art kirchlichem »amnesty international« mehr Offenheit in der katholischen Kirche garantieren [108)].

Verfolgung, Kontrollierung und Diskriminierung, die im Vorhergehenden an ein paar Einzelfällen exemplifiziert wurden, sind aber leider keine Ausnahmen in der Kirche, wie u.a. auch die »Kölner Erklärung« katholischer Theologieprofessoren und -professorinnen »Wider die Entmündigung - für eine offene Katholizität« beweist, die im Zusammenhang mit den Machenschaften Roms bei der Besetzung des erzbischöflichen Stuhls der Domstadt verfasst und von vielen Katholiken unterzeichnet wurde. 62 prominente katholische Theologen Spaniens stellten sich mit einer kritischen Analyse ihrer kirchlichen Situation hinter die »Kölner Erklärung«. Sie betonten aber, dass ihre eigene Situation ein Spiegelbild der Situation der gesamten katholischen Weltkirche sei. Im einzelnen beklagen sie die Disziplinarmaßnahmen der Zensur; die Absetzung von Professoren; die Einschüchterung von Zeitschriften; die Behinderung legitimer und notwendiger theologischer Forschungsarbeit; das Verbot theologischer Tätigkeit; das Klima der Angst, der Heuchelei und der Verdächtigungen in der Kirche; die Ideologisierung der christlichen Botschaft zur Durchsetzung der Interessen des Vatikans; den systematisch verfolgten Plan der Ernennung serviler Bischöfe; die römischen Hilfsaktionen für konservative politische Gruppierungen; die Eingriffe des Vatikans in alle Aspekte des kirchlichen Lebens; Ausschlüsse und Diskriminierungen unbequemer Theologen und Laien [109)].

Die kritischeren Theologen jammern zwar und hoffen wider alle Hoffnung auf Abstellung all dieser »Missbräuche« päpstlicher Macht. Aber sie übersehen oder wollen nicht sehen, dass diese Missbräuche im Rahmen des kirchlichen Systems der konsequent richtige Gebrauch der Macht sind. Denn durch das Dogma von dem universalen Jurisdiktionsprimat und der Unfehlbarkeit des Papstes sind alle Herrschaftsämter und -apparaturen grundgelegt und gerechtfertigt, derer er sich bedient, um seine direkte und volle Gewalt über alle Gläubigen auch praktisch und effektiv ausüben zu können; allen voran die römische Kurie, die zwar auch schon vor dem I. Vaticanum bestand, jetzt aber in Folge des auf diesem Konzil verkündigten Dogmas noch einen gewaltigen Machtzuwachs erfuhr und zum eigentlichen Organ und Instrument der unerhörten Zentralisierung und Bürokratisierung der römisch-katholischen Kirche wurde, sodann die Nuntiaturen Roms in den Hauptstädten aller Staaten, die mit dem Papst konkordatär geregelte, diplomatische Beziehungen unterhalten. Jeder päpstliche Nuntius fungiert nun - wie bereits ausgeführt - durchaus formal rechtens als Schaltstelle, Informationsaufnahmestelle und Transformationsquelle für all das, was in dem Staat, in dem er akkreditiert ist, vorgeht und was für Rom von Wichtigkeit sein könnte.

»Wieviel Abtrag die Kurie den einzelnen Bischöfen getan hat, wie sehr sie in die Diözesen hinein regiert hat, mit welchen Mitteln Nuntien Bischöfe überwacht haben - diese Geschichte wäre noch zu schreiben. Da aber nur die Betroffenen sie schreiben könnten, wird sie wohl nie geschrieben werden ... Nehmen wir zur Praxis der Römischen Bischöfe (gemeint sind die Päpste) und ihrer Kurie die theologischen Aussagen hinzu, die sich im Eid der Bischöfe finden, nehmen wir hinzu die Institution des Kardinalats und der Nuntiaturen, dann ist der Satz wohl kaum zu scharf: Ein Römischer Bischof als Priesterfürst und princeps bleibt trotz aller Beteuerungen der Herr der Bischöfe. Ihm schwören sie den Untertaneneid« [110].

Kaum notwendig hinzuzufügen, dass sie es nicht ungern tun, weil sie sonst auf ihr sakrales Fürstentum in der eigenen Diözese verzichten, ihrem feudalistischen Regierungsstil als Priesterfürsten mit Bischofsthron und bischöflichem Palast, mit Mitra, Bischofsring und Bischofsstab, Weihrauch und höfischem Zeremoniell entsagen müssten [111].

Insbesondere richtet sich die Empörung kritischer katholischer Theologen und Laien gegen die Nuntien und Nuntiaturen. Sie protestieren dagegen, dass das Klima von Druck, Pressionen und Angst innerhalb der Kirche noch dadurch verstärkt werde, dass »die Nuntiaturen in zahlreichen Ländern eine wichtige Rolle bei der Bespitzelung der Ortskirchen spielen« [112]. Auch gegen Josip Uhac, den damaligen Erzbischof und Apostolischen Nuntius in Bonn, richteten sich die Demonstrationen von Katholiken, die seine Abberufung forderten [113].

Angesichts der allgemeinen Ökumenismus-Duselei der protestantischen Kirchenführer bei Papstbesuchen war die Art ernüchternd und erfrischend, in der der Kopenhagener Bischof Ole Bertelsen dem Papst bei dessen Besuch der Lutheraner Dänemarks im Juli 1989 entgegenhielt, dass die römisch-katholische Kirche das »System« über den Glauben stelle. Das ist es: Dieses System hat unbedingte Priorität, und es kann sich nicht ändern! Es müsste sich sonst selbst aufgeben. Man kann nicht reformieren, was auf absolutem Autoritarismus und dessen dogmatischer Besiegelung basiert. Man kann es nur abreißen.

Der bekannte deutsch-jüdische Schriftsteller Wolfgang Hildesheimer, Autor so berühmter Werke wie *Mozart* und *Exerzitien mit Papst Johannes*, ruft seinen zahlreichen katholischen Freunden zu: »Warum lasst Ihr Euch das eigentlich gefallen? Was mutet der Papst seinen Gläubigen eigentlich zu? Das bringt mich auf die Palme. Wäre ich katholisch, würde ich Euch dazu aufrufen: Jetzt treten wir alle aus der Kirche aus und gründen eine neue Kirche« [114]. So lange das nicht geschieht, wird das System der römisch-katholischen Kirche wie eh und je jeden freien Geist und jede kritische religiöse oder weltanschauliche Gruppierung zu diffamieren, zu denunzieren, zu diskriminieren und schließlich zur Strecke zu bringen versuchen. »Verräter« (in den Augen der Kirche) leben gefährlich [115]!

6. Kapitel
Die Wegnahme des Lehrstuhls.
Verstöße gegen die Menschenrechte

Zu den im vorigen Kapitel beschriebenen Maßnahmen, die die Kirche nach meinem Austritt aus diesem System gegen mich initiierte, gehört an sich auch die eindeutig gegen die Menschenrechte verstoßende Wegnahme meines Lehrstuhls für Religionswissenschaft an der Universität Wien. Doch möchte ich in einem besonderen Kapitel, eben dem jetzigen, darüber ausführlicher referieren. Ich hatte dem Erzbischof von Wien, Kardinal König, auch in dessen Charakter als Vorsitzendem der Österreichischen Bischofskonferenz, im November 1972 einen Brief geschrieben, in dem ich ihm höflich meinen Kirchenaustritt mitteilte. Außerdem hatte ich dem Schreiben u.a. meinen »Offenen Papstbrief« mit der Kritik an den Herrschaftsstrukturen der Kirche beigefügt. Da ich persönlich mit ihm nie Streitigkeiten gehabt habe, versuchte ich am Ende meines Briefes an den Kardinal, dessen Überraschung und Bestürzung über die Nachricht von meinem Kirchenaustritt ich mir gut ausmalen konnte, etwas Versöhnliches zu sagen. Ich kleidete diesen Versuch in die Worte des bekannten Spruches »Amicus mihi Plato. Magis amica veritas« (Ein Freund ist mir Plato. Ein größerer die Wahrheit).

Damit wollte ich zum Ausdruck bringen, dass ich mit meinem Kirchenaustritt niemanden persönlich vor den Kopf stoßen, dass ich auch persönliche und private Kontakte, Bekanntschaften etc. mit diesem Schritt in keiner Weise tangieren wollte. Es sei mir lediglich darum gegangen, die »objektiven«, übermächtigen und fast schon überpersönlichen Machtstrukturen und -bestrebungen der Kirche anzuprangern. Aber Spaß verstehen die »Herren der Kirche« auf keinen Fall dann, wenn sie die »heiligen Rechte der Mutter Kirche« auch nur im entfernstesten bedroht wähnen. Auch Kardinal König, privat ein ganz umgänglicher Mensch, konterte sofort knallhart. Mir antwortete er direkt überhaupt nicht mehr. Stattdessen verlangte er vom österreichischen Wissenschaftsministerium meine sofortige Lehrstuhlenthebung.

Die Presseagentur des Kardinals, die Kathpress, hat das Schreiben, das derselbe nach meinem Kirchenaustritt an das österreichische Wissenschaftsministerium gerichtet hat, veröffentlicht (Kathpress vom 13.11.1972): »Ein Schreiben Kardinal Königs an das Wissenschaftsministerium Wien, 13.11.72 (Kathpress). Da der ordentliche Universitätsprofessor für Religionswissenschaft an der Katholisch-Theologischen Fakultät in Wien, Dr. theol. Hubertus Mynarek, aus der Kirche ausgetreten ist, ist er für diese Lehrtätigkeit im Sinne des § 4 des Konkordates vom 5. Juli 1933, BGBL, II. Nr. 2/1934, nicht mehr geeignet. Diese Feststellung trifft der Erzbischof von Wien, Kardinal Dr. Franz König, in einem Schreiben an das Bundesministerium für Wissenschaft und Forschung. In dem Brief wird weiter ersucht, Prof. Mynarek von der Ausübung seiner Lehrtätigkeit unter Bezugnahme auf die dienstrechtlichen Vorschriften für Hochschullehrer ehemöglichst zu entheben. Gleichzeitig widerruft Kardinal König in diesem Brief seine Zustimmung vom 3. Mai 1967 zur Ausübung der Lehrtätigkeit von Prof. Dr. Mynarek an der Katholisch-Theologischen Fakultät in Wien«.

Es ist nicht zuviel behauptet, wenn man unter Bezugnahme auf das, was der Wiener Kardinal in diesem Schreiben vom Staatsministerium verlangt, von der Fortsetzung der Inquisition mit anderen Mitteln spricht. Ich soll für die Ausübung meiner Lehrtätigkeit nicht mehr geeignet sein, nur weil ich aus der Kirche ausgetreten bin. Die Argumentation, die dem Schreiben des Kardinals zugrunde liegt, ist die: Die katholische Kirche ist unfehlbar. Mynarek zeigt durch seinen Kirchenaustritt, dass er diese Unfehlbarkeit nicht mehr anerkennt. Also ist er als Religionswissenschaftler nicht geeignet und muss, um keine Gefahr für die studentische Jugend darzustellen, von der Universität entfernt werden. Daraus geht auch hervor, dass ein Religionswissenschaftler beim Vergleich der Religionen immer zu dem Ergebnis zu kommen hat, von dem er schon im vorhinein überzeugt sein soll: Dass die katholische Religion die einzig wahre ist. Das aber ist gerade das Ende der freien Forschung, hier: Der vergleichenden Religionswissenschaft, die Hauptthema meiner Vorlesungen war und von der Zielsetzung meines Lehrstuhls her auch zu sein hatte. M.a.W: Weil ich freie Forschung betrieben hatte, soll ich von dem berufenen Ort freier Forschung, der Universität, verbannt werden.

In diesem Sinne hatte ich auch an den damaligen Bundesminister für Wissenschaft und Forschung, Frau Dr. Hertha Firnberg, geschrieben. Im Folgenden einige Passagen aus diesem Schreiben: »*Hiermit erlaube ich mir, Ihnen in der Anlage mein Schreiben an Papst Paul VI. mit der Angabe der Gründe meines Kirchenaustritts zu überreichen. Ich wäre Ihnen zu großem Dank verpflichtet, wenn Sie trotz der Inanspruchnahme durch Ihr hohes Amt die Zeit finden könnten, es durchzulesen. Ich habe diesen Schritt des Austritts aus der römisch-katholischen Kirche, der ich fast 20 Jahre lang gedient habe, nach reiflicher Überlegung getan, glaube aber, wie ich das in dem beigelegten Brief deutlicher herausgestellt habe, dass in der gegenwärti-*

gen Situation für ein wirklich freies wissenschaftliches Denken kein Raum in der Kirche gewährt wird.

Damit ist nun eine Situation entstanden, in der letztlich von Ihrer geschätzten Entscheidung abhängig sein wird, was mit mir weiter geschehen soll. Da ich im Namen der Freiheit der Wissenschaft und aufgrund meiner wissenschaftlichen Forschungsergebnisse zu dem von meinem Gewissen geforderten Entschluss, aus der Kirche auszutreten, gelangt bin, kann ich zwar die kirchliche Lizenz, an der Katholisch-Theologischen Fakultät der Universität Wien zu lehren, verlieren, nicht aber meine Professur, da ich ja gegen Universitätsgesetze in keiner Weise verstoßen habe. Im Gegenteil: Es wäre paradox, wenn ich dafür, dass ich meiner Überzeugung folge, mit dem Entzug der Professur bestraft würde. Natürlich kann und will ich in keiner Weise Ihren Überlegungen und Ihrer Entscheidung vorgreifen, aber ich darf vielleicht doch einige Möglichkeiten, die sich aus meiner Sicht ergeben bzw. anbieten, vor Ihnen erwähnen: Da mein Lehrstuhl Religionswissenschaft (umfassend Religionsphilosophie-, psychologie-, soziologie, -geschichte) sich gerade der Erforschung der Religionen unabhängig vom Standpunkt »einer« Religion und »einer« Konfession zu widmen hat, ist er an sich ohnehin ein Fremdkörper in der Katholisch-Theologischen Fakultät.

Das Fach Religionswissenschaft ist im Rahmen dieser Fakultät die einzige Disziplin, die die Wahrheit der christlichen Offenbarung nicht dogmatisch voraussetzt, sondern formal und prinzipiell von der Gleichheit der Religionen auszugehen hat, wenn sie überhaupt zu tragbaren Ergebnissen gelangen will. Daraus könnte sich in begründeter Weise ergeben, dass das Fach Religionswissenschaft aus dem Verband der Katholisch-Theologischen Fakultät herausgenommen wird und z.B. der philosophischen Fakultät eingefügt wird. Eine zweite Möglichkeit wäre die, dass man die Fächer, die einen religiösen Bezug haben, in einer Mini-Fakultät zusammenfasst: Das wäre mein Fach als allgemeine Religionswissenschaft, Prof. Schuberts Judaistik und Prof. Oberhammers Indologie. Nun kann es allerdings sein, dass die römisch-katholische Kirche und manche Kollegen in der Katholisch-Theologischen Fakultät sich gegen die Herausnahme meines Faches aus dem Verband dieser Fakultät wehren werden. Hinzu kommt, dass die Kirche um meine große Popularität unter den Studenten weiß und etwas dagegen haben könnte, dass ich weiterhin an der Universität lehre, weil sie dann, selbst wenn ich an einer anderen Fakultät unterrichte, befürchten könnte, dass immer noch Theologiestudenten, also ihre künftigen Priester, die sie ja ausschließlich in ihrem traditionellen Geist erziehen will, meine Vorlesungen besuchen. Da in der nahen Zukunft immer jüngere Priester theologische Lehr-

stühle an österreichischen Fakultäten besetzen werden, wird dieser Fall sicher nicht der einzige bleiben. Insofern könnte die Behandlung meines Falles überhaupt ein Testfall für das Vorgehen des Staates gegenüber der Kirche in ähnlichen Situationen werden.

Ich habe diesen direkten Weg an Sie gewählt, weil ich glaube, dass Sie in einer so wichtigen Sache das Recht der Erstinformation haben. Außerdem gebe ich ganz ehrlich zu, dass ich nicht möchte, dass Sie von einem anderen Kollegen der Katholisch-Theologischen Fakultät eher als durch mein Schreiben informiert werden. Das ist kein Affront, aber bedenken Sie, dass der eigentliche Mittler zwischen dem Rektorat und Ihnen wahrscheinlich Se. Magnifizenz, Herr Prorektor Dordett, sein dürfte, der von Berufs wegen, weil er zugleich oberster Präsident des Kirchengerichts ist, die Interessen der Kirche und des Generalvikariats vertreten muss und nicht meine.

Hochachtungsvoll Hubertus Mynarek.

P.S. Ich habe es mir mit meinem Schritt des Kirchenaustritts außerordentlich schwer gemacht und immer wieder nach Möglichkeiten, in der Kirche auszuharren und trotzdem meiner Überzeugung treu zu bleiben, Ausschau gehalten. Ich weiß heute mit absoluter Klarheit, dass es diese Möglichkeit nicht gibt. Deshalb habe ich den beiliegenden Brief an den Papst abgefasst und Sie, Exellenz, als erste davon benachrichtigt«.

Der Kardinal von Wien hat mein Schreiben an das Bundesministerium für Wissenschaft und Forschung zweifellos gelesen, denn eine Durchschrift desselben legte ich jenem oben erwähnten Brief bei, der ihn von meinem Kirchenaustritt benachrichtigte. Trotzdem hat er sich über die Freiheit der Forschung, auf die ich mich bei meiner Entscheidung, aus der Kirche auszutreten, berief, hinweggesetzt und gefordert, mich von meiner Lehrtätigkeit zu entheben.

Wie im Mittelalter hat der Staat der Forderung der Kirche schnellstens entsprochen. Bereits am 21. November 1972 erhielt ich ein amtliches Schreiben des österreichischen Bundesministeriums für Wissenschaft und Forschung, das mich von meiner Versetzung in den »zeitlichen Ruhestand« in Kenntnis setzte.

Viele Menschen teilten mir ihre Empörung über die Unangemessenheit der unter dem Einfluss der Kirche getroffenen Entscheidung des Ministeriums für Wissenschaft und Forschung mit.

Ein österreichischer, mir persönlich unbekannter Rechtsanwalt riet mir, den Bescheid des Bundesministeriums »binnen 6 Wochen beim Verfassungsgerichtshof anzufechten«. Seine Begründung: »In der Verfassung steht: ›*Lehre und Wissenschaft sind frei*‹. Man könnte also Ihre Abberufung vom Lehramt der Theologie ohne weiteres anfechten und ich glaube nicht einmal, das Konkordat würde schaden, da es mit der Verfassung in diesem Punkt im Widerspruch steht«.

Ein Student im letzten Semester der Philosophie bedauert, »*dass Sie in unserem Gesellschaftssystem mit dem Recht auf freie Meinungsäußerung derartige Sanktionen trafen, worüber ich enttäuscht bin. Bei meinen vielleicht auch sehr eigenen Ansichten über Christentum und Religion überhaupt finde ich, dass jeder im Rahmen der Gesellschaft seine Anschauungen vertreten können soll. Und hoffe, dass auch Sie wieder Ihren entsprechenden Wirkungskreis erhalten*«. Ein katholischer Pfarrer bei Wien hält meine Rückkehr auf einen Lehrstuhl dieser Universität für »*eine Utopie. Hier arbeiten Kirche und Sozialisten bestens zusammen*«.

Ein Dr. iur. empfiehlt mir, der Öffentlichkeit deutlich zu machen, »*welches Problem durch Ihre allfällige Entlassung als staatlicher Universitätsprofessor aufgeworfen wird. Staatliche Universitäten können heutzutage doch nur der Wissenschaft, nicht aber den bloßen Interessen bestimmter Kirchen dienen. Man verneint doch jede Wissenschaftlichkeit, wenn einem Stirnrunzeln des Papstes oder der formalen Zugehörigkeit zu einer Kirche wesentliche Bedeutung zuerkannt wird. Dies gilt insbesondere für Ihr Fach der vergleichenden Religionswissenschaft. Wie soll jemand wissenschaftlich Religionen vergleichen, wenn er an eine gebunden ist? ... Ich trage mich mit dem Gedanken einer zeitgeschichtlichen Studie ›Richter im 20. Jahrhundert ,‹ die auf eine harte Kritik des Machtstrebens auch der Justizverwaltung hinausliefe*«.

Eine sehr aktive Wiener Linkskatholikin berichtete mir schriftlich über ein Gespräch »mit einem hohen SPÖ-Funktionär«. Er habe zu ihr gesagt: »*Was glauben sie, was uns die ÖVP einbrocken würde, wenn wir jetzt schon Professor Mynarek einstellen würden??? Diese schwarzen Brüder suchen doch das Haar im Ei, was sie uns bei den kommenden Wahlen vor die Füße werfen könnten. Denken Sie an das Heer der Pfaffen und Nonnen, die uns verdammen würden, aber auch viele Katholiken - sprich: Betschwestern - würden es uns übelnehmen usw. usf.*«. Die Linkskatholikin schrieb dann weiter: »*Also denkt man heute schon an das Wahljahr 1975, und die ÖVP weiß ja wirklich nicht, was sie alles erfinden und aufbauschen soll, um ja nicht zu erwirken, dass die SPÖ wieder die Mehrheit bekommt. Und das Volk ist dumm genug, wieder diesen Konservativen die Stimme zu geben*«.

Ein Assistent der Wiener Universität »*möchte bei dieser Gelegenheit noch einmal betonen, dass wir ... Assistenten ebenso wie eine Menge Fans nach wie vor auf Ihrer Seite stehen, dass wir aber gezielte Aktionen ohne Ihr Einverständnis natürlich nicht durchführen kön-*

Vom Schulbub zum Prof. Dr. theol. und Dekan einer theologischen Fakultät an der Wiener Universität. Links oben (eingeblendet) steht der noch kleine und im »katholischen Geiste« erzogene Hubertus Mynarek (Pfeil) in der Volksschule Groß Strehlitz (1935 - 1939). Das untere Motiv zeigt den Wissenschaftler bei der Arbeit (um 1986). Hier ist auf die Liste seiner vornehmlich kirchenkritischen Bücher im Anhang zu verweisen.

nen. Über die Möglichkeiten eines Teach-In und einer Unterschriftensammlung wird F. näher berichten. Als weiteres müsste man sich überlegen, ob über Radio und Fernsehen (z.B. bei der Zilk-Sendung) etwas zu machen wäre ... Denn: Die Firnberg braucht natürlich eine Rückendeckung gegenüber Kreisky, weil der vor dem König Angst hat«.

Eine Journalistin und Dr. phil.: »Meine Skepsis erstreckt sich nicht nur auf die Kirche, sondern auch auf die Staatsmänner. Ich achte sie einfach nicht, weiß viel zuviel, als dass ich das noch könnte. Ich würde es natürlich sehr begrüßen, wenn man Ihnen einen Lehrstuhl geben würde. Nur - wie ich unsere Roten einschätze - wird es eher nicht der Fall sein. Die wollen es sich mit dem Machtinstrument Kirche nicht verderben. Stimmen sind durchaus wichtiger als Sachlichkeit, wichtiger als Moral, wichtiger als Wahrheit und als echte Forschung. Nur nach außen hin bewahrt man eine solide Fassade, innen ist alles morsch, ein übles Rattennest ... Was sind Sie doch in Ihrem Brief für ein mutiger Kämpfer gegen die etablierte Macht. Da haben Sie freilich die Hornissen in Aufregung versetzt, denen es um die Erhaltung des status quo geht. Dazu gehören auch unsere Roten, ein ganz mörderisches System, das sich mit blumigem Geschwätz von sozialen Leistungen aufgemascherlt hat. Hinter den Fassaden dieser geschmückten Ruine geht man über Leichen ... Wo bleibt die Demokratie, meine Herren? Darf ein Universitätsprofessor kaltgestellt werden, weil er seine Meinung frei äußerte, ein Recht, das jedem Staatsbürger durch das Grundgesetz garantiert ist? Sie könnten ja gegen die Republik klagen!! Wie frei ist der Staatsbürger in Österreich?«.

Ein Oberlandesgerichtsrat aus Österreich: *»Die regierende sozialdemokratische Partei dürfte allerdings angesichts ihrer schwachen Majorität, die christlich eingestellte Wähler zur Erhaltung der Macht braucht, nicht sehr geneigt sein, in neue Konflikte mit der Kirche zu geraten«.*

Eine Dr. phil. fragte bei mir an, ob ich etwas gegen die Formulierung des folgenden Schreibens hätte, das sie gern an den österreichischen Unterrichtsminister Dr. Sinowatz schicken möchte: *»Seit November 1972 verfolge ich den Fall Professor Mynarek. Es handelt sich um jenen Theologen, der aus sozialen Gründen aus der katholischen Kirche austrat, um nicht indirekt, durch sein Verbleiben, die Macht des Papstes und seiner Clique zu bestätigen. Der Vatikan vertritt schon längst nicht mehr, was er zu vertreten vorgibt. Nicht um Arme und Entrechtete geht es ihm, sondern um Macht und Reichtum.*

Prof. Mynarek vollzog den Schritt seines sozialen Protestes unter einer sozialistischen Regierung. Man sollte meinen, dass gerade sie Wahrhaftigkeit, Mut und soziale Gesinnung eines Universitätsprofessors zu würdigen wüsste. Bisher ist dies nicht der Fall gewesen. Frau Minister Dr. Firnberg entsprach vielmehr dem Wunsch Kardinal Dr. Königs als Vertreter der katholischen Kirche und stellte Prof. Mynarek kalt. Nach österreichischem Gesetz bleibt ein Universitätsprofessor auch dann im Amt, wenn er aus der katholischen Kirche austritt. Frau Minister Firnberg handelte also nicht nur nicht sozialistisch, sondern gesetzwidrig: Im Artikel 17 des Staatsgrundgesetzes heißt es: »Die Wissenschaft und ihre Lehre ist frei«. Die Lehrfreiheit hat nach Prof. Antoniolli nur dort ihre Grenzen, wo die »Allgemeinheit durch die Wissenschaft bedroht ist«. Wo sollte eine solche Bedrohung vorliegen? Oder stellt eine solche die katholische Kirche mit ihren Machtansprüchen dar?

Den ungesetzlichen Akt der Pensionierung Prof. Mynareks vollzogen Kardinal Dr. König und Frau Minister Dr. Firnberg mit dem

Hinweis auf ein im Dollfußregime verankertes Recht der Kirche. Ist die sozialistische Regierung mit diesem Regime identisch geworden? Hält sie sich nicht mehr an die Verfassungsbestimmungen der zweiten Republik, die die Verfassungsbestimmungen des Konkordats aufhob? Was soll man als Staatsbürger von einer solchen Haltung einer sozialistischen Regierung halten? Das ist Verrat an ihren Idealen! Sehr geehrter Herr Minister, ich hoffe, dass Sie sich auf die Seite des Rechts und der sozialen Ordnung stellen. Als Unterrichtsminister wird es Ihnen auch kaum gleichgültig sein, ob Menschen mit oder ohne Gewissen und Charakter die studierende Jugend lehren, Menschen, die um ihrer Bequemlichkeit und Ruhe willen schweigen, wo sie reden müssten oder solche, die ihre Karriere aufs Spiel setzen, um endlich als Kompetente dasjenige zu sagen, was schon längst gesagt sein müsste: Die katholische Kirche ist unchristlich im wahrsten Sinn des Wortes und nicht zuletzt der Grund, warum sie heute so unglaubwürdig geworden ist, dass zahlreiche Menschen aus ihr austreten ... Bitte unterschreiben Sie, sehr geehrter Herr Minister, die beigelegte Petition, falls Sie, wie ich hoffe, mit Frau Minister Firnbergs Entscheidung nicht einverstanden sind«.

Viele weitere Schreiben, die ich hier nicht mehr zitiere, sind nur Variationen eines und desselben Themas: Der Angst des Staates vor der Macht der Kirche, weswegen er mich fallen ließ. Meine Angelegenheit ist lediglich ein kleiner, allerdings sehr bezeichnender Beitrag zum Problem der erschütternden Manipuliertheit der Gesellschaft in unserem so »aufgeklärten« Zeitalter.

Ein paar hundert Akademiker und Nichtakademiker unterschrieben eine Petition, deren Verfasser nicht genannt sein möchten, sich aber unter den Unterzeichnern befinden: *»Die Unterfertigten ersuchen das Bundesministerium für Wissenschaft und Forschung, Herrn Universitätsprofessor Dr. Hubertus Mynarek wieder die Möglichkeit zu geben, als Ordinarius an der Universität Wien zu lehren. Es wäre ein Schaden für die Wissenschaft und für die studentische Jugend, wenn ein Mann, der konsequent seiner wissenschaftlichen Überzeugung gefolgt ist, aus dem Wirkungsfeld, für das er in besonderer Weise geeignet und berufen war, verbannt würde. Es muss doch eine Möglichkeit gefunden werden können, dass ein freies, nicht konfessionsgebundenes Christentum an der Universität, dem eigentlichen Feld freier Forschung, vertreten wird.*

Vielleicht könnte dies auf eine Weise geschehen, dass man für Herrn Professor Mynarek einen Lehrstuhl errichtet, der keiner Fakultät zugeordnet ist. Eine andere Möglichkeit wäre die, dass Professor Mynarek der evangelisch-theologischen Fakultät, mit der er eine wesentliche Überzeugung, nämlich die, dass die entscheidenden Strukturen der katholischen Kirche nicht dem Geist Jesu entsprechen können, teilt, zugeordnet würde. Im Augenblick, wo gerade unter dem Patronat des jetzigen Ministers für Wissenschaft und Forschung, Exzellenz Frau Dr. Firnberg, derart viele Reformmöglichkeiten der Universitäten ins Blickfeld gerückt sind, müsste es doch möglich sein, einen Wissenschaftler vom Range Mynareks in geeigneter Weise an der bedeutendsten österreichischen Universität zu verwenden ... Gerade in einer Zeit, in der Nützlichkeitserwägungen in erster Reihe stehen, ist eine derartige Haltung eines Jugenderziehers anzuerkennen, der ausnahmsweise nicht den Weg des geringsten Widerstandes geht - wie dies leider sonst üblich ist.

Es wäre im Interesse aller Beteiligten wünschenswert, wenn sich eine Möglichkeit fände, das Wissen und die aufrechte Persönlichkeit Prof. Mynareks weiter in den Dienst der österreichischen Wissenschaft zu stellen und ihn nicht - wie dies leider schon so oft bei namhaften Gelehrten der Fall war - ins Ausland abwandern zu lassen ... Gerade die Jugend mit ihrem sicheren Gespür für echt und unecht wird mehr Vertrauen zu einem Lehrer haben, der nur nach seinem Gewissen handelt, als zu einem, der einzig ein nicht selbständig denkender Weisungsvollzieher oder gar ein Heuchler ist. Aus all diesen oben angeführten Gründen bitten wir das Bundesministerium für Wissenschaft und Forschung, Herrn Prof. Mynarek weiter die Möglichkeit einer Lehr- und Forschungstätigkeit in unserer Heimat zu geben.

Seine bedeutenden Kenntnisse nicht nur auf theologischem und religionswissenschaftlichem, sondern auch philosophischem, psychologischem und historischem Gebiete ließen ihn wie dafür geschaffen erscheinen, an einem Lehrstuhl zwischen den Fakultäten, also für Hörer aller Fakultäten zugänglich, das reiche Wissen unserer Zeit und die Forschung zu koordinieren.

Die Errichtung eines solchen Lehrstuhles wäre in einem Zeitalter des Spezialistentums ein Gebot der Stunde, und gerade hier würde sich eine hervorragend dafür geeignete Persönlichkeit anbieten«.

Als Frau Minister Firnberg von dieser Unterschriftenaktion hörte, soll sie deren Bedeutung mit dem Hinweis abgeschwächt haben: »Wenn nicht mehr als 10.000 Unterschriften zusammenkommen, hat die Sache keine Aussicht auf Erfolg«. Wenn diese Äußerung tatsächlich so gefallen sein sollte - einige Briefschreiber aus Wien behaupten das -, wäre es gerechtfertigt, von einer willkürlichen Zahlenmetaphysik der Wissensschaftsministerin zu sprechen. Denn an der ganzen katholisch-theologischen Fakultät der Universität Wien studierten damals etwa 350 bis 400 Studenten und in Anbetracht dieser Zahl ist es erstaunlich, wie viele Unterschriften abgegeben wurden, vor allem, wenn man bedenkt, dass - wie Professor Dr.

Klostermann von dieser Fakultät in einem Schreiben an mich bemerkte - die Unterzeichnung einer derartigen Petition »nur den Assistenten und Studenten schaden kann, welche sie unterschreiben«. Ich habe es deshalb auch nicht für richtig angesehen, die unterfertigte Petition dem Bundesministerium für Unterricht und Forschung vorzulegen. Ich riet den Verfassern der Petition davon ab.

Doch tat ich das, wozu jeder Staatsbürger berechtigt ist, wenn er seine von der Verfassung garantierten Rechte angetastet glaubt: Ich legte beim österreichischen Verfassungsgerichtshof Beschwerde gegen meine Versetzung in den zeitlichen Ruhestand ein. Kernpunkt meiner im Anmerkungsteil unter Ziffer [116)] abgedruckten Beschwerde war, dass mit dem Grundrecht der Freiheit der Wissenschaft unvereinbar sei, wenn mir meine Professur entzogen würde, weil ich der aufgrund meiner wissenschaftlichen Arbeit gewonnenen Überzeugung gefolgt bin.

Der Wiener *Kurier* brachte im Zusammenhang mit meiner Klage beim Verfassungsgerichtshof am 18. 02.1973 einen Artikel unter der Überschrift: *Papst-Kritiker Mynarek erhob Klage wegen Verletzung der Lehrfreiheit.* Darin wurde eine Stellungnahme von Wissenschaftsministerin Dr. Firnberg wiedergegeben: »Ich kann der Erkenntnis des Verfassungsgerichtshofes nicht vorgreifen. Aber eines ist sicher: Falls Mynarek Recht bekäme, würde wahrscheinlich das Konkordat ausgebrochen. Eine höchst unangenehme Sache«. Dazu der Kommentar dieser Zeitung: »Bekäme Mynarek Recht, hieße das, dass unsere Verfassung und das Konkordat - immerhin ein zwischenstaatlicher Vertrag - zueinander im Widerspruch stehen. Dann müsste sich vermutlich ein internationaler Gerichtshof einschalten«

Dasselbe Blatt berichtete am 3. März 1973 auch über die Verhandlung vor dem Verfassungsgerichtshof: »Mynarek bekämpft Entlassung«: »Der Fall Mynarek fand Freitag vor dem Verfassungsgerichtshof ein Nachspiel: In der mündlichen Verhandlung, der wie üblich ein schriftliches Ergebnis folgen wird, ging es um die Beschwerde des Theologen gegen seine Enthebung als Professor der Wiener katholisch-theologischen Fakultät und seine Versetzung in den Ruhestand. Mynarek hatte im November 1972 in einem kritischen Brief an den Papst seinen Austritt aus der Kirche erklärt und war daraufhin auf Wunsch Kardinal Doktor Königs (und unter Berufung auf das Konkordat) von Wissenschaftsminister Dr. Firnberg als Universitätslehrer abberufen und pensioniert worden.

Wie der Vertreter des Theologen, Rechtsanwalt Dr. Windhoff, Freitag darlegte, fühlt sich Mynarek durch diese Entscheidung gleich in mehreren verfassungsgesetzlich garantierten Grundrechten verletzt: In der Glaubens- und Gewissensfreiheit, in der Freiheit von Forschung und Lehre sowie in der freien Meinungsäußerung. Der Punkt des Konkordats, auf dem die Entlassung fuße, sei zudem keine Verfassungsbestimmung. Mynarek sei also zu Unrecht »mundtot« gemacht worden. Der Vertreter des Wissenschaftsministeriums (Sektionschef Dr. Brunner) wandte ein, der Fall Mynarek könne zwar wohl als Einengung der Lehrfreiheit angesehen werden, doch sei derartiges keine Seltenheit in unserer Rechtsordnung«.

Diese Äußerung des Sektionsschefs Brunner kann man kaum anders als zynisch bezeichnen. Sie läuft darauf hinaus, dass der Staat, in dessen Namen der für das Hochschulwesen in Österreich zuständige Sektionsschef Dr. Brunner spricht, neu entstehendes bzw. von ihm selbst zugefügtes Unrecht nicht wiedergutzumachen sucht und eine solche Haltung mit dem Hinweis auf die ohnehin schon bestehenden Einengungen der Freiheit in unserer Rechtsordnung begründet.

Worin soll dann aber noch das Tun einer sich demokratisch nennenden Regierung bestehen, wenn ihr die Freiheit ihrer Bürger so wenig am Herzen liegt? Ein Journalist, der mir den soeben angeführten Auszug aus dem Wiener *Kurier* übersandt hatte, kommentierte die Stellungnahme des Herrn Dr. Brunner folgendermaßen: »Die Äußerung des Sektionschefs Brunner ist mehr als haltlos. Sie macht die verfassungsmäßig garantierten Grundrechte zur Farce«.

Trotzdem wäre es gänzlich fehl am Platz, dem Staat die Hauptschuld für die nicht gerade von einem hohen Demokratieverständnis zeugende Behandlung meines Falles anzulasten. Der Staat muss hier lediglich die Suppe auslöffeln, die ihm der Kardinal unter Berufung auf das Konkordat eingebrockt hat. Zugleich wird hier wieder einmal deutlich, welchen Ballast, welche Mühewaltung der zuständigen Regierungsstellen und der Gerichte [117)], welchen bürokratischen Aufwand sich ein Staat auflädt, der sich auf die Schließung eines Konkordats mit der Kirche einlässt. Dabei hätte die Affäre in einer alle Seiten restlos zufriedenstellenden, die Glaubens- und Gewissensfreiheit, die Freiheit von Forschung, Lehre und Meinungsäußerung nicht antastenden Weise und ohne alle Schwierigkeiten beigelegt werden können, wenn der Erzbischof von Wien zu einer ganz normalen weltanschaulichen Toleranz fähig gewesen wäre.

Diese Toleranz hätte in seiner Nichtaufkündigung meiner Befugnis, an der theologischen Fakultät Wien zu lehren, bestehen müssen. Eine solche positive Haltung des Kardinals hätte den Beweis erbracht, 1. dass die römisch-katholische Kirche sich keine Monopolstellung innerhalb des Christentums und der anderen Religionen anmaßt; 2. dass sie nicht bloß ständig das Wort Dialog im Munde führt, sondern keine Angst vor einem innerfakultativen Dialog mit einem Nichtkatholiken hat; 3. dass sie die Freiheit der Wissenschaft und Forschung achtet, indem sie einem vergleichenden Religionswissenschaftler zugesteht, was lediglich recht und billig ist, nämlich die durch keine dogmatische Voraussetzung eingeengte Befassung mit den nichtchristlichen Religionen.

Die Intoleranz des Kardinals wirft einige grundsätzliche Fragen in Bezug auf die Hochschulpolitik der Kirche auf. In einer ganzen Reihe von Staaten, die in ihren Verfassungen Glaubensfreiheit und die Freiheit von Forschung und Lehre garantieren, besitzen die beiden etablierten christlichen Konfessionen je fünfzehn und mehr ordentliche Lehrstühle an praktisch jeder Universität, während die an keine wissenschaftsfremden Weisungen gebundenen Repräsentanten eines konfessionell unabhängigen Christentums oder anderer Religionen nicht einmal einen einzigen Lehrstuhl zur Verfügung gestellt bekommen.

Da darüber hinaus die katholisch-theologischen Fakultäten in Bezug auf die Diensteinstellung und Lehrtätigkeit ihrer Professoren von universitätsfremden Organen, wie dem kirchlichen Lehramt Rom und dem zuständigen Ortsbischof, abhängig sind, ergibt sich die grundsätzliche Frage nach ihrem Zweck im staatlichen Hochschulbereich. Existenzberechtigung im Rahmen einer Universität kann nur ein nicht weisungsgebundenes Fach haben, das die vielen Religionen und religionsphilosophischen Systeme möglichst objektiv vergleicht, ohne die christliche Religion zu privilegieren, zumindest ohne irgendeiner dogmatischen Bindung verpflichtet zu sein. Allein das entspräche im Grunde genommen der von den Universitäten und den Verfassungen demokratischer Staaten postulierten Freiheit von Forschung und Lehre.

Man täte übrigens der Amtskirche und wohl auch der Mehrzahl ihrer Vertreter nichts Böses an, wenn man die katholische Theologie aus dem Bereich der Universität ausschlösse. Der Vatikan lebt in ständiger Angst und Sorge um die Glaubensintegrität der katholisch-theologischen Fakultäten, ihrer Professoren und Studenten, aus denen sich seine künftigen Priester rekrutieren. Er fürchtet den weltlichen, rationalistischen, dem Glaubensleben abträglichen Geist der staatlichen Universitäten, die geistige Ansteckungsgefahr, in der sich die Theologen dort ununterbrochen befinden. Ihm wäre es viel lieber, wenn die Theologiestudenten einzig und allein an nichtstaatlichen, katholischen Universitäten, die es in manchen Ländern gibt, studierten oder - wo diese Möglichkeit nicht gegeben ist - an theologischen Hochschulen oder intern an katholischen Priesterseminaren. Von Rom her ganz richtig sah die Situation ein Assi-

Prof. Dr. theol. Hubertus Mynarek, im Bild an der Dekanatskette erkennbar, Dekan der theologischen Fakultät, während eines Wiener Universitätsballs, kurz vor seinem Bruch mit dem maroden Denksystem der römisch-katholischen Kirche.

stent an einer katholisch-theologischen Fakultät in Österreich: »*Einem Zeitungsabschnitt aus dem ›Kurier‹ entnahm ich, dass Sie nun doch geklagt haben ... Wie aus dem Artikel hervorgeht, würde im Falle, dass Sie Recht bekommen, ein internationaler Gerichtshof die Sache übernehmen. Dann aber dürfte wohl die Trennung der theologischen Fakultät von der Universität die Folge sein, da Rom einem solchen Schritt positiv gegenübersteht*«.

Ein bezeichnendes Licht auf die Macht der Kirche, auf die Tatsache zumindest, dass es so gut wie keiner in Österreich wagt, sich mit ihr anzulegen, wirft auch die Entscheidung des österreichischen Verfassungsgerichtshofes vom 30. März 1973 in meinem oben erwähnten Beschwerdefall. Die Entscheidung dieses Gerichts, das unter dem Vorsitz seines Präsidenten Dr. Antoniolli über meine Klage beriet, lautet:

»*Der Beschwerdeführer ist durch den angefochtenen Bescheid des Bundesministers für Wissenschaft und Forschung in keinem verfassungsgesetzlich gewährleisteten Recht verletzt worden. Die Beschwerde wird abgewiesen*«.

Die acht Seiten umfassende Begründung der Abweisung enthält nur ein einziges Argument, das allerdings geradezu genüsslich einige Male wiederholt wird: »Der Bescheid des Bundesministers für Wissenschaft und Forschung vom 21. November 1972 enthält zwei Aussprüche konstitutiver Art: *Die Enthebung von der Ausübung der Lehrtätigkeit (fußend auf Art. V. § 4 des Konkordates) und die Versetzung in den zeitlichen Ruhestand (fußend auf der Bestimmung des Zusatzprotokolls zu Art V. § 4 des Konkordates). Die Beschwerde richtet sich gegen diesen Bescheid, ›soweit er meine Versetzung in den zeitlichen Ruhestand ausspricht‹ sie lässt also ausdrücklich die Enthebung von der Ausübung der Lehrtätigkeit unangefochten. Auch aus dem sonstigen Inhalt der Beschwerde ergibt sich nichts anderes. Dieser lässt deutlich erkennen, dass der Beschwerdeführer der Auffassung ist, der Entzug der Lehrbefugnis innerhalb der katholisch-theologischen Fakultät sei mit der Verfassung vereinbar, nicht aber die Versetzung in den zeitlichen Ruhestand. Die auf eine Frage des Gerichtshofes in der mündlichen Verhandlung abgegebene Erklärung des Beschwerdevertreters, dass auch der Teil des angefochtenen Bescheides bekämpft werde, der die Enthebung des Beschwerdeführers von der Ausübung der Lehrtätigkeit ausspricht, stellt daher eine in diesem Stadium des Verfahrens nicht mehr zulässige Erweiterung der Anfechtung dar. Mit der bekämpften Versetzung in den zeitlichen Ruhestand wird eine dienstrechtliche Maßnahme, nämlich die Beendigung des aktiven Dienstverhältnisses (mit der Möglichkeit der Reaktivierung), getroffen, u. zw. als Folge der nicht bekämpften Enthe-*

bung von der Ausübung der Lehrtätigkeit.

Da sich diese - unangefochten gebliebene - Enthebung von der Ausübung der Lehrtätigkeit auf den ganzen Umfang der Lehrtätigkeit bezieht, zu der der Beschwerdeführer gemäß der Entschließung des Bundespräsidenten vom 23. April 1968 befugt war (nämlich auf seine Lehrtätigkeit als ordentlicher Universitätsprofessor für Religionswissenschaft an der katholisch-theologischen Fakultät der Universität Wien), steht dem Beschwerdeführer eine außerhalb des Umfanges der Enthebung liegende und von dieser unberührte Befugnis zur Ausübung der Lehrtätigkeit nicht zu, so dass durch die mit Beschwerde angefochtene Versetzung in den zeitlichen Ruhestand selbst nicht in die Ausübung der Lehrtätigkeit eingegriffen wird. Ist aber nicht ein Eingriff in die Ausübung der Lehrtätigkeit Gegenstand der bekämpften dienstrechtlichen Maßnahme, so kann bei dem gegebenen Sachverhalt durch diese Maßnahme weder in das Recht der Glaubens- und Gewissensfreiheit (Art. 14 StGG), noch in das Recht auf Freiheit der Wissenschaft und ihrer Lehre (Art. 17 StGG), noch in das Recht auf Freiheit der Meinungsäußerung (Art. 13 StGG) eingegriffen werden. Die behaupteten Verletzungen verfassungsgesetzlich gewährleisteter Rechte haben somit nicht stattgefunden. Eine Verletzung anderer verfassungsgesetzlich gewährleisteter Rechte ist im Verfahren nicht hervorgekommen. Die Beschwerde war daher als unbegründet abzuweisen«.

Schriftführer Dr. Bernhard
Wien, am 2. März 1973
Der Präsident Dr. Antoniolli

Wenn man den in der Anmerkung 116 abgedruckten Text meiner an den Verfassungsgerichtshof gerichteten Beschwerde liest, wird die juristische Spitzfindigkeit der negativen Entscheidung dieses Gerichts deutlich. Aus dem Inhalt meiner Beschwerde und in Verbindung mit meinem oben ebenfalls zitierten Schreiben an den Bundesminister für Wissenschaft und Forschung geht klar hervor, dass ich meine Lehrtätigkeit weiter ausüben will. Allerdings habe ich dabei die Form meiner weiteren Verwendung als Professor der Universität Wien offengelassen. Daraus drehen mir nun die Mitglieder des Verfassungsgerichtshofes einen Strick. Sie betonen, dass ich ja das Konkordat insofern für gültig hielte, als ich nicht darauf bestünde, an der katholisch-theologischen Fakultät der Universität Wien weiterzulehren, dass ich also nur meine Versetzung in den zeitlichen Ruhestand angefochten hätte. Da sich aber die Lehrtätigkeit, zu der ich gemäß der Entschließung des Bundespräsidenten vom 23. April 1968 befugt gewesen sei, nur auf meine Lehrtätigkeit als ordentlicher Professor für Religionswissenschaft an der katholisch-theologischen Fakultät der Universität Wien beziehe, stehe mir gar keine andere Lehrtätigkeit zu. Keine Art von Freiheit sei also durch meine zeitliche Pensionierung angetastet worden.

Das ist geradezu ein Paradebeispiel dafür, wie unter den Händen der Rechtssprecher Mensch und Menschlichkeit verschaukelt werden können. Denn der Verfassungsgerichtshof macht mir zum Vorwurf, dass ich die Vereinbarkeit des Entzugs der Lehrbefugnis innerhalb der katholisch-theologischen Fakultät mit der österreichischen Verfassung nicht in Frage gestellt hätte, sagt aber auf Seite 3 und 4 desselben Bescheids, dass die mich betreffende Entscheidung des Bundesministers für Wissenschaft und Forschung auf der Basis der Bestimmungen des Konkordates zwischen dem Heiligen Stuhl und der Republik Österreich sowie des Zusatzprotokolls hierzu vom 5. Juni 1933 (Art. V. § 4, zu Artikel V, § 4) rechtens sei: »Dass die genannten staatsvertraglichen Bestimmungen des Konkordates in dieser Eigenschaft geltendes Recht sind, ergibt sich aus den Art. I und VIII des Vertrages zwischen dem Heiligen Stuhl und der Republik Österreich zur Regelung von vermögensrechtlichen Beziehungen, BGBL. Nr. 195/1960, wonach die vertragsschließenden Teile übereingekommen sind, verschiedene Vorschriften des Konkordates vom 5. Juni 1933 sowie des Zusatzprotokolls abzuändern (Art. I) und wonach die genannten Bestimmungen nicht unter den Vorschriften angeführt sind, die nicht mehr in Geltung stehen (Art. VIII). Als staatliches Recht stehen die genannten Bestimmungen auf der Stufe einfacher Bundesgesetze«.

Das also, was die Pflicht aufrechter Richter ist, Gesetze dort, wo sie die Grundfreiheiten des Menschen antasten, in Frage zu stellen, stellen die Herren vom Verwaltungsgerichtshof als »mein« Versäumnis und »meine« Schuld hin; berufen sich dann aber auf die Gültigkeit dieser Gesetze, die ich jedoch wiederum nach ihrem Urteil hätte anfechten sollen. Sie selbst begehen lieber einen solchen eklatanten Widerspruch, als dass sie es wagen würden, Verantwortung auf sich zu laden und dadurch eventuell in einen Kampf mit der Kirche und der in diesem Fall in ihrem Sinn handelnden Frau Minister Firnberg verwickelt zu werden.

Neben dem eklatanten Widerspruch, in den sich der Verfassungsgerichtshof bei der Begründung seiner Zurückweisung meiner Beschwerde verwickelt hat, ist noch auf einen Fehler hinzuweisen, der aber bei Rechtsspezialisten ebenso wie bei allen Fachleuten mit Scheuklappen oder - ohne Bild gesprochen - mit einseitiger Fixierung auf ihre Disziplin nicht ganz so schwer wiegt: Es wird - wahrscheinlich aus Unkenntnis meines Faches - suggeriert, Religionswissenschaft könne nur an einer katholisch-theologischen Fakultät gelesen werden. Wenn die Mitglieder des Verfassungsgerichtshofes Katholiken sein sollten, würde dieser Fehler allerdings noch verständlicher. Denn wie soll man wissen können, was Religion und die (nichtchristlichen) Religionen zu sein haben, wenn man sie nicht von der Warte der höchsten Religion, die natürlich nur die katholische sein kann, betrachtet und be- oder verurteilt!

Allgemein und pathetisch von der Lehrfreiheit sprechen, wo dies keine negativen Konsequenzen nach sich zieht, kann natürlich jeder, auch der Präsident des Verfassungsgerichtshofes, Herr Antoniolli, wie wir dies aus einem Kommentar in *Profil* (Nr. 16, 1972, 11 f) zum Fall Mynarek unter der Überschrift *Konkordat verfassungswidrig* ersehen können, den ich hier auszugsweise wiedergebe »:

»›Wieder einer weniger‹, kommentierte einer seiner Kollegen an der katholisch-theologischen Fakultät den Abgang Professor Hubert Mynareks von Fakultät und Kirche ... Nach österreichischem Recht bleibt ein ordentlicher Professor auch dann Professor, wenn er aus der Kirche austritt. Was also mit ihm anfangen? Die Frage rührt an einen anfechtbaren Punkt des Konkordates, dessen Verfassungswidrigkeit schon mehrfach behauptet wurde - allerdings nur hinter vorgehaltener Hand. Das Konkordat aus dem Jahre 1934 bestimmt im Artikel V. Paragraph 4: ›Sollte einer der genannten Lehrer in der Folge seitens der zuständigen kirchlichen Behörde der obersten staatlichen Unterrichtsverwaltung als für die Lehrtätigkeit nicht mehr geeignet bezeichnet werden, wird er von der Ausübung der betreffenden Lehrtätigkeit enthoben‹. Dagegen heißt es im Artikel 17 des Staatsgrundgesetzes: ›Die Wissenschaft und ihre Lehre ist frei‹, was nach allen Kapazitäten des Verfassungsrechtes (insbesondere Professor Adolf Merkl) jegliche Weisung an Professoren bzw. an die staatlichen Behörden ausschließt. Die Lehrfreiheit hat nur dort ihre Grenzen, wo die ›Allgemeinheit durch die Wissenschaft bedroht ist‹ (Professor Walter Antoniolli).

Im Konkordat (Artikel V. Paragraph 1, Absatz 3) heißt es weiter, dass ›die innere Einrichtung sowie der Lehrbetrieb der vom Staat erhaltenen katholisch-theologischen Fakultäten grundsätzlich nach Maßgabe der apostolischen Konstitution Deus Scientiarum Dominus‹ (Gott ist der Herr der Wissenschaften) vom 14. Mai 1931 und der jeweiligen kirchlichen Vorschriften geregelt werden‹.

In der Dollfuß-Verfassung 1934 war dieser Artikel des Konkordats eine Verfassungsbestimmung, es bestand rein formalrechtlich daher kein Widerspruch zum Artikel 17 des Staatsgrundgesetzes. Der autoritäre Staat akzeptierte die Einschränkung der Freiheit von Wissenschaft und Lehre von Seiten der Kirche, beruhte doch seine eigene Verfassung weitgehend auf den Prinzipien einer päpstlichen Enzyklika (›Quadragesimo anno‹). 1945 wurden jedoch die Verfassungsbestimmungen des Konkordats 1934 aufgehoben (durch das Verfassungsüberleitungsgesetz), so dass der Widerspruch zwischen Konkordat und Artikel 17 erneut aufgebrochen ist. Die Freiheit der Kirche, ihre inneren Einrichtungen zu regeln, reicht im übrigen nur so weit, als sie nicht durch das Hochschulorganisationsgesetz begrenzt wird. Weder im alten Hochschulorganisationsgesetz aus dem Jahre 1955 noch im Entwurf zum neuen Universitätsorganisationsgesetz findet sich jedoch ein Passus, dass die Befugnis eines akademischen Lehrers erlischt, wenn ihn ein Bischof ›als nicht geeignet‹ befindet. Nach der bestehenden Rechtslage hätte somit jeder Lehrer an der katholisch-theologischen Fakultät, dem sein Bischof die Lehrlizenz entzieht, die Möglichkeit, eine Beschwerde an den Verfassungsgerichtshof zu richten. Der Verfassungsgerichtshof hätte die Pflicht, den Artikel V. Paragraph 4 des Konkordats als verfassungswidrig aufzuheben«.

Was aber der Verfassungsgerichtshof wirklich getan hat, haben wir ja bereits gesehen. In der Anmerkung [118)] findet der Leser noch weitere anfechtbare Aspekte des Bescheids des österreichischen Verfassungsgerichtshofs.

Im Grunde konnte die Entscheidung dieses Gerichts im Rahmen eines staatskirchlichen Systems aber auch gar nicht anders ausfallen. Man vergegenwärtige sich doch einmal, wieviel auf dem Spiel stand: Zum erstenmal in der (neueren) Geschichte überhaupt hätten die katholisch-theologischen Fakultäten, die bis zum heutigen Tag nichts anderes sind als die Trojanischen Pferde der Amtskirche in der sonst ganz anders gearteten und strukturierten, wissenschaftliche und freie Forschung treibenden Welt der Universitäten, einen Andersdenkenden, der nicht als Befehlsempfänger der römisch-katholischen Hierarchie fungiert und agiert, aufnehmen müssen. Das »Prinzip Freiheit« wäre in das Innere der katholischen Fakultäten eingebrochen. Die umwälzenden Konsequenzen für den »Fachbereich« Theologie in allen europäischen Ländern wären nach einem solchen Präzidenzfall nicht auszudenken gewesen.

Es ist in diesem Zusammenhang auch bezeichnend, dass kein einziger Theologe, geschweige denn Theologieprofessor, öffentlich Protest gegen die die Freiheit der Wissenschaft beschneidende Zusammenarbeit von Kirche, Staat und Gerichtsbarkeit erhoben hat. Ein solcher Protest kam aus einer ganz anderen Ecke. Die *Europäische Kirchenfreie Rundschau*, »Zentralorgan der Körperschaften der Staatsbürger ohne religiöses Bekenntnis«, lud ein zu einem Vortrag, der am 28.04.1973, 19.00 Uhr, im Gewerkschaftshaus, Wien IV., Treitlstraße 3, stattfand und, wie sie angekündigt hatte, folgenden Themen gewidmet war: »Will die Kirche den Kulturkampf? Mit welchem Recht mischt sie sich in Angelegenheiten des Volkes und Staates? Bricht das Konkordat die Verfassung? Frau Minister Firnberg pensioniert aus der Romkirche ausgetretenen Universitätsprofessor! Was gilt in Österreich: Menschenrecht oder Kirchenmacht? Weg mit der albernen Berieselung mit kirchlichen Belangssendungen durch den Bacher-ORF! Sie steigen den Hörern und Fernsehern schon beim Hals heraus! Schluss mit der kostspieligen Förderung der Kirchen durch Bund, Länder und Gemeinden! Schluss mit der ebenso brutalen wie schamlosen Praxis, mit der die Regierungen, gleich Fronvögten der Kirche, die Konfessionslosen zwingen, die Kirchen und deren Personal, Einrichtungen etc. mit zu erhalten. Schluss mit dieser Sklaverei! Schluss mit der Bespitzelung der Pflichtschullehrer durch die Katecheten ... Österreich ist eine Republik. Das Recht geht vom Volke aus, nicht von einem Gott, einem römischen Vizegott und dessen Statthalter!«.

Kurz und aggressiv, aber in Übereinstimmung mit den Tatsachen, formulierte meinen Rausschmiss Prof. W. Gröbner in der Maiausgabe derselben Zeitschrift. Er sprach darin von dem »von unserer Regierung in Gehorsam gegen diesen Papst entlassenen Professor Mynarek«.

Sowohl die gegen die Menschenrechte verstoßende Wegnahme meines Lehrstuhls als auch die zahlreichen in jüngerer Zeit bekannt gewordenen Fälle des Entzugs der Lehrbefugnis für Theologieprofessoren und -dozenten durch die Amtskirche beweisen, dass diese Institution unbedingt gewillt ist, den durch ihre eigenen kirchlichen Gesetze geschaffenen Handlungs- und Herrschaftsraum auch im Bereich der staatlichen Hochschulen und Universitäten praktisch voll zu nutzen.

Der wohl momentan jüngste Fall theologischer Herrschafts-Willkür spielt sich (1999) in Göttingen ab. Der Dekan der Theologischen Fakultät der Göttinger Universität mokiert sich über den dort lehrenden evangelischen Theologie-Professor Gerd Lüdemann. Er wird als Neutestamentler abgesetzt und - da unkündbar - zum Fach Geschichte und Literatur des Frühen Christentums verdonnert.

O-Ton Lüdemann: »So lange Theologie an der Universität bleibt, hat sie gefälligst zu forschen und zu informieren, nicht zu offenbaren und zu predigen, zur Mündigkeit in Sachen Religion zu erziehen und nicht zur Hörigkeit gegenüber einem alten Aberglauben zu verleiten« (Sonderseite Christ + Welt, SÜDWESTPRESSE, Samstag 8.12.2001).

Natürlich bedarf es zu alledem noch der Unterstützung durch den

Staat. Und in der Tat erkennen viele Staaten die betreffenden kirchlichen Gesetze und Vorschriften durch den Abschluss von Konkordaten mit der Kirche als auch für sich selbst verbindlich an. Insofern, d.h. im Rahmen der geltenden Gesetzeslage, der z.B. in den einzelnen Ländern der Bundesrepublik zum Schaden der Demokratie und der Freiheit der Religion immer noch gültigen Konkordate bzw. Kirchenverträge, begeht natürlich kein Bischof als Vertreter der kirchlichen Hierarchie etwas formal Widerrechtliches, wenn er auf einen Teil des Universitätsbetriebes, die theologischen Fachbereiche, massiven Einfluss nimmt. Artikel 3, § 1 des - übrigens am 7. Oktober 1968 und am 4. September 1974 jeweils noch einmal zugunsten der katholischen Kirche geänderten - bayerischen Konkordats vom 19. März 1924 hält fest: »Die Ernennung oder Zulassung der Professoren oder Dozenten an den theologischen Fakultäten der Universitäten ... wird staatlicherseits erst erfolgen, wenn gegen die in Aussicht genommenen Kandidaten von dem zuständigen Diözesanbischof keine Erinnerung erhoben worden ist«.

§ 2 sagt: »Sollte einer der genannten Lehrer von dem Diözesanbischof wegen seiner Lehre oder wegen seines sittlichen Verhaltens aus triftigen Gründen beanstandet werden, so wird die Staatsregierung unbeschadet seiner staatsdienerlichen Rechte alsbald auf andere Weise für einen entsprechenden Ersatz sorgen«.

Mit dieser gesetzlichen Ermöglichung des Eingriffs der Kirche in Aufgabenbereiche des Staates (hier: Die Einstellung von Wissenschaftlern in staatliche Forschungsinstitutionen) steht aber der Freistaat Bayern nicht allein da. Auch andere Bundesländer garantieren diese Einflussmöglichkeit der Kirche durch gesetzliche Bestimmungen. So heißt es beispielsweise in Art. 60, Abs. 2 der hessischen Verfassung: »Die theologischen Fakultäten an den Universitäten bleiben bestehen. Vor der Berufung ihrer Dozenten sind die Kirchen zu hören«.

Überhaupt sind »in jedem Konkordat und Kirchenvertrag ... den theologischen Fakultäten Bestimmungen gewidmet. Meist handelt es sich um eine Bestandsgarantie nebst Vereinbarungen über das bei der Berufung von Dozenten zu beachtende Verfahren« [119].

Der durch vom Staat erlassene oder gebilligte Bestimmungen den beiden Großkirchen eingeräumte Einfluss geht aber sogar noch über die theologischen Fachbereiche hinaus. Es werden den Kirchen nämlich noch Rechte in Bezug auf die Besetzung einiger Lehrstühle im philosophischen und im juristischen Fachbereich zugestanden, z.B. für Kirchenrecht, Philosophie, Geschichte. So heißt es z.B. im Schlussprotokoll zum Badischen Konkordat vom 12. Oktober 1932 zu Art. IX: »Der Badische Staat wird dafür Sorge tragen, dass an der

Universität Freiburg je eine Professur für Philosophie und Geschichte besteht, die mit je einer Persönlichkeit besetzt wird, welche für die einwandfreie Ausbildung der Theologie Studierenden geeignet ist«. Ähnlich lautete die diesbezügliche Bestimmung des Bayerischen Konkordates (Art. 4, § 2) aus dem Jahr 1924: »An den philosophischen Fakultäten der beiden Universitäten München und Würzburg soll wenigstens je ein Professor der Philosophie und der Geschichte angestellt werden, gegen den hinsichtlich seines katholisch-kirchlichen Standpunktes keine Erinnerung zu erheben ist«.

Schon mit dieser Bestimmung des damaligen Bayerischen Konkordates war ein Verstoß gegen die Freiheit der Wissenschaft gegeben. Denn »dadurch, dass diese nicht im Rahmen von theologischen Fakultäten bestehenden Lehrstühle - sogenannte Konkordatsprofessuren - dem Einfluss der katholischen Kirche unterstellt wurden, ist Artikel 132 RV 1919 verletzt worden. Übrigens sind nur im Zusammenhang mit diesen Konkordatsprofessuren zwei Universitäten namentlich genannt worden. Abgesehen von der grundsätzlichen Garantie der theologischen Fakultäten sind bestimmte Universitäten nicht erwähnt, an denen theologische Fakultäten bestehen oder zu errichten seien«.

Die Neufassung des Bayerischen Konkordates im Jahr 1974 (in der der Änderungsvertrag vom 7. Oktober 1968 berücksichtigt ist) erweitert nun aber den diesbezüglichen kirchlichen Einfluss noch um ein Vielfaches. Denn diese neue Konkordatsfassung »sichert der katholischen Kirche sechs katholisch-theologische Fachbereiche an fünf Universitäten und an der Gesamthochschule Bamberg zu, ferner an zwei Universitäten in einem für das erziehungswissenschaftliche Studium zuständigen Fachbereich mindestens je einen Lehrstuhl für katholische Theologie und einen Lehrstuhl für die Didaktik des katholischen Religionsunterrichts und schließlich an sieben Universitäten anstelle der bisher zugesagten vier Konkordatsprofessuren insgesamt 21 Lehrstühle für Philosophie, für Gesellschaftswissenschaften und für Pädagogik in einem für das erziehungswissenschaftliche Studium zuständigen Fachbereich.

Wenn noch berücksichtigt wird, dass in Ausweitung der 1968 erfolgten ersten Konkordatsänderung jetzt die Errichtung und der Betrieb einer örtlich zusammengefassten kirchlichen Gesamthochschule mit den ›wissenschaftlichen Studiengängen‹ katholische Theologie, Lehramt für die Primarstufe, die Sekundarstufen I und II (mit Einschränkungen), sowie den Fachhochschulstudiengängen Religionspädagogik und Sozialwesen garantiert sind (bei Übernahme von 90 % des tatsächlichen Aufwandes einschließlich Investitionen), ist evident, in welchem Umfang sich der Einfluss der katholischen Kirche im Hochschulbereich ausgedehnt hat« [120].

Der kirchliche Einfluss erstreckt sich auf diese Weise auch auf die nichttheologischen Fachbereiche fast aller bundesdeutschen Universitäten. In Berlin gibt es ein der Kirche vertraglich zugesichertes Seminar für katholische Theologie innerhalb des Fachbereichs Philosophie und Sozialwissenschaften mit einem Professor, zwei wissenschaftlichen Mitarbeitern und drei sonstigen Lehrkräften. Die Fachrichtung Evangelische Theologie innerhalb desselben Fachbereichs ist hier allerdings noch stärker vertreten (mit vier Professoren, vier wissenschaftlichen Mitarbeitern und vier sonstigen Lehrkräften); in Frankfurt existieren ein Seminar für evangelische Theologie und ein Seminar für katholische Religionsphilosophie (schon die Bezeichnung ist ein Unding!) innerhalb der philosophischen Fachrichtung. In Karlsruhe fungiert je ein Lehrbeauftragter für evangelische und katholische Theologie im Fachbereich für Geistes- und Sozialwissenschaften; ähnlich in Mannheim.

Die Beispiele ließen sich fast beliebig fortsetzen. Hinzu kommt die »klerikale Überfremdung« an den pädagogischen Hochschulen, die sich »vielfach über die Theologie bzw. Religionspädagogik hinaus auf die sog. Weltanschauungsfächer erstreckt, in Baden-Württenmberg sogar auf die Soziologie« [121].

Auf diese Weise kommt es zu einer partiellen Verkirchlichung der Universitäten und staatlichen Hochschulen. Bischöfe, d.h. kirchliche Beamte und Bürokraten, deren offizielles, auch offen erklärtes Ziel es ist, den Bestand und Herrschaftsbereich der Amtskirche gegenüber dem Staat um jeden Preis zu sichern - eine Aufgabe, die keinen wesentlichen Zusammenhang mit der wissenschaftlichen Forschung erkennen läßt -, operieren auf dem Gebiet der staatlichen Hochschulen so, dass sie auf das Subjekt und das Objekt dieser Forschung Einfluss nehmen.

Sie bestimmen nämlich, wer in einem Teilbereich der Universität einen Lehrstuhl erhält bzw. promovieren oder sich habilitieren kann und was von den von ihnen gebilligten Lehrstuhlinhabern und Dozenten gelehrt werden darf. Von der wissenschaftsfremden Beeinflussung der Subjekte wissenschaftlicher Forschung sprachen wir bereits (s. besonders 3. Kapitel).

Diese Ausführungen gipfelten in der Feststellung, dass die fachliche Qualifikation eines akademischen Lehrers allein, sei sie noch so ausgezeichnet, nirgendwo für die Anstellung in einem theologischen Fachbereich ausreicht. Dasselbe gilt für die vorhin erwähnten sog. Konkordatslehrstühle in nichttheologischen Fachbereichen bzw. Fachrichtungen.

Was aber den Gegenstand der Forschung betrifft, so sind ihm wiederum durch die offiziellen Organe der Kirche, d.h. durch wissenschaftsfremde Machtinhaber, enge Grenzen gezogen. Ein katholischer Bischof kann und muss einem akademischen Lehrer eines theologischen Fachbereichs die kirchliche Lehrerlaubnis entziehen, wenn er der Meinung ist, dass dessen Lehre nicht im Rahmen des kanonischen Rechts (CIC, can. 1323, § 1) zu vertreten ist [122] (»mit göttlichem und katholischem Glauben muss man alle jene Wahrheiten gläubig annehmen, die in der Heiligen Schrift oder der Tradition enthalten sind und von der Kirche als geoffenbarte Wahrheiten zu glauben vorgestellt werden«).

Ausdrücklich gibt das noch gültige preußische Konkordat der katholischen Kirche das Recht, die Ersetzung von Professoren, die »der katholischen Kirche zu nahe treten oder einen schweren oder ärgerlichen Verstoß gegen die Erfordernisse des priesterlichen Lebenswandels begehen«, durch linientreue Professoren zu veranlassen. Überhaupt hat »bei den katholischen Fakultäten ... die Kirche durchweg das Recht, sowohl die Einstellung zu verhindern als auch die Abberufung bzw. Ersetzung zu erzwingen«. So heißt es z.B. in der Bonner Habilitationsordnung vom 2. April 1962, § 14: »Die engere Fakultät muss die venia legendi entziehen, wenn der Kultusminister ihr mitteilt, dass der Erzbischof von Köln ihm gegenüber die Lehre oder den Lebenswandel eines Privatdozenten ... beanstandet hat«.

Auch an den evangelisch-theologischen Fakultäten mit Ausnahme der Hamburger Fakultät, von der wir gleich sprechen werden, steht den Landeskirchen bei Berufungen von Professoren ein Gutachterrecht zu, »das de facto wohl einem Vetorecht gleichkommt, da sich in der BRD kaum ein Kultusminister mit den Kirchen anzulegen wagt«.

Wie sehr die evangelisch-theologischen Fakultäten ebenfalls der verlängerte Arm der evangelischen Kirche sind, zeigt z.B. § 18 der Habilitationsordnung vom 21. Juli 1956 der evangelisch-theologischen Fakultät Hamburg: »Die Fakultät kann die Verleihung der Lehrberechtigung durch Beschluss widerrufen«, wenn ein Privatdozent »einen Konfessionswechsel vollzieht oder die sachlichen Grundlagen evangelisch-theologischer Forschung verlässt« [123].

»Die massive Einflussnahme der Amtskirchen auf Lehre, Studienordnungen, Prüfungsordnungen, richtiges Bekenntnis, Rechtgläubigkeit, Berufungen bis hin zum Lebenswandel des Lehrenden verstößt eklatant gegen die in Art. 5 GG garantierte Freiheit von Forschung und Lehre; so muss der Staat nach geltendem Recht als Vollzugsgehilfe innerkirchlicher Disziplinarmaßnahmen einschreiten (z.B. bei der Entlassung eines zum Zölibat verpflichteten katholischen Dozenten, wenn dieser heiratet)«[124].

Die hier noch nicht einmal vollständig dargelegten Zustände an theologischen Fachbereichen sind »nicht nur durch nichts gerechtfertigt, sondern überdies noch grundgesetzwidrig«[125]. Ein demokratischer Staat bringt sich um seine Glaubwürdigkeit, wenn er duldet, dass sich innerhalb seiner Grenzen eine ausschließlich die eigenen Gruppeninteressen forcierende monströse Organisation, nämlich der Überstaat Kirche, in die Angelegenheiten der wissenschaftlichen Forschung und Ausbildung an den staatlichen Hochschulen einmischt, dies in Analogie zu den globalen anderen, weitgehend mit Erfolg gekrönten Versuchen dieser Institution, auf alle gesellschaftspolitisch wichtigen Dimensionen des Staates überragenden Einfluss zu nehmen.

Wer in dieser Weise kirchenkritisch spricht, wird meist sofort verdächtigt, das Christentum, ja die Religion überhaupt zu hassen, zu bekämpfen und liquidieren zu wollen. Diese Verdächtigung macht sich aber ihrerseits schuldig, die falschen Identifikationen des Papstes und der Bischöfe nachzuvollziehen. In deren Verlautbarungen wird nämlich offiziell Kirche gesagt, wenn der »Kirchenapparat« gemeint ist, wird »Religion« genannt, was im Grunde nur das klerikale Programm eines sehr diesseitig und machtsüchtig orientierten Priesterstaates mit der römischen Kurie als Regierung und einem autokratischen Papst als Supermonarchen darstellt, werden die christliche Freiheit und der Beitrag des Christentums für die Kultur des Abendlandes bemüht, wenn es lediglich um die Sicherung klerikaler Machtpositionen und Einflussmöglichkeiten auf die Gesellschaft geht. Die Kirche - das ist hier »nicht die freie Kirche mit allen Möglichkeiten des Engagements und der Kommunikation in der demokratischen Gesellschaft. Die Kirche ist der Superstaat, nach eigener Interpretation allen realen Staaten qualitativ überlegen, sich lediglich aus realpolitischen Erwägungen dazu herbeilassend, die Regierungen realer Staaten als Partner gelten zu lassen, mit denen die Regierung der Kirche nach Dignitäten verhandelt, wie sie sich zwischen der Repräsentation eines überweltlichen Staates und der Repräsentation globaler, supranationaler, nationaler, regionaler und kommunaler Staatseinrichtungen von selbst versteht«[126].

Diese falschen Identifikationen aufzudecken und die nötigen Konsequenzen daraus zu ziehen, ist nicht nur für den Bestand der Demokratie eines Staates, sondern auch für die Freiheit und Echtheit der Religion selbst lebenswichtig. Religion muss frei sein und sich frei - ohne Reglementierung durch kirchliche Verwaltungsma- nager

- entfalten können, oder sie wird degradiert zu einem Unding, einem kalten leblosen Körper, einer Gebetsmühle anstatt der vom Wesen der Religion geforderten Innerlichkeit, zu einem rubrizistisch genau geregelten Kultmechanismus, zu einem kasuistisch bis ins Detail präzisierten Regelsystem von Geboten und Verboten, gesellschaftspolitisch zu einem theokratischen Souverän innerhalb und über der dadurch wesentlich geschwächten Souveränität des Staates, der aufgrund der ständigen Einmischungen der Vertreter einer geoffenbarten (!) Moral- und Soziallehre, die in Wirklichkeit nur die Verabsolutierung mittelalterlich-scholastischer Spekulationen ist, in seiner vom Wesen der Demokratie geforderten Aufgabe der ebenbürtigen Behandlung aller religiösen und weltanschaulichen Gruppen entscheidend behindert wird.

Man hat sogar eine »Verfassungsklage« und eine »öffentliche Diskussion (als Ergänzung des Prozessweges)« vorgeschlagen, um »den Missbrauch kirchlicher Macht« auf dem Gebiet der Hochschulpolitik abzustellen. Es ist zudem angesichts der Tatsache, dass »Studien-, Promotions- und Habilitationsordnungen mit so vielen subtilen Mitteln der Absicherung von Rechtgläubigkeit angereichert sind«, wiederum nur folgerichtig und zwangsläufig, dass sich »nach wie vor ein nicht gerade geringer Teil der Fachbereichsmitglieder selbst als Fünfte Kolonne der Amtskirche verstehen zu müssen glaubt« [127).

Der Institution Kirche bedeutet jedenfalls auch auf dem Gebiet der Hochschulpolitik das eigene Herrschaftsinteresse alles, die Freiheit der Wissenschaft, der Forschung und Lehre, im Grunde gar nichts. Gerade angesichts der weitgehend noch bestehenden Filzokratie von Kirche und Staat auch auf dem Schul- und Hochschulsektor müsste es für alle echten Demokraten ein kategorischer Imperativ sein, auf eine Abschaffung des noch heute gültigen Reichskonkordats von 1933 wie der anderen Konkordate und Staatskirchenverträge zu dringen. Denn es ist im Rahmen eines demokratischen Staates und im Hinblick auf ein Grundgesetz, das diesen Staat zu weltanschaulicher Neutralität verpflichtet, wohl kaum länger vertretbar, dass diese Konkordate von der Amtskirche, »nach wie vor als Rechtsbasis des Verhältnisses von Kirche und Staat in der Bundesrepublik voll in Anspruch genommen und mit allen kirchenpolitischen Finessen verteidigt werden, um den privilegierten Status der Kirche und ihrer Geistlichen trotz ... fehlender innerer Legitimation zu erhalten« [128).

Schließlich kann es keinem Demokraten aus Überzeugung gleichgültig sein, ob ein autoritärer Fremdkörper innerhalb einer liberalpluralistischen Gesellschaft und Gesellschaftsordnung so bleibt, wie er ist, oder staatlicherseits wenigstens derart in die Schranken gewiesen wird, dass er sich den demokratischen Spielregeln einigermaßen anpasst und sie, wenn auch widerwillig, akzeptiert. Seinerzeit warnte auch Heinrich Böll den Staat nachdrücklich davor, als verlängerter Arm der Kirche wieder Bütteldienste zu verrichten: »Junge und jüngere Politiker aller Parteien sollten sich fragen, ob in einer Gesellschaft, die sich mit Inbrunst ›pluralistisch‹ nennt, ein Minister zum Vollstreckungsbeamten innerkirchlicher Auseinandersetzungen werden sollte« [129)], d.h. konkret: der Auseinandersetzungen um die Lehrbefugnis kirchlicherseits beanstandeter Theologen.

Aber man muss wohl doch noch weitergehen als Böll. Da sich in allen Details belegen lässt, dass die theologischen Fakultäten bzw. Fachbereiche wegen ihrer permanenten und konstitutiven kirchlichen Abhängigkeit zu dem im Artikel 5, Abs. 3 des Grundgesetzes garantierten Grundrecht der Freiheit von Wissenschaft, Forschung und Lehre in Widerspruch stehen, hätte der Staat geradezu die Pflicht, diese Fakultäten aus dem staatlichen Hochschulbetrieb herauszunehmen. In staatsrechtlicher Hinsicht stünde der Auflösung der theologischen Fakultäten kaum etwas im Wege. Sie sind im Grundgesetz der Bundesrepublik nicht einmal erwähnt.

Nach Erwin Fischer ist »davon auszugehen, dass infolge des Schweigens eine Ausnahmevorschrift wie für den Religionsunterricht und die Kirchensteuer fehlt und somit die theologischen Fakultäten im Gegensatz zur Weimarer Reichsverfassung nicht garantiert sind« [130)].

Tatsächlich löken auch immer mehr Theologieprofessoren, -dozenten und -assistenten gegen den Stachel der kirchlichen Abhängigkeit. »Auf der ganzen Welt«, heißt es in der schon erwähnten »Kölner Erklärung« katholischer Theologieprofessorinnen und -professoren, »wird qualifizierten Theologen und Theologinnen die kirchliche Lehrerlaubnis in vielen Fällen verweigert«. Das sei ein »bedeutender und gefährlicher Eingriff« in die Freiheit von Forschung und Lehre. Die Erteilung der kirchlichen Lehrerlaubnis werde als »Instrument der Disziplinierung missbraucht«.

Der Wert der Theologie, den selbst das päpstliche Lehramt theoretisch anerkannt habe, bestehe darin, die Argumente für kirchliche Aussagen und Normen zu prüfen. Dieser Wert dürfe nicht »durch Denk- und Redeverbot verletzt werden!«. Die Theologen fordern, dass Einwände gegen die Erteilung einer Lehrbefugnis oder gar Entscheidungen in diesen Angelegenheiten »mit Argumenten zu begründen und nach anerkannten akademischen Normen zu belegen« seien. Andernfalls stehe die Existenz der theologischen Fakultäten an den staatlichen Universitäten auf dem Spiel. Das Selbstergänzungsrecht der Fakultäten bzw. der Hochschulen in der Auswahl der Lehrenden werde durch die willkürliche Praxis der Erteilung der kirchlichen Lehrerlaubnis völlig ausgehöhlt. Es drohe immer stärker die Gefahr, dass unter dem Druck der Amtskirche eine negative Auslese anpasslerischer, serviler Theologen in den theologischen Fakultäten zur Dominanz gelange. Und das wäre der »Verlust des Ansehens der Theologie an den Universitäten«.

Der Tübinger Dogmatikprofessor P. Hünermann kritisierte darüber hinaus die »administrative Praxis« des Vatikans, bei einer Berufung von Moraltheologen auf Lehrstühle eine ausdrückliche Zustimmung zur Pillen-Enzyklika »Humanae vitae« zum entscheidenden Kriterium für eine Erteilung des sog. »Nihil obstat«, der kirchlichen Lehrerlaubnis, zu machen [131]. Sein holländischer Kollege Baes M. van Lersel, Theologieprofessor und Direktor der katholischen Universität Nimwegen, reagierte auf eine Ansprache des Papstes Johannes Pauls II., in der dieser die katholischen Hochschulen aufgerufen hatte, in Lehre und Forschung die Evangelisierung zu unterstützen, mit den Worten: »Die Katholische Universität ist kein Instrument der Kirche«. Sie sei in Lehre und Forschung autonom [132].

Selbst das überwiegend konservative »Zentralkomitee der deutschen Katholiken« (Zdk) beklagte das »zunehmende Gewicht römischer Instanzen zu Lasten der Ortskirche bei der Besetzung von Bischofsstühlen« und plädierte dafür, die Entscheidung über das »Nichts steht dagegen« bei der Erteilung der kirchlichen Lehrerlaubnis für Theologieprofessoren wieder in die Zuständigkeit der Ortsbischöfe zurückzugeben [133].

Beanstandet wurde auch die negative Rolle der Nuntiaturen. Sie gerieten »immer mehr in das Odium eines Nachrichtendienstes, der oft durch einseitige Auswahl der Informationen die Abweichungen erst schafft, die er sucht« [134], um dann »guten Gewissens« dem Kandidaten die kirchliche Lehrerlaubnis verweigern zu können. Ich selbst kann mich noch gut erinnern - ich war damals Theologieprofessor an der Hochschule in Bamberg -, wie der päpstliche Nuntius anlässlich eines Besuchs des Bamberger Priesterseminars nach dem offiziellen Teil den konservativsten und missgünstigten Theologen aus dem Professorenkollegium zu einem längeren Gespräch einlud und sich dann von ihm die Charakteristik der einzelnen Theologieprofessoren geben ließ. Ich stellte den Kollegen damals zur Rede, und er machte keinerlei Anzeichen, dies abzuleugnen. Im Gegenteil, er war stolz, ein derartiges Vertrauen beim Nuntius zu genießen, dass dieser »ihn« und keinen anderen ausersehen habe, ihm Interna über die eigenen Kollegen mitzuteilen.

Auf die »Kölner Erklärung« der Theologieprofessoren »Wider die Entmündigung« reagierte der Vatikan gelassen. Das sei ein »rein regionales Problem«, erklärte ein Vatikan-Sprecher. Auch als sich belgische, französische und spanische Theologen dem Protest mit eigenen Erklärungen gegen das autokratische Walten der römischen Kurie anschlossen, gab es praktisch keine Reaktion aus Rom. Als aber Mitte Mai 1989 dreiundsechzig prominente italienische Theologen, Kirchenhistoriker und weitere akademische Lehrer in einem offenen Brief die »rückschrittlichen Strömungen in der Kirche« kritisierten und mehr Pluralismus für die Kirche, die ja im Grunde nicht eine Kirche, sondern eine »Gemeinschaft von Kirchen« sei, und mehr Freiheit für die Theologen verlangten, da fühlte sich Papst Johannes Paul II. angesichts der Rebellion vor der eigenen Tür höchstpersönlich auf den Schlips getreten und sagte den Aufbegehrenden, was Sache ist. Nur die Bischöfe könnten »authentische Herren« in Fragen des Glaubens sein, erklärte der Papst hoheitsvoll in seiner Rede auf der Jahrestagung der italienischen Bischofskonferenz. Für ein »alternatives Lehramt« der Theologen sei in der Kirche »kein Raum«. »Schweigt und gehorcht«, war der gute Rat, den das KP-Blatt *L'Unita* angesichts dieses Machtwortes des obersten Herrn der Kirche den Theologieprofessoren auf den weiteren Weg mitgab [135].

Den Theologen, die immer zahlreicher und häufiger mehr Pluralismus, Toleranz und Freiheit in der Kirche fordern, gehört natürlich auch unsere Sympathie. Aber - sit venia verbo - ganz echt erscheint mir ihre Empörung nicht. Ja, in diesem Fall halte ich sogar den Papst und seine kirchliche Führungscrew ausnahmsweise für wahrhaftiger, der betreffenden Wahrheit näherstehend. Theologieprofessoren können ja mehr oder weniger intelligent sein. Aber jeder von ihnen dürfte doch das Minimum an Intelligenz besitzen, das notwendig ist, um ganz klar zu sehen, dass ein absolutistisch-autoritäres System wie die Papstkirche, das konsequent und radikal undemokratisch von oben nach unten hierarchisch organisiert ist, der Freiheit, Toleranz und Pluralität gar keinen Raum gewähren kann. Es ist doch unmöglich, dass die protestierenden Theologen nicht wissen, in welchem System sie sitzen und welche Gesetze sich dieses System ganz offen und für jeden transparent gegeben hat. Sie tun so, als ob es nur am bösen Willen des jetzigen Papstes liegt, wenn ihnen gravierende Beschränkungen der Lehr-, Rede-, Pressefreiheit usw. auferlegt werden, als ob sich bei gutem Willen der Hierarchen in der Kirche alles ändern könnte. Im Grunde beschweren sie sich über sich selbst, anstatt den Mut zu haben, einer solchen Institution den Rücken zu kehren!

Sie verbreiten damit falsche Hoffnungen bei den Katholiken, die unschlüssig sind, ob (auch) sie aus diesem System austreten oder drinbleiben sollen. Ein System aber, dessen Spitze sich dogmatisch als unfehlbar definiert, kann Wahrheit nur in den engen Grenzen dessen, was es selber für wahr hält, zulassen. Und das ist nicht bloß eine logisch-diskursiv ermittelte Folgerung, sondern auch das neueste offizielle katholische Gesetzbuch, 1983 in Kraft getreten, legt Satz für Satz, Gesetz für Gesetz, Kanon für Kanon, in jedem Gebot wie Verbot davon Zeugnis ab, dass die Wahrheit nur die Wahrheit Roms, des Vatikans, des Papstes ist und dass daher jede Abweichung davon weiterhin suspendiert, exkommuniziert, exterminiert wird.

Es ist doch nicht etwa so, dass ein größenwahnsinnig gewordener Papst alle vorgegebenen kirchlichen und lehramtlichen Grenzen überschreitet und z.B. 1980 zu den Studenten am Institut Catholique in Paris willkürlich sagen kann: »Ihr könnt die Suche nach der Wahrheit mit der Sicherheit verbinden, dass Ihr die Quelle der Wahrheit kennt« [136)], denn diese Quelle bin ich, bzw. interpretiere ich als einziger Mensch auf Erden authentisch.

Vielmehr sind alle Gesetze des Codex Iuris Canonici, des offiziellen Gesetzbuches der katholischen Kirche, konsequent auf die Unfehlbarkeit und den übermenschlichen und überstaatlichen Rechtsanspruch des Papsttums (universaler Jurisdiktionsprimat) hingeordnet. Für alle Gläubigen, Priester wie Laien, Theologieprofessoren wie schlichte Kirchenmitglieder, gilt: »Was die geistlichen Hirten in Stellvertretung Christi als Lehrer des Glaubens erklären oder als Leiter der Kirche bestimmen, haben die Gläubigen im Bewusstsein ihrer eigenen Verantwortung im christlichen Gehorsam zu befolgen« (Can. 212, § 1).

Für die Theologen gilt aber noch besonders Folgendes: »Die sich theologischen Wissenschaften widmen, besitzen die gebührende Freiheit der Forschung und der klugen Meinungsäußerung in den Bereichen, in denen sie über Sachkenntnis verfügen; dabei ist der schuldige Gehorsam gegenüber dem Lehramt der Kirche zu wahren« (Can. 218). Diese »gebührende Freiheit« (iusta libertas) wird den Theologen von der Kirche vorgezeichnet und zugewiesen. Denn über die volle Freiheit, die in der Kirche lediglich die Kehrseite der vollen Gewalt ist, verfügt ja nur der Papst: »Der Bischof der Kirche von Rom ... ist Haupt des Bischofskollegiums, Stellvertreter Christi und Hirte der Gesamtkirche hier auf Erden; deshalb verfügt er kraft seines Amtes in der Kirche über höchste, volle, unmittelbare und universale ordentliche Gewalt, die er immer frei ausüben kann«

(Can. 331). Und daher kann es »gegen ein Urteil oder ein Dekret des Papstes ...weder Berufung noch Beschwerde geben« (Can. 333, § 3).

Daher sagt auch der oben zitierte Direktor der katholischen Universität Nimwegen schlicht und einfach die Unwahrheit, wenn er selbstbewusst, aber den wahren, ihm doch bekannt sein müssenden Sachverhalt verschleiernd, behauptet, eine katholische Universität sei kein Instrument der Kirche, brauche deren Verkündigung und Evangelisierung nicht zu unterstützen, weil sie in Lehre und Forschung autonom sei.

Dabei betont doch das offizielle kirchliche Gesetzbuch mit Nachdruck, dass jede katholische Universität »zur Erfüllung des Verkündigungsdienstes der Kirche« beizutragen habe (Can. 807), dass »keine Universität, selbst wenn sie tatsächlich katholisch ist, die Bezeichnung ›Katholische Universität‹ führen darf, es sei denn mit Zustimmung der zuständigen kirchlichen Autorität« (Can. 808), dass an katholischen Universitäten selbst die verschiedenen nichttheologischen Wissenschaften »unbeschadet ihrer wissenschaftlichen Autonomie in Forschung und Lehre unter Berücksichtigung der katholischen Lehre gepflegt« werden sollen und die Bischofskonferenzen in den einzelnen Staaten dafür Sorge zu tragen haben (Can. 809).

»Die Bischofskonferenzen und die beteiligten Diözesanbischöfe haben die Pflicht und das Recht, darüber zu wachen, dass in diesen Universitäten die Grundsätze der katholischen Lehre getreu beachtet werden« (Can. 810, § 2). Aufgabe der nach den Statuten zuständigen Autorität ist es, »dafür zu sorgen, dass in katholischen Universitäten als Dozenten berufen werden, die sich, außer durch wissenschaftliche und pädagogische Eignung, durch Rechtgläubigkeit und untadeliges Leben auszeichnen, und dass sie unter Einhaltung des in den Statuten festgelegten Verfahrens aus ihrem Amt abberufen werden, wenn die geforderten Voraussetzungen nicht mehr gegeben sind« (Can. 810, § 1).

Wohlgemerkt, was Rechtgläubigkeit und untadeliges Leben ist, definiert die Kirche nicht bloß generell für alle Dozenten, sondern auch speziell von Fall zu Fall, wenn ihr ein Dozent zu kritisch geworden ist. Dann schustert sie die Kriterien für Rechtgläubigkeit und untadeliges Leben schon so gekonnt zusammen, dass der beanstandete Dozent mit Sicherheit keine Chance mehr hat, als rechtgläubig und untadelig zu gelten.

Man muss diesbezüglich sogar noch weiter gehen. Wenn die »authentischen Herren« der kirchlichen Lehre einem Theologen am Zeug flicken wollen, können sie das ganz grundsätzlich immer! Denn kein einziger Katholik ist in Wirklichkeit rechtgläubig, kann überhaupt ganz rechtgläubig sein. Es sei denn, er wäre total angepasst und blind und würde in einem generellen Akt der Unterwerfung sagen: »Ich glaube von vornherein an alle von der Amtskirche verkündeten Lehren, auch an jene, die ich gar nicht kenne«. Faktisch aber ist jeder Katholik ein Häretiker, der manche Lehren der Kirche nicht anerkennt oder ganz anders versteht und interpretiert als die offizielle Kirche.

Die verschiedenen Umfragen der letzten drei Jahrzehnte bezüglich dessen, was die Katholiken glauben, beweisen, dass selbst das katholische Fußvolk mit verschiedenen Dogmen der Kirche nichts anzufangen weiß bzw. sie schlichtweg ablehnt. Nun ist aber dem kirchlichen Gesetzbuch zufolge ein Häretiker, wer »nach Empfang der Taufe ... eine kraft göttlichen und katholischen Glaubens zu glaubende Wahrheit beharrlich leugnet oder an einer solchen Glaubenswahrheit beharrlich zweifelt« (Can. 751).

Aber zur Rechtgläubigkeit gehört ja noch mehr als die Akzeptanz aller kraft göttlichen und katholischen Glaubens zu glaubenden Wahrheiten, also der Dogmen, auch so abstruser wie die Geburt Jesu aus einer Jungfrau, der unbefleckten Empfängnis und der Himmelfahrt Mariens, der Dreieinigkeit bzw. Dreifaltigkeit Gottes (ein Gott, eine Substanz in drei Personen!). Zur Rechtgläubigkeit gehört vielmehr auch noch das »sacrificium intellectus«, das Opfer des Verstandes, in Sachen, die zwar keine Dogmen sind, aber von Papst und Bischöfen als zur Ganzheit des katholischen Glaubens und der katholischen Moral gehörig verkündet werden.

»Nicht Glaubenszustimmung, wohl aber religiöser Verstandes- und Willensgehorsam ist einer Lehre entgegenzubringen, die der Papst oder das Bischofskollegium in Glaubens- oder Sittenfragen verkündigen, wann immer sie ihr authentisches Lehramt ausüben, auch wenn sie diese Lehre nicht definitiv als verpflichtend zu verkünden beabsichtigen: Die Gläubigen müssen also sorgsam meiden, was ihr nicht entspricht« (Can. 752). Sie »sind gehalten, diesem authentischen Lehramt ihrer Bischöfe mit religiösem Gehorsam zu folgen« (Can. 753).

Katholiken, die sich sagen: »Es ist schon schwer genug, die Dogmen der Kirche zu akzeptieren. Warum müssen wir auch noch neben den Dogmen diese zweite Kategorie von kirchlichen Lehren glauben und befolgen, um rechtgläubig zu sein?, sehen diesen Zwiespalt zwar richtig, haben aber nicht die geringste Chance, hier Abhilfe zu schaffen.

Aber zum Katalog der Rechtgläubigkeit gehört sogar noch eine dritte Kategorie von Lehren, die nun indirekt nicht einmal von Papst und Bischöfen kommen müssen, sondern schon fast von jedem Vorgesetzten in der Kirche verkündet und befohlen werden können. Denn »alle Gläubigen sind verpflichtet, die Konstitutionen und Dekrete zu befolgen, welche die rechtmäßige Autorität der Kirche zur Vorlage einer Lehre und zur Verwerfung irriger Auffassungen erlässt, vor allem aber solche des Papstes oder des Bischofskollegium« (Can. 754), aber, wie man sieht, nicht nur der beiden letzteren Instanzen.

Nimmt man also alles zusammen, was ein Katholik so alles glauben, befolgen und beachten muss, um rechtgläubig zu sein, dann stellt man mit Erschrecken, Erstaunen oder - je nach Einstellung und Weltbild - mit Ironie und sarkastischem Humor fest, dass die Heuchelei grenzenlos und universal ist, weil doch jedes Mitglied der Kirche eine Rechtgläubigkeit vortäuschen muss, die gar nicht eingehalten werden kann.

Sicherlich ist bei vielen Mitgliedern des katholischen Fußvolkes diese Heuchelei eine unbewusste, unreflektierte. Aber bei den akademisch gebildeten Theologen darf man mit Sicherheit voraussetzen, dass sie um ihre mangelnde Rechtgläubigkeit wissen. Ich hörte selbst, wie ein bekannter, angesehener und um seine Schüler besorgter Professor der Moraltheologie diesen angelegentlich empfahl, ihre vom Status der Rechtgläubigkeit abweichenden Sondermeinungen keinesfalls vor der Berufung auf einen Lehrstuhl öffentlich zu äußern. »Danach«, so fügte er hinzu, »könnt Ihr fast alles sagen, was Ihr wollt. Ihr könnt dann zwar in der Bundesrepublik die kirchliche Lehrerlaubnis, aber nicht mehr Euren Lehrstuhl verlieren«.

Daher wird von Kandidaten auf eine theologische Professur nicht selten doppelt und dreifach geheuchelt, weil ja »wer an einer Hochschule eine theologische Disziplin vertritt, einen Auftrag der zuständigen kirchlichen Autorität haben muss« (Can. 812).

Nicht viele sind so wenig diplomatisch und clever oder aber so wahrhaftig und wissenschaftlich redlich wie der Bamberger Neutestamentler Paul Hoffmann. Seine Bewerbung um eine Professur wurde nicht nur von einer, sondern sogar von drei katholisch-theologischen Fakultäten, nämlich den Fakultäten Freiburg, Münster und Würzburg, abgelehnt bzw. nicht berücksichtigt, weil er es gewagt hatte, seiner wissenschaftlich begründeten Überzeugung Ausdruck zu verleihen. Bei der Analyse des Textes im Matthäus-Evangelium: »Du bist Petrus, der Fels, und auf diesen Fels will ich meine Kirche bauen«, kamen ihm berechtigte Zweifel daran, dass das ein authentisches Jesus-Wort sei. Es müsse daher, so erklärte Hoffmann ganz offen, mit der Möglichkeit gerechnet werden, dass Matthäus diese Sprüche erfunden habe. Das Papsttum dürfe sich also auch nicht zur Rechtfertigung und Stützung seiner Existenz auf diese Textpassage im Matthäus-Evangelium berufen.

Doch weiß Hoffmann bis heute nicht, warum seine Bewerbung abgelehnt wurde. Er kann nur vermuten, dass es seine neutestamentlich begründete Kritik am Papsttum war, denn »Transparenz«, »Glasnost« usw. sind für die Amtskirche absolute Fremdwörter. Der zuständige Bischof, auf dessen Gebiet sich die Universität befindet, ist nicht verpflichtet, dem Bewerber die Gründe für dessen Ablehnung mitzuteilen. Er muss sie zwar dem Wissenschaftsminister des betreffenden Bundeslandes nennen, aber auch da bleibt es seinem Ermessen überlassen, wie weit er in der Darlegung der bestehenden Bedenken gegen den Kandidaten geht.

Der Staat spielt dabei dienstbeflissen die Rolle des Kirchenbüttels. Im Falle der Bewerbung Hoffmanns, der durch seine Arbeiten über die Frage der Originalworte Jesu und über Paulus längst internationale Anerkennung gefunden hatte, bedauerte die seinerzeitige nordrhein-westfälische Wissenschaftsministerin Anke Brunn (SPD) zwar, dass mit dem bischöflichen Einspruchsverfahren »eine Situation entstanden ist, die jede Transparenz vermissen läßt, welche in rechtsstaatlichen Verfahren selbstverständlich ist«, aber das schon an Hoffmann seitens des Ministeriums ergangene Rufangebot auf den Lehrstuhl »Neutestamentliche Exegese« an der Universität Münster nahm sie in aller Form zurück.

»Solche Eingriffe in Grundrechte«, schrieb seinerzeit der *Spiegel* in Bezug auf diesen Fall, »hätten abgewendet werden können, als 1984 im sozialdemokratisch regierten Nordrhein-Westfalen das Preußen-Konkordat aus dem Jahre 1929 novelliert wurde. Aber die Regierung Rau wie auch die SPD-Mehrheitsfraktion im Landesparlament vertaten die Chance - Landtagswahlen standen bevor. Krach mit der Kirche war inopportun«.

Inopportun ist es, wie gesagt, auch für Theologen, den Mund *vor* der Bestallung mit einer Professur zu weit aufzumachen. Aber viele von ihnen machen ihn nicht mal auf, wenn sie schon »gemachte Professoren« sind und ihren Lehrstuhl aufgrund der Kirchenstaatsverträge zwischen der BRD und dem Vatikan gar nicht mehr verlieren können. Sie sagen und schreiben nie das, was sie wirklich denken, weil sie sich schon vor dem geringsten Ärger mit dem Herrn Generalvikar (»Generalfakir«), dem zuständigen Ortsbischof oder den »Herren in Rom« fürchten.

Dabei geht ihre Freiheit gegenüber der Amtskirche, wenn sie schon mal einen ordentlichen Lehrstuhl in der Theologie haben, so weit, dass sie sich nicht einmal aus dem theologischen Fachbereich heraus- und in einen anderen Fachbereich ver-setzen lassen müssen.

Der Amtskirche liegt verständlicherweise sehr daran, einem Theologieprofessor, dem sie die kirchliche Lehrerlaubnis entzogen hat, auch jeden Einfluss im theologischen Fachbereich, bei Kollegen, bei Dozenten, Assistenten und Studenten zu nehmen. Deswegen verlangt sie vom Staat stets, dem betreffenden Theologieprofessor einen Lehrstuhl in einem ganz anderen Fachbereich zu geben (wenn sie ihm schon aufgrund der bestehenden konkordatären Regelungen mit bestimmten Staaten wie der BRD den Lehrstuhl selbst nicht entziehen kann). Aber der Staat muss diesem Verlangen nicht nachgeben, wenn es der Betreffende nicht will. Doch bisher haben es alle gewollt. Sogar z.B. einer, der um sein Recht, seinen Lehrstuhl auch innerhalb der theologischen Fakultät behalten und behaupten zu können, genau wissen musste: Der Tübinger Kirchenrechtler Johannes Neumann.

Er war während seiner Zeit in der Kirche auch der kirchenrechtliche Berater von Hans Küng bei dessen Auseinandersetzungen mit der deutschen Bischofskonferenz. Als er mein Buch *Religion - Möglichkeit oder Grenze der Freiheit?*[137] mit der konsequent-radikalen Kritik der antiemanzipatorischen Strukturen der Kirche gelesen hatte, schrieb mir dieser Theologe in einem Brief, er habe erkannt, dass Küng und er »als nützliche Idioten der Amtskirche fungiert haben«.

Nicht lange danach trat er aus der römisch-katholischen Kirche aus. Aber die staats- und hochschulrechtlich gegebene Chance, jetzt als »Stachel im Fleisch« der Bischöfe zu rumoren, d.h. als »trojanisches Pferd« im theologischen Fachbereich endlich einmal kirchlich unbequeme Wahrheiten an einer öffentlichen Universität laut zur Sprache zu bringen, nahm auch er nicht wahr.

Er ließ sich einen soziologischen Lehrstuhl in einem anderen Fachbereich geben. Der Kirche tut es nicht weh, sie hat ihre Ruhe vor ihm. Wenn ich recht sehe, hat bisher nur ein Theologieprofessor sein Recht, auch nach dem Entzug der kirchlichen Lehrerlaubnis innerhalb der theologischen Fakultät zu verbleiben, eine Zeitlang wahrgenommen, bis dann auch er die Segel strich: Der Kirchenrechtler Horst Herrmann an der Universität Münster.

Er hatte das Verhältnis von Staat und Kirche in der Bundesrepublik »unmoralisch« genannt und darüber ein Buch geschrieben [138]. Daraufhin entzog ihm die Kirche die Lehrerlaubnis. Aber er räumte zur Empörung der Bischöfe und zum Leidwesen der staatlichen Behörden, die deswegen Schwierigkeiten mit den »Herren der Kirche« bekamen, nicht gleich seinen Lehrstuhl an der katholisch-theologischen Fakultät der Universität Münster.

Einige Jahre später trat er auch aus der Kirche aus. Davor hatte ich ihn einige Male wissen lassen, dass ich es für inkonsequent halte, die Kirche so radikal zu kritisieren, wie er es getan habe, und dann dennoch in diesem System zu verharren. Herrmann hatte nämlich der Amtskirche Dinge vorgeworfen, die sie für einen echt religiösen und ethischen Menschen keinesfalls mehr tragbar erscheinen ließen. Er sprach von »prostitutiver Ideologisierung« der Amtskirche, von »Perversionen unter christlichem Vorzeichen«, von »Obszönitäten, ob deren niemand von den nach ihrem Anspruch für das Evangelium Jesu Christi Verantwortlichen rot wird«, von »Depravation kirchlicher Hirtensorge«, von der »Wolfsgesellschaft der Kirche«, vom kirchlichen »Unrechtssystem«, vom »Dunstkreis des Lehramtes«, »kirchlichem Großgouvernantentum«, »Hurra-Klerikalismus«, »pfäffischem Anspruch«, »römisch-katholischem Klassenrecht«, »faschistoider Denk-und Sprechweise« und dergleichen mehr [139]. Im Vergleich zu diesen harten Tönen seines Buches *Ein unmoralisches Verhältnis* hört sich die Ironie, mit der Hermann sein Ausscheren aus der katholisch-theologischen Fakultät beschreibt, recht sanft an:

»Ich bin ein paar Jahre später aus der Kirche ausgetreten. Freilich erst, nachdem ich die deutsche Amtskirche noch fünf Jahre lang damit verärgert hatte, die Katholisch-Theologische Fakultät eben nicht freiwillig zu verlassen. Als Kirchenrechtler wusste ich schon, wie das anzustellen war«. Das Verhältnis von Staat und Kirche in der BRD bringe es eben mit sich, »dass ein bundesrepublikanischer Universitätsprofessor gegen seinen Willen nicht an einen anderen Fachbereich versetzt werden kann. Schade, dass die Bischöfe dies nicht wussten. Sie mussten deshalb ohnmächtig mitansehen, dass der Entzug der missio canonica nicht die staats- und hochschulrechtlichen Folgen hatte, die sie sich erträumt hatten ... Erst als ich genug hatte von denen, die von mir schon längst genug hatten, bin ich gegangen. Freiwillig. Und alle Beteiligten, Bischöfe und Minister, haben aufgeatmet« [140].

Mit den Universitätsprofessoren der Theologie, die sich aus der theologischen Fakultät freiwillig heraussetzen und sich vom Staat einen nichttheologischen Lehrstuhl geben lassen, ist es aber so wie mit den Ministern, die von einem Tag auf den anderen ein neues Ministerium übernehmen. Auch bei ihnen wird ja so getan, als ob sie alles wüssten und könnten, deshalb auch jedes Ressort zu übernehmen imstande seien. Dabei ist es wohl vielmehr so: Wer alles kann, kann doch in allem nur dilettantisch sein. Oder kann man etwa mit gleicher Kompetenz Finanz- und Verteidigungsminister sein? Man kann es, von ganz wenigen, fast schon genialen Ausnahmen abgesehen, eben nicht.

Und ebenso kann man nicht mit derselben wissenschaftlichen Kompetenz und Souveränität heute noch Theologieprofessor und morgen beispielsweise Soziologieprofessor sein. Wobei das Beispiel mit der Soziologie nicht ganz willkürlich gewählt ist, denn angesichts der fast grenzenlosen, undefinierbaren Bandbreite der Soziologie glauben offenbar viele Wissenschafts- und Unterrichtsminister, dass Theologieprofessoren mit einem soziologischen Lehrstuhl noch am besten bedient seien.

Manche der gestern noch als Theologen Auftretenden erwiesen sich dann aber auch als besonders dankbar für die Bestallung mit einem Soziologie-Lehrstuhl. Ich habe jedenfalls von Soziologen, die es von Haus aus sind, nie oder so gut wie nie vernommen, was ich bei »Theologen-Soziologen« sehr oft gehört habe. Sie beginnen fast jeden Absatz ihrer Vorlesungen mit der Eingangsfloskel: »Wir Soziologen meinen...«. »Wir Soziologen schätzen die Dinge so ein«.

Der einzige, der diese Kuriosität zugegeben hat, war wiederum Horst Hermann: »Schön auch«, gesteht er ohne Beschönigungen, »dass ich in meiner jetzigen Disziplin so viel gelernt habe und lerne. Anfangs war das schon ein wenig vertrackt: Das Konkordat mit Preußen von 1929, nach dessen Wortlaut ich 1981 die Theologie gegen die Soziologie eingetauscht habe, setzt einen Hochschullehrer einfach ›um‹. Aber es fragt nicht danach, was dieser an seinem neuen Platz tut. In meinem Fall hieß dies: Ich war von einem Tag zum anderen Inhaber eines Lehrstuhls für Soziologie, ohne vorher auch nur eine einzige Stunde Soziologie gehört zu haben. Gelernt habe ich vor allem von den Studenten...« [141].

Auch die eben charakterisierte Kuriosität, die übrigens für gelernte Soziologen, für Promoventen und Habilitanden der Soziologie eine Ungerechtigkeit darstellt und ihnen pemanent einen der Lehrstühle innerhalb des soziologischen Fachgebietes von vornherein vorenthält, ist selbstverständlich eine Folgeerscheinung des antiquiert-mittelalterlichen Verhältnisses von Kirche und Staat in der BRD.

Antiquiert mittelalterlich und ein staatsrechtliches Unding ist ebenfalls, dass die Kirche sich auch im neuen Codex als »von jeder anderen Macht unabhängig« erklärt: »Das ist ohne Beispiel im Staatsrecht ... da dieser Machtanspruch zu der Souveränität des Staates in einem unlösbaren Widerspruch steht. Nach unbestrittenen Grundsätzen ist sonst jede andere Institution innerhalb bestimmter Staatsgrenzen voll und ganz den staatlichen Normen und Behörden unterstellt, und wenn eine Institution vom Staat Geld bezieht (wie dies auch bei der katholischen Kirche im großen Umfang der Fall ist), ist es in jedem Staatsrecht erst recht eine Selbstverständlichkeit, dass sie dem Staat dafür Rechenschaft abzulegen hat.

Nur die katholische Kirche wehrt sich nach wie vor mit Händen und Füßen gegen eine Pflicht zur umfassenden Rechnungsablegung dem Staate gegenüber, auch dort, wo sie vom Staate massive Mittel erhält« [142]. Im Grunde geht es hier aber um eine noch viel größere Diskrepanz. Die staatlichen Hochschulen sind säkularisiert, die Kirche ist sakral. Die staatlichen Hochschulen sind dem Ideal und Postulat der Aufklärung verpflichtet, die Wirklichkeit mit Hilfe der natürlichen, empirischen, historischen usw. Vernunft zu erforschen. Sie gelangen auf diese Weise immer nur zu relativen, stets verbesserungs-, ergänzungs- und fortschrittsfähigen Wahrheiten, während die theologischen Fakultäten als verlängerter Arm der Kirche im Bereich der staatlichen Hochschulen eine gar nicht wissenschaftlich eruier- und verifizierbare, eine absolute, dogmatisch vorgegebene Wahrheit zu behaupten und zu rechtfertigen haben.

Auch nach dem neuen Codex Iuris Canonici versteht sich ja die Kirche als die allein wahre christliche Kirche, im Besitz der allein wirklich seligmachenden Religion, als alleiniges »universale sacramentum salutis«, als Quelle des Heils für alle Menschen. Sie behauptet kategorisch, die alleinige Besitzerin und Behüterin der metaphysischen Sinnantworten und Glaubenswahrheiten zu sein, sie kennt keine relativen moralischen Wahrheiten, sondern bezeichnet sich als die Hüterin der absoluten, unveränderlichen Moral. Deshalb fühlt sie sich auch durch Gott selbst beauftragt, die menschliche Gesamtgesellschaft nach »ihren« Gesetzen zu normieren, das Netz »ihrer« unumschränkten Herrschaft über alle Lebensbereiche aller Menschen auszubreiten (vgl. z.B. die Canones 204, § 1 und 2; 205; 331; 747, § 1 und 2; 748, § 1; 749).

Auf diese Weise sind logisch konsequenterweise die der Kirche und der »geoffenbarten« absoluten Wahrheit verpflichteten theologischen Fakultäten radikale Fremdkörper im neuzeitlich-modernen, säkularisierten Wissenschafts- und Hochschulbetrieb. Die berüchtigten Modernistendekrete der katholischen Kirche um die Wende zum 20. Jahrhundert gegen die bürgerlichen Freiheitsrechte, insbesondere auch gegen die Religionsfreiheit, aber auch gegen die Staatsform der Demokratie, die als gottlos gebrandmarkt wurde, beweisen das ebenso wie die oben erwähnten »ganz frischen« Bemühungen des derweil herrschenden Papstes, die kirchliche Antimodernistenbewegung wieder zu beleben und zu erneuern.

Auch katholische Theologen beginnen die ganz grundsätzliche Unvereinbarkeit von kirchlich verpflichteter Theologie und modernem Wahrheitsverständnis zu sehen. »Wir sind Zeugen - und Opfer - eines Geisteskampfes von weltgeschichtlicher Tragweite«, schreibt einer von ihnen. »Die Ideologie von einer unwandelbaren und ewig wahren Lehrtradition tritt an zu einem letzten Kampf gegen die geschichtliche Wahrheit. Dieser Kampf ist für die Kirche zwar von vornherein verloren, aber er wird noch lange nicht verloren gegeben«. Da man auf einfache, bequeme Weise die geschichtliche Wahrheit nicht mehr loswerden könne, greife man zu anderen Mitteln: »›Rundumschläge‹ sollen alle zum Schweigen bringen, die sich der höheren Einsicht des Vatikans nicht beugen«. Das gelte im Augenblick besonders für das Gebiet der Moraltheologie, hier vor allem der Sexualmoral. Diese »rüden Kampfmethoden des Heiligen Stuhles [143)]« bei der Verteidigung absoluter Wahrheit und Moral sind jedoch gegen *jede* Wahrheit, denn diese kann für kontingente Wesen, wie die Menschen es nun einmal sind, immer nur relativ sein.

Die Internalisierung oder Verinnerlichung der vermeintlich von Gott geoffenbarten, von der Kirche verwalteten absoluten Wahrheit und Sittlichkeit durch linientreue Theologenprofessoren verleitet diese nicht selten zu grotesken und makabren Rachsuchtaktionen gegen ideologiekritische Kollegen [144)]. Dass dabei wiederum massiv gegen sonst allgemein anerkannte Menschenrechte verstoßen wird, hat Rechtgläubige aller Coulour noch nie gestört. Freiheit und Gerechtigkeit beanspruchten sie ohnehin immer nur für sich und im Rahmen ihres »orthodoxen« Systems, nie für die anderen, die »außerhalb Stehenden«, die sowieso immer die »damnati«, die Verurteilten und Verdammten waren, weil es außerhalb der Kirche kein Heil geben kann!

7. Kapitel
David gegen Goliath
oder Einer allein gegen einen Mediengiganten

Mein »Offenes Schreiben an den Papst«, in dem ich meinen Kirchenaustritt erklärte und die Gründe für diesen Schritt angab, hatte einiges Aufsehen erregt. Alle großen Tageszeitungen und etliche Wochen- und Monatsmagazine in der Bundesrepublik und Österreich berichteten darüber bzw. brachten längere oder kürzere Auszüge aus diesem Brief an den Papst. Ich muss das im Zusammenhang des jetzigen Kapitels erwähnen, weil es diese Berichterstattung der Medien war, die dazu führte, dass sich verschiedene Verlage für den Fall zu interessieren begannen. Vor allem ein *Spiegel*-Artikel vom 13. November 1972 (Nr. 47/1972) hatte sie neugierig gemacht.

Darin war in Bezug auf mein Papstschreiben u.a. zu lesen: »Für Paul VI. war die Anrede im Brief alltäglich (›Heiliger Vater‹), die Nachricht unerhört. Mynarek, Bürger der Bundesrepublik und an der Universität Wien tätig, teilte dem Papst mit, daß er nicht länger Priester bleibe ... und aus der Kirche austrete«. Er bereite, so berichtete *Der Spiegel* weiter, auch ein Buch vor, das er »schon zur Hälfte geschrieben hat. Er will dort die Gründe im Einzelnen darlegen, die er dem Papst in dem 23seitigen Abschiedsbrief für seinen Kirchenaustritt nannte«.

Es meldeten sich also einige Verlage telephonisch, brieflich, telegrafisch oder persönlich (durch ihre Vertreter) bei mir, um die Rechte an diesem Buch zu erwerben. In die engere Wahl zog ich den Bertelsmann-, den Rowohlt- und den Scherz-Verlag. Der C. Bertelsmann-Verlag hatte ein Telegramm geschickt: »Wir sind an dem im *Spiegel,* Nr. 47, erwähnten Manuskript sehr interessiert, können Sie aber telefonisch nicht erreichen. Falls die Rechte noch nicht vergeben sind, wäre ich für einen Anruf dankbar«. Aufgegeben hatte das Telegramm ein Lektor des Münchener Sitzes des Bertelsmann-Verlages, der später in meinen Auseinandersetzungen mit diesem Konzern eine ziemlich negative Rolle spielen sollte, weswegen ich hier seinen Namen nicht nennen möchte. Von dieser negativen Rolle wird aber noch die Rede sein.

Aber zunächst war alles eitel Sonnenschein. Ich traf mich mit diesem Lektor zweimal, einmal in einem Würzburger Restaurant, ein wenig später in einer Autobahn-Raststätte bei Nürnberg, um die Modalitäten eines eventuellen Vertrags mit Bertelsmann zu erfahren. Doch führte ich auch Gespräche mit Vertretern der beiden anderen oben genannten Verlage. Mit einem Vertreter des Scherz-Verlags in Würzburg, mit Freimut Duve vom Rowohlt-Verlag in einem Hotel in Frankfurt/Main.

Es war nicht das höhere Buchhononar, das letztlich den Ausschlag für meine Wahl des Bertelsmann-Verlags gab (Bertelsmann bot mir von sich aus, ohne dass ich eine diesbezügliche Forderung gestellt hätte, einen Buchvorschuss von DM 50.000.-- an, wobei mir sein Lektor erklärte: »Wenn Sie DM 100.000.-- oder noch mehr fordern würden, bekämen Sie das auch«. Rowohlt offerierte DM 15.000.--, Scherz DM 10.000.--).

Es war vielmehr ein Passus im Vertragstext des Bertelsmann-Verlags, der mich aufhorchen ließ und der letztlich die Konkurrenten um die Buchrechte aus dem Feld schlug. Darin »verpflichtete« sich Bertelsmann von sich aus (ich wäre auf diese Idee gar nicht gekommen), für mein Buch »eine groß angelegte Publikumswerbung durchzuführen, die in ihrem Charakter der Werbung für Augstein *Jesus-Menschensohn* entspricht« (§ 12 des Vertrags zwischen Bertelsmann und mir vom 09.12.1972).

1972 hatte der *Spiegel*-Herausgeber Rudolf Augstein im C. Bertelsmann-Verlag das Buch *Jesus-Menschensohn* herausgebracht. Aufgrund einer großzügigen Werbekampagne des Verlags wurde das Buch zum Bestseller. Etwa 80.000 Exemplare davon waren verkauft worden. Ich dachte mir: »Wenn Du schon ein Buch über die Missstände und unhaltbaren Zustände in der Kirche schreibst, dann musst Du auch wollen, dass es größte Verbreitung findet, sonst hast Du es ja praktisch für die Schreibtischschublade geschrieben«. So gab also der § 12 des Buchvertrags mit dem Bertelsmann-Verlag, d.h. das Versprechen einer großangelegten Werbung für das Buch, den Ausschlag. Ich unterschrieb beim C. Bertelsmann-Verlag.

Auch als ich einige Zeit nach Vertragsunterzeichnung mit Olaf Paeschke, dem damaligen Direktor der Verlagsgruppe Bertelsmann, sprach, erklärte er mir: »Für die Buchmesse in Frankfurt im Herbst 73 werden wir nur zwei Bücher in der Werbung ganz groß herausstellen: Robert Jungs *Jahrtausendmensch* und Ihr Buch!«. Zweifellos versprach man sich bei Bertelsmann von dem Mynarek-Buch einen ähnlichen Erfolg, wie man ihn mit dem Augstein-Buch bereits erreicht hatte. Auch so skeptisch und extrem kritisch wie Augsteins *Jesus - Menschensohn* sollte mein Buch in der Planung der Bertelsmänner sein. Denn immer wieder ermahnten sie mich, mein Manuskript sehr kritisch und schonungslos in Bezug auf die Missstände in der Kirche abzufassen. »Prozesse, wenn die kommen, heben nur die Auflagenhöhe des Buches«, sagte mir sogar einer der führenden Köpfe im Münchener Sitz des Bertelsmann-Verlags.

In einem Informations-Exposé des Bertelsmann-Verlags für die Werbe- und Vertriebsabteilung vom 02.02.1973, das der für mein Buch verantwortliche Lektor Anfang 1973 erstellt hatte, hieß es dementsprechend dann auch: »Einerseits handelt es sich um das für jeden Laien lesbare ›Enthüllungsbuch‹ eines Insiders, andererseits sollte aber nicht übersehen werden, dass Prof. Mynarek ein angesehener und seriöser Wissenschaftler ist. Sein Buch ist deshalb seit Jahren der schärfste Angriff auf die katholische Kiche, ihre Machtstrukturen und ihre Moral. Da die Macht der Kirche zu einem wesentlichen Teil auf dem Ansehen ihrer Priester ruht, dürfte die Reaktion der Kirche nicht ausbleiben. Wir haben dem Autor eine ›Augstein-Werbung‹ vertraglich zugesagt. Wie bei Rudolf Augstein wird die Kirche auch bei Prof. Mynarek noch zusätzlich für Publicity sorgen. Außerdem ist Prof. Mynarek zu Pressekonferenzen und Vorträgen bereit«.

Für den weiteren Verlauf der ganzen Angelegenheit ist es wichtig festzuhalten, dass die Verantwortlichen im Münchener Sitz des Bertelsmann-Verlags ganz ohne Zweifel ein extrem kritisches, scharf mit der Kirche ins Gericht gehendes Buch machen wollten, dass sie dieser Institution am Zeug flicken wollten, weil sie sich davon eine Sensation und damit ein großes Geschäft versprachen. Doch war ich persönlich damals noch überzeugt, dass die Bertelsmänner von ideellen Motiven geleitet waren, dass ihnen einfach wie mir daran lag, die Enttabuisierung der Kirche als absolut notwendige Aufklärungsarbeit in unserer modernen Gesellschaft voranzutreiben und ihnen deshalb mein Buch wie gerufen kam. Erst später, als ich für die noch zu schildernden Auseinandersetzungen mit Bertelsmann einen Anwalt brauchte, fiel es mir wie Schuppen von den Augen, als dieser Anwalt mir mahnend entgegenhielt: »Herr Mynarek, Sie müssen endlich aufhören, moralische Kriterien an einen Großverlag wie Bertelsmann anzulegen. Sie dürfen doch diese Leute nicht unter moralischen Kategorien sehen. Die verkaufen Ihre Bücher wie Unterhosenartikel oder Damenunterwäsche. Für die zählt nur der finanzielle Erfolg!«.

Auch in einer »Leseprobe« des C. Bertelsmann-Verlags wird dem »Verehrten Leser« kundgetan, dass »dieses Buch ohne Übertreibung seit Jahren der schärfste Angriff auf die katholische Kirche, ihre Machtstrukturen und ihre Moral sein dürfte ... Die katholische Kirche wird dieses Buch nicht eben begeistert begrüßen, weil in ihm Dinge zur Sprache kommen, die ansonsten kaum durch die Mauern der Kirchen und Pfarrhäuser dringen. In einer sich zunehmend demokratisierenden Gesellschaft wird sich jedoch auch die Kirche der Kritik ihrer ehemaligen und gegenwärtigen Mitglieder stellen müssen. Im übigen schreibt hier ein Mann, der sich - bei aller Schärfe und aller Unverblümtheit bei der Schilderung von Tatsachen - durch seine wissenschaftlichen Veröffentlichungen einen Namen gemacht hat und der keinen Anlass zu billiger Effekthascherei benötigt«.

Im elegant aufgemachten Heft des Bertelsmann-Verlags mit dem Bücherprogramm für den »Herbst 73« ist Ähnliches über mein Buch *Herren und Knechte der Kirche* zu lesen. In dem längeren Ankündigungstext meines Buches ist der Satz: »Dieses Buch eines Insiders ist seit Jahren der schärfste Angriff auf die katholische Kirche, ihre Machtstrukturen und ihre Moral« durch Fettdruck besonders hervorgehoben. Um diesen zentralen Satz rankte sich alles in allen Ankündigungen meines Buches durch den Verlag.

Frau Margit Schönberger von der Presseabteilung des Bertelsmann-Verlags erklärte mir darüber hinaus in einem offiziellen Verlagsschreiben an mich vom 13.07.1973: »*Herren und Knechte der Kirche* ist einer der Titel unseres Verlags, auf den die Journalisten am dringendsten warten ... Ich finde, *Herren und Knechte der Kirche* ist eine Sensation und sollte deshalb mit einem ›Knalleffekt‹ erscheinen«. Und noch ein letzter Beleg dafür, dass Bertelsmann von mir ein äußerst scharfes Buch wollte. In einem Verlagsschreiben vom 11.12.1972 an mich heißt es: »Es kann uns ... völlig gleichgültig sein, in welcher Tonlage die klerikale Presse kreischt«.

Trotz des permanenten und hartnäckigen Bestehens des Verlags auf einem scharf-kritischen Sachbuch gegen die Kirche entschied ich mich zunächst für eine mehr belletristische Abfassung meines Buchmanuskripts, weil ich mir davon eher eine Verhinderung der sonst zu erwartenden Prozesse versprach. Ich unterbreitete also dem Verlagslektor ein erstes, in diesem Sinne abgefasstes Manuskript. Aber es fand keine Gnade vor seinen Augen. In dem schon erwähnten Brief vom 11.12.1972 teilte er mir mit, er habe meinen Entwurf »zum drittenmal gelesen«, ihn »zwei meiner Kollegen und einer erfahrenen Autorin des Hauses zur Lektüre gegeben. Fazit: Es ist eine Mischung aus Boccaccio und Dostojewski. Dies als Kompliment«. Trotzdem »oder gerade deshalb« habe er Bedenken, »das Thema in dieser Weise abzuhandeln. Meine Bedenken beziehen sich dabei nicht auf den Verkauf, sondern auf das zu erwartende Echo. Ich fürchte, dass das Buch bei einer belletristischen Form nicht ernstgenommen wird. Mit einiger Sicherheit würde man uns eine unangemessene Behandlung des Themas vorwerfen. Vor allem fürchte ich auch, dass beim Lesen nicht die gewünschte Enttabuisierung des Priesterstandes erreicht wird, weil er sich am Stoff nur delektiert ... Mein Vorschlag wäre deshalb, die romanhaften Aspekte soweit wie möglich zu eliminieren«.

Aufgrund dieses Schreibens entschloss ich mich, das Thema meines Buches *Herren und Knechte der Kirche* ganz »prosaisch« und kritisch-sachlich anzugehen. Dabei empfand ich aber im Prozess des Schreibens zunehmend stärker, dass selbst diese nüchterne Darstellungsart nicht verhindern würde, das Ganze für das »Konstrukt eines Renegaten« zu halten, wenn ich bei der Schilderung von dem Leser unbekannten und unmöglich erscheinenden Missständen in der Kirche nicht Ross und Reiter nannte.

Hier liegt also die Wurzel, die Quelle dafür, dass hohe Vertreter der Kirche später Prozesse gegen mein Buch anstrengten und führten, eben weil ich mich entschlossen hatte, im Zusammenhang mit Intrigen, Missständen und Folgeerscheinungen der Machtstrukturen der Kirche auch die Namen der darin verwickelten Personen zu nennen.

Mein Entschluss, von der belletristischen Absicht abzurücken, wurde vom Verlag dankbar begrüßt. In einem Schreiben vom 20. 12.1972 teilte mir die Sachbuchredaktion des Bertelsmann-Verlags mit, sie sei »in der Überzeugung bestätigt, dass eine nüchterne dokumentarische Behandlung des Priester-Eros-Themas für diese Leute (d.h. die Kirchenleute, meine erklärende Hinzufügung) viel ärgerlicher sein muss als eine romanhafte. Ich bin Ihnen jedenfalls sehr dankbar, dass wir uns auf dieser Basis einigen konnten«.

Mein Entschluss, in meinem Buch Namen zu nennen, wurde jedoch von den real existierenden Umständen und Zuständen bestraft. Ich würde es heute auch nicht mehr tun. Schon die nach dem Erscheinen meines Buches von Männern der Kirche gegen mich angestrengten und sich über mehrere Jahre hinziehenden Gerichtsprozesse würden mich heute davon abhalten. Aber damals, in den Jahren 1972/1973, war ich überzeugt, dass absolute Offenheit bei der Schilderung kirchlicher oder gesellschaftlicher Missstände, also das, was man heute »Glasnost« nennen würde, auch konsequenterweise beinhaltet, dass man die für diese Missstände (mit)verantwortlichen Personen beim Namen nennt.

Deshalb begründete ich in der Einleitung meines Buches *Herren und Knechte der Kirche* (Auslieferung Mitte November 1973) meinen Entschluss, hohe Vertreter der Kirche beim Namen zu nennen, folgendermaßen: »Die katholische Kirche als eine fast 2.000 Jahre alte Organisation ist mehr als eine Theorie. Sie ist daher auch durch Theorien, selbst durch den Nachweis von Widersprüchen in ihren Lehren nicht zu widerlegen. Auch die exaktesten Widerlegungen der katholischen Weltanschauung konnten diese Institution selbst nie zu Fall bringen. Den zahlreichen theoretischen Werken, die sich in polemischer Weise mit ihr befassen, will ich deshalb kein weiteres hinzufügen. Auch bilde ich mir nicht ein, durch mein Buch den ›Fall Roms‹ bewerkstelligen zu können. Ihn besorgt die Amtskirche selbst auf eine wirksamere Weise.

Ich glaube allerdings, dass mein Buch eine wirkliche Lücke in der Literatur zu schließen vermag, wenn es sich die Aufgabe setzt, den denkenden Menschen innerhalb und außerhalb der katholischen Kirche anschaulich die Charaktere vorzustellen, die - gleichgültig ob als Herren oder Knechte, Manipulierer oder Manipulierte - Produkte eines Systems sind, an dessen Spitze der Stellvertreter Gottes auf Erden steht. Erst die konkrete Darstellung der Charaktere, der Personen auf dem Hintergrund der kirchlichen Herrschaftsstrukturen und als deren lebende Exponenten vermag deutlicher als jeder anders geartete Aufweis die Perversion der Macht, die in dieser Kirche konstitutiv am Werk ist, aufzudecken. Denn das wichtigste und entscheidende Kriterium, an dem sich der Missbrauch der an sich abstrakten Macht und Autorität erkennen und messen lässt, ist die Praxis der mit den Befugnissen des Systems ausgestatteten Personen.

Ich hätte das Ziel des vorliegenden Buches, die Aufdeckung der Perversion der Macht als der logischen Konsequenz aus der ›gottgewollten‹, mit dem Attribut der Unfehlbarkeit ausgestatteten hierarchisch-autoritären Struktur der katholischen Kirche nicht erreichen können, wenn ich die Charaktere nur wie ein Romanschreiber gezeichnet hätte. Vielleicht wäre auf eine solche Weise ein interessanter Roman zustande gekommen. Aber das Ganze wäre unverbindlich, vieldeutig, auf viele irgendwie, aber auf niemanden exakt und verantwortlich zutreffend geblieben.

Bezüglich der negativ gezeichneten Charakere hätten mir die kirchentreuen Kritiker meines Romans Ressentiment, Hass, Missgunst, kurzum die Gefühle eines ›Abtrünnigen‹ oder ›Verräters‹ als Quellen meiner Charakterschilderungen vorgeworfen. Deshalb musste ich, so schwer es mir auch fiel, einen anderen Weg beschreiten, wenn ich den Zweck meiner Veröffentlichung durch den Mangel an Glaubwürdigkeit nicht gefährden wollte: Ich musste ganz konkret die wirklichen Namen der Personen und die realen Umstände nennen, die im Zusammenhang mit den Themen meines Buches von Belang waren.

Im Gegensatz zu den zahlreichen ›progressiven‹ katholischen Theologen, von denen es freilich - wie das vorliegende Buch zeigen wird - keiner wagt, klar und offen die ungeschminkte Wahrheit zu sagen, geht es mir um unbedingte Transparenz. Nur absolute Offenheit in Bezug auf Personen, Handlungen und Umstände kann das Ausmaß der Missstände innerhalb der katholischen Kirche deutlich machen.

Normalerweise ist die Privatmoral anderer Menschen ihre eigene Angelegenheit. Doch gerade bei denen, die sich als überzeugte Katholiken betrachten, ist die Moral nie etwas rein Privates. Auch wo sie im geheimsten Kämmerlein sündigen, wissen sie sich noch auf eine von der Kirche unfehlbar gehütete, übernatürliche sittliche Gesetzgebung bezogen. Von diesem Sinaiberg einer höheren Ethik aus be- und verurteilen sie alles, was sich in Staat und Gesellschaft an ethisch Relevantem ereignet. Mal sehen also, was herauskommt, wenn man den Maßstab dessen, den sie als ihren Meister ständig im Munde führen, an sie anlegt: ›An ihren Früchten werdet ihr sie erkennen‹«.

Der Bertelsmann-Verlag hatte zunächst auch gar nichts dagegen, dass ich kirchliche Herrschaftsstrukturen, Intrigen, Missstände und Doppelmoral zusammen mit den Namen kirchlicher Würdenträger anprangerte. Mein Buchmanuskript mit der ganzen Plejade namentlich aufgeführter kirchlicher Würdenträger wurde anstandslos akzeptiert. Der Lektor des Verlags korrigierte zwar ein paar formale Dinge, aber in Bezug auf den Inhalt erfolgte kein Protest, wurde das Manuskript ohne weiteres anerkannt und akzeptiert. Im Gegenteil: Man sagte sich vermutlich in den Chefetagen des Münchener Sitzes des Bertelsmann-Verlags, dass man sich mit dem brisanten Inhalt meines Buchmanuskripts einen Teil der mir vertraglich zugesicherten »großangelegten«, aber kostspieligen Werbung und Reklame sparen könnte, wenn man Fotokopien des Manuskripts schnellstens, also noch relativ lange vor der eigentlichen Buchveröffentlichung, an Zeitschriften-Magazine wie *Spiegel*, *Stern*, *Quick* usw. versandte.

So erschien denn schon am 13. August 1973, also etwa zwei Monate vor der Frankfurter Buchmesse, auf der mein Buch im Rahmen einer großen Pressekonferenz vorgestellt werden sollte, ein süffisanter Artikel des *Spiegel*-Magazins über *Doppelmoral katholischer Würdenträger* auf der Grundlage meines noch nicht gedruckten Buchmanuskripts [145)]. Zehn Tage später brachte der *Stern* eine noch süffisantere Story über mein noch gar nicht erschienenes Buch mit dem Titel *Sind Priester doch Männer?* [146)].

Mynarek, so der *Spiegel*, »nennt unverhohlen beim Namen, was er an kirchlichem Intrigenspiel bei vier Kardinälen, einem Erzbischof, vier Bischöfen und rund 50 deutschen und österreichischen Professoren der Theologie bemerkt haben will«.

Selbstverständlich ließen es sich *Spiegel* und *Stern* nicht nehmen, Pikantes, Peinliches, Anstößiges über diese Leute zu bringen. Aber sie brachten es ohne den Begründungszusammenhang meines Buches. Isoliert, ohne Kontext, nackt, in radikaler Blöße unterbreiteten sie es ihren Lesern. Von meiner ganzen substantiellen Kirchenkritik auf über 500 Seiten des Buchmanuskripts war kaum etwas zu sehen, obwohl doch erst im Rahmen und auf dem Hintergrund dieser umfassenden und grundlegenden Kritik die eingestreuten Fallgeschichten ihren eigentlichen Stellenwert, ihre angemessene Aussagekraft und ihre richtig zu würdigende Bedeutung erhalten hätten.

Die Kirche bzw. Vertreter derselben reagierten wie immer in solchen Fällen mit einem Sturm der Entrüstung. Das Buch sollte ja an sich mit einem »Knalleffekt« und überraschend erscheinen. Aber zwei Monate vor Erscheinen wusste die Kirche schon genau oder glaubte es aufgrund der Vorveröffentlichungen in *Spiegel* und *Stern* genau zu wissen, was da mit dem Mynarek-Buch auf sie zukommen würde. Deshalb musste sie alles tun, um das Buch, um sein Erscheinen zu verhindern.

Die beiden Magazine mussten Gegendarstellungen der sich durch die veröffentlichten Artikel beleidigt fühlenden Kirchenmänner drucken. Gedroht wurde mit regelrechten Prozessen vor staatlichen Gerichten, wenn das Buch erscheinen sollte. Diese ganze affektgeladene Atmosphäre kirchlicher Kreise gegen mich und mein Buch, wahrscheinlich auch, was ich aber nicht beweisen kann, direkte Kontaktnahmen von Vertretern der Kirche mit dem Bertelsmann-Verlag - all das scheint dazu geführt zu haben, dass der Verlag plötzlich Angst bekam, Angst vor der eigenen Courage, mit der er doch ursprünglich ein extrem kirchenkritisches Buch machen wollte.

Vielleicht genügte es aber auch schon, dass die Männer um den Konzernherrn in Gütersloh sich daran erinnerten, dass kapitalistische Unternehmen wie die Kirche und ein Mediengigant von der Größe Bertelsmanns einfach an einem Strang zu ziehen haben. Wo käme man denn sonst auch hin? Man kann ja mal Liberales, Aufklärerisches, Kritisches gegen die Kirche sagen, aber wenn's um die »letzten«, »höchsten«, »übergreifenden«, »verbindenden« Interessen geht, muss man doch zusammenhalten. Die Kirche in ihrer vatikanischen, kirchenamtlichen Dimension ist ein Großkonzern, und Großkonzerne können auf einer »niederen Ebene« konkurrieren, nicht aber auf der höheren, der »gemeinsamen, höchsten Ideale und Werte«. Vielleicht erinnerte man sich aber auch in der Gütersloher Chefetage des Bertelsmann-Konzerns an die Tatsache, dass man einst in den Gründerjahren des Verlags sehr gut mit dem Vertrieb fromm-evangelischer Gebetbücher verdient hatte, später dann, im 2. Weltkrieg, mit immer neuen Landser-Romanen für die Wehrmacht.

Die Ablehnung meines Buches *Herren und Knechte der Kirche* durch den Bertelsmann-Verlag erfolgte aber nicht gleich, sondern war im Grunde ein sich über einige Wochen hinziehender Vorgang. In der Münchener Filiale des Bertelsmann-Verlags schienen mir modernere, liberalere Leute zu sitzen, die an ihrer ursprünglichen Konzeption und Absicht, mein Buch herauszubringen, festhalten wollten. Aber der Druck aus der Zentrale in Gütersloh verstärkte sich zusehends. Die Druckfahnen meines Buches waren schon fertiggestellt und von mir korrigiert worden.

Ich hatte sie persönlich nach München in den Verlag gebracht. Da erklärte mir der für mich zuständige Lektor, dass es von Gütersloh her Schwierigkeiten gebe, dass deshalb die Chefetage in München sich genötigt sehe, zu überlegen, ob man denn mit den Druckfahnen überhaupt in den Umbruch gehen könne. Er ersuchte mich, ein Telefongespräch mit dem Syndikus des Gütersloher Verlagshauses von Bertelsmann zu führen. Vielleicht könnte ich diesen Mann, der schon eine verlagsinterne kurze Notiz gegen mein Buch nach München gesandt habe, umstimmen, erhoffte sich der Lektor.

Diese Notiz, sagte er noch, sei nichtssagend, enthalte im Grunde keine echte Begründung für die Ablehnung meines Buches. Ja, ich merkte dem Lektor an, dass er sich innerlich über das Geschreibe des Gütersloher Juristen lustig machte. Sinngemäß sagte er auch: »Wir hier nehmen die Einwände des Gütersloher Vertreters der Rechtsabteilung nicht ernst, aber es wäre natürlich eine Rückendeckung für uns, wenn Sie ihn am Telefon überzeugen könnten und er seinen Einspruch gegen das Buch zurückzöge«.

Ich telefonierte also vom Münchener Sitz des Bertelsmann-Verlags aus mit dem Herrn von der Rechtsabteilung in Gütersloh. Seinen Namen kann und will ich hier nicht nennen, denn angesichts der Stupidität, mit der dieser Hausjurist gegen mein Buch »argumentierte«, hätte ich sofort wieder einen Gerichtsprozess am Hals, wenn ich seine »Ehre« durch Verbindung seines Namens mit seiner - sagen wir es mal höflicher - entwaffnenden Simplizität verletzte.

In aller »Unschuld« sagte mir dieser »Rechtsgelehrte« unter anderem: »Es mag ja alles stimmen, was Sie da schreiben. Aber bedenken Sie doch bitte das Ärgernis fürs Kirchenvolk. Das gläubige Volk wird doch durch so etwas an allem irre«. Und »bedenken Sie auch, dass die Bischöfe Respektspersonen in unserer Gesellschaft sind«. Es täte unserer labilen Gesellschaft nicht gut, wenn jetzt auch noch die Ehre der Bischöfe angestastet würde, fügte er sinngemäß hinzu.

Auf meine Argumentation ging der Gütersloher Jurist überhaupt nicht ein. Es nützte auch nichts, dass ich darauf hinwies, dass selbst manche innerkirchliche Theologen die Bischöfe scharf kritisierten. Es dürfe, sagte er, auf so hochgestellte Persönlichkeiten wie die Bischöfe nicht der Schatten eines Verdachts fallen. Ihm waren auch die progressiven theologischen Insider absolut suspekt. Aber dass er jetzt auch noch mit einem Abtrünnigen telefonieren musste, erregte geradezu physischen Ekel in ihm. Das merkte ich seinem ganzen Verhalten am Telefon an. Kein Wunder, dass das Telefonat ergebnislos verlief und ich den Herrn von der Gütersloher Rechtsabteilung, der in einer vor-aufklärerischen Epoche zu leben schien, nicht zu überzeugen vermochte.

Bei meinem Telefongespräch war die Sprechanlage eingeschaltet, so dass die Verantwortlichen in der Münchener Filiale des Verlags das Gespräch mit anhören konnten. Auch sie waren offenbar von der »Intelligenz« meines Gesprächspartners derart entsetzt, dass sie mir nach einer internen Besprechung, an der ich trotz meiner diesbezüglichen Bitte darum nicht teilnehmen durfte, mitteilten, die Sache (gemeint waren die Druckfahnen meines Buches) gehe jetzt in den Umbruch. An dem Projekt werde festgehalten, denn das, was da der Herr aus Gütersloh von sich gebe, sei ja nun wirklich nicht hieb- und stichfest. Die »Münchener« schienen geradezu erleichtert ob der Tatsache, dass der Mann aus Gütersloh nichts Gravierendes gegen mein Buch vorzutragen hatte.

Nicht bloss hatte man in der Chefetage der Münchener Niederlassung von Bertelsmann beschlossen, die Druckfahnen von *Herren und Knechte der Kirche* in den Umbruch zu geben, man plante auch nach wie vor weitere Schritte, die zu einem großen Bucherfolg führen sollten. Man sicherte mir zu, was auch schriftlich festgehalten ist: »Die 1. Pressekonferenz mit Ihnen findet noch vor der Frankfurter Buchmesse in München statt. Die 2. Pressekonferenz findet in Köln statt«. Geplant wurde auch eine Pressekonferenz in Wien, evtl. in zwei Provinzstädten. Es fielen die Namen Paderborn und Münster. Darüber hinaus schickte man Schreiben an den WDR und das ZDF, um Fernsehauftritte, Fernsehdiskussionen etc. anlässlich des Erscheinens meines Buches zu erreichen. »Fest zugesichert« wurden mir folgende Werbemaßnahmen: »Eine zweiseitige Anzeige im *Börsenblatt für den Deutschen Buchhandel* im September 1973. Eine ganzseitige, vierfarbige Anzeige in *Buch aktuell*, das am 5.10.1973 erscheint. Werbung in der überregionalen Presse: Die *Zeit*, *FAZ*, *Frankfurter Rundschau* und *Kurier in Österreich*«.

Ich hatte also den Eindruck, alles laufe im großen und ganzen doch programmgemäß in Richtung auf das pünktliche Erscheinen meines Buches ab, als plötzlich aus (noch) heiterem Himmel ein Telefonat aus München kam, in dem mir der für mich zuständige Lektor des Verlags mitteilte, dass sich die Bedenken gegen mein Buch verstärkt hätten. Man sei deshalb zu der Überzeugung gelangt, dass es am besten sei, einen verlagsunabhängigen Rechtsanwalt einzuschalten, der mein Manuskript unter juristischen Gesichtspunkten prüfen solle.

Die Wahl sei auf den renommierten Presseanwalt Dr. Heinrich Senfft gefallen, der auch schon öfter große Magazine wie *Spiegel* und *Stern* presserechtlich beraten habe. Senfft habe auch bereits vor über einer Woche die Druckfahnen von *Herren und Knechte der Kirche* vom Verlag zugeschickt bekommen, um sie genau zu überprüfen. Er sei jetzt so weit, dass er mit uns (d.h. dem Lektor und mir) das ganze Manuskript durchgehen könne. Ich solle mich also ins Flugzeug setzen und nach Hamburg in die Kanzlei von Dr. Senfft kommen, meine Frau könne ich mitnehmen. Der Flug, das schon bestellte Hotelzimmer etc. würden großzügig vom Verlag bezahlt. Es ginge einfach nur darum, das Urteil eines gewieften Fachmannes über mein Buch persönlich zu erfahren.

Später wurde es mir fast zur Gewissheit, dass mir der Verlag die

Reise nach Hamburg nur schmackhaft machen wollte, weil er sich von Dr. Senfft eine Alibi-Funktion erhoffte. Der Verlag war offenbar überzeugt, dass der erfahrene Presseanwalt Senfft mein Buch wegen presserechtlicher Bedenken ablehnen würde. Dann wäre der Verlag fein heraus, denn das Odium vor der Öffentlichkeit, mein Buch abgelehnt zu haben, läge dann nicht bei ihm, nicht einmal bei der Rechtsabteilung des Verlages, sondern bei einem neutralen verlagsunabhängigen Anwalt, dem man ja nun wirklich keine einseitige Parteinahme vorwerfen könne.

Es erscheint mir jedenfalls in Anbetracht dessen, was bald darauf geschehen sollte, sehr wahrscheinlich, dass die Würfel schon vor der Reise nach Hamburg gefallen waren, dass die Konzernzentrale in Gütersloh sich bereits den »Münchenern« gegenüber durchgesetzt und den Rücktritt vom Buchvertrag mit mir beschlossen hatte. Aber man wollte offenbar einen »geordneten Rückzug«, keine Blamage vor der Presse, denn schließlich hatte man ein höchst kirchenkritisches Buch gefordert, akzeptiert, Druckfahnen davon gemacht, den Umbruch beschlossen und sich dann schnöde vom Autor getrennt und einen Vertrag einseitig gebrochen.

Da brauchte man einen angesehenen, allseits geschätzten Anwalt wie Dr. Senfft, gegen dessen Negativ-Urteil über das Buch man ja nun »leider, leider« nichts machen könne. Wie angedeutet, kann ich die bereits zu dem erwähnten Zeitpunkt erfolgte und vollendete Tatsache der endgültigen Entscheidung des Verlags gegen mein Buch nicht beweisen. Aber der ganze Hergang dessen, was noch kommen sollte, scheint mir recht zu geben.

Jedenfalls erklärte ich mich (zu dem Zeitpunkt noch nichts ahnend) gern bereit, nach Hamburg zu RA Senfft zu fliegen. Es lag mir ja gerade daran, von einem unabhängigen Juristen ein Urteil über die rechtsrelevanten oder gar eventuell gerichtlich beanstandbaren Passagen meines Buches zu erhalten. Bei Dr. Senfft fanden sich also ein: Der Verlagslektor vom Münchener Bertelsmann-Sitz, mit dem ich es ständig im Zusammenhang mit meinem Buch zu tun hatte, meine Frau und ich. Außer meiner Frau hatten wir alle je ein Exemplar der Druckfahnen von *Herren und Knechte der Kirche* auf den Knien. RA Senfft ging eine Druckfahne nach der anderen mit dem Lektor und mir durch.

Er formulierte manche Aussage meines Buches um, ergänzte bzw. strich andere, entschärfte manches, verschärfte in der Diktion sogar einiges, gab mir an einigen Stellen »Hausaufgaben« in dem Sinne auf, dass ich diese Stellen noch besser artikulieren bzw. gründlicher belegen sollte. Obwohl es ein sehr heißer Tag war und etwa fünf Stunden lang Schwerstarbeit verrichtet wurde, war es für mich eine Lust, Zeuge einer so versierten juristischen Analyse meines Buches zu sein.

Ich erklärte mich auch zu jeder von Senfft geforderten Korrektur bereit. Auch trug jeder von uns, d.h. der Lektor und ich, in seine Druckfahnen alles ein, was der Anwalt diktierte bzw. als noch weiter auszuarbeitende Ergänzung sinngemäß vorschlug. Nachträglich, d.h. im Hinblick auf das, was später geschah, bin ich mir allerdings nicht mehr ganz sicher, ob der Bertelsmann-Lektor an den Rand seiner Druckfahnen wirklich das eintrug, was der Anwalt an Korrekturen und Änderungen damals vorschlug. Der Anwalt selbst hatte auch schon bzw. machte sich noch teilweise die entsprechenden Vermerke an den Rand seiner Druckfahnen.

Nach getaner Arbeit bestellte er Kaffee für uns alle, lehnte sich genüsslich in seinen Sessel zurück und erklärte, dass er keinerlei Bedenken habe, das Buch in der von ihm vorgeschlagenen Form erscheinen zu lassen. Er jedenfalls könne von sich aus und in seiner juristischen Verantwortung grünes Licht für die Veröffentlichung des Buches *Herren und Knechte der Kirche* geben.

Der Rechtsanwalt strahlte nach der von ihm geleisteten Schwerstarbeit Zufriedenheit aus, meine Frau und ich waren sehr glücklich, nachdem wir das Urteil des Anwalts über das Buch gehört hatten. Aber zu unser aller Erstaunen traf das von Senfft verkündete Ergebnis der rechtlichen Überprüfung meines Buches den anwesenden Verlagslektor von Bertelsmann wie ein Keulenhieb. Er saß, plötzlich aschfahl geworden, wie betäubt auf seinem Stuhl, brachte aufgrund seiner deutlich sichtbaren Niedergeschlagenheit zunächst kein Wort über die Lippen, bis er dann einigermaßen seine geistigen Kräfte wieder gesammelt hatte und etwas keuchend hervorbrachte: »Ja, wenn das Ergebnis so lautet, dann muss noch einmal die Rechtsabteilung in Gütersloh eingeschaltet und um ein endgültiges Gutachten über das Buch ersucht werden«.

Ja, wozu habe man denn dann ihn benötigt und beauftragt, konterte ein sichtlich enttäuschter Presseanwalt, wenn ein weiteres, und zwar das entscheidende Gutachten sowieso von der verlagsinternen Rechtsabteilung angefordert werde. »Wozu habe ich denn dann eine Woche mit dem Manuskript geackert, wenn jetzt mein Urteil über das Buch nicht entscheidungsrelevant ist!«.

Er habe wegen Mangels an Zeit das Manuskript sogar überall mit sich herumgetragen, es sogar bei Rotlicht vor Ampeln gelesen, um die gesetzte Frist von einer Woche nicht zu überschreiten. Und nun dies, fügte Herr Senfft noch hinzu. Aber der Verlagslektor ließ sich auf kein weiteres Gespräch ein, er war nur noch kühlste Höflichkeit und hatte es plötzlich furchtbar eilig. Nach einem kurzen Gruß verschwand er. Zu mir sagte er noch, ich würde sehr bald vom Verlag eine Nachricht bekommen.

Für mich selbst besteht kein Zweifel, dass dieser Mann wie vom Schlage getroffen war, weil er das genaue Gegenteil erwartet hatte, weil er überzeugt gewesen war, von RA Senfft zu hören, das Buch sei von nicht vertragsgemäßer Beschaffenheit, weswegen der Verlag das Recht habe, vom Vertrag mit mir zurückzutreten. Und offenbar hatten alle Verantwortlichen bei Bertelsmann die Senfft-Expertise nur in Auftrag gegeben, weil sie sich ein gut fundiertes, aber eben vernichtendes juristisches Negativ-Urteil über mein Buch versprochen hatten. Nun aber hatte Dr. Senfft den Schwarzen Peter wieder an Bertelsmann zurückgegeben, und die Bestürzung war groß. Denn wie würde dieser Mediengigant vor der Öffentlichkeit dastehen, wenn er sich für seinen Verlagsrücktritt aus vermeintlich rechtlichen Gründen nicht auf einen verlagsunabhängigen Presseanwalt von der Klasse eines Dr. Senfft, sondern nur auf seinen Güterloher Hausjuristen berufen konnte. Tatsächlich erhielt ich bald darauf ein »Einschreiben gegen Rückschein« vom 11.09.1973, in dem der Verlagsdirektor Olaf Paeschke den Rücktritt des Verlags vom Buchvertrag mit mir bekanntgab. Beigefügt war zur Begründung dieses Rücktritts das »vernichtende« Gutachten des Gütersloher Hausjuristen. Auf Dr. Senfft als verlagsunabhängigen Presserechtler konnte man sich für den Rücktritt vom Vertrag nicht berufen.

Auf ihn wurde also weder im Rücktrittsschreiben Paeschkes noch im Rechtsgutachten des verlagseigenen Juristen Bezug genommen. Man tat so, als ob es Herrn Dr. Senfft und seine rechtliche Beratung im Falle Bertelsmann-Mynarek überhaupt nicht gegeben hätte. Dementsprechend dürftig, ja ein Armutszeugnis schlechten juristischen Stils, war das Rechtsgutachten des Gütersloher Hausjuristen von Bertelsmann über mein Buch *Herren und Knechte der Kirche.*

Mein Münchener Anwalt, Sieghart Ott, ein bekannter und anerkannter Presserechtler, urteilte denn auch in seinem Antwortschreiben vom 17.09.1973 an die Geschäftsleitung der Verlagsgruppe über dieses Gutachten folgendermaßen: »Die Expertise Ihrer Rechtsabteilung ist fehlerhaft und die dort vorgetragene Argumentation hält einer juristischen Überprüfung nicht stand ... diese Stellungnahme hat trotz ihres Umfangs ganz offensichtlich keine gravierenden, die Veröffentlichung hindernden Mängel festgestellt; die Beanstandungen der Rechtsabteilung sind juristisch völlig unhaltbar«.

Natürlich klingt das, was mir im Bertelsmann-Rechtsgutachten vorgeworfen wird, zunächst sehr beeindruckend, ja bombastisch.

Es lägen vor, behauptet das Gutachten: »Beleidigung fremder Staatspersonen (§ 103 StGB); Religionsbeschimpfung (§ 166 StGB; einfache Beleidigung (§ 185 StGB); üble Nachrede (§ 186 StGB)«. Was aber dann als konkreter Beweis für diese vermeintlichen Beleidigungen und Beschimpfungen im Gutachten angeführt wird, wirkt geradezu lächerlich. Ich hätte »einen im Bundesgebiet beglaubigten Leiter einer ausländischen diplomatischen Vertretung beleidigt«, ein nach § 103 StGB zu bestrafender Tatbestand, und zwar weil ich geschrieben hatte: »Die tägliche Arbeit eines Nuntius ähnelt den Geheimdiensten der Regierungen ... Briefkasten für Denunzianten...«.

Das Gutachten von Bertelsmann räumt zwar ein, dass ich hier nur den belgischen Kardinal Suenens zitiere, der sich darart über die Nuntien geäußert hatte. Aber das Schlimme daran ist in den Augen des Bertelsmannschen Hausjuristen, dass das Mynarek »nur« tut, »um damit seine eigene Auffassung wiederzugeben«. Wo kämen wir aber auch hin, wenn ein Nicht-Kardinal dasselbe sagen dürfte wie ein Kardinal? Über diese Art der Argumentation im Bertelsmannschen Rechtsgutachten machte sich selbst die seriöse Presse lustig [147)].

Ganz sachlich setzte sich mein Anwalt mit dem erwähnten Vorwurf der Rechtsabteilung von Bertelsmann gegen mich auseinander: »... *der Tatbestand einer Beleidigung liegt nicht vor. Die Rechtsabteilung wird nicht im Ernst behaupten wollen, dass der Vergleich mit ›Geheimdiensten der Regierungen‹ beleidigend ist; Geheimdienste sind bekanntlich legitime Einrichtungen des jeweiligen Staates. Die Annahme der Rechtsabteilung, der Vergleich mit ›Geheimdiensten der Regierungen‹ sei ehrenrührig, würde voraussetzen, dass die Zugehörigkeit zu einem Geheimdienst - etwa dem BND oder dem MAD in der Bundesrepublik - ebenfalls ehrenrührig ist, ein offensichtlich abwegiger Gedanke.*

Völlig unverständlich ist, weshalb der in Paranthese gesetzte Ausdruck ›Briefkasten für Denunzianten‹ ehrenrührig sein soll, da es sich ja offensichtlich um eine rein passive Eigenschaft der Nuntien handelt. Im übrigen sind selbstverständlich sämtliche Instanzen, bei denen man Klagen vorbringen, insbesondere Anklagen einreichen kann, ›Briefkasten für Denunzianten‹. Nicht ersichtlich ist, weshalb der Ausdruck ›negativer Polizist‹ ehrenrührig sein soll. Im übrigen aber übersieht die Rechtsabteilung, dass keine bestimmte Person, sondern die Institution der Nuntien als solche angesprochen ist. Es fehlt also sogar an einem Rechtsträger, dem der strafrechtliche Ehrenschutz zustehen könnte. Nicht einmal für die Annahme einer Kollektivbeleidigung würden die Ausführungen von Herrn Professor Dr. Mynarek über die Funktion der Nuntien ausreichen; wir ersparen es uns deshalb, auf die schwierigen rechtlichen Probleme der Kollektivbeleidigung näher einzugehen, was die Rechtsabteilung sich allerdings nicht hätte ersparen sollen«. Das Gutachten des Hausjuristen von Bertelsmann, das ja die rechtliche Grundlage für den vermeintlich notwendigen Rücktritt des Verlags vom Vertrag mit mir bildet, argumentiert des weiteren, ich hätte die Religion, genauer: die christlichen Kirchen bzw. ihre Einrichtungen öffentlich beschimpft, ein nach § 166 StGB strafwürdiger Tatbestand. Dazu mein Anwalt: *»Wir gestatten uns, darauf hinzuweisen, dass der von der Rechtsabteilung in ihrem Gutachten zitierte Text des § 166 StGB - dessen Verfassungswidrigkeit der Unterfertigte bereits in NJW 1966, 639 ff nachgewiesen hat - durch das 1. Strafrechtsreformgesetz vom 25.06.1969 (BGBl. I. 645) geändert wurde. Die Vorschrift lautet nunmehr in ihrem hier allenfalls relevanten Teil: »Ebenfalls wird bestraft, wer öffentlich oder durch Verbreitung von Schriften ... eine im Inland bestehende Kirche ... ihre religiöse Einrichtung oder Gebräuche in einer Weise beschimpft, die geeignet ist, den öffentlichen Frieden zu stören«.*

Die Neufassung der Strafvorschrift ist keine rein redaktionelle Änderung: Vielmehr wurde das Schutzobjekt ausgewechselt. War früher das religiöse Gefühl anderer geschützt, so ist Schutzobjekt heute ausschließlich der öffentliche Frieden, nicht die Religion als solche (Vgl. Schönke/Schröder, 16. Aufl., Vorbm. vor §§ 166 ff, StGB, RdNr. 2.).

Nachdem die Rechtsabteilung Ihres Hauses einen längst aufgehobenen Gesetzestext zum Maßstab der Prüfung nimmt, erübrigt es sich, auf die Einzelzitate einzugehen, die im übrigen ihrer Pauschalierung wegen sich einer exakten Widerlegung entziehen, weil unmöglich erahnt werden kann, an welcher jeweiligen Wendung Ihre Rechtsabteilung Anstoß genommen hat. Es bedarf aber auch keiner weiteren Ausführungen, dass die im Gutachten der Rechtsabteilung zitierten Stellen des Briefes von Herrn Professor Dr. Mynarek an Papst Paul VI. sowie das Zitat Seite 59 des Umbruchs weder beschimpfenden Charakter haben noch dazu geeignet sind, den öffentlichen Frieden zu stören ... Es ist ganz offensichtlich, dass sich die Ausführungen unseres Mandanten ... im Rahmen erlaubter Kritik halten«.

Kommen wir zur dritten Gruppe der Argumente des Bertelsmannschen Rechtsgutachtens gegen mein Buch, den »einfachen Beleidigungen«. Angekreidet wird mir schwerstens, dass ich den »Wandel« eines Kardinals »zum konservativen, unterwürfigen Exekutor der Direktiven Roms« beanstande; dass ich über ihn sage: »So anspruchsvoll ist das Denken eines Kirchenfürsten nicht, dass er sich über die Hintergrundproblematik seiner Äußerungen Gedanken machen würde«; dass ich einen Absatz der Zeitschrift *Profil* zitiere, in dem er als »kalter Krieger im Kardinalspurpur« apostrophiert wird (dass man deswegen gegen *Profil* irgend etwas unternommen hätte, wurde nie bekannt und halte ich auch für unmöglich); dass ich es gewagt habe, zu behaupten: »Die Intelligenz der das ordentliche Lehramt der Kirche bildenden Bischöfe reicht nicht aus, um Stellungnahmen ... selbst zu verfassen«; dass ich einen autoritären Theologieprofessor als »Herrenmenschen in der Soutane« bezeichnet hatte und dass alle seine Fakultätskollegen über diesen »pedantischen rheinischen Studienrat« gelacht hatten; dass ich zwei andere Theologieprofessoren als »komische Brüder«, den einen von ihnen noch obendrein als »Onkel Josef« apostrophiert habe; dass ich von einem Universitätsrektor als von »diesem Diplomaten und Sadisten in der Soutane« gesprochen und eine kath.-theologische Fakultät als »zu feige« bezeichnet hatte.

Sodann werden im Bertelsmanngutachten vier »Beispiele für mögliche üble Nachrede« angeführt. So sei möglicherweise der Tatbestand der üblen Nachrede erfüllt, meint der Bertelsmann-Hausjurist, weil ich von einem Monsignore, der mir als jungem, gerade aus dem Osten gekommenen Priester herablassend die Hand gab, gesagt habe: »Er wischte sie sich aber sofort darauf ostentativ am Hosenboden ab«, und weil ich von Mitgliedern einer theologischen Fakultät behauptet hatte, sie hätten sich gegenseitig Vorwürfe wegen der Zustimmung zur Ehrenpromotion eines Bischofs gemacht: »Ihr Arschlöcher, wie konntet Ihr nur dafür stimmen, das Ehrendoktorat an diese bischöfliche Niete zu vergeben?«.

Besonders empört gebärdet sich Bertelsmanns Hausjurist darüber, dass mein Manuskript vermeintlich »beleidigende Angriffe auf die österreichische Bundesregierung und deren Mitglieder enthält«. Ich hätte im Zusammenhang mit meiner Enthebung vom Lehrstuhl durch den Staat auf Betreiben der Kirche behauptet: »Wie im Mittelalter hat der Staat der Forderung der Kirche schnellstens entsprochen« und »aber auch andere Minister überbieten sich in ihrem Eifer, der Kirche zu gefallen«.

Ich würde auch die »rote Regierung Österreichs als Handlangerin der Amtskirche« bezeichnen. Dazu mein Anwalt in seinem Antwortschreiben an Bertelsmann: »*Nur noch verwundern können wir uns über die Beispiele angeblich beleidigender Angriffe auf die österreichische Bundesregierung. Es wäre traurig in einem Staat bestellt, wenn man Politikern nicht mehr solch milde Kritik zuteil werden lassen dürfte, wie die beiden Zitate von Seite 180 und 197 aufweisen. Nur nebenbei sie bemerkt, dass der Staat nicht mit der ›Bundesregierung‹ identisch ist. Von der Roten Regierung Österreich als Handlangerin der Amtskirche ist lediglich in einem als solchen gekennzeich-*

neten Leserbrief die Rede. Im übrigen sollte eine SPÖ-Regierung sich kaum beleidigt fühlen, wenn sie als ›Rote Regierung‹ angesprochen wird. Als Handlangerin der Amtskirche oder sonstiger Institutionen bezeichnet zu werden, muss eine Regierung sich in der politischen Auseinandersetzung gefallen lassen, ob die Behauptung nun richtig ist oder nicht«.

Es hat hier gar keinen Sinn, sich argumentativ mit den angeführten Beispielen des Bertelsmann-Gutachtens für »einfache Beleidigung« und für »üble Nachrede« in meinem Buchmanuskript auseinanderzusetzen, obwohl das mein Anwalt in seinem Antwortschreiben an Bertelsmann minutiös und Punkt für Punkt getan hat. Diese Beispiele haben ja kaum irgendeinen juristischen Erkenntniswert, sie zeigen lediglich die Gemütsverfassung des frommen Mannes bei Bertelsmann auf, der jede Obrigkeit, egal ob kirchlicher oder staatlicher Provenienz, für heilig und absolut unkritisierbar hält.

Als Privatmeinung ist so etwas auch zu respektieren. Dass aber einer der größten und mächtigsten Verlags- und Medienkonzerne der Welt sich mit einem derart simplen Rechtsgutachten seines frommen Hausjuristen schmückte, um mein Buch abzulehnen und vom Vertrag zurückzutreten, ist eher peinlich, ja komisch, kurios und grotesk!

Dementprechend spöttisch fielen daher auch die Urteile der Presse aus. Der *Spiegel*: »Den ›seit Jahren schärfsten Angriff auf die katholische Kirche‹ kündigte der Verlag C. Bertelsmann für den Herbst an. Der Text ist gesetzt, der Umschlag gedruckt, die ersten Inserate und Besprechungen sind erschienen. Doch das Buch *Herren und Knechte der Kirche* wird nicht veröffentlicht. Der Grund: Mynareks Angriff auf die katholische Kirche ist dem Bertelsmann-Verlag zu scharf ... Das Buch sollte ebenso wie Robert Jungks *Der Jahrtausendmensch* zum 1973er Bertelsmann-Renner werden. Dass es nun der größte 1973er Reinfall des deutschen Buchmarktes wurde, bewirkte der Bertelsmann-Justitiar. Er empfahl in einem Gutachten, mit Rücksicht auf die straf-, presse-, urheber- und zivilrechtlichen Verpflichtungen des Verlags ... das Buch nicht erscheinen zu lassen.

Von solchen Bedenken waren die von Paeschke geleiteten Münchener Buchfabrikanten neun Monate lang frei gewesen ... Der versierte Buchmanager Paeschke mochte sich mit dem deftigen Priester-Stoff nicht begnügen. Er sicherte sich ein weiteres Mynarek-Buch *Warum ich aus der Kirche austrat*, lieferbar 1974 ... Mutig gab sich die Bertelsmann-Crew auch, als Mynarek darauf hinwies, es seien Proteste und Prozesse zu erwarten.

Unaufgefordert minderte der Autor selbst die Skandal-Gefahr. Er schrieb nicht die zunächst angekündigten Kapitel, sondern beschränkte den prozessträchtigen Stoff ... Paeschke und seine Lektoren gaben das Manuskript nahezu unverändert in Satz, verschickten routinemäßig Anfang August Kopien ihres Knüllers an Journalisten, legten die Termine für eine bundesweite Anzeigenkampagne und die Orte für Pressekonferenzen mit Mynarek fest«.

Zweifel seien Olaf Paeschke erst gegen Mitte August gekommen, als es nach den (Vor)veröffentlichungen im *Spiegel* und *Stern* die ersten Gegendarstellungen und Proteste gegen mein noch gar nicht erschienenes Buch gab. Deshalb der *Spiegel* weiter:

»Bertelsmanns Paeschke begann zu fürchten, dass ihm der ›auf authentischen Fakten basierende Bericht‹ (Buchumschlag) womöglich mehr Prozesse als Profite einbringen würde. Er beorderte deshalb den Autor ... nach Hamburg zu dem renommierten Presseanwalt Heinrich Senfft. Der einschlägig erfahrene Jurist war der Ansicht, das Buch könne erscheinen, wenn der Text an etwa hundert Stellen entschärft und ergänzt werde. In fünfstündiger Verhandlung erklärte sich Mynarek einverstanden: ›An der Substanz meines Buches änderte Senfft nichts. Sogar die Namen im Zölibats-Kapitel blieben drin‹.

Doch Verlagsschef Paeschke mochte dem Urteil des Hamburger Anwalts nicht vertrauen. Er hielt sich lieber an die Expertise des Gütersloher Hausjuristen ..., der zum Buch-Stopp geraten hatte«. Dieser »meinte nicht nur, das ganze Zölibats-Kapitel (im Manuskript 80 Seiten) müsse ›teils umgeschrieben, teils ganz weggelassen werden‹. Er stieß sich sogar an einem Satz des belgischen Kardinals Suenens«, von dem vorhin ja bereits die Rede war.

Das Magazin vermerkte auch spöttisch, dass nach Ansicht des Bertelsmann-Hausjuristen »der Tatbestand einer Beleidigung nach Paragraph 185 des Strafgesetzbuches ... schon dadurch erfüllt sein könne, dass Mynarek den Spitznamen ›Onkel Josef‹ eines Theologieprofessors enthüllte«. Laut *Spiegel* gab Verlagschef Paeschke zu, es könne sein, »dass Mynareks Anwälte zu einem anderen Urteil über das Gutachten kommen. Ich für meinen Teil sehe nur eine einzige Konsequenz«. Quintessenz des *Spiegel*-Artikels, die fettgedruckt über dem ganzen Artikel steht: **»Bertelsmann ließ für 50.000.-- Mark ein Enthüllungs-Buch über priesterliche Doppelmoral schreiben und wagt jetzt nicht, es zu veröffentlichen«** [148].

Auch *Buchreport* (vom 14.09.1973) gab seiner Verwunderung Ausdruck: »Es mag alle Tage vorkommen, dass ein Verlag an seinen Autor schreibt, hallo Wertester, wir haben es uns überlegt, und wir müssen dir sagen, das mit deinem Buch, das wird nichts. Eben dieses ist auch im Fall Mynarek geschehen ... Nur: Es war dies nicht ganz einfach nur eine Absage, und es war auch keine Entscheidung, die nach einer ersten Kontaktaufnahme zwischen Verlag und Autor gefallen ist«. Die konservative *Deutsche Tagespost* (»Unabhängige katholische Tageszeitung für Deutschland«) überschrieb ihren Artikel zum Rücktritt des Bertelsmann-Verlags vom Buchvertrag mit der verächtlichen Floskel: »Blamabel für Bertelsmann und Mynarek«. Und sie schreibt dann u.a.:

»Die Blamage ist perfekt. Der C. Bertelsmann-Verlag hat kalte Füße bekommen. Sein groß angekündigter ›Renner 73‹ ..., das im *Börsenblatt für den deutschen Buchhandel* als ›der seit Jahren schärfste Angriff auf die katholische Kirche, ihre Machtstrukturen und ihre Moral‹ angepriesene Enthüllungsbuch *Herren und Knechte der Kirche* des Wiener Extheologen und jetzt verheirateten Professors Dr. Hubertus Mynarek, wird nicht, zumindest vorläufig nicht erscheinen. Olaf Paeschke, der 36jährige Direktor des renommiertesten protestantischen Verlagskonzerns, musste einen Rückzieher machen ... Das technisch schon fertiggestellte, 480 Seiten starke Pamphlet ... ist für Bertelsmann Makulatur geworden. Der finanzielle Schaden für das Großunternehmen ist beträchtlich. Aus Verlegerkreisen war zu erfahren, die Verlagsgruppe Bertelsmann GmbH müsse ihre beabsichtigte Großwerbung bei der Frankfurter Buchmesse im Oktober erheblich umstellen« [149)].

Voller Hohn war auch der Bericht »Bertelsmann zieht Skandalbuch zurück«, den der *Kölner Express* vom 18.09.1973 zu dem Fall veröffentlichte: »Der Berg kreißte, aber er wird nicht einmal eine Maus gebären«, hieß es da unter anderem: »Die Buchgranate des Ex-Priesters Mynarek, die der Verlagsriese Bertelsmann aktuell zur Buchmesse unter dem Titel *Herren und Knechte der Kirche* abschießen wollte, erwies sich als Rohrkrepierer: Bertelsmann strich den Titel aus dem Programm. Der Mann, der die Männer im schwarzen Rock aufs Korn genommen hat, soll nun den Schwarzen Peter kriegen: Hubertus Mynarek, Ex-Priester, Ex-Theologie-Professor, Ex-Katholik ... 80.000 verkaufte Exemplare registrierte Bertelsmann stolz bei dem Buch, das stürmische Proteste von Kirchenmännern hervorrief: *Jesus-Menschensohn* von *Spiegel*-Herausgeber Rudolf Augstein. Schön, wenn man das heiße Eisen weiterschmieden könnte - und da kam der Ex-Priester Mynarek dem Paeschke nach dessen eigener Auskunft gerade recht«. Jetzt aber »löste Olaf Paeschke den Buchvertrag mit Mynarek...« [150)].

Die *Deutsche Zeitung* bezeichnete den ganzen Fall als »einen richtigen Buchskandal«, an dem »das Drum und Dran mindestens so interessant, wenn nicht noch interessanter ist als der Inhalt des Buches«. Zwar zweifle »niemand an der berechtigten Absicht des Verfassers. Es mieft schon im Gefüge der katholischen Kirche«. Allerdings: »dass Theologen unter sich alles andere als ein generöses Völkchen sind«, sei ja bekannt, sei »geradezu sprichwörtlich« [151)].

Natürlich musste der Bertelsmann-Verlag nach allen möglichen Ausflüchten und Beschönigungen suchen, wenn er von Presseleuten gefragt wurde, was denn nun der eigentliche Grund für den Rücktritt vom Buchvertrag gewesen sei. Auf den Presseanwalt Senfft, der grünes Licht für die Buchveröffentlichung gegeben hatte, konnte man sich ja nicht berufen. Und davon, dass die Kirche Druck auf den Verlag ausgeübt haben könnte, um das Erscheinen meines Buches zu verhindern, wollte man auch nicht sprechen, obwohl einige Zeitungen dies andeuteten oder offen aussprachen.

So schrieb die Münchener »*tz*« vom 27. 11.1973 unter Berufung auf jenen Münchener Rechtsanwalt und Kirchenrechtler Lic. iuris canonici, der »im Auftrag von bisher 11 in dem Buch zitierten Theologen beim Landgericht I eine Einstweilige Verfügung beantragt hatte«. Dieser habe dazu »beigetragen«, dass der Bertelsmann-Verlag das Buch nicht herausgab. Der Anwalt zur »*tz*«: »Ich habe Verleger Reinhard Mohn angerufen und ihn am Krawattl gepackt«. »Am Krawattl gepackt...«, so überschrieb die »*tz*« denn auch ihren ganzen Bericht über den Buchrücktritt von Bertelsmann. Ein sehr aufschlussreiches und symbolträchtiges Bild! Ein Großverleger und Medienmogul am Krawattl des Anwalts der Kirchenmänner!

Die Münchener *Abendzeitung* (»AZ«) vom 15./16. September 1973 brachte im Rahmen ihres diesbezüglichen Berichts unter dem Titel »Die Kirche nahm massiven Einfluss« eine Aussage von mir: »Seit dem 15. Juli liegt das ganze Manuskript beim Verlag, die Druckfahnen des ganzen Buches liegen seit dem 17. August vor, und seit mehr als zwei Wochen der gesamte Umbruch. Ich kann mir diese Wendung nur dadurch erklären, dass eine massive Einflussnahme der katholischen Kirche stattgefunden hat« [152)].

Im »Feuilleton« des Senders Freies Berlin vom 25.02.1974 mutmaßte man: »Der Bertelsmann-Verlag ... trat trotz einer Honorarzahlung in Höhe von 50.000.- DM vom Vertrag zurück - offensichtlich nicht ohne von seiten katholischer Anwälte mit einer Reihe von Prozessen bedroht worden zu sein«.

Aber wie gesagt, der Bertelsmann-Verlag dachte gar nicht daran, zu eventuellen Einflussnahmen der Kirche auf ihn oder den Verleger Rede und Antwort zu stehen. Lieber suchte man sein Heil bei seichten Ausreden. Verlagsdirektor Paeschke bemühte am öftesten das Argument, Mynarek habe das Manuskript nicht rechtzeitig dem Verlag übergeben. Der *Kölner Express:* »Seine (d.h. Mynareks) größte

Sünde. Er lieferte sein Buchmanuskript nach Aussage des Bertelsmann-Verlagsdirektors Olaf Paeschke ›viel zu spät‹ ab. Da aber lief die Werbe- und Verkaufsmaschinerie des Verlagsriesen Bertelsmann für das Buch ... bereits auf vollen Touren. Und ehe bei der juristischen Routinekontrolle die Fußangeln entdeckt wurden, hagelte es schon Proteste«. »Mynarek habe eben«, so Paeschke, »nicht rechtzeitig das fertige Manuskript abgeliefert«, und außerdem hätten ja »zwei Gutachter« festgestellt, »dass Mynarek gleich viermal über die Gesetzesstränge schlage. Sein Buch verstoße gegen Paragraphen des Presse-, Urheber-, Zivil- und Strafrechts« [153]. Aus eins mach zwei, hat sich da wohl Bertelsmanns Paeschke gesagt, denn zweifellos machen sich zwei Gutachter besser als einer. Aber das ändert nichts an der Wahrheit, nämlich daran, dass die besagten Verstöße gegen Gesetzesparagraphen nur von einem, nämlich vom Hausjuristen der Bertelsmänner behauptet wurden.

Gegenüber *Buchreport* vom 14.09.1973 muss dann Paeschke wahrscheinlich nicht mal mehr von zwei, sondern gleich von mehreren Juristen, die sich gegen mein Buch erklärt hätten, gesprochen haben. Auch das Argument der nicht rechtzeitigen Ablieferung meines Manuskripts findet sich wieder: »Dass man bei Bertelsmann trotzdem einen Vertrag geschlossen hat und das Manuskript zunächst in Satz gegeben hat, ist auf jene Hektik zurückzuführen, mit der heute in aller Regel Bücher geschrieben und auch verlegt werden: Der Autor hatte zu spät abgeliefert, man wollte jedoch mit dem Buch auf jeden Fall vor der Messe herauskommen, hatte deshalb das Manuskript nicht erst zur Rechtsabteilung, sondern gleichzeitig an Anwälte und Setzer geschickt. Als die Juristen ihren Kommentar abgegeben hatten, war nicht nur das Manuskript abgesetzt, sondern auch schon die Werbung angelaufen!«.

Hier stimmt offensichtlich vorn und hinten nichts mehr. Denn natürlich hatte man sich bei Bertelsmann genug Zeit für die prüfende Lektüre meines Manuskripts genommen, nachdem ich es in zwei Raten im Juli 1973 abgeliefert hatte. Auch ging der Verlagslektor, mit dem ich es im Zusammenhang mit meinem Buch immer zu tun hatte, nach seiner Lektüre meines Manuskripts mit mir die Stellen darin durch, die er für verbesserungsfähig hielt. Es waren allerdings nur geringfügige Formsachen, die er anders gemacht hätte. Auf substantielle Veränderungen bestand er nicht. Das kann auch Herr RA Geimer (damals Compagnon von RA Ott in dessen Anwaltsbüro) bestätigen, denn er war bei der Besprechung am 18.07. 1973 im Bertelsmann Verlag zugegen, bei der es u.a. um die Akzeptierung meines Manuskripts durch den Verlag ging. Und zwar eben nachdem es der Verlagslektor bereits durchgesehen hatte. Anwesend waren bei der Besprechung noch Olaf Paeschke, der erwähnte Lektor und ich. RA Geimer bestätigte mir noch einmal schriftlich mit Brief vom 19.07.1973, dass der Verlagslektor bei dieser Besprechung »wörtlich erklärte: ›*Ich habe keine Hemmungen, das Buch so abzudrucken, wie es von Ihnen vorgelegt wurde*‹«. Auf eine weitere Besprechung am 24. 07. 1973 mit ähnlichem Ergebnis wird noch hingewiesen werden. Im selben Brief bestätigte RA Geimer mir auch, dass es keine Differenzen zwischen Verlag und mir bezüglich der fristgerechten Abgabe des Manuskripts gebe. In einem weiteren Schreiben meines Rechtsanwalts Ott vom 19.09.1973 monierte dieser gegenüber der Geschäftsleitung der Verlagsgruppe Bertelsmann: *»Ferner hat unser Mandant davon Kenntnis erhalten, Sie verbreiteten die Behauptung, das Rechtsgutachten Ihrer Rechtsabteilung ... sei so spät gekommen, weil das Manuskript von unserem Mandanten so spät abgeliefert worden sei. Wir weisen darauf hin, dass diese Darstellung unrichtig ist. Es ist Ihnen bekannt, dass am 15. Juli 1973 das gesamte Manuskript vorlag«.*

Verlagsdirektor Paeschke musste wissen, dass die von ihm der Presse gegenüber vorgebrachten Gründe für den Verlagsrücktritt nur ein Vorwand waren. Deshalb berief er sich in seinem Rücktrittsschreiben vom 11.09.1973 an mich auch gar nicht auf diese Gründe, sondern nur auf das diesem Schreiben beigefügte Rechtsgutachten des Gütersloher Justitiars. Die Gründe, die der Justitiar in seinem Gutachten nannte, zählte Paeschke in seinem eigenen Schreiben an mich kurz auf und zog daraus die entscheidende Schlussfolgerung: *»Aus diesen Gründen bedaure ich, hiermit gemäß §§ 30 Abs. 2,31 Verl.Ges. den Rücktritt des Verlags von dem unter dem 09.12.1972 abgeschlossenen Vertrag erklären zu müssen«.*

Dazu mein Anwalt, Herr Ott, in seinem Schreiben vom 17.09.1973 an die Geschäftsleitung der Verlagsgruppe Bertelsmann: *»Sie stützen Ihre Rücktrittserklärung auf §§ 30, Abs. 2,31 VerlGes. Die dort genannten Tatbestände sind nicht gegeben. Nach § 30 Abs. 2 Verl.Ges. kann der Verlag vom Vertrag ohne vorherige Bestimmung einer Frist zurücktreten, wenn die rechtzeitige Herstellung des Werkes unmöglich ist, vom Verfasser verweigert wird oder wenn der sofortige Rücktritt von dem Vertrag durch ein besonderes Interesse des Verlegers gerechtfertigt wird.*

Alle drei genannten Alternativen - auch die Bezugnahme auf das besondere Interesse des Verlegers - beziehen sich ausschließlich auf die rechtzeitige Ablieferung des Werkes ... Mynarek hat jedoch unstreitig das Manuskript rechtzeitig abgeliefert ... Auch der Tatbestand des § 31 VerlGes. liegt nicht vor, weil das abgelieferte Manuskript ›von vertragsmäßiger Beschaffenheit ist‹. Wir weisen insbesondere dar-

auf hin, dass Herr Rechtsanwalt Dr. Senfft in Hamburg, der das Manuskript in Ihrem Auftrag einer rechtlichen Prüfung unterzog, eine Veröffentlichung in der vorliegenden Fassung nach Durchführung der abgesprochenen Korrekturen - zu deren Vornahme unser Mandat sich verpflichtet hatte - für möglich hielt. Wenn die Rechtsabteilung Ihres Hauses zu einer anderen Auffassung kommt, so ist dies deren Sache; wenn sie andere, strengere Maßstäbe anlegen will, so hat das nicht unser Mandant zu vertreten. Im übrigen werden wir im Folgenden nachweisen, dass die Expertise Ihrer Rechtsabteilung fehlerhaft ist und die dort vorgetragene Argumentation einer juristischen Prüfung nicht standhält. Sie waren sich beim Abschluss des Verlagsvertrags vom 09.12.1972 über den Inhalt des von unserem Mandanten vorzulegenden Manuskriptes im klaren.

Sie haben auch von Anfang an nicht nur in Kauf genommen, dass das Buch ›Herren und Knechte der Kirche‹ Gegenstand von prozessualen Auseinandersetzungen werden könnte. Sie haben diese Möglichkeit sogar ausdrücklich als kostenloses zusätzliches Werbemittel begrüßt. Sie haben ferner ausdrücklich anerkannt, dass das von unserem Mandanten vorgelegte Manuskript vertragsgemäß ist. Wir verweisen hierzu auf die Besprechung vom 24.7.1973 in Ihrem Münchener Hause, an der seitens des Verlags die Herren Dr. Hopf, Dr. Rößler und Meenen teilgenommen haben, ferner unser Mandant, seine Ehefrau und Herr Rechtsanwalt Geimer ... Herr Dr. Hopf äußerte in diesem Gespräch wörtlich: ›Die Frage, ob das Buch dem Vertrag entspricht, ist vom Tisch‹... Angesichts dieser und anderer ähnlicher Äußerungen, zu welchen Ihre jetzige Rücktrittserklärung im krassen Widerspruch steht, liegt es nahe, anzunehmen, dass der Verlag aus Gründen, die nicht unser Mandant zu vertreten hat, nun nachträglich vom Verlagsvertrag Abstand nehmen will«.

In dem eben zitierten Schreiben widerlegte mein Anwalt auch, wie erwähnt, detailliert jeden einzelnen Einwand des Gütersloher Hausjuristen gegen mein Buch. Er hatte daher alle juristischen Trümpfe auf seiner Seite, als er in demselben Schreiben fast feierlich erklärte: *»Namens und im Auftrag unseres Mandanten widersprechen wir hiermit ausdrücklich dem von Ihnen erklärten Rücktritt von dem am 09.12.1972 abgeschlossenen Verlagsvertrag!«.*

Aber Bertelsmann weigerte sich konstant, den Verlagsvertrag zu erfüllen, auch als mein Anwalt in einem weiteren Schreiben vom 14.12.1973, diesmal an den Gütersloher Hausjuristen, ein weiteres Argument für die Rechtsunwirksamkeit der Bertelsmannschen Rücktrittserklärung nachschob. Er machte nämlich darauf aufmerksam, dass § 1 Abs. 5 des Verlagsvertrags - also die Rücktrittsregelung - ausdrücklich gestrichen wurde. Darin sei, so betonte er, *»ein ver-*

traglicher Ausschluss des Rücktrittsrechts wie auch des Anspruchs auf Erstattung von Vorschüssen bei Nichtzustandekommen der Veröffentlichung seitens des Verlags zu erblicken«.

Angesichts der abrupten Rücktrittserklärung des Verlags vom Vertrag und seiner konstanten Weigerung, den Vertrag doch noch zu erfüllen, hielt auch mein Anwalt »einen Komplott zwischen interessierten Kreisen der Kirche und dem Bertelsmann-Verlag« für möglich [154]. Er forderte mich sogar auf, diesbezüglich zu recherchieren und mögliche Zeugen aus dem Verlag und der Kirche ausfindig zu machen. Aber der weitere Gang der Ereignisse ließ mir dazu gar keine Zeit, selbst wenn ich das vorgehabt hätte.

In dem offiziellen Rücktrittsschreiben des Bertelsmann-Verlags, unterzeichnet von Verlagsdirektor Paeschke, hatte noch kein einziges Wort, nicht einmal die geringste Andeutung darüber gestanden, dass der Verlag den Honorarvorschuss in Höhe von 50.000.- DM zurückverlangen würde. Möglicherweise hatte man zu diesem Zeitpunkt bei Bertelsmann doch noch so etwas wie Schuldgefühle wegen des schnöden Vertragsbruchs. Etwas später aber gingen die Bertelsmänner in die Vollen: Man wollte nicht nur das Buch von mir nicht machen, obwohl nicht ich, sondern der Verlag vertragsbrüchig geworden war. Man verlangte jetzt auch noch, und zwar mit Schreiben vom 29.11.1973, das schon gezahlte Buchhonorar zurück. Eine letzte Frist zur Zurückzahlung des Honorarvorschusses in Höhe von 50.000.-- DM wurde mir auf den 17. Dezember 1973 gesetzt.

Aber wie sollte ich diese Summe zurückzahlen, da ich sie ja gar nicht mehr hatte? Meine Recherchen im Zusammenhang mit der Abfassung des Buches *Herren und Knechte der Kirche*, die inzwischen angefallenen Kosten für die von mir engagierten Anwälte in den Rechtsstreitigkeiten mit Bertelsmann sowie mit verschiedenen Kirchenmännern, die sich durch die oben erwähnten Vorveröffentlichungen in Magazinen wie *Spiegel* und *Stern* beleidigt fühlten - all das und einiges mehr, das ich hier detailliert gar nicht mehr aufzählen will, hatten besagten Buchvorschuss längst dahinschmelzen lassen.

Entscheidender aber war noch, dass eine Rückzahlung des Buchhonorars an den eindeutig vertragsbrüchig gewordenen »Geschäftspartner« Bertelsmann einem Schuldeingeständnis meinerseits gleichgekommen wäre. Mit Schreiben vom 14.12.1973 erwiderte deshalb mein Anwalt, *»dass eine Rückzahlung des Betrags von DM 50.000.-- nicht in Betracht kommt ... Wir wiederholen ferner, dass die Nichtveröffentlichung des Buches in Ihrem Verlag nicht auf Gründen beruht, die unser Mandant zu vertreten hat. Unserem Mandanten* *stehen daher Schadensersatzansprüche aus positiver Vertragsverletzung zu. Diese Schadensersatzansprüche betragen mindestens DM 50.000.- Ihre Substantiierung wird im Falle eines Prozesses erfolgen. Vorsorglich rechnen wir hiermit namens unseres Mandanten mit diesen Schadensersatzansprüchen gegen etwaige Ansprüche des Verlags auf Rückerstattung des Vorschusses auf ... Der an unseren Mandanten bezahlte Vorschussbetrag übersteigt im übrigen so erheblich die branchenüblichen Beträge, dass mindestens ein Teilbetrag von DM 30.000.-- als eine Art Reugeld anzusehen ist, dessen Rückgabe nicht mehr verlangt werden kann. Sie haben seinerzeit den hohen Betrag geboten, um andere Konkurrenten auszustechen. Falls Sie sich zur Klage entschließen sollten, kann diese uns zugestellt werden. Wir bitten Sie, Ihren Anwalt entsprechend zu informieren. Wir würden eine gerichtliche Auseinandersetzung bedauern, weshalb wir uns seinerzeit um eine vergleichende Regelung bemüht haben, die von Ihnen abgelehnt wurde. Andererseits bietet eine prozessuale Auseinandersetzung unserem Mandanten die Möglichkeit, die Hintergründe, die zu Ihrer Rücktrittserklärung führten, aufzudecken. Wir zweifeln, ob dies im Sinne aller Beteiligten ist. Unser Mandant ist daher weiterhin vergleichsbereit, wobei wir auf unsere früheren Erklärungen verweisen«.*

Nach diesem Schreiben meines Anwaltes herrschte ein paar Monate lang Funkstille seitens der Bertelsmänner. Möglich, dass dieses Schreiben sie beeindruckt hatte, so dass sie eine Zeitlang gar nicht mehr daran dachten, den Buchvorschuss zurückzufordern. Oder dass sie einen Prozess, von ihnen zwecks Rückerstattung des schon gezahlten Honorars angestrengt, für aussichtslos hielten. Doch dann schienen ihnen die Umstände zur Hilfe zu kommen. Denn inzwischen hatten einige Kirchenmänner gegen verschiedene Äußerungen in meinem Buch vor dem Landgericht München I einstweilige Verfügungen erwirkt, worüber im nächsten Kapitel detailliert zu berichten sein wird (das Buch selbst war inzwischen in abgeänderter Form im Verlag Kiepenheuer & Witsch erschienen; auch darüber im nächsten Kapitel mehr). Da dachten sich die Bertelsmänner offenbar: Wenn wir jetzt den an den Autor gezahlten Buchvorschuss zurückverlangen, indem wir dem Gericht unter Berufung auf die gegen Mynarek bereits ergangenen gerichtlichen Verfügungen nachweisen, dass wir ja gar nicht anders konnten, dass wir also vom Buchvertrag zurücktreten mussten, weil wir das alles, d.h. die einstweiligen Verfügungen und Gerichtsprozesse im Voraus geahnt, ja gewusst haben, worin wir jetzt durch das, was tatsächlich erfolgt ist, glänzend bestätigt worden sind, dann kann das Gericht gar nicht anders, dann muss es Mynarek dazu verdonnern, den Buchvorschuss zurückzuzahlen.

Gedacht, getan! Mit Schreiben vom 28. Mai 1974 erhob das Münchener Anwaltsbüro Hecker & Co. im Namen der Firma Verlagsgruppe Bertelsmann GmbH gegen mich Klage beim Landgericht München I. 7. Zivilkammer, »wegen Rückforderung infolge Rücktritts vom Verlagsvertrag«. Dem »armen« Mediengiganten Bertelsmann waren aber DM 50.000.- Rückerstattung von einem Autor inzwischen zu wenig. Verlangt wurden außerdem 13 % Zinsen seit dem 18.12.1973. Dazu noch selbstverständlich, dass mir die gesamten Kosten des Rechtsstreits aufzuerlegen seien. Der wesentliche Begründungsstrang in der Klageschrift der Anwälte Bertelsmanns ist tatsächlich das oben Erwähnte. Das heißt: Man berief sich vornehmlich und durchgehend auf die vom LG München I bereits ergangenen einstweiligen Verfügungen verschiedener Bischöfe und Theologieprofessoren gegen Äußerungen in meinem Buch, weil man auf diese Weise besonderen Eindruck auf die Richter desselben Landgerichts zu machen hoffte. Bertelsmann zog ja am selben Strang wie die Kirchenmänner.

Das konnte doch in München, der Stadt des Erzbischofs und Kardinals Julius Döpfner, auch die Richter nicht ungerührt lassen. Um so weniger, als Richterkollegen desselben LG sich ja schon durch die einstweiligen Verfügungen auf die Seite der Kirchenmänner gestellt hatten.

Nun wusste ich allerdings inzwischen, belehrt durch meine immer nach demselben Muster erfolgenden stereotypen Niederlagen vor dem LG München, dass in dieser Stadt kein Blumentopf gegen die »Herren der Kirche« zu gewinnen war. Ich lehnte daher München als Gerichtsort ab. Da ich damals noch in Kitzingen /Unterfranken wohnte, wurde meinem diesbezüglichen Antrag stattgegeben: Der Prozess Bertelsmann gegen Mynarek fand vor dem Landgericht Nürnberg statt.

Aber wenn ich mir heimlich erhofft hatte, dass in Nürnberg die Uhren anders gehen würden als in München, sah ich mich schwer getäuscht. Sang- und klanglos verlor ich den Prozess der Bertelsmänner gegen mich in 1. Instanz, nämlich vor dem Landgericht Nürnberg. Dieses Gericht gab der Bertelsmann-Klage durch Endurteil vom 27.11.1974 »ohne Beweisaufnahme in vollem Umfang statt«, und zwar mit der Begründung, »es könne dahinstehen, ob die Klägerin nach den §§ 30, 31, 37 S. 1 Verl.G. zum Rücktritt berechtigt gewesen sei, da der Beklagte einer Aufhebung des Vertrages durch konkludente Handlung zugestimmt habe; das habe die Rückgewähr der beiderseitigen Leistungen gemäß §§ 346 ff. BGB zur Folge« [155]. Selbst die von Bertelsmann geforderten 13 % Zinsen aus dem 50.000.-

- DM-Vorschuss wurden mir vom Gericht aufgebürdet.

Wie erwähnt, es gab keinerlei Beweisaufnahmen durch das Landgericht Nürnberg. Den Anwälten des Bertelsmann-Verlags und ihren Schriftsätzen wurde von den Richtern des LG absoluter Glaube geschenkt. Bei einer der Verhandlungen sagte z.B. der Hauptrichter zu mir, »es würde laut Schriftsatz des Bertelsmann-Anwalts in meinem Buch von Szenen mit nackten Nonnen nur so wimmeln«. Ich erwiderte ihm, er solle doch mal in meinem Buch selbst nachschauen, das vor ihm auf dem Tisch liege. Da gebe es nicht eine einzige nackte Nonne.

»Bertelsmann lügt doch nicht«, gab er mir darauf ganz empört zurück. Die Lektüre meines Buches war offenbar für ihn schon ein Sakrileg. (Das Bertelsmann-Argument mit den nackten Nonnen demonstriert aber auch die Heuchelei eines Konzerns, der heutzutage in seinen Fernsehsendern, inbesondere RTL 2, vor kaum einer pornografischen Peinlichkeit zurückschreckt. O-Ton des seinererzeitigen Präsidenten der Bayerischen Landesmedienzentrale über die Menschenwürde im Fernsehen: »Der Bertelsmann-Konzern und seine Stiftungen sagen, man habe hohe Ansprüche, beispielsweise kämen pornografische Inhalte nicht in Frage. Und dann praktiziert RTL 2 mit seinen Filmen genau das Gegenteil. Vor solchen Diskussionen drücken sich dann die Konzernverantwortlichen aber gerne. Bei der Diskussion um ›Big Brother‹ war niemand aus dem Hause Bertelsmann bereit, mit uns öffentlich zu diskutieren, weder der frühere Fernsehchef, der heute im Vorstand für die Inhalte verantwortlich ist, noch der heutige Fernsehverantwortliche. Beide haben abgesagt ... RTL 2 ist der Sender, der die Medienaufsicht am aggressivsten provoziert«. Es sei »mühsam, auf die Einhaltung von Spielregeln bei Sendern zu achten, die sich ihre Regeln gerne selbst geben würden« (so der damalige Präsident der Landesmedienzentrale im Interview mit der *Süddeutschen Zeitung*, Nr. 287, 13. 12.2000, S. 23).

Ein anderes Mal war ich zu zeitig zu meinem Gerichtstermin gekommen. Genauer: Es war gar nicht zu zeitig. Aber ein anderer Prozess, der im selben Saal wie meiner verhandelt wurde, hatte sich verzögert und lief noch, als längst der Prozess Bertelsmann gegen Mynarek begonnen haben musste. Da mein eigener Anwalt noch nicht da war und ich fürchtete, meinen eigenen Prozess zu versäumen, ging ich ein paarmal in den Gerichtssaal, um zu sehen, ob meine Verhandlung schon angefangen hatte. Ich muss hinzufügen, dass ich ein wenig eleganter angezogen war als sonst, weil ich bei einer Gerichtsverhandlung in München eine Rüge und einen Ordnungsverweis von den Richtern dafür erhalten hatte, dass ich nicht mit Krawatte, sondern im Rollkragenpullover erschienen war. (Wohlgemerkt: Der Pullover war nicht etwa schmutzig. Seine »Sünde« bestand in der »Missachtung des Gerichts«, weil es eben kein Oberhemd mit Krawatte und Jackett war). Ich fragte also höflich zu den Richtern hin gewandt, ob der Termin Bertelsmann gegen Mynarek schon begonnen habe. Dreimal gaben mir die Herren da vorn sehr höflich und mit einer kleinen Verbeugung zu mir hin die Antwort, ich müsse nichts befürchten, sie würden mich rufen lassen. So viel Höflichkeit war mir bei allen Gerichtsverhandlungen bisher, also im Zusammenhang mit Bertels- und Kirchenmännern, noch nicht untergekommen. Im Gegenteil, ich war einige Male ganz schön angeschrieen worden.

Langsam stieg in mir daher die Vermutung auf, es könne sich um eine Verwechslung handeln. Es könnte z.B. der Anwalt von Bertelsmann gemeint sein, der ja immer im eleganten Anzug auftrat. Als sich das Warten vor dem Gerichtssaal wiederum sehr in die Länge zog, betrat ich ihn nochmals, sagte aber gleich vorsorglich, ich sei kein Vertreter von Bertelsmann, sondern Herr Mynarek: »Scheren Sie sich raus«, brüllten mir da die Herren Richter unisono entgegen. »Was fällt Ihnen ein, so oft eine Gerichtsverhandlung zu stören«, rief mir einer der drei noch nach.

Auch irgendeine Beweisaufnahme fand, wie gesagt, nicht statt, obwohl ich angesichts der vielen unwahren Behauptungen in den Schriftsätzen der Bertelsmann-Anwälte immer wieder das Gericht aufforderte, einen unabhängigen, unparteiischen, neutralen Zeugen, nämlich den Presseanwalt Dr. Senfft, herbeizuzitieren. Der kenne den Tatbestand und Sachverhalt bestens und sei zur Wahrheitsfindung in dem gegebenen Fall ganz wichtig und notwendig. Über alle meine diesbezüglichen Gesuche und fast schon flehentlichen Bitten setzte sich das Landgericht Nürnberg souverän und herrisch hinweg und ebenso »souverän« fiel das (Fehl)Urteil dieses Gerichts dann aus. Ich ging in die Berufung.

Die Berufung wurde von meinem Nürnberger Anwalt Kurt Krüger am 17.01.1975 eingelegt, die Auseinandersetzungen vor dem 3. Zivilsenat des Oberlandesgerichts Nürnberg zwischen dem Bertelsmann Verlag und mir zogen sich bis zum 16. November 1976. Auch dieses Gericht stellte sich zunächst einmal eine ganze Zeitlang taub, als mein Anwalt und ich immer wieder auf die Notwendigkeit der Hinzuziehung von Dr. Senfft hinwiesen. Am Ende hatten wir dann aber doch Erfolg. Das Gericht lud ihn als Zeugen, außerdem noch meine Frau Christine und den seinerzeit bei Dr. Senfft ebenfalls anwesenden Verlagslektor von Bertelsmann.

Im Grunde konnte das Oberlandesgericht gar kein gerechtes Urteil fällen, wenn es nicht Dr. Senfft heranzog. Denn die Klägerin, d.h. Bertelsmann, blieb sowohl vor dem Landgericht wie vor dem Oberlandesgericht Nürnberg stur bei der Behauptung, der Beklagte, d.h. Mynarek, habe sich »nur bereit erklärt, einige der von Rechtsanwalt Dr. Senfft geforderten Änderungen vorzunehmen; in einigen gravierenden Fällen habe er jedoch die Änderung verweigert und auf der Beibehaltung des Originaltextes bestanden«. Auf dieser Grundlage behauptete die Klägerin in völligem Gegensatz zu dem, was tatsächlich am Ende der Besprechung bei Dr. Senfft passiert war, »dass alle Beteiligten darüber einig gewesen seien, dass nunmehr die abschließende Stellungnahme der Rechtsabteilung der Klägerin erholt und die Veröffentlichung davon abhängig gemacht werde«.

Bei der Vernehmung des Verlagslektors als Zeugen durch das Hohe Gericht wiederholte dieser wieder alle eben erwähnten unwahren Behauptungen der Klägerin. Ja, er gab noch eins drauf: Er brachte »Beweise«. Er hatte den Umbruch meines Manuskripts mit und las den Richtern nun vor, was er in der Besprechung bei Dr. Senfft am Rande des Umbruchs angeblich eingetragen hatte. Es handelte sich nach den Angaben des Lektors einerseits um die von ihm notierten Änderungsvorschläge Dr. Senffts an meinem Manuskript, andererseits aber auch um meine vom Lektor vermeintlich minutiös festgehaltenen Reaktionen auf diese Vorschläge. »Halbe Romane« enthüllte da der Herr Lektor vor den staunenden Richtern. Bei einem Änderungsvorschlag Senffts sei ich z.B. so empört gewesen, dass ich aus dem Besprechungsraum gelaufen sei, im Hinauslaufen aber noch gebrüllt hätte, dass ich mit dieser Art von Änderung nie einverstanden sein würde. Außerdem gab der Bertelsmann-Lektor eine Reihe von Stellen an, die Dr. Senfft zur Änderung überhaupt nicht vorgeschlagen hatte. Und, wie gesagt, bei vielen dieser Stellen hatte der Lektor am Rand die Bemerkung angebracht: Mynarek erklärt sich mit dieser Änderung nicht einverstanden, fuchtelt entrüstet mit den Armen u.ä.

Ich selbst kam bei dieser Art von »Beweisführung« ebenfalls aus dem Staunen nicht heraus. Nach der Zeugenvernehmung des Verlagslektors machte ich die Richter darauf aufmerksam, dass dieser die Notizen vom Rande des Umbruchs meines Manuskripts *Herren und Knechte der Kirche* vorgetragen hatte, dass es diesen Umbruch aber zum Zeitpunkt der Besprechung mit Dr. Senfft noch gar nicht gegeben habe. Gegeben habe es zu diesem Zeitpunkt nur die Druckfahnen des künftigen Buches, die wir alle, Dr. Senfft, der Verlagslektor und ich, vor uns liegen hatten, um die vom ersteren vorgeschlagenen Änderungen an den Rand der Fahnen eintragen zu können.

(Meine Frau hatte keine Druckfahnen vor sich, schaute aber mit mir in die Druckfahnen, die vor mir lagen). Es gäbe also, gab ich den Richtern zu bedenken, zwei Möglichkeiten: Entweder hat der Verlagslektor schon an den Rand der Druckfahnen etwas ganz Anderes eingetragen als Dr. Senfft und ich, oder seine Druckfahnen stimmten mit unseren überein, jedoch habe er bei der späteren Übertragung der Randnotizen von den Druckfahnen auf den Umbruch die Sachlage völlig umgestellt, um bessere Karten vor Gericht zu haben. Für diese letzte Alternative spreche, dass er die Druckfahnen zur Gerichtsverhandlung gar nicht mitgebracht habe. In meinen Augen handelte es sich jedenfalls um eine vorsätzliche Täuschung des Gerichts durch den Lektor des Verlags.

Ich musste in diesem Zusammenhang das Gedächtnis meiner Frau bewundern. Immerhin waren seit der Besprechung bei Dr. Senfft fast drei Jahre vergangen. Dennoch führte sie bei ihrer Zeugenvernehmung eine ganze Reihe wichtiger, von mir akzeptierter Änderungsvorschläge Dr. Senffts an, die völlig mit denen übereinstimmten, die dieser Anwalt dem Gericht bei seiner eigenen Zeugenvernehmung angab. Überhaupt bestätigte dieser Anwalt in allen Punkten meine Version des Hergangs der Besprechung mit ihm, und dies obwohl er ja sein (sicherlich nicht geringes) Honorar für die rechtliche Überprüfung meines Buchmanuskripts vom Bertelsmann Verlag erhalten hatte.

Mein eigener Anwalt, der vielleicht nach den langen Gerichtsquerelen auch schon leise Zweifel an der Richtigkeit meiner Version bekommen hatte, fiel mir freudestrahlend um den Hals, als er die glänzende Bestätigung »meiner« Darstellung durch den Zeugen Dr. Senfft vernommen hatte. Zugleich flüsterte er mir zu: »Jetzt haben wir gewonnen!«.

Tatsächlich erklärte das Oberlandesgericht im Rahmen seiner »Entscheidungsgründe« für sein Endurteil vom 16.11.1976 u.a.: »Für die Unmöglichkeit der Herstellung eines vertragsmäßigen Werkes ergeben sich keine Anhaltspunkte. Die Klägerin hat hierzu selbst nichts vorgetragen. Ihre Behauptung, der Beklagte habe sich nach der Besprechung mit Rechtsanwalt Dr. Senfft nur bereit erklärt, einige der gewünschten Änderungen vorzunehmen, in anderen gravierenden Fällen jedoch die Änderung verweigert, wurde durch die Beweisaufnahme nicht bestätigt.

Hat schon die als Zeugin vernommene Ehefrau des Beklagten bekundet, ihr Ehemann habe sich mit allen von Dr. Senfft vorgeschlagenen Änderungen des Manuskripts einverstanden erklärt, so geht die Aussage des in diesem Rechtsstreit unbefangenen Rechtsanwalts

Dr. Senfft in die gleiche Richtung. Dieser Zeuge hat zusammenfassend ausgesagt (Bl. 220 der Akten), dass es zwar der Wunsch des Beklagten gewesen sei, möglichst wenig Änderungen vorzunehmen, dass er aber grundsätzlich zu den von Dr. Senfft vorgeschlagenen Änderungen bereit war und die ihm von Dr. Senfft hierfür gegebenen Vorschläge entgegengenommen hat.

Anders hat dagegen der als Zeuge vernommene Verlagslektor Dr. A. G. (Initialen des Namens von mir geändert) ausgesagt. Er hat anhand seiner bei der Besprechung mit Dr. Senfft auf seinen Unterlagen angebrachten Vermerke bekundet, der Beklagte habe Streichungen oder Änderungen verweigert. Doch hat der Senat Bedenken, der Aussage des Zeugen Dr. G. zu folgen. Denn Dr. Senfft hat im Vernehmungstermin vom 17.11.1975 die ihm bei der gemeinsamen Besprechung zur Verfügung stehenden Unterlagen zu den Gerichtsakten übergeben. Der die Vernehmung durchführende Einzelrichter des Senats hat diese Unterlagen mit denen verglichen, welche Dr. G. bei sich hatte und musste feststellen, dass die bei bestimmten Abschnitten des Manuskripts von Dr. Senfft angebrachten Vermerke nicht mit denen übereinstimmten, die Dr. G. auf seiner Druckfahne angebracht und am nächsten Tag in Gütersloh bei der Klägerin auf den im Vernehmungstermin mitgeführten Umdruck übertragen hatte.

Diese Unterschiede der Vermerke über die vorzunehmende Sachbehandlung von beanstandeten Stellen konnte Dr. G. nicht erklären. Nach diesem Ergebnis der Beweisaufnahme kann nicht ausgeschlossen werden, dass die Klägerin in diesem Punkt nicht den Tatsachen entsprechenden Informationen ihres Lektors Dr. G. zum Opfer gefallen ist«.

Man beachte die überaus höfliche, vorsichtige, um nicht zu sagen: Zahme Formulierung der Herren Richter des OLG: Es »kann nicht ausgeschlossen werden ...«! Wo doch nichts offener auf der Hand lag als die der Wahrheit diametral entgegengesetzten Angaben des Bertelsmannschen Verlagslektors. Angesichts der Art, wie ich selbst vor dem LG und OLG Nürnberg behandelt worden war, fragte ich mich, wie empört diese Herren Richter wohl reagiert hätten, wenn ich eine so offensichtliche Rosstäuschung veranstaltet und sie so krass hinters Licht geführt hätte. Was wären da für Vorwürfe gegen mich, wie »Betrug«, »Mangel an primitivster Moral und Ehrlichkeit« usw., erhoben worden, wenn ich falsche Unterlagen vorgelegt und daraus Lügenmärchen vorgelesen hätte, wie das der Herr Lektor vom Bertelsmann tatsächlich getan hat.

Im Gegensatz zum Bertelsmann Konzern, der vor Gericht stets betont hatte, eine Nachfristsetzung zur Umarbeitung meines Manuskripts durch mich sei wegen des besonderen Verlagsinteresses nicht erforderlich gewesen, betonten des weiteren die Richter des OLG in ihren »Entscheidungsgründen«: *»Schließlich hat die Klägerin auch ein besonderes Interesse, das die Nachfristsetzung entbehrlich hätte machen können, nicht überzeugend dargetan. Bei der Beurteilung dieses Ausnahmetatbestandes ist einerseits zu berücksichtigen, dass ein den Verlag gefährdendes Werk, wie das vorliegende, ein besonderes Interesse an einem Rücktritt ohne Setzung einer Nachfrist begründen kann. Das kann aber dann nicht gelten, wenn die Parteien eigens zum Zweck der Bereinigung bestehender Zweifelsfragen einen neutralen Gutachter einschalten, dieser bestimmte Änderungen des Manuskripts vorschlägt und der Autor bereit ist, diese Änderungen vorzunehmen. Denn bis zu diesem Zeitpunkt war die Frage der Verwertbarkeit des Manuskripts nach Lage der Dinge noch in der Schwebe. Wenn nunmehr der Verlag in diesem Stadium den Rücktritt vom Vertrag erklärt, ohne die vom Autor grundsätzlich zugesagten Änderungen abzuwarten und den Inhalt der beanstandeten Stücke erneut zu prüfen, verstößt er gegen sein eigenes vorhergegangenes Verhalten und damit gegen Treu und Glauben (§ 242 BGB).*

Hinzu kommt, dass der Klägerin der Natur des zwischen den Parteien abgeschlossenen Verlagsvertrages nach bekannt ist, mit welchen Risiken das von ihr zu verlegende Werk des Beklagten behaftet war, und dass sie sich aus dem Inhalt dieses Werks einen ›Knüller‹ und somit ein entsprechend gutes Geschäft versprach. Das ergibt sich aus der Werbung, die von den Zeitschriften für das zu verlegende Buch anhand der ihnen von der Klägerin zur Verfügung gestellten Auszüge aus dem Manuskript betrieben wurde; entsprechende Werbeveröffentlichungen hat der Beklagte in Ablichtungen zu den Gerichtsakten gegeben. Sonach kommt ein Rücktritt vom Vertrag nach den Vorschriften des §§ 30, 31, 37 VerlG. nicht in Betracht«.

Trotzdem verlor ich auch meinen Prozess vor dem Oberlandesgericht Nürnberg. Denn wenn mir auch die Richter in praktisch allen Punkten Recht gaben, so sahen sie doch als gravierenden, entscheidenden Grund gegen mich die Tatsache an, dass ich später mein Buch in einem anderen Verlag herausgebracht hatte. Hier die diesbezügliche Argumentation des OLG: *»Die Klägerin erhielt aber später einen anderen Grund zum Rücktritt vom Vertrag, als der Beklagte sein Manuskript dem Verlag Kiepenheuer & Witsch KG anbot und von diesem als Buch veröffentlichen ließ. Denn hierdurch hat er die ihm nach dem mit der Klägerin abgeschlossenen Verlagsvertrag obliegende Verpflichtung, der Klägerin das ausschließliche Recht zur Vervielfältigung und Verbreitung des Werkes in Buchform für alle Auflagen und Ausgaben zu überlassen, unmöglich gemacht. Der Be-*

klagte hat die von ihm verursachte Unmöglichkeit der Erfüllung seiner Vertragspflicht auch zu vertreten, denn er handelte vorsätzlich (§ 276 Abs. I S. 1 BGB). Er kann sich nicht darauf berufen, er habe sich nach dem von der Klägerin erklärten Rücktritt vom Vertrag nach einem anderen Verlag umsehen müssen, um seine Gedanken im Kampf gegen die katholische Kirche verbreiten zu können. Denn wenn er dem Rücktritt der Klägerin widersprochen hatte und die Klägerin an den mit ihm geschlossenen Vertrag gebunden halten wollte, durfte er nicht von sich aus die ihm aus diesem Vertrag obliegende Verpflichtung zur Erbringung seiner Leistung unmöglich machen.

Der Beklagte kann nicht einerseits die Klägerin an den Verlagsvertrag binden und sich selbst davon lossagen ... Die Klägerin hat durch das Verhalten des Beklagten einen neuen Grund zum Rücktritt vom Vertrag gemäß § 325 Abs. I BGB erhalten. Diese gesetzliche Bestimmung des bürgerlichen Rechts ist auch im Verlagsrecht neben den Bestimmungen des Verlagsgesetzes anwendbar (Leiss a.a.O. Rdnr. 5 zu §§ 37 und 36 VerlG.). Gemäß §§ 327, S. 1, 346, S. 1 BGB ist der Beklagte zur Rückzahlung des von der Klägerin erhaltenen Vorschusses von 50.000.-- DM verpflichtet«.

Lediglich die Zinsforderung von 13 %, die Bertelsmann gestellt und das Landgericht Nürnberg ohne weiteres bewilligt hatte, wurde vom Oberlandesgericht auf 4 % reduziert.

Nachdem aufgrund der Zeugenvernehmung alles schon so gut ausgesehen hatte, war ich natürlich vom abschließenden Misserfolg vor dem OLG maßlos enttäuscht. Da ich inzwischen auch schon vor dem LG München eine Reihe von »Kirchenprozessen« verloren hatte, war ich überzeugt, dass mir vor bundesdeutschen Gerichten niemals Gerechtigkeit widerfahren würde. Dementsprechend dachte ich gar nicht daran, noch vor ein weiteres oder höheres bundesdeutsches Gericht zu gehen.

Aber es sollte doch noch ganz anders kommen. Der Triumph Goliaths über David, d.h. des Mediengiganten Bertelsmann über einen Autor, der durch Rückzahlung des Buchvorschusses in Höhe von DM 50.000.-- plus 4 % Zinsen, plus Aufkommen für die gesamten Kosten der Gerichtsverfahren für viele Jahre auf das niedrigste Existenzminimum gedrückt worden wäre, dieser Triumph sollte am Ende doch nicht stattfinden. Für einen einzelnen Autor ist das alles viel Geld, für einen Verlagskonzern von der Größe Bertelsmanns eine lächerliche Summe. Aber das hat man ja oft: Die »Großen« verschenken keinen Pfennig, die »Kleinen« geben das letzte Hemd her.

Nein, die »Großen« kämpfen oft noch dort um »ihr« Geld, wo es ihnen rechtmäßig gar nicht mehr zusteht. Der kleine Mann aber kann sich nicht mal einen Anwalt halten, weil der ihm auf die Dauer oder überhaupt zu teuer kommt. Ich gebe zu, dass sich so mancher Anwalt im Rahmen der langwierigen, sich über viele Jahre hinziehenden Prozesse mit Kirchen- und Bertelsmännern von mir trennte, aber nur in einem einzigen Fall geschah dies aufgrund sachlicher Differenzen, in allen anden Fällen jedoch nur deswegen, weil ich die hohen Anwaltskosten nicht mehr aufbringen konnte.

Die Kirchenpresse aber verkündete in allen Fällen triumphal, dass sich Anwälte von mir getrennt hätten, weil sie meine Sache nicht mehr für vertretbar hielten. Mit solchen Falschmeldungen der Presse kann man - nach der ersten berechtigten Empörung - noch irgendwie leben. Aber es ist schon grausam, wenn ein Anwalt, mit dem man bisher vertrauensvoll zusammenarbeitete, einem plötzlich ein Ultimatum schickt: »*Entweder Sie überweisen mir innerhalb von zwei Wochen 8.000.-- DM, oder ich lege mein Mandat nieder*«.

In meiner miserablen Situation nach dem Misserfolg vor dem OLG Nürnberg widerfuhr mir aber dennoch auch Positives und Erfreuliches. Dazu gehörte, dass sich Professor Ossip K. Flechtheim, der bekannte Berliner Politikwissenschaftler und Begründer der Futurologie als Wissenschaft, für meinen Fall zu interessieren begann. Er forderte mich auf, ihm doch mal meine wirtschaftlich-finanzielle Lage zu schildern. Ich erzählte ihm, dass wir in den letzten zwei Jahren, also zwischen 1975 und 77, auf der Flucht vor dem Gerichtsvollzieher bereits dreimal umgezogen seien (wir, d.h. meine Frau, unsere zwei Kinder und ich, wobei noch genauer zu sagen ist, dass unser zweites Kind Markus erst 1976 zur Welt kam). Nachdem unser Haus in Kitzingen/Unterfranken gepfändet worden war, zogen wir nach Berlin, von dort nach Wiesbaden, von Wiesbaden nach Friedrichsdorf bei Frankfurt. Das Haus in Kitzingen, das wir bis zum April 1975 besessen und bewohnt hatten, wurde in Folge der Gerichtsprozesse mit Kirchen- und Bertelsmännern, der daraus entstandenen hohen Anwalts- und Gerichtskosten zwangsversteigert, und zwar weit unter seinem amtlich festgestellten Schätzwert. Direkt waren es zwar die hohen Hypothekenzinsen, die zur Zwangsversteigerung unseres Hauses geführt hatten. Aber ohne die Kosten und Folgeschäden im Zusammenhang mit den erwähnten Gerichtsprozessen hätten wir die monatlich fälligen Zahlungen für das Haus aufbringen können.

Zu diesen Folgeschäden gehörte ja auch, dass ich wegen der Gerichtsprozesse vier Jahre lang kein Wort für ein neu von mir herauszubringendes Buch schreiben konnte. Ich kam einfach nicht dazu, weil mich die Prozesse so absorbierten. Z.B. habe ich in dieser

Zeit über tausend Seiten Berichte für meine Anwälte geschrieben, die natürlich wissen wollten, wie sich die Auseinandersetzungen mit den gegen mich prozessierenden Kirchenmännern und mit dem Bertelsmann Verlag aus meiner Sicht darstellten, weil sie auf dieser Grundlage ihre Schriftsätze abfassen mussten. Indem ich kein Buch schreiben und herausgeben konnte, blieben natürlich auch die Buchhononare aus. Zu denen, die die Zwangsversteigerung unseres Hauses beantragten, gehörte übrigens der Anwalt in München, der zentral alle Prozesse der Kirchenmänner gegen mich führte.

Auch nach der Zwangsversteigerung des Hauses rannten uns die Gläubiger die Bude ein, weil es bei der Versteigerung des 1974 auf DM 350.000.-- geschätzten Hauses für die Summe von nur DM 96.000.-- an die Lübecker Hypothekenbank fiel, so dass nicht kompensierte Schulden weiterhin auf uns lasteten. Auch alle Möbel und Gegenstände im Kitzinger Haus waren inzwischen schon zwangsversteigert worden, einschließlich Schreibmaschine, Stenorette und Fotokopiergerät. Der Kitzinger Obergerichtsvollzieher selbst verschleuderte sie jedoch nachher für insgesamt sage und schreibe DM 560.--. Mein Anwalt riet mir damals zu einer Aufsichtsbeschwerde gegen den Gerichtsvollzieher, aber was hätte ich schon vor einem Bayerischen Gericht damit gewonnen.

Militanter Katholizimus war mir in dem zu Bayern gehörigen Unterfranken auf Schritt und Tritt und in allen Berufsschichten begegnet. Und selbst ein Franz Josef Strauß, Bayerns oberster »Fürst«, gibt in seinen im *Spiegel* veröffentlichten *Memoiren* zu: »Dass ich aus einer militant katholischen Familie stamme, schlug immer wieder bei mir durch«. Es habe bei ihm »eine starke katholische Religiosität« geherrscht, »gewachsen aus dem Denken in der fränkischen Diaspora, die in einer dauernden Konfrontation mit den geistigen Nachfahren Martin Luthers und Gustav Adolfs stand ... Der Name Martin Luther durfte bei uns zu Hause nicht fallen« [156)].

Überhaupt das Thema Gerichtsvollzieher. Darüber werde ich im nächsten Kapitel im Zusammenhang mit meinen »Kirchenprozessen« noch einiges zu sagen haben. Hier will ich nur noch im Zusammenhang mit der Schilderung meiner finanziell-wirtschaftlichen Lage, wie sie Prof. Flechtheim von mir erbeten hatte, hinzufügen, dass selbst meine österreichische Pension, die ich nach der Lehrstuhlenthebung erhielt, über einen längeren Zeitraum hinweg bis auf das in Österreich geltende Existenzminimum monatlich gepfändet wurde, so dass unserer vierköpfigen Familie nach Abzug auch noch der Miet-, und Krankenversicherungskosten pro Monat nur knapp DM 500.-- für Ernährung und Bekleidung übrigblieben.

Auch die Tatsache, dass meine Frau und ich bereits den Offenbarungseid geleistet hatten, überzeugte die meisten Gerichtsvollzieher nicht. Sie wollten sich immer noch weiter persönlich davon überzeugen, dass nun wirklich und absolut gar nichts mehr bei uns zu holen sei.

Prof. Flechtheim wandte sich im Januar 1977 in gleichlautenden Schreiben hilfesuchend an prominente Mitglieder des Beirats für die Buchgemeinschaften des Bertelsmann-Konzerns: an Christine Brückner, Rolf Hochhuth, Thilo Koch, Walther Schmieding und Dieter E. Zimmer. Er skizzierte in diesen Schreiben meine wirtschaftliche Situation und fügte hinzu: *»Ich habe den Eindruck gewonnen, dass es sich bei Prof. Mynarek um einen absolut integeren Mann handelt, der seine Überzeugung ohne jeden Kompromiss leben möchte. Sie werden vielleicht nicht überrascht sein zu erfahren, dass ihn das in eine hoffnungslose Lage gebracht hat«*.

Am Ende der Briefe stellte Flechtheim jedem der Genannten die Frage: »Ob Sie sich denn in der Lage sehen, auf den Bertelsmann-Verlag dahingehend einzuwirken, dass dieser auf die Durchsetzung seiner Ansprüche verzichtet. *Zu holen ist bei Herrn Mynarek so gut wie nichts mehr. Er wäre so aber von einem unerträglichen Druck befreit und könnte vielleicht etwas leichter einen neuen Anfang versuchen«*.

Die Mitglieder des Beirats für die Buchgemeinschaften des Bertelsmann-Konzerns diskutierten in ihrer Sitzung vom 11.01.77 in Hamburg das Schreiben Flechtheims. In ihrem Auftrag teilte Walther Schmieding mit Schreiben vom 13.01.1977 Herrn Flechtheim u.a. mit: *»Unter dem Eindruck Ihres Briefes und Ihres Engagements haben wir ... Herrn Mohn in einem persönlichen Schreiben gebeten, sich noch einmal mit der Angelegenheit zu befassen und eine Regelung in dem von Ihnen vorgeschlagenen Sinn zu versuchen«*.

Der *Zeit*-Publizist Dieter E. Zimmer gab das Schreiben Flechtheims weiter an Dr. Gerd Bucerius, den damaligen Verleger der *Zeit*, der zugleich Vorsitzender des Aufsichtsrats von Bertelsmann war. Prof. Flechtheim bedankte sich in einem Schreiben an Dr. Bucerius vom 20.02.77 dafür, *»dass Sie sich in der Sache Mynarek verwandt haben. Ich kenne Herrn Mynarek seit geraumer Zeit und bin erschüttert darüber, wie man diesen aufrichtigen Mann systematisch zugrunde gerichtet hat«*.

Flechtheim ging in seinem Schreiben an Bucerius auch auf das Urteil des OLG Nürnberg ein: *»Was nun das Urteil des Oberlandesgerichts anlangt, so halte ich es in der Tat für falsch und voreingenommen. Ich selber habe vor einiger Zeit einen Prozess gegen Luchterhand verloren, da ich einen kleinen formalen Fehler begangen hatte. Ob-*

wohl ich einmal selbst Jurist war, war ich von vorneherein dem mächtigen Verlag mit seinen Spezialjuristen unterlegen. Das ist bei Professor Mynarek noch viel stärker der Fall. Hinzu kommt, dass ein bayerisches Gericht in einem Streit gegen einen scharfen Gegner der katholischen Kirche wohl im Zweifelsfall (und welcher Fall ist nicht juristisch zweifelhaft?) wohl gar nicht anders kann als gegen den Ketzer zu entscheiden. Ich habe den von mir hochgeschätzten Rechtsanwalt Jürgen Borck gebeten, sich das Urteil anzusehen. In der beiliegenden Stellungnahme begründet er ausführlich die Schwäche des Urteils. Da ich also auch von der Unzulänglichkeit des Urteils überzeugt bin, bitte ich Sie sehr, sich das Urteil auch einmal anzusehen«.

In der Sache selbst erbrachten all diese Interventionen bei Herrn Reinhard Mohn, dem Besitzer des Bertelsmann-Konzerns, so gut wie gar nichts. Höflich, aber bestimmt lehnte er einen Erlass meiner vermeintlichen Schulden gegenüber diesem Konzern ab. Meine wirtschaftlich-finanziell desolate Lage »rührte« ihn nur insofern, als er mir eine gewisse Wartezeit in der Begleichung dieser Schulden zuzugestehen bereit war. Nach dieser Frist aber müsste alles auf Heller und Pfennig mitsamt Zinsen an den Konzern zurückgezahlt werden. Die Entscheidung des Konzernherrn Mohn wurde von diesem nicht direkt Herrn Prof. Flechtheim mitgeteilt. Vielmehr hatte Mohn in diesem Sinne an Walther Schmieding geschrieben.

Mit Schreiben vom 25.01.77 berichtete dann der letztere Herrn Flechtheim: *»Herr Reinhard Mohn hat mir soeben mit Datum vom 20.01.77 in der Angelegenheit Mynarek geschrieben. Herr Mohn geht dabei davon aus, dass er nach Prüfung des Sachverhalts keine andere Stellung einnehmen könne, als die zuständigen Sachbearbeiter des Hauses dies bisher getan haben. Andererseits - so schreibt Herr Mohn wörtlich -, ›möchte ich insbesondere angesichts der Bitte von Herrn Professor Flechtheim keine unangemessene Härte oder Unversöhnlichkeit zeigen‹.* Er fährt dann fort: *›Das Haus Bertelsmann ist bereit, mit Herrn Professor Mynarek ein Stillhalteabkommen zu treffen. In der vereinbarten Zeit würden wir keine weiteren gerichtlichen Schritte unternehmen. Nach Ablauf dieser Zeit müsste dann allerdings im Rahmen eines vereinbarten Zahlungsplanes die Summe an uns zurückgezahlt werden‹.* Soweit der Vorschlag von Herr Mohn. *Falls Herr Professor Mynarek darauf eingehen will, möge er sich, - so teilt Herr Mohn mir noch mit - an die zuständigen Herren der Bertelsmann-Verlagsgruppe in München wenden«.*

Ich will ja nicht beckmesserisch analysieren, aber der eben angeführte Satz von Herrn Mohn, er wolle »keine unangemessene Härte oder Unversöhnlichkeit zeigen«, bedeutet ja doch, dass der Konzernherr das Prinzip einer angemessenen Härte oder Unversöhnlichkeit, zumindest in meinem Fall, befürwortet. Da sollte Herr Mohn doch einmal die Moralphilosophen und Ethiker fragen, ob Unversöhnlichkeit überhaupt jemals angemessen sein kann. Aber was soll man auch von einem Konzernherrn wie Mohn erwarten, der einmal auf die Frage, »was denn der oberste Grundsatz einer von ihm gestifteten Religion sein könnte«, »mit schneidender Stimme« verkündete: »Die beste Form der Liebe ist Härte« (zitiert nach SZ, 06.02.01, S. 4).

Offenbar war auch Herr Mohn selbst, nicht bloß die »zuständigen Sachbearbeiter des Hauses« von ihrer Gerechtigkeit, d.h. der vom LG und OLG Nürnberg bestätigten Rechtmäßigkeit ihrer Forderungen an mich so überzeugt, dass sie von Selbstbewusstsein nur so strotzten und selbstherrlich jede Milde ablehnten. Sie hätten es sich sicher nicht träumen lassen, dass eine Situation entstehen könnte, in der der Besiegte, der Unterlegene vor die Entscheidung gestellt würde, ob er ihnen gegenüber Milde walten lassen solle. Aber diese Situation trat tatsächlich ein, und zwar aufgrund des Urteils des Bundesgerichtshofes, der dem Bertelsmann-Konzern die Rechtmäßigkeit der Rückforderung des Buchvorschusses aberkannte und mir die Möglichkeit der Forderung von Schadensersatzleistungen dieses Konzerns an mich zusprach. Aber ich will diese letzte Phase der Auseinandersetzung mit Bertelsmann der Reihe nach schildern.

Wie im Schreiben Flechtheims an Bucerius teilweise erwähnt, hatte mir der erstere empfohlen, Urteil und Urteilsbegründung des LG und OLG Nürnberg in Sachen Bertelsmann/Mynarek an den Berliner Anwalt der Humanistischen Union, Jürgen Borck, oder an Rechtsanwalt J. Moser, der Mitglied der Liga für Menschenrechte sei, zu schicken. Der Menschenfreund Flechtheim hatte beiden gegenüber versichert, dass er selbst für alle mit der Durchsicht dieser Unterlagen und ihrer juristischen Begutachtung verbundenen Kosten persönlich aufkommen würde.

Da ich nicht wollte, dass auf Prof. Flechtheim gleich doppelte Anwaltskosten zukämen, übersandte ich die Unterlagen nur an Herrn RA Borck. An sich war ich damals derart am Boden zerstört, dass ich nicht vorhatte, noch irgendetwas Gerichtliches gegen den mächtigen Bertelsmann-Konzern zu unternehmen. Aber Rechtsanwalt Borck zeigte in seiner Stellungnahme zu den Nürnberger Urteilen eine Reihe von Schwächen und Ungereimtheiten in der Urteilsbegründung der Nürnberger Richter auf, so dass ich neuen Mut schöpfte und bereit war, Berufung gegen das Urteil des OLG Nürnberg beim obersten Gericht, eben dem Bundesgerichtshof, einzulegen, wozu mich Herr Borck auch noch zusätzlich ermunterte. Er halte jedenfalls, so schrieb er mir, *»eine Überprüfung des Urteils für aus-*

sichtsreich, weil die Begründung des OLG nicht überzeugt«.

Ich hielt es für ein gutes Omen im Zusammenhang mit meinem Revisionsantrag in Karlsruhe, dass mir das Armenrecht für den Prozess vor dem Bundesgerichtshof ohne weiteres zugesprochen wurde, denn Herr RA Borck hatte mir mit Schreiben vom 02.02.77 die damit möglicherweise verbundene Klippe folgendermaßen verständlich gemacht und verdeutlicht: *»Dazu muss auch noch bemerkt werden, dass der Bundesgerichtshof die Annahme einer Revison zur Entscheidung auch trotz Überschreitens der Streitwertgrenze ablehnen kann, wenn er mit 2/3 Mehrheit zu der Auffassung käme, dass die Rechtssache keine grundsätzliche Bedeutung habe. An dieser Klippe könnten Armenrechtsgesuch bzw. Revision scheitern«.*

Rechtsanwalt Borck hatte seinem Schreiben auch eine Liste der beim Bundesgerichtshof in Karlsruhe zugelassenen Anwälte beigefügt, denn ich brauchte ja einen neuen, bei diesem Gerichtshof zugelassenen Anwalt. Da mir mein Nürnberger Anwalt den auf dieser Liste stehenden Prof. Dr. Herbert Schneider empfahl, entschied ich mich für diesen.

Am 19. Januar 1979 fand die mündliche Revisionsverhandlung vor dem I. Zivilsenat des Bundesgerichtshofes unter dem Vorsitzenden Richter Dr. Freiherr von Gamm und den vier Richtern Alff, Dr. Merkel, Dr. Schönberg und Dr. Zülch statt. Auch der Bertelsmann-Konzern hatte einen neuen, am BGH zugelassenen Anwalt engagiert. Dieser angesehene Rechtsanwalt war, bevor er sich in Karlsruhe niederließ, Justizminister in Schleswig-Holstein. Wie ich gehört hatte, soll er als solcher und als FDP-Mann sogar an dem seinerzeit so bekanntgewordenen FDP-Papier zur Trennung von Staat und Kirche mitgearbeitet haben. Das hinderte ihn bei seinem Plädoyer vor dem I. Zivilsenat des BGH aber nicht daran, die Gefahren an die Wand zu malen, die durch mein Buch nicht nur der Kirche, sondern - in schöner Eintracht mit ihr - auch dem Staat drohten. Wenn man nämlich genauer das Buch *Herren und Knechte der Kirche* lese, erklärte der Bertelsmann-Anwalt, dann finde man darin im Grunde auch gegen den Staat gerichtete Passagen. Möglicherweise hatte dieser Advokat das Argument der Staatsgefährdung ins Spiel gebracht, weil damals die Furcht vor staatsfeindlichen Terroristen besonders groß war. Schwerbewaffnete Polizisten waren mir ja auch auf dem Terrain des Bundesgerichtshofes begegnet. Das Argument schien also gut zur ganzen martialischen Atmosphäre zu passen.

Aber genau damit hatte sich der Bertelsmann-Anwalt verrechnet. Im Gerichtssaal waren während meiner Verhandlung Journalisten verschiedener Magazine und Zeitungen anwesend. Einer von ihnen, ein *Spiegel*-Journalist, der hinter mir saß, klopfte mir plötzlich bei dem Staatsgefährdungsargument gegen mein Buch auf die Schulter und flüsterte mir in etwa zu: »Jetzt hat er den Bogen überspannt, das nehmen ihm die Richter nicht ab. Es steht gut für Sie, so was bewirkt meist das Gegenteil«.

Beim Plädoyer meines eigenen Anwalts gab es immer wieder Lachsalven im Gerichtssaal. Selbst die ehrwürdigen fünf Senatoren da vorn schmunzelten bzw. verkniffen sich ein Lachen. Denn mein Anwalt las genüsslich und ironisch die Gerichtsurteile der Münchener »Kirchenprozesse« gegen mich vor. Auf sie hatte sich ja Bertelsmann stets berufen, um seine vorsorgende Voraussicht, mein Buch nicht herausbringen zu können, zu beweisen. Als ehrverletzend hatten doch LG und OLG München bereits verurteilt, dass ich die blendende Karriere eines Kirchenmannes damit begründete, dass er stets »ein so braver, stiller, demütiger junger Mann« gewesen sei, dass ich einen wild mit den Armen fuchtelnden anderen Kirchenmann als »Zappelphilipp« apostrophierte. (Von diesen Münchener Prozessen wird aber, wie schon angekündigt, im nächsten Kapitel ausführlicher die Rede sein).

Ich will mich hier beim letzten Stadium meiner Auseinandersetzungen mit dem mächtigen Bertelsmann-Konzern nicht mehr allzulange aufhalten, lasse also einige weitere Details weg und komme gleich zum Urteil und zur Urteilsbegründung des Bundesgerichtshofes. »Auf die Revision des Beklagten wird das Urteil des 3. Zivilsenats des Oberlandesgerichts Nürnberg vom 16. November 1976 aufgehoben. Der Rechtsstreit wird zur anderweitigen Verhandlung und Entscheidung, auch über die Kosten der Revision, an das Berufungsgericht zurückverwiesen«. So lautete das Endurteil des I. Zivilsenats des Bundesgerichtshofes, das nach der mündlichen Verhandlung am 19.01.1979 am 1. Februar 1979 verkündet wurde.

Nachdrücklich betonte der I. Zivilsenat des obersten Gerichtshofes in seinen »Entscheidungsgründen«, dass die Ausführungen des Berufungsgerichtes, nämlich des Oberlandesgerichts Nürnberg, die Klägerin sei gemäß § 325, Abs. 1 BGB zum Rücktritt berechtigt gewesen, weil der Beklagte anschließend einen neuen Verlagsvertrag über sein Manuskript mit dem Verlag Kiepenheuer & Witsch abgeschlossen habe, »einer rechtlichen Nachprüfung ... nicht standhalten«. Denn »den Urteilsfeststellungen lässt sich schon nicht entnehmen, dass die Klägerin aufgrund dieses späteren Verhaltens des Beklagten den - erneuten - Rücktritt vom Vertrag überhaupt erklärt hat (vgl. BGHZ 11, 80, 84, 86; BGH Urteil vom 18. November 1958 - VIII. ZR 148/57 - LM BGB § 326 (H) Nr. 4). Darüber hinaus liegt in dem Verhalten des Beklagten im Anschluss an die Rücktrittserklärung der Klägerin vom 11. September 1973 kein Grund für einen erneuten Rücktritt der Klägerin vom Vertrag: Der mit Schreiben vom 11. September 1973 erklärte Rücktritt der Klägerin war - wie dargelegt - nicht gerechtfertigt. Die Klägerin hat sich damit grundlos vom Vertrag losgesagt und dessen Erfüllung verweigert. Hierin liegt eine positive Forderungsverletzung der Klägerin. Die Klägerin, die über eine eigene Rechtsabteilung verfügt, und der alle erheblichen Umstände bekannt waren, hätte bei gehöriger Sorgfalt erkennen müssen, dass sie jedenfalls zum sofortigen Rücktritt ohne vorherige Fristsetzung nicht berechtigt war, sie handelte somit schuldhaft (§ 276 BGB).

Sie hat durch ihre eindeutige Rücktrittserklärung im Schreiben vom 11. September 1973, die anschließende Rücksendung des Manuskripts an den Beklagten sowie dadurch, dass sie in den folgenden Verhandlungen mit dem Rechtsanwalt des Beklagten in einem Telefonat vom 26. September 1973 sowie ihrem nachfolgenden Schreiben vom 23. Oktober 1973 auf ihrem Standpunkt beharrte, die Vertragserfüllung so hartnäckig verweigert, dass für den Beklagten ein weiteres Festhalten am Vertrag nicht mehr zumutbar und er berechtigt war, ohne vorherige Fristsetzung Schadensersatz wegen Nichterfüllung zu verlangen (vgl. u.a. BGHZ 11, 80, 84, 86; BGH Urteil vom 25. März 1958 - VIII. ZR 62/57 = LM BGB § 276 (H) Nr. 3). Das hat der Beklagte auch getan, und zwar schon in der telefonischen Verhandlung vom 26. September 1973 (vgl. das bereits erwähnte Schreiben der Klägerin an den Rechtsanwalt der Beklagten vom 23. Oktober 1973) sowie auch später im Verlaufe des Rechtsstreits (Schriftsätze vom 22. November 1974 und 9. Oktober 1976).

Durch die positive Forderungsverletzung der Klägerin und die Geltendmachung von Schadensersatzansprüchen seitens des Beklagten wurde das Vertragsverhältnis der Parteien umgestaltet. Die beiderseitigen Erfüllungsansprüche erloschen und an ihre Stelle trat der Anspruch des Beklagten auf Schadensersatz wegen Nichterfüllung (vgl. RGZ 135, 167, 170; BGHZ 68, 379, 380).

Der Beklagte war daraufhin nicht mehr verpflichtet, sein Manuskript weiterhin zwecks Vervielfältigung und Verbreitung für die Klägerin zur Verfügung zu halten. Er hat daher durch die anderweitige Verwertung seines Werkes auch nicht die Unmöglichkeit dieser Verpflichtung herbeigeführt.

Der Beklagte, der Schadensersatzansprüche geltend gemacht hatte, war überdies - worauf die Revision mit Recht hinweist - gehalten, seinen Schaden möglichst gering zu halten (§ 254 Abs. 2 Satz 1 BGB). Dieser Obliegenheit trug er durch die anderweitige Verwertung des Manuskripts Rechnung. Ein Recht zum Rücktritt entstand dadurch für die Klägerin nicht«.

Bertelsmann hatte sich auch vor allen drei Gerichtsinstanzen ständig auf die »vertragswidrige Beschaffenheit des Manuskripts des Beklagten« berufen, und auch das Nürnberger Berufungsgericht folgte dieser Bertelsmann-Version, obwohl es darin letztlich keinen berechtigten Grund für den Rücktritt Bertelsmanns vom Vertrag sah. Demgegenüber erklärte der Bundesgerichtshof in seinen »Entscheidungsgründen«:

»Das Berufungsgericht verweist nur allgemein auf Schilderungen von Ereignissen im Zusammenhang mit katholischen Professoren und Bischöfen sowie Zitate von Äußerungen dieser Personen, ohne im einzelnen anzugeben, welche Stellen in dem Manuskript des Beklagten es dabei im Auge hat. Der allgemeine Hinweis auf mehrere auf Unterlassung bestimmter in dem Buch des Beklagten enthaltener Behauptungen gerichtete einstweilige Verfügungen und Urteile führt in diesem Zusammenhang auch nicht weiter, denn diese gerichtlichen Verfahren richteten sich gegen den Inhalt der späteren beim Verlag Kiepenheuer & Witsch KG herausgekommenen Fassung des Buches des Beklagten, das unstreitig gegenüber dem der Klägerin vorgelegten Manuskript des Beklagten wesentliche Veränderungen aufweist. Außerdem hat das Berufungsgericht hierbei nicht berücksichtigt, dass nach seinen an anderer Stelle getroffenen Feststellungen der Beklagte nach der eingehenden Besprechung mit Rechtsanwalt Dr. Senfft bereit war, dessen - auf Beseitigung von Verletzungen der Rechte Dritter gerichtete - zahlreiche Änderungsvorschläge zu akzeptieren und sein Manuskript entsprechend umzuarbeiten; darüber, ob und ggf. welche Änderungsvorschläge des Zeugen Dr. Senfft Eingang in die später im Verlag Kiepenheuer & Witsch KG erschienene Fassung des Buches gefunden haben - die, wie erwähnt, allein Gegenstand der einstweiligen Verfügungen und Urteile war -, enthält das Berufungsgericht keine Feststellungen«.

»Vor allem aber hat sich das Berufungsgericht nicht in der erforderlichen Weise mit der Frage auseinandergesetzt, wie denn im vorliegenden Fall die vertragsgemäße Beschaffung des Manuskripts hätte aussehen sollen. Das Berufungsgericht ist ersichtlich der Meinung, dass hier nur eine solche Fassung des Manuskripts von vertragsgemäßer Beschaffenheit gewesen wäre, die die Gewähr geboten hätte, dass die Klägerin nicht - ernstzunehmenden - Unterlassungs- und Schadenersatzansprüchen der in dem Manuskript erwähnten Persönlichkeiten ausgesetzt worden wäre. Es kann hier dahinstehen, ob schon die durch den Inhalt des Werkes begründete

Gefahr straf- oder zivilrechtlicher Sanktionen die vertragsgemäße Beschaffenheit des Werkes in Frage stellen kann (vgl. RGZ 84, 294, 295; Bappert-Maunz § 31 VerlG Rdz. 4).

Jedenfalls wird das Berufungsgericht mit dieser allgemeinen Erwägung den besonderen Umständen des vorliegenden Falles nicht hinreichend gerecht. Schon hier hätte das Berufungsgericht den von ihm an anderer Stelle gewürdigten Umstand berücksichtigen müssen, dass nämlich, wie beiden Parteien von Anfang an klar war, ein äußerst ›brisantes‹ Werk im Entstehen war. Dies zeigt schon das ›Exposé‹ des Beklagten, das auch Grundlage des Verlagsvertrages vom 9. Dezember 1972 war (Dort § 2).

Mag auch in dem ›Exposé‹ noch das Problem des Zölibats im Vordergrund gestanden haben, so kommt doch auch schon dort zum Ausdruck, dass es dem Beklagten um eine Kritik an den ›Machtstrukturen der Kirche‹ ging, als deren eine Ausdrucksform er den Zölibat sah. Die Zölibatsproblematik trat zwar im weiteren Entstehungsprozess des Buches zu Gunsten einer allgemeineren und umfassenderen Darstellung der ›Herrschaftsmethoden‹ der katholischen Kirche zurück, gleichwohl konnte bei der Klägerin auch weiterhin kein Zweifel bestehen, dass das Buch des Beklagten eine äußerst scharfe, zum Teil provozierende Kirchenkritik enthalten würde, die geeignet war, heftige Reaktionen kirchlicher Kreise herauszufordern, dies um so mehr, als sie von dem Beklagten als einem Manne stammte, der kurz zuvor die römisch-katholische Kirche verlassen hatte. Der schon im Exposé enthaltene Programmzusatz von der beabsichtigten ›Enttabuisierung des geistlichen Standes‹ kehrt auch in der späteren Korrespondenz wieder (z.B. Schreiben des Verlagslektors Dr. G. an den Beklagten vom 11. Dezember 1972: ›... gewünschte Enttabuisierung des Priesterstandes ...‹).

Die Klägerin hat ferner unstreitig im Sommer 1973 das Manuskript des Beklagten verschiedenen Magazinen, unter anderem dem *Stern* und *Spiegel* zur Verfügung gestellt, die im August 1973 Berichte über das demnächst bei der Klägerin erscheinende Buch des Beklagten unter Herausstellung von angeblichen Liebesaffären namentlich benannter katholischer Theologen brachten und auf zu erwartende ›Proteste und Prozesse‹ hinwiesen.

Den *Spiegel*-Artikel vom 13. August 1973 übersandte die Klägerin mit für den Bezug des Buches werbenden Rundschreiben vom folgenden Tage (14. August 1973) an die Sortimenter; in den Rundschreiben heißt es u.a.: ›Was der *Spiegel* in dem beiliegenden Artikel berichtet, ist nur <u>ein</u> Aspekt des Buches, das vor allem die Herrschaftsmethoden und Machtstrukturen der katholischen Kirche aus der Sicht eines Betroffenen untersucht‹.

Es folgt der Hinweis auf die frühere Priestereigenschaft des Beklagten, seine Tätigkeit als ordentlicher Professor und Dekan der katholisch-theologischen Fakultät der Universität Wien und seinen Kirchenaustritt im Jahre 1972. - Im *buchreport* vom 24. August 1973, einem vertraulichen Informationsorgan für Verlage, Sortimente, Bibliotheken, Autoren, Presse und Werbung, warb die Klägerin mit einem vollständigen Abdruck der *Stern*-Berichtes für das demnächst bei ihr erscheinende Buch des Beklagten.

In den von der Klägerin entworfenen Klappentexten der Schutzumschläge für das geplante Buch - von denen nach der Behauptung der Klägerin allerdings nur fünf bis sechs Fahnenabzüge existierten - heißt es u.a.: ›dieser authentische und vielfach autobiografische Bericht eines Insiders ist seit Jahren der schärfste Angriff auf die katholische Kirche, ihre Machtstrukturen und ihre Moral. Er dokumentiert, was hinter der Fassade der Frömmigkeit und Nächstenliebe geschieht ...‹. Und ferner: ›die katholische Kirche wird dieses Buch nicht eben begeistert begrüßen, weil in ihm Dinge zur Sprache kommen, die sonst kaum durch die Mauern der Kirche und Pfarrhäuser dringen‹.

Nach allem wusste die Klägerin und nahm es in Kauf, dass das Buch des Beklagten eine scharfe, zum Teil provozierende Kritik von Zuständen, Institutionen und maßgebenden Persönlichkeiten der katholischen Kirche enthielt, die - nicht zuletzt infolge der vorbezeichneten Art der von der Klägerin vorab betriebenen Werbung - die Gefahr gerichtlicher Auseinandersetzungen mit den Betroffenen in sich barg.

Die Einschaltung des Hamburger Rechtsanwalts Dr. Senfft, den beide Parteien als in Presse- und Verlagsfragen erfahrenen Juristen einschätzten, konnte unter diesen Umständen nur dazu dienen, das Prozessrisiko in übersehbarem und erträglichem Rahmen zu halten, wie dies auch der Zeuge bei seiner Vernehmung zum Ausdruck gebracht hat.

Der Klägerin hingegen war, wie das Berufungsgericht an anderer Stelle festhält, das verbleibende Risiko bekannt, und sie versprach sich - wie auch ihre vorbezeichnete Werbung zeigt - von dem brisanten Inhalt des Werkes einen ›Knüller‹ und ein entsprechend gutes Geschäft. Bei diesem Sachverhalt reicht der pauschale Hinweis des Berufungsgerichtes auf Stellen ehrkränkenden Inhalts und von zweifelhaftem Wahrheitsgehalt in dem Manuskript des Beklagten sowie der weitere Hinweis auf die - anlässlich der später beim Verlag Kiepenheuer & Witsch KG erschienenen Fassung des Werkes - ergangenen gerichtlichen Verbote nicht aus, um die Feststellung vom vertragswidrigen Inhalt des vom Beklagten der Klägerin gelieferten Manuskripts zu tragen«.

Nach eingehender Auseinandersetzung mit allen weiteren wichtigen Punkten der Urteilsbegründung des Nürnberger Berufungsgerichts entschied der I. Zivilsenat des BGH: »Das Berufungsurteil kann danach keinen Bestand haben. Es war auf die Revision des Beklagten aufzuheben und diese Sache zur anderweitigen Verhandlung und Entscheidung an das Berufungsgericht zurückzuverweisen«.

Das ganze hartnäckig-hochnäsige Bestehen des Bertelsmann-Konzerns (über Jahre hinweg und vor drei Gerichtshöfen!) auf der Rückzahlung des Buchvorschusses von DM 50.000.-- nebst 13 % Zinsen, war also bei der letzten und höchsten bundesdeutschen Gerichtinstanz wie eine Seifenblase geplatzt. Und auch der erfolgsgewohnte und -verwöhnte Konzernherr Mohn konnte mir nun keine »generösen« Fristen mehr setzen, nach welchen ich diesen Vorschuss zurückzuzahlen hätte. In Bezug auf diesen Punkt führte der BGH aus:

»Die Vorschusszahlungen der Klägerin erfolgten in Erfüllung des Verlagsvertrages vom 9. Dezember 1972 (dort § 6 Nr. 7). Dadurch, dass die beiderseitigen Erfüllungsansprüche erloschen, ist der Rechtsgrund für die Vorschusszahlungen der Klägerin weggefallen. Innerhalb des an die Stelle des Vertrages getretenen Abrechnungsverhältnisses sind die von der Klägerin erbrachten Vorschusszahlungen - ohne dass es einer Aufrechnung des Beklagten bedarf - nur Rechnungsposten bei der Ermittlung des dem Beklagten entstandenen Schadens.

Ein Anspruch der Klägerin aus § 812 Abs. 1. Satz 2 BGB besteht nur, soweit der dem Beklagten durch die Erfüllungsverweigerung entstandene Schaden - den dieser darzulegen und zu beweisen hat - geringer ist als die erhaltenen Vorschusszahlungen (vgl. RGZ 135, 167, 170, 172; BGHZ 15, 333, 335/336; 68, 379, 380). Einem hieraus sich etwa ergebenden Bereicherungsanspruch der Klägerin steht dem Beklagten dann weiter der Entreicherungseinwand (§ 818 Abs. 3 BGB) offen«.

Mein Nürnberger wie mein Karlsruher Anwalt schlugen mir aufgrund dieser Ausführungen des 1. Zivilsenats des BGH sogar vor, eine Kostenrechnung über all die schlimmen Jahre der Auseinandersetzung mit dem Bertelsmann-Konzern und über die dadurch verunmöglichte Fertigstellung anderer Bücher durch mich aufzustellen. Auf diese Weise hätte ich sehr weitgehende Schadensersatzansprüche an diesen Konzern stellen können. Aber die Milde, die mir der Verlag in den Gerichtsprozessen stets verweigert hatte, indem er stur an seinen Behauptungen und Forderungen festhielt, diese Milde ließ ich ihm jetzt angedeihen: Ich verlangte keinerlei Zahlung des Konzerns an mich. Allerdings gebe ich zu, dass diese Milde auch bei mir keine Tugend war. Ich hatte lediglich die Nase gestrichen voll und wollte mit der ganzen Bertelsmann-Crew und -Geschichte nichts mehr zu tun haben.

Mir genügte es, dass der Bertelsmann-Konzern mit seiner Forderung an mich, den Buchvorschuss zurückzuzahlen, vor Gericht letztendlich kläglich gescheitert war, dass die Arroganz und der Hochmut eines Megakonzerns gegenüber einem Einzelnen nicht triumphiert hatten.

So kam denn folgende »Vereinbarung« zwischen den beiden Parteien, vertreten durch ihren jeweiligen Nürnberger Anwalt, am 29.05.1979 zustande: »Nach Verkündigung des Urteils des Bundesgerichtshofs vom 01.02.1979 - Aktenzeichen I ZR 13/77 - sind die Parteien übereingekommen, in einem zu Aktenzeichen 3 U 33/79 vor dem Oberlandesgericht Nürnberg zu protokollierenden Vergleich auf sämtliche gegenseitigen Ansprüche aus dem Vertrag vom 09.12.1972 über die Verfassung eines Manuskriptes unter dem vorläufigen Arbeitstitel *Küss mich, Priester* zu verzichten. Nach diesem Vergleich sollen die Kosten des Rechtsstreites mit Ausnahme der Mehrkosten, die durch die Anrufung des unzuständigen Landgerichts München I entstanden sind und die von der Klägerin getragen werden sollen, gegeneinander aufgehoben werden«.

Jetzt zeigte sich plötzlich (aber nach der Niederlage vor dem Bundesgerichtshof eigentlich verständlicherweise) der Verlag von sich aus zu einem finanziellen Zugeständnis bereit. Denn in Punkt II der »Vereinbarung« heißt es: »Unabhängig von dieser im Vergleich vorgesehenen Kostenregelung verpflichtet sich die Verlagsgruppe Bertelsmann GmbH, zum Ausgleich der Differenzbeträge zwischen den von der Staatskasse bereits erstatteten oder zu erstattenden Armenrechts-Anwaltsgebühren und den regulären Anwaltsgebühren einen Betrag von DM 10.200.-- auf das Postscheckkonto Nr. 18977-851 Postscheckamt Nürnberg des Prozessbevollmächtigten des Beklagten zu bezahlen. Die Firma Verlagsgruppe Bertelsmann verpflichtet sich ferner, den Beklagten von allen Forderungen der Staatskasse hinsichtlich der Gerichtskosten freizustellen und bereits verauslagte Beträge zu erstatten«.

Über den Ausgang der ganzen Angelegenheit mit dem Bertelsmann-Konzern war ich überaus glücklich. Wann erreicht denn schon mal ein finanziell Schwacher - noch dazu nach vielen deprimierenden Niederlagen - einen Sieg über einen übermächtigen internationalen Konzern? Bis dahin hatte ich ja vor bundesdeutschen, genauer allerdings: vor Bayerischen Gerichten, d.h. vor den Land-

und Oberlandesgerichten München und Nürnberg, nur Niederlagen erlebt, so dass mir das Urteil von Karlsruhe überhaupt erst den Glauben an die dennoch bestehende Möglichkeit gerechter Rechtsprechung durch die Justiz wiedergab. Wir werden im nächsten Kapitel nochmals sehen, wie selten eine solche gerechte Rechtsprechung stattfindet. Auch für die Rechtswissenschaft in der BRD war der Fall aufsehenerregend, denn Rechtszeitschriften und Universitätsseminare befassten sich eingehend mit diesem für Viele überraschenden Ausgang eines (wichtigen) Falles auf dem Gebiet des Verlagsrechts und der durchaus ganz singulären Sensation des Sieges eines Autors über einen Mediengiganten wie Bertelsmann [157)], der derart dominant im elektronischen und Printmediengeschäft tätig ist.

8. Kapitel
Inquisition im zwanzigsten Jahrhundert oder Zahlreiche Gerichtsprozesse von Kirchenmännern gegen ein Buch

In diesem Kapitel muss ich wieder ein wenig zurückblenden, und zwar in das Jahr 1973 und die folgenden. Nachdem mir der Bertelsmann Verlag mit Schreiben vom 11.09.73 seinen Rücktritt vom Vertrag über das Buch *Herren und Knechte der Kirche* mitgeteilt und die Presse darüber ausführlich berichtet hatte, meldeten sich wiederum einige Verlage, die das Buch unbedingt herausbringen wollten. An sich hatte ich zunächst erwartet, der Umstand, dass der Mediengigant Bertelsmann kalte Füße bekommen hatte, würde auf alle anderen Buchverlage abschreckend wirken. Aber die witterten im Gegenteil ein Geschäft mit dem »Sensationsbuch« und wollten es allen Hindernissen zum Trotz erscheinen lassen, natürlich - wie wir noch sehen werden - unter Berücksichtigung der von Presseanwalt Dr. Senfft vorgeschlagenen Änderungen (s. alles Nötige dazu im vorhergehenden Kapitel).

Das Rennen der Verlage um mein Buch machte dieses Mal der Verlag Kiepenheuer & Witsch. Als er sich um die Rechte für das Buch bewarb, dachte ich daran, dass dieser Verlag schließlich die sehr kritischen Bücher Bölls und Wallraffs herausgab, so dass mir hier wohl kein neuer »Verrat« im Sinne des Rücktritts des Verlags vom schon geschlossenen Buchvertrag drohen würde.

Der Geschäftsführer des Verlags, Dr. Reinhold Neven Du Mont, und eine Lektorin, Frau Dr. Renate Matthaei, kamen nach Kitzingen, wo ich damals noch wohnte, angereist und mir gefiel vor allem die Bemerkung, die sie machten, dass sie noch nicht ein so großer Mammutbetrieb wie Bertelsmann oder Rowohlt seien, so dass mein Buch bei ihnen individueller betreut werden würde als in diesen Großverlagen.

Die beiden lasen ein paar Stunden lang in meinem Haus in Kitzingen das Manuskript, aber eine letzte Entscheidung wollten sie dann doch nicht gleich treffen. Da ich am nächsten Tag um 11.00 Uhr schon wieder Vertreter eines anderen Verlags erwartete, verblieben wir beim Abschied so, dass sie mir bis zu diesem Zeitpunkt ihre Entscheidung, ob sie mein Buch nun herausbringen werden oder nicht, mitteilen sollten. Tatsächlich kam die Entscheidung pünktlich, und sie war positiv. Aber es herrschte Einvernehmen darüber, dass wir das nicht an die große Glocke hängen wollten und sollten. Niemand sollte vorzeitig wissen, dass das Buch *Herren und Knechte der Kirche* nun doch noch erscheinen würde. Daher dachte Dr. Neven Du Mont auch gar nicht daran, den fertigen Drucksatz meines Buches vom Bertelsmann-Verlag abzukaufen, obwohl Bertelsmann Geschäftsführer Paeschke nach dem Rücktritt seines Verlags vom Vertrag mit mir in Zeitungsinterviews den Satz zum Verkauf angeboten hatte. Das im Sinne der Änderungsvorschläge von RA Dr. Senfft (s. voriges Kapitel) umgearbeitete Manuskript wurde von einer abgelegenen Druckerei hoch oben im Norden unserer Republik gedruckt. Der Druck wurde mir nicht einmal zur Korrektur zugeschickt, sondern wir, d.h. meine Frau, ein Verlagslektor und ich lasen die Korrekturen am Ort der Druckerei. Man kann sagen, dass wir Tag und Nacht lasen, weil K & W das Buch möglichst bald erscheinen lassen wollte. Dadurch erklärt sich auch, dass trotz größter Sorgfalt von uns dreien eine ganze Reihe von Druckfehlern stehenblieb, wie ich später, als ich das druckfertige Buch vor mir hatte, schon beim Überfliegen einzelner Seiten feststellen musste.

Das Buch erschien Mitte November 1973 in einer Auflagenhöhe von 25.000 Exemplaren. Der Verlag Kiepenheuer & Witsch hatte es sozusagen ohne Vorankündigung an den Buchhandel ausgeliefert, so dass ein wenig später die Kirchenpresse von einer »Nacht- und Nebel-Aktion« sprach, durch die mein Buch plötzlich und überraschend auf dem Buchmarkt erschienen sei.

In etwa zeitgleich mit dem Buch erschienen großformatige Anzeigen, die für es warben, u.a. im *Spiegel*, in der *Zeit*, der *FAZ*, dem *Deutschen Allgemeinen Sonntagsblatt*, der *Süddeutschen Zeitung*, im *Münchener Merkur*, in der *Kölnischen Rundschau*, überhaupt praktisch in allen »überregionalen Zeitschriften und Zeitungen, sowie führenden Tageszeitungen«, wie mir der Verlag mitteilte. Dabei passierte dem stockkonservativen *Rheinischen Merkur*, der von den katholischen Bischöfen finanziert wird, das »furchtbare« Malheur, ebenfalls wie die eben erwähnten Blätter Werbung für mein Buch zu betreiben. Da musste doch schnellstens gegengesteuert werden.

In der Nr. 50 des *Rheinischen Merkur* entschuldigte sich denn auch das Blatt vor den Lesern für diese »Todsünde« der Werbung für das Buch eines Abtrünnigen. »Durch ein Versehen der Anzeigenabteilung des Verlags wurde in der Nr. 47 (23. November 1973) des *Rheinischen Merkur* eine Anzeige für Mynareks Buch *Herren und Knechte der Kirche* aufgenommen. Es erübrigt sich, das Buch zu rezensieren«. Seinem Verfasser fehle nämlich »jeglicher Ton einer gelösten Selbstironie«. Der ganze Artikel gegen mich trägt die Überschrift: *Die Inquisition des Herrn M.*

In den Augen der Chefredaktion des kirchentreuen *Rheinischen Merkur* musste es aber auch beinahe wie ein Sakrileg erscheinen, mit folgenden Worten für mein Buch geworben zu haben: »*Herren und Knechte der Kirche*, das Buch des ehemaligen Dekans der Wiener Universität und prominenten katholischen Theologieprofessors über die in Dogmatismus und Selbstgerechtigkeit erstarrten Formen kirchlicher Hierarchie. Das Buch für jeden, der sich über Reichtum, Macht und Politik der katholischen Kirche informieren will. Das Buch für alle kritischen Katholiken, die auch heute noch in der Hoffnung des zweiten vatikanischen Konzils leben«.

So oder ganz ähnlich lauteten auch alle Anzeigen in den anderen Zeitschriften und Zeitungen für *Herren und Knechte der Kirche.* Und die Schärfe dieser Anzeigentexte wurde sozusagen noch dadurch intensiviert, dass K &W innerhalb derselben Anzeigen meistens zugleich für das Buch von Engelmann und Wallraff *Ihr da oben- wir da unten!* [158)] warb, und zwar mit dem Text: »In die bestgeschützte aller Intimsphären eingedrungen ... der Machtzentren von Geld und Wirtschaft«.

Der Leser dieser Inserate musste sich gedrängt fühlen, Wallraff als Kritiker der (staatlichen) Gesellschaft und Mynarek als Kritiker der (kirchlichen) Gesellschaft in eine wesentliche Verbindung zu bringen. Aber ich möchte hier nur nebenbei anmerken, dass die Verbindung Engelmann-Wallraff-Mynarek in den Anzeigentexten ganz allein vom Verlag ausging. Ich wurde diesbezüglich überhaupt nicht gefragt und bemerkte diese Verbindung erst, als ich die Anzeigentexte in den Zeitungen las.

In der Pressekonferenz in Köln, auf der das Buch vorgestellt wurde, bescheinigte mir Verlagschef Reinhold Neven Du Mont in Gegenwart der anwesenden Journalisten, dass *Herren und Knechte der Kirche* »kein Buch des Hasses« sei. Es sei auch nicht eigentlich, wie nach den ersten Zeitungsveröffentlichungen befürchtet, ein »Sensationsbuch«. Dazu sei »das Thema viel zu ernst«. Wenn er, Neven Du Mont, sich entschlossen habe, dieses Buch zu machen, dann deshalb, weil »die Kirche immer noch ein sehr wirkungsvoller Bestandteil unserer Gesellschaft ist« und hierzu noch immer ein Informationsdefizit in der Bevölkerung bestehe; sodann auch deshalb, weil er »den Mut, die Zivilcourage« des Autors bewundere. Diese Gründe hätten auch dazu geführt, dass der Verlag Kiepenheuer & Witsch in gemeinsamer Anstrengung aller seiner Mitarbeiter das Buch in knapp zwei Monaten zwischen erster Kontaktaufnahme mit dem Autor und Auslieferung fertiggestellt habe [159)].

Ich selbst merkte in der Pressekonferenz ironisch an, dass mein Buch den »Fall Roms« wohl nicht bewirken werde. Aber es sei ein klares und eindeutiges Buch, das alle faulen Kompromisse ablehne und auch nicht in die diplomatische »Sowohl-als-auch-Dialektik« selbst der »fortschrittlichsten«, jedoch nicht aus der Kirche austretenden Theologen verfalle. Man könne das katholische System nicht wirklich verändern, wenn man zwar scharfe Kritik an ihm übe, letztlich aber in dieser absolutistisch-monarchischen Institution drinbleibe. Es genüge auch nicht, die geschichtlichen Missstände, die Fehler der Vergangenheit zu kritisieren. Man müsse auch rückhaltlose Aufklärung über die aktuelle Gegenwart der Kirche und der kirchlichen Stategien üben. Weil diese Gegenwart der Kirche und ihre Negativseiten in meinem Buch zur Sprache kommen, sei ja so viel gegen es unternommen worden, sei es letztlich vom Bertelsmann Verlag nicht herausgegeben und mit derart vielen brieflichen und telefonischen Drohungen im Falle seines Dennoch-Erscheinens bedacht worden.

In einem Interview [160)], das der auf der Pressekonferenz anwesende Journalist Wolf Scheller mit mir durchführte, fragte er noch u.a.: »Wollen Sie sich vielleicht mit Ihrem Buch an ehemaligen Kollegen rächen?«. Ich sagte ihm, dass ich mich nicht rächen wolle, dass aber jede Theorie grau sei, wenn sie nicht durch ganz konkrete Vorfälle gestützt werde. Und da hätten eben jene Kirchenmänner, bei denen ich Doppelmoral und Heuchelei festgestellt habe, herhalten müssen. Der Katholizismus sei ein Glashaus, das mit höchster Entrüstung reagiere, wenn es einmal ein bisheriger Insider wage, Steine darauf zu werfen. Die Kirche sei ein Getto, das auch noch die progressivsten Theologen umschließe. Wer es wage, daraus auszubrechen, lade in den Augen der Getto-Wächter ungeheure Schuld auf sich. Darum habe das bloße Faktum eines von einem »abtrünnigen« katholischen Theologieprofessor geschriebenen Buches über die Kirche so großen Ärger verursacht, und zwar schon allein durch seine Ankündigung, also noch relativ lange vor seinem wirklichen

Erscheinen.

Im Zusammenhang mit der Beschickung von Buchhandlungen mit meinem Buch durch den Verlag richtete der Verlagschef auch ein persönliches Schreiben an die Buchhändler, in dem er u.a. ausführte: *»Statt einer Humanisierung ihrer Herrschaftsformen haben sich die Machtstrukturen der stärker denn je zentral gelenkten römischen Kirche nur zunehmend verhärtet. Professor Mynarek, dessen Buch ›Herren und Knechte der Kirche‹ jetzt erscheint, ist einer der wenigen prominenten Theologen, die sich dieser Entwicklung widersetzt haben. Wegen seiner Unbeugsamkeit war er trotz seines hohen Amtes als Prodekan der Katholisch-Theologischen Fakultät in Wien unerträglichen Repressalien ausgesetzt, die ihn schließlich zwangen, aus der Kirche auszutreten. Seinen moralischen Prinzipien treu zu bleiben, war ihm wichtiger als seine Karriere innerhalb der kirchlichen Hierarchie. Diesen Mut, der ihm nur Diffamierungen eingebracht hat, bewundere ich an Hubertus Mynarek. Er war für mich ausschlaggebend, sein Buch ›Herren und Knechte der Kirche‹ zu veröffentlichen«.*

Auch mich bat Dr. Neven Du Mont um ein Wort an die Buchhändler mit kurzer Angabe der Gründe, warum ich dieses Buch geschrieben hatte. In dem ebenfalls an die Buchhändler versandten Text war diesbezüglich u.a. zu lesen: *»Ich schrieb mein Buch, um eine wirkliche Lücke in der Literatur zu schließen. Dieses Ziel glaubte ich erreichen zu können, indem ich anschaulich die Charaktere vorzustellen versuchte, die - gleichgültig ob als Herren oder Knechte, Manipulierende oder Manipulierte - Produkte eines Systems sind, an dessen Spitze ein absoluter Monarch steht, der sich Stellvertreter Gottes auf Erden nennt ... Mein Buch ist der Versuch, ein Stück moderner Theologie und Kirchengeschichte auf die relativ konkreteste Weise zu schreiben. Das in dem Buch vorgelegte Material dürfte Soziologen, Historikern, Psychologen und Psychoanalytikern interessante Bausteine zu einer Innengeschichte der Kirche liefern. Denn hier geht es nicht um die schön verpackte, aber mit der Wirklichkeit kaum identische Darstellung der katholischen Religion durch die Theologen, sondern um das, was unter dem Deckmantel und im Namen von Religion und Moral tatsächlich und oft sehr derb realistisch im katholischen Volk und Klerus aller Stufen vor sich geht«.*

In einem Postscriptum unter dem persönlichen Schreiben des Verlagschefs an die Buchhändler entschuldigte sich dieser, ihnen *Herren und Knechte der Kirche* »unverlangt« zugeschickt zu haben. Allerdings »nach Rücksprache mit Ihrem Vertreter« und »mit vollem Rückgaberecht«. Insofern war die »Nacht-und Nebel-Aktion«, von der kirchliche Kreise in diesem Zusammenhang sprachen, doch nicht so spektakulär.

Wohl am deutlichsten kommt das Anliegen von *Herren und Knechte der Kirche* in dem vom Verlag (nicht von mir) formulierten Klappentext auf dem Schutzumschlag meines Buches zum Ausdruck: »Trotz aller Versuche, das Buch von Hubertus Mynarek *Herren und Knechte der Kirche* nicht erscheinen zu lassen, liegt es jetzt vor und gibt die beste Antwort auf eine Kampagne, die durch erste aus dem Zusammenhang gerissene Veröffentlichungen in der Presse ausgelöst wurde. Im November vorigen Jahres hatten der Kirchenaustritt des Wiener Theologieprofessors und Prodekans der Katholisch-Theologischen Fakultät und sein kritischer Brief an Papst Paul VI. Aufsehen erregt. Das Aufsehen ist inzwischen ständig gewachsen, weil hier zum erstenmal ein Priester und Mitglied des kirchlichen Braintrusts wagte, die Deformationen innerhalb der Kirche nicht nur mit theologischer Scheindialektik zu umschreiben, sondern konkret beim Namen zu nennen. Als Betroffener und scharfsichtiger Beobachter legt Mynarek die pervertierenden Auswirkungen einer Hierarchie bloß, die ihren Machtanspruch durch das Unfehlbarkeitsdogma aufs äußerste verhärtet hat. Er weist nach, wie die Anpassungszwänge bis in die Persönlichkeitsstruktur der Theologieprofessoren hineinreichen und Möglichkeiten der Veränderung durch Heuchelei, Manipulation und ein permanentes Intrigenspiel verhindern. Von diesen Missständen sind alle betroffen, denn die Herrschaft der Kirche, auch das beweist Mynarek, reicht weit. Sein Buch, das einen intimen Einblick in den kirchlichen Machtkomplex unserer Gesellschaft verschafft, ist deshalb ein notwendiger Beitrag zur öffentlichen Information«.

Für die Presse war der Umstand, dass das Buch *Herren und Knechte der Kirche* nun doch noch erschienen war, eine echte Überraschung und Sensation. Unter der Überschrift *Das Skandalbuch des Ex-Priesters kommt doch* teilte der Kölner *Express* seinen Lesern mit: »Am Montag geht die Bombe hoch. Mit Spätzündung zwar, aber mit unverminderter Sprengkraft. Das schon seit langem heiß diskutierte Skandalbuch des Expriesters und Theologieprofessors Dr. Hubertus Mynarek (43), vom Verlagsriesen Bertelsmann angekündigt und zurückgezogen, ist vom Kölner Verlag Kiepenheuer & Witsch doch noch in die Buchläden geschleust worden. Ab Montag ist es in einer Erstauflage von 25.000 Stück in den Buchhandlungen zu haben ... In der Tat ist Mynareks ›Intimbericht aus dem Milieu der Theologieprofessoren und Bischöfe‹ (so Lektorin Matthaei) voller wuchtiger Säbelhiebe und Florettstiche gegen Kirchenobere ...« [161].

Nicht so reißerisch der *Spiegel*, der zunächst an seine beiden »Bertelsmann-Mynarek-Berichte (Nr. 33/1973; Nr. 38/1973) erinnerte und an die Entscheidung des Mediengiganten »wegen drohender Prozesse den ›seit Jahren schärfsten Angriff auf die katholische Kirche‹ ... zu unterlassen - obwohl der Text bereits gesetzt war und Mynarek einen Vorschuss von 50.000.-- Mark erhalten hatte«.

Er fuhr dann fort: »Vergangene Woche brachte Kiepenheuer & Witsch das Buch heraus - unter gleichem Titel, zum selben Preis ... aber um 100 Seiten kürzer. Heimlich hatte der Kölner Verlag vor sechs Wochen einen Vertrag mit Mynarek geschlossen, den Text neu setzen und in Schleswig-Holstein drucken lassen. In der Neufassung fehlt freilich das umstrittene Zölibatskapitel *(Zölibat nach Professorenart)* ganz, stattdessen wird angekündigt: ›Um sogar dem Schein vorzubeugen, für die Abfassung dieses Buches seien keine sachlichen Motive ... ausschlaggebend gewesen, erscheinen die Ausführungen dieses Kapitels ... in einem anderen Zusammenhang‹.

Vor Vertragsabschluss mit Kiepenheuer & Witsch hatte der Herausgeber der Würzburger Tageszeitung *Main-Post* ... Mynarek auf Initiative führender Kirchenkreise in seine Villa eingeladen, wobei er Gespräche mit dem Rektor der Universität Würzburg in Aussicht stellte, falls Mynarek von einer Veröffentlichung absehe und wieder zur Kirche zurückkehre« [162)].

Zwiespältig reagierte *Die Zeit*. Zwar anerkannte sie: »Ein Buch also, das wichtig ist auf all jenen Seiten, die scharfsinnig die ›Theorie der Tatsachen‹ vermitteln, die Analyse der Gruppen von ›Kirchengläubigen‹ etwa und ihrer zwangsläufigen Intoleranz, der Maßlosigkeit kirchlicher Ansprüche auf die Reglementierung jedweden menschlichen Verhaltens, des Scheincharakters von kirchlicher Freiheitsapologetik und der restaurativen Fortschrittsfeindlichkeit kurialer Würdenträger, der Verfilzung vor allem von kirchlicher und weltlicher Macht und der hinter allem stehenden Unfehlbarkeits-Borniertheit«. Es handle sich beim Buch *Herren und Knechte der Kirche*, das nun doch noch auf den Markt geworfen sei, um einen »sachlichen, konsequenten Aufriss dessen, was heute in und an der Kirche, in und an der Theologie, am Verhältnis von Kirche und Staat, Kirche und Wissenschaft, Kirche und Individuum, am Verhalten der Hierarchie und der Gemeinde, in der Diskrepanz zwischen Glauben und Wissen an Fehlentwicklungen zu beobachten ist«. Aber diese »präzise formulierten Analysen und Interpretationen« gingen letztlich doch unter »im Klerikertratsch«. Das Buch betreibe eine »Reformation durchs Schlüsselloch« [163)].

»Dialektisch« wie die Kritik der *Zeit* an meinem Buch war auch das weitere Schicksal der ersten Auflage von *Herren und Knechte der Kirche*. Einerseits fand sie höchstes Interesse in der Öffentlichkeit und kam in die von verschiedenen Magazinen erstellten Bestseller-Listen [164]. Andererseits wurde jetzt, vielleicht gerade wegen der großen Resonanz des Buches, eine neue Angriffswelle gegen es gestartet. Es begann damit, dass ein Münchener Rechtsanwalt mit dem Titel Lic. iuris. can. (Lizentiat des kanonischen, also kirchlichen Rechts) im Namen einiger sich durch mein Buch in ihrer Ehre angetastet fühlender Kirchenmänner beim Landgericht München angeblich 11 einstweilige Verfügungen gegen den Verlag K & W und gegen mich erwirkte. Ich sage »angeblich«, weil ich zunächst einmal nur über die Presse von jenen einstweiligen Verfügungen und davon, dass es 11 seien, erfuhr. Im allgemeinen gingen die Berichte über die 11 einstweiligen Verfügungen in praktisch allen bundesdeutschen Tages- und Wochenzeitungen auf eine längere Meldung der KNA, der Katholischen Nachrichten Agentur, vom 23. November 1973 (Nr. 273) zurück. Triumphal meldete die KNA auch, »dass das Mynarek-Buch jetzt zurückgezogen werden muss«, dass durch die einstweiligen Verfügungen seine »Verbreitung ... untersagt« und ferner angeordnet werde, dass der »bereits ausgelieferte Teil der Auflage dieses Buches zurückzuholen« sei. Diese Auflage sei vom Gericht dem Verlag K & W gemacht worden.

Groteske am Rande: Reinhard Mohn, nicht nur Eigentümer des Bertelsmann-Konzerns, sondern auch der Vereinigten Verlagsauslieferung (VVA), die durch den Vertrag mit Kiepenheuer & Witsch verpflichtet war, die Auslieferung meines Buches an die Sortimente und den Buchhandel zu besorgen, bekam zusätzlich zu der im vorigen Kapitel geschilderten, allerdings zeitlich späteren Niederlage vor dem Bundesgerichtshof auch hier Ärger mit meinem Buch. Denn er wurde, laut Mitteilung der KNA, vom Landgericht München verpflichtet, die Auslieferung meines Buches sofort zu stoppen.

Über diese Informationen der KNA hinaus wusste die *Frankfurter Rundschau* (FR vom 23.11.73) aber noch einiges mehr: Der Münchener Rechtsanwalt, Lic. iur. can., habe bei Bertelsmann bereits Erfolg gehabt, er habe nämlich erreicht, »dass die VVA Gütersloh ... das Mynarek-Buch, solange eine gerichtliche Verfügung existiert, nicht ausliefert«. Allerdings sei diese Vereinbarung, fügte das Blatt einschränkend hinzu, »nach Auskunft des Kiepenheuer & Witsch-Prokuristen gegenstandslos: Sämtliche Exemplare des Buches sind bereits in Köln und Gütersloh weg, also in den Buchhandlungen. Im Kölner Verlag hörte man von der Angelegenheit überhaupt zum erstenmal durch den FR-Anruf«.

Der emsige Lic. iur. can., »zugelassen«, wie er im Briefkopf gravitätisch vermerkte, »am Bayerischen Obersten Landgericht, am OLG, am LG München 1 und 2«, wandte sich daraufhin direkt in persönlichen Schreiben an die Buchhändler in der Bundesrepublik und verlangte von ihnen eine »Unterwerfungserklärung«. In diesem Schreiben (vom 05.12.73) droht der Anwalt der Kirchenmänner den Buchhändlern: *»Zur Vermeidung der Erwirkung entsprechend gerichtlicher Beschlüsse gegen Sie muss ich Sie daher bitten, innerhalb 3 Tagen* **(fettgedruckt)** *die anliegende Unterwerfungs-Erklärung an mich zurückzusenden oder gegebenenfalls mitzuteilen, dass Sie nicht im Besitz des beanstandeten Werkes sind. Die VVA R. Mohn, von der der größte Teil von Ihnen beliefert wurde, hat eine solche Erklärung bereits abgegeben«.*

Der Text der Unterwerfungserklärung, den jeder der Buchhändler unterzeichnen und dem Anwalt der Kirchenleute zurückschikken sollte, lautet: *»Ich (wir) verpflichte(n) mich (uns), das Werk Hubertus Mynarek, ›Herren und Knechte der Kirche‹, in der vorliegenden Auflage nicht zu vertreiben oder zu verkaufen, solange hiergegen Einstweilige Verfügungen oder sonstige gerichtliche Beschlüsse vorliegen. Für jeden Fall der Zuwiderhandlung zahle(n) ich (wir) eine Geldbuße von DM 1.000.-- an eine von Herrn Rechtsanwalt ... näher zu bezeichnende karitative Organisation«.*

Es entzieht sich meiner Kenntnis, ob (und wieviele) Buchhändler sich bereit fanden, diese »Unterwerfungserklärung« abzugeben. Jedenfalls reagierte der Verlag Kiepenheuer & Witsch mit einem Schreiben seines Chefs vom 07.12.73 an die Buchhändler auf die Art, wie sich der Anwalt der sich durch mein Buch beleidigt fühlenden Kirchenmänner an sie gewandt hatte. Das Schreiben von Dr. Neven Du Mont hat folgenden Inhalt:

»Mit Datum vom 5.12.1973 hat Herr Rechtsanwalt ..., München, einen Rundbrief an das Sortiment verschickt, den auch Sie möglicherweise erhalten haben. Zu diesem Rundbrief nimmt der Verlag wie folgt Stellung:

Es trifft zu, dass Herr ... gegen den Verlag und Herrn Professor Mynarek Einstweilige Verfügungen erwirkt hat. Hierbei handelt es sich aber um vorläufige Maßnahmen. Gegen diese Einstweiligen Verfügungen haben Autor und Verlag bei Gericht Widerspruch eingelegt. Es muss also in einem gerichtlichen Verfahren erst noch geklärt werden, ob diese vorläufigen Maßnahmen Bestand haben können. Wir möchten es Ihrer Entscheidung überlassen, ob Sie das Rundschreiben von Rechtsanwalt ... an uns weiterleiten, damit wir gemeinsam, falls Sie es wünschen, zu einer möglichen Stellungnahme kommen können. Herr ... hat Ihnen nicht einmal die Antragsteller und den genauen Inhalt der Einstweiligen Verfügungen bekanntgegeben. Wenn Sie hierzu Fragen haben oder überhaupt Rechtsauskünfte wünschen, so empfehlen wir Ihnen, sich mit dem Justitiar des Börsenvereins, Herrn Schmidt di Simoni, Telefon: Frankfurt 13061, in Verbindung zu setzen«.

Einige Buch-Magazine befragten in Kurz-Interviews verschiedene Buchhändler nach ihren Reaktionen auf die Forderung, eine »Unterwerfungserklärung« zu unterzeichnen. Fast alle waren entrüstet, einige empört über ein solches Ansinnen. Der Empörteste unter den Interviewten ließ sich fortreißen: »Die soll doch der Blitz im Scheißhaus treffen. Eine solche Unterwerfungsforderung ist mir ja nicht mal bei den Nazis widerfahren«.

Doch war der damalige Vorsteher des Börsenvereins des Deutschen Buchhandels, Verleger Dr. Ernst Klett, bereit, im *Börsenblatt* in einer öffentlichen Aufforderung dem deutschen Buchhandel nahezulegen, mein Buch nicht mehr zu verteilen oder zu verkaufen. Er wollte damit verhindern, »dass eine Unzahl von Buchhändlern in der Bundesrepublik mit gerichtlichen Verfügungen belegt« werden könnte [165)].

Aber wahrscheinlich schickte eine Reihe von Buchhändlern Exemplare meines Buches nicht an den Verlag zurück, selbst wenn sie vielleicht pro forma Unterwerfungserklärungen an den Anwalt der Kirchenmänner versandt hatten. Denn jetzt witterten sie ein noch größeres Geschäft mit dem heimlich unter der Ladentheke verkauften Buch, das als verbotenes noch attraktiver geworden war. Nur auf diesem Hintergrund wird nämlich die folgende Zeitungsnotiz einigermaßen verständlich: »Neuer Schritt gegen das Mynarek-Buch ... Das Landgericht München hat gegen eine große Münchener Buchhandlung eine einstweilige Verfügung erlassen, mit der der Buchhandlung unter Strafandrohung die Weitergabe und der Verkauf des Buches *Herren und Knechte der Kirche* von Hubertus Mynarek untersagt wird. Die Verfügung war von dem Münchener Rechtsanwalt ... in einem Musterfall beantragt worden, da der Verlag Kiepenheuer & Witsch (Köln) zur Befolgung der gegen ihn zu einem früheren Zeitpunkt erlassenen einstweiligen Verfügung bisher offenkundig nichts unternommen hatte« [166)].

Einige Buchhandlungen warben sogar weiterhin öffentlich für das Buch, z.B. die Buchhandlung Schwalvenberg in Dortmund mit dem Text: »Noch ein Restposten des in Österreich bereits verbotenen Buches eingetroffen! ... Das Buch des ausgetretenen Theologieprofessors wird auch in Deutschland vorläufig nicht wieder erscheinen. Zu haben bei der Buchhandlung Schwalvenberg ...« [167)].

Auch für die Vereinigte Verlagsauslieferung des Reinhard Mohn nahm der Fall Mynarek immer noch kein Ende. Der Verlag Kiepenheuer & Witsch und die VVA schoben sich laut Zeitungsmeldungen gegenseitig den »Schwarzen Peter« in Bezug auf die Frage zu, wer von beiden nun eigentlich gegenüber dem Gericht für den Vertrieb meines Buches und das gesamte Verkaufsgeschehen verantwortlich sei. Und der Anwalt der Kirchenmänner, der sich, wie wir im vorigen Kapitel sahen, gelobt hatte, Reinhard Mohn »am Krawattl gepackt« und zum Rücktritt vom Buchvertrag mit mir veranlasst zu haben, lamentierte, er bzw. die von ihm vertretenen Kirchenmänner seien möglicherweise vorsätzlich vom Bertelsmann -Konzern getäuscht worden [168)].

»Zwar kamen die Häscher beim Verlag zu spät - die Expeditionsfirma hatte bereits sämtliche Exemplare in den Handel gebracht«. So *Die Zeit* [169)]. Aber jetzt ging's manchen Buchhandlungen ans Leder. Nicht so sehr in der BRD, wohl aber in Österreich. Dort klagten zwei Wiener Kirchenmänner gegen das Buch wegen »Ehrenbeleidigung«. Die zuständige Kammer des Wiener Strafbezirksgerichts gab der Klage statt und ordnete eine Beschlagnahmung des Buches *Herren und Knechte der Kirche* an [170)]. Selbst Durchsuchungen von Wiener Buchhandlungen durch die Polizei sollen stattgefunden haben.

Das Tohuwabohu um das Buch wurde immer größer. Die Zeitungen brachten darüber die widersprüchlichsten Nachrichten. Die einen berichteten: »Theologenbuch bleibt im Lager« [171)]. Es dürfe also gar nicht ausgeliefert werden, und kein Buchhändler habe es in den Händen gehabt. Andere Zeitungen meldeten, das Buch sei zwar (noch) im Buchhandel, müsse aber aufgrund gerichtlicher Beschlüsse vom Verlag zurückgerufen und -geholt werden. Wieder andere, wie z.B. der Kölner *Express* (vom 23.11.1973), brachten die Aussage des Verlegers Neven Du Mont: »Die erste Auflage von 25.000 Stück ist ausverkauft«. Da gäbe es nichts mehr zurückzurufen und zurückzuholen.

Nochmals andere Blätter erklärten, es sei alles noch in der Schwebe. Das Münchener Oberlandesgericht werde erst am 28. Februar 1974 über die im Raum stehende Forderung entscheiden, »ob auch die im Buchhandel liegenden Exemplare vom Verlag zurückgerufen werden sollen - eine nach Aussagen von Verlagschef Neven Du Mont ›Entscheidung von grundsätzlichem Charakter für das Verlagswesen‹« [172)].

Zu all dem behauptete noch der gegnerische Anwalt, er höre seit dem 21.12.1973 täglich, einschließlich der Samstage, Sonntage und Feiertage, zum Teil in 30minütigem Abstand am Telefon, dass Studentenverbände bald gegen ihn demonstrieren würden. Teilweise auch, dass sie seine Wohn- und Kanzleiräume stürmen würden. Er verwahre sich gegen diesen »anonymen Telefonterror« mit seinen »massiven Drohungen«. Zugleich lenkte er den Blick der Strafverfolger »diskret« in eine bestimmte Richtung, denn »diese Anrufer haben über den neuesten Sachstand der Entwicklung Informationen, die nur den Verfahrensbeteiligten bekannt sind« [173)].

Hier wurde der Spieß offenbar umgedreht. Den unablässigen massivsten Telefonterror mussten nach meinem Kirchenaustritt meine Frau und ich jahrelang über sich ergehen lassen. Aber wenn ein der Kirche nahestehender Anwalt behauptet, Telefonterror werde gegen ihn angewandt, dann hat das in unserem Staat, zumindest in Bayern, offenbar mehr Gewicht. Jedenfalls ermittelten Staatsanwaltschaft und Kriminalpolizei gegen mich in dieser Sache wegen Nötigung und Körperverletzung, und das aufgrund einer anonymen Anzeige! Natürlich ohne Erfolg, ohne aber mir bis zum heutigen Tag die Einstellung des Verfahrens mitgeteilt zu haben.

Den ganzen Wirrwarr um mein Buch erhöhte der Anwalt der Kirchenmänner auch noch dadurch, dass er die Meldung über elf Einstweilige Verfügungen gegen mein Buch, die in praktisch allen Tageszeitungen und Wochenzeitungen stand, gegenüber der Presse richtigstellte: »Es handelt sich nicht um 11 Einstweilige Verfügungen, sondern ›nur‹ um 7; drei richten sich gegen Hubertus Mynarek, vier gegen Kiepenheuer & Witsch; nur in den letztgenannten vier ist der Rückruf bereits im Handel befindlicher Exemplare angeordnet« [174)]. Bei diesen ganzen Meldungen, Mitteilungen, Richtigstellungen etc. seitens des gegnerischen Anwalts, der KNA und verschiedener Kirchenzeitungen wurde ich an Kurt Tucholski erinnert, der mal gesagt hat: »Eine so gute Propaganda, wie sie die Kirche gegen die Kirche macht, können wir gar nicht erfinden. Wir sind aus der Kirche ausgetreten, weil wir es nicht länger mitansehen konnten. - Wir sind zu fromm«.

Durch die Einstweiligen Verfügungen war es bei Androhung von Geldstrafen »in unbeschränkter Höhe« oder Haftstrafen »bis zu sechs Monaten« verboten, die im Buch *Herren und Knechte der Kirche* befindlichen gerichtlich beanstandeten Behauptungen weiterhin aufrecht zu erhalten, zu verbreiten sowie die bereits im Handel befindlichen Exemplare zu vertreiben. Sowohl der Verlag Kiepenheuer & Witsch als auch ich legten gegen die Einstweiligen Verfügungen Einspruch ein. Wenn es nach mir gegangen wäre, hätte ich an sich den Einspruch ursprünglich gar nicht eingelegt. Mit der Beantragung Einstweiliger Verfügungen hatte der gegnerische Anwalt ja nur Erfolg bei Behauptungen in meinem Buch, die nicht die Substanz desselben betrafen.

Die ganze substantielle Kirchenkritik in meinem Buch blieb von den Einstweiligen Verfügungen unberührt. Es waren, wie später noch konkreter zu veranschaulichen sein wird, ironische Bemerkungen über einige Kirchenfürsten und Theologen, die dem Buch eine gewisse humorige Würze geben sollten, die aber von den Münchener Gerichten mit Einstweiligen Verfügungen bedacht worden waren.

Wie gesagt, ich hätte also gegen die Einstweiligen Verfügungen keinen Einspruch eingelegt. Die 25.000 Exemplare der ersten Auflage des Buches waren nach Aussagen Dr. Neven Du Monts ohnehin verkauft und in der zweiten Auflage des Buches hätte ich die gerichtlich beanstandeten Stellen einfach weggelassen bzw. durch weitere substantielle Kritik der kirchlichen Herrschafts- und Unterdrückungsstrukturen ersetzt. Auch der Verlagschef hatte ursprünglich, d.h. noch vor Erscheinen des Buches, einige Male vor mir erklärt, dass evtl. gegen es ergehende Einstweilige Verfügungen in der zweiten Auflage durch schwarze Balken übertüncht würden und das den Kaufeffekt des Buches noch erhöhen werde.

Wenn ich trotzdem gegen die Einstweiligen Verfügungen Einspruch einlegte, dann geschah es deswegen, weil der Anwalt der Kirchenleute mir [175)] ankündigte, er werde Schmerzensgeld- und Schadenersatzforderungen an mich stellen. Außerdem müsste ich in allen Zeitungen und Zeitschriften, in denen K & W »großseitige« Werbe-Anzeigen meines Buches veröffentlicht habe, »Unterwerfungserklärungen« drucken lassen. Allein schon das letztere wäre eine unerhörte Summe gewesen, denn mein Verlag hatte in sehr vielen Zeitungsmedien inseriert. Und dazu sollten noch Schmerzensgelder an die Kirchenleute und Theologen gezahlt werden, von denen jeder das Vier- bis Zehnfache meines »Einkommens« monatlich »verdiente«.

Ich bringe hier nicht noch das Argument an, dass ich Frau und Kinder zu unterhalten habe, während doch die »Eunuchen für das Himmelreich« (Uta Ranke-Heinemann) nur allein für sich Sorge tragen müssen. Denn in gar nicht so seltenen Fällen haben sie doch für ihren »heimlichen« Anhang zu sorgen, es sei denn, das Bischöfliche Generalvikariat greift ihnen diesbezüglich wegen ansonsten gezeigter besonderer Anpassungstreue unter die Arme [176)].

Da ich also die Einstweiligen Verfügungen zwar zu akzeptieren bereit war, sie jedoch keineswegs für ausreichend gravierend hielt, um damit Schmerzensgeldforderungen und Zeitungsanzeigen zu rechtfertigen, legte ich Einspruch bei Gericht ein. Und so kam es dann dazu, dass Inhalte der Einstweiligen Verfügungen zum Gegenstand der Hauptsacheklage gemacht wurden.

Um das Ergebnis gleich vorwegzunehmen: Sowohl der Verlag Kiepenheuer & Witsch als auch ich unterlagen in parallel laufenden

Zivilprozessen vor dem Münchener Land- und Oberlandesgericht in allen zur Verhandlung anstehenden Fällen. Insgesamt verlor ich in der Stadt des Erzbischofs und Kardinals Julius Döpfner und des nach eigener Darstellung stramm konservativ-katholischen Ministerpräsidenten Franz Josef Strauß 13 Gerichtsprozesse. In keinem einzigen Fall bekam der Verlag und/oder ich Recht.

Viele Münchener, die diese Gerichtsprozesse verfolgten, darunter auch Journalisten, sagten mir, dass kein Richter in dieser Stadt gewagt hätte, ein Urteil gegen die Kirche bzw. gegen irgendeinen ihrer Vertreter zu fällen. Dementsprechend forsch und selbstbewusst trat auch der Anwalt der Kirchenmänner vor den Schranken des Gerichts auf. Ihm setzten die Herren Richter nicht ein einziges Mal in den zahlreichen Verhandlungen eine Kritik an seinem Verhandlungsstil entgegen, bei meinen Anwälten bzw. mir hatten sie immer wieder mal etwas auszusetzen (bis hin zu dem schon oben erwähnten Krawattenzwang!).

Dem Verlag Kiepenheuer & Witsch nützte es in seinen parallel laufenden Zivilprozessen um mein Buch gar nichts, den Anwalt Dr. jur. Georg Romatka für sich verpflichtet zu haben, der bekanntlich des öfteren Franz Josef Strauß in Gerichtsverfahren juristisch vertreten hatte. Die Prozesse gingen alle trotzdem zugunsten der Kirchenleute aus.

Keiner von diesen ließ sich übrigens während der ganzen Zeit der laufenden Prozesse vor Gericht blicken. Hatten sie Angst, dem Gericht Rede und Antwort zu stehen hinsichtlich der von mir aufgestellten Behauptungen? Hatten Sie Angst, mit dem ehemaligen Kollegen konfrontiert zu werden? Oder sich bei ihren Antworten in Widersprüche zu verwickeln? Erstaunlich, dass sie auch alle auf denselben Anwalt, den schon erwähnten Lizentiaten iuris canonici, wohnhaft in München, gekommen waren, obwohl meines Wissens damals überhaupt nur ein einziger der gegen mich Prozessierenden in dieser Stadt wohnte.

Einer der gegen mich Prozessierenden sagte mir sogar, als ich ihm mal rein zufällig begegnete, er habe nichts gegen mich, er habe auch ungern gegen mich prozessiert. Aber sie hätten doch alle dem »Kirchenanwalt« die Vollmacht, Prozesse zu führen, geben müssen. Die Nichtunterzeichnung dieser Vollmacht wäre einem Schuldeingeständnis gleichgekommen. »Und Du weißt ja, wie wir dann in den Augen von Kardinal Döpfner und der anderen Bischöfe dagestanden wären!«. Dieser frühere Kollege deutete vor mir auch an, dass in Bezug auf die Prozesse gegen mich alles »zentralistisch dirigiert« worden sei.

Es war ohnehin nicht selbstverständlich, dass ausgerechnet ein

Münchner Anwalt alle Leute der Gegenseite vertrat und dass alle Prozesse vor Münchener Gerichten ausgetragen wurden [177]. Mein Buch war nicht in München (bei Bertelsmann, s. voriges Kapitel), sondern in Köln erschienen. Aber es ist gesetzlich zulässig, dass jeder Ort, an dem ein Buch von einem Käufer erworben wurde, prinzipiell als Gerichtsort fungieren kann. In seinen Schriftsätzen berief sich denn auch der gegnerische Anwalt darauf, mein Buch in der und der Münchener Buchhandlung erworben zu haben, weswegen München als Gerichtsort zulässig sei. Natürlich rechneten sich meine Gegner hier mehr Gewinnchancen gegen mich aus, was sich auch bald bestätigen sollte.

Worum ging es in den ganzen Gerichtsprozessen in München? Wie bereits kurz erwähnt: **um Randerscheinungen, nirgendwo um die Frage der Wahrheit meiner substantiellen Kritik an den Herrschaftsstrukturen und Machtstrategien der Kirche**. Auf 360 der 384 Seiten meines Buches *Herren und Knechte der Kirche* in seiner ersten Auflage befindet sich diese substantielle Kritik. Und keine dieser 360 Seiten wurde gerichtlich beanstandet. Auf den restlichen 24 Seiten finden sich, verstreut über das ganze Buch, einige teils saloppe, teils ironische, vielleicht auch - je nach Einstellung und Betrachtungsweise - ein paar verächtlich erscheinen könnende Bemerkungen über kirchliche Würdenträger und konservativ-anpasslerische Theologen.

Bei diesen Bemerkungen hakte der gegnerische Anwalt ein und klagte wegen angetasteten Persönlichkeitsrechtes, wobei es dann bei diesem grenzenlos weit fassbaren Begriff des verletzten Persönlichkeitsschutzes ganz auf die unkritische oder aber gesellschaftskritische Einstellung der Richter ankommt, ob sie den Tatbestand der Ehrverletzung für gegeben oder nicht gegeben ansehen.

Die Richter der mit meinem Buch befassten Zivilkammern des Landgerichts München I sahen ganz wie die »betroffenen« Herren der Kirche die heiligsten Güter der Nation und die höchsten Respektspersonen der Gesellschaft in den Schmutz gezogen, weil ich behauptet hatte, ein gewisser Kirchenmann habe eine »Fistelstimme«, ein anderer habe sich wie ein »Zappelphilipp« und »komischer Bruder« beim Habilitationsverfahren benommen; ein dritter sei trotz einer fragmentarisch unfertigen Schrift großzügig habilitiert worden, weil er »ein braver, stiller, demütiger und gehorsamer junger Mann« war, ein vierter habe seiner Hausdame eine Anstellung an der Universität besorgt; ein fünfter habe Angst davor, dass die Hierarchie sein Verhältnis im Sinne eines Zölibatsbruches auffassen könnte; ein mit stattlichen staatlichen Mitteln gefördertes theologisches Institut habe nicht produktiv gearbeitet; ein von einem bekannten Theologen im Auftrag der Bischöfe und in ihrem Sinn angefertigter Aufsatz sei von diesen mit einer hohen Geldsumme honoriert worden; und schließlich weil ich in einem Briefwechsel mit einem Bischof, der nach Ansicht des Gerichts nicht hätte veröffentlicht werden dürfen, die nötige Ehrfurcht vor ihm vermissen ließ.

Unter anderem bemängelte das Gericht in seinen »Entscheidungsgründen« gegen mich im zuletzt genannten Fall: »Es unterliegt keinem Zweifel, dass mit diesen Passagen der Kläger, der als Bischof ein Amt von besonderem Ansehen sowohl bei Katholiken als auch für Menschen außerhalb der katholischen Konfession bekleidet, in seiner Würde verletzt und in seinem Ruf geschädigt wird« [178].

Mein Anwalt schrieb dazu in einem Schriftsatz an das Gericht: *»Die Entscheidung beißt sich fest an der angeblichen Konstellation ›bayerischer Bischof ./. abgefallener Priester‹. Dies trifft nicht zu, insbesondere nicht für den allein maßgeblichen Zeitpunkt, in dem der Briefwechsel entstanden ist. Dieser wurde unter Ebenbürtigen geführt. Der Beklagte bekleidete das Amt des Dekans der katholisch-theologischen Fakultät der Universität Wien ... Es handelt sich bei dieser klaren Ausgangslage nicht um die Verteidigung der Kirche gegen ihre Feinde, sondern im Sinne Georg von Frundsbergs um ein immanentes ›Mönchsgezänk‹; und alle jene beflissenen Passagen der Entscheidung, die das Hohe Amt des Bischofs gegen einen Abtrünnigen und gegen das Prinzip der Abtrünnigkeit schützen wollen, sind absolut fehl am Platz«. »Leerformeln« seien die öfteren Wiederholungen in den »Entscheidungsgründen« der Richter vom »hohen und im ganz besonderen Maße angesehen Amt« eines Bischofs; das Amt des von den Richtern »so provokativ geschmähten Dekans der Theologischen Fakultät Wien ist auch ein ›hohes‹«.*

Gegen Ende seines Schriftsatzes erklärt mein Anwalt, dass »*die Begründung der Einstweiligen Verfügung eben weithin nicht als objektive Rechtsfindung, sondern als Widerspiegelung einer rabiaten Subkultur empfunden werden muss*«. Klartext gesprochen: Es geht um die rabiate Subkultur der Kirche, die zwar an Glaubwürdigkeit in der modernen Gesellschaft immens verloren, aber durch staatskirchliche Verfilzungen an Macht und Privilegien eher noch hinzugewonnen hat, weswegen auch kaum ein Richter couragiert genug ist, ein Urteil zu fällen, das diesen Machtverhältnissen zuwiderliefe.

In allen vorhin angegebenen Fällen wurde mir vom Landgericht München I »bei Meidung der höchst zulässigen Geld- oder Haftstrafe für jeden Fall der Zuwiderhandlung verboten«, im Zusammenhang mit den betreffenden Kirchenmännern die oben erwähnten Behauptungen aufrecht zu erhalten, zu verbreiten bzw. den Briefwechsel mit dem Bischof, »und zwar auch nicht teilweise« zu veröffentlichen.

Es war überhaupt den Richtern vor dem LG und OLG München nicht mal klarzumachen, dass mein Buch nicht aus dem Dutzend ironischer Randbemerkungen bestehe, dass es vielmehr eine nachweislich umfassende und grundlegende Kirchenkritik enthalte. Die Herren Richter glotzten auf diese, wie sie es nannten, »gravierenden Verunglimpfungen« kirchlicher Respektspersonen wie der Stier auf das rote Tuch und waren bei den zahlreichen Verhandlungen von meinen Anwälten und mir nicht dazu zu bewegen, in meinem Buch etwas anderes als ein aus niedrigen Motiven geschriebenes »Pamphlet« und »Skandalbuch« zu sehen. Mit Sicherheit haben sie in meinem Buch nur die vom Anwalt der Kirchenleute angegebenen Passagen gelesen, sonst nichts. Oder - weniger wahrscheinlicher Fall - sie haben zwar das ganze Buch gelesen, aber infolge ihrer kirchlichen Indoktrination und Prägung in der Kindheit ins Buch hineinprojiziert, was gar nicht drin steht oder gemeint ist bzw. gemeint sein konnte.

Obwohl es sich bei den »Ehrverletzungen« kirchlicher Würdenträger und anpassungsbeflissener Theologen um Bagatellsachen handelte, waren die *Schmerzensgelder*, die ihr Anwalt gegenüber dem Gericht von mir forderte, nicht von Pappe. Pro Kopf jedes sich durch mein Buch in seiner Ehre verletzten Kirchenmannes wurden zwischen 10.000.-- und 20.000.-- DM Schmerzensgeld von mir verlangt. Handelte es sich um einen Bischof - dessen Kopf ist teurer - waren es 20.000.-- DM Schmerzensgeld. In den anderen Fällen sollte ich »nur« 10.000.-- DM pro Person zahlen. Den »immateriellen« Schaden wollten sich also die »Herren der Kirche« in gar nicht geistig-geistlicher Weise durch massive materielle Zuwendungen kompensieren lassen.

Das Münchner Gericht setzte auf Antrag der Kirchenmänner unverhältnismäßig hohe Streitwerte für jeden Prozessfall fest. Sie beliefen sich zwischen 20.000.-- DM und 94.000.-- DM. Im Falle eines Bischofs wurde der Streitwert auf 94.000.-- DM festgesetzt. Im Falle eines Theologieprofessors und späteren Kardinals auf 74.000.-- DM. Im Falle eines anderen Theologen wurde der Streitwert angesichts seines hohen Bekanntheitsgrades auf 69.000.-- DM festgesetzt. Die hohen Streitwerte hatten die Kirchenmänner sicher nicht ohne Absicht beim Gericht beantragt. Und die Herren Richter, die den Anträgen Folge leisteten und die hohen Streitwerte endgültig festsetzten, mussten wissen, dass ich damit zusätzlich finanziell ruiniert wurde. Denn in Abhängigkeit von den Streitwerten werden ja die Prozesskosten und die Gebühren der Anwälte des Klägers und des Beklagten berechnet. Flugs hatte ich aufgrund der viel zu hoch festgesetzten Streitwerte die in meiner Lage gigantische Summe von über 50.000.-- DM Gerichts- und Anwaltskosten auf dem Hals.

Und selbst einer meiner eigenen Anwälte ließ seine Gebühren in einer Höhe von über 11.000.-- DM durch jahrelange Pfändung meiner österreichischen Rente eintreiben. Sogar vor Gericht hatte man ihm nahegelegt, die von mir an ihn zu zahlende Summe zu reduzieren, da die Eintreibung einer so hohen Summe angesichts meiner Finanzsituation nicht mehr moralisch zu verantworten sei. Seine Antwort war, dass das Moralische ihn hier nicht interessiere, und formaljuristisch sei er im Recht.

Vielleicht spielte die Tatsache, dass er katholisch war, bei seiner Unnachgiebigkeit eine Rolle. Als ich ihn als meinen Anwalt engagierte, hatte er eine diesbezügliche Frage von mir allerdings mit der Floskel beantwortet, er sei zwar katholisch, aber nicht praktizierend und keineswegs kirchlich motiviert.

Zu all dem kamen noch, wie bereits erwähnt, die vom gegnerischen Anwalt verlangten Veröffentlichungen von *Unterwerfungs- und Widerrufserklärungen* in der Presse, wozu ich allerdings nicht bereit war, weswegen ja scheinbar endlos gegen mich weiterprozessiert wurde. Auch sollte ich - laut Schriftsätzen des Anwalts der Kirchenmänner - neben dem Schmerzensgeldverlangen noch deren *Schadenersatzforderungen* »dem Grunde nach« anerkennen [179], wozu ich eben auch nicht bereit war.

Der gegnerische Anwalt intensivierte noch die niederdrückende Perspektive endlos weitergehender Gerichtsprozesse, indem er *weitere, neue Gerichtsverfahren* androhte. In einem Schreiben ans Gericht erklärte er ausdrücklich, die bisher »zum Gegenstand des einstweiligen Verfügungsverfahrens gemachten Äußerungen, Werturteile und falschen Tatsachenbehauptungen« seien »lediglich Teilaspekte. Die Inangriffnahme weiterer Tatbestände bleibt vorbehalten, ebenso die Inanspruchnahme für andere Personen wegen anderer Tatbestände« [180].

Hier sollte, wie ich das im 5. Kapitel deutlich gemacht habe, ein besonders abschreckendes Beispiel statuiert werden, um in meine Fußstapfen tretende Radikal-Kritiker der Kirche durch die Perspektive endloser Prozesse von vornherein zu entmutigen und zu entwaffnen. Und ich erinnerte mich in diesem Zusammenhang auch an die Voraussage des fränkischen Zeitungsverlegers, der als Delegierter Kardinal Döpfners und einiger anderer Kirchenmänner auftrat und mir angedroht hatte: »Wir werden Sie mit 30 und mehr

Prozessen überziehen und Sie werden dann, im Rinnstein liegend, um die Gnade winseln, wieder in die Kirche aufgenommen zu werden« [181].

Überhaupt schien die Strategie des Anwalts der Kirchenleute dahin zu tendieren, verschiedene behauptete Unterlassungsansprüche zu verschiedenen Zeiten geltend zu machen. »*Ich kann mich*«, schrieb deshalb der Münchener Anwalt des Verlags Kiepenheuer & Witsch an den Kirchenanwalt, »*dem Eindruck nicht verschließen, sehr geehrter Herr Kollege, dass dieses Verfahren nur von der Absicht getragen sein kann, möglichst viele Verfahren nacheinander anhängig zu machen. Sie werden verstehen, dass man sich über diese Art des procedere Gedanken zu machen hat*« [182].

Zur Strategie des Anwalts der Kirchenleute gehörte es auch, mir vor Gericht unlautere Motive bei der Abfassung meines Buches zu unterstellen. Ich hätte mein Buch nur aus Sensations-, Gewinn- und Rachsucht geschrieben. Und außerdem könne ich kein Deutsch, sei ich 1958 mit sehr mangelhaften Deutschkenntnissen in die Bundesrepublik gekommen und erst die jetzt von mir attackierten Theologen hätten mir in selbstloser Weise die deutsche Sprache richtig beigebracht. Angesichts solch wahrheitswidriger Behauptungen in den Schriftsätzen der Gegenseite sah ich mich tatsächlich genötigt, Zeugen beizubringen. Sehr bald nach meiner Übersiedlung in die BRD war ich in der Pfarrgemeinde St. Laurentius in Haltern/Westf. seelsorgerisch tätig gewesen. Ich fragte also den Pfarrer dieser Gemeinde, dem ich damals als Hilfsgeistlicher zugeordnet war, ob er bereit sei, eine Erklärung bezüglich meines damaligen »Sprachzustandes« abzugeben. Prompt antwortete er mit Schreiben vom 7.02.1974 an mich, er sei gern bereit, »*da man doch jeder Lüge gleich wie und wo zu Leibe rücken muss*«. Für das Gericht gab er folgende »Eidesstattliche Erklärung« ab: »*Von 1958 - 1959 war Herr Kaplan Dr. Hubertus Mynarek im Auftrage des Bischofs von Münster in der Gemeinde St. Laurentius in Haltern/Westf., der ich als Pfarrer vorstand, auf ein Jahr tätig. Bei der Vielfalt seiner Arbeit war es die Tätigkeit des Predigens, die ihm besonders lag. Seine Sprache war geläufig, gewählt und ohne Akzent. Die Gläubigen hörten ihn gern. Wenn eine andere Meinung hinsichtlich seiner deutschen Sprache besteht, gebe ich gern zur Richtigstellung diese Erklärung ab*«.

In anderen Fällen hatte ich mit den Zeugen weit weniger Glück. In der Frage der Überhonorierung eines hierarchiekonformen Aufsatzes eines Theologen durch die Bischöfe hatte ich den Abt eines großen Stifts und einige Professoren und Dozenten der Philosophie und Geschichte gebeten, ihre Aussagen zu machen, weil sie bei dem Gespräch zugegen waren, in welchem der Abt »aus sicherer Quelle« Entsprechendes berichtet hatte. Aber plötzlich hatten alle einen Blackout. »Ich kann mich nicht erinnern«, »ich kann mich nicht entsinnen« - lauteten die fast gleichlautenden Antworten der angeschriebenen Herren. Einige leugneten sogar, dass diese Sache Gesprächsgegenstand gewesen sei.

Ein einziger, ein bekannter und angesehener Philosoph, gab nach Rücksprache mit dem Abt und einem Kollegen wenigstens zu, dass über die Sache gesprochen worden war. Seine briefliche Erklärung war aber so gewunden, dass auch damit vor Gericht nichts anzufangen war: »*Sie erinnern sich alle nicht mehr genau, wovon damals die Rede war. Meines Wissens war lediglich von sehr hohen Vortragshonoraren ›dieses Theologen‹ die Rede. Davon hatte jedenfalls auch der Abt gehört. Er könnte aber auch in dieser Hinsicht heute nicht mehr seine Gewährsmänner nennen*«.

Schon im 5. Kapitel des vorliegenden Buches, teilweise auch im 6., habe ich darüber geschrieben, dass nicht wenige Professoren der Philosophie nicht gerade Helden sind, wenn ihnen Scherereien mit der Amtskirche drohen oder auch nur als vage Eventualitäten am Denkhorizont erscheinen. In der jetzt besprochenen Angelegenheit ist es jedenfalls sehr seltsam, dass die am damaligen Gespräch Beteiligten - alles Leute von hohem intelektuellem Zuschnitt - durch die Bank eine gemeinsame und universale Erinnerungslücke in Bezug auf denselben Gegenstand aufwiesen. Enttäuscht schrieb mir mein Anwalt angesichts dieser Erinnerungslücken: »*Bei einer Vernehmung vor Gericht muss damit gerechnet werden, dass sich die Herren ebenfalls nicht erinnern können*«.

Trotz all dieser negativen und enttäuschenden Geschichten widerfuhren mir doch von Zeit zu Zeit ganz großartige und unvorhergesehene Glücks- »Zufälle«. Dazu gehört z.B., dass ich Versäumnisurteile der Münchener Gerichte gegen mich in wahrhaft allerletzter Minute abwenden konnte. Die näheren Umstände will ich etwas ausführlicher schildern. Der vorhin schon erwähnte Anwalt von mir, der sein Honorar per Pfändung eintreiben ließ, hatte mir zuvor ein Ultimatum gestellt: Wenn ich nicht innerhalb einer Frist von zwei Wochen 11.000.-- Mark überwiese, würde er sein Mandat niederlegen. Woher sollte ich in meiner Situation so viel Geld hernehmen? Das Risiko, in eine Bank einzubrechen, wollte ich wegen dieser Forderung nun doch nicht eingehen.

Die Frist verstrich also, und ich hatte keinen beim LG und OLG München zugelassenen Anwalt mehr. Aber der sein Mandat niederlegende Advokat hätte wenigstens noch die humane Pflicht empfinden müssen, mir den nächsten Gerichtstermin mitzuteilen, denn die Benachrichtigung, wann ein solcher stattfindet, wurde vom Gericht stets über den Anwalt mitgeteilt. Es ist nun einmal leider so in der bundesdeutschen Gerichtsbarkeit, dass man bei Zivilprozessen einen Anwalt braucht, auch wenn man sich bei guter Kenntnis der Materie selbst verteidigen könnte und es wesentlich weniger kosten würde. Hinzu kam, dass ich in diesem speziellen Fall die sich auf über 11.000.-- DM belaufende Geldforderung des betreffenden Anwalts und seines Compagnons für unangemessen hielt. Hatte ich doch praktisch alle Schriftsätze geschrieben und er sie lediglich nach Umformulierung winziger Details bei Gericht eingereicht.

Ein einziges Mal war er bei einer kurzen Gerichtsverhandlung aufgetaucht und hatte dabei so gut wie nichts zu meiner Verteidigung gesagt. Dafür erzählte er sich in der Verhandlungspause um so mehr Witze mit dem gegnerischen Anwalt. In anderen Fällen, ein oder zweimal, vertrat ihn bei der Gerichtsverhandlung sein junger, in meinem Fall völlig ahnungsloser Compagnon. In all diesen Gerichtsverhandlungen verteidigte ich mich also weitgehend selbst, wenn mir die Richter nicht gerade das Wort entzogen, was sie oft genug taten.

Wie gesagt, ich erhielt keinerlei Nachricht bezüglich eines wieder anstehenden Gerichtstermins. Das bedeutete aber Versäumnisurteile mit vielen tausenden DM Geldstrafe für den Fall, dass mich kein Anwalt bei diesem Termin vertrat.

Es war ein Montag, ich saß am Vormittag an meinem Schreibtisch. Da erfasste mich eine seltsame Unruhe. Mir fiel ein, dass ich schon ungebührlich lange keine Vorladung zu einem Gerichtstermin erhalten hatte. Sonst konnte ich mich nämlich auf eines absolut verlassen: Auf die regelmäßig bei mir eintreffenden Gerichtsvorladungen in puncto Kirchenprozessen. Daran, dass die Frist, die mir der Anwalt gesetzt hatte, abgelaufen sei und er so fies sein könnte, mir den Gerichtstermin nicht mitzuteilen, dachte ich in diesem Moment überhaupt nicht.

Ich rief dann aber doch im Münchener Justizgebäude am Lenbachplatz an, ob ein Gerichtstermin für mich ausgeschrieben sei. Aber obwohl ich es bei mehreren Stellen innerhalb des Gerichts versuchte, konnte oder wollte mir keine einzige eine Information geben. Kurzentschlossen setzte ich mich in meinen alten VW-Käfer und düste die knapp 300 km von Kitzingen nach München.

Auf einer Tafel im Justizgebäude war tatsächlich mein Gerichtstermin angezeigt. Aber ich musste ihn verpasst haben, denn es war derselbe Tag, an dem ich gegen 13.30 Uhr in München ankam. Jedoch die Gerichtsverhandlung hatte laut Tafelanzeige bereits um 10.30 Uhr begonnen, musste also längst vorüber sein. Zum Glück traf ich einen der drei mit meinem Fall befassten Richter, und der erklärte mir, dass die Verhandlung auf 14.00 Uhr verschoben worden sei, weil der gegnerische Anwalt darum gebeten habe. »Nur wird Ihnen, Herr Mynarek, das nichts nützen«, fügte er eiskalt hinzu. »Sie haben ja keinen Anwalt mehr«. »Woher soll ich«, fragte ich ihn, »in der kurzen Zeit bis 14.00 Uhr einen neuen Anwalt herbekommen?«. Er solle doch Gnade vor Recht ergehen lassen und mir erlauben, mich selbst vor Gericht zu verteidigen. Er wisse doch aufgrund der vorausgegangenen Verhandlungen, dass ich meine Sache recht gut kenne. »Das geht nicht, und das kommt auch gar nicht in Frage! Wenn Sie ohne Anwalt erscheinen, kriegen Sie ein Versäumnisurteil, und die Versäumnisstrafe wird bei den zahlreichen Prozesssachen von Ihnen kaum unter 20.000.-- DM liegen«.

Ich war verzweifelt. Wider alle Hoffnung und ohne noch selber an die Möglichkeit eines diesbezüglichen Erfolgs zu glauben, sprach ich alle möglichen Leute auf den Korridoren des Justizgebäudes an und fragte sie, ob sie vielleicht Anwälte seien. Aber ich bekam nur erstaunte Gesichter zu sehen und negative Antworten zu hören. Ich wollte schon aufgeben, da sah ich einen jungen, energisch aussehenden Mann ins Gebäude eintreten. »Bei dem versuche ich es noch das letzte Mal. Nachher ist es ohnehin zu spät«, sagte ich mir, denn es war inzwischen fast 14.00 Uhr geworden.

Unsere kurze kuriose Unterhaltung lief in etwa so ab: »Sind Sie Anwalt?«, fragte ich. »Ja, aber was geht Sie das an?«, lautete die Gegenfrage. »Könnten Sie mich vertreten? Ich habe jetzt gleich um 14.00 Uhr einen Termin. Und wenn ich ohne Anwalt erscheine, brummt mir das Gericht Versäumnisurteile auf«. »Sagen sie«, antwortete der junge Mann, »Sie sind wohl nicht ganz bei Troste. Vorher hatten Sie wohl keine Zeit, sich einen Anwalt zu besorgen. Außerdem habe ich jetzt selbst einen Termin, also halten Sie mich nicht auf«.

Er hatte vielleicht meine grenzenlose Enttäuschung bemerkt. Denn schon im Weitergehen fragte er noch: »Wie heißen Sie denn überhaupt?«. »Mynarek, Mynarek. Den Namen habe ich doch irgendwo schon mal gelesen. Kann es sein, dass der *Spiegel* über Sie im Zusammenhang mit Kritik an der Kirche berichtet hat?«.

Als ich bejahte, riet er mir: »Passen Sie mal auf, gehen Sie jetzt zu Ihrem Termin und machen Sie jedes nur mögliche Theater. Tun Sie alles Mögliche, um nur auf jeden Fall zu verhindern, dass der Prozess richtig beginnt. Vielleicht schaffe ich es, in 15 oder 20 Minuten mit meiner eigenen Verhandlung fertig zu werden. Dann komme ich und vertrete Sie«.

Was soll ich sagen? Ich stand bei meiner Verhandlung auf, setzte mich wieder, stand wieder auf, rief dazwischen, unterbrach die Rede des gegnerischen Anwalts, wurde zur Ordnung gerufen und schaffte es tatsächlich, die Richter so lange hinzuhalten, bis der junge Anwalt kam. Der hatte kaum eine Ahnung von meinem Fall. Ich schob ihm schnell die Unterlagen mit den schon ergangenen Urteilen der Münchener Richter gegen mich und ihren Entscheidungsgründen zu. Er blätterte sie schnell durch, grinste und lachte dabei immer wieder mal kurz auf, was den ehrwürdigen Herren Richtern da vorn nun aber gar nicht gefiel, so dass sie sich das verbaten. Aber der große Respekt, den meine bisherigen Anwälte dem Gericht gegenüber an den Tag gelegt hatten, fehlte meinem jungen, unbekümmerten Anwalt ganz und gar.

»Dieses Lachen«, entgegnete er den Herren Richtern, »werden Sie ja wohl als das kleinere Übel akzeptieren müssen. Denn wenn ich mit diesen Harmlosigkeiten, für die Sie Herrn Mynarek verurteilt haben, an die Presse gehe, sind Sie doch in ganz München blamiert«. Interessanterweise wussten die Richter darauf nichts zu entgegnen.

Am enttäuschtesten ob des Doch-noch-Erscheinens eines Anwalts aber war der Advocatus Lic. iur. can. der Kirchenmänner. Er hatte fest mit den Versäumnisurteilen gegen mich gerechnet, und damit einen weiteren Schritt zu meinem endgültigen finanziellen Ruin erwartet und war jetzt total von den Socken. Wollte auch partout den Ad-hoc-Anwalt, der ihm sein Konzept so brüsk, so abrupt und doch so gründlich vermasselt hatte, nicht akzeptieren. Aber da war nichts zu machen. Die Versäumnisurteile gegen mich wurden in buchstäblich letzter Minute abgewendet.

Ich empfand das Ganze fast wie ein Wunder. Das waren ja alles Leute, die sich für gute, überzeugte Christen hielten, die da jahrelang gegen mich prozessierten. Ihr Anwalt hielt sich für einen Verteidiger des Christentums, und auch mein Anwalt und sein Compagnon, die mich beinahe in Versäumnisurteile und -strafen hineinschlittern ließen, waren katholische Christen, zumindest dem Lippenbekenntnis nach. Überhaupt halfen mir in den langen und schweren Zeiten meiner zahlreichen Gerichtsprozesse Agnostiker und Atheisten, die doch an keinen Lohn im Himmel glauben, viel tatkräftiger als die Christen, bei denen ich damals schon dankbar war, wenn sie mir mit Worten Gerechtigkeit widerfahren ließen. Denn die meisten von ihnen sahen in allem, was ich sagte und tat, reines Teufelswerk und in den Gerichtsurteilen gegen mich die strafende Hand Gottes.

Ja, und da war nun dieser junge Anwalt, der mir geholfen hatte und die Versäumnisurteile gegen mich abwendete. Es war paradox: Er war Kommunist und Atheist, und er sagte mir, dass ihn Glaubensfragen oder gar das Theologengezänk vor Gericht nicht im geringsten interessiere. Aber er hatte mir aus reiner, keineswegs religiös motivierter Menschlichkeit geholfen. Und obwohl er mich dann weiterhin vor Gericht vertrat und beriet, verlangte er, der selber als Anwalt erst eine ganz kleine Praxis hatte und noch an seiner Promotion arbeitete, nichts, im ganz wörtlichen Sinne nichts von mir, obwohl er das Honorar von mir wirklich gebraucht hätte. (Als es mir später finanziell etwas besser ging, überwies sich ihm ganze 800.-- DM. Mehr hat er von mir überhaupt nicht bekommen!).

Und da waren im genauen Gegenteil dazu der christkatholische Anwalt und sein christkatholischer Compagnon, die mir Versäumnisurteile aufgebürdet hätten.

In diesem Zusammenhang muss ich noch ein Schreiben meines jungen Anwalts vom 07.02.1975 an die 9. Zivilkammer des LG München I erwähnen, das ein bezeichnendes Licht auf Einstellung und Verhalten der beiden christkatholischen Anwälte wirft. In diesem Schreiben wendet sich mein Anwalt gegen die Kostenfestsetzungsanträge der beiden christkatholischen Kollegen und führt dazu u.a. aus:

»Die Herren Kollegen haben kurz vor dem Verhandlungstermin vom 06.11.1974 in allen Angelegenheiten ihr Mandat niedergelegt. Als Gründe hierfür wurden dem Unterfertigten vom Mandanten und den Herren Kollegen übereinstimmend genannt: 1. Der Mandant habe den geforderten Vorschuss nicht erbringen können. 2. Als Katholiken seien die Herren Kollegen durch die Vertretung des Mandanten Gewissenkonflikten ausgesetzt. 3. Den Herren Kollegen gegenüber habe sich der Mandant über den rangmäßig höherstehenden klägerischen Bischof abfällig geäußert und dadurch sein eigenes Nest beschmutzt.

Nachdem dieser - hier keineswegs zu kritisierende - Standpunkt nicht zu den gerade dann erwägenswerten Anerkenntnissen ... oder Vergleichen geführt hat, sind in allen Angelegenheiten die vollen Gebühren und Kosten entstanden. Eine Zahlungsaufforderung mit der gleichzeitigen Androhung einer Mandatsniederlegung nach Ablauf einer bestimmten Frist hat der Mandant nie erhalten. Einen anderen Prozessbevollmächtigten konnte der Mandant in der Kürze der Zeit und im bereits kahlgepfändeten Zustand insbesondere unter den in kirchlichen Verhältnissen bewanderten Kollegen nicht gewinnen und geriet an den Unterfertigten durch einen Zufall eine Viertelstunde vor Terminbeginn. Im Termin hielt der Klägervertreter Versäumnisurteile in allen Angelegenheiten bereits für gesichert und bedauerte seither mehrmals mündlich und schriftlich, das unerwartete ›Dazwischentreten‹ eines Anwalts. Dieses war aber sachdienlich und not-

wendig. Die dadurch grundsätzlich in voller Höhe erwachsenen weiteren Anwaltskosten sind Schadensfolgen einer Mandatsniederlegung zur Unzeit.

Da gegen den Mandanten wegen des Kirchen-Buches bereits Forderungen von über DM 80.000.– vollstreckbar sind, wäre es zur Meidung eines Konkurses unerlässlich und im übrigen gerecht, zusammen mit dem Unterfertigten von einem gemeinsam erzielten Prozessergebnis, von einer für den Mandaten tragbaren gemeinsamen Gebührenrechnung auszugehen ... Nachdem die Herren Kollegen, die bereits am 6. und am 7. 11.75 wegen anderer titulierter Kostenforderungen in derselben Sache in das Vermögen und den Hausrat des Mandanten und seiner Gattin pfänden ließen, sich nicht bereit gefunden haben, hierüber - mit welchem Ergebnis auch immer - überhaupt in Verhandlungen einzutreten, bleibt dem Mandaten nur die Möglichkeit, die durch die unzeitgemäße Mandatsniederlegung in mindestens gleicher Höhe erwachsenen weiteren Anwaltskosten als Gegenforderung geltend zu machen. Diese Geltendmachung kann ausschließlich als gebührenrechtliche Einwendung erfolgen, da der Mandant im Hinblick auf den sonst unabwendbaren Konkurs sinnlose Prozesse nicht führen kann und will«.

Auch gegen die hohen, vom Gericht festgesetzten Streitwerte legte mein neuer Anwalt Beschwerde ein. Allerdings ohne Erfolg!

Es spricht Bände über die Atmosphäre in den mit meinem Fall befassten Zivilkammern des Münchener Landgerichts I und OLG München, wenn ich in diesem Zusammenhang noch erwähne, dass mein junger Anwalt (wie gesagt, ein überzeugter Atheist und Kommunist!) mir riet, vor Gericht nachdrücklich und eindringlich zu betonen und darauf zu bestehen, dass ich »christlicher« Theologe geblieben sei, dass ich lediglich Kritik an gewissen Machtexzessen der Kirche üben wollte: »Verbünden Sie sich nicht mit Sekten, nicht einmal mit Freikirchlichen, Freireligiösen oder Freigeistern. Lassen Sie sich nicht als Abgefallener abstempeln. Sonst haben Sie vor den mit Ihrem Fall befassten Zivilkammern nicht die geringste Chance«, sagte er sinngemäß. Selbst bei den meisten Presseorganen würde ich durchfallen, meinte er, wenn ich mich nicht mehr als »christlicher Theologe« apostrophierte.

Die Kuriosität der Münchner Gerichtsurteile gegen die erste Auflage des Buches *Herren und Knechte der Kirche* wurde mir auch noch einmal dadurch drastisch deutlich, dass mein Karlsruher Anwalt im Rahmen des im vorigen Kapitel geschilderten Prozesses Bertelsmann gegen Mynarek dem I. Zivilsenat des Bundesgerichtshofes die Passagen in meinem Buch vorlas, die von den Münchener Gerichten beanstandet worden waren. Als die Stellen mit »Zappelphilipp«, »komischer Bruder«, »Fistelstimme«, »stiller, braver demütiger junger Mann« usw. vorgelesen wurden, lachte der ganze Saal schallend, und selbst die ehrwürdigen Herren Senatoren konnten sich eines ironischen Schmunzelns nicht erwehren. Kein Zweifel, ich hätte gegen die Münchener Urteile vor den Bundesgerichtshof gehen müssen, so wie ich das einige Jahre später mit Erfolg gegen den Bertelsmann-Konzern getan habe.

Aber ich war damals vom »Gerechtigkeitsempfinden« der Münchener Justiz und von der Perspektive endlos sich dehnender und hinziehender Prozesse derart niedergedrückt, dass ich den vom gegnerischen Anwalt überraschend vorgeschlagenen Vergleich, von dem nachher noch die Rede sein wird, annahm. Das war möglicherweise auch einer der vielen Schachzüge, deren sich dieser Anwalt in seiner nachher noch zu charakterisierenden Strategie gegen mich bediente, denn ich begab mich aufgrund des akzeptierten Vergleichs der Möglichkeit, Revision in Karlsruhe einzulegen. Aber meine eigenen Münchener Anwälte mit Ausnahme vielleicht des jungen Anwalts, von dem vorhin im Zusammenhang mit den gescheiterten Versäumnisurteilen die Rede war, waren der Strategie des Anwalts der Kirchenmänner nicht gewachsen. Und sie konnten nicht wie er mit dem großzügigen Wohlwollen des Gerichts rechnen. So empfahlen sie mir nachhaltig, dem Vergleich zuzustimmen.

Ich wollte ja auch über Jahre hinweg nicht bloß Schriftsätze für die Gerichte schreiben, ich wollte auch mal wieder wissenschaftlich arbeiten, wozu ich seit langem nicht mehr gekommen war. Auch deshalb nahm ich den Vergleich an. Und schließlich auch aus dem Grunde, weil auf diese Weise Schmerzensgeld- und Schadensersatzforderungen seitens des Anwalts der Kirchenmänner nicht mehr erhoben werden konnten und somit - das hoffte ich jedenfalls - die den Zusammenhalt meiner Ehe und Familie gefährdenden Gerichtsvollzieher nicht mehr bei uns ein- und ausgehen würden. (Diese letztere Hoffnung erwies sich allerdings insofern als falsch, als ich aufgrund der vom gegnerischen Anwalt beantragten und vom Gericht anstandslos bewilligten hohen Streitwerte der Gerichtsprozesse auch nach stattgefundenem Vergleich enorme Anwaltskosten und Gerichtsgebühren weiterhin abzuzahlen hatte).

Die eben erwähnten Gerichtsvollzieher waren tatsächlich zur Familienplage geworden. Als der Gerichtsvollzieher aus unserem Haus in Kitzingen die letzten Möbel einschließlich aller schriftstellerischen Untensilien heraustragen ließ, sagte er mir: »Sie haben jetzt an sich ja nichts mehr, aber Sie besitzen noch Ihre vielen Bücher. Und wenn Sie ein intelligenter Mann wären, Herr Mynarek, dann müssten Sie doch mit zehn, höchstens zwanzig Büchern auskommen. Die übrigen aber werde ich pfänden!«.

Darauf wollte ich es nicht ankommen lassen. Noch ehe unser Haus zwangsversteigert wurde, begann die Fluchtodyssee mit den knapp 4.000 Büchern durch die halbe Bundesrepublik und bis hin nach West-Berlin. Denn es dauerte immerhin ein paar Monate, bis in dem neuen Bundesland, in das wir umgezogen waren, die Gerichtsvollzieher wieder vor der Tür standen.

Ich erlebte haarsträubende Histörchen im Zusammenhang mit meinen Rettungsaktionen für meine Bücher. Einem, der sich als Freund und Humanist ausgab und bei dem wir eine Zeitlang in Untermiete wohnten, überschrieb ich pro forma die Bücher. Er bewahrte sie also in seinen Räumen auf, zu denen der Gerichtsvollzieher keinen Zugang hatte. Er hatte mir auch schriftlich garantiert, ich bekäme die Bücher wieder, sobald keine Gefahr der Pfändung mehr für sie bestehen würde. Als er aber kurze Zeit später von mir und sogar von meiner Frau verlangte, wir sollten einer von ihm gegründeten freidenkerischen Organisation beitreten und wir uns weigerten, kündigte er uns fristlos die Wohnung. Als ich ihm sagte, das könne er doch nicht machen, wir hätten doch unsere Miete immer pünktlich bezahlt, außerdem bräuchten wir ein paar Monate, um eine weitere billige Wohnung zu finden und obendrein sei meine Frau schwanger, da drohte er mit Nichtrückgabe der Bücher und mit Anzeige bei der Polizei, weil ich ihm doch dieselben nur zum Schein vermacht hätte, um sie dem Zugriff des Gerichtsvollziehers zu entziehen. Da er noch dazu, wenn ich auf Vortragsreisen unterwegs war, meine Frau bedrohte und erschreckte, blieb uns nichts anderes übrig, als schnellstens die Wohnung zu räumen. Als wir nicht gleich eine Wohnung fanden, mussten wir die Bücher und die inzwischen wieder erworbenen paar Habseligkeiten bei einer Transportfirma für teures Geld unterstellen.

Meine Frau kam aufgrund dieser Geschichte und der ganzen Aufregungen mit Gerichten und Gerichtsvollziehern mit einer Frühgeburt nieder. Unser zweiter Sohn Markus kam auf diese Weise mehr als 2 Monate zu früh zur Welt und wog nicht mal ganze 1.300 Gramm. Furchtbare Wochen folgten, in denen seine Existenz zwischen Leben und Tod, zwischen Hoffen und Verzweiflung bei den Eltern schwankte. Eine Oberschultergürtellähmung und eine fast totale Lähmung der unteren Extremitäten konnte er nur ganz langsam und mit unendlicher Pflege und Fürsorge überwinden.

Noch bevor wir die Wohnung geräumt hatten, kam auch immer wieder mal der Gerichtsvollzieher, um sich trotz des von mir geleisteten Offenbarungseides zu überzeugen, dass nichts mehr bei uns zu pfänden sei. Vielleicht fühlte sich dieser Mann berufen, das »Werk des Herrn«, sprich: der Kirche, an uns mitzuvollziehen. Denn bei einem seiner Besuche sagte er meiner Frau, die deutlich sichtbar schwanger war, plötzlich und mit drohender Stimme, er habe einen Haftbefehl gegen sie. Meine Frau wurde blass und war furchtbar erschrocken. »Ich warne Sie«, hielt ich ihm entgegen, »meine Frau hat nichts Unrechtes begangen und Sie sehen doch, dass Sie sie nicht aufregen dürfen, weil sie schwanger ist. Es kann sich doch höchstens darum handeln, dass sie den Termin, an dem sie ebenfalls den Offenbarungseid ablegen sollte, nicht einhalten konnte. Aber diesbezüglich hat sie mein Anwalt doch entschuldigt«.

»Nein, nein«, erwiderte der gehässige Typ geheimnisvoll, »es geht um etwas viel Schlimmeres. Ich konnte heute früh den Haftbefehl für Ihre Frau zwar nur kurz überfliegen, da ich ins Amt musste, aber um den Offenbarungseid handelte es sich nicht. Wenn Sie mich morgen im Amt anrufen - heute bin ich den ganzen Tag unterwegs -, dann teile ich Ihnen ganz genau mit, worum es sich handelt«.

Mit dieser Verschiebung der Mitteilung auf den nächsten Tag wollte der Gerichtsvollzieher meine Frau vermutlich möglichst lange ängstigen und im Unklaren darüber lassen, worum es sich bei dem Haftbefehl eigentlich handelte. Am nächsten Tag gab er dann ganz lakonisch ohne Entschuldigung und ohne den geringsten Anflug eines Schuldgefühls am Telefon zu, dass es sich »doch nur« um die erneute Zustellung der Vorladung meiner Frau zum Offenbarungseid gehandelt habe. Wenn sie dieser Vorladung keine Folge leiste, werde sie zwangsweise vorgeführt.

Dieser Gerichtsvollzieher (nicht identisch mit dem weiter oben erwähnten Kitzinger Gerichtsvollzieher, der wenigstens immer formal höflich geblieben war), versuchte uns überhaupt zu schaden, wo er nur konnte; wie gesagt, möglicherweise - aber das kann ich nur vermuten - aus Hass- und Rachsucht gegenüber der Familie eines »Abtrünnigen«.

In diesem Zusammenhang möchte ich noch einen Vorfall erwähnen: Wir, d.h. meine Frau und ich, hatten uns bei all den Umzügen nicht von unserem Schäferhund Rex zu trennen vermocht. Aber in Kitzingen hatte er den großen Garten zum Auslauf. Jetzt jedoch war er in einer engen und, da es Sommerzeit war, schwülen Mietwohnung untergebracht. Er nutzte daher jede Gelegenheit, um ins Freie zu entwischen.

Da kam ihm der Gerichtsvollzieher gerade gelegen, der gerade an der Wohnungstür klingelte und hereinwollte. Kaum hatten wir die Tür geöffnet, da preschte der Hund heraus und berührte dabei ganz kurz mit der Nase das eine Hosenbein des Gerichtsvollziehers. Rex war gar nicht aggressiv und er war auch längst auf der Straße, nachdem er sich ohnehin für den Gerichtsvollzieher gar nicht interessiert hatte. Aber der erfasste blitzschnell die in seinem Sinne günstige Situation. »Ich bin gebissen worden, ganz furchtbar gebissen«, schrie er laut. »Aber da ist doch nur ein winziger schwarzer Punkt auf Ihrer Hose. Der Hund hat sie ja kaum berührt«, versuchte ich ihn zur Sachlichkeit zu bringen. Nein, nein, er sei gebissen worden und werde Schadensersatz fordern«. Mit dieser Ankündigung verließ er eilends unsere Wohnung. Tatsächlich kam sehr bald ein Schreiben seines Anwalts, der von mir 400.-- DM Schadenersatz für in Anspruch genommene ärztliche Hilfe usw. verlangte. Das Ganze war nicht zu glauben, aber es war Tatsache. Für etwas, was überhaupt nicht geschehen war, verlangte dieser Gerichtsvollzieher Schadenersatz. Ich dachte nicht daran, zu zahlen, konsultierte aber sicherheitshalber einen Anwalt an dem Ort, wo ich damals wohnte. Der riet mir nachdrücklich, unbedingt zu zahlen. Vor Gericht würde man nur dem Gerichtsvollzieher glauben, und einen Arzt, der ihm eine durch den Hund zugefügte Wunde bescheinige, würde er auf jeden Fall finden. »Obendrein kann Ihnen so ein Gerichtsvollzieher noch eine ganze Menge Ärger verursachen, wenn Sie nicht zahlen«. Ich zahlte also. Immerhin war dieser Mann wenigstens so »gnädig«, eine Zahlung in Raten zu akzeptieren.

Gnädiger war in diesem Zusammenhang der Tierarzt vom staatlichen Gesundheitsamt, den uns der Gerichtsvollzieher »auf die Bude« schickte, damit der erstere prüfe, ob unser Hund tollwütig sei. Der machte es kurz und umsonst, indem er unseren Rex nur kurz ansah und ohne weitere Untersuchung konstatierte: »Der Hund isr kerngesund«.

Unter den nicht wenigen Gerichtsvollziehern, mit denen wir es zu tun bekamen, lernten wir wenigstens einen kennen, der mal menschlicher war und uns so ersparte, über einen ganzen Berufszweig schlecht zu denken. Der war an sich auch gekommen, um meine Bücher zu pfänden. Aber es gelang meiner Frau und mir, ihn in ein Gespräch über die Thematik dieser Bücher zu verwikkeln, und er ließ sich widerstandslos in das weite und ideelle Land der philosophischen, theologischen und weltanschaulichen Strömungen entführen. Er sei, wie er betonte, persönlich an diesen Themen außerordentlich interessiert. Nur seine Frau, fügte er bedauernd hinzu, zeige diesbezüglich nicht das geringste Interesse. Ja, sie habe sogar seine eigene Bibliothek auf den Dachboden verbannt. Insofern ginge es uns (wir wohnten inzwischen in Friedrichsdorf nördlich von Frankfurt am Main) ja sogar besser als ihm, weil unsere Bücher wenigstens in der Wohnung stehen könnten. Nachdem er sich so offen geäußert hatte, hatte er auch nicht mehr das Herz, uns noch irgendwelche Bücher wegzunehmen.

Man möchte aber kaum für möglich halten, wieviele Menschen doch die Tatsache eines »Hausbesuchs« durch den Gerichtsvollzieher mit dem Vorurteil koppeln, die so Besuchten müssten aus eigener Schuld in ihre schlechte wirtschaftliche oder finanzielle Lage geraten sein.

Die Gerichtsprozesse gegen mich wären aufgrund der schon ein paarmal erwähnten Strategie und Taktik der kirchlichen Gegenseite endlos weitergegangen, wenn sich nicht die Öffentlichkeit meines Falles angenommen hätte. Eine Reihe prominenter Wissenschaftler, Künstler und Politiker unterzeichnete einen Aufruf zur **»Solidarität mit den Opfern der ›modernen‹ Inquisition«**. Der Text dieses so überschriebenen Aufrufs lautete:

»Die Inquisition ist nicht tot. Lediglich die Methoden klerikaler Machtpolitik haben sich geändert. Kritische Menschen geraten immer wieder aus weltanschaulichen Gründen in Konflikte zu den Machtstrukturen des politischen Klerikalismus. Sie müssen sich mit beruflichen und finanziellen Folgen einer skrupellosen Vernichtungspolitik auseinandersetzen. Die Kirchen, insbesondere die römisch-katholische Kirche, sind nicht in der Lage, sich aus eigener Kraft von ihren staatskirchlichen Traditionen zu lösen. Wer die bestehenden Machtverhältnisse in Kirche und Staat ernsthaft in Frage stellt, der löst den Angriff der ›modernen‹ Inquisition aus. Diese setzt sich rücksichtslos über die Freiheits- und Grundrechte der Bundesrepublik Deutschland hinweg: Nach dem Grundgesetz darf niemand wegen seiner Überzeugung benachteiligt oder bevorzugt werden. Berufsverbote gegen Andersdenkende, Entlassungen unbequemer Jugendvertreter, Verteufelungen sozialistischer Gesinnung finden klerikale Ergänzungen. Seitdem man keine Scheiterhaufen mehr errichten kann, wird die materiell-soziale und psychische Vernichtung praktiziert. Das dauert zwar etwas länger, führt jedoch zum gleichen Ziel. Einer der empörendsten Fälle in der jüngsten Vergangenheit ist die Behandlung von Hubertus Mynarek und seiner Familie. Als der ehemalige Theologieprofessor und katholische Ex-Priester gegenüber dem Papst seinen Kirchenaustritt erklärte, erhielt er keine Antwort. Statt dessen verlor er Lehrstuhl, Lehraufträge und damit seine berufliche Existenz. Dabei berufen sich die Drahtzieher u.a. auf das faschistische Reichskonkordat aus dem Jahr 1933. Der politische Klerikalismus war außerstande, sich mit den ›grundsätzlichen Positionen‹ des Buches ›Herren und Knechte der Kirche‹ von Hubertus Mynarek auseinanderzusetzen. Statt dessen wurde eine Prozesslawine gegen Mynarek in Gang gesetzt. Durch Gerichts- und Anwaltskosten, Rückzahlungsverpflichtungen, Schmerzensgeldforderungen usw. geriet das Ehepaar Myna-

rek in eine finanziell ausweglose Lage. Uns scheint das Ziel solcher Methoden klar zu sein: Entweder kehrt Mynarek in den Schoß der liebenden Kirche zurück, oder er wird zerbrochen. Dadurch wird der Fall Mynarek zu einer Herausforderung für alle kritisch denkenden Menschen«.

Unter den Mitunterzeichnern des Aufrufs befanden sich in Kirchengeschichte sich so perfekt auskennende Leute wie Dr. Karlheinz Deschner (Autor des kirchen- und geschichtskritischen Werkes *Abermals krähte der Hahn* und der allerdings erst später erschienenen Bände zur *Kriminalgeschichte des Christentums*) und Dr. Joachim Kahl (Verfasser des Buches *Das Elend des Christentums*). Unterzeichnet hatte auch einer der besten Staatskirchenrechtler, der Ulmer Rechtsanwalt Erwin Fischer (Autor des Buches *Trennung von Staat und Kirche*). Selbst ein bekannter Philosophieprofessor, nämlich Nikolaus Koch, gehörte zu den verantwortlichen Erstunterzeichnern, mit denen der Solidaritätsaufruf an die Presse ging.

Bei den Parteien waren es vornehmlich Vertreter der Jugendorganisationen, die keine Angst vor einem Imageverlust gegenüber der Kirche wegen der Mitunterzeichnung hatten. So trugen den Aufruf in verantwortlicher Weise als Erstunterzeichner mit: die Herren Peter Becker, Marburg, und Prof. Dr. Theo Schiller, Marburg, für den Bundesvorstand der Deutschen Jungdemokraten; Prof. Dr. Johano Strasser, Berlin, für den Bundesvorstand der Jungsozialisten; Dr. Robert Steigerwald, Eschborn, für den Bundesvorstand der marxistischen Arbeiterbildung und Dr. Wolfgang Beutin als Landesvorsitzender der DFU, Hamburg. Dass der letzte Pressesprecher der Preußischen Regierung vor der Machtübernahme der Nazis, Prof. Dr. Werner Peiser, Botschafter i.R., danach in Genua lebend, den Aufruf auch unterzeichnet hatte, erfüllte mich mit besonderer Genugtuung. Von den Gruppen, die zum weiten Bereich des Religiös-Weltanschaulichen gehören, trugen allerdings nur Vertreter des »Bundes der Konfessionslosen« und des »Deutschen-Freidenker-Verbandes« das Anliegen des Aufrufs mit.

Das Flugblatt »**Solidarität mit den Opfern der ›modernen‹ Inquisition**« ging als »Presseinformation« praktisch an alle Medienorgane und wirbelte so den Staub auf, den die Vertreter der Kirche nun gerade nicht wollten. Denn nur davor haben sie Angst, dass ihre inhumanen Machtinitiativen und dunklen Affären ans helle Licht der Öffentlichkeit gebracht werden könnten. Selbst *Publik-Forum*, dem katholischen Lager, wenn auch kritisch, angehörend, brachte aufgrund des Solidaritätsaufrufs einen Bericht, in dem es u.a. ausführte, dass in diesem Aufruf der Fall Mynarek »unter einem dreifachen Aspekt gesehen wird. 1. Als eine spezifische Form klerikaler Berufsverbotspraxis, deren Legalität aus überholten Konkordaten in Österreich und der Bundesrepublik abgeleitet wird, 2. Als eine besondere Form von Gesinnungszensur, 3. Als den Versuch, einen unbequem gewordenen Menschen sozial-materiell zu zerbrechen. Durch Gerichts- und Anwaltskosten, Rückzahlungsverpflichtungen, Schmerzensgeldforderungen usw. sei das Ehepaar Mynarek in eine finanziell ausweglose Lage geraten. Der ›politische Klerikalismus‹ ... sei außerstande gewesen, sich mit den grundsätzlichen Positionen des Mynarek-Buches auseinanderzusetzen. Die ... ›wirklichen oder unterstellten‹ Fehler Mynareks seien vor diesem Hintergrund sekundär« [183].

Als die Solidaritätsaktion für die Opfer der modernen Inquisition immer mehr publik wurde, sah sich die Kirche gezwungen, etwas zu unternehmen, um dem negativen Eindruck, der in der Öffentlichkeit gegen sie entstanden war, entgegenzuwirken. Zu meinem eigenen Erstaunen las ich plötzlich in einigen Kirchen- und Bistumsblättern die fettgedruckte Überschrift **»Kirche will Mynarek nicht finanziell ruinieren«** und darunter Unschuldsbeteuerungen der verschiedensten Art, dass die Kirche bzw. ihre Vertreter so etwas nie vorgehabt hätten. Zu diesem Zeitpunkt spielten allerdings Vorhaben und Vorsätze aus der kirchlichen Ecke gar keine Rolle mehr, denn ich war längst finanziell-wirtschaftlich völlig ruiniert.

Aber ein Gutes hatte das Ganze doch. Der sonst immer so feindselig, bombastisch und triumphal in der Siegerpose vor Gericht auftretende Anwalt der Kirchenleute trat plötzlich bescheiden, demütig, fast liebenswürdig an meinen Anwalt heran und schlug ihm einen Vergleich vor. Zweifellos war dieser Vergleichsvorschlag der Gegenseite von dem Motiv geleitet, die für die Kirche negative Resonanz meines Falles nicht noch anwachsen zu lassen. Keineswegs war dieser Vorschlag von plötzlich doch noch erwachender christlicher Nächstenliebe diktiert. Das ging für meine Anwälte und mich auch daraus hervor, dass der Vorgang des Sich-Vergleichens kein einfacher, unkomplizierter wurde, wie wir das nun ursprünglich erwarteten, sondern sich als ein von der kirchlichen Gegenseite mit allen strategischen Haken und Ösen geführter langwieriger komplexer Prozess herausstellen sollte. Ich gebe ganz offen zu, dass meine Anwälte und ich dabei ein paarmal richtig hereingelegt wurden.

Die Situation damals sehe ich so: Die Kirche bzw. ihre Vertreter und Verteidiger mussten die Prozesse gegen mich beenden, um vor der Öffentlichkeit nicht als Vernichter eines Ex-Theologen oder Ketzers und seiner Familie zu erscheinen, dies um so mehr, als zu dieser Öffentlichkeit inzwischen auch progressivere, kritischere katholische Kreise gehörten. Ein diesen Kreisen Zuzuzählender, der damals noch der Kirche angehörende Professor für Kirchenrecht, Horst Hermann, hatte z.B. in *Publik-Forum* die sich durch mein Buch beleidigt fühlenden Kirchenmänner gefragt, ob man denn im Namen christlicher Nächstenliebe einen früheren Confrater durch in Zehntausende Mark gehende Schmerzensgeldforderungen existentiell vernichten dürfe, auch wenn man sich im Recht fühle.

Die Kirche bzw. ihre Leute mussten also die Prozesse gegen mich schnellstens beenden, um das Gesicht noch einigermaßen zu wahren. Sie mussten vor der Öffentlichkeit ihre Bereitschaft zu einem Vergleich kundtun. Andererseits musste ja weiterhin am Mynarek ein abschreckendes Exempel statuiert werden. Das bedeutete aber, dass man dann, wenn die Öffentlichkeit durch die öffentlich kundgetane Vergleichsbereitschaft der Kirche zufriedengestellt war und den Fall Mynarek ad acta legte, mit den Vergleichsmodalitäten strategisch und taktisch weiterhin so raffiniert manipulierte, dass Mynarek in materieller Hinsicht wie im Hinblick auf sein Ansehen, seine wissenschaftliche und publizistische Reputation, doch noch erhebliche Einbußen und Verluste würde hinnehmen müssen.

In taktisch-strategischer Hinsicht war es also äußerst clever, ja raffiniert, was sich der Anwalt der Kirchenmänner im Rahmen der Vergleichsverhandlungen mit meinem Anwalt gegen mich so alles ausdachte und in Anwendung brachte. Die erste Form und Phase der Strategie sah folgendermaßen aus: Der Anwalt der Kirchenmänner bietet einen Vergleich an. Wir, d.h. mein Anwalt und ich, erklären uns daraufhin bereit, in Vergleichsverhandlungen einzutreten. Da mein (damaliger) Anwalt sein Büro in Mainz hat, sind wir sogar bereit, der Bitte des gegnerischen Anwalts zu folgen und in seiner Kanzlei in München die Verhandlungen zu führen.

Kaum haben wir das getan, wendet sich der Anwalt der Kirchenmänner an die Presse und verkündet triumphal, *Mynarek sei von sich aus und als erster an ihn mit der Bitte um die Gnade eines Vergleichs herangetreten. Zu diesem Zweck sei Mynarek mit seinem Anwalt sogar in seiner Kanzlei aufgetaucht. Aber der Bitte Mynareks könne man nicht stattgeben. Zu sehr habe dieser die Kirche, ihre Einrichtungen und Vertreter, attakiert und beleidigt. Da würde der Sache der Gerechtigkeit nicht genügend Satisfaktion gegeben.*

Mein Anwalt wendet sich daraufhin mit Gegendarstellungen an verschiedene Blätter und führt zu dem jetzt debattierten Punkt Folgendes aus: »*Der Vorschlag eines Globalvergleichs ging nicht von meinem Mandanten aus, sondern (vom gegnerischen Anwalt, nämlich) von Herrn Rechtsanwalt ... Dieser Vorschlag wurde am 20. 03.*

1974 in München meinem Mandaten und mir unterbreitet, bevor es zur Verhandlung einiger in Sachen Mynarek anstehender Prozesssachen kam. Daraufhin wurden alle Termine abgesetzt und das Vergleichsgespräch in der Kanzlei dieses Anwalts geführt. Vorausgegangen war schon einmal ein entsprechender Vergleichsvorschlag desselben Anwalts anlässlich eines früheren Gerichtstermins. Es ist unvorstellbar, dass Herr Rechtsanwalt ... hierbei ohne Abstimmung mit der Katholischen Kirche gehandelt hat, zumal er mir selbst anlässlich eines kürzlichen Telefonates zugab, wegen dieser Sache mit Herrn Kardinal Döpfner in Verbindung zu stehen. Auch die Einheitlichkeit der Interessenvertretung weist auf eine zentrale Steuerung durch die katholische Kirche hin« [184].

Aber die Gegendarstellung meines Anwalts wird, soweit er und ich das in Erfahrung bringen konnten, nirgendwo veröffentlicht. Unbeantwortet bleibt also die Darstellung des Anwalts der Kirchenmänner. Und die hat's in sich, wenn es darum geht, Mynareks Wahrhaftigkeit und Standhaftigkeit in Misskredit zu bringen. Denn unter der Überschrift »*Mynarek gibt auf*« und unter ausdrücklicher Berufung auf den Prozessbevollmächtigten der Kirchenmänner verbreitete die Katholische Nachrichten Agentur (KNA) eine entsprechende Meldung, die in 41 Zeitungen abgedruckt wurde. Wohlgemerkt: 41 Zeitungen, die der Katholischen Nachrichten-Agentur mehr Glauben schenken als dem Anwalt eines von der Kirche Attackierten! [185]. Selbst ein Vertreter der dpa, bei dem ich gegen eine auf den gegnerischen Anwalt zurückgehende irreführende Meldung dieser Agentur protestierte, erklärte mir, dass er die Behauptungen des Kirchenanwalts für »absolut glaubwürdig« halte und nicht »den geringsten Grund« habe, an ihnen zu zweifeln. Wenn ich meine Gegendarstellung von der dpa veröffentlicht haben wollte, müsste ich schon prozessieren. Der Herr wusste genau, dass ich schon genug Prozesse am Hals hatte! [186].

Eine weitere Methode in der Strategie der Vergleichsverhandlungsführung durch die Gegenseite bestand darin, den ausgehandelten Vergleich zu unterzeichnen, ihn aber fast sofort danach zu widerrufen und dies auch entsprechend der Presse mitzuteilen. Das sah dann so aus, dass der gegnerische Anwalt erklärte, er habe zwar den Vergleich unterzeichnet, aber leider, leider sei einer seiner bischöflichen Mandaten derart durch die Unterstellungen Mynareks gekränkt, dass er seine Zustimmung zur Unterzeichnung des Vergleichs wieder zurückgezogen habe.

Das Ziel bei dieser Art von Strategie war es, immer neue Vergleiche mit mir zu erzwingen, mich durch den Köder des in Aussicht gestellten Verzichts der Kirchenmänner auf Schmerzensgeld, Schadenersatz und Weiterführung der Prozesse zu immer neuen Unterwerfungen zu bewegen und dies dann in entsprechend kirchengünstiger Aufbereitung der Presse zu unterbreiten.

Danach konnte man die so zustande gekommenen Vergleiche wieder widerrufen. Dagegen protestierte mein Anwalt in einem Schreiben vom 14.03.1975 an die 9. Zivilkammer des Landgerichts München I mit folgenden Worten: *»Der Kläger hat den gerichtlichen Vergleich vom 6.11.1974 bereits publizistisch voll ausgenutzt, bevor er ihn ›widerrief‹. Soeben lässt er fernmündlich einen ›neuen Vergleich‹ anbieten, in dem sich der Beklagte wieder ›unterwerfen‹ soll und der Kläger diese neuerliche Unterwerfung neuerlich über die Kath. Nachrichtenagentur in den relevanten Blättern veröffentlichen wird«. Die »öffentliche Bloßstellung des Beklagten« sei »in einem wesentlichen Teil ... bereits voll ausgenutzt« worden.*

Ein dritter Punkt in der komplexen Strategie der kirchlichen Gegenseite war die Frage der Geheimhaltung des Inhalts des Vergleichs. Ich hatte diese Geheimhaltung weder beantragt noch auf ihr bestanden, denn es hätte mir ja nicht geschadet, wenn die Gegenseite die Notiz veröffentlicht hätte, ich sei im Rahmen eines Vergleichs bereit gewesen, im Verhältnis zur Substanz meines Buches nebensächliche Behauptungen wie »Zappelphilipp«, »komischer Bruder«, »Fistelstimme« in Bezug auf gewisse Vertreter der Kirche (deren Namen die Gegenseite meinetwegen ruhig nennen konnte) nicht mehr zu verwenden. Trotzdem war ich »in Gottes Namen« mit Punkt VII des Vergleichsvertrags einverstanden, wonach »alle vertragsschließenden Parteien sich verpflichten, den Inhalt dieser Vereinbarung nicht zu veröffentlichen«.

Aber da ging der Anwalt der Kirchenmänner wieder in die Presse-Offensive und erklärte: *»Es gab und gibt keine von mir getroffene Vereinbarung über die Geheimhaltung des Gesprächs, da diese höchstens in Mynareks eigenem Interesse, niemals aber in dem meiner aufs gröblichste durch ihn angegriffenen und beleidigten Mandanten liegen konnte«.*

Jetzt platzte meinem Mainzer Anwalt der Kragen und er beantragte eine Einstweilige Verfügung beim Landgericht Mainz gegen den Anwalt der Kirchenmänner. Das LG konzedierte meinem Anwalt, dass der Vertreter der Gegenseite *»durch seine voreiligen Pressemitteilungen gegen die vertraglich vereinbarte Verschwiegenheitspflicht und gegen den allgemeinen Rechtsgrundsatz von Treu und Glauben verstoßen« habe. Es handele sich um »unzulässige Veröffentlichungen«, und es sei »mit dem geltenden Recht nicht zu vereinbaren, dass jemand das Scheitern vertraulicher Vergleichsverhandlungen zuerst aus der Presse erfahre«* [187].

Aber zu einer einstweiligen Verfügung gegen den Anwalt der Kirchenmänner konnte sich auch das Mainzer Landgericht nicht durchringen. In unserem Lande wagt es keine öffentliche Institution, der Kirche oder ihren Vertretern zu nahe zu rücken. So etwas tut man doch nicht! So etwas wäre doch dégoutant! Das alte Bündnis von Thron und Altar - das gibt es formell und de iure schon lange nicht mehr. Es klappt aber in der Praxis immer noch ganz vorzüglich!

Zugunsten des gegnerischen Anwalts sollte vielleicht angemerkt werden, dass manche seiner strategischen Schachzüge unter massivem Druck seitens seiner Mandanten zustande kamen. Vor allem ein Bischof, der sich durch mein Buch in seiner gottgegebenen Würde verletzt fühlte, schoss ständig quer und schaltete sich permanent behindernd und erschwerend in die Vergleichsverhandlungen ein. Seine Forderungen waren maßlos.

Z.B. verlangte er, dass in den Text des Vergleichsvertrages ein Punkt hereingenommen werde, der das Wiederaufleben *aller* Prozesse und *aller* Regressansprüche gegen mich für den Fall vorsieht, dass ich meine Unterlassungsversprechen nicht nur ihm, sondern irgendeinem der anderen betroffenen Kirchenmänner gegenüber nicht einhielte. Daran zeigte sich die zentralistische Steuerung der ganzen Prozessaffären gegen mich. Es war so etwas wie Sippenhaftung oder genauer: Wie eine kirchliche Schutzgemeinschaft. Der Bischof übernahm das Protektorat oder Patronat über alle anderen durch mein Buch sich beleidigt fühlenden Kirchenmänner. Würde ich eine einzige Behauptung gegen einen von ihnen wieder öffentlich artikulieren, träte dieser Bischof auf den Plan und setzte die ganze Prozesslawine und Regressmühle gegen mich und meine Familie von neuem in Bewegung.

Außerdem verlangte dieser Bischof Dinge, die an sich gar nicht Gegenstand der Vergleichsverhandlungen sein konnten. In seinem Schreiben vom 04.12.1974 an die 9. Zivilkammer des LG München I kritisierte daher mein Anwalt das Vorgehen dieses Klägers folgendermaßen: »*Es ist sicher keine Indiskretion, wenn hier berichtet wird, dass gerade der Kläger es war, der während der außergerichtlichen Vergleichsverhandlung in ständigem telefonischen Kontakt zu seinem Prozessbevollmächtigten stand, längere Pausen erzwang und Sonderregelungen für seine Person durchsetzte (Abschnitte VI und VII). Der Kläger erzwang weitere Streichungen in einem unveröffentlichten Manuskript, schloss im Sinne eines Vertrages zugunsten Dritter weitere, gerichtlich nicht in Erscheinung getretene Herren in die Vereinbarung ein, und behielt sich die Vollstreckung nicht nur für einen ihn betreffenden Verstoß, sondern auch für alle anderen Fälle eines möglichen Nichtwohlverhaltens vor. Nur mit knapper Not konnte der Beklagte einer Regelung entgehen, die - metaphorisch gesprochen - an wissenschaftliche Zweifel an der päpstlichen Unfehlbarkeit automatisch die Zwangsversteigerung wegen der Fistelstimme ... geknüpft hätte. Wenn irgendeine Partei alles bekommen hat, was sie wollte, dann ist es der Kläger, und wenn irgendein Widerruf rechtsmissbräuchlich und überraschend ist, dann ist es der seine. Bei der außergerichtlichen Vereinbarung (in der sich die Parteien - wie gesagt - unwiderruflich zum Nichtwiderruf der gerichtlichen Vergleiche verpflichteten) handelt es sich außerdem um eine ›Gesamt‹-Vereinbarung komplexer Natur, bei der die Klägerseite sehr bewusst eine Schutzgemeinschaft bildete. Streitgenossen mit stärkerer Prozessposition verzichteten - unter den genannten Voraussetzungen - auf evtl. eigene Vollstreckungsansprüche und schützen Streitgenossen mit schwächerer Prozessposition vor evtl. Erstattungsansprüchen des Gegners; sie bringen ihre Interessen auf einen gemeinsamen Nenner, um sich pauschal mit dem Gegner zu vergleichen. So kann es z.B. nicht richtig sein, dass etwa Prof. X fünf Minuten vor Fristablauf widerruft und Prof. Y trotzdem unwiderruflich geschützt bleibt*«.

Immer neue wahrheitswidrige »Botschaften« lancierte der Anwalt der Kirchenseite in die Presse. »Die gegen Herrn Mynarek angestrengten Prozesse intendierten ... niemals seinen finanziellen oder gar existentiellen Ruin«, schrieb er z.B. blauäugig an eine Zeitung [188]. Im Gegensatz zu dieser Behauptung versuchte er energisch, selber ein Stück vom Kuchen aus der Zwangsvollstreckung meines Kitzinger Hauses abzubekommen. Ich hatte noch vor dieser Vollstreckung das Haus meiner Frau überschrieben. Das hinderte den Anwalt der Kirchenmänner nicht, in dieser Sache auch gegen meine Frau zu klagen.

An das Amtsgericht Berlin-Wedding (wir wohnten damals schon in Berlin) schrieb er mit Brief vom 16.05.1975: »*Ich erhebe hiermit gegen die Beklagte Christine Mynarek Klage*«, denn »*die von mir gegen den Ehemann der Beklagten versuchte Zwangsvollstreckung aus einem Teilkostenfestsetzungsbeschluss war erfolglos*«. *Mit notarieller Urkunde vom 09.04.1974 habe der Schuldner seiner Ehefrau, also der Beklagten, seinen Anspruch auf Auflassung des Grundstücks in Kitzingen übertragen und die Rechte aus der Auflassung abgetreten.* »*Diese Veräußerung wird mit dieser Klage wegen Benachteiligung des Klägers angefochten*«.

Meiner Frau teilte der Anwalt der Kirchenleute mit Schreiben vom 23.04.1975 mit, seine Forderung gegen mich sei »*nicht beitreibbar, wie sich aus der Offenbarungsversicherung des Schuldners vom 11. 03.1975 ergibt*«. Er beabsichtige daher, die Übertragung des Kitzinger

Grundstücks durch den Schuldner auf seine Ehefrau, »*gemäß § 3 des Gesetzes betreffend die Anfechtung von Rechtshandlungen eines Schuldners außerhalb des Konkursverfahrens anzufechten*«. »*Ich werde im Anfechtungswege die Duldung der Zwangsvollstreckung in das Grundstück durch die Neueigentümerin wegen meiner Geldansprüche verlangen*«. Der Widerspruch zwischen der blauäugigen Behauptung im Leserbrief des gegnerischen Anwalts und seinem tatsächlichen Vorgehen braucht wohl nicht weiter dokumentiert zu werden. Mir nützte übrigens die Überschreibung meines Hauses auf meine Ehefrau nichts. Das Haus wurde trotzdem zwangsversteigert.

Der dpa gab der Anwalt der Kirchenmänner eine weitere Mitteilung durch, die von Unwahrheiten und Schiefheiten nur so strotzte, an der aber immerhin die Ankündigung richtig war, dass man den »bedingungslosen« Prozesskampf gegen Mynarek weiterführen werde. Hier der Text der dpa vom 04.04.1974:

»*Mehrere Versuche, die von katholischen Bischöfen und Professoren gegen den Autor des Buches ›Herren und Knechte der Kirche‹, Hubertus Mynarek, angestrengten Prozesse außergerichtlich beizulegen, sind nach Angaben des Münchner Rechtsanwalts ... gescheitert. Mynarek sei zwar mit dem Vorschlag einverstanden gewesen, in allen zukünftigen Veröffentlichungen beleidigende Äußerungen gegen die von diesem Anwalt vertretenen Mandanten zu unterlassen und auf bestimmte Passagen in seinem ›Zölibatsbuch‹ zu verzichten. Das Angebot sei jedoch von seiten des Autors an die Bedingung geknüpft gewesen, dass die u.a. vom Bischof Dr. ... als Kläger erwirkten Prozesse gegen ihn eingestellt und der Vergleichsinhalt geheim gehalten werde. Da dieser Geheimhaltung wegen der Öffentlichkeit von Mynareks Angriffen nicht zugestimmt werden konnte, sahen sich die Prozessgegner ›zur bedingungslosen Fortsetzung der laufenden Verfahren ... sowie zur Forderung angemessener finanzieller Entschädigungen gezwungen*‹«.

Ich sah mich angesichts so vieler Unwahrheiten genötigt, Gegendarstellungen an die Presse zu versenden, die aber im vollen Wortlaut von ihr nicht veröffentlicht wurden. Trotzdem möchte ich hier einige Punkte dieser Gegendarstellung anführen. »*Der Anwalt der Kirchenmänner behauptete u.a. in seinen Mitteilungen an die Presse, die Affäre Mynarek sei ›gerichtlich weitgehend abgeschlossen*‹«. *Das wäre, widersprach ich,* »*richtig, wenn er ... nicht den am 06.11.1974 geschlossenen, von meinem Anwalt und ebenso von ihm unterzeichneten Vergleich einen Tag danach schon wieder widerrufen hätte, und zwar im Auftrag des Bischofs von ... So muss jetzt in einem neuen Gerichtsprozess erst wieder geklärt werden, ob der Vergleich nun als existent anzusehen ist oder nicht und ob der Bischof von ... (im Heiligen Jahr der Versöhnung!) als einziger wieder aus dem Rahmen des Vergleichs ausbricht und weiter gegen mich prozessieren wird«.*

Des weiteren wandte ich mich in meinen Gegendarstellungen gegen die Behauptung des Anwalts der Kirchenmänner, dass »*die ... genannten finanziellen Forderungen ... niemals erhoben wurden*«. »*Richtig ist dagegen*«, führte ich aus, »*dass er im Auftrag seiner Mandanten pro Kopf 10.000.-- DM Schmerzensgeld, im Falle des Bischofs von ... sogar 20.000.-- DM Schmerzensgeld in seinen Anträgen ans Gericht von mir gefordert hat. Dazu noch kostspielige, in die Zigtausende DM gehende Veröffentlichungen von Widerrufen bzw. Unterlassungserklärungen durch mich ... Herr ...* (gemeint ist der Rechtsanwalt der Kirchenmänner) *prozessiert gegen mich sogar in Sachen, die nicht in meinem Buch stehen und nur im ursprünglichen, nicht veröffentlichten und von mir auch nicht verbreiteten Manuskript zu finden sind. Trotzdem forderte er auch in diesen Fällen ein Schmerzensgeld von je DM 10.000.-- DM, und dies, obwohl ich ihm von vornherein anbot, die Behauptungen, die im unveröffentlichten Manuskript stehen, nie zu veröffentlichen. Käme Herr ... bzw. seine Mandanten mit diesen Schmerzensgeldforderungen bei Gericht durch (und diese Forderungen leben in dem Augenblick wieder auf, wo das Gericht den zwischen Herrn ... und meinem Anwalt geschlossenem Vertrag infolge des Widerrufs des Bischofs ... als nicht existent erklären sollte), so müsste ich allein in dieser Hinsicht über DM 100.000.-- an die Männer der Kirche zahlen*«.

Aufgrund entsprechender Recherchen habe ich nur zwei Zeitungen gefunden, die einen Teil meiner (hier allerdings auch nur fragmentarisch zitierten) Gegendarstellung veröffentlichten. Zweimal hatte der Rechtsanwalt der Gegenseite an *Publik-Forum* geschrieben, das seine Aussagen am 10.01.1975 und 07.02.1975 veröffentlichte. In der Ausgabe Nr. 6 dieser Zeitschrift vom 21.03.1975 fand sich dann endlich auch meine Darstellung der »*Affäre Mynarek*« (auf S. 21). Hier einige Passagen daraus:

»*Die ganze Prozessflut konnte der wissenschaftlichen und kirchenkritischen Aussage meines Buches einschließlich seiner zeithistorischen Details in keinem Punkte etwas anhaben, jedoch - wie Herr ...* (d.h. der Anwalt der Kirchenmänner) *stolz zugibt - dessen Veröffentlichung verhindern ... Den offenen Kampf wagte man auch vor bayerischen Gerichten nur gegen die z.T. gar nicht zur Veröffentlichung vorgesehene ›Verunglimpfung‹ von Randerscheinungen ... Wie von Anfang an angeboten, habe ich mich überall ›unterworfen‹. Damit wollte ich den offenkundigen Versuchen, meine substantielle Kritik auf die Ebene von Pfarrersköchinnenwitzen herabzuzerren, ein für allemal den*

Boden entziehen. Bischof Dr. ..., der größten Wert auf die Nichtveröffentlichung seines mit mir (damals Dekan der Theologischen Fakultät Wien) geführten amtlichen Briefwechsels legt, schloss mit mir einen widerruflichen Vergleich, in dem ich mich ebenfalls unterwarf. Daraufhin erschien in 41 Zeitungen eine vom Anwalt des Bischofs autorisierte Pressemitteilung mit der Überschrift ›Mynarek gibt auf!‹. Daraufhin wiederum widerrief der Bischof den Vergleich und führt nun seine Prozesse gegen mich weiter«.

»Herr ... stellt richtig fest, dass ich meine anwaltlichen Gesamtgebühren mehrmals bezahlen muss. Meine früheren Anwälte haben jeweils kurz vor dem entscheidenden Termin das Mandat niedergelegt und mich damit einem Versäumnisurteil ausgesetzt, so dass jetzt ein kirchenferner Anwalt meine Sache abschließen muss. Wenn diese laut Herrn ... ›weitgehend abgeschlossen ist‹ und ich ›nicht mit einer Vollstreckung in dieser Höhe‹ zu rechnen brauche, dann ist dies kaum auf das Heilige Jahr der Versöhnung zurückzuführen, sondern auf den Buchstaben höchst profaner Kostenregelungen. In den 13 Prozessen und 16 Instanzen gegen sieben Theologen wurden jeweils Streitwerte zwischen 59.000.-- DM und 94.000.-- DM festgesetzt, jeweils ›Schmerzensgelder‹ zwischen DM 10.000.-- und 20.000.-- und jeweils DM 54.000.--für ›Widerrufsveröffentlichung‹ eingeklagt. Insoweit liegen Kostenschulden von über 410.000.-- DM gegen mich vor, ausschließlich 9.000.-- DM Prozesskosten aus meinem kirchlich betriebenen Berufsverbot in Österreich. Mein und meiner Frau Hab und Gut wurde (incl. Schreibmaschine) weggepfändet. Meine Familie lebt unter dem Existenzminimum und wird durch ›fromme‹, anonyme Anrufer und Denunzianten zermürbt«.

Am Ende meines Leserbriefes in *Publik-Forum* gehe ich noch auf die schweren Beleidigungen der Gegenseite gegen mich ein und erkläre dazu in einem Schlusssatz: »*Das mir hierfür nach den für seine kirchenkonformen Mandanten angelegten Maßstäben zustehende Schmerzensgeld möge Herr RA ... direkt der (laizistischen) Hilfsaktion Terre des Hommes überweisen, bevor es bei mir (von wem wohl ?) gepfändet wird*«.

Zum Gesamtkomplex der Strategie der Gegenseite im Rahmen der Vergleichsverhandlungen mit mir möchte ich abschließend aus einem Leserbrief von mir zitieren: »*Es ist zu betonen, dass keiner dieser Versuche zu einer außergerichtlichen Beilegung der Prozesse von mir ausgegangen ist, dass aber die Gegenseite alle ihre Vorschläge eines Vergleichs nicht etwa aus Humanität oder Nächstenliebe getätigt hat, sondern weil große Teile der Öffentlichkeit über die systematische und andauernde, die staatlichen Gerichte stets von neuem bemühende Zermürbungs- und finanzielle Ruinierungstaktik der Ge-*

genseite immer mehr Unbehagen empfinden. Was die Geheimhaltung des Inhalts des Vergleichs betraf, so ging sie keineswegs von mir, sondern gleichermaßen von beiden Anwälten der sich streitenden Parteien aus. Punkt VII des Vergleichsvertrages lautete: ›Alle vertragsschließenden Parteien verpflichten sich, den Inhalt dieser Vereinbarung nicht zu veröffentlichen‹.

Ich überlasse es dem Leser Ihrer Zeitung, über einen Anwalt, in diesem Fall den Anwalt der Gegenseite, sich ein Urteil zu bilden, der in so gröblicher Weise die von ihm selbst mitgetroffene Vereinbarung verletzt. Diesem Herrn lag im Gegenteil noch besonders an der Geheimhaltung, denn er drohte mit einer erneuten Aufnahme der Prozesse gegen mich, wenn ich den Inhalt des Vergleichs preisgeben würde. Im Rahmen seiner Vergleichsvorschläge stellte dieser Anwalt im Auftrag Kardinal Döpfners die Forderung, in eine eventuelle Presseveröffentlichung über den Vergleich unbedingt einen Passus aufzunehmen, wonach die Kirche niemals etwas mit den Prozessen gegen Professor Mynarek zu tun gehabt habe. Da ich mit dieser nicht den Tatsachen entsprechenden Forderung nicht einverstanden war, ist der Vergleich gescheitert. Der Anwalt der Kirchenleute hat inzwischen im Gespräch mit meinem Anwalt selbst zugegeben, dass er in Bezug auf den Vergleich Weisungen von Kardinal Döpfner selbst bekomme. Schließlich ist es doch äußerst seltsam, jedoch für das Verhalten hochgestellter Persönlichkeiten in der Kirche auch wieder sehr bezeichnend, dass deren Anwalt der Gegenseite Verleumdungen und Unterstellungen auch im Zusammenhang mit gerichtlich noch nicht entschiedenen Prozessen vorwirft und dass finanzielle Entschädigungen für bestverdienende Bischöfe und Professoren von einem Mann gefordert werden, der im Namen der christlichen Nächstenliebe durch die auf den Staat Druck ausübende und sich auf das Konkordat berufende Kirche seinen Lehrstuhl verloren hat und durch ständig neue Prozesse materiell ruiniert werden soll«.

In diesem Kapitel zu erwähnen wäre noch, dass auch der Verlag Kiepenheuer & Witsch einen Vergleich mit den Kirchenmännern schloss, in dem er sich verpflichtete, keine zweite Auflage meines Buches *Herren und Knechte der Kirche* herauszubringen. Dafür verzichteten die Kirchenmänner auf alle weiteren Regressansprüche an den Verlag.

Der 1. Auflage des Buchs *Herren und Knechte der Kirche* möchte ich aber zum allerletzten Schluss dieses Kapitels ein bleibendes Denkmal setzen, indem ich die Rezension von zwei gesellschaftlich und kirchlich unabhängigen Blättern zitiere. Die MIZ (*Materialien und Informationen zur Zeit*), das Organ des Internationalen Bundes der Konfessionslosen, schrieb 1974 über *Herren und Knech-*

te der Kirche:

»Was macht dieses Buch so wertvoll? Hier werden - unseres Wissens in dieser detaillierten Form zum ersten Mal - von einem ›Insider‹ die Missstände der Kirche Punkt für Punkt offengelegt. Hier werden Informationen gegeben, die der aufgeklärte Mensch des 20. Jahrhunderts für einen mittelalterlichen Alptraum des Hieronymus Bosch halten würde. Doch leider ist es kein Traum, sondern bittere Realität unserer Gegenwart. In ›*Herren und Knechte*‹ wird aufgezeigt, dass sich die katholische Kirche in ihrem Wesen überhaupt nicht verändert hat, sondern dass nur die Formen, in denen sie heute ihre Macht ausspielt, sich verfeinert haben. Scheiterhaufen brennen ›noch nicht mehr‹, aber die unterschwellig-subtilen Formen der Machtausübung machen die ganze Sache nur um so hintergründiger.

Dies weiß Hubertus Mynarek und hier setzt er an. Durch seine dankenswerte Offenheit, ja teilweise detaillierte Spitzfindigkeit, die für diesen Fall unbedingt von Nöten ist, gibt er dem Leser überhaupt erst einmal das Bewusstsein für die Problematik, die aus der uralten Verfilzung von Kirche und Staat auch und gerade heute noch besteht. Ja, das Schicksal dieses Buches selbst ist ein schauerliches Zeugnis für die Verfilzung von Kirche und Staat« [189)].

In der übernächsten Ausgabe machte sich das Organ der Konfessionslosen Gedanken darüber, ob nicht das Bundesverfassungsgericht grundsätzlich prüfen und dazu Stellung nehmen sollte, »wann die Meinungsfreiheit durch das Grundrecht der persönlichen Ehre eingeschränkt werden müsse. Allem Anschein nach sollen die Versuche all jener bereits im Keim erstickt werden, die die Strukturen der Kirche zu kritisieren vorhaben und dabei auch die Personen mitberücksichtigen müssen, die durch diese Strukturen pervertiert werden und innerhalb derselben ihre Macht missbrauchen« [190)].

Nachdem sie an *Herren und Knechte der Kirche* kritisiert hatte, dass darin keine grundsätzliche Kritik an der Gestalt Jesu stattfinde, gesteht aber die *Europäische Kirchenfreie Rundschau*: »Das Buch *Herren und Knechte der Kirche* von Dr. Hubertus Mynarek ist ein mutiges Werk! Zweifellos ist es das beste Buch, das ein ehemaliger Priester und katholischer Theologieprofessor unseres Jahrhunderts geschrieben hat. Die Anwürfe, die Mynarek in seinem Werk wider Kirche und Kirchenbeamte erhebt, ... entlarven die Romkirche als nackte Gewaltinstitution«. Mynareks »Mut zum Ausleuchten einer Institution« und ihres »ebenso gefährlichen wie schmutzigen Betriebes muss uneingeschränkt anerkannt werden« [191)].

Hätte die *Europäische Kirchenfreie Rundschau* damals alle Folgen gekannt, die mit dem kurzlebigen Erscheinen des von ihr rezensierten Buches verbunden waren, dann hätte sie möglicherweise die Apostrophierung als »bestes kirchenkritisches Buch des Jahrhunderts« ein wenig relativiert. Denn was danach geschah und in der hier vorliegenden Publikation (der 2. Auflage von *Herren und Knechte der Kirche*) festgehalten und beschrieben ist, nämlich die ganzen Kampagnen gegen das Buch, seinen Autor und seine Familie, die Gerichtsprozesse mit Kirchenvertretern und Mediengiganten, die Diffamierungen, der Telefonterror, der finanzielle Ruin und so weiter und so fort - all das zeigt ja noch viel deutlicher und demonstrativer als die 1. Auflage des Buches, wozu eine autoritär-absolutistische Anstalt wie die Kirche auch im 20. Jh. noch fähig ist und wie nach dem Abstellen der lodernden Scheiterhaufen des Mittelalters und unter den veränderten politisch-sozialen Bedingungen des 20. Jahrhunderts Inquisition trotzdem noch funktionieren kann.

9. Kapitel
Neuer Wirbel um das Buch *Eros und Klerus*

1978 erschien im Düsseldorfer Econ-Verlag mein Buch *»Eros und Klerus«* über das Elend des Zölibats und die Unterdrückung der Sexualität in der Kirche. Das Material dazu mit vielen authentischen Fallberichten »gestrauchelter« Priester und in Verhältnissen mit ihnen stehender Frauen lag bei mir schon lange vor. An sich sollte es auch bereits 1973 im Rahmen des Buches *Herren und Knechte der Kirche* veröffentlicht werden. Aber auf Seite 276 dieses Buches, auf der das *»Eros und Klerus«*-Kapitel beginnen sollte, steht lediglich der Hinweis: »Um sogar dem Schein vorzubeugen, für die Abfassung dieses Buches seien keine sachlichen Motive und Gründe ausschlaggebend gewesen, erscheinen die Ausführungen dieses Kapitels, das durch Presseveröffentlichungen willkürlich herausgenommener Fälle ohne Berücksichtigung des Kontextes einseitig dargestellt wurde, nicht in diesem Buch, sondern in einem anderen Zusammenhang«.

Im vorigen Kapitel haben wir ja gesehen, was für Aufregungen, Hassgefühle, Racheaktionen, Proteste und Prozesse von Kirchenmännern das Buch *Herren und Knechte der Kirche* verursachte, obwohl sich dieses Buch »nur« mit den Herrschafts- und Unterdrückungsmechanismen der Institution Kirche und den darin involvierten Herrschern und Unterdrückern befasste. Um wieviel vehementer wären die Reaktionen gewesen, wenn auch noch die kirchliche Sexualrepression ganz konkret zur Sprache gebracht worden wäre?!

Deshalb sollten die Ausführungen über die geschlechtsfeindlichen Mechanismen und Machinationen der Amtskirche in einem anderen Buch erscheinen. Aber entgegen meinen ursprünglichen Absichten erschien dieses Buch erst 1978, weil die gerichtlichen Auseinandersetzungen mit der Kirche (s. voriges Kapitel) und mit dem Medienkonzern Bertelsmann (s. 7. Kapitel) mir gar keine Zeit zur endgültigen Redigierung des *Eros und Klerus*-Buches ließen. Die ursprüngliche erste Fassung des Themas musste nämlich auch unter Berücksichtigung bereits erfolgter Angriffe und Kritiken seitens der Kirchenpresse umgearbeitet werden. Das brauchte seine Zeit.

Trotzdem gehörte *Eros und Klerus* zusammen mit den Büchern des leider viel zu früh verstorbenen Münchener Religionsphilosophen Fritz Leist (*Der sexuelle Notstand und die Kirchen*, *Zum Thema Zölibat*) zu den allerersten drei Büchern, die sich nicht in hochschwebenden und tiefschürfenden Spekulationen über das Für und Wider des kirchlich verordneten Zölibatsgesetzes verloren, sondern ganz konkret, anhand tatsächlicher Vorkommnisse die Unnatürlichkeit und Unmenschlichkeit dieses Gesetzes veranschaulichten. Das war also echte Pionierarbeit und brachte daher auch wieder die Kirchen-Bataillone auf die Barrikaden.

In der Kirche gebliebene Theologen waren da schlauer. Sie warteten noch etwa zehn Jahre ab, bis sich der Sturm über die »unerhörten«, »völlig aus der Luft gegriffenen Verleumdungen« und »Diffamierungen« des Klerus (so verschiedene kirchliche bzw. der Kirche nahestehende Blätter über mein Buch) gelegt hatte und veröffentlichten dann ihre Bücher über *Die verbotene Lust* (G. Denzler) und *Die Eunuchen für das Himmelreich* (U. Ranke-Heinemann). Jetzt war das Ganze gefahrloser, es klang nun im Zusammenhang mit der vorher schon durch Leist und mich geleisteten Pionierarbeit und der weiter fortgeschrittenen Enttabuierung des Themas in der Gesellschaft glaubwürdiger, so dass Prozesse seitens der Kirche nicht mehr drohten und das Terrain für den Aufstieg klerikaler »Sexualbücher« zu Bestsellern bereitet und jetzt durchaus günstig war.

Dagegen war mit dem Buch *Eros und Klerus* schon wieder ein Gerichtsprozess verbunden, obwohl diesmal im Unterschied von *Herren und Knechte der Kirche* die Namen der Betroffenen nicht genannt wurden und ich mich auch sonst um höchste Diskretion bei der Schilderung der stattgefundenen Fälle bemüht hatte. Aber den »Herren der Kirche« kann man es einfach nicht recht machen. Hatte man mir vorher kirchlicherseits gesagt, dass Würdenträger und Theologen der Kirche nicht gegen die »Herren und Knechte« vorgegangen wären, wenn ich in diesem Buch keine Namen genannt hätte, so drehte man mir jetzt einfach einen Fallstrick gerade aus der Tatsache der fehlenden Namensnennungen bei der Schilderung der Priesterfreundschaften und -verhältnisse.

»Schmutzfink Mynarek lässt nicht nach«, »argumentierte« die »Katholische Nachrichten-Agentur« (Nr. 24/1978) diesbezüglich. Denn »mit ›konkreten Einzelfällen‹ will er belegen, wie schlimm die Folgen des Zölibats angeblich sind. Nur ›belegt‹ er nicht, denn er nennt weder Namen noch Orte ... Mynarek behauptet also nur, ohne beweisen zu müssen und zu können. Damit ist die tiefstmögliche Stufe von anonymer Verleumdung erreicht«.

An sich hatte ich derartige Attacken schon befürchtet und angesichts der sich über Jahre hinziehenden Auseinandersetzungen um mein Buch *Herren und Knechte der Kirche* sogar ziemlich fest vor, *Eros und Klerus* überhaupt nicht herauszubringen. Aber mich stimmten die vielen Priester um, die zu mir kamen und mich geradezu flehentlich baten, doch ein »ganz offenes«, ein »schonungslos offenes« Buch über das schreiende Unrecht zu schreiben, das ihnen mit der Aufoktroyierung des kirchlichen Zölibatsgesetzes zugefügt wurde. Mir, so erklärten manche von ihnen, könne doch im Grunde gar nicht mehr so viel passieren. Den Lehrstuhl hätte ich ohnehin schon verloren, der Kirche unterstände ich nach meinem Austritt aus ihr nicht mehr, und mehr Gerichtsprozesse, als mir das Buch *Herren und Knechte der Kirche* eingebracht habe, werde es wegen eines radikalen Anti-Zölibatsbuches auch nicht geben.

Dagegen stünde bei ihnen viel mehr auf dem Spiel. Sie verlören unwiederbringlich ihren Posten als Pfarrer oder Kaplan, im ersten Fall noch dazu ihr schönes Pfarrhaus, und mit der Theologie könne man doch, einmal aus kirchlichen Diensten entlassen, so gut wie gar nichts mehr anfangen. Außerdem würde die »Mutter Kirche« danach argwöhnisch darüber wachen, dass ja kein Institut im weiten Einflussbereich der Kirche ihnen je wieder eine Anstellung gibt oder vermittelt.

Diese Argumente allein hätten mich noch nicht von der Notwendigkeit überzeugt, ein Buch gegen das Zölibatsgesetz für Priester herauszubringen. Aber in den Schilderungen der Kleriker, die mich in dieser Angelegenheit aufsuchten, trat mir eine derart geballte Ladung an persönlichem Elend, an entwürdigenden Versteckspielen, an strukturbedingter Feigheit, Heuchelei, Verklemmtheit, sodann an Ungerechtigkeiten, Erpressungen und Schikanen durch Kirchen- und Ordensobere entgegen, dass ich mich doch entschloss, das gesammelte *Eros-Klerus*-Material als Buch herauszugeben.

Betroffen machte mich vor allem auch das Los der Priester-Frauen. Angesichts der durchgehend männlich-patriarchalisch strukturierten römisch-katholischen Amtskirche sind sie ohnehin von vornherein schlechter dran als ihre klerikalen Partner. Dem Priester verzeiht der kirchliche Hierarch (auch angesichts eigener Schwächen und Verfehlungen) eher einen »Fehltritt«, die Frau aber ist nach uralter amtskirchlicher Version und Einstellung das »Gefäß der Sünde«, das »diabolische Instrument der Versuchung« des armen gottgeweihten Klerikers, die »Hure«, »Nutte« oder »Konkubine«, der »Feger«, die »Schlampe« oder das »ordinäre Weibsstück«.

Keineswegs sensationell, sondern durchaus traditionskonform klang stets in den Ohren von Kirchenmännern das Urteil Papst Pius' II. (1458 - 1464): »Wenn Du eine Frau siehst, denke, es sei der Teufel. Sie ist eine Art Hölle«. Ebenso wenig sensationell wie die Erklärung der Synode von Tyrnau im Jahr 1611: »Alle Bosheit ist klein gegen die Bosheit des Weibes. Besser ist die Gottlosigkeit des Mannes als ein wohltuendes Weib«. Auch Johannes XXIII., der symphatischste Papst des 20. Jahrhunderts, schreibt noch in seinem »Tagebuch«, er wolle sich von allen Frauen, auch Mutter und Schwestern, stets möglichst fernhalten, weil sie nur Versuchungen darstellten.

Es kamen zu mir Priester, die noch ganz in diesen kirchlichen Wahnvorstellungen über die Frau drinsteckten, obwohl sie doch ein Verhältnis mit einer Vertreterin des anderen Geschlechts hatten. Und sie hielten es offenbar für möglich, dass auch ich noch in diesen Vorstellungen befangen war. Jedenfalls ließen viele von ihnen, wenn sie mit Partnerin zu mir anreisten, diese vorsorglich erst mal draußen im Auto, selbst wenn es bitter kalt war und das Gespräch bisweilen stundenlang dauerte, ehe der betreffende Priester endlich genug Vertrauen zu mir geschöpft hatte, um mir zu eröffnen, dass draußen seine Freundin warte und auch mit mir sprechen möchte. Aber am Anfang solcher Gespräche stand eben doch oft die absurde Angst, es könne wegen einer Frau ein Schatten auf den meinen Rat suchenden Priester fallen oder ich könnte ihn sogar verpfeifen.

Deswegen schrieb ich dann auch in der Einleitung meines Buches *Eros und Klerus*: »Mit der weitgehenden Enttabuierung erotisch und sexuell relevanter Sachverhalte in der säkularisierten Gesellschaft von heute hat ja die Aufklärung über das Bestehen und die Art einer ›erotischen Zone‹ im mehr oder minder geschlossenen Sakralkörper ›Kirche‹ in keinerlei Hinsicht Schritt gehalten. Wer auf diesem Gebiet längst fällige Aufklärungsarbeit verrichtet, gerät immer noch leicht in den Ruch des Aufwieglers, des Ruhe- und Friedensstörers, des ressentimentbeladenen Querulanten und dergleichen mehr«.

Zu meinem Erstaunen suchten mich auch einige ganz konservativ-fundamentalistische Kleriker auf, die an sich voll auf der Seite der Kirche und ihrer Lehren standen. Sie hatten an ihr nur eines, einen »winzigen Punkt« zu beanstanden: das allzu harte Zölibatsgesetz. Und sie wollten nur endlich eine ganz normale Ehe führen. Vielleicht würde die Kirche, meinten alle, die mich diesbezüglich aufsuchten, doch das Zölibatsgesetz für Priester aufheben, wenn durch entsprechende Bücher die Öffentlichkeit wachgerüttelt würde und dann ihrerseits vehementen Druck auf die Verantwortlichen in der Kirche ausübte.

Dennoch war das Buch *Eros und Klerus* kein Produkt des Hasses, sondern ein Signal der Solidarität mit den früheren Amtsbrüdern, »dazu gedacht, zur Beseitigung sinnloser Repressionsstrukturen und der daraus resultierenden Verfehlungen des Lebensinhaltes beizutragen. Ist doch der Amtszölibat der Priester, der eine konstitutive, strukturtragende Bedeutung im Rahmen perfekt organisierter und radikal sexualrepressiver Religion wie der römisch-katholischen hat, ein noch immer bestehendes Existenzproblem. Gibt es doch mitten unter uns noch immer eine Klasse von Männern, die von einer mächtigen Hierarchie zwar nicht wirtschaftlich, aber in Bezug auf originäre menschliche, sexual-erotische Bedürfnisse ausgebeutet wird und dementsprechend die ihr Untergebenen, das Fußvolk der katholischen Laien, insbesondere die Frauen, traktiert und seelisch malträtiert.

Über das kirchliche Zölibatsgesetz und seine fatalen Auswirkungen, über die sexualrepressive Herrschaftspolitik der Kirche insgesamt muss so lange geschrieben werden, bis dieser epochal-grandiose Unfug, dessen kalte Logik innerhalb des nicht minder grandios-närrischen Gesamtsystems andererseits zweifelsfrei feststeht, von der Geschichtsszene verschwunden ist« [192).

Trotz aller von der Sache her gebotenen Schärfe meiner Kritik am hartnäckig von der Kirche festgehaltenen Zölibatsgesetz appellierte ich an die Einsicht und das möglicherweise doch noch vorhandene menschliche Einfühlungsvermögen der Kirchenfürsten: »Trotzdem möchte ich am Ende dieses Buches die Bitte vieler Priester, die sich mit ihrer Not an mich wandten, an die führenden Kirchenmänner weiterleiten und somit die vorliegende Schrift versöhnlich ausklingen lassen: Heben Sie das Zölibatsgesetz auf, geben Sie den Ihnen untergebenen Klerikern die Freiheit der vollen Entfaltung ihres Menschseins. Die Freiheit, die Sie anderen gewähren, wird auch Sie befreien...« [193).

Aber die »Herren der Kirche« wollen niemanden in die Freiheit entlassen und wollen auch selbst keine innere Freiheit erringen. Als *Eros und Klerus* erschien, raschelte es wieder gehörig im kirchlichen und der Kirche nahestehenden Blätterwald. Man war entrüstet, empört, dégoutiert, man brach in »heiligen Zorn« aus angesichts der mit der Wirklichkeit angeblich nichts zu tun habenden Verunglimpfungen eines gesellschaftlich hochgeachteten Berufsstandes. Den Vogel schoss die »Katholische Nachrichten Agentur« (KNA) [194] ab, deren Chefredakteur einen »Kommentar« zu meinem Buch schrieb. Überschrift des Kommentars: »Schmutzzulage für Mynarek-Leser? Tiefstpunkt anonymer Verleumdung erreicht«. Im Folgenden seien einige der Ausführungen des Chefredakteurs der KNA angeführt:

»Der aus der Kirche ausgetretene ehemalige Theologe Hubertus Mynarek hat ein neues Buch geschrieben. Es hat den Titel ›Eros und Klerus - Vom Elend des Zölibats‹ und zum Thema das angebliche Sexualleben von Priestern. Es ist ein Schmutzwerk, um das sich sicherlich der Staatsanwalt kümmern wird. Den traurigen Ruhm der Herausgabe und Verbreitung dieser geballten Ladung von Verleumdung und übler Nachrede hat der Düsseldorfer Econ-Verlag. Mynarek ist offenkundig weder lernwillig und lernfähig. Seine harten Rencontres mit dem deutschen Strafrecht, verursacht durch die Ungeheuerlichkeiten in seinem ersten Buch ›Herren und Knechte der Kirche‹ haben ihn um keinen Deut klüger gemacht. Er schmuddelt weiter, wenn auch neuerdings unter dem Deckmantel der Anonymität«.

Da die Herren der Kirche ethisch nie so integer waren, dass sie fundamentaler Kritik mit den Waffen des Geistes, des Glaubens und der Überzeugung entgegengetreten wären, erschallte zu Zeiten der prächtig blühenden Inquisition immer sofort der Ruf, ja der hysterische Schrei nach dem starken Arm des Staates und heutzutage eben der Ruf nach dem Staatsanwalt.

Die in ihrer Glaubwürdigkeit weitgehend abgewirtschaftete Amtskirche erweckt den Eindruck einer altgewordenen Prostituierten, die sich aber noch unmittelbar vor Torschluss einen Verteidiger und Beschützer, eben den Staat, gekapert hat, der nun für sie alle Dinge erledigt. Sogar die Kirchensteuer zieht er für sie ein und die Fernseh- und Runfunkanstalten geben ihr überproportionalen Anteil an ihren Sendezeiten, damit der »Glaube der Kirche« nicht restlos versickere.

Vertreter der Amtskirche bzw. zu ihrer Verteidigung sich berufen Fühlende sind auch, wie man den vorigen zwei Kapiteln, aber auch dem eben zitierten Text entnehmen kann, ganz schnell mit dem Vorwurf der »Verleumdung und üblen Nachrede« an die Adresse ihrer Gegner zur Stelle. Sie selbst aber dürfen lügen und diffamieren, dass sich die Balken biegen. So wird beispielsweise im Artikel der KNA die Unwahrheit behauptet, ich hätte »harte Rencontres mit dem deutschen Strafrecht« gehabt. In Wirklichkeit waren alle meine Gerichtsprozesse mit den »Herren der Kirche« zivilrechtlicher

Natur.

Des weiteren behauptet der Chefredakteur der KNA in seinem »Kommentar« von mir, »dass sein verlogenes Machwerk ihn seine Professur kostete«. Gemeint ist das Buch *Herren und Knechte der Kirche*. Aber das erschien zum erstenmal im November 1973. Meine Professur jedoch verlor ich schon 1972, und das einzig und allein wegen des »Vergehens« des Kirchenaustritts [195]. Aber es macht sich natürlich weit besser, wenn die Kirche von der Schuld, den Staat unter Hinweis auf den geltenden Buchstaben des Konkordats zu meiner Lehrstuhlenthebung gezwungen zu haben, freigesprochen wird und statt dessen einem »üblen Machwerk« der Schwarze Peter zugeschoben wird.

Tendenziös unwahr sind auch die Behauptungen des »Kommentars« über die Gründe, die zu meinem damaligen Sozialhilfeniveau führten. Ich habe dazu alles Notwendige und Richtigstellende in den vorhergehenden beiden Kapiteln gesagt. Aber ich möchte dem Leser nicht vorenthalten, auf welch' herabwürdigende und erniedrigende Art gegen mich in diesem Zusammenhang argumentiert wurde.

Schreibt doch der Chefredakteur der KNA: »*Seine Verunglimpfungen hätten zur finanziellen Katastrophe geführt, wenn die von ihm Verleumdeten ... (es folgen die Namen der Kirchenvertreter) nicht mitleidsvoll in einen Vergleich eingewilligt hätten. Der materielle Ruin kam dann doch. Mynarek musste Anwalts- und Gerichtskosten in einer Höhe zahlen, die ihn zum Verkauf seines Hauses und seines sonstigen Eigentums zwang. Mitleidslos verlangte der Verlag Bertelsmann einen zuvor gewährten Honorarvorschuss zurück. Mynarek hatte sich und seine Familie auf Sozialhilfeniveau reduziert. Aber Schmutzfink Mynarek lässt nicht nach*«.

Man beachte an diesem eben zitierten Text wieder die Schuld-Verschiebungs- und Schuldzuweisungs-Strategie: »Mitleidsvoll« seien die »Herren der Kirche« mit Mynarek umgegangen. »Mitleidslos« der Bertelsmann-Verlag. »Wir waschen unsere Hände in Unschuld!«. Dass es, wie die vorigen beiden Kapitel beweisen, ganz anders war, dass die Vertreter der Kirche nur unter dem Druck der Öffentlichkeit einen Vergleich von sich aus, d.h. durch ihren Anwalt, vorschlugen, in den ich dann einwilligte, dass also aus Mitleid oder aus Nächstenliebe von ihrer Seite aus überhaupt nichts geschah, wird einfach verschwiegen bzw. in sein Gegenteil verkehrt.

Es folgt dann im »Kommentar« des Chefredakteurs der KNA die weiter oben bereits zitierte Passage über die Erreichung der »tiefstmöglichen Stufe von anonymer Verleumdung« durch mich, weil ich eben die Namen der gefallenen Priester und ihrer Frauen nicht genannt hätte. Dafür kriegt nun aber auch das Unterhaltungsmagazin *Stern* eins auf den Hut, weil es meine Weglassung von Namen »bemerkenswerterweise vorsichtig« nennt und »Mynarek im übrigen als einen ›unerschrockenen Gottesmann‹ und ›Kirchenkämpfer‹ preist«. Der Aufsatz des *Stern* über mich entspreche *»der von diesem Blatt systematisch betriebenen moralischen Perversion«*.

Sowohl der Düsseldorfer Econ-Verlag, der sich erdreistet hatte, *Eros und Klerus* als hardcover-Sachbuch herauszubringen, wie der »systematisch moralische Perversion« betreibende *Stern* hatten also von der »Kirchlichen Nachrichten-Agentur« ihren Saft abbekommen. Am Schluss des »Kommentars« des Herrn Chefredakteurs dieser Agentur steht dann ein frommer Apell: *»Mynareks eventuellen Lesern sollte eine Schmutzzulage zuerkannt werden. Bei jedem rechtlich denkenden und moralisch korrekt empfindenden Menschen können Mynareks Hervorbringungen nur Abscheu und Ekel erregen«*.

Auch hier ist die Taktik, die Schuld den Anderen zuzuweisen und sie von den eigentlichen Übeltätern abzuziehen, am Werk, freilich ein wenig diskreter. Dass die Herren der Kirche durch die Aufstellung eines widernatürlichen und unmenschlichen Zölibatsgesetzes die primäre Schuld, die Hauptschuld an all dem Morast von doppelter Moral, Heuchelei, Unwahrhaftigkeit, Verlogenheit, Intrigenwirtschaft, Bestechung und Erpressung trifft, wird vollkommen übergangen. Schuld ist der, der diesen Morast von Unmoral in den Knechten der Kirche zur Sprache bringt und damit den faulen Frieden stört. Sozusagen: Nicht das Verbrechen und nicht der Verbrecher ist das eigentliche Übel, am verbrecherischsten ist der Reporter, der es aufdeckt! Im übrigen handle es sich bei den von Mynarek angeführten Fällen überhaupt nur um »Hervorbringungen«, um Produkte also seiner Phantasie.

Doch glaube ich nicht einmal so sehr, dass es die von mir angeführten konkreten Berichte über Priesterfreundschaften waren, die die Wut der »Verteidiger des Glaubens« wie überhaupt des kirchlichen Herrschaftsapparats derart entbrennen ließen. Vielmehr fühlten sich wahrscheinlich all diese Leute, insbesondere aber die klerikalen Herrscher selbst durch das Spiegelbild, das ich von ihnen entworfen hatte, in ihrem Kern getroffen. Hatte ich doch in *Eros und Klerus* über sie geschrieben: »Wer dem Körper, dem Eros, dem Sexus so viel versagt wie die Kirche, macht den Menschen kalt und steril, wenn nicht gar boshaft, rachsüchtig und grausam ... Lust gehört konstitutiv zum Menschen. Lustentzug bedeutet Realitätsverlust, Wegfall der Chance, sein Leben voll zur Entfaltung zu bringen. Der Mensch wird lustlos, mag er auch nach außen hin eine krampfhafte Lustigkeit zur Schau tragen wie so mancher zölibatäre

Priester bei Geselligkeitsveranstaltungen seiner Pfarrgemeinde.

Durch all das wird das Bild des zölibatären Priesterherrn verständlich. Er spricht ständig von Liebe, aber sie ist für ihn keine konkrete Erlebnisqualität, sondern ein Prinzip, das er moralisierend den verschiedensten menschlichen Situationen und Konflikten überstülpt, ohne diese selbst nachfühlen zu können. Denn da er Eros und Sexus verdrängen muss, kann er auch nicht lieben. Die Energie, die Gefühlsintensität und -intimität auch noch der sogenannten geistigen Liebe, der Agape, lebt und nährt sich ja von der Kraft der Erotik eines Individuums, die sich sinnvoll entfalten kann. Die Kälte und Strenge, die Prinzipienreiterei und der Zynismus, die die Bischöfe bei ihrem rigorosen Kampf gegen Ehescheidung, Abtreibung und deren soziale Indikation usw. auszeichnen, sind, psychoanalytisch gesehen, zweifellos eine Folge sexueller Frustration, Kompensation des eigenen Zukurzkommens in puncto Sexualität und neidvolle Rache dafür, dass sich andere sexuell leisten können, was sie selbst nicht oder nicht offen tun dürfen.

Wären die kirchlichen Herren nur lustlos, freudlos und streng gegen sich selbst, es wäre rein ihre Sache und ginge niemand etwas an. Aber da sie ihr steril-lustloses, ›moralisches‹ Leben allen Menschen, dem Staat und der Gesellschaft, in der sie nur eine Gruppe bilden, aufdrängen möchten, da sie ihre Umwelt nach ihren Moralrezepten zu ›heilen‹ beabsichtigen, stellen sie eine Gefahr für die Freiheit dar, eine Gefahr für jeden - weil jeder seinem Leben in eigener Regie einen Sinn geben sollte.

Gewiss kann Lust nicht alleiniger Orientierungspunkt bei der Lebenssinngebung eines Individuums sein. Wer dem Körper alles erlaubt, wird wahrscheinlich auch vor der Würde des anderen nicht haltmachen. Wer sexuelle Lustmaximierung zum Zentralwert erhebt, dürfte sein Leben kaum sinnvoll realisieren können. Lust muss zurückstehen, wenn ihr Gewinn wirklichen Schaden für andere nach sich zieht. Obwohl also jede Gesellschaft und jedes denkende Individuum vor der Notwendigkeit stehen, die Geschlechtslust harmonisch zu regeln, sollte diese Relativierung des Sexus im Verhältnis zu anderen Werten des menschlichen Lebens nie die Form der totalitären Sexualrepression annehmen, wie sie nämlich die Kirche verkündet, ausübt und in der Gestalt ihrer Amtsträger nicht nur darstellt, sondern geradezu ist.

Der zölibatäre Klerus kann die sexuelle Lebenskraft verdrängen, aber nie abtöten. Durch Tausend und aber Tausend Poren der menschlichen Existenz bricht sie immer wieder durch, wenn auch in Form von unzähligen Masken und Metamorphosen. Ersatzhandlungen im sexuellen Bereich selbst, aber auch Alkohol- und Drogenexzesse, sodann Geltungs-, Geld-, Macht- und Unterdrückungsstreben, Kult- und Prunksucht sowie monumentales Liturgiegepränge als verkappte Auslebung unterdrückter und dadurch übersteigerter Sexualwünsche säumen den Weg dieses Durchbruchs und beweisen auf negative Weise die von einigen Religionstheoretikern behauptete Verwandschaft von Eros und Religion.

In so manchem Kirchenmann ist die Schwerpunktverlagerung des Sexualtriebes zum Machttrieb derart weit gedienen, dass von einer Identität zwischen Machtstreben und Persönlichkeit gesprochen werden darf. Nach dem Motto: ›Ich bin, wenn du bist!‹, ›Ich bin nicht, wenn du nicht mehr bist!‹, ist für sie Machtverlust gleichbedeutend mit Lust-, Ich-, Persönlichkeits- und Identitätsverlust. So kämpfen sie denn verbissen um die Aufrechterhaltung ihrer Machtpositionen in der Gesellschaft, und die zölibatäre Verdrängung der Lust sowie dieser Kampf als eines der Resultate solcher Verdrängung prägen ihr Gesicht und ihre ganze Erscheinung.

Anders müssten sie aussehen, diese Verteidiger des Lebens, als welche sie sich doch, z.B. im Kampf um den Abtreibungsparagraphen 218 aufspielen! Denn all das ist Zeichen dafür, dass sie Ekel, Abscheu und Widerwillen gegen das Geschenk des Lebens und dessen gesunde, vitale Triebe künstlich in sich genährt haben, dass sie lebensfeindliche Neinsager sind, eher geneigt zum Nein anderen gegenüber als zum Nein gegen sich selbst, wie ihr Wohlleben im Rahmen ihrer großbürgerlichen Existenz beweist. Wenn irgendwo, dann gilt hier das Wort des die kausalen Verästelungen zwischen Glaube und menschlichen Defektformen stets scharfsinnig aufdekkenden Nietzsche: »Eure Gesichter sind immer Eurem Glauben schädlicher gewesen als unsere Gründe!« [196)].

Eine ähnlich scharfe, alle Masken herunterreißende Kritik an den kirchlichen Hierarchen, wie sie in *Herren und Knechte der Kirche* und in *Eros und Klerus* steht, riskierten kirchliche Insider erst über ein Jahrzehnt später. Erst da wagten sie auch, den Zusammenhang von Grausamkeit in der Machtausübung und Frustration bzw. Perversion in der Sexualität bei Klerikalen zu thematisieren. »Alles braucht halt seine Zeit«, sagte mir ein *Spiegel*-Redakteur, »und Sie haben immer als erster die Kastanien aus dem Feuer geholt, deshalb auch immer die Hiebe eingesteckt«.

Empört waren die Herren der Kirche auch besonders darüber, dass die nichtkirchliche Presse das Buch *Eros und Klerus* überwiegend positiv beurteilte. Der *Spiegel* beispielsweise urteilte nach der Lektüre meines Buches: »Es ist so: Insgeheim tröstet sich mancher katholische Geistliche mit seiner Haushälterin, Pfarrsekretärin oder Mädchenjugendführerin, mit einer Nonne oder einer Studentin der

Theologie. Schätzungsweise ›mehr als ein Drittel‹ der Zölibatäre bricht den Zölibat mit Frauen, ein weiteres Drittel liebt homophil oder homosexuell - der ›Zölibat, eine institutionalisierte Unwahrheit‹, ›das Resultat systematischer sexueller Unterdrückung‹« [197].

Der *Stern*, dem, wie wir bereits sahen, wegen seines positiven Berichts über mein Buch von der »Katholischen Nachrichten Agentur« »systematisch betriebene moralische Perversion« vorgeworfen wurde, äußerte sich ähnlich: »Jetzt zieht der unerschrockene Gottesmann erneut gegen die Kirche zu Felde. Soeben erschien sein Buch ›*Eros und Klerus - vom Elend des Zölibats*‹. En detail beschreibt der Ex-Priester, Ex-Dekan und Ex-Katholik, wie menschlich es in sexueller Hinsicht unter den Geweihten zugeht. Dieses Mal ist Mynarek allerdings erheblich vorsichtiger. Er nennt keine Namen und Orte und verändert selbst die Anfangsbuchstaben der Namen seiner Informanten. Mit zahlreichen Beispielen belegt er, wie schlimm es mit den Folgen des Zölibats hinter den Kulissen aussieht. Betroffen, verlassen und schließlich verhöhnt sind fast immer die Frauen, die sich als Haushälterinnen, Jugendleiterinnen oder als verführte Verheiratete im Beichtstuhl den Sexgelüsten von Priestern ausgesetzt sahen ... Kirchen-Kämpfer Mynarek hat mit seinem neuen Buch neuen Ärger programmiert. Als der Econ-Verlag für die Streitschrift im katholischen *Rheinischen Merkur* inserieren wollte, weigerte sich das Blatt, eine bezahlte Anzeige für *Eros und Klerus* zu veröffentlichen« [198].

Das Wiener *Neue Forum* konzedierte meinem Buch durchaus die gute Absicht: »Nicht Lustmaximierung als Zentralwert, sondern Liebe als konkrete Erlebnisqualität des Priesters zu ermöglichen, ist Mynareks Intention«. Aber Mynarek zeige eben auch die realistische Kehrseite: »Die Lebensläufe von Priestern mit Totalausfall humaner Liebesfähigkeit«. Auch das Linzer *Neue Volksblatt* erkannte, dass »mit dem Buch *Eros und Klerus* eine weit über den aktuellen Anlass hinausreichende umfassende Auseinandersetzung zu diesem Thema« vorliege, »an der man nicht vorübergehen kann, wie immer man diesem Problem gegenübersteht ... Die wiedergegebenen Schicksale müssen jeden tief bewegen, der Freiheit und Würde des Menschen ernst nimmt«.

Die *Westfälische Allgemeine Zeitung* machte auf die finanzielle, soziale und erotologische Problematik des Zölibats und einer eventuellen Aufhebung des Zölibatsgesetzes aufmerksam. In einem Aufsatz ihres Mitarbeiters H. Benning u.d.T. »Erotisches« räumt sie zwar ein: »Die angeschnittenen Probleme sind bei Hubertus Mynarek zweifellos von ernsthafter und tragischer Natur, wie immer, wenn Instinkt und Dressur miteinander in Konflikt geraten ... Das Buch ist ein Apell an die Amtskirche, das Zölibat aufzugeben und die nach Kirchenrecht sündigen Hausdamen- und Beichtkinderverhältnisse zu legalisieren«.

Aber diese Zeitung macht, wie gesagt, auch auf die erwähnte Problematik aufmerksam: »Die Frage ist nur, bei wem Mynarek nun die ersehnte Solidarität finden will. Gewiss nicht bei solchen Amtsbrüdern, die altersmäßig zwar zur einflussreicheren Gruppe gehören, aber vom Weltlichen ab sind und sich im Ernstfalle nur noch über die verpasste Gelegenheit ärgen könnten. Und erst recht nicht bei der kirchlichen Finanzhierachie, deren Planungsmöglichkeit durch Witwenpensionen und Familienkrankenschutz gewiss unerträglich eingeengt würde. Die Öffentlichkeit einschließlich des immer noch sogenannten Kirchenvolkes dürfte das Problem eher sportlich sehen ... von der Zuschauerbank aus. Viele mögen der Ansicht sein, dass ein passionierter Raucher nicht unbedingt eine Anstellung in einem Benzintanklager anstreben sollte, und alle merken inzwischen, dass der Papst aus Polen in nicht zu unterschätzender Weise dabei ist, einige schleifende Zügel wieder festzuzurren. Außer den Leidensgenossen kann Mynarek sein Problem wohl kaum der großen Masse nahebringen, ohne es ihr gleichzeitig zum Fraße vorzuwerfen« [199].

Selbst das mitunter recht kritische, aber doch durchweg katholisch gesinnte *Publik-Forum* mahnt, *»Eros und Klerus«*, das Buch »eines in katholischen Kirchenkreisen missliebigen Mannes« ernstzunehmen. »Denn Fallbeispiele, Schicksale ›gestrauchelter Priester‹ bringt Mynarek genügend, um seine Grundaussagen zu belegen, dass die katholische Kirche ›als perfekteste Form organisierter Religion ... auch und gerade die Sexualität in ein perfektes Knebelungssystem eingeschlossen‹ habe.

Selbst bei noch so wohlwollender Einstellung der eigenen Kirche gegenüber kann man sich der Einsicht nicht verschließen, dass eine amtlich verordnete Ehelosigkeit auf Lebenszeit oft gerade nicht das erreicht, was ihr als Sinngehalt zugewiesen wird ... Erst recht dann, wenn das persönliche Scheitern an diesem menschlich-weltlichen Gesetz mit dem Bannstrahl der Verachtung bestraft wird. Laisierte Priester können davon ein Lied singen. Sicher, Mynareks Interesse ist kompromisslos. Er möchte in Kommentar und Analyse seiner Schilderung das ›repressiv-antisexuelle System katholische Kirche‹ offenlegen und anklagen ... Angesichts der Probleme, vor denen die Kirche derzeit steht, kann Mynareks Buch daran erinnern, dass die Abschaffung des Zwangszölibats um der betroffenen Menschen und um der Gemeinden willen überfällig ist!« [200].

Nach dem Erscheinen von *»Eros und Klerus«* schrieb der Autor der *Kriminalgeschichte des Christentums* Karlheinz Deschner: »*Außer dem verstorbenen Fritz Leist hat wohl niemand das ›Elend des Zölibats‹ in unserer Zeit mit einer so eindrucksvolle Fülle von grotesken, traurigen, tragischen Schicksalen katholischer Priester, Mönche und ihrer ›Frauen‹ belegt und ebenso literarisch gewandt wie psychologisch überzeugend kommentiert. Ein entlarvendes, aufrichtiges, ein im besten Sinn humanes und notwendiges Buch, das man stets angeekelt und ergriffen, empört und erschüttert zugleich lesen wird, lesen muss, will man hier die fatale Wirklichkeit vom frömmlerischen Schein unterscheiden*«.

Und Prof. Horst Herrmann, damals noch Ordinarius für katholisches Kirchenrecht an der Universität Münster, stellte im Zusammenhang mit der Lektüre meines Buches »*eine erschütternde Verflachung des Eros bei den berufsmäßigen Deutern der menschlichen Geschlechtlichkeit*« *fest. Man müssse den Repräsentanten der Kirche* »*nichts anderes als Erosvergiftung bescheinigen, eine der schlimmsten Ketzereien auf dieser geschaffenen Welt ... Es wäre nicht überraschend, wenn Mynareks Buch noch weitere Zungen lösen würde. Sie würden nur das bestätigen und bezeugen, was in den amtlichen Geheimarchiven der Kirche schlummert, das traurige Ergebnis der Herrschaft von Menschen über Menschen...*«.

Natürlich gab es auch negativ urteilende Stimmen zu *Eros und Klerus*. So anerkennt zwar die *Neue Osnabrücker Zeitung* vom 4. Mai 1978 meine »umfangreiche Material«-Sammlung, fügt aber hinzu: »*Dabei setzt er sich dem Verdacht aus, als aus der Kirche ausgetretener ehemaliger Theologieprofessor eigene Probleme bewältigen zu wollen. Weniger ein enthüllendes als ein ärgerliches Buch*«.

Und die *Bücherkommentare* fragen in ihrer Besprechung meines Buches ganz grundsätzlich nach dem »repräsentativen Wert« der von mir vorgelegten authentischen Zeugnisse »*für falsch präparierte, in korrupteste Situationen mit Missbrauch von Ehen, Beichtkindern oder in Homosexualität getriebene Priester*«. *Die Häufung solcher Beispiele sei* »*sicher für die einen eine bestürzende, für die anderen die Aversion gegen die Kirche bestätigende Enthüllung*«.

Doch während in der »weltlichen Presse« alles maßvoll zuging, auch dort, wo mein Buch auf Kritik oder Ablehnung stieß, gebärdete sich die kirchliche bzw. kirchenabhängige Presse in einigen Hinsichten maßlos. Wir haben bereits den »Kommentar« des Chefredakteurs der »Katholischen Nachrichten Agentur« zu hören bekommen. Und ähnlich Diffamierendes war in anderen Organen der Kirchenpresse zu lesen. Der *Exklusiv-Dienst* der KNA, in welchem der »Kommentar« des Chefredakteurs erschienen war, wird ja von Bonn aus an die Bistumspresse, d.h. an die Kirchenzeitungen der einzelnen Diözesen der Bundesrepublik verteilt. Kein Wunder also, dass das, was dann diese Kirchenzeitungen über mich und mein Buch *Eros und Klerus* veröffentlichten, denselben »Geist« wie der »Kommentar« der KNA atmete. Die *Kirchenzeitung für die Diözese Augsburg* machte es sich in ihrer Ausgabe vom 28. Mai 1978 sogar besonders leicht, indem sie den »Kommentar« des Chefredakteurs der KNA einfach abdruckte. Nur die Überschrift war ein wenig abgeändert. Sie lautete nun: »*Mynarek-Schmutz-Buchschreiber jetzt am Tiefpunkt anonymer Verleumdung*«.

Auch die katholische *Bildzeitung*, die *Bildpost*, damals noch in fast allen katholischen Kirchen der BRD ausliegend, hielt sich im großen und ganzen an den »Kommentar« der KNA, formulierte allerdings manche Passagen des »Kommentars« noch diffamierender um. Es sei Mynarek, schrieb sie z.B., mit dem Buch *Eros und Klerus* gelungen, »noch eine tiefere Schublade in seinem Schmutzkübel aufzutun«. Oder: »Um ungestraft verleumden zu können, schmuddelt Mynarek zur Abwechslung anonym«. Die Überschrift des Artikels der *Bildpost* war allerdings vergleichsweise gemäßigt. Sie lautete: »*Herrn Mynareks Hubertusjagd*« [201].

An sich hatte ich von Gerichtsprozessen (s. besonders die Kapitel 7 und 8 dieses Buches) die Nase gestrichen voll. So hatte ich auch nicht vor, etwas gegen die Unwahrheiten und Herabsetzungen der Kirchenpresse zu unternehmen. Ursprünglich beabsichtigte ich weder Gegendarstellungen in dieser Presse noch einstweilige Verfügungen durchzusetzen. Aber es kam wieder einmal anders, als ich es vorhatte. Ein junger Anwalt, der Veröffentlichungen im *Spiegel* und *Stern* über mich gelesen hatte, besuchte mich und schlug mir ganz uneigennützig vor, alle meine juristischen Angelegenheiten, Gerichtsverhandlungen etc. kostenlos zu übernehmen.

Er knüpfte daran allerdings eine Bedingung, nämlich, dass ich gegen die »Besudelung« meiner Person durch die Kirchenpresse vorginge. Er sei ohnehin von mir etwas enttäuscht, sagte er. Denn aufgrund der Lektüre der vorhin erwähnten Magazine habe er mich für einen mutigen, nicht korrumpierbaren Streiter um mehr Mensch lichkeit und Gerechtigkeit in Kirche und Gesellschaft gehalten. »Und nun haben Sie nicht einmal genug Mut, um gegen die einflussreiche Katholische Nachrichten Agentur vorzugehen«.

Nun war es nicht so sehr ein Mangel an Mut, als ein Mangel an Kraft und Zeit, der mich bisher davon abgehalten hatte, gegen die Kampagne der Kirchenpresse initiativ zu werden. Das sagte ich ihm auch, aber er wusste alle meine Bedenken mit seiner jugendlichen Unbekümmertheit derart elegant zu zerstreuen, dass ich ihm schließlich alle diesbezüglichen Vollmachten gab.

Tatsächlich erwirkte er ganz schnell beim Landgericht Wiesbaden, 3. Zivilkammer, eine einstweilige Verfügung gegen den Chefredakteur der »Katholischen Nachrichten Agentur«. Diesem wurde durch das Gericht »bei Androhung höchstzulässigen Ordnungsgeldes und höchstzulässiger Ordnungshaft für jeden Fall der Zuwiderhandlung untersagt, in Bezug auf den Antragsteller oder auf das von ihm verfasste Buch *Eros und Klerus - Vom Elend des Zölibats* folgende Äußerungen zu gebrauchen, zu veröffentlichen oder veröffentlichen zu lassen:

a) Um das von dem Antragsteller geschriebene Buch *Eros und Klerus - Vom Elend des Zölibats* werde sich sicherlich der Staatsanwalt kümmern müssen;

b) Wegen seines ersten Buches *Herren und Knechte der Kirche* sei es zu harten Rencontres mit dem deutschen Strafrecht gekommen;

c) Das Buch *Herren und Knechte der Kirche* habe den Antragsteller seine Professur gekostet;

d) Der Antragsteller sei ein Schmutzfink«.

In der Begründung zu Punkt b) und c) erklärte das LG Wiesbaden, dass der Chefredakteur der KNA diesbezüglich »unrichtige Tatsachen behauptet« habe. Zu Punkt a) und d) führte das Gericht in seiner Begründung Folgendes an: »Soweit der Antragsgegner den Antragsteller als ›Schmutzfink‹ bezeichnet, handelt es sich um eine Formalbeleidigung, die durch das Recht der freien Meinungsäußerung (Art. 5 GG) nicht gedeckt ist. Auch die Äußerung, um das zweite Buch des Antragstellers werde sich sicherlich der Staatsanwalt kümmern, braucht der Antragsteller nicht hinzunehmen, enthält sie doch den Verdacht, der Antragsteller habe sich hier auch einer strafbaren Handlung schuldig gemacht. Diese untersagte Äußerung überschreitet die Grenzen, die bei Bewertung der geistigen Werke Andersdenkender dem Kritiker gezogen sind« [202].

Das Gericht stellte sich allerdings auf den Standpunkt, dass ich als Antragsteller »die übrigen Äußerungen des Antragsgegners ... hinnehmen« müsse, da sie »im Rahmen der Auseinandersetzung mit dem Werk getan wurden, Werturteile enthalten und in diesem Rahmen auch der Art der Meinungsäußerung große Freiheit gewährt wird« [203].

Auf Anraten meines jungen Rechtsanwalts versuchte ich es daher noch mit Gegendarstellungen an die KNA, die *Bildpost* und die *Augsburger Kirchenzeitung*, um wenigstens in einigen diffamierenden Punkten, die das Wiesbadener Gerichtsurteil unberücksichtigt gelassen hatte, Klarheit zu schaffen. Vor allem die Diskreditierung meiner authentischen Berichte über die Art, wie mit dem Zölibatsgesetz der Kirche von Priestern tatsächlich umgegangen wird, durch die Kirchenpresse verlangte eine Gegendarstellung. So erklärte ich in meiner Gegendarstellung zu diesem Punkt: »Unwahr ist die Behauptung, mein neuestes Buch *Eros und Klerus* belege und beweise nichts, weil es weder Namen noch Orte nenne. Der Anfangsbuchstabe zeichne nicht die Namen ›seiner Objekte‹.

Wahr ist dagegen, dass die von mir in *Eros und Klerus* veröffentlichten authentischen Fälle von Priestern, Nonnen, Haushälterinnen etc. stammen, die mich um diese Veröffentlichung ihrer existentiellen Konfrontation mit dem Zölibatsgesetz baten, jedoch durch die Nennung ihrer Namen mit schlimmsten Nachteilen für ihren Beruf und ihr persönliches Schicksal rechnen müssten. Meine Nichtnennung von Namen und solchen Umständen, die zur Identifizierung der betreffenden Person führen könnten, ist übrigens üblich und entspricht durchaus dem Vorgehen ähnlich gelagerter Publikationen und Publikationsorgane«.

Wie bereits erwähnt, war es ja gerade meine Entscheidung, zum Schutz der betroffenen Personen deren Namen nicht zu nennen, die die Kirchenschreiber veranlasste, das Buch *Eros und Klerus* als einen »Tiefstpunkt anonymer Verleumdung« zu diffamieren. Aber gerade diesen Teil meiner Gegendarstellung veröffentlichte die Kirchenpresse nicht [204)].

Der Wiesbadener Gerichtsbeschluss mit seinen einstweiligen Verfügungen gegen den Chefredakteur der KNA wurmte diesen natürlich mächtig. Denn dass die einflussreiche, stets als glaubwürdig geltende »Katholische Nachrichten Agentur«, deren Informationen und Mitteilungen aus der Kirche von den Medien, von Zeitungen, Rundfunk und Fernsehen meist anstandslos akzeptiert werden, plötzlich eine Niederlage vor Gericht einstecken und in ihrem sonst ungehemmten Informationsfluss zurückstecken musste, dürfte für sie eine völlig neuartige Erfahrung gewesen sein.

Doch es sollte für den Chefredakteur der KNA noch schlimmer kommen. Obwohl ich es bei der Einstweiligen Verfügung gegen ihn belassen wollte, bestand mein Anwalt hartnäckig darauf, die Sache weiterzuverfolgen. Er stellte »Strafantrag wegen Beleidigung und übler Nachrede« gegen den Chefredakteur der KNA. Den Antrag richtete er an die »Staatsanwaltschaft bei dem Landgericht Bonn« mit Schreiben vom 12.06.1978. Hier einige Passagen aus dem Antrag meines Rechtsanwalts:

»In seinem in Kopie beigefügten Kommentar greift Dr. ...« (hier der Name des Chefredakteurs der KNA, den ich auslasse) »Herrn Prof. Dr. Mynarek jenseits jedes rechtlich Zulässigen an. Der Straftatbestand der üblen Nachrede und der Verleumdung sind erfüllt ... Jedes Maß des Zulässigen, auch im öffentlichen Meinungskampf, ist überschritten, wenn die Formulierung gebraucht wird: ›aber Schmutzfink Mynarek lässt nicht nach‹. Eine solche Formulierung braucht niemand über sich gebrauchen zu lassen. Bei allem berechtigten Interesse des Herrn Dr. ..., sich mit der Veröffentlichung von Herrn Prof. Dr. Mynarek auseinanderzusetzen und daran Kritik zu üben, ist er hier in eine Schmähkritik gefallen, die das Persönlichkeitsrecht und die Ehre meines Mandanten in kaum zu übertreffender Weise angreift.

Auf § 193 StGB kann sich Herr Dr. ... hier nicht berufen. Meinungsfreiheit und Pressefreiheit nach Art. 5 Grundgesetz stehen unter dem Vorbehalt der allgemeinen Gesetze, die insbesondere auch die Persönlichkeitsrechte schützen. Durch die weite Verbreitung, die der Kommentar von Dr. ... fand, wird mein Mandant in einer Weise in der Öffentlichkeit herabgesetzt, dass für ihn und für seine Familie eine Rehabilitation kaum noch möglich erscheint.

Welche Verbreitung der Kommentar des Dr. ... gefunden hat, zeigt sich daran, dass die KNA über 10 Landesredaktionen in der Bundesrepublik und in Italien verfügt. Es ist davon auszugehen, dass der Kommentar über sämtliche Landesredaktionen gelaufen ist ... Selbst wenn man davon ausgeht, dass Herr Prof. Dr. Mynarek durch sein provokatives Buch sich selbst der Gefahr ausgesetzt haben sollte, in einen scharfen öffentlichen Meinungskampf verwickelt zu werden, so ist die Rechtssprechung doch eindeutig dahin, dass selbst dann, wenn der Betroffene Anlass zu scharfer Kritik gegeben hat, er den Schutz des Zivilrechtes und des Strafrechtes genießt, wenn die an ihm geübte Kritik zur schlichten Schmähkritik wird, bei der es nicht mehr darum geht, sich mit den Argumenten auseinanderzusetzen, sondern den Autor von kritischen Äußerungen in seiner Persönlichkeit, in seiner Ehre und in seiner ganzen Menschenwürde zu treffen. Dazu kommt, dass diese Schmähkritik insgesamt eine sozial höchst diskrimierende Auswirkung auf die ganze Familie hat. Es ist daher angezeigt, gegen solches rechtswidriges Vorgehen mit einem Strafantrag im hier gestellten Sinne zu reagieren«.

Demgegenüber versuchten die Anwälte der Gegenseite, die »weite Verbreitung«, die der »Kommentar« des Chefredakteurs der »Katholischen Nachrichten Agentur« nach Ansicht meines Anwalts gefunden hatte, herunterzuspielen. Schon im Schreiben der Anwältin der Gegenseite, Frau J. Hopkins, an die 3. Zivilkammer des LG Wiesbaden heißt es diesbezüglich: »Der Kläger übertreibt die Bedeutung der Beklagten (d.h. der KNA), wenn er sie als Organ der katholischen Kirche bezeichnet und beiden Beklagten (d.h. der KNA und ihrem Chefredakteur) unterstellt, dass sie zur Verfolgung des Ziels, den Kläger mundtot zu machen, das Machtmittel einer im Bereich der katholischen Kirche praktisch monopolisierten Presseagentur einsetzen. Kein Presseorgan ist gezwungen oder auch nur gehalten, die Dienste der Beklagten ... nachzudrucken«. Die KNA zähle »zu ihren Kunden zwar auch Kirchenfunkredaktionen, darunter auch die des ZDF«, aber diese bezögen gerade nicht den KNA-Dienst »Welt Kirche Aktuell«, in dem der beanstandete »Kommentar« des Chefredakteurs dieser Agentur stehe.

Wie sehr bei der Tendenz, den Verbreitungsgrad der Diffamierungen gegen mich durch die Kirchenpresse herunterzuspielen, auch die Wut darüber eine Rolle spielen mochte, dass sich die nichtkirchliche Presse derart engagiert meines Falles annahm, lassen die folgenden Zeilen erahnen: »Wochenzeitschriften wie der *Spiegel* und *Stern*, die dem Kläger wohlgesonnen sind, haben ihm eine publizistische Plattform geboten, die zweifelsfrei breiter ist als die seiner Kritiker« [205].

In dem Schreiben der Bonner Anwälte der Gegenseite, Meyer-Köring, Privat, Kade und Bosch, an das Landgericht Bonn wird dann noch ein »Argument« nachgeschoben, das wirklich den »katholischen Geist« der üblichen kirchlichen Einstellung gegenüber »Abtrünnigen« atmet. Da heißt es nämlich, dass der »Kommentar« des Chefredakteurs der KNA im Grunde »nur an die Bistumspresse versandt« worden sei, also an einen Adressatenkreis, dessen Urteil über mich ohnehin schon so schlecht sei, dass es durch die Ausführungen des »Kommentars« »sicher nicht noch weiter negativ beeinflußt werden konnte«. Und mit der *Augsburger Kirchenzeitung*, in der dieser »Kommentar« abgedruckt wurde, werde »wiederum ein Leserkreis erreicht, in welchem der Kläger auch ohne den Kommentar nicht mit hohem Ansehen rechnen konnte«.

Die Bonner Anwälte der Gegenseite scheinen aber auch ihrerseits keine allzu hohe Meinung von den Lesern der Kirchenpresse zu haben, wenn sie dem zuletzt zitierten Satz hinzufügen: »Der Kommentar mag eher den einen oder anderen Leser auf das Buch neugierig gemacht haben« [206].

Bei der späteren mündlichen Verhandlung vor dem Landgericht Bonn betonte übrigens auch der Chefredakteur der KNA selbst, er habe sich redlich bemüht, *Eros und Klerus*, dieses schmutzige Machwerk, vor seinen Mitarbeitern und eigenen Kindern zu verstecken. Die Anwesenden quittierten es mit Schmunzeln. Denn demzufolge schienen auch Mitarbeiter des Herrn Chefredakteurs und sogar dessen eigene Kinder an meinem Buch interessiert zu sein.

Im Schriftsatz der Bonner Anwälte der Gegenseite an die 3. Zivilkammer des LG Bonn ist auch die Art der Beweisführung wieder sehr bezeichend. Das »Werturteil«, es handle sich bei *Eros und Kle-*

rus um ein »Schmutzwerk«, sein Autor sei ein »Schmutzfink«, stütze sich, so wird in diesem Schriftsatz dokumentiert, »auf zahlreiche Stellen des Buches, die eine so harte Beurteilung rechtfertigen«. Z.B. würden auf S. 62 von *Eros und Klerus* [207] »Haushälterinnen, Seelsorgehelferinnen, Nonnen und andere Personen« pauschal verdächtigt, in sexuellen Beziehungen zu katholischen Priestern zu stehen. Offenbar rechneten die Verteidiger der Kirche wieder mit einem Vertrauensbonus und -vorschuss der Bonner Richter, von denen man allem Anschein nach erwartete, dass sie die angegebenen Buchseiten gar nicht überprüfen, sich vielmehr ganz auf die »Argumentation« der Anwälte der Gegenseite verlassen würden. Denn wer die Seite 62 meines Buches wirklich liest, kann doch in keinem Falle auf die Idee kommen, ich hätte Haushälterinnen, Seelsorgehelferinnen, Nonnen usw. pauschal verdächtigen wollen.

Schon die ganze Atmosphäre der Seite 62 meines Buches ist ganz anders, als dies meine Gegner hinstellen möchten. Ich spreche da von »Tragödien«, die sich zwischen Frauen und Priestern abspielen, und fahre dann auf eben dieser Seite 62 folgendermaßen fort: »Viele Frauen haben mich nach meinem Kirchenaustritt über ihr Schicksal informiert. Manche von ihnen fühlten sich besonders durch folgenden Passus meines Papstbriefes angesprochen und ermutigt, mir ihre Tragödie zu eröffnen:

›Wenn noch ein Funke christlicher Nächstenliebe in Ihnen (d.h. im Papst) glüht, dann sollte Sie zu dieser Aufhebung (des Zölibatsgesetzes) auch das Los der Frauen bewegen, das Los eines nicht kleinen Heeres mehr oder weniger verborgener und missachteter Konkubinen der Priester, das sich vorwiegend aus Haushälterinnen, Seelsorgehelferinnen, Nonnen, Mädchenjugendführerinnen und Pfarrsekretärinnen rekrutiert. Ebenso das Los der vielen unehelichen Kinder, die nicht einmal wissen dürfen, wer ihr Vater ist‹. Für einige der Frauen, die mit mir korrespondierten oder persönlich bei mir vorsprachen, war Mitleid, war ihre Fähigkeit, sich in einen anderen hineinzuversetzen, seine Sache zu ihrer eigenen zu machen und sie mit ihm durchzustehen, der Anfang ihrer Bindung an einen Priester.

›Wenn Sie mir nicht helfen‹, so wörtlich ein Priester zu einer tiefgläubigen Dame, die es zunächst hartnäckig ablehnte, Priestertrösterin zu spielen, ›dann sind Sie schuld, dass ich den Priesterrock ablege und furchtbares Ärgernis über die Gemeinde Christi bringe‹. So erklärte sie sich denn bereit, ihn anzuhören. Zuerst sei er unendlich glücklich gewesen, sie besuchen zu dürfen und ihr seine aus dem Zölibatszwang resultierende katastrophale seelische Notlage schildern zu können. Wenig später habe er ihr eröffnet, dass er zwar durch ihre aufmunternden Worte viel Trost erfahren, jedoch sich so in sie verliebt habe, dass er auch von ihr erwarte, dass sie seine Liebe erwidere«.

Das also steht u.a. auf der Seite 62 von *Eros und Klerus*, und der Leser entscheide selber, ob hier irgendeine Kategorie von Frauen verdächtigt, attackiert oder sonstwie negativ behandelt wird. (Angemerkt sei, dass die gegnerischen Anwälte sich auf die 1. Auflage meines Buches, also die Hardcover-Ausgabe im Econ-Verlag beziehen. Da diese Ausgabe vergriffen ist, gebe ich für Leser der jetzigen, d.h. der im Verlag Die Blaue Eule erschienenen 5. Auflage die Seite mit dem identisch gebliebenen Text an: Es ist die Seite 23).

Aber der Mangel an primitivster Gerechtigkeit gegenüber einem Buchtext setzt sich im Schriftsatz der Anwälte der Gegenseite ja noch weiter fort. Ich würde, wird des weiteren behauptet, auf S. 67 meines Buches auch über »katholische Studentinnen« ein »pauschales Urteil« sprechen. Aber auch auf dieser Seite des Buches ist, wie mein Anwalt in seinem Schriftsatz an das Bonner LG betonte, »von katholischen Studentinnen überhaupt nicht die Rede, weder wörtlich noch dem Zusammenhang nach«. Auf dieser Seite ist die Rede von einer Frau, die nie Studentin war, was auch ganz klar aus dem Kontext hervorgeht.

Aber vielleicht war die Gegenseite vor Wut blind, weil diese Frau mir berichtete, dass sie die Geliebte eines bekannten Jesuitenpaters war, »der mich feige und gemein im Stich ließ«, so dass sie zwei Selbstmordversuche unternahm. Die Wahrheit dieses Berichts ist mehrfach verbürgt, u.a. auch durch den Religionsphilosophen Prof. Fritz Leist. Und selbst der Bericht der Feuerwehr, die sie nach ihrem Selbstmordversuch aus dem Main fischte, liegt vor. (In der 5. Auflage S. 25 f).

Folgendermaßen geht's weiter in der »Argumentationskunst« der Bonner Anwälte der Gegenseite: Ich würde auf S. 103 ff meines Buches sogar den »Bruch des Beichtgeheimnisses« begehen. Na, das müsste doch nun wirklich bei ehrbaren Richtern wirken: Der böse Mynarek als Brecher des Beichtgeheimnisses! In Wirklichkeit schilderte ich auf den angegebenen Seiten ohne jede Nennung von Namen oder näheren Umständen ein Beichtgespräch, das ich als junger Priester der römisch-katholischen Kirche mit einem 17jährigen Mädchen führte. Dieses Gespräch im Beichtstuhl wird deshalb so ausführlich geschildert, weil ich auf die totale Überforderung eines jungen, kirchlich imprägnierten und dressierten Priesters hinweisen wollte, wenn dieser vor der Entscheidung stehe, ein gerechtes Beicht-Urteil über die sexuelle Situation einer jungen Frau zu treffen. Im Folgenden zitiere ich hier die betreffenden Passagen der S.

Beispiel eines Beichtgesprächs zwischen dem jungen Priester Mynarek aus dem Jahre 1953 - er war damals 24 Jahre alt - und einem Mädchen

Sie: Ich war unkeusch.
Ich: Was heißt unkeusch? Unkeuschheit kann man mit Gedanken, Worten und Werken begehen.
Sie: Na ja, dann waren es auch Werke.
Ich: Auch unter den Werken ist noch zu unterscheiden. Waren es schwere oder leichte Vergehen, war es mit dir oder mit anderen?
Sie: Es war mit einem Jungen.
Ich: Wie alt ist der Junge, wie alt bis du selbst?
Sie: Er ist neunzehn und ich bin siebzehn Jahre alt.
Ich: Was habt Ihr miteinander getan?
Sie: Na, was denn, miteinander geschlafen.
Ich: Aber ihr seid doch nicht miteinander verheiratet. Das ist doch eine Todsünde. Außerdem bist du noch viel zu jung dafür. Ich hielt ihr also einen kurzen Vortrag darüber, dass das, was zwischen ihr und dem Burschen sich abspielte, noch keine echte, von Gott gewollte, ehelich gesegnete und legitimierte Liebe sein könne, sondern nur schnell vergängliche, den Menschen verderbende Fleischeslust und sinnliche Leidenschaft. »Was machst du«, warnte ich, »wenn er dich wegwirft, nachdem er dich genügend genossen hat, oder wenn er dich gar mit einem Kind sitzen lässt!«.
Sie: Aber ich liebe ihn und er liebt mich.
Ich: Das kannst du in deinem Alter und, verblendet durch die Leidenschaft, noch gar nicht beurteilen. Aber wie dem auch sei, ohne das Sakrament der Ehe ist das, was ihr begeht, Todsünde. Wenn ihr euch wirklich liebt, dann werdet ihr auch so viel Kraft und Zucht aufbringen, euch so lange zu beherrschen, bis ihr vor den Augen der Kirche geheiratet habt. Du musst mir also versprechen, dass ihr nicht mehr miteinander schlafen, auch alle körperlichen Zärtlichkeiten vermeiden werdet, weil diese euch nur zum Koitus verführen würden, ja dass ihr euch, um die Versuchung gering zu halten, nur so selten wie möglich seht.
Sie: Das kann ich nicht und das will ich auch nicht.
Ich: Ja, bereust du denn nicht, was du getan hast?
Sie: Nein, wieso?

Beispiel eines Beichtgesprächs zwischen dem jungen Priester Mynarek aus dem Jahre 1953 - er war damals 24 Jahre alt - und einem Mädchen

Ich: Warum bist du denn dann überhaupt zur Beichte gekommen?

Sie: Meine Eltern wollten das so. Die Messe, die eben gefeiert wird, ist für meinen verstorbenen Großvater. Und meine Eltern wünschten, dass ich jetzt beichte, damit ich dann gemeinsam mit ihnen zur Kommunion gehen kann.

Ich: Du bereust also gar nichts?

Sie: Das habe ich Ihnen doch schon gesagt. Ich sehe nichts Schlechtes in dem, was ich getan habe.

Ich: Also ich stelle fest: Du hast keine Reue, auch keinen Vorsatz, denn du willst dich ja mit deinem Freund weiterhin in derselben Art treffen wie bisher. Du tust etwas, was nur der Ehe vorbehalten ist und auch dort nur nach bestimmten, den Menschen über das Tier erhebenden Grundsätzen. Zur Beichte gekommen bist du aus einem rein äußerlichen Anlaß. Nach den Normen der Kirche kann ich dir keine Los sprechung geben.

Sie: Dann eben nicht!

103 ff (bzw. S. 49 ff in der 5. Auflage):

»In diesem Zusammenhang sei aus meiner eigenen Beichterfahrung ein Fall erzählt, der für frisch gebackene Beichtväter typisch ist ... Die Atmosphäre, in der junge Priester das Beichtbekenntnis von Mädchen und Frauen beurteilen müssen, dürfte jedenfalls adäquat charakterisiert sein. Ich war damals, 1953, 24 Jahre alt und erst vor einigen Wochen zum Priester geweiht worden. Zu diesem Zeitpunkt hatte ich erst ganz wenige Beichten gehört. Während der Frühmesse eines anderen Priesters saß ich im Beichtstuhl und betete mein Brevier. Ein Mädchen kam zur Beichte. Das Gespräch zwischen uns verlief sinngemäß so: siehe Kasten.

Natürlich kann mir der Leser dieses Buches meine damalige Härte zum Vorwurf machen. Auch ich werfe sie mir heute vor. Aber im Rahmen des kirchlichen Systems und seiner Morallehre habe ich damals absolut korrekt gehandelt. Und die Eigenständigkeit und Eigenwertigkeit menschlicher Liebe zwischen den Geschlechtern, unabhängig von Segen und Plazet der Kirche, war mir zu der Zeit noch gar nicht aufgegangen. Wie sollte sie das auch, wo ich doch fünf Jahre, von den Semesterferien und den Vorlesungen an der

Uni abgesehen, hinter den Mauern des Priesterseminars verbracht habe, um dann unvermittelt »auf die Menschheit losgelassen zu werden«.

Das eben geschilderte Beichtgespräch fand vor vielen Jahren statt. Aber man bedenke, dass auch heute noch blutjunge Priester gleich nach der Priesterweihe in den Beichtstuhl gehen »dürfen« und die »Sünden« des anderen Geschlechts vor Gott und dem betreffenden »Beichtkind« offiziell und als amtliche Vertreter der Kirche zu beurteilen haben, obwohl sie doch selbst ganz besonders auf Vordermann gebrachte Exemplare der engstirnigen kirchlichen Sexualmoral und -repression sind.

Mein eigener Anwalt erwiderte in seinem Schriftsatz an das LG Bonn auf den Vorwurf des Bruchs des Beichtgeheimnisses Folgendes: »*Auf den Seiten 103 ff wird nicht das Beichtgeheimnis gebrochen, sondern lediglich sinngemäß der Inhalt eines Beichtgesprächs wiedergegeben. Die Beichtende ist nicht identifizierbar. Vergleichsweise würde keinem Anwalt der Bruch seines Anwaltsgeheimnisses vorgeworfen, wenn er über einen Fall ohne Nennung des Namens des Mandanten Dritten gegenüber berichtete*«.

Dem ist nur noch hinzuzufügen, dass die Priester ein und derselben Pfarrgemeinde bzw. desselben Dekanats völlig unbekümmert über interessante Fälle, »Kasusse«, sprechen und lang und breit diskutieren, die ihnen im Beichtstuhl, oft unmittelbar zuvor, zu Gehör kamen. Nach der Logik der Anwälte der Gegenseite wären alle diese Priester Brecher des Beichtgeheimnisses, wobei in diesen Fällen tatsächlich nicht ausgeschlossen ist, dass andere Priester derselben Pfarrei oder desselben Dekanats darauf kommen können, um wen es sich handelt.

In Kapitel sechs, S. 191 ff, von *Eros und Klerus* würde ich auch über »Nonnen und Mönche« ein pauschales Negativurteil in Bezug auf ihre Sexualität fällen, behaupten die Herren Anwälte der Gegenseite. Auch das beweise, dass mein Buch ein Schmutzwerk, ich selbst ein Schmutzfink sei. Dazu mein Anwalt in seinem Schriftsatz: »*Die Seiten 191 ff (bzw. in der 5. Auflage die Seiten 98 ff) enthalten keine pauschalen Urteile über Nonnen und Mönche. Wenn der Beklagte dies so sieht, dann scheint ihm im Zusammenhang der Überschrift des sechsten Kapitels der humane Begriff des Mitleids nicht bekannt zu sein, der das ganze Buch durchzieht: Das Mitleid mit Menschen unter einem rigorosen System sexueller Repression und Erschrekken darüber. Wenn man allerdings wie der Beklagte die Humanität von Mitleid und Schrecken ... in Bezug auf den Zölibat nicht anerkennt, kann man freilich nur zu der Begrifflichkeit ›Paulschalurteil‹ kommen*«.

Dann werfen mir die Anwälte der Gegenseite in ihrem Schriftsatz ans Gericht noch vor, dass ich Ausdrücke wie »Nonnenhengste« zur Kennzeichnung von Priestern verwendet hätte (S. 207 bzw. 108 meines Buches). Damit *»stellt sich der Kläger selbst auf das Niveau pornografischer Literatur«*. Nun, ich habe tatsächlich, allerdings nicht alle, sondern manche Priester als »Nonnenhengste« bezeichnet, wobei freilich dieser Ausdruck keineswegs von mir stammt, sondern im Sexualvokabular des Klerus nicht unbekannt ist. Aber man beachte den Tenor der betreffenden Stelle auf S. 207 meines Buches.

Ich breche da aus unbedingt gebotener Gerechtigkeit eine Lanze für die Ordensschwestern, kann dabei allerdings eine gewisse Kategorie von Priestern nicht ganz ungeschoren lassen, obwohl aus dem Kontext klar genug hervorgeht, dass ich das kirchliche System der Sexualrepression für den eigentlichen Schuldigen halte. Die von der Gegenseite beanstandete Stelle mit den »Nonnenhengsten« liest sich in ihrer hier - um des besseren Verständnisses willen - gebotenen Ausführlichkeit folgendermaßen in meinem Buch:

»Es erübrigt sich wohl, noch eine Reihe weiterer, mir vorliegender ›Bekenntnisse‹ von Nonnen vorzustellen, die - im Prinzip alle ähnlich gelagert - das Umschlagen der frustrativ-repressiven Atmosphäre des Klosters in eine Hingabe (oder Preisgabe) an einen den schwachen Punkt gezielt angehenden oder ausnutzenden ›Tröster‹ und ›Retter‹ schildern. Es geht letztlich auf das Schuldkonto der Kirche, wenn diese Frauen, an sich wertvoll wie jede andere Frau, gänzlich unvorbereitet und ungerüstet in Liebeserlebnisse hineintapsen, weil sie im Kloster nicht nur nie darüber aufgeklärt werden, sondern weil ihnen diese fundamentale Dimension ihres Menschseins systematisch suspekt gemacht und verleidet wurde.

Natürlich finden sich auch clevere Don-Juan-Typen unter den Priestern, in Theologenkreisen übrigens »Nonnenhengste« genannt, die sich die sexologische Unbedarftheit von Ordenfrauen zunutze machen. Tragödien dieser oft total unterdrückten Frauen, die sich in einen Geistlichen, der nur den Sex, nicht den Menschen sucht, verlieben. Tragödien aber auch als Resultat der Aufdeckung einer Liaison, die kaum je die Chance hat, verborgen zu bleiben, weil das fast lückenlose Beobachtungssystem innerlich frustrierter und deshalb neidischer Mitschwestern im Kloster optimal funktioniert - wer wollte all diese Tragödien beschreiben, ohne trotz erdrückenden Tatsachenmaterials in den Ruch zu kommen, Unwahrheiten zu erzählen, weil fernab von den Augen der Öffentlichkeit hinter den Mauern der Klöster Dinge passieren, die dem emanzipationsbewussten Menschen unserer Tage aberwitzig erscheinen müssen«.

Ich würde Vergewaltigungsszenen und homosexuelle Handlungen »minutiös schildern« und damit zusätzlich beweisen, dass ich mich mit meinem Buch auf dem »Niveau pornografischer Literatur« befände, heißt es weiter im Schriftsatz der Gegenseite. Nun ist das Kriterium, ob etwas minutiös oder nichtminutiös geschildert wurde, recht schwer zu finden. Wenn ich alle meine diesbezüglichen Schilderungen in *Eros und Klerus* noch einmal prüfe, sehe ich jedenfalls, dass sie im Vergleich zu vielen moraltheologischen und sexualmoralischen Lehrbüchern katholischer Autoren vergangener Jahrhunderte, aber auch noch der ersten Jahrzehnte des 20. Jahrhunderts geradezu vornehm zurückhaltend sind.

Da haben die Kirche und ihre Moraltheologen ganz andere und deftigere Intimitäten ans Licht gezerrt, allerdings - im Unterschied von mir - stets mit der gebotenen Empörung und Entrüstung über »so schlimme gotteslästerliche Verfehlungen« und mit dem erhobenen Zeigefinger: »Das, was wir hier detailliert schildern, darf man nicht tun, nicht einmal denken!«.

Fazit der Argumentation der Advokaten der Gegenseite (d.h. des beklagten Chefredakteurs der KNA) in ihrem Schriftsatz an die 3. Zivilkammer des LG Bonn: »*Eingekleidet in angebliche Schilderungen Dritter werden letztlich alle Priester und Ordensleute der sexuellen Zügellosigkeit verdächtigt*«. Ein »*klar umrissenes Kollektiv mit sozialem Geltungs- und Achtungsanspruch*«, sei »*im Rechtssinn beleidigt*« worden [208]. Dazu mein Anwalt in seiner Erwiderung im Rahmen seines Schriftsatzes an das LG Bonn: »*Die Schlussfolgerung des Beklagten aus den von ihm falsch dargestellten Zitatstellen: der Kläger müsse die Charakterisierung ›Schmutzfink‹ hinnehmen. Es ist hier müßig, eine Untersuchung darüber anzustellen, wie darf eine Sprache sein, menschliches Sexualverhalten darzustellen. Das ist nicht Sache des Klägers. Es ist allerdings im Rahmen dieses Prozesses sinnvoll, die von dem Beklagten benutzte Gleichstellung von Sexualität und Schmutz darzustellen. Hier offenbart sich der Mechanismus der Tabuisierung: der Beklagte geht nicht mit einem Wort darauf ein, dass der Zölibat für die ihm Unterworfenen unerträgliche Konflikte auslösen kann. Der Kläger ist nicht der Erste, der darüber berichtet, die Literatur der Jahrhunderte ist voll davon.*

Vor einem weltlichen Gericht ist wesentlich, dass Kirchenleute Menschen sind, denen alles Menschliche ungeachtet des Amtes zugestanden werden muss. Nach der Rechtssprechung des Bundesverfassungsgerichtes (NJW 1978 Seite 807 ff) ist Sexualverhalten ›ein Teil des Allgemeinverhaltens‹. Dem kann sich auch die Kirche nicht entziehen und in der rechtlichen Beurteilung unterscheiden sich die Kirchenleute in nichts von anderen, dem Gesetz unterworfenen Menschen.

Die Qualifizierung dieses Allgemeinverhaltens als ›Schmutz‹ ist die Verleugnung gesellschaftlicher und menschlicher Realität im Sinne der Rechtssprechung des Bundesverfassungsgerichtes. Diese Tabuisierung mag innerkirchlich zulässig sein, nicht aber im gesellschaftlichen Bereich.

Die in diesem Zusammenhang geäußerten Meinungen haben sich nach allgemeingültigem Recht zu orientieren. Wenn sich der Beklagte hier auf einen allgemeinen Rechtfertigungsgrundsatz zurückziehen will, muss er sich am Maßstab der allgemeinen Gesetze messen lassen. Die Bezeichnung ›Schmutzfink‹ verweist den Kläger in die primitivsten Regionen gültiger Moralvorstellung und enthält ein kaum überbietbares Unwerturteil. Dieses muss der Kläger nicht hinnehmen und dieses ist so gravierend, dass ihm auch nach der Rechtssprechung ein Schmerzensgeldanspruch zusteht.

Der Beklagte weiß, dass das Buch des Klägers in kirchlichen Kreisen und weit darüber hinaus im Bereich der Laien beachtliches Interesse gefunden hat. Das Buch ist mittlerweile in verschiedene Sprachen übersetzt worden, was dokumentiert, dass der Kläger brennende Probleme angesprochen hat, Menschen zu Wort kommen ließ, die unter ihren Schicksalen leiden. Die von ihm angesprochenen Probleme und die Motivation zur Veröffentlichung der ihm vorliegenden Dokumente werden in der Amtskirche gesehen, aber verdrängt« [209].

Tatsächlich war ja mein Buch nicht gegen die Sexualität der Priester geschrieben worden, sondern gegen die Verdrängung ihrer Sexualität und der damit gegebenen Probleme. Doppelmoral, die »Heuchelei der weißen Weste«, hinter der sich ungeheurer Unrat verbirgt, wird in *Eros und Klerus* als Hauptsünde der Amtskirche angeprangert. Klerikale Übermenschen, angeblich über alle fleischlichen Regungen erhaben, werden dem katholischen Fußvolk angepriesen, um es in Ehrfurcht und eigenen Minderwertigkeitskomplexen gegenüber so übermächtig Großen und Reinen erstarren zu lassen und an der Stange zu halten. Denn diese Übermenschen würden sich ja dann auch beim letzten Gericht vor Gottes Thron für die sexuellen Sünden des Fußvolks zur Sühne anbieten. So hofft das Volk der Katholiken, und die Herren der Kirche bestärken sie darin, indem sie Bußandachten zu allen möglichen Heiligen veranstalten, die »keusch« und »unberührt von allem Bösen« einmal auf dieser Erde gewandelt sind.

Es hat sich diesbezüglich in der katholischen Kirche seit dem ersten Erscheinen von *Eros und Klerus* im Jahr 1978 überhaupt nichts geändert. Die Herren der Kirche erhalten eisern das Gesetz der Ehelosigkeit für Priester aufrecht, weil sie es für einen Strukturpfeiler ihrer Macht halten. Das Volk müsse zu Helden, zu Märtyrern der Keuschheitsmoral aufschauen, dann folge es ihnen auch. Und wenn auch der eine oder andere Priester strauchle, das Kirchenvolk soll glauben, dass das absolute Ausnahmen seien, weil es zu seiner niedrigeren, minimalistischen Moral überhaupt nur fähig sei, wenn es große Vorbilder mit vermeintlich höherer, maximaler Moral zu bestaunen und zu bewundern habe.

Ein solch »starres Denken tötet Leben«, sagt im Jahr 1989 (!) der katholische Priester und Tübinger Professor für Bibelwissenschaften, Harald Schweizer, der inzwischen geheiratet hat und damit automatisch von allen priesterlichen Funktionen entbunden ist. Auch er weist auf dieselbe, soeben charakterisierte und stur aufrecht erhaltene Strategie der Amtskirche hin: der Priester, der »unverheiratete Amtsträger« soll eine »Projektionsfigur« abgeben. »Viele leben an ihm ihre unverarbeiteten Sehnsüchte aus. Dies führt zu vielen ungesunden, problemverlängernden Kontakten. Im Grunde bräuchte jemand, der diese Lebensform wählt, eine Psychotherapie, um sich angemessen auf diese Situation einstellen zu können (aber dann würde er diese Lebensform wahrscheinlich gar nicht wählen).

Nebenbei bemerkt: Schon vor Hitler hat einer das Bild eines idealen Diktators entworfen. Eine der Forderungen: Er muss Junggeselle sein, dann sind uns die Frauen sicher ... Das soll nur illustrieren, dass man tatsächlich mit einer tiefsitzenden Beziehung zwischen zölibatärer Lebensform und autoritärer Umgangsform rechnen muss«. Insofern, so der Tübinger Theologe weiter, sei der Zölibat keineswegs ein »skurriler Nebenaspekt« der katholischen Kirche, sondern »adäquater Ausdruck ihrer streng hierarchischen Struktur. Er ist theoretisch zwar nicht zureichend und menschenwürdig begründbar. Eine besondere religiöse Dimension hat er schon gar nicht. Aber der Zölibat ist in der Tat ›kostbar‹ - zur Aufrechterhaltung der autoritären Struktur.

Die Wichtigkeit zeigt sich zum Beispiel darin, dass aus meinem Weihekurs bislang über ein Drittel (!) des Amtes enthoben wurde. Hätten die Kollegen kriminell gehandelt, sie wären sicher noch im Amt (man denke - im Vatikan selber - zum Beispiel an Erzbischof Marcinkus, aber auch auf niedrigerer Ebene gibt es Beispiele)«.

Wie überaus wichtig die Machthaber der Kirche die Beibehaltung des Zölibats als Strukturpfeiler ihrer Herrschaft nehmen, zeigt sich auch daran, dass sie die formale, äußerliche, rein juristische Ehelosigkeit der Priester zum höchsten Kriterium und Prüfstein einer kirchlichen Karriere erheben. Der Zölibat, betont diesbezüglich neuerdings auch wieder der Tübinger Bibelwissenschaftler, sei »natürlich religiös/theologisch ein völliges Nebenthema«.

Die Kirche als Institution jedoch gewichtet anders, verhält sich so, als handle es sich um einen ganz zentralen Inhalt. »Intern, so also, dass es nicht nach außen dringt, werden Kandidaten für das Bischofsamt daraufhin geprüft, ob sie den Zölibat in Frage stellen oder gestellt haben. Sie müssen - vor Übertragung des Amtes - eidlich versichern, dass sie eine solche In-Frage-Stellung nie vornehmen werden. Auf diesem Hintergrund wird verständlich, dass es auf Bischofsebene nach außen kaum Debatten zu diesem Thema gibt«.

Nicht anders sieht das auch auf der Ebene der Pfarrer aus. Da sind »viele Gemeinden ... geistig tot, weil die Pfarrer unfähig zu Nächstenliebe, zu Anregung von Mitarbeit und ermutigender Begleitung sind«. Aber das wird »oben toleriert«, so lange der betreffende Pfarrer das Zölibatsgesetz nicht in Frage stellt. Wohlgemerkt: theoretisch und verkündigungsmäßig nicht in Frage stellt. Brechen darf er es in der Praxis durchaus und ergiebig. Er darf formell nur nicht heiraten, darf offiziell keine Ehe schließen.

Darüber äußert sich der Tübinger Theologe, auch unter Berücksichtigung seines eigenen Falles, folgendermaßen, wobei er auf die eklige Heuchelei hinweist, die mit der ganzen Art der Behandlung des Zölibatsgesetzes durch die Kirche verbunden ist: »Zu beanstanden, also aus kirchlicher Sicht verwerflich«, sei nur »der Rechtsakt der Heirat. Nicht verwerflich und nicht zu beanstanden war, dass wir schon ein Jahr in gemeinsamer Wohnung leben. Viele Laien im kirchlichen Dienst bekamen den anderen Maßstab, die Jagd auf ›wilde Ehen‹ zu spüren. Bei Priestern wird umgekehrt verfahren. Mir ist dies nicht nur daran aufgefallen, wie mit mir umgegangen wurde. Ich kenne genügend ähnliche Situationen bei anderen, zudem ist mir das auch schon von sehr hoher amtskirchlicher Seite bestätigt worden: Das Problematische ist die Heirat. Bis dahin wird - bei Priestern - sehr viel toleriert.

Was kirchlicherseits somit ›in Ordnung‹ ist, beziehungsweise nicht angemahnt wird, das Ungeordnetsein, führt zur völlig verqueren Folge, dass der Wunsch, eine Beziehung auf Dauer anzulegen (durch Heirat), sie rechtlich ›in Ordnung‹ zu bringen, diffamiert wird. Eine in jeder Hinsicht unsinnige Logik! Denn das bedeutet doch zugleich ein Wegschauen von eheähnlichen Verhältnissen, somit das Zugeständnis, dass der Zölibat nicht durchsetzbar ist; Kuschen nach oben; Diskriminierung der Frau; ›die unten‹ werden zu einer menschenunwürdigen Heimlichtuerei gedrängt; es wird ein Klima der Angst und des Misstrauens erzeugt!«.

Wehe jedoch den Priestern, die das Menschenrecht auf Heirat in Anspruch nehmen. »Hauptmotiv der ›Regelungen‹ bei finanziell

Abhängigen in der Kirche ist das Bestreben, kein Aufsehen zu erregen, die Vertreibung des ›Delinquenten‹ von seinem Lebens- und Arbeitsort. Es soll möglichst keine Diskussion entstehen. Der infame Gipfel dieser Praxis: Die Pfarrer müssen - wenn sie ein paar Monate finanzieller Überbrückung nicht gefährden wollen - selber kündigen, sich das berufliche Grab selber schaufeln! Arbeitsrechtlich und optisch eine vorteilhafte Sache für die Amtskirche! Man kann es auch so sehen: Sie ist nicht einmal mutig genug, selber zu den eigenen Regelungen zu stehen und diese zu vollziehen!«.

Dem Staat, der solche Menschenrechtsverletzungen auf seinem Territorium duldet bzw. unterstützt, z.B. indem er den verehelichten Theologieprofessor auf Verlangen der Kirche in einen anderen Fachbereich verlegt und einen neuen »ehelosen« Theologieprofessor auf den vakanten Lehrstuhl beruft, was ja mit hohen, neu anfallenden Kosten für den Staat verbunden ist, macht Schweizer den Vorwurf, »dass er sich zum zahlungskräftigen Handlanger einer nekrophilen Institution macht ... Laut Grundgesetz unterstützt er dabei Ziele, die nicht die seinen sind« [210).

Es ist kaum zu glauben, aber absurde Wirklichkeit. Selbst im letzten Viertel des 20. Jahrhunderts kann es noch Prozesse vor einem staatlichen Gericht geben, weil eine kirchliche Nachrichtenagentur einen Befürworter der Aufhebung des in allen Zwei- und Vieldeutigkeiten schillernden, zutiefst unmoralischen Zölibatsgesetzes diffamiert und öffentlich beleidigt.

In meinem Fall versuchte der Anwalt des Staates, diese Beleidigung und Verleumdung herunterzuspielen. Er war jedenfalls nicht bereit, etwas gegen die Kirche, hier: die katholische Presseagentur zu unternehmen. Auf die Strafanzeige meines Anwalts vom 12. 06.1978 gegen den Chefredakteur der KNA wegen Beleidigung reagierte der Bonner Oberstaatsanwalt folgendermaßen [211):

»*In dem aufgrund Ihrer Anzeige eingeleiteten Ermittlungsverfahren besteht ein öffentliches Interesse an der Strafverfolgung nicht. Ihr Mandant muss sich entgegenhalten lassen, dass er durch die Art und Weise seiner öffentlichen Angriffe gegen die katholische Kirche eine scharfe Reaktion der Gegenseite herausgefordert hat. Eine in diesem Zusammenhang erfolgte Ehrenkränkung ist daher nicht von solcher Bedeutung, dass sie die Erhebung einer öffentlichen Klage erfordert* (Nr. 229 RiStBV). *Bei dieser Erwägung kann nicht unberücksichtigt bleiben, dass es sich um Auseinandersetzungen zwischen einem ehemaligen katholischen Priester und Hochschullehrer und einer kirchlichen Nachrichtenagentur zu ausschließlich den innerkirchlichen Bereich betreffenden Themen handelt*«.

Es muss gegenüber diesen Ausführungen eines Bonner Oberstaatsanwaltes die Frage erlaubt sein, ob die Aufrechterhaltung eines widernatürlichen und unmenschlichen Zölibatsgesetzes durch die Kirche denn tatsächlich »ausschließlich den innerkirchlichen Bereich« betrifft. Was ist denn dann z.B. mit den Staatsbürgern, d.h. den Frauen und Männern, die heterosexuell bzw. homosexuell von den Kontakten mit »zölibatären« Priestern betroffen sind? Was ist mit den Kindern und Jugendlichen, die von pädophilen Geistlichen belästigt werden? Aber die Priester selbst sind ja auch Menschen und Staatsbürger, deren Existenz wohl nicht restos dadurch definiert und determiniert werden kann, dass sie der Kirche angehören.

Deswegen schrieb mir auch mein Anwalt, er halte die Durchführung weiterer Schritte »für sinnvoll«, weil nach seiner Ansicht »die Staatsanwaltschaft Bonn den Sachverhalt nicht reduzieren kann auf die Auseinandersetzung zwischen einem ›ehemaligen katholischen Priester und Hochschullehrer und einer kirchlichen Nachrichtenagentur‹«. Er sei dafür, dass »über die zivilrechtliche Klage vor dem Landgericht Bonn verhandelt werden soll« [212].

Selbst auf die Gefahr hin, mich zu wiederholen, muss ich hier noch nachträglich eine Lanze für meinen jungen idealistischen Anwalt und seine Hartnäckigkeit brechen, mit der er - konsequenter als ich - die Sache weiterzuverfolgen bestrebt war. Ihm wollte nicht in den Kopf, dass die Kirche bzw. ihre Verteidiger Sonderprivilegien im Staate genießen und sie zur Beleidigung und Diffamierung Andersdenkender missbrauchen dürfen. Schon in seinem Schriftsatz an das Landgericht Wiesbaden von 26.06.1978 hatte er seine Empörung über die Art, wie man mich kirchlicherseits fertigzumachen versuchte, zum Ausdruck gebracht: »Aus ihrer Unfähigkeit, sich mit öffentlicher Kritik auseinanderzusetzen, haben Repräsentanten der katholischen Kirche den Kläger bereits wegen des Buches *Herren und Knechte der Kirche* an den wirtschaftlichen Ruin gebracht. Es kann hier dahinstehen, ob das damals geschah, um einen öffentlichen Kritiker über das Mittel des wirtschaftlichen Ruins mundtot zu machen. Jedenfalls muss aus dem Gesamtzusammenhang des vom Beklagten ... geschriebenen Kommentars angenommen werden, dass es ihm darum ging, den Kläger, der sich auch jetzt noch leidenschaftlich mit den Problemen der Kirche auseinandersetzt, nun auch in seiner gesamten moralischen Integrität zu treffen, um ihm den Mut zur literarischen Freiheit zu nehmen«.

Die ganze Stoßrichtung der kirchlichen Verleumdungsstrategie gegen mich zielte nach Ansicht meines Anwalts darauf ab, mich »in ein Zwielicht der Unglaubwürdigkeit zu rücken, um das eigene

Motiv zu verschleiern«, nämlich dass es »schon Frevel allein sei, wenn interne Angelegenheiten der Kirche in aller Öffentlichkeit klargestellt werden« [213].

Da der Hauptsitz der»Katholischen Nachrichten Agentur« und seines Chefredakteurs Bonn ist und war [214], und das Landgericht Wiesbaden sich in Bezug auf die weiteren Klageschritte außer der einstweiligen Verfügung für unzuständig erklärt hatte, fand der Prozess wegen der von meinem Anwalt in Gang gebrachten zivilrechtlichen Klage vor dem Landgericht Bonn statt. Die mündliche Verhandlung vor der 3. Zivilkammer dieses Gerichts war am 09.01.1979.

Nachdem ich so manches Negative vor bundesdeutschen Gerichten erlebt hatte (s. die beiden vorhergehenden Kapitel), war ich in Bezug auf Verlauf und Resultat der mündlichen Gerichtsverhandlung relativ skeptisch. Aber da täuschte ich mich. Der Vorsitzende Richter war offenbar ein liberal-aufgeklärt denkender Mensch. Lässig und nicht ohne Ironie und Humor charakterisierte er die Art, wie er sich mit meinem Buch *Eros und Klerus* bekannt gemacht hatte [215]. Er habe sich zu Bett begeben, habe die Nachttischlampe eingeschaltet, um sich nun bequem diesem »pornographischen« Buch von Mynarek zu widmen.

»Und ich muss Ihnen allen sagen: ich war enttäuscht«. Das Buch *Eros und Klerus* stelle in seinen Augen keine Pornographie und nichts Obszönes dar. Und selbst wenn man sehr skeptisch sei und annehmen wolle, dass sein Autor eine Reihe der von ihm im Buch geschilderten Fallgeschichten erfunden habe: »So viele Fallgeschichten, wie Mynarek bringt, kann keiner erfinden«. Dazu seien auch die Berichte je nach Art und Charakter der betroffenen Personen viel zu individuell verschieden.

Dann wandte sich der Vorsitzende Richter direkt an die Adresse des Chefredakteurs der »Katholischen Nachrichten Agentur«, die bei der Gerichtsverhandlung außerdem durch ihren Geschäftsführer vertreten war. »Sie, Herr Dr. ..., haben natürlich recht, wenn Sie Herrn Mynarek die Härte und Schärfe seiner Kritik vorwerfen«. Aber diese Schärfe sei durch den Sachverhalt und die Tatbestände, die er in seinem Buch schildere, bedingt. Seine Auseinandersetzung mit dem Zölibatsgesetz sei sachlich, wissenschaftlich, akademisch, ihm (dem Richter) in manchen Passagen sogar zu abstrakt und diffizil, aber sie bewege sich stets auf einer annehmbaren Diskussionsebene und sei rechtlich nicht zu beanstanden.

Er aber, d.h. der Chefredakteur der KNA, habe diese Ebene verlassen und gegen Mynarek undiskutable Streiche und Schläge unterhalb der Gürtellinie geführt. Warum habe er denn, fragte ihn der Richter, mit Mynarek keine akademische Auseinandersetzung auf demselben Niveau wie dieser durchgeführt? Warum habe denn seine Kritik unter die Gürtellinie von Herrn Mynarek gezielt?

Dann fragte der Vorsitzende Richter den Chefredakteur der KNA, ob er bereit sei, den Ausdruck »Schmutzfink«, mit dem er Herrn Mynarek beleidigt habe, zurückzunehmen. »Ja, durchaus«, entgegnete der Chefredakteur. Doch als der Richter, zufrieden über diese Reaktion des Beklagten, zu einem weiteren Punkt der Verhandlung übergehen wollte, brach es aus dem letzteren heraus: »Aber nur, weil ich für diesen Herrn (gemeint war ich) keinen stärkeren Ausdruck gefunden habe!«. Und er fügte diesbezüglich noch hinzu, dass der Ausdruck »Schmutzfink« gar nicht stark genug und gar nicht beleidigend sei, weil er im Sinne der literarkritischen Bezeichnung ›muckraker‹ gemeint war. Doch der Vorsitzende Richter ließ sich auf derartige Spitzfindigkeiten nicht ein. Er fragte den Beklagten noch einmal, ob er den Ausdruck »Schmutzfink« in Bezug auf meine Person zurücknehmen wolle oder nicht. Der Chefredakteur nahm endgültig zurück.

Ähnlich jesuitisch-spitzfindig ging es im Zusammenhang mit dem Pornographie-Vorwurf gegen mein Buch zu. Die Anwälte der Gegenseite gaben zwar zu, dass sie in ihrem Schriftsatz erklärt hätten, Mynarek stelle »sich selbst auf das Niveau pornographischer Literatur«. Aber sie verlangten vom Gericht, diese Erklärung ganz präzis und differenziert zu sehen. Denn ihre Formulierung verdeutliche exakt, dass es sich bei meinem Buch *Eros und Klerus* auch nach ihrer Ansicht nicht um Pornographie, sondern eben um etwas anderes, allerdings auf dem gleichen Niveau Stehendes, handle.

In einem Punkt der Verhandlung musste auch ich zurückstecken. Ohnehin war mir bei diesem Punkt von Anfang an nicht wohl gewesen. Aber mein Anwalt hatte mich letztlich doch davon überzeugt, einen Schmerzensgeldanspruch zu stellen, indem er auf die überdimensionalen Schmerzensgeld- und Schadenersatzforderungen der kirchlichen Seite im Zusammenhang mit meinem Buch *Herren und Knechte der Kirche* (s. voriges Kapitel) hinwies.

Aber der Vorsitzende Richter bei der Verhandlung vor der 3. Zivilkammer des LG Bonn wollte mir kein Schmerzensgeld zusprechen. Ich könnte allerdings, erklärte er mir, deswegen vor die nächsthöhere Gerichtsinstanz gehen. Aber das wollte ich nun wiederum nicht.

So kam es zum Vergleich, bei dem ich jedoch alles erreichte, was mir in dem jetzt geschilderten Zusammenhang wirklich am Herzen lag. Denn in dem offiziellen Gerichts-»Vergleich« vom 09.01.1979 (Az 30 401/78) heißt es, dass »der Beklagte ... seine vom Kläger als beleidigend empfundene Äußerung gegenüber dem Kläger, dieser sei ein Schmutzfink, ... zurücknimmt«, dass »der Beklagte ... erklärt, dass er den Kläger mit dieser Äußerung nicht in seiner persönlichen Integrität treffen wollte« und dass es - das war für mich auch noch besonders wichtig - »im übrigen bei der vom Kläger erwirkten einstweiligen Verfügung vom 12.06.1978 - 30 193/78 - des Landgerichts Wiesbaden verbleiben soll«.

Zwar wäre der Vergleich fast noch im letzten Moment gescheitert, weil der beklagte Chefredakteur der KNA in den Vergleich eine Klausel einbauen wollte, die besagt hätte, dass über den Vergleich und die Gerichtsverhandlung nichts in die Presse gelangen dürfe. Aber dieser Versuch, solche Presseberichte zu verhindern, scheiterte an meinem und meiner Anwälte [216)] entschiedenem Veto.

Natürlich hatte der Chefredakteur der KNA, der so »großzügig« mit der Ehre meiner Person umging, Angst vor weiteren Presseberichten über ihn. Denn schon nach der gegen ihn ausgesprochenen einstweiligen Verfügung des Landgerichts Wiesbaden schrieb z.B. der *Spiegel*: Dem »Chefredakteur der Katholischen Nachrichten Agentur (KNA) ist durch einstweilige Verfügung der 3. Zivilkammer des Landgerichts Wiesbaden verboten worden, Formalbeleidigungen und Falschbehauptungen gegen den Ex-Priester und Theologieprofessor Hubertus Mynarek weiter zu verbreiten. Er hatte Mynarek wegen dessen Zölibatsbuch *Eros und Klerus* nicht nur hart gefoult (›Schmutzfink‹), sondern gleich auch mehrere ›unrichtige Tatsachen behauptet‹ (Gerichtsbeschluss)« [217)].

Da die von ihm beabsichtigte Klausel über das Verbot von Presseveröffentlichungen nicht in den Vergleich aufgenommen wurde, konnte der Chefredakteur der KNA auch einen weiteren Bericht im *Spiegel*, der eben diesen Vergleich zum Gegenstand hatte, nicht verhindern. In diesem Bericht wird nochmals kurz auf die einstweilige Verfügung eingegangen und dann gesagt: »In der vergangenen Woche musste der KNA-Chef ... im Schadenersatz-Verfahren vor der 3. Zivilkammer des Bonner Landgerichts zum selben Thema erneut zurückstecken. Während die Richter Mynareks Fallsammlung priesterlicher Zölibatsübertretungen ... von jedem Pornographieverdacht freisprachen und als rechtlich einwandfreie Auseinandersetzung mit der Kirche werteten, warfen sie dem katholischen Nachrichten-Chef vor, unsachlich und unziemlich ›unter die Gürtellinie des Herrn Mynarek‹ gelangt zu haben. In einem Vergleich musste der Chefredakteur der KNA den Ausdruck ›Schmutzfink‹ zurücknehmen« [218)].

Zwar versuchte der Chefredakteur der KNA noch, eine Gegendarstellung zu diesem Bericht im *Spiegel* unterzubringen. Aber das gelang ihm nicht. Das Magazin teilte ihm mit, dass es seine »Gegendarstellung inhaltlich in allen Punkten für unzutreffend« halte.

Am Ende stand der Presseverteidiger der Kirche, der Chefredakteur der KNA, mit leeren Händen da. Denn ein Verbot meines Buches durch irgendein Gericht wurde im Unterschied zu *Herren und Knechte der Kirche* nicht ausgesprochen und der Schmähkommentar des Chefs der KNA hatte möglicherweise sogar dazu beigetragen, dass die Taschenbuchausgabe von *Eros und Klerus* im Knaur-Verlag drei Neuauflagen erlebte. Inzwischen ist (1999) eine stark erweiterte 5. Auflage dieses Buches im Verlag »Die Blaue Eule« erschienen.

Ich breche an dieser Stelle des Buches das autobiographische Element in meiner Schilderung ab, obwohl die z.T. sehr heftigen und ungerechtfertigten Reaktionen auf später von mir herausgegebene Bücher wie *Ökologische Religion* [219)], *Religiös ohne Gott?* [220)], *Denkverbot, Das Gericht der Philosophen, Erster Diener Seiner Heiligkeit* und *Die neue Inquisition* [221)] erneut viel Licht auf die Methoden der Herrschaft und der intrigant-negativen Einflussnahmen kirchlicher Hierarchen, ihrer Hoftheologen und ihrer Helfershelfer in unserer Gesellschaft werfen könnten. Im Rahmen des jetzigen Buches soll im folgenden dritten und letzten Teil lediglich noch eine zusammenhängende Charakteristik, eine Typologie der Kirchenfunktionäre, eben der *Herren und Knechte der Kirche* vorgestellt bzw. versucht werden.

Dritter Teil

Herren und Knechte der Kirche
Eine zusammenfassende Charakteristik des Priestertypus

10. Kapitel
Die Funktionäre antiemanzipatorisch organsierter Religion
Priestergestalten unter dem Druck der Kirche

1. Angst als Universales Manipulationsmittel

Ist Angst eine Grundbefindlichkeit des Menschen? Tiefenpsychologen, Soziologen, Verhaltensforscher und Philosophen diskutieren intensiv diese Frage. Es ist aber in unserem Zusammenhang gar nicht nötig, zu untersuchen, ob Angst ein primäres oder sekundäres Phänomen in der menschlichen Existenz ist, ob sie zur erbbiologischen Wesensausstattung des Menschen gehört oder ihm erst durch die Bedingungen des Lebens in der Gesellschaft internalisiert worden ist. Zweifelsfrei sicher aber ist, dass eine in der ganzen Welt vertretene Institution noch heute durch das Machmittel der Angst ihre Mitglieder beeinflusst: die katholische Kirche. Und nicht nur das. Sie versucht auch - in vielen Fällen erfolgreich -, auf die Staaten, Regierungen, Parteien, Gesellschaftsgruppen, Politiker, Massenmedien wie Presse, Rundfunk und Fernsehen ständig Einfluss zu nehmen, indem sie schmeichelt, ködert, droht, einschüchtert und Angst macht.

Diese Angst hat viele Gesichter. In unserem Zusammenhang geht es lediglich darum, eine Dimension der Angst, durch die die Kirche wirkt, aufzudecken: jene Angst, durch die sie ihre Priester, ihre Funktionäre beherrscht. Vorangestellt sei sogleich eine These, die nachfolgend immer mehr konkretisiert und begründet werden soll: Angst in ihren verschiedenen Wirkungsweisen ist der gemeinsame, universale Grund, weswegen sich alle katholischen Priester, die konservativen ebenso wie die progressiven, von der Amtskirche, d.h. vom Papst, dem Vatikan und den Bischöfen gängeln und manipulieren lassen.

2. Die ideologische Grundlegung der Kirchlichkeit der Theologen

Freilich bekennen sich Theologen nicht gern zu ihrer Angst und noch weniger gern zu den Motiven, derentwegen die Mehrzahl von ihnen das Joch unbedingter Unterwürfigkeit, Loyalität und Linientreue der Amtskirche gegenüber auf sich nimmt. Deshalb wenden sie die Sache ins Positive und sprechen von der notwendigen, ja liebend bejahten Kirchlichkeit der Theologie und der Theologen. Theologie, die nicht aus der lebendigen Gemeinschaft der Kirche erwachse, sei zwangsläufig unfruchtbar und trage zum Aufbau des Reiches Gottes nichts bei.

Es ist leicht zu erkennen, dass hinter dieser These als letzte Begründung wieder die blinde Annahme der exklusiven Unfehlbarkeit der römisch-katholischen Kirche steht: Nur wenn der Theologe in seinem Denken mit der Kirche Verbindung hält, kann er auf dem Pfad der Wahrheit bleiben, den sie unfehlbar weist. Nur dann kann er wahrhaft Theologe, d.h. Sprecher jenes Gottes sein, der sich nach katholischer Lehre auf innigste Weise und für ewige Zeiten mit seiner Kirche verbunden hat. Selbst relativ einsichtige und fortschrittlich denkende katholische Theologen vertreten die These der notwendigen Kirchlichkeit der Theologie, obwohl sie letztlich durch nichts als nur durch die unvernünftige Behauptung der Unfehlbarkeit der römisch-katholischen Kirche gestützt werden kann.

Sie beinhaltet übrigens auch eine Diskriminierung derer, die sich ohne Gemeinschaft mit der Kirche zu halten, Gedanken über Gott oder ein letztes Prinzip aller Dinge, über die Frage eines letzten Sinnes des Weltgeschehens, über Heil, Integrität und Identität des Menschen und der Menschheit machen. Der Münsteraner Theologieprofessor J.B. Metz z.B. hat seinerzeit im Zusammenhang mit den Gesprächen und Planungen um das Modell theologischer Ausbildung an der Universität Bielefeld zwar in aller Schärfe auf die Aporien, auf die Sackgassen des Denkens, hingewiesen, in die die Theologie durch ihren Universalitätsanspruch und ihre Kirchlichkeit im interdisziplinären Gespräch gerät. Aber das hat ihn in keiner Weise bewogen, auf diese beiden auch seiner Meinung nach konstitutiven Kennzeichen katholischer Theologie zu verzichten, »denn christliche Theologie als kirchenlose Theologie würde ihre Identität nicht bewahren können« [222)].

Mit dieser Begründung hat er freilich recht, denn erlaubte man endlich einmal den Theologen wirklich freies Denken, dann wäre es um die Identität ihrer Theologien mit der offiziellen Theologie der Kirche geschehen. Kirchlichkeit der Theologie bedeutet also letztlich, dass die Kirche die Macht hat, ihre Theologie als verbindliche hinzustellen und von ihr abweichende Theologen als häretisch zu disqualifizieren und die Abweichler die Konsequenzen spüren zu lassen. Auch hier zeigt sich, dass selbst fortschrittliche Theologen das kirchliche Herrschaftssystem stützende Kräfte sind, wenn sie in ihm bleiben. Sie geraten unweigerlich in den Sog des Identifikationszwangs mit dem System.

Es scheint, dass nicht nur die offizielle Kirche, sondern auch die meisten katholischen Theologen Angst vor einem ganz offenen und ganz freien interdisziplinären Gespräch haben. Sie klammern sich an die Amtskirche, weil nur sie, die ihren exklusiven Universalitätsanspruch auf Wahrheit und Heil der Menschheit ohne Rücksicht auf erkenntnistheoretische und -kritische Zweifel der einzelnen Wissenschaftszweige aufrechterhält, einen entsprechenden Anspruch der Theologie absichern kann. Dieses Dilemma scheint jedenfalls Metz auch zu meinen, wenn er sagt: »Verzichtet die Theologie auf jede Universalität in ihrer Theoriebildung, dann wird sie entweder traditionalistisch oder passt sich beim Aufnehmen neuer Fragen und Probleme, bei ihrem sogenannten Lernprozess ungeschützt und blind an, ohne jede eigene produktive und normative Kraft. Beansprucht sie hingegen in ihrer Theoriebildung Universalität: Wie ist sie dann in diesem Ganzheitsanspruch noch theoriefähig und damit interdisziplinär gesprächsfähig?«[223)].

Aber was bei Metz noch vorsichtig, abwägend und mit vollem Problembewusstsein formuliert erscheint, schält sich bei anderen Theologen ganz unverblümt als der alte, intolerante Anspruch der kirchlichen Theologie, die letzten Dinge und Sinnfragen ganz allein verwalten zu können, heraus. Ancilla theologiae, Dienerin, Magd der Theologie, hat nicht nur die Philosophie, sondern haben im Grunde alle Wissenschaftsdiziplinen auch heute noch zu sein, und sei es nur in dem (letztlich doch sehr gravierenden) Sinn, dass die Theologie in der »Vertretung jenes geheimnisvollen Humanum« und als »Anwalt des unbegreiflichen Geheimnisses« den anderen Disziplinen ihre Grenzen zeigt und sie in die Schranken weist.

So jedenfalls sah es der inzwischen verstorbene Karl Rahner, der als der größte deutsche Theologe des 20. Jahrhunderts gilt: Die Frage nach der Möglichkeit und Aufgabe der Theologie im interdisziplinären Gespräch sieht er in der »Vertretung jenes geheimnisvollen Humanum« beantwortet, »das in den anderen Disziplinen immer da ist, immer aber auch unausgesprochen wirkt und diese Disziplinen veranlasst, sich selbst zu überbieten und in Frage zu stellen über das explizite methodologische Konzept« ihrer eigenen Wissenschaft hinaus. Die Theologie »wehrt als Anwalt des unbegreiflichen Geheimnisses, das unmanipulierbar, aber real da ist und auch von jeder Wissenschaft als solcher respektiert werden muss, der Versuchung jeder Wissenschaft, sich gänzlich autonom und totalitär zu setzen, die übrigen Wissenschaften sich als ihre Untertanen zu integrieren und zu unterjochen«.

So erweist sich die Theologie im interdisziplinären Gespräch als die Verteidigerin »eines gar nicht systematisierbaren, gar nicht vorausberechenbaren ursprünglichen Pluralismus der Wissenschaften gegen eine Gefahr, die auch heute im Zeitalter des Endes der sogenannten Metaphysik noch nicht gebannt ist, weil statt der Philosophie andere Wissenschaften, Einzelwissenschaften, ein Herrschaftsmonopol über die anderen Wissenschaften anzumelden beginnen« [224]. Darauf kann man nur antworten: Die Theologie, wie sie Rahner versteht, scheint ein neues Zeitalter der Geheimniskrämerei eröffnen zu wollen. Aber mit theologischer Alchemie ist die Menschheit nachgerade lange genug gefüttert und an der Nase herumgeführt worden. Die Geschichte beweist: Viele Philosophien, im 20. Jahrhundert etwa die Ludwig Wittgensteins oder die von Karl Jaspers, sind bessere Anwälte des Geheimnisses als die römisch-katholische Kirche und ihre Theologie, denn niemand ging in den letzten Jahrtausenden derart ehrfurchtslos mit dem göttlichen Geheimnis und mit dem Humanum - vor allem mit dem konkreten Menschen - um wie die Kirche und ihre in der weit überwiegenden Mehrzahl stets dienstbeflissenen Theologen, die immer genau wussten, welche und wieviele Eigenschaften die Gottheit hat, und dies trotz des verbal und dogmatisch behaupteten Geheimnischarakters der trinitarischen Gottheit.

Es mutet geradezu wie ein schlechter Scherz an, wenn selbst Metz in hochtrabender wissenschaftlicher Terminologie »eine Möglichkeit, die Kirchlichkeit mit in das interdisziplinäre Gespräch einbringen zu können ... in der Theoriefähigkeit der Kirchlichkeit im Zusammenhang mit der Institutionalisierung« sieht [225]. Der Sinn dieses kompliziert ausgedrückten Satzes ist banal; er bedeutet nichts mehr, als dass Kirchlichkeit Teilnahme an der Institution Kirche ist und dass damit soziologische Theorien über Institutionalisierung natürlich auch Kirche und Kirchlichkeit einbegreifen können.

Aber wo bliebe die Achtung vor der Theologie, wenn sie das Gemeinte nicht mehr diffizil ausdrücken dürfte? Nur eines sei zu der von Metz erspähten Möglichkeit, die Kirchlichkeit wissenschaftsfähig zu machen, gesagt: Alle Institutionalisierungstheorien werden nichts daran ändern können, dass die römisch-katholische Kirche wie in der Vergangenheit so auch in der Gegenwart eine fundamentale Unterdrückungsinstitution geblieben ist und wegen ihrer »aus göttlicher Stiftung« resultierenden hierarchischen Struktur auch bleiben wird. Natürlich gehört es auch zum stets bewährten Stil dieser Institution, immer wieder mal über den gefährlichen »Trend zur Entkirchlichung der Theologie« [226] zu jammern.

3. Vorteile der Kirchlichkeit für die Funktionäre des Systems

Die Kirchlichkeit der Theologie ist nicht nur eine abstrakt vorgetragene These. Sie bringt vielmehr sehr konkret-praktische Vorteile für jene Priester, denen die Amtskirche das hingebungsvolle »Fühlen mit der Kirche« bescheinigt. Unentbehrlich erweist sich der Ruhmestitel der Kirchlichkeit z.B. für Theologen, die Professoren an einer kirchlichen Hochschule sind und gern einen Universitätslehrstuhl bekommen möchten, oder die sich mit einer Universitätsprofessur ohne weitere Berufungen an andere Universitäten nicht begnügen wollen. Die zahlreichen kirchlichen Titel und Posten, ehrenvolle Einladungen zur Mitarbeit an verschiedenen theologischen und kirchlichen Kommissionen, zu Vorträgen vor den Bischöfen oder gar an der päpstlichen »Gregoriana« können ebenfalls nicht in Empfang genommen werden, wenn den Betreffenden nicht der Ruhm der Kirchlichkeit schmückt.

Zwar finden es viele Funktionäre des kirchlichen Systems, auch die »Betroffenen« selbst, heute oder mindestens seit den illusionären Frühlingstagen des Konzils lächerlich, wenn die Kirche einem den Prälatentitel oder irgendeinen hohen Orden verleiht, aber keiner unter ihnen lehnt diese Auszeichnungen ab. Manche von ihnen haben freilich ein »edles« Motiv für die Annahme kirchlicher Auszeichnungen parat. Sie behaupten, aufgrund des titelbedingten größeren Einflusses in der Kirche auch mehr für andere tun zu können.

Dass die Kirchlichkeit »erstrebenswerte« Vorteile bringt, zeigt sich vielleicht deutlicher, wenn man einmal die Folgen betrachtet, die einem »blühen«, wenn einem dieses Attribut nicht zuerkannt wird. Die Nichtzuerkennung bzw. die Aberkennung des Attributs »kirchlich« hat für den Betroffenen vor allem die Folge, dass er mit der Zeit sehr stark bis völlig isoliert wird. Er existiert für die Amtskirche und die ihr zum größten Teil treu ergebenen Theologieprofessoren nicht mehr, und wenn einer für die Amtskirche nicht mehr existiert, dann bleibt es nicht bei einem theoretischen Nichtsein, vielmehr tut diese Kirche sehr viel, um die Theorie Wirklichkeit werden zu lassen.

Sie schneidet vor allem die Verbindung zum katholischen Volk gänzlich ab, indem sie zum Beispiel durch die existentielle und finanzielle Abhängigkeit, in der sich katholische Akademiedirektoren, Vorsitzende von katholischen Vereinen und Gesellschaften, geistliche Dekane und Pfarrer ihr gegenüber befinden, erwirkt, dass diese einem nichtkirchlichen Theologen keine Einladungen zu öffentlichen Vorträgen und Diskussionsabenden mehr zukommen lassen.

Zwar bleibt einem Universitätsprofessor der Theologie dann noch immer der Kontakt zu den Studenten, aber auch auf einen Teil von ihnen, die im Konvikt oder im Seminar wohnenden Priesteramtskandidaten, wird Druck ausgeübt, die Vorlesungen »dieses Mannes« zu meiden. Durch Studenten, die der Vorstandsschaft des Priesterseminars treu ergeben sind, werden Gerüchte, Verzerrungen des

Images des betreffenden Professors ausgestreut, die mindestens immer einen Teilerfolg bei denen erzielen, die nicht zum selbständigen Denken, sondern zur Anahme des von den Vorgesetzten Vorgekauten erzogen werden.

Nur wirklich starke, selbstlose, unabhängige oder aber in der außerkirchlichen Öffentlichkeit sehr bekannte, geschätzte und deshalb von ihr im Bedarfsfall auch verteidigte Charaktere sind deshalb fähig, Widerstand zu leisten und das Odium der Nichtkirchlichkeit auf sich zu nehmen. Die meisten Priester gehen aus Bequemlichkeit, Passivität und Feigheit, aus Geltungs- oder Geldsucht bzw. weil sie etwas zu verbergen haben, z.T. auch aus Machtlust den Weg des geringeren Widerstands, d.h. sie tun alles, aber auch alles, um das Attribut der Kirchlichkeit in den Augen der Hierarchen wirklich zu verdienen. Es wurden soeben nur einige besonders deutliche Motive der Kirchlichkeit genannt, aber es sind ihrer natürlich sehr viel mehr. Einige der erwähnten Beweggründe sollen im Folgenden deutlicher ins Licht gerückt werden.

4. Der kirchliche Funktionär als Machtmensch

Beginnen wir gleich mit dem letztgenannten Motiv der Machtlust. Es gibt eine Kirchlichkeit aus Liebe zur Macht. Kirchlichkeit, kirchliche Gesinnung eines Priesters, die der Hierarchie bekannt wird, verleiht Ansehen, Geltung, Macht, Einfluss. Die aber braucht man, wenn man Macht egoistisch ausüben, also andere leiden lassen will. Es kann einer einen anderen »erledigen«, seine theologische oder kirchlich-administrative Karriere zunichte machen, seine Degradierung zur Bedeutungslosigkeit innerhalb der Organisation Kirche verursachen, seine Versetzung auf einen seine Fähigkeiten nicht zur Entfaltung kommen lassenden Posten erzwingen, wenn er, der bei den kirchlichen Behörden Vertrauen genießt, sagt: »Dieser Mann hat keine kirchliche Gesinnung«.

Die Liste der Priester mit Machtgelüsten ist lang. Es sei hier ein Beispiel aus der Sparte jener Priester, die zugleich Theologieprofessoren sind, angeführt. Schon die Tatsache, dass in jedem katholisch-theologischen Fachbereich an den Universitäten und in jeder philosophisch-theologischen Hochschule unter den Theologieprofessoren stets mindestens einer ist, der der bischöflichen Kurie, zu deren Verwaltungsgebiet der Fachbereich oder die Hochschule gehört, alles zuträgt, was ihm bezüglich seiner Kollegen oder ihrer Angelegenheiten wichtig erscheint, schafft einen weiten Spielraum für die Befriedigung von Machtsucht, Rivalitäts-, Rachegefühlen usw.

Dabei braucht der Betreffende seine eigentlichen Tendenzen gar nicht unbedingt zu durchschauen oder vor sich selbst einzugestehen. Aufkommende Zweifel erstickt er damit, dass er sich sagt, er sei kirchlich, er wolle der Kirche als der Feste der Wahrheit und der Moral dienen. Deswegen sehen es manche Theologieprofessoren geradezu als Ehre an, dem consilium vigilantiae, dem Überwachungsrat, anzugehören, der dem Bischof beim Regieren der Diözese hilft. Aber selbst dieser Ausdruck »Überwachungsrat« ruft Assoziationen mit der Inquisition wach, also hat man ihn in den meisten Diözesen durch sehr viel harmloser klingende Namen ersetzt.

Auch die Charaktere der Inquisitoren von einst und der heutigen Glaubenswächter sind in manchen Hinsichten ähnlich geblieben. Manche Inquisitoren glänzten durch integren, asketischen Lebenswandel; das war das Kriterium dafür, dass sie nur aus »Gerechtigkeit« die Leiber der von ihnen Verurteilten auf den Scheiterhaufen brachten. So erfüllt waren sie von der fanatischen Liebe zur Wahrheit, die sie allein und zur Gänze in der katholischen Kirche beheimatet glaubten, dass sie kein Verständnis für jene, die solche Wahrheit leugneten, aufzubringen vermochten.

Ein derartiger Geist beseelt auch noch nicht wenige der heutigen Inquisitoren, obwohl diese nicht mehr so entschuldbar sind wie jene, die Tiefenpsychologie und Psychoanalyse noch nicht kannten und deshalb die im Gewand unbedingten Wahrheitswillens einherschreitenden, aus den dunklen Urgründen der Seele aufbrechenden Aggressionen und Grausamkeitsgelüste noch nicht kennen konnten.

Überhaupt scheinen die abwegigen Vorstellungen von »Machtmenschen aus Kirchlichkeit« immer dann besonders üppig zu wuchern, wenn das Jesusbild der Kirche durch Schriftsteller verunsichert worden ist. Lassen wir den Autor von *Jesus Menschensohn* selber über einen Teil der Angriffe berichten, die anlässlich des ersten Erscheinens seines Buches von katholischen Priestern gegen ihn gerichtet worden sind:

»Die beiden katholischen Professoren Rudolf Pesch und Günter Stachel brauchten nach Erscheinen meines Buches vier Wochen, um im Benziger Verlag eine 139 Seiten starke Gegenschrift herauszugeben. In den Namensbeiträgen der beiden Herausgeber herrscht eine Tonart vor, wie ich sie keinem Repräsentanten der Kirche, der Theologie und des Glaubens habe angedeihen lassen. Da werden mir vorgeworfen: sexuelle Bezüge gereizter Phantasie , verantwortungslose Fälschung , gewissenloser Journalismus , Kindheitserinnerungen des Knaben Augstein an Streichers Stürmer , Regression in die Oralphase und in die phallische Phase, antireligiöse Propaganda wie in der stalinistischen Ära Sowjetrusslands, Lügerei auf jeder Seite, Onanie-Bewältigung. Ich habe ein saudummes (Stachel), ein diabolisches (Pesch) Buch geschrieben. Stachel will mit seiner Gegenschrift nicht den Stall des Augsteinias ausmisten, sondern einen einzelnen Schweinekoben So sind schon die Kirchenväter mit ihren Gegnern verfahren, da hat sich nichts geändert« [227].

Ähnliche gemeine Etikettierungen durch Kirchenleute widerfuhren meinem Buch *Jesus und die Frauen* (erschienen 1995 zum erstenmal im Eichborn Verlag, Frankfurt/M., die 2. Auflage erschien 1999 im Verlag Die Blaue Eule).

Eine andere bezeichnende Geschichte widerfuhr mir im Zusammenhang mit meinem Kirchenaustritt. Ein rachsüchtiger katholischer Priester, in der Kirche als Prälat und Universitätsprofessor für neutestamentliche Wissenschaft hochangesehen, empfand meinen Kirchenaustritt offenbar wie eine persönliche Beleidigung. Jedenfalls richtete er an verschiedene Wissenschaftsinstitutionen, Hochschulen, Universitäten, Fakultäten, Volkshochschulen usw. anonyme Schreiben, in denen er sich mit den hässlichsten Beschimpfungen und Verleumdungen gegen mich »auskotzte«. Wahrscheinlich fürchtete er, ich könnte nach meinem Kirchenaustritt und dem Verlust meiner theologischen Professur in Wien bei diesen Institutionen wieder eine Anstellung bekommen, und er versuchte deswegen, mich bei ihnen anzuschwärzen. Seine »Ausführungen« gipfelten meist in dem Schlusssatz: »Ubi Petrus - ibi Ecclesia. Ubi Hubertus - ibi Diabolus« (wo Petrus, also der Papst, dort die Kirche. Wo aber Hubertus, dort der Teufel).

Als die anonyme Hetzkampagne sich über Monate hinzog und nicht aufhören wollte, bat ich einen amtlich anerkannten Schriftsachverständigen, den Münchener Kriminalrat Johann Sgoff, um ein Gutachten. Der stellte einwandfrei fest, dass ich mit meinem Verdacht richtig lag, dass tatsächlich der hochgeachtete Prälat der katholischen Kirche und Universitätsprofessor der Theologie die Hetzschriften gegen mich verfasst hatte. Nur durch ein Gerichtsverfahren wurde es allerdings erst möglich, den Amok laufenden »Herrn der Kirche« in seinen Aktionen zu stoppen [228].

Die Liste machtbesessener und rachsüchtiger Priester ließe sich ausgiebig und konkret verlängern. Aber das in dieser Hinsicht bereits Ausgeführte dürfte genügen, um zu zeigen, dass Nietzsche nicht ohne triftige Gründe von den Priestern sagte: »Böse Feinde sind sie: nichts ist rachsüchtiger als ihre Demut. Und leicht besudelt sich der, welcher sie angreift« [229].

Doch dürfte ebenfalls klargeworden sein, dass die absolutistischen Strukturen der Kirche jenen Raum gewähren und garantieren, innerhalb dessen Machtlust und Machtgenuss der offiziellen und halboffiziellen Vertreter der Kirche derart wuchern können. Können sie sich doch für ihre Härte und mangelnde Humanität stets auf den Willen Gottes oder der Vorgesetzten, durch die er spreche, auf die Autorität der Kirche und dergleichen mehr berufen. Immer gechieht das, was auf solche Weise geschieht, im Namen Gottes und der Mutter Kirche.

Außerdem liefert den kirchlichen Funktionären die von der Amtskirche in den Mittelpunkt ihrer Lehre gestellte Ideologie des Gekreuzigten, des nur durch Leid, Blut und Tod vorbildhaft für alle Menschen zum Triumph gelangenden Gottmenschen, den Beweggrund zur Machtausübung über die Menschen. Leid, Blut und Tod werden dem christlichen Fußvolk als besondere Zeichen der Auserwähltheit und der Nachfolge Jesu gepredigt. Kein Wunder, dass die Verinnerlichung dieser »Tugenden« die auf diese Weise »Vervollkommneten« zu besonders passiven Objekten der Manipulation durch machtlüsterne und machtbesessene kirchliche Funktionäre macht. Richtig hat diesbezüglich ebenfalls bereits Nietzsche gesehen: »Und nicht anders wussten sie ihren Gott zu lieben, als indem sie den Menschen ans Kreuz schlugen! ... Blutzeichen schrieben sie auf den Weg, den sie gingen, und ihre Torheit lehrte, dass man mit Blut die Wahrheit beweise. Aber Blut ist der schlechteste Zeuge der Wahrheit; Blut vergiftet die reinste Lehre noch zu Wahn und Hass der Herzen« [230)].

5. Die Geltungssucht kirchlicher Funktionäre

Kirchlichkeit, Kirchenkonformität, Angst vor der Kirche, die loyales und unterwürfiges Verhalten der Priester erzwingt, verbindet sich sehr oft nicht nur mit Machtlust, sondern auch mit Geltungssucht. Das Maß, um das diese größer ist als Ehrgeiz und Geltungsbedürfnis anderer Erdenbürger, wird vom kirchlichen Zölibatsgesetz bestimmt. Für alle Enttäuschungen, Niederlagen, Demütigungen und Einschränkungen auf dem Gebiet des kirchlich tabuisierten Eros revanchieren oder rächen sie sich durch erhöhtes Imponiergehabe in den verschiedensten Formen.

Wen aber das Attribut der Kirchlichkeit schmückt, der findet für seinen Geltungshunger Befriedigung in vielerlei Form. Kirchlichkeit in Gestalt der kirchlichen Lehrerlaubnis und des guten Ansehens bei den Bischöfen ist z.B. eine unabdingbare Voraussetzung für die Übernahme einer Hochschul- oder Universitätsprofessur durch einen Priester und für die Berufung auf immer weitere

Universitätslehrstühle. Doch wollen viele Theologen noch höher hinaus. Sie möchten Bischof werden, und dieser Ehrgeiz kann nur bei der Note Eins in Kirchlichkeit gestillt werden. Ein großer Prozentsatz der Bischöfe in der katholischen Welt war vorher Seminar-, Hochschul- oder Universitätsprofessor.

Unwillkürlich drängt sich die Frage auf, warum Theologieprofessoren eine derartige Sehnsucht nach der ständig von allen Betreffenden betonten »Bürde« des Bischofsamtes hegen können. Allein die aus dem Hofzeremoniell von Kaisern, Königen, Fürsten und Feudalherren übernommenen kultisch-sakralen Formen des »Gottesdienstes« müssten ihnen doch anachronistisch erscheinen. In der Tat lachen ja auch viele Theologen über diese Äußerlichkeiten, doch ist es nach seiner Bischofsweihe noch keinem von ihnen eingefallen, sie zu verwerfen. Im Gegenteil: Sie behalten sie energisch und mit letzter Entschlossenheit bei, weil sie im Laufe der Zeit mit ihnen als den geronnenen Beweisen der Tatsache, dass sie es weit gebracht haben, derart verwachsen, dass sie ihnen als wesentlicher Bestandteil ihrer bischöflichen und hierarchischen Existenzform erscheinen. Wissen sie im Lauf des ersten Jahres nach ihrer Ernennung zum Bischof noch einigermaßen um die Bedingt heiten und Zufälligkeiten, die bei ihrer Erwählung durch die Amtskirche eine Rolle spielten, so haben sie dies nach Ablauf dieses Zeitraumes allein schon angesichts der Vielen, die um sie herumdienern, total vergessen und so ergeben sie sich nun uneingeschränkt der Überzeugung von ihrem Königtum aus Gottes Gnaden. Und zu diesem Gottesgnadentum gehören eben auch ein besonderer äußerer Status und eine besondere Kleidung, die sie herausheben aus der Menge der Frommen. Man denke nur an die noch vor ein paar Jahrzehnten vorgeschriebenen, über zehn Meter langen Schleppen der Kardinäle. Aber auch jetzt noch wirken Kardinäle und Bischöfe in ihrem Ornat wie ganzjährige Faschingsprinzen, über die sich schon Voltaire und Goethe lustig machten.

Auch Professoren, die durchaus das Zeug hatten, in der theologischen »Wissenschaft« selbst bekannte Größen zu werden, gaben ihren Lehrstuhl sofort und widerstandslos auf, wenn man ihnen die Bischofswürde antrug. Sie wollten auch noch Erzbischof, Kardinal, ja möglichst sogar Papst werden. Johannes Paul II. z.B. war als Erzbischof von Krakau in Polen trotz der damaligen Ostblock-Grenzen und der dadurch erschwerten Reisebedingungen immer wieder mal in Rom, um sich den einflussreichen Kreisen im Vatikan und seinen Freunden von Opus Dei stets von neuem ins Gedächtnis zu bringen. Insofern war seine Wahl zum Papst keineswegs so spektakulär und überraschend, wie die Medien das nachher hinstellten.

Priester, die weder Bischöfe noch Theologieprofessoren werden können, müssen sich halt mit der kleineren Geltung, dem Amt des Dechanten, des Pfarrers, des Ehrenprälaten, des Jugendführers, des Sektenbeauftragten usw. begnügen. Raum für den Missbrauch der Macht bieten allerdings auch diese Ämter in Fülle.

6. Der Kirchenfunktionär als autoritäre Persönlichkeit

All die große bis kleinliche Sehnsucht der Kirchenfunktionäre nach Geltung, Ehre, Ruhm und Macht könnte man an sich als menschlich-allzumenschliche Regungen abtun und unerwähnt lassen. Andererseits kann es aber einer pluralistischen Gesellschaft, in der alle gesellschaftlichen Gruppen in Wechselwirkung zueinander stehen, nicht gleichgültig sein, dass die autoritär-absolutistischen Strukturen der kirchlichen Hierarchie Projektions- und Favorisierungsmethoden ermöglichen, die den Grund dafür bilden, dass nicht etwa die intelligentesten, schon gar nicht die ethisch wertvollsten und selbständigsten Individuen die entscheidenden Positionen der »Gesellschaftsgruppe Kirche« einnehmen, sondern die durchschnittlichen, gegenüber den Oberen fügsamen, gegenüber den Untergebenen autoritären Menschentypen (vgl. dazu die beiden hier folgenden Tabellen).

Die Ergebnisse der soziologischen und psychologischen Untersuchungen des autoritären Menschentyps, primär nicht an kirchlichen oder religiösen Gruppen gewonnen, lassen sich unschwer auf die Mehrzahl kirchlicher Funktionäre anwenden. Wer könnte nicht aus eigener Konfrontation auf Pfarrer, Kapläne, kirchliche Kurialbeamte oder Sektenbeauftragte, Bischöfe, Kardinäle und Päpste hinweisen, die alle hier genannten Kriterien des autoritären Menschentypus erfüllen.

Ja, man muss sogar noch weitergehen: Es ist gerade die amtskirchliche Doktrin von der erbsündigen Verderbtheit der menschlichen Natur, von der Schlechtigkeit der gottlosen, sexuell ausschweifenden, sich dadurch Aids holenden, nur durch Strafen, Zucht und unbedingten Gehorsam einigermaßen im Zaum zu haltenden Welt, von der Inferiorität des Mangelwesens Frau (die deshalb auch nicht oder - in manchen protestantischen Gemeinden - nur sehr widerwillig zum Priester- oder Pfarramt zugelassen wird), von den (notwendigen) Kriegen als Zuchtruten und Bußaufrufen Gottes, von der gottgewollten Legitimität jeder staatlichen Obrigkeit und der gleichermaßen von Gott befohlenen Subordination des Bürgers, von den göttlich geoffenbarten, sozialen, sittlichen und sexuellen Normen des Denkens und Handelns, die die angeblich aus der Autorität Gottes herzuleitende letzte Rechtfertigungsbasis für die Erzie-

Man hat aufgrund psychologischer und soziologischer Untersuchungen die autoritäre Persönlichkeit vornehmlich durch folgende Eigentümlichkeiten gekennzeichnet:

1. Starke Betonung der Bindung an die jeweilige Majorität sowie die Überzeugung von deren Überwertigkeit;
2. Zwanghafte Konformität mit den Normen und Konventionen der Majorität;
3. Tendenz dazu, solche Konformität auch von anderen Personen zu fordern;
4. Konservative politische Sympathien;
5. Neigung zu überspitzten Gegensätzen, vor allem zur kategorialen Unterscheidung zwischen »Starken« und »Schwachen«;
6. Pharisäische Selbstgerechtigkeit in Fragen der Sittlichkeit, namentlich in geschlechtlicher Hinsicht;
7. Neigung dazu, eigene verdrängte Regungen auf andere zu projizieren und für deren Haupttriebfedern zu halten;
8. Ein Denken, das geringe produktive Einbildungskraft mit großer Anhänglichkeit an starre Formeln verbindet;
9. Kindheitserlebnisse mit Eltern, die wenig Gemütswärme zu bieten hatten, die dafür aber die Forderung unbedingten Gehorsams erhoben.

hung zu autoritär eingestellten Individuen liefert. Die Attribute und Überzeugungen autoritärer Individuen, wie sie Psychologie und Soziologie herausgearbeitet haben, erweisen sich geradzu als säkularisierte Derivate der Dogmen und Formeln kirchlicher Verkündigung. Die Strukturen und Verhaltensmuster der autoritären Persönlichkeit werden also durch das kirchliche Prinzip der Herleitung aus einer vermeintlichen göttlichen Offenbarung noch be- und verstärkt. Auch jene autoritären Individuen, die schon gänzlich säkularisiert, von Religion chemisch frei sind, tragen Bedeutungs- und Begründungselemente für ihr autoritäres Verhalten in sich, die, wie immer auch vielfältig vermittelt, letztursächlich auf die starren dogmatischen Formeln der kirchlichen Verkündigung zurückgehen. »Durch die vielfältigen Verflechtungen der Hierarchie mit staatlichen Institutionen (Schule, Militär, Ministerialbürokratie, Beratergremien usw.), Massenmedien (kircheneigene Presse, Einfluss in anderen Presseorganen, im Rundfunk und Fernsehen usw.) wirkt diese ideologische Funktion der Kirche weit über den Rahmen der im strengen Wortsinn gläubigen Menschen hinaus« [232].

Autoritäre Persönlichkeiten zeichnen sich darüber hinaus durch folgende Überzeugungen aus:

1. Männer seien von Natur aus den Frauen überlegen;
2. Frauen sollten von Politik und Geistesleben ferngehalten werden;
3. Die Todesstrafe sei für die Eindämmung der Verbrechen unentbehrlich:
4. Je härter die Strafen, um so mehr komme man der Delinquenz bei, vor allem auch bei Sittlichkeitsverbrechen;
5. Prügel oder Strafen überhaupt seien ein wertvolles Erziehungsmittel;
6. Das Wichtigste in der Erziehung sei der Gehorsam des Kindes und sein Respekt vor Eltern und Erziehern;
7. Der Mensch sei von Natur aus böse und könne nur gewaltsan zum moralischen Verhalten gebracht werden;
8. Regierungen müssen hart durchgreifen;
9. Kriege habe es immer gegeben und werde es immer geben;
10. Kriegsdienstverweigerer seien Verrückte oder Drückeberger, die man schwer bestrafen sollte;
11. Jeder Mensch sei durch seine Anlage bestimmt, an der sich durch Erziehung wenig ändern ließe;
12. Sexuelle Aufklärung sei Unsinn, früher habe man das auch nicht gebraucht [231)].

6.1 Der Religionsunterricht als Mittel zur Erziehung autoritärer Individuen für Staat und Kirche

Natürlich sieht auch der Staat, welche Vorteile ihm aus der autoritären kirchlichen Verkündigung erwachsen. Da die Schule die wichtigste Ausbildungsstätte in der Gesellschaft darstellt, ist es nur folgerichtig, wenn auch mit der weltanschaulichen Neutralität moderner Staaten schwer oder gar nicht vereinbar, dass dem amtskirchlich kontrollierten Religionsunterricht an den Schulen die Stellung eines »normalen« Lehrfaches zuerkannt wird, obwohl es sich bei ihm doch um ein mit der Aufgabe der objektiven Wissensvermittlung, zu der die staatliche Schule verpflichtet ist, nicht in Einklang zu bringendes »Bekenntnis«-fach handelt. Der Kirche, sowohl der katholischen wie der protestantischen, wird als praktisch einziger Institution von vornherein das Privileg zugebilligt, »auf legale Weise und ohne Mitsprache anderer Gremien über den Inhalt eines Unterrichtsfaches« zu entscheiden [233)].

Dafür zeigt sich die Kirche dankbar. Sie erweist sich als ideologischer Stabilisierungsfaktor des Staates, sie erzieht ihm autoritär beeinflussbare Individuen, sie erhält die bestehenden gesellschaftlichen Verhältnisse aufrecht, sie vermittelt Denk- und Verhaltensmuster wie etwa vom quasi naturnotwendigen »Oben und Unten« gesellschaftlicher Klassen, vom gottgewollten Platz, den jeder in der Gesellschaft füg- und gehorsam einzunehmen habe, von der gottgefälligen Ordnung des schon Etablierten, von der Analogie zwischen überirdisch-göttlicher und weltlicher Ordnung, von der Vertretung des strafenden Gottes im Himmel durch die strafenden Vorgesetzten (Lehrer, Eltern, Richter usw.) auf Erden, von der Arbeit als Strafe Gottes, die aber, fleißig ausgeführt, die Erbschuld verringern könne, von Opfer, Entbehrung, Leid als Zeichen der Auserwähltheit durch Gott, von der Freude am eigenen Körper und der sinnlichen Lust als dämonischen Sünden [234)], von der unsichtbar immer anwesenden und den Menschen kontrollierenden Macht Gottes und dergleichen mehr.

Auf offizielle, kirchlich eingeführte und staatlich anerkannte Religionsbücher gestützt, werden diese Denkmuster ganz offiziell und massiv von Seiten selbst autoritär erzogener Kirchenfunktionäre und -pädagogen an die Kinder und Jugendlichen herangetragen. In einem Religionsbuch für bayerische Berufsschulen *Junger Mensch -Wohin?*, das dreibändig in einer Gesamtauflage von 400.000 Exemplaren erschienen ist, hieß es normativ-dogmatisch: »Die Völker werden friedlos, die Regierungen ratlos, die Politiker charakterlos, der Schwindel grenzenlos, die Schulden zahllos, die Sitten zügellos, die Aussichten trostlos: weil alles gottlos« [235)].

Jeder Staat dürfte für den folgenden Passus des genannten Lehrbuches dankbar sein: »Eine Gemeinschaft kann nur bestehen, wenn Ordnung herrscht. Die Grundzüge der Ordnung sind vom Schöpfer gegeben. Die Ausführungsbestimmungen werden von Staat und Kirche den jeweiligen Verhältnissen angepasst. Wenn wir in der Glaubensverkündigung von der Ordnung in Gesellschaft, Staat und Wirtschaft, Eigentum und Arbeit sprechen, dann ist das nicht Politik, sondern Hinweis auf die gottgewollte Ordnung« [236)].

Bedenkt man, dass in der zu weltanschaulicher Neutralität verpflichteten Bundesrepublik etwa 70 % aller Kinder und Jugendlichen eine solche kirchliche Sozial-, Moral- und Sexuallehre »verpasst« bekommen, dann sind Kassandrarufe ob der Gefährdung der demokratisch-freiheitlichen Grundordnung durch eine negative, die selbständigen, kritischen Persönlichkeiten benachteiligende Auslese, durch einen die autoritären Individuen multiplizierenden Mechanismus sicher nicht fehl am Platz. Wir sahen: Kirchlichkeit, kirchliche Gesinnung ist oft nur ein anderes, weniger anstößiges Wort für das Verhalten derjenigen, die von ihrem ererbten oder durch Erziehung und Gewöhnung erworbenen Typus her dazu neigen, sich stets den Mächtigeren, Einflussreicheren, also den »Hierarchen« unterzuordnen. Dabei tritt Kirchlichkeit kaum je als chemisch sauber herauskristallsiertes Einzelelement und Motiv auf, ist sie auch so gut wie niemals blindes Schicksal, vielmehr kann der »Demütige« fast stets als so intelligent angenommen werden, dass er um die aus seiner Subordination resultierenden Vorteile weiß, was die Intensität seiner Unterordnung noch steigert. Auf einige Motive der Kirchlichkeit, somit auch meistensteils »demütiger« Gesinnung, sind wir bereits gestoßen. Im Rahmen dieses Kapitels können nicht mehr alle Typen der Kirchlichkeit aus Angst und erspähten egoistischen Vorteilen, derentwegen man die Angst auf sich nimmt, besprochen werden.

Im nächsten Kapitel werden wir noch eine besondere Kategorie von Kirchenfunktionären, nämlich die sogenannten progressiven und kritischen Theologen, behandeln. Im vorliegenden Kapitel wollen wir uns darauf beschränken, nur noch den Typus des materialistisch gesinnten Priesters zu charakterisieren.

7. Der kirchliche Funktionär und das Geld

Es gibt einen Funktionärstyp, der der Kirche unterwürfig dient, weil er sich dafür nicht bloß seine Ruhe und materielle Sicherheit, sondern auch finanzielle Vorteile einhandelt, und sei es »nur« ein Pfarrhaus, das sich - müsste er es mit eigenem Geld finanzieren - in jungen Jahren nur ein Reicher leisten kann. Ein solches »Geschenk« bald nach Abschluss der Studienzeit ist schon die Unterdrückung einer Gewissensregung wert. Es gibt eine Menge kircheneigener, von Pfarrern und Theologen bewohnter Villen und Bungalows, denen gegenüber sich sogar die danebenstehenden Kirchen oft recht bescheiden ausnehmen. Und das Geld, das man nicht für den Bau eines Hauses aufzuwenden braucht, weil es die Mutter Kirche zur Verfügung stellt, kann man so gut für andere, dem Herzen liebgewordene Gewohnheiten, Genüsse und Annehmlichkeiten verwenden.

Diesen Typ des Funktionärs, dem es im Grunde gleichgültig ist, wer sein Geldgeber ist, wenn dieser ihm nur für ein Minimum an Arbeit Ruhe und Wohlstand garantiert, beschreibt treffend unter Verwendung eines Zitats Sigmund Freud: »Der katholische Pfaffe treibt es mehr wie ein Kommis, der in einer großen Handlung angestellt ist; die Kirche, das große Haus, dessen Chef der Papst ist, gibt ihm bestimmte Beschäftigung und dafür ein bestimmtes Salär; er arbeitet lässig, wie jeder, der nicht für eigene Rechnung arbeitet und viele Kollegen hat und im großen Geschäftsleben leicht unbemerkt bleibt - nur der Kredit des Hauses liegt ihm am Herzen, und noch mehr dessen Erhaltung, da er bei einem etwaigen Bankrott seinen Lebensunterhalt verlöre«.

Der »protestantische Pfaffe« dagegen, sagt Freud im Anschluss an ein Zitat von Heinrich Heine, »ist überall selbst Prinzipal und treibt die Religionsgeschäfte auf eigene Rechnung. Er treibt keinen Großhandel wie sein katholischer Gewerbegenosse, sondern nur einen Kleinhandel; und da er demselben allein vorstehen muss, darf er nicht lässig sein, er muss seine Glaubensartikel den Leuten anrühmen, die Artikel seiner Konkurrenten herabsetzen, und als echter Kleinhändler steht er in seiner Ausschnittbude, voll von Gewerbsneid gegen alle großen Häuser, absonderlich gegen das große Haus in Rom, das viele tausend Buchhalter und Packknechte besoldet und seine Faktoreien hat in allen vier Weltteilen!«[327].

Diese Freudsche Charakterisierung des protestantischen Pfaffen stimmt zwar nicht mehr in allen Punkten - er genießt ja im deutschen Staat genau die gleichen Privilegien wie sein katholischer Amtskollege -, aber der Minderwertigkeitskomplex gegenüber dem »Großen Haus in Rom« ist geblieben und macht die ökumenische Anbiederung der Protestanten erst so recht verständlich.

Die bei nicht wenigen Klerikern feststellbare Liebe zum Geld hat einen wesentlichen Grund in der Tatsache, dass die Kirche diese Menschen in einer wichtigen Dimension ihres Seins »beschnitten« hat. Karl Rahner hat die kirchliche Verpflichtung der Priester zur Ehelosigkeit eine »Wunde« genannt. Dafür, dass die Kirche sie ihnen zugefügt hat und nicht zuheilen zulässt, rächen sie sich durch Aggressionen, die aber meist nicht etwa gegen diese Institution gerichtet sind, sondern den verschiedensten Gegenständen gelten.

Ein ganz wesentliches Objekt der »aggressiven« Handlungen Zölibatärer ist das Geld. Das hängt auch wohl damit zusammen, dass die Theologen ständig vom unsichtbaren, ungreifbaren, unfassbaren, übersinnlichen, unweltlichen und unerreichbaren Gott und seiner mystischen Braut, der Kirche, reden und zeugen sollen und deshalb besonders gern einmal mit etwas Konkretem, Berührbarem, Fassbarem, massiv sinnlich Wahrnehmbarem zu tun haben möchten, noch dazu, wenn sie sich der schmerzlichen Tatsache bewusst werden, dass die Kirche ihnen eine andere Dimension des sinnlich Erreichbaren und Befriedigenden, den Leib einer Frau, ebenfalls hartnäckig vorenthält.

Aber das Geld kann ohne Verwendung und Verwendungsbereitschaft leicht wieder zu einem abstrakten Wert werden. Es empfiehlt sich daher, darauf zu achten, wofür Priester ihr Geld verwenden. Die Verwendungsskala ist groß. Es gibt zwar die theologischen

»Puristen«, die »Asketen«, denen das Geld schon fast wieder ein so abstrakter Wert wie Gott selbst geworden ist, für die also ein Abstraktum das andere ersetzt, das Geld als »reiner« Gottersatz fungiert, so dass es ihen genügt, aufgrund papierener Kontoauszüge zu wissen und sich daran zu delektieren, dass ihr Guthaben auf der Bank wächst und wächst. Aber die Mehrzahl der Priester setzt doch ihr Geld praktisch ein und verschmäht es, nur den »reinen« Wert des Geldes »geistig« zu genießen.

Die vielleicht harmloseste Form des durch Geld erwerbbaren Genusses ist das Feinessen, Feintrinken ud Feinrauchen der Kleriker. Die feinsten und teuersten Zigarren, Zigarillos und Zigaretten rauchen - wenn sie rauchen - Priester. Die besten Weine finden sich bei Festivitäten mit Bischöfen und Theologieprofessoren, oft aber auch bei Gemeindeleitern finanzstarker Pfarren. Wenn Kleriker dem feinsten Essen und Trinken frönen, so drückt sich darin nochmals ihre Kirchlichkeit aus. Sie können guten Gewissens Schlemmer und Völler sein, weil die Amtskirche im Laufe ihrer ganzen Geschichte die Gaumenlust nie im entferntesten so angegriffen und verfolgt hat wie die Geschlechtslust.

Ist die Verschiebung des seelischen Gleichgewichts und die Störung des Energiehaushalts beim Zölibatären ohnehin gegeben, so darf es daher im gewissen Sinn geradezu als deren Tugend in den Augen der Kirche angesehen werden, wenn sie ihre ursprüngliche Sexualenergie auf den Gaumen- und Magensektor richten. Zumindest in Bezug auf das örtliche Höhersein kann man dann von einer »Sublimation« des Lusttriebs sprechen. Und mancher Dicke und Feiste unter den Klerikern hat es tatsächlich geschafft: Das Wohlleben und Gutessen hat seinen Sexualtrieb so gut wie gänzlich zum Erlöschen gebracht.

Eine andere Art, wie Priester ihr Geld verwenden, bilden eine übertriebene Körperpflege und ein fanatisches Gesundheitsstreben. Nicht wenige von ihnen pflegen ihren Körper, insbesondere Hände und Gesicht, mit seltener Hingabe, skrupulöser Sorgfalt und infantiler Eitelkeit und scheuen dafür keine Geldausgaben. Ein Jesuit, Professor der Religionspsychologie an der Universität Lublin, sagte zur Zeit, als ich dort studierte, während einer Vorlesung, dass eines der interessantesten Phänomene für ihn die Tatsache sei, dass Kleriker, darunter auch wirklich fromme, so unsagbar gern vor dem Spiegel stünden. Die Gesundheit rangiert zwar in der katholischen Wertrangliste offiziell unter »ferner liefen«. In Wirklichkeit sind jedoch nicht wenige Pfarrer und Bischöfe die größten Gesundheitsfanatiker, von denen manche zwei- bis dreimal in Jahr in teure Bäder fahren, eine Kur nach der anderen machen und nichts so fürchten, wie die geringfügigsten körperlichen Beschwerden, weswegen in geistlichen Kreisen so viele Witze über hypochondrische Mitbrüder kursieren.

Das alles kann man als nicht gravierend ansehen und wenigstens zum Teil auch von Menschen anderer Berufssparten behaupten, aber es steht doch gerade und nur bei Geistlichen in eklatantem Widerspruch zu der Tatsache, dass sie so beredt und mindestens bei jeder Grabrede das Volk auf das »ewige Leben«, das künftige Gottesreich, die Auferstehung und ähnliches hinweisen, in deren Licht das Irdisch-Materielle, selbst die Gesundheit und das Leben im Diesseits, sich als nichtig und mindestens zweitrangig erweisen. Freilich vermögen manche Kleriker bei einiger Fähigkeit zum Selbstbetrug auch noch in der übertriebenen Körper- und Gesundheitspflege einen Beweis ihres Dienstes an der Kirche zu entdekken. Bei dem heutigen akuten Priestermangel müsse ein Kleriker sein Leben eben so lange wie möglich und selbst mit den kostspieligsten Mitteln bewahren.

Überhaupt gibt es auch altruistischere Formen des Egoismus, der in klerikalen Kreisen deshalb so wundersame und üppige Blüten treibt, weil der Priester durch das kirchliche Zölibatsgesetz der Sorge um die Familie enthoben ist. Die offiziellen Vertreter der Kirche wenden beispielsweise Millionen und Milliarden für monumentale und prunkvoll ausgestattete Kirchenbauten auf, etwa für den wieder aufgebauten Würzburger Dom und seinen immens kostspieligen Tabernakel oder für den Goldschrein von Caspar, Melchior und Balthasar über dem Hochaltar des Kölner Doms, den das Kölner Domkapitel in den letzten Jahren noch um goldene 40 cm verlängert und mit 650 geschliffenen und geschnittenen Edelsteinen ausgestattet hat, dies alles natürlich zur höheren Ehre Gottes, der zwar nach katholischer Lehre seinen Sohn arm auf die Welt kommen ließ, aber für sich selbst (in Wirklichkeit für die amtlichen Verwalter von Christi Erbe) nicht darauf verzichten kann, durch die teuersten Kirchenbauten angemessen repräsentiert zu werden.

Auch beim Kauf von Messgewändern spart so gut wie kein Priester. Das teuerste ist hier gerade gut genug »für den Herrgott«, auch wenn man es am eigenen Leib trägt. Von den etwa 8,5 Milliarden Euro, die die beiden Kirchen jährlich allein in der Bundesrepublik aus den Kirchensteuern einnehmen, wird denn auch tatsächlich nur ein Bruchteil, allerhöchstens 13 %, für soziale und karitative Zwecke ausgegeben. Bekanntlich hat Papst Pius XII. bei seinem Tod ein Privatvermögen von 80 Millionen DM hinterlassen [238)]. All diese »aufwendigen Geschichten« könnte man also unter das Motto stellen: Wichtiger ist es, dass die Massen staunen und bewundern, wenn möglich in Ehrfurcht versinken, als dass ihre sozialen Probleme gelöst werden.

Einige besondere Bemerkungen müssen noch jener Klasse von Kirchenfunktionären gewidmet werden, die, von einigen Ausnahmen abgesehen, die ideologische Verbrämung und Rechtfertigung der kirchlichen Macht, des katholischen Systems und seiner Notwendigkeit liefert: den Theologieprofessoren.

Dass Geld Macht und Geltung verleihen kann, dass es für viele der Maßstab ihrer Größe und ihres Erfolges ist, dass es einem viele Hindernisse aus dem Weg zu räumen oder von Sorgen zu befreien vermag, dass es in jedem Fall beruhigt - das sind Allerweltswahrheiten, die wegen ihres banalen Charakters nicht weniger wahr sind, eher deshalb eine umso brutalere Effizienz besitzen. Dass auch Kirchlichkeit, kirchentreue Gesinnung, wenn sie bei allen öffentlichen Auftritten von Theologieprofessoren zur Schau getragen wird, sich im wortwörtlichen Sinn »bezahlt« macht, lässt sich in der Mehrzahl der Fälle eher vermuten als beweisen, weil sie die Höhe ihres Einkommens und ihrer Honorare für Zeitungsartikel, Vorträge und Zeitschriftenaufsätze, für ihre Mitarbeit an kirchlichen Kommissionen und im Sinne der Bischöfe abgefassten Resolutionen besser hüten als das Beichtgeheimnis.

»Über materielle Dinge spricht der geistige Mensch nicht« - dieser Spruch, den man im Zusammenhang mit den Geldangelegenheiten in geistlichen Kreisen und auch bei Exerzitien für Alumnen und später für Priester recht häufig zu hören bekommt, wäre sogar, hielte man sich wirklich an ihn, der Beginn einer lobenswerten Tugend, wenn er nicht oft genug als ideologische Verschleierung der Höhe der eigenen Einkünfte diente. Dabei handelt es sich fast durchweg nicht um phantastische Summen, die Theologieprofessoren zu verbergen hätten. Sie wollen lediglich die Tatsache verhüllen, das sie satte, gutgestellte Wohlstandsbürger sind, denn auch das könnten ja Außenstehende als Diskrepanz zwischen ihnen und Jesus auffassen. Geben sie doch Jesus als Maßstab und Richtschnur ihres Lehrens, Lebens und Handelns an oder vor und behaupten sie doch selber von ihm, dass er nicht nur faktisch arm war, sondern auch eine echte Theologie der Armut gelehrt und vorgelebt habe.

Man muss aber einmal die luxuriös ausgestatteten Villen mancher Theologieprofessoren gesehen haben, um in solchen Fällen von einer echten Diskrepanz reden zu können. Natürlich werden sie darin von den Bischöfen und Erzbischöfen in Deutschland mit ihren Palästen und Residenzen noch weit übertroffen, und die beziehen ja auch noch obendrein ein viel höheres Gehalt - meistenteils vom Staat, nicht von der Kirche! **Die ganze Kirche ist ein prostituierender Apparat, der sich vom Staat aushalten lässt.** Selbst kirchliche Institutionen, die nur die selbsteigensten Interessen im Auge haben und betreiben, lassen sich das Gros ihrer Investitionen und Aufwendungen von Vater Staat bezahlen. Da gibt's z.B. in Bayern eine nicht-staatliche, eben Katholische Universität. Man müsste eigentlich als selbstverständlich voraussetzen, dass die reiche Kirche, die nach dem Staat größte Grundbesitzerin in Deutschland, für diese ihre eigene Universität mit eigenen Geldmitteln aufkommt. Weit gefehlt. Von den laufenden Betriebskosten der Universität mit ihrem Volumen von rund 31 Millionen Euro jährlich werden 26,5 Millionen Euro vom Staat zugeschossen, nur 4,5 Millionen Euro trägt die Kirche.

Als später eine neue Wirtschaftswissenschaftliche Fakultät der Katholischen Universität Eichstätt in Ingolstadt eingerichtet wurde, betrugen die Kosten für die damit verbunden Planungen und Umbauarbeiten ca. 14,1 Millionen Euro, wovon der Staat Bayern wiederum in bewährter Großzügigkeit 85 % übernahm [239)].

Die Kosten für den Bau konfessioneller Kindergärten, Krankenhäuser, Altersheime usw. werden ja auch stets zu etwa 90 %, oft sogar 100 %ig vom Staat übernommen. Aber er bleibt absolut draußen, wenn es um ideologische Inhalte und Personalpolitik in diesen Instituten geht. Er kann nichts dagegen tun, wenn z.B. einem Arzt oder einer Krankenschwester, ja sogar einer Putzfrau von der Kirche gekündigt wird, weil sie vermeintlich keinen kirchenkonformen Lebenswandel führten.

Interessant ist auch, dass viele Theologen zwar ständig den Gemeinschafts- und Gemeindecharakter der Eucharistiefeier betonen, »ihre« hl. Messe aber täglich auch dann zelebrieren, wenn nur der Messdiener, manchmal auch niemand zugegen ist. Wer außerdem die Art, wie viele von ihnen ohne echte innere Anteilnahme diese »Feier« absolvieren, sieht, für den besteht kein Zweifel, dass diese Theologen nur deshalb täglich zelebrieren, weil sie auf das von den Gläubigen gestiftete Messstipendium nicht verzichten wollen.

Auch für ein solches Tun fehlt natürlich nicht die ideologische Begründung. Jedenfalls wirft so mancher Theologe so manchem Theologen vor, er hätte wohl keinen Glauben mehr und stünde nicht mehr »richtig in der Kirche drin«, weil er nicht wie er täglich zelebriere. Von den Messstipendienkumulationen, die mancher Theologe guten Gewissens vollzieht, soll hier nicht geredet werden. Aber es gibt tasächlich Geistliche, die den katholischen Laien, der ihnen ein Messstipendium gibt, im Glauben lassen, für sein Geld werde an dem und dem Tage eine Messe gefeiert, während der Geistliche für dieselbe Messe auch noch von anderen Gläubigen Geld entgegennimmt. Dies ist zwar nach dem kanonischen Recht verboten, aber manche tun es doch.

Mit welchen Konsequenzen muss ein Theologieprofessor rechnen, wenn er zu der Überzeugung gelangt, dass die Strukturen der römisch-katholischen Kirche nicht von dem Jesus der Evangelien gewollt sein können, dass sie vielmehr nur die historischen Resultate machtpolitischer Aktionen und Konstellationen sind? Wir sahen bereits: Seinen Lehrstuhl kann er in vielen Ländern, z.B. auch in Österreich, verlieren, in der Bundesrepublik Deutschland verlöre er ihn nicht. Dem deutschen Universitätsprofessor stellt sich also das Problem des Verhältnisses von Geld und Kirchlichkeit nicht in voller Schärfe, wenigstens nicht in Hinsicht auf sein Grundgehalt, auf die eigentliche ökonomische Grundlage seiner Existenz. Vielleicht gibt es deshalb in Deutschland eine relativ größere Zahl progressiv sich artikulierender katholischer Theologen.

Aber auch der deutsche Theologieprofessor wird natürlich daran denken, dass nach seinem Austritt aus der Kirche alle finanziellen Nebenquellen mit der Zeit versiegen werden. Die meisten Theologieprofessoren kleben aufgrund ihres nur Eingeweihten, und das heißt eben wieder Theologen und ein paar katholischen Intellektuellen, verständlichen theologischen Jargons, ihres Sprach- und Denkstils derart an der innerkatholischen Problematik, dass sie gar keine Chance haben, ihre Bücher außerhalb des kirchlichen Milieus abzusetzen, ihre Vorträge vor Nichtkatholiken und einer breiteren Öffentlichkeit zu halten.

Katholische Verlage aber werden ihre Bücher nach ihrem Kirchenaustritt nicht mehr herausgeben, dafür sorgt die Hierarchie, die z.B. den katholischen Großverlag Herder (Freiburg) veranlasste, ein schon ediertes Buch über *Den sexuellen Notstand und die Kirchen* nicht mehr weiter auszuliefern [240)].

Ihre Aufsätze werden diese »Abtrünnigen« in den katholisch-theologischen Zeitschriften nicht mehr veröffentlichen können, wie ja auch das Gros der Katholiken die Schriften von Ex-Katholiken einfach nicht zur Kenntnis nimmt. Es gibt wenige Theologieprofessoren, die nach den ersten Büchern, die sie wohl der Auseinandersetzung mit der Kirche, die sie verlassen haben, widmen würden, auf Gebiete ausweichen könnten, die von allgemeinerer Bedeutung sind, wie die vergleichende Religionswissenschaft oder der weite Bereich weltanschaulich-philosophischer Stellungnahmen zu den Problemen der Naturwissenschaft oder die Verbindungslinien zwischen Tiefenspsychologie und Religion. Aus solchen und ähnlichen

Erwägungen heraus sagen sich deshalb nicht wenige Theologieprofessoren gemäß dem Motto: »primum vivere, deinde philosophari«, dass es bequemer, existenzmäßig ungefährlicher und in jedem Fall auch lukrativer ist, in der Kirche zu bleiben, kirchliche Gesinnung zu hegen oder auch nur zu zeigen, mit einem Wort dem katholischen System zu dienen, damit es sich auch ihnen dienlich erweise.

11. Kapitel
Die Rolle der »liberalen«, »kritischen« und »progressiven« Theologen im System Kirche

Kirchlichkeit und Kirchenkonformität stellten sich uns als jene mächtige, eiserne Klammer heraus, die alle Arten manipulierender Herren und manipulierter Knechte der Kirche umschließt. Es ist nicht schwer zu zeigen, dass auch noch die kritischsten, progressivsten und liberalsten Theologen innerhalb dieser Klammer verbleiben und sich nicht aus ihr herauslösen oder von ihr befreien wollen. Als der bekannteste unter ihnen gilt weithin Hans Küng. Er ist es, auf den sich Katholiken nicht selten berufen, wenn sie das menschliche Antlitz der Kirche demonstrieren wollen. Er soll gleichsam als lebender und lebendiger Beweis der These fungieren, dass echte Toleranz, Freiheit und Humanität auch *in* der katholischen Kirche möglich seien.

Die Gründe für die entgegengesetzte These, dass Progressivität und Freiheit auf der einen Seite und Kirchlichkeit auf der anderen Seite sich ausschließen, liefert jedes Kapitel des vorliegenden Buches. Vor allem endet jeder katholische Fortschritt an der Mauer der Unfehlbarkeit der Kirche als ganzer und des kirchlichen Lehramtes im besonderen.

Monarchien, Diktaturen, antidemokratische Systeme kommen und gehen, sie weisen auch bezüglich der Schärfe ihrer Unterdrückungsmethoden Unterschiede auf. Aber jenes System unter ihnen ist de iure das autoritärste, das ewige Geltung auf Erden für sich beansprucht, weil es behauptet, die unfehlbare Wahrheit eines unfehlbaren Gottes im Kern unfehlbar durch die Jahrhunderte bis ans Ende der Welt zu tradieren.

Dialog, echt menschliches und weiterführendes Gespräch ist dann nur möglich innerhalb des Spielraums, den das Amt der Einheit und Unfehlbarkeit als Konzentrat, höchste Instanz und Organ der unfehlbaren Gesamtkirche gewährt. Das aber ist, wie die ganze Geschichte der katholischen Kirche beweist und wie es auch sachlich gar nicht anders sein kann, ein sehr enger Spielraum.

Gewaltige Menschheitstraditionen, nichtchristliche Religionen, Philosophien und Weltanschauungen bleiben trotz der verbalen (und in der Sache nur halbherzigen) Konzessionen des II. Vatikanischen Konzils sogar noch außerhalb jener Materie, im Rahmen welcher das kirchliche Lehramt etwas als unterscheidend christlich und katholisch qualifiziert und klassifiziert. Ein ebenbürtiges Gespräch der Vertreter dieser nichtchristlichen Denksysteme und Erfahrungswerte mit katholischen Theologen kann gar nicht zustande kommen, obwohl beide Seiten gerade heute sich teilweise sehr freundschaftlich gebärden und diese Unmöglichkeit oft garnicht zu sehen scheinen. Es kann nicht zustande kommen, weil man mit einem Menschen, der behauptet, die Institution, der er angehöre, sei unfehlbar, nicht diskutieren kann.

Mag dieser Mensch noch so beredt die erkenntnistheoretischen Mängel, Probleme und Aporien menschlichen Wahrheitssuchens darstellen und betonen, mag er sogar nachdrücklich unterstreichen, dass er selbstredend nur ein fehlbares Wesen sei, in einem wesentlichen Punkt stellt er sich über seinen Gesprächspartner, nämlich dadurch, dass er vorgibt, zu wissen, wo, in welcher Institution die unfehlbare Wahrheit sich befindet. In diesem einen Punkt hält er sich, ob er es zugibt oder nicht, für unfehlbar, unfehlbar durch seine Bezogenheit auf eine besondere, die Wahrheit enthaltende Gemeinschaft.

Auch Hans Küng streift diese Überlegenheit über den nichtkatholischen und nichtchristlichen Gesprächspartner durchaus nicht ab. In der vereinfachenden, undifferenzierten Meinung vieler Zeitgenossen ist er derjenige katholische Theologe, der die Unfehlbarkeit des Papstes und der Kirche widerlegt hat und nicht mehr anerkennt. Aber es lassen sich viele Texte aus seinem Buch *Unfehlbar?* anführen, die beweisen, dass Küng ein unfehlbares Bleiben und Gehaltensein der Kirche in der Wahrheit trotz aller satzhaften Irrtümer nie geleugnet hat, dass er dem neuen Gottesvolk sogar Heilsgewissheit zuspricht, womit es der übrigen Menschheit etwas Entscheidendes voraushat.

Er verbleibt somit innerhalb, nicht außerhalb des von den Mauern der Unfehlbarkeit umgrenzten Gettos, er teilt nicht mit der übrigen Menschheit ihr vorbehaltloses, mit unfehlbaren Vorgaben nicht bedachtes Irren und Suchen nach der Wahrheit, ihre Annäherung an diese im Rahmen eines unendlichen, aus allen Fehlern lernenden Denkprozesses.

Küng leugnet zwar ein in Sätzen formulierbares und artikulierbares Bleiben der Kirche in der Wahrheit, betont aber im selben Atemzug »ein Gehaltensein der Kirche in der Wahrheit«, »ein grundlegendes Bleiben der Kirche« in ihr. »Womit deutlich gemacht ist, dass wir an der Sache der Infallibilität (=Unfehlbarkeit) festhalten, auch wenn wir für dieselbe Sache aus den genannten Gründen die Worte Indefektibilität oder Perennität vorziehen«. Und im Vergleich zum alten Gottesvolk der Israeliten ist nach Küng zu sagen: »Nur den einen entscheidenden Unterschied gibt es. Das Wort der Offenbarung, das an das neue Gottesvolk ergangen ist, ist kein vorläufiges mehr, es ist das letzte und definitive. Die Gefährdung und Bedrohung kann deshalb das neue Gottesvolk nie in endgültiger Weise überkommen; ihm ist bei allem Schwachwerden das Heil gewiss« [241]. Also doch: Die katholische Kirche, das neue Gottesvolk, hat vor der gesamten übrigen Menschheit etwas sehr Wesentliches, Entscheidendes voraus: das Heil, die Gewißheit des Heils, die Unmöglichkeit, radikal in Frage gestellt werden zu können.

Wenn selbst ein als sehr kritisch eingestufter katholischer Theologe in dieser Weise argumentiert, ist es nicht verwunderlich, wenn die an den theologischen Hochschulen und Priesterseminaren verwendeten fundamentaltheologischen Lehrbücher den unbedingten Anspruch der katholischen Kirche, Wahrheit und Seligkeit der Menschheit zu garantieren, wie eh und je apologetisch rechtfertigen und Stolz und Selbstbewusstsein der Menschen für die Nichtunterwerfung unter die Predigt der Kirche verantwortlich machen.

So betont beispielsweise Adolf Kolping, Autor eines bekannten fundamentaltheologischen Lehrbuches und seinerzeit Ordinarius zuerst an der Universität Münster, dann an der katholisch-theologischen Fakultät der Universität Freiburg i.Br.: »Gegenüber der übersteigerten menschlichen Autonomie des einzelnen wie auch der Menschheit als ganzer ist zunächst auf die absolute Souveränität Gottes hinzuweisen, der eine Lebensordnung aufstellen kann, die er will ... Durch die Abhängigkeit, in der der Mensch sich nicht bloß sonst im Leben vorfindet, sondern in die er sich auch durch die Offenbarungsvermittlung gestellt sieht, soll er immer an die grundlegende Abhängigkeit von Gott erinnert werden. So werden wir später noch dem begegnen, dass auch das kirchliche Amt der Ausdruck der Souveränität Gottes in der Bildung seines Volkes ist« [242].

Dieses kirchliche Lehramt ist natürlich noch klarsichtiger als die Theologen, weil es Gefährdungen seiner Macht früher erkennt und intensiver auf sie reagiert. Es weiß, dass nur das Beharren auf einer von oben, aus der Offenbarung des unweltlichen Gottes selbst kommenden Wahrheit der katholischen Kirche diese Kirche nicht hineinzieht in den Fluss der Relativität, der alles menschliche, auch das Denken, unterworfen ist, eine Tatsache, die jede Epoche zwingt, ihre - und nur *ihre* - Wahrheit neu zu gewinnen. Von dem absolutistischen, die Herrschaft der Kirche durch den Alleinbesitz der Wahrheit absichernden und garantierenden Offenbarungsbegriff ist auch das für einen Augenblick die Illusion der Freiheit in die katholische Welt hineintragende II. Vatikanische Konzil keineswegs abgewichen. In der »Erklärung über das Verhältnis der Kirche zu den nichtchristlichen Religionen« lauten die Kernsätze: »Die katholische Kirche lehnt nichts von alledem ab, was in diesen Religionen wahr und heilig ist. Mit aufrichtigem Ernst betrachtet sie jene Handlungs- und Lebensweisen, jene Vorschriften und Lehren, die zwar in manchem von dem abweichen, was sie selber für wahr hält und lehrt, doch nicht selten einen Strahl jener Wahrheit erkennen lassen, die alle Menschen erleuchtet. Unablässig aber verkündet sie und muss sie verkündigen Christus, der ist der Weg, die Wahrheit und das Leben (Jo. 14, 6), in dem die Menschen die Fülle des religiösen Lebens finden, in dem Gott alles mit sich versöhnt hat«.

Das klingt so schön und erhaben und enthält doch die Grundlage für jede Form der Intoleranz. Denn die Fülle des religiösen Lebens, der eigentliche, keine Um- und Irrwege implizierende Weg zur Wahrheit und zum Leben wird **nur** von der katholischen Kirche verkündigt, angeboten und gewährt. Alle anderen Religionen (ausdrücklich ist im vorangehenden Text, Artikel 2, die Rede von Hinduismus und Buddhismus) besitzen lediglich Fragmente von dem, was wahr und heilig ist, Strahlen jener Wahrheit, die zwar alle Menschen erleuchtet, aber nur in der katholischen Kirche voll beheimatet ist.

Viel kategorischer drückt sich das Konzil zur Frage der unbedingten Wahrheitsautorität der Kirche dort aus, wo die Debatte mit den nichtchristlichen Religionen oder anderen Weltanschauungen nicht im Vordergrund steht, somit die Notwendigkeit einer Mäßigung zur Ermöglichung eines Dialogs mit ihnen nicht gegeben ist, nämlich in der »Dogmatischen Konstitution über die Göttliche Offenbarung« (»Dei Verbum«): »Gott hat in seiner Güte und Weisheit beschlossen, sich selbst zu offenbaren und das Geheimnis seines Willens kundzutun...« (1. Kap., Artikel 2). Alles aber, was diese Offenbarung Gottes und »die Art der Schrifterklärung betrifft, untersteht letztlich dem Urteil der Kirche, deren gottgegebener Auftrag ... es ist, das Wort Gottes zu bewahren und auszulegen« (3. Kap., Artikel 12).

Inzwischen ist durch die neueste Erklärung »Dominus Jesus« der päpstlichen Glaubenskongregation, die den Kirchen der Reformation sogar das Attribut »Kirche« verweigert und alle nichtchristlichen Religionen entscheidend abwertet, wohl auch dem Allerdümmsten klar geworden, dass die Papstkirche Kontakte, Konsultationen, Kommunikation, Ausgleich und Versöhnung mit anderen Konfessionen und Religionen nur völlig eindimensional als Rückkehr der verirrten Schafe in den Pferch der einzig und allein seligmachenden römisch-katholischen Kirche versteht. Etwas anderes kommt bei ihr auf keinen Fall in Frage.

Wenn für jeden, der die Kirchengeschichte einigermaßen kennt, offensichtlich ist, dass »faktische Irrtümer des kirchlichen Lehramtes , des ordentlichen wie des außerordentlichen, sich ehrlicherweise nicht bestreiten lassen« [243)], und die offizielle Kirche dennoch hartnäckig bei der Behauptung einer durch alle Jahrhunderte christlicher Geschichte vorhandenen Kontinuität unfehlbarer päpstlicher Wahrheitsverkündigung bleibt, dann muss doch selbst der kirchentreueste Gläubige erkennen, dass der Grund für dieses hartnäckige Festhalten an einer unhaltbaren These machtpolitischer Natur ist. Die Amtskirche weiß um die Faszination der Macht, die aus dem Besitz der Wahrheit, aus dem echten oder vorgegebenen Wissen stammt. »Wissen ist Macht!«.

Deswegen behauptet sie unerschütterlich, dass in ihr die Wahrheit über die »die Herzen der Menschen im tiefsten bewegenden« Fragen des menschlichen Daseins deponiert sei, über die Fragen: »Was ist der Mensch? Was ist Sinn und Ziel unseres Lebens? Was ist das Gute, was die Sünde? Woher kommt das Leid, und welchen Sinn hat es? Was ist der Weg zum wahren Glück? Was ist der Tod, das Gericht und die Vergeltung nach dem Tode? Und schließlich: Was ist jenes letzte und unsagbare Geheimnis unserer Existenz, aus dem wir kommen und wohin wir gehen?« [244)].

Als Sachverständiger und Sachwalter in diesen letzten Fragen, auf die der allein von ihm unfehlbar verkündete Christus die adäquate Antwort ist [245)], als Besitzer der Schlüssel zu Himmel und Hölle, besitzt das kirchliche Lehramt eine in metaphysische Dimensionen hereinreichende Macht, der sich in früheren Jahrhunderten nur ganz wenige, in der Gegenwart nur die selbständig Denkenden entziehen konnten bzw. können. Selbst viele religiös Apathische, Gleichgültige in der heutigen säkularisierten Massengesellschaft wollen in der Regel wenigstens von einem Pfarrer beerdigt werden, wenn ihr stoffliches Leben erloschen ist, sozusagen »für alle Fälle, da man ja nicht wissen kann, was drüben los ist«. **So wird die Angst ein Grund des Glaubens an den göttlichen Wahrheitsbesitz der Kirche.**

Derart gelangen die hier unter ganz anderen Gesichtspunkten durchgeführten Überlegungen bezüglich des Wahrheitsanspruchs der Kirche zu demselben Ergebnis, zu dem auch Rudolf Augstein kam, als er die Art und Weise untersuchte, wie sich diese Institution der Person Jesu bemächtigt hat. Denn nach wie vor gilt, dass »die Kirchen erfolgreich beanspruchen, unsere sozialen Verhältnisse mit Maßstäben zu beeinflussen, deren übermenschliche Autorität sie ungebrochen behaupten. Ob Abtreibung oder nicht, wann und wie Ehescheidung, ob Pille und Sterilisation, künstliche Geburt, Verunstaltung der Tier- und Pflanzenwelt, ob Todesstrafe, Euthanasie oder Atomkrieg, über all das mag es verschiedene Ansichten geben, verschieden auch nach Ethik, Moral und Sittlichkeit; nur gibt es darüber keine absolute göttliche Ansicht, von einem göttlichen Meister den Kirchen zur Anwendung, Auslegung und Fortentwicklung überantwortet ... Wir verstehen nur zu gut den Anspruch des Papstes Paul, dass Gott die Heiligen Schriften nicht dem privaten Urteil von Studierten anvertraut hat, sondern seiner Kirche .

Die Institution Kirche kann sich nur behaupten, wenn sie an ihrem Recht festhält, die Menschen zu disziplinieren, und wie sollte sie das vermögen, ohne ein Recht von ganz oben? Am göttlichen Ursprung der Römischen im Gegensatz zu irgendeiner anderen Kirche, an der Kirche als göttlicher Institution muss der Papst festhalten ... Ob Jesus der Sohn Gottes und ob er leiblich auferstanden sei, mag bei äußerlicher Betrachtung dem Nichtchristen gleichgültig erscheinen. Aber im Namen dieser exklusiv behaupteten Gottessohnschaft und Auferstehung wird nicht nur von der Römischen Kirche Zwang ausgeübt ... etliche Millionen sind beargwöhnt und bestraft worden, oder sagen wir ruhig liquidiert, weil sie den Denkapparat haben laufen lassen, wo es sich nicht gehört. Heute ... sind die Formen ziviler. Und doch sieht man nicht, wie die Kirchen es über sich bringen sollen, das Denken zu gestatten [246)].

Heute seien die Formen ziviler, sagt Augstein. Dem ist tatsächlich so, aber nur dort, wo man sich vor der Öffentlichkeit fürchtet. Wo man diese Furcht für nicht begründet hält, dort verfolgt man mit demselben Hass wie eh und je die Andersdenkenden. Viele Partien des vorliegenden Buches beweisen das. Freilich ist dieser Hass, wie gesagt, von edlerer Art, er ist ja nur die notwendige Kehrseite der Liebe zur unfehlbaren Wahrheit der katholischen Kirche, daher nicht Sünde, sondern Verdienst!

Wenn aber sogar ein Augstein, vor dessen *Spiegel*-Magazin man in der katholischen Kirche eine nicht geringe Angst hat, unter anderem wegen seiner wissenschaftlich legitimen Kritik des supranaturalistischen und autoritären Wahrheitsbegriffs der katholischen Kirche von den Theologen mit den ausfälligsten und deplaziertesten Vorwürfen bedacht wurde [247)] und der damalige Paderborner Kardinal Jaeger sein Buch in die Nähe von Rosenbergs *Mythos des 20. Jahrhunderts* rückte, dann braucht man sich eigentlich nicht mehr zu wundern über die zahlreichen hasserfüllten Reaktionen von Katholiken, die meinen Kirchenaustritt, den Kirchenaustritt eines Theologen, angesichts der Unfehlbarkeit Roms nur für eine Folge bodenloser Schlechtigkeit oder psychischer Verwirrung zu halten vermochten. Denn die dritte Möglichkeit, dass das Denken von Rom wegführen könne, gibt es ja für einen strammen Katholiken nicht.

Aber es sei eigens noch einmal betont, dass in diesem letzten Punkt gar keine so großen Differenzen selbst zu den sogenannten progressivsten Theologen der katholischen Kirche bestehen. Ja, es ist nicht illegitim, zu behaupten, dass es in Bezug auf das Zentrum des katholischen Selbstverständnisses gar keinen progressiven katholischen Theologen geben kann. Denn es kann auch für ihn keinen Progress, keinen Fortschritt über die in der katholischen Kirche beheimatete unfehlbare Wahrheit hinaus geben. Mindestens im Sinne Küngs, im Sinne eines durch keinen vordergründigen Irrtum zu erschütternden Bleibens in der Wahrheit muss er Unfehlbarkeit der katholischen Kirche allein reservieren. Tut er das nicht, so ist kein logischer und inhaltlicher Grund dafür, dass er bei dieser Kirche bleibt, mehr zu sehen. Denn es gibt ansonsten keine »Wahrheit« in der katholischen Kirche, die er nicht auch in irgendeiner Denomination der protestantischen Kirchen bekennen und leben könnte.

Manchen wird dieser Exkurs über die Wahrheit der katholischen Kirche zu langatmig erscheinen. Aber nur so kann vor allem der Nichtkatholik Gründe und Hintergründe des fanatisches Hasses verstehen, der aus der Kirche Austretenden und sie in Frage Stellenden entgegenschlägt. Die Kirche weiß genau: Die größte Macht auf Erden, auf die Dauer stärker als Bajonette und Atombomben, ist die Autorität der Wahrheit. Sie weiß es besser als andere Staaten und Bewegungen, denn sie ist älter und politisch klüger als sie. Sie hat den Untergang des Römischen Imperiums erlebt und den Niedergang anderer gewaltiger Reiche, und sie glaubt den tiefsten Grund dieser Untergänge zu wissen: den beginnenden und dann immer stärker werdenden Zweifel ihrer Herrscher und Völker an »ihrer« Wahrheit, »ihrer« Gottgesandtheit, »ihrer« Mission.

Diesem Zweifel hat sie nie Raum gegeben, wenigstens nie vor der Öffentlichkeit. Womit sollte sie auch sonst ihre Herrschaft über Leiber und Seelen ausüben, wenn nicht mit der Autorität der Wahrheit, zumal ihr Kaiser und Könige mit ihren Heeren nicht mehr dienen und Waffen nicht mehr zur Verfügung stehen?

Sie weiß besser als ihre geistreichen und spitzfindigen Theologen, die sie zum Beweis der von ihr vermeintlich eben doch gewährten Freiheit mitunter recht vernehmlich und verwegen schreien lässt, dass die Axt an den »Lebensbaum« der katholischen Kirche angelegt wird, wenn man ihre Unfehlbarkeit bezweifelt. Deshalb hat sie den Menschen jahrtausendelang eingeredet, sie besitze und verwalte die unfehlbare Wahrheit, hat Dogmen verkündet und den Bannfluch geschleudert, hat im Namen der Wahrheit die Ketzer verbrannt, weil die Wahrheit, ihre Wahrheit, wichtiger ist als das menschliche Leben.

Wo die Wahrheit der katholischen Kirche und damit der eigentliche Lebensnerv ihrer Macht bedroht ist, hören Toleranz und Menschlichkeit auf, denn Mitmenschlichkeit und Liebe sind im Katholizismus sowieso nie ohne den Glauben an die Wahrheit, die Gott ist und von der Kirche vorgelegt wird, zu haben gewesen. In diesem Sinne kam der Logos immer vor dem Ethos.

Selbst akademisch gebildete Katholiken weisen mindestens in einem Punkt eine erstaunliche Ähnlichkeit mit dem einfachen katholischen Mann auf der Straße auf: Sie mögen noch so viele Probleme der Welt und des Lebens reflektieren und hinterfragen, sie stellen Primat und Unfehlbarkeit des Papstes nie in Frage, sie nehmen diese Wesenattribute päpstlicher Macht unbesehen, in geradezu kindlicher Naivität hin, und aus dieser zur zweiten Natur gewordenen Gewohnheit heraus vermögen sie so ungehemmt und von keinem Zweifel geplagt den Abtrünnigen zu verteufeln und - wo dies heute noch, ohne die Aufmerksamkeit der Öffentlichkeit zu erregen, möglich ist - zu verfolgen.

Die theologische Basis für diese Verteufelung liefern ihnen darüber hinaus die in allen Epochen der Kirchengeschichte erneuerten Appelle der Amtskirche an die Gläubigen, die Existenz des Teufels ernst zu nehmen. Das katholische Lehramt und immer wieder die Päpste Paul VI. und Johannes Paul II. haben die Wirklichkeit und Wirksamkeit des Teufels wiederholt zum Gegenstand dogmatischer bzw. wenigstens autoritativ beschwörender Aussagen gemacht. Das gläubige Kirchenvolk muss sich durch das Dogma von der Wirksamkeit des Teufels auf Erden veranlasst fühlen, dämonische Einflüsse in all denen zu vermuten, die die »unfehlbare Wahrheit« der katholischen Kirche ablehnen. Der Zusammenhang zwischen unfehlbarer Wahrheit der Kirche, von der ein Aspekt das Teufelsdogma ist, und der Macht, die diese Institution besitzt, dürfte jedenfalls klar erkennbar sein.

Auch das II. Vatikanische Konzil kommt aus diesem Schema nicht heraus. Auch es ist überzeugt: Wer mit der Kirche nicht übereinstimmt, ist vorher dem Geiste Gottes untreu geworden. Die Kirche verfügt so völlig über den Gottesgeist, dass sich sein und ihr Wille stets decken. »Obwohl die Kirche ... die treue Braut des Herrn geblieben ist und niemals aufgehört hat, das Zeichen des Heiles in der Welt zu sein, so weiß sie doch klar, dass unter ihren Gliedern, ob Klerikern oder Laien, im Laufe so vieler Jahrhunderte solche nicht gefehlt haben, die dem Geiste Gottes untreu geworden sind« [248].

Logisches Denken, den letzten Gründen nachgehendes Denken ist nicht die Stärke autoritär erzogener Menschen, denen das römische Lehramt stets eingehämmert hat, dass die Wahrheit über die letzten weltanschaulichen Dinge nicht mehr zu suchen, sondern gläubig, demütig und gehorsam von ihm entgegenzunehmen sei.

Wie sagte es doch in aller Blauäugigkeit der listige Wojtyla-Papst in seiner Ansprache vor den Studenten am Institut Catholique in Paris 1980: »Ihr könnt die Suche nach der Wahrheit mit der Sicherheit verbinden, dass Ihr die Quelle der Wahrheit kennt« [249]. Das ist zwar paradox, wenn nicht gar absurd. Aber bestens katholisch! Ohne sich um die eindeutigen Ergebnisse der Exegese, der Analyse des Neuen Testaments zu kümmern, die ganz klar beweisen, dass Jesus keine Kirche und schon gar kein Papsttum gegründet haben kann, erklären die Herren der Kirche auch, wie gesagt: unberührt und unbewegt von allen Erkenntnissen der Wissenschaft, dass »die kirchliche Hierarchie von Gott eingesetzt ist«, dass »die hierarchische Ordnung der Kirche ein evangelisches Faktum ist« [250].

Selbst diejenigen, die gar nicht mehr an einzelne Dogmen der Kirche glauben, haben noch einen nichtsäkularisierten, magisch numinosen Rest in ihrer Psyche, der sie glauben oder zumindest vage vermuten lässt, die Kirche besitze vielleicht doch die Wahrheit, sie halte eine ins Jenseits reichende Macht, sozusagen die Schlüsselgewalt über Himmel und Hölle in den Händen. Und deswegen dürfe man es sich mit ihr nicht verderben und müsse mitunter sogar kräftig mittun gegen ihre Feinde, was ja auch in unserem Staat massive (irdische) Vorteile bis hin zu einer glänzenden Karriere unter der Sonne des kirchlich-staatlich-gesellschaftlichen Wohlwollens mit sich bringen kann.

Die amtliche Kirche hat auch in allen Jahrhunderten ihrer Existenz alles Erdenkliche getan, um sich als einzig legitimierte, einzig authentische Verwalterin der ganzen Wahrheit und aller letzten Sinn-Antworten hinzustellen. Sie hat jahrhundertelang den Leuten eingeredet, auch ein, oberflächlich gesehen, intelligenter Mensch sei in seinem tiefsten eigentlichen Wesen dumm, sozusagen von metaphysischer Dummheit, wenn er der Kirche den Rücken kehre, denn diese sei die Wahrheit, die sie nicht von Menschen erhalten habe, weshalb sie es auch gar nicht nötig habe, ihren Wahrheitsanspruch vor ihnen zu begründen, weil dieser sich von Gott und seiner Offenbarung selbst herleite. Kritischere Theologen erkennen diese magische, »vom-Himmel-her-kommende« Theorie der katholischen Wahrheit nicht an. Sie verwenden sehr subtile und scharfsinnige Überlegungen zur Rechtfertigung des katholischen Wahrheitsanspruchs. Aber ich bin nicht so sicher, ob selbst diese Theologen das Dilemma sehen, in dem auch sie sich befinden. Lehnen sie nämlich, wie sich das für aufgeklärte Menschen gehört - und als solche wollen heute gerade »moderne Theologen« gelten -, jeden transzendenten, übernatürlichen, wunderbaren Ursprung der Wahrheit der katholischen Kirche ab, dann gerät sie unweigerlich auf die Ebene der anderen Weltanschauungen, Religionen, Kirchen und Konfessionen. Erst dann ist zwar echte Toleranz - und nicht bloß »Mitleid für den irrenden Bruder« oder den noch »anonymen Christen« (Rahner) - und ein echter menschlicher Dialog möglich, aber um die absolute Autorität der katholischen Wahrheit und des sie auslegenden und zum Glauben darbietenden unfehlbaren Lehramts des Papstes ist es dann geschehen.

Vielleicht kann man erst auf dieser Grundlage die seinerzeit unerhört erregte Diskussion der katholischen Theologen um Küngs Bücher *Unfehlbar?* und *Fehlbar?* [251]) verstehen, wiewohl sie ihrer sachlichen Bedeutung nach die nichtkatholische Öffentlichkeit eigentlich völlig unberührt und ungerührt lassen müsste und sollte.

Es handelte sich ja dabei um ein rein innerkatholisches Streitgespräch, um ein Gezänk in einem abgeschlossenen Denkgetto, um die Spitzfindigkeiten einer Sekte von Fachidioten, die außerhalb der Realitäten und Bedingungen menschlichen Denkens wirklichkeitsfremde Debatten führten. Selbst die Thelogen, die innerhalb dieses Gettos ganz links stehen, sind noch »rechter« als der rechteste Anhänger eines nichtkirchlichen, autoritären Systems, das aber für sich keine Unfehlbarkeit »von oben«, aus Gottes gnädiger Offenbarung beansprucht.

Das soeben Gesagte klingt vielleicht scharf und intolerant. Aber man vergegenwärtige sich die folgende Tatsache: Die an den Debatten um Küngs Buch *Unfehlbar?* beteiligten katholischen Theologen stritten nicht etwa über die *Möglichkeitsfrage*, also über das Problem, ob innerhalb der wahrheitssuchenden Gesamtmenschheit eine unfehlbare Institution oder Gemeinschaft überhaupt möglich sei. Schon das wäre spätestens seit Kant ein Anachronismus, aber er wäre noch verständlich. Doch für alle diese Theologen stand die *Möglichkeitsfrage* ganz außerhalb der Debatte, auch für Küng selbst.

Debattiert wurde lediglich darüber, *wie* die Unfehlbarkeit der Kirche sowie des kirchlichen Lehramts und des Papstes zu definieren sei, unter welchen Bedingungen diese Unfehlbarkeit in Kraft trete und als zum Glauben verpflichtend zu gelten habe. An irgendeiner Art Unfehlbarkeit, Indefektibilität usw. der Kirche hält Küng und halten all seine Mitstreiter und theologischen Gegner auch heute unbedingt und problemlos fest. Sie sind also insgesamt von allen wirklich denkenden Menschen durch einen Graben getrennt, der nicht übersprungen werden kann, weil sie in eine eventuelle Diskussion mit diesem Teil der Menschheit, der ohne sakrale Vorgaben aus vergangenen Menschheitsepochen zu denken versucht, mit einer Voraussetzung eintreten würden, die vernunftmäßig nicht zu begründen und nur durch »Glauben« zu rechtfertigen ist.

Selbst mit ihren und trotz ihrer fortschrittlichsten Theologen, die gerade in Bezug auf die wichtigste erkenntnistheoretische Frage dieser Institution, die Unfehlbarkeitsfrage, mittelalterliche Schmalspurscholastiker geblieben sind, kann die katholische Kirche also nur noch historische Bedeutung, fast möchte man sagen: Bedeutung für die Altertumsforschung, beanspruchen. Ihr »Erwachen in den Seelen« in den zwanziger Jahren des 20. Jahrhunderts war nur die illusionäre Zustandsverbesserung eines Sterbenden.

Die Inkonsequenz der trotzdem in der Kirche bleibenden Katholiken ist aber entschuldbarer als die führender und »progressiver« katholischer Theologen. Als Beweis diene das bereits im vorliegenden Buch und in diesem Kapitel Gesagte, darüber hinaus aber noch ein Schreiben Küngs, das er nach meinem Kirchenaustritt an mich richtete (ich zitiere nur die im jetzigen Zusammenhang relevanten Stellen):

»*Wie Sie selber andeuten, teile ich Ihre Kritik am absolutistisch autoritären römischen System und insbesondere Ihre Kritik am evangeliumswidrigen und für unsere Kirche zu ständig wachsenden Verlusten führenden Zölibatsgesetz. Wie Ihnen jedoch ebenfalls bekannt ist, ziehe ich daraus die umgekehrten Konsequenzen, die ich in meinem Aufsatz Warum ich in der Kirche bleibe dargelegt habe: nicht Verlassen dieser Kirche, sondern der Einsatz in dieser Kirche, die für mich trotz ihrer schlimmen Situation die Kirche Jesus Christi geblieben ist ... Ich bin nicht bereit, diese Kirchengemeinschaft dem heute notorisch unfähigen und vielfach unwilligen Apparat zu überlassen. Diese Kirchengemeinschaft ist mir wichtiger als alle Päpste und Bischöfe zusammengenommen*«.

Küng rechtfertigt also sein Bleiben in der Kirche grundsätzlich damit, dass er innerhalb derselben zwischen Apparat, Institution und Hierarchie auf der einen und der von ihm bejahten Kirchengemeinschaft auf der anderen Seite unterscheidet: »*Diese Kirchengemeinschaft ist mir wichtiger als alle Päpste und Bischöfe zusammengenommen*«. Einen wichtigen Teil seines Aufsatzes: »Warum ich in der Kirche bleibe«, den er in seinem Brief an mich erwähnt, bildet wiederum dieselbe, diesmal noch weiter ausgeführte Rechtfertigung: Er stellt sich in diesem Aufsatz in die Reihe derer, die »nicht verzichten möchten auf jenes Notwendige an Institution und Konstitution, ohne welches auch eine Glaubensgemeinschaft auf die Dauer nicht leben kann«.

Er bleibt in der Kirche, »weil ich als Glied der Glaubensgemeinschaft Kirche bin und nicht daran denke, Kirche mit dem Apparat und den Administratoren zu verwechseln ... weil ich hier, bei allen heftigen Einwänden, in Bezug auf die Fragen nach dem großen Woher und Wohin, Warum und Wozu des Menschen und der Welt meine geistige Heimat habe, der ich ebensowenig den Rücken zukehren möchte wie im politischen Bereich der Demokratie, die auf ihre Weise nicht weniger als die Kirche missbraucht und geschändet wird« [252)].

Dem, der so argumentiert, ist eine ideologische Verbrämung des katholisch-kirchlichen Systems vorzuwerfen. Man hat nämlich die »Glaubensgemeinschaft (katholische) Kirche« nicht ohne »Päpste und Bischöfe«, »Apparat und Administratoren«. Man kann zwar christliche, aber sicher nicht katholische Kirchengemeinschaft haben ohne die Hierarchie, ohne das - wie es Küng in seinem Brief an mich sagt - »römische System«. Wer zwischen katholischer Glaubensgemeinschaft und katholischem hierarchischem System dennoch einen wesentlichen Unterschied macht - und Küng tut das -, der bedient sich eines die Öffentlichkeit irreführenden Tricks.

Außerdem bleibt diese Unterscheidung inkonsequent und widersprüchlich. Denn würde sie Küng wirklich ernst nehmen, dann müßte er eine katholische Glaubensgemeinschaft ohne »Päpste und Bischöfe« gründen, dann müsste er den Gläubigen seiner Kirche, die an den autoritären Strukturen dieser Institution zerbrechen, zumindest sehr viel deutlicher sagen: »Wir können kirchliche Glaubensgemeinschaft unter Vermeidung der Apparatur und Administration des römischen Systems realisieren«.

Seine Art der Unterscheidung ist aber ein theoretischer Trick ohne praktische Konsequenzen. In der Praxis bleibt alles so wie es war, und so wirkt auch Küng als system-etablierende Kraft! Im Gegenteil, die Hierarchen sollten sich bei ihm bedanken, dass durch ihn ein Modus gefunden wurde, Katholiken, die mit der Institution der Kirche unzufrieden sind und sie kritisieren, derselben trotzdem - auch als Steuerzahler! - zu erhalten.

Küngs Unterscheidung läuft etwa darauf hinaus. Es hasst einer und kritisiert dementsprechend scharf die Diktatur, in der er lebt. Aber er bleibt in ihr, weil er darin ein paar gute Freunde getroffen hat, mit denen es sich leben lässt. Er hat sein privates Glück und so pfeift er auf das diktatorische System und dessen Vertreter. Wer das katholische System von der katholischen Glaubensgemeinschaft unterscheidet, der ist wie ein Autobesitzer, der seinen Wagen trotz fehlenden Lenkrads und Steuerungssystems für fahrtüchtig hält.

Küng bedient sich noch eines weiteren ideologischen Arguments. Er verweist »auf jenes Notwendige an Institution und Konstitution, ohne welches auch eine Glaubensgemeinschaft auf die Dauer nicht leben kann«. Das klingt plausibel und ist es auch. Nur soll es im Kontext von Küngs Argumentation für das Bleiben in der Kirche mehr beweisen, als es beweisen kann. Denn dem Leser seines Aufsatzes wird ja suggeriert: Wenn Institution und Konstitution jeder Gemeinschaft wesentlich sind, dann bleibe ich schon in jener Institution, in der ich ohnehin bereits bin. Wozu soll ich mich dann noch verändern? Die Notwendigkeit irgendeiner Art von Institutionalität wird auf diese Weise unter der Hand, still und leise, zu einem Argument für die katholische Form der Institution.

Es ist jedoch ganz und gar nicht gleichgültig, welche Organisationsform sich eine Gemeinschaft gibt, und es geht doch wohl darum, dass sie sich eine die Freiheit des Glaubens, Denkens, Gewissens und Handelns weitestgehend ermöglichende Konstitution und Organisation gibt. Gerade das aber ist bei der katholischen Organisation nicht der Fall, wie Küng im Widerspruch zu dem, was er mit dem Hinweis auf die Notwendigkeit der Institution und Konstitution für die Gemeinschaft meint und beabsichtigt, ja selber zugibt, indem er im Brief an mich behauptet, er teile meine Kritik am absolutistisch-autoritären römischen System.

Diesbezüglich habe ich deshalb auch in meinem Antwortschreiben vom 15.11.1972 Küng folgenden Vorwurf gemacht: »*Wir sehen beide die negativen Aspekte der römisch-katholischen Kirche in ihrem ganzen Ausmaß. Wie Sie meinen, so respektiere auch ich Ihren Entschluss, in der Kirche zu bleiben, auch wenn ich ihn als inkonsequent ansehe. Wenn man das Übel in der Superorganisation der Kirche als solcher, in der monarchistisch-absolutistischen Institutionalität sieht und dennoch in ihr bleibt, begeht man m.E. einen Widerspruch. Es ist zwar wahr, dass keine Glaubensgemeinschaft in der Luft schweben, ohne irgendeine Form von Organisation leben kann, aber für die konstitutive Freiheit des Glaubens ist die römisch-katholische Organisation die schlechteste von allen möglichen. Deswegen kann man auch nicht, wie Sie es in Ihrem Brief tun, Kirchengemeinschaft auf der einen und Päpste und Bischöfe auf der anderen Seite derart trennen und sagen: Diese Kirchengemeinschaft ist mir wichtiger als alle Päpste und Bischöfe zusammengenommen* «.

Die schlimmste ideologische Rechtfertigung der Kirche aber, die sich Küng in seinem Aufsatz *Warum ich in der Kirche bleibe?* leistet, ist die oben zitierte Aussage, er wolle derselben, in der er seine geistige Heimat habe, »ebensowenig den Rücken zukehren wie im politischen Bereich der Demokratie, die auf ihre Weise nicht weniger als die Kirche missbraucht und geschändet wird«. Man darf gegenüber einer solchen Verwandtschaftserklärung von Kirche und Demokratie ohne Übertreibung sagen, dass die letztere selten so missbraucht und geschändet wurde wie durch dieses Wort des Tübinger Theologen. Denn die katholische Kirche ist nun einmal ein von oben nach unten regiertes, also nicht vom Volk ausgehendes, absolutistisch-autoritäres Herrschaftssystem und als solches das genaue Gegenteil einer Demokratie. Die beiden in einem Atemzug zu nennen, bedeutet in Bezug auf die Demokratie geradezu eine Blasphemie.

In seinem Werk *Fehlbar?* beantwortet Küng die von ihm selbst gestellte Frage: »Wer ist katholischer Theologe?« wieder so wortreich und undifferenziert, dass nach seiner eigenen Aussage »in diesem Sinn ... auch mancher sich protestantisch oder evangelisch nennende Theologe katholisch sein kann und es auch ist«.

Wenn diese Aussage mehr als eine unverbindliche, praktisch konsequenzlose Interpretation sein soll, die zur Rechtfertigung ihres Autors und zu nichts anderem nützlich sein kann, wenn sie nicht einen weiteren ideologischen Überbau über der weiter bestehenden römischen Organisationsbasis bilden soll, dann müsste Küng doch endlich zur Tat schreiten und mit den angesprochenen protestantischen oder evangelischen Theologen eine wahrhaft katholische Kirche gründen.

Oder ist Küng so naiv, zu glauben, dass Rom sich je zu seiner Konzeption der päpstlichen Vorrangstellung bekehren werde? Wer die menschliche Natur und die Menschheitsgeschichte einigermaßen kennt, weiß, dass Macht, diktatorische oder autoritäre Macht, sich nie aufgrund theoretischer Gründe und Einsichten aufgibt. Das »römische System« wird sich also aufgrund der flehentlichen Beschwörungen von Theologen nie in einen »pastoralen Petrusdienst« umwandeln.

Küngs These: »Katholisch kann man sein, auch und gerade wenn man einen pastoralen Petrusdienst des römischen Bischofs im neutestamentlichen Sinn bejaht, das römische System aber ablehnt« [253], ist eine Beschwichtigungsformel für alle die, denen das römische System nicht behagt, die jedoch ein ruhiges Gewissen angesichts ihres Bleibens in der katholischen, hierarchisch organisierten Kirche bitter nötig haben.

Nicht gering zu veranschlagen sind in diesem Zusammenhang auch die exegetischen und psychologisch-soziologischen Einwände gegen Küngs Konzeption des pastoralen Petrusdienstes des römischen Bischofs. Vom Neuen Testament her ist ein pastoraler Dienst des Apostels Petrus nicht zweifelsfrei eruierbar, auf jeden Fall nicht im Sinne einer konstitutiven, allen anderen Diensten in der Kirche vorgeordneten Funktion. Als solche würde sie aber der römische Bischof stets auffassen, vorausgesetzt, dass er zu diesem Minimum an Macht überhaupt je bereit wäre, was ohne entsprechende Gegenmacht sicher nie geschehen wird. Außerdem ist ein »pastoraler Petrusdienst« eine so vage und unverbindliche Konzeption, dass man sie mit sehr vielen, auch sehr heterogenen Elementen auffüllen kann, was Rom als alterfahrener Meister in der Psychologie der Macht zweifellos tun würde.

Auch das Element der Herrschaft als solcher haben ja viele Kaiser und Könige, Diktatoren und Tyrannen als Dienst aufgefasst oder zumindest verkündet, etwa im Sinne des Spruches: »Ich bin der erste Diener meines Staates!«. Und auch die Päpste, die am autoritärsten regiert haben, hatten nie eine Scheu, sich als »Diener der Diener Gottes« zu apostrophieren. Selbst wenn man aber die Konzeption des pastoralen Petrusdienstes in Bezug auf seine Kompetenzen, auf das, was dieses Amt darf und was es nicht darf, klar um- und eingrenzen würde, müsste sich jeder verantwortliche Christ weigern, es dem römischen Bischof zuzuordnen oder zu belassen. Dieser Bischof wäre, selbst wenn es sich dabei um einen Heiligen handelte, durch die aus der Geschichte sattsam bekannten Praktiken der Machtausübung und - handhabung des Vatikans, der römischen Kurie derart vorbelastet, dass man ihn aus diesem historisch, psychologisch und soziologisch total machtverfallenen und machtverdorbenen Milieu erst herausreißen müsste, ehe man an eine echte Verwirklichung eines »pastoralen Petrusdienstes« überhaupt denken könnte.

Es ist auch angesichts der spärlichen »Beweise« aus dem frühen Christentum gar nicht einzusehen, warum das »höchste Dienstamt« an Rom gekettet bleiben soll. Theologische »Sinn«-Argumente, die sich dafür auf das Walten der göttlichen Vorsehung oder des Heiligen Geistes berufen, sollte man doch endlich fallenlassen.

Bei all dem ist eine viel fundamentalere Frage überhaupt noch nicht bedacht worden, die Frage, was überhaupt ein pastorales Petrusamt soll. Wenn es etwa auf dem Gebiet des christlichen Erkennens und Wissens, also der christlichen Wahrheit, die bei denkenden und kritischen Geistern notwendigerweise divergierenden Meinungen auf einen Nenner bringen soll, dann wird das ohne (willkürliche) Machtausübung und -anwendung wiederum nicht möglich sein.

Das wäre dann also wieder ein »Dienst«, mit dem wir es in der Geschichte der Päpste schon genügend oft zu tun hatten. Sollte sich aber dieser pastorale Petrusdienst auf die Funktionen der Koordinierung, Lenkung, Programmierung usw. mehr praktischer Vorhaben und Initiativen beziehen, die von verschiedenen Gruppen innerhalb der Gesamtkirche ausgehen, dann ist ebenfalls der Missbrauch der Macht nie auszuschließen, solange es sich um eine einzige, diese Funktionen wirklich ausübende Person handelt; es sei denn, sie wird zu einer reinen Symbolfigur für die als Idee notwendige, in der Praxis nie erreichbare Einheit christlichen Handelns und Denkens herunterstilisiert. Im ersten Fall wäre es besser, gleich ein Gremium gegenseitig sich korrigierender und in ihrer Macht begrenzender, wählbarer und abwählbarer Individuen als »höchsten Rat«, als »petrinisches Dienstamt« o.ä. einzusetzen.

Fazit: Man braucht in der Geschichte des Papsttums gar nicht weit zurückzublättern. Bereits die Jahre nach dem II. Vatikanischen Konzil beweisen es: Rom geht, unbeirrt vom Protestgeschrei mancher Theologen, stets den Weg der Macht. Es wäre lächerlich, anzunehmen, dass es sich Küngs Konzeption, die es als Entleerung und Aushöhlung seines Primatsbegriffs leicht erkennen kann, jemals zu eigen machen würde. Täte es dies dennoch, dann wäre dies lediglich ein raffinierter Trick, der von ihm nicht zum erstenmal, zuletzt noch in der spezifisch kurialen Interpretation mancher Konzilstexte, angewandt worden ist: Rom würde seine (alte) Machtpolitik unter dem Mantel der neuen Terminologie des pastoralen Petrusdienstes weiter fortsetzen.

Ob solchen Tuns kritisiert, könnte es sogar auf die Dehnbarkeit und Vieldeutigkeit dieser Terminologie hinweisen. **Jedenfalls kann nur ein Massenauszug aus dem römischen System, d.h. der konsequente Schritt des Kirchenaustritts, klare Verhältnisse schaffen, Rom zur Aufgabe seiner Machtpolitik unter religiösem Deckmantel zwingen und der Sache des Christentums wieder neue Glaubwürdigkeit und Geltung verschaffen.** Theologische Interpretationen und Uminterpretationen des päpstlichen Amtes sind dazu nicht geeignet.

Indem Küng und einige gleichgesinnte Theologieprofessoren nicht aus der Kirche austreten, üben sie zugunsten des autoritär-absolutistischen, katholischen Systems eine echte Alibi-Funktion aus. Das System kann sich damit brüsten, dass es so schlecht und diktatorisch nicht sein kann, wenn kritische Geister wie Küng, Drewermann und deren Kollegen in ihm aushalten und sich artikulieren können.

Nur Leute, die sich wirklich auskennen, wissen es besser: Die Amtskirche hat kein Interesse daran, ihren Bannfluch auf deutsche Universitätsprofessoren der Theologie zu schleudern, weil sie weiß, dass sie ihnen das, dessen Verlust sie eigentlich schmerzen würde: die Professur aufgrund der Gesetzgebung in der Bundesrepublik ohnehin nicht nehmen kann. Um so bitterer rächt sie sich an anderen Theologieprofessoren in kirchlich noch fügsameren Staaten wie z.B. Österreich. Alles in allem bleibt gültig, was ich bereits in meinem »Schreiben an den Papst« gesagt habe: Mag mancher auch dieses oder jenes freie Wort in der Kirche wagen, es ist »auf jeden Fall nicht glaubwürdig. Mögen Professoren der Theologie und manche Priestergruppen auch dies und jenes an der Kirche freimütig kritisieren, durch ihr Verbleiben in ihr sind sie etablierende, das kirchliche Herrschaftssystem ... bestätigende Kräfte«.

Man hat Küng aufgrund seines Buches *Unfehlbar?* verschiedentlich den Vorwurf mangelnder katholischer Rechtgläubigkeit gemacht. Theologenpapst Rahner meinte sogar, dass es in Bezug auf den Tübinger Theologen »an einer gemeinsamen Plattform für ein innerkatholisches theologisches Gespräch« mangele und er das Gespräch mit ihm »nur noch so führen« könne »wie mit einem liberalen Protestanten« [254)].

Viele Partien des vorliegenden Buches und dieses Kapitel zwingen uns, Küng zu bescheinigen, dass er durchaus kirchlich und katholisch geblieben ist. In einem Punkt übertrifft er an Spitzfindigkeit sogar seinen Kritiker von der gegenüberliegenden Innenseite des katholischen Denkgettos. Durch seine halbe Identifikation mit der Kirche - Identifikation mit ihr als Gemeinschaft, nicht als autoritäres System - ist er zu ihrem wichtigsten Apologeten für diejenigen geworden, denen angesichts ihrer Abneigung gegen das System sonst nur der Kirchenaustritt als logisch-konsequenter Schritt übriggeblieben wäre.

Dem inhaltlich und sachlich gettohaften Charakter der katholischen Theologie, die selbst in ihren führenden Vertretern weiterhin ohne eine einzige Ausnahme an irgendeiner Art übernatürlich geschenkter Unfehlbarkeit der Kirche festhält, sollten auch die Staaten endlich Rechnung tragen und auf diese Weise beweisen, dass sie keine verkappten staatskirchlichen Systeme sind. Sie sollten die Theologie aus dem Verband der Universitätsfakultäten bzw. Fachbereiche und Wissenschaftsdiziplinen herausnehmen und in die Priesterseminare, die Ausbildungsstätten der Amtskirche, verweisen. In dieser Hinsicht ist ja auch Ratzinger, der oberste Glaubenswächter im Vatikan, aufrichtiger als seine progressiven Kollegen:

Er fordert seit Jahren den Rückzug aus den theologischen Universitätsfakultäten in die kirchlichen Hochschulen.

Die Theologie der kirchlichen Theologen - und kirchlich sind nach dem Gesagten selbst die die Kirche radikal Kritisierenden, aber in ihr Bleibenden - muss erst wieder, oder zum allerersten Mal, den aufrechten Gang erlernen und selbständig zu denken beginnen. Nur so, durch das Denken und Finden der besseren Argumente, im sauberen Kampf der Weltanschauungen ohne gezinkte Karten und göttliche, durch irgendwelche Institutionen autoritär erteilte Vorgaben, wird der Beelzebub des geistigen Hochmuts, der intelektuellen Intoleranz und Arroganz ausgetrieben.

Wir unterstehen alle derselben conditio humana, wir bilden eine einzige Solidarität im Nichtwissen um die letzten Sinnfragen der Welt und des menschlichen Lebens und wer die Antwort auf sie »weiß«, belügt sich und andere und muss daraufhin untersucht werden, wieso und zu welchem Zweck er seinen autoritären Glauben als Wissen ausgibt.

Die Berufung auf Gott, der die Wahrheit und Wahrhaftigkeit sei, besagt zwar im Rahmen der tatsächlichen Bedingungen, unter denen der menschliche Geist steht, überhaupt nichts. Sie ist eine leere Behauptung. Es leuchtet jedoch ein, dass angesichts der menschlichen Gebrechlichkeit und der daraus resultierenden Sehnsucht nach Geborgenheit, angesichts des Zwiespalts im menschlichen Denken, das in Bezug auf die letzten Sinnfragen nie zu festen, abgeschlossenen Erkenntnissen gelangt und sie dennoch herbeisehnt, die Berufung einer Kirche auf ein Wesen, das alles mit höchster Gewissheit weiß und dem Menschen, der an es und an dessen irdische Repräsentanten glaubt, Anteil an dieser Gewissheit und dem dadurch bereits keimhaft initiierten Heil zu geben vermag, dieser Institution viele Anhänger zuführen muss.

Sie muss dadurch, dass sie über ein solches Wesen unfehlbar verfügt, es zumindest in ihrem unverlierbaren Inventar hat, eine Ausnahmestellung unter allen Institutionen und in der Menschheit überhaupt einnehmen. Es verwundert deshalb gar nicht, dass die Hierarchie der katholischen Kirche im I. Vatikanischen Konzil sogar die These der Erkennbarkeit der Existenz Gottes zum Rang eines Dogmas erhoben hat. Ist doch Gott nach der Lehre dieser Kirche das erste »Woher« und das letzte »Wohin«, Ursprung und Ziel der menschlichen Existenz und Geschichte - und mit diesem Machtspruch sind alle Sinnfragen des Menschen im Prinzip gelöst oder vielmehr erledigt, wenigstens für die Menschen mit Herdeninstinkt, die nicht so sehr Wahrheit als vielmehr Sicherheit suchen. Auch Küng spricht die emotionale Schicht dieser Menschen an, wenn er als eines der Argumente für sein Bleiben in der Kirche den Gesichtspunkt nennt: »Weil ich hier ... in Bezug auf die Fragen nach dem großen Woher und Wohin, Warum und Wozu des Menschen und der Welt meine geistige Heimat habe«.

Die ganze Geschichte der modernen historisch-kritischen Exegese mit ihrer Problematisierung der Existenz und Offenbarung eines Vatergottes, mit ihrer Verneinung einer Kirchengründung durch Jesus bis hin zu den schwerwiegenden Fragen und Widersprüchen der Evangelisten in Bezug auf die Auferstehung Jesu erweist Küngs These von der katholischen Kirche als geistiger Heimat sinnsuchender Menschen als hohles, sachlich nicht gedecktes Pathos. »Geistige« Heimat und Sicherheit vermag nicht einmal die katholische Theologie, sondern höchstens der von Papst Johannes Paul II. herausgegebene katholische Katechismus zu bieten. Aber dieser Katechismus und die auf keinem wesentlich höheren Niveau stehenden anderen päpstlichen und bischöflichen Verlautbarungen sind keine Produkte des die Gesamtwirklichkeit von Welt und Mensch verantwortlich und von allen Seiten angehenden Denkens, sondern Machtdekrete einer Kirche, die unter allen theologischen Meinungen die auswählt, die ihr im Hinblick auf ihr Weiterbestehen am ungefährlichsten und für ihre Herrschaft über die Herzen der Menschen am nützlichsten erscheint.

Stammesgeschichtlich, ethnologisch und religionsgeschichtlich betrachtet, steht die römisch-katholische Kirche in einer fast ungebrochenen, auf ihre Weise imponierenden Kontinuität mit jenen früh-, vielleicht sogar urgeschichtlichen Kollektiven, in denen Denken, Wollen und Handeln des einzelnen ganz vom Zweck und den Interessen des Stammes, der Gruppe, der Horde bestimmt wurden. Auch diese Kollektive waren nicht so uniform, dass das eine oder andere Individuum innerhalb derselben nicht versucht hätte, seine Zweifel zu äußern oder sogar seinen eigenen Weg zu denken und zu gehen.

Stammesgeschichtliche Nachfolger dieser aufbegehrenden Individuen sind die sich progressiv gebärdenden Theologen. Doch erst der tatsächliche Austritt aus dem früh- oder spätgeschichtlichen Kollektivsystem könnte als erster Schritt zu seiner Infragestellung gelten bzw. wirksam werden. Aber unabhängig von der Frage, wozu sich diese Theologen letztlich entscheiden werden, ist die Tatsache, dass die radikale Individualisierung und Privatisierung der Religion soziologisch nicht aufzuhalten ist. Auch Katholiken werden lernen müssen, unabhängig, selbständig, ohne Berufung und Anlehnung an ein die »Wahrheit« vorkauendes höchstes Lehramt zu denken - oder sie werden von der übrigen Menschheit durch die breiteste Gettomauer, die es in der Menschheitsgeschichte überhaupt je gegeben hat, getrennt leben müssen.

Ich verhehle nicht eine gewisse Freude darüber, dass die Logik meiner Ausführungen zum Thema Kirchenaustritt offensichtlich die Entscheidung einiger Theologieprofessoren günstig beeinflusst hat. Denn bevor ich ähnliche Ausführungen wie die in diesem Kapitel gemachten in dem 1973 erschienenen Buch *Herren und Knechte der Kirche* veröffentlicht und verbreitet hatte, dachte kein noch so liberaler und fortschrittlicher Theologe, auch wenn er radikalste Kritik an der Amtskirche übte, an den dieser radikalen Kritik allein entsprechenden Schritt des Kirchenaustritts.

Ein Theologe z.B., der die Kirche keineswegs weniger radikal in Frage stellte als ich, der Münsteraner Kirchenrechtler Horst Herrmann, war lange Zeit trotzdem nicht dazu zu bewegen, den einzig konsequenten Schritt des Austritts aus dieser Organisation zu vollziehen. Schließlich aber trat er einige Jahre nach mir doch noch aus der Kirche aus. Er hat diesen Schritt nicht bereut, er empfand ihn vielmehr als Befreiung. Heute spricht er von der Notwendigkeit der »Liquidation« der Rom-Kirche: »Alle unsere geschichtlichen Erfahrungen sprechen dafür, dass es in der Kirche Roms nichts mehr zu reformieren gibt. Das einzige Problem ist, diese konkursreife Firma aufzulösen« [255)].

Auch ein anderer Theologe, der Tübinger Kirchenrechtler Johannes Neumann, der früher eng mit Küng zusammenarbeitete, schrieb mir nach der Lektüre des Buches *Religion - Möglichkeit oder Grenze der Freiheit?* [256)], in welchem ich den absolut antiemanzipatorischen Charakter der Kirche systematisch herausgearbeitet hatte, er sehe jetzt ein: »*Küng und ich haben als nützliche Idioten der Amtskirche fungiert*«. Auch er trat inzwischen aus der Kirche aus.

Die Absurdität, diese Institution für reformfähig zu halten, hat inzwischen auch Mary Daly eingesehen. Diese führende feministische Theologin der USA, deren Bestseller *Die Kirche und das andere Geschlecht* 1968 zum Glaubensbuch der neuen Frauenbewegung in der katholischen Kirche der USA avancierte, erklärte einige Jahre später: »Ich erkannte voll die Absurdität des Versuchs, die katholische Kirche zu reformieren« [257)].

Aber natürlich denkt das Gros katholischer Theologen weiterhin nicht ernsthaft an einen Austritt aus der Kirche, obwohl auch viele von ihnen längst wissen, dass diese Kirche weder von Gott gewollt sein kann noch von Jesus gegründet worden ist. Kenner der kirchlichen Szene schätzen, dass in der Bundesrepublik etwa ein Drittel der katholischen Theologen seit Jahren völlig andere Positionen als die Amtskirche vertritt. Doch machen es die wenigsten von ihnen öffentlich, sie wollen keine Scherereien mit der Amtskirche haben. Dabei riskieren zumindest diejenigen unter ihnen, die ordentliche Universitätsprofessoren sind, gar nichts. Sie können ihren Lehrstuhl nicht verlieren.

Aber auch von ihnen schweigen die meisten. Einer unter ihnen, der Professor für Religionspädagogik an der katholisch-theologischen Fakultät der Universität Tübingen war, Wolfgang Bartholomäus, hält wenigstens nicht mit seiner öffentlich zum Ausdruck gebrachten Meinung zurück: »Häufig sind Päpste und Bischöfe«, erklärte er in einem *Spiegel*-Interview, »weder wissenschaftlich auf der Höhe der Zeit, noch sind sie besonders scharfe Denker. Für einen Bischof genügt es ja auch, wenn er seinen Katechismus auswendig kann und auf desssen Einhaltung pocht. Alles andere bringt ihn nur mit Rom in Schwierigkeiten«.

Aber obwohl das Bischöfliche Ordinariat der Diözese Rottenburg-Stuttgart ihm im August 1988 die kirchliche Lehrerlaubnis entzog, weil er als katholischer Priester die Psychotherapeutin Astrid Greil geheiratet hat, und obwohl er die Reformunfähigkeit der Rom-Kirche klar sieht, denkt Bartholomäus offenbar nicht an Kirchenaustritt. Es ist ein fast schon klassisches Beispiel für das »krumme Denken« von Theologen, das schon Nietzsche angeprangert hat, wenn Bartholomäus erklärt: »Ich brauche als katholischer Theologe den Papst nicht, um zu einem moralischen Urteil zu kommen. Ganz abgesehen davon, dass sich der Papst sowieso nicht ändern wird«.

Es ist auch ein Beispiel für intellektuelle Unredlichkeit, denn gerade als »Katholischer Theologe« braucht er den Papst, weil dieser aufgrund der Dogmen der Unfehlbarkeit und des Universalen Jurisdiktionsprimats des Papstes zum katholischen Kirchen- und Glaubensbegriff konstitutiv dazugehört.

Es müssen also andere Gründe dahinterstecken, wenn ein aufgeklärter Theologe wie Bartholomäus in der Kirche bleibt. Über diese Gründe lassen sich nur Vermutungen anstellen. Allgemein kann man sagen, dass es kleine Kreise, sog. Circuits, liberaler und kritischer Theologen innerhalb der Kirche gibt, in denen man über die obersten Herren dieser Institution offen oder süffisant, ironisch oder auch direkt zynisch sprechen kann. Das gehört in diesen Zirkeln geradezu zum guten Ton. Aber auch die Nestwärme dieser »circuits« verliert man, wenn man aus der Kirche austritt. Und deswegen schrecken viele vor dem letzten Schritt zurück.

Das von der Kirche jahrhundertelang eingeträufelte Gift der Himmel-und Hölle-Vorstellungen und -Drohungen, der Heils- und Unheilskategorien wirkt ja auch noch in relativ aufgeklärten Theologen. In dem Augenblick, da einer von ihnen die Kirche konsequent verlässt, halten ihn die anderen, oft ohne sich das ganz bewusst zu machen, für ein verlorenes Schaf, für einen, der von allen guten Geistern verlassen ist, weil er zu dem großen Heilsverband Kirche nicht mehr gehört. Dieses Vorurteil ist so tief eingeprägt und eingetrichtert, dass selbst liberale katholische Blätter wie *Publik-Forum* meistens einen deutlichen und abwertenden Unterschied zwischen kritischen Theologen *in* und kritischen Theologen *außerhalb* der Kirche machen. Es ist paradox, aber der intellektuell Unredliche und Inkonsequente, der in der Kirche geblieben ist, gilt da als der Glaubwürdigere. Und auch Leute, die gar nichts mehr mit der Kirche im Sinn haben, z.B. dem eigenen Anspruch nach unabhängige Journalisten, übernehmen meist unbesehen und ungeprüft dieses Abwertungsschema. »Als schrieben unsere Zeitungen Idioten« [258].

Auch der im Augenblick von konservativen Kreisen in der Kirche so scheel angesehene Theologe, der Privatdozent Dr. Eugen Drewermann, hält trotz all seiner in der Schärfe kaum überbietbaren Kritik an ihr eisern an seiner Kirchenmitgliedschaft fest.

Das Gift der Überzeugung, der Unfehlbaren, letztlich stets Irrtumsfreien und Alleinseligmachenden (»extra ecclesiam nulla salus!« - außerhalb der Kirche kein Heil) anzugehören, wirkt sogar in den südamerikanischen Befreiungstheologen. Auch als Leonardo Boff, oft als Kopf dieser Befreiungstheologie apostrophiert, nach einer 1984 durchgeführten »Befragung« durch die vatikanische Glaubenskongregation vom Papst mit einem Jahr des »Bußschweigens« belegt wurde, dachte er keineswegs an Kirchenaustritt, sondern unterschrieb er eine Unterwerfungserklärung, in der er sich selbst als »sündigen Theologen« bezeichnet, dessen Theologie nichts sei im Vergleich mit der Ewigkeitstheologie der Kirche.

Es ist angesichts des strukturell bedingten immerwährenden restaurativen Charakters der vatikanischen Kirchen- und Personalpolitik im allgemeinen schon das Äußerste an Zivilcourage eines Theologen, wenn er mal verbale Kritik an der Hierarchie übt. Die Mehrheit der Theologen hält den Mund und mancher durchaus intelligente und wortgewaltige Theologe macht sogar die Absichten und Anliegen der Amtskirche zu seinen eigenen und fällt missbilligende Urteile über jene, von denen er weiß, dass sie ihr nicht genehm sind. Der Jesuit Josef Sudbrack zum Beispiel, Dozent für spirituelle Theologie, schreibt ironisch über den »von der Kirche getrennten« Exdekan der Wiener katholisch-theologischen Fakultät: *»Wem die hymnische Sprache der Kirche nicht mehr klingt, mag sich an der sprachlichen Ekstase Mynareks berauschen«* [259]. Und er kann es sich beim Eingehen auf meine Publikationen, vor allem auf die Bücher *Religiös ohne Gott* und *Ökologische Religion*, deren Bedeutung für eine ganz neue Einstellung zur Wirklichkeit und zu Natur er offenbar klar erkannt hat, trotzdem nicht verkneifen, mir bzw. meinen Schriften absurderweise »*leise rassistische Klänge* [260]« zu unterstellen. »*Und in der Ferne drohen Faschismus, Biologismus und Rassismus«* [261]. So etwas wirkt ja gerade bei uns in Deutschland immer. Und so kommt einer mit dem Faschismus- und Rassismus-Vorwurf einher, der als Jesuit jenem einzigen Orden in der faschistoiden Amtskirche angehört, dessen Mitglieder außer den üblichen drei Ordensgelübden noch den besonderen Eid des unbedingten blinden Gehorsams gegenüber dem Papst schwören! Für den der Papst, unabhängig von der Qualität dessen, was er sagt, die absolute Wahrheit ist! Ein Papst, der in der Gestalt Pius XII'. nicht zum geringsten Protest gegen die Nazis bereit war, ja dem deren Angriff gegen das kommunistische Russland wunderbar ins eigene Konzept passte und besonders von den deutschen Bischöfen enthusiastisch begrüßt wurde.

Aber selbst mancher evangelische Theologe, der doch nun gar keinen Grund hat, die Rom-Kirche in Schutz zu nehmen, fühlt sich noch gedrängt, katholische Ex-Priester und Apostaten zumindest süffisant abwertend zu kommentieren. Der evangelische Theologe Dr. Eike Christian Hirsch, seinerzeit Leiter der Sektion »Religion und Gesellschaft« im NDR, manchen auch durch seine eine Zeitlang veröffentlichten witzigen Kritiken an Stilblüten im *Stern* bekannt, schreibt über Mynarek, »der sich, als er aus der Kirche ausschied, zunächst von Rom verfolgt fühlte«, dass dessen Art, »die großen religiösen Fragen« zu beantworten, »dem lauen Durchschnittschristen durchaus verlockend erscheinen könnte ... Aber ich hoffe, dass er nur wenig Erfolg hat, und ich denke, er wird ihn nicht haben«.

Auch bei Hirsch spürt man die Angst: Mynareks Thesen mögen »verführerisch für all diejenigen sein, die zwar ihre religiösen Gefühle wiederentdeckt, aber ihren Gottesglauben endgültig verloren haben. Und davon gibt es ja - ich finde das schade - recht viele unter uns«. Aber der protestantische Apologet hofft halt doch, dass Mynarek mit seinen Thesen den Kirchen »weniger ... gefährlich werden kann« [262].

Abschließend kann wohl kaum wesentlich Anderes über die theologischen Verteidiger der Kirche, aber auch über alle progressiven und liberalen Insider dieser Institution gesagt werden, als was der Literaturkritiker und Kirchenhistoriker Karlheinz Deschner [263] unmissverständlich zum Ausdruck gebracht hat: **»...wer in dieser Kirche noch etwas retten will, ist entweder unwissend oder**

Opportunist oder von Mystik besoffen. Man kann in dieser Kirche längst nichts mehr retten, sondern nur sich noch und andere vor ihr! Denn Kirche, das ist eine Praxis, die blind macht, um führen, die krank macht, um heilen zu können; die in Nöten hilft, die man ohne sie gar nicht hätte; das Gängeln derer, die immer noch glauben, durch jene, die es nicht mehr tun« [264].

Und der Autor der vielbändigen *Kriminalgeschichte des Christentums* lässt in seiner konsequenten Kritik auch denjenigen nicht aus, der oft als eigentlicher Antipode der Amtskirche und Inbegriff eines unabhängig und trotzdem treu gebliebenen katholischen Theologen hingestellt wird: Wenn Hans Küng, so urteilt Deschner in seiner Kritik am Unfehlbarkeitsdogma des Papstes und der Kirche, »noch etwas weitergeht und sich erfolglos an diesem Dogma reibt, so nicht, weil er dieses oder gar die Kirche selbst aus den Angeln heben, sondern weil er sie nur etwas weniger verwundbar machen möchte. Weil er meint, in einer Kirche, die von der Wahrheit nichts zu fürchten hat, die nichts mehr zu fürchten hat als die Unwahrheit , die Säule und Grundfeste der Wahrheit zu sein beansprucht: In einer solchen Kirche muss ein geradezu vitales Interesse daran bestehen, dass die Wahrheit nicht niedergehalten , sondern immer wieder neu offenbar wird. Zuviel steht hier auf dem Spiel (!) als dass auf Dauer Schweigen erlaubt wäre«.

Dagegen Deschner: »Doch wer die Wahrheit verdreht bis zur Lüge, die Kirche habe nichts von der Wahrheit, alles von der Unwahrheit zu fürchten, wer seine schonsamen, ja so fürsorglichen Angriffe auf ein Dogma kapriziert, nicht um es zu entlarven, sondern weniger angreifbar zu machen und dabei die Welt vergessen lässt, dass die anderen - wie oft durch Verbrechen und Gaunerei erstrittenen - Glaubenssätze dieser Kirche doch genauso unlogisch, widervernünftig, absurd und historisch, kritisch leicht zu widerlegen sind, der kennt entweder keine Kirchengeschichte oder keine Redlichkeit; der betreibt, mehr als der konservativste Kirchenknecht, den Fortschritt der finstersten Reaktion. Und es ist grotesk, ja satireeif, dass dieser Mann, der seit Jahren vermutlich mehr Publizität genießt als jeder andere Theologe unserer Zeit, der weiterhin einen wohldotierten Lehrstuhl, weiterhin ein hohes Ansehen, weiterhin ein Millioneneinkommen aus seinen Büchern hat, ringsum von der Presse zu einem Märtyrer, einem zweiten Galilei hochgejubelt wird, als schrieben unsere Zeitungen Idioten«.

Deschner weiter: »Zum Besten dagegen dessen, was ich über Küng las, zählt die Replik seines Kollegen, des einstigen Dekans der katholischen Fakultät der Wiener Universität, Hubertus Mynarek. Er allerdings trat konsequent aus der Kirche aus, und konsequent wurde er um seine Professur, sein Haus gebracht und durch fünfzehn Prozesse wirklich eine Art Märtyrer« [264].

Kritik übte Deschner lediglich an einer Kapitelüberschrift der ersten Auflage des vorliegenden Buches *Herren und Knechte der Kirche.* Sie lautete: »Auch der progressivste Theologe stützt noch das katholische System«. Dazu Deschners kritischer Kommentar: »Er stützt es am meisten!« [265].

Endfazit der Neuausgabe des vorliegenden Buches: Die Herren der Kirche, diese selbsternannten usurpatorischen Gralshüter einer vermeintlich unfehlbaren Wahrheit und Ethik, haben längst jede Berechtigung verloren, sich als moralische Autorität auf diesem Planeten zu gebärden. Die einzig angemessene und konsequente Antwort auf den »Nihilismus der Kirchenhierarchie«, das Versagen und die ungeheuren Verbrechen der Kirche in allen Jahrhunderten ihres Bestehens ist der allgemeine Aufstand gegen die Kirchenherren oder der Kirchenaustritt all ihrer Mitglieder, d.h. des gesamten Fußvolks, das in dieser Kirche ohnehin nie etwas zu sagen hatte, dem einzig und allein die »Gnade« verliehen war, sich in Gehorsam gegen die Obrigkeiten üben zu dürfen.

Der berechtigte Stolz jener Katholiken, die den Mut hatten, das Kirchenvolksbegehren zu unterzeichnen bzw. sich dafür zu engagieren, die »Donum vitae« und andere Vereine zum Schutz die Abtreibung erwägender Frauen gegründet haben, und dies gegen den ausdrücklichen Willen und die drohenden Verdikte des Papstes und der Bischöfe, dieser Stolz **sollte jetzt endgültig darin bestehen, eine eigene demokratische Kirchengemeinschaft ohne Hierarchie zu etablieren, damit die Faschingsprinzen in Rom und ihre Vasallen auf der ganzen Welt arbeitslos, funktionslos, herrschaftslos dastehen und sich als das entpuppen, was sie in Wirklichkeit immer schon waren: aufgeblähte Nullnummern, denen es nie um wahre Menschlichkeit, sondern stets nur um Macht, ihre Macht zu tun war!**

Anmerkungen

1. Näheres über die damaligen Verhältnisse an polnischen Schulen in: H. Mynarek, *Zwischen Gott und Genossen*, Berlin 1981 (Ullstein-Verlag) 91 ff.
2. Mit dem weiteren Schicksal der kath.-theol. Fakultäten in Polen habe ich mich allerdings nach 1958, dem Jahr meiner Ausreise in den Westen, nicht mehr befasst. Insofern können diesbezüglich in der Zwischenzeit schon wieder andere Verhältnisse eingetreten sein.
3. Zum Widerspruch zwischen dem Zölibatsgesetz für Priester und der Liebe zu einer Frau vgl. die ausführlichen Darlegungen bei H. Mynarek, *Eros und Klerus*, als Sachbuch-hardcover 1978 im Econ-Verlag, Düsseldorf, erschienen, danach drei Taschenbuch-Auflagen seit 1980 im Knaur-Verlag. 1999 erschien eine stark erweiterte Fassung im Verlag Die Blaue Eule, Essen. Inzwischen erschien auch, mit neuen Fallberichten angereichert, mein Buch *Casanovas in Schwarz. Frauenaffären von Priestern* im letztgenannten Verlag. Essen 2000.
4. Vgl. dazu meine Bücher *Ökologische Religion. Ein neues Verständnis der Natur.* München 1986. 2. Auflage 1990; *Die Vernunft des Universums. Auf der Suche nach den Lebensgesetzen von Kosmos und Psyche.* München 1988 (beide im Goldmann Taschenbuch-Verlag erschienen), sowie *Mystik und Vernunft.* Münster [2]2001 (Lit-Verlag).
5. Die Dissertation erschien 1963 im Schöningh Verlag, München- Paderborn-Wien, u.d.T. *Johannes Hessens Philosophie des religiösen Erlebnisses.*
6. Die verschiedenen Arten und Typen dieser Weltfrömmigkeit und Religiosität sind dokumentiert in meinem Buch *Religiös ohne Gott?*, München 1989 (Goldmann-Taschenbuch); als Hardcover-Sachbuch zuerst erschienen im Erb-Verlag, Düsseldorf 1983.
7. Vgl. *Eros und Klerus* (s. Anm. 3), Essen [2] 1999, S. 126 ff.
8 Vgl. dazu im Buch *Eros und Klerus* das Kapitel »Nonnen-Mönche-Priester« (98 ff.) sowie H. Mynarek, *Jesus und die Frauen*, Essen [2] 1999 (Verlag Die Blaue Eule), 82-98.
9. Ein Dekan oder Dechant steht an der Spitze eines Dekanats, also einer kirchlichen Verwaltungseinheit, die einige Pfarrgemeinden umfasst. Diese Dekane sind hier gemeint. Es gibt natürlich auch noch den hier nicht gemeinten Universitätsdekan, der den Professoren einer Hochschulfakultät vorsteht.
10. »Kommissarischer Leiter einer Diözese« ist hier von mir als Umschreibung der entsprechenden Funktion benutzt. Als kirchlichen Titel gibt es diese Bezeichnung nicht. Der Nachfolger Komineks in Oppeln wurde - wie gesagt, indem man dem staatlicherseits ausgeübten Druck nachgab - am 26.01.1951 zum »Kapitelsvikar«, und am 10.05.1952 zum »Infulat« ernannt. Im Folgenden wird der Nachfolger Komineks aber auch einfach als Quasi-Ordinarius oder Ordinarius bezeichnet.
11. Vgl. bezüglich dieser kirchlichen Zwangsmechanismen H. Mynarek, *Verrat an der Botschaft Jesu-Kirche ohne Tabu*, Rottweil a.N. 1986, sowie H. Mynarek, *Erster Diener seiner Heiligkeit*, Köln 1993. (Verlag Kiepenheuer & Witsch).
12. Vgl. z.B. *Journal of the History of Philosophy* 7 (1969) 221 f. *Rivista di Storia e Letteratura Religiosa* 2 (1966) 548-550; *Theologisch-praktische Quartalsschrift* 115 (1967) 1449.
13. Gewieß, Priester der Erzdiözese Breslau, gebürtiger Niederschlesier, kam erst 1945 nach Westdeutschland. Glazik (deutsch: der kleine Fels) ist in Westdeutschland geboren, aber seine Eltern dürften aus dem Osten stammen.
14. Ottaviani war einer der doktrinärsten und konservativsten Kardinäle der katholischen Kirche im 20. Jahrhundert.

15. Zit. nach A. Kolping, *Unfehlbar? Eine Antwort*, Bergen-Enkheim 1971, 37 f.
16. Friedrich Nietzsche, *Also sprach Zarathustra* (Kröner Verlag), Leipzig 1930, 288 f.
17. Es ist auch allgemein bekannt, dass an den Tagungen der Paulus-Gesellschaft teilnehmende Naturwissenschaftler sich wiederholt darüber beklagt haben, dass sie mit den Ideologien der Theologen nichts anzufangen wüssten.
18. A. Guggenberger, *Die »natürliche Offenbarung« im Gespräch der Gegenwart*, in: *Theologie der Gegenwart* 10 (1967) 128.
19. Später hat A. Auer auch eine ähnlich positive Besprechung in der *Tübinger Theologischen Quartalschrift* (3. Heft, 1967, 363 - 367) veröffentlicht.
20. R. Augstein, *Jesus Menschensohn*, München 1972, 92.
21. Hier einige kurze Auszüge aus der Vielzahl von Besprechungen des zuerst genannten Buches: »In der katholischen Theologie deutscher Sprache gibt es derzeit nichts Vergleichbares« (*Wissenschaftlicher Literaturanzeiger*); »Hätte man hierzulande Herman Schell besser gekannt, würde der Jubel über Teilhard merklich gedämpft.
Hier ist eine Würdigung seiner Thesen im Zusammenhang mit einer groß angelegten, aber auch gewagten Thematik: der Versuch einer Überwindung der vereinzelten positivistischen Philosophien durch die Herausstellung eines gemeinsamen Hntergrundes (der Hintergründigkeit des Menschen) für Philosophie, Theologie und Naturwissenschaften. Die reiche theol. Habilitationsschrift ist auch für die philos. Forschung von Wert« (*Literarischer Ratgeber*). »Die mit einer profunden Kenntnis erstellte Arbeit ... wird auch den bereichern, der in Einzelfällen zu anderen Urteilen und Akzentsetzungen kommen mag. Das Gespräch zwischen Theologie und Naturwissenschaft gewinnt hier eine selten erreichte Höhe« (*Münchener Theologische Zeitschrift*); W. Steinbeck in der *Zeitschrift für philosophische Forschung*: »Sie verbindet sicher Fortschrittliches in der noch kontroversen Auseinandersetzung mit Teilhard de Chardin und Dogmatisches, da sie sich mit eminentem Fleiß und differenzierendem Scharfsinn der Mühe unterzieht, Aussagen harmonisierend in Einklang zu bringen, das System in sich einhellig und rational durchsichtig zu machen, den tradierten Lehrbestand und seine gültige Auslegung mit dem Fortschritt durch neue Aspekte, Weiterentwicklung und Umfunktionierung zu verbinden, ohne die geoffenbarte Wahrheit selbst anzutasten«; »Es fehlte aber bisher eine umfassende, systematische Anthropologie, die naturwissenschaftliche, philosophische und theologische Erkenntnisse und Entwicklungen einander gegenüberstellt. Im vorliegenden Werk wird dies versucht« (*Westfälisches Ärzteblatt*); »Die Gedankenwelt und der Reichtum des vielschichtigen Wissens ist bewunderungswürdig. Starke ethische Bestrebungen verrät der Teil, der sich mit der Freiheit des Menschen und seiner Aufgabe in der Welt von heute beschäftigt« (*Deutscher Freimaurer*).
Zum zweiten Buch *Mensch und Sprache*: »Die katholische Theologie der Gegenwart nimmt sich mit anhaltendem Interesse der philosophisch-theologischen Erhellung des menschlichen Wortes und der Sprache an. Mynarek fügt diesen Überlegungen einen in mancher Hinsicht originellen Versuch bei. Dieser Versuch zeichnet sich dadurch aus, dass er das philosophisch-theologische Interesse an der Fragestellung mit dem biologisch-entwicklungsgeschichtlichen Aspekt eng verbindet und damit in durchaus überzeugender Weise das Gespräch zwischen Theologie und Naturwissenschaft führt«, so dass das

Buch »im Ganzen eine respektable Leistung darstellt und die Einsicht in das ›Wunder der Sprache‹ um vieles vertieft und bereichert«. (*Theologische Revue*); »Wie dieser Überblick zeigt, bedeutet das Buch eine höchst dankenswerte Zusammenfassung vielfältiger Forschungsergebnisse. Den stets besonnenen, ausgewogenen Stellungnahmen des Verfassers zu den verschiedenen Auffassungen kann man sich in den meisten Fällen anschließen« (*Theologie und Philosophie*).

22. Der Vorname ist von mir geändert worden.
23. »Vatikan: Fahne des Vaters«, in: *Der Spiegel*, Nr. 5 /1989, 148 f.
24. E. Feil, Vernachlässigt die Kirche den theologischen Nachwuchs?, in: *Herder-Korrespondenz* 26 (1972) 18 (im folgenden zit. H-K).
25. Zit. nach *Deutsche Volkszeitung*, Nr. 2, 9.01.70, 10.
26. H-K.,a.a.O. 624.
27. Wenn ein solcher überhaupt nötig ist. An manchen theologischen Fakultäten fungiert gemäß Habiltationsordnung nur je ein Gutachter, nämlich der für das Fach, in das die Thematik der Habilitationsschrift gehört, zuständige Theologieprofessor.
28. König hatte 1961 als erster Kardinal seit 1438, da der Kardinal Nikolaus von Kues in päpstlichem Auftrag in Ost-Rom gewesen ist, einen Patriarchen der Ost-Kirche, nämlich den Patriarchen Athenagoras von Konstantinopel besucht.
29. Franz Kardinal König: *Wanderer zwischen den Fronten*, in: *Profil*, Nr. 6, 1972, 23-39.
30. Brief Henry Millers an K.H. Deschner vom 01.03.1964; zit. in: Deschner (Hrsg.), *Das Christentum im Urteil seiner Gegner*, Bd. II, Wiesbaden 1971.
31. Dazu neuerdings: H. Mynarek, *Giordano Bruno und Galileo Galilei*, in: MIZ, Nr. 3/2000, S. 6 ff. Ausführlicher zum gesamten Problem »Kirche und Wissenschaft«: H.Mynarek, *Die Vernunft des Universums*, München 1988 (Goldmann-Taschenbuch) 142 ff.
32. Vgl. A.B. Hasler, *Wie der Papst unfehlbar wurde*, München 1979.
33. Originalton v. Weizsäcker: »Ich gebe hier meinen persönlichen Eindruck von diesem meinem eigentlichen Arbeitsgebiet. Im Rahmen der Quantentheorie wird der cartesische Dualismus von Bewusstsein und Materie überflüssig. Die Quantenthorie wäre mit einem ›spiritualistischen Monismus‹ vereinbar, der eine einzige Wirklichkeit anerkennt und diese, der klassischen europäischen Philosophie folgend, ›Geist‹ nennt.
    Hegel drückt diesen Gedanken abstrakt aus: ›Die Substanz ist wesentlich Subjekt‹ Schelling in dem Satz: ›Die Natur ist der Geist, der sich nicht als Geist kennt‹.
    Die Quantentheorie würde auch einer buddhistischen Interpretation keinerlei Widerstand entgegensetzen. Nach ihr ist die Zerlegung der Welt in getrennte Objekte nur eine Näherung.
    Diese Näherung ist die Voraussetzung des begrifflichen Denkens, aber strenggenommen ist sie falsch. Die Wirklichkeit ist keine vorgefertigte Maschine« (C. F. v. Weizsäcker, *Religion heute und morgen*, in: M. Schaeffer /A. Bachmann (Hrsg.) *Neues Bewußtsein - neues Leben*, München 1988, 404).
34. Viel später habe ich die in den letzten beiden Absätzen geäußerten Gedanken über den Weg zum Selbst und über die damit verbundenen Fehlformen menschlichen Verhaltens systematisch geordnet; vgl. mein Buch *Die Kunst zu sein* (Verlag Die Blaue Eule), Essen ² 1998.
35. Vgl. dazu die entsprechenden Kapitel in meinem Buch *Eros und Klerus*.
36. Es ist in *Herren und Knechte der Kirche* (1.Auflage) auf den Seiten 17 - 36 abgedruckt.
37. Zivilrechtlich trat ich vor dem Standesamt Würzburg aus der Kirche aus.
38. *Der Spiegel*, Nr. 47/1972, 99.

39. *Der Spiegel*, Nr. 25/1987, 233.

40. Ebd.

41. Dazu *Der Spiegel* (Nr. 47, 1972): »Ein solcher Fall (wie der Mynareks) hat sich in Deutschland bislang erst ein einziges Mal seit dem Zweiten Weltkrieg ereignet, als in den frühen fünfziger Jahren der Kölner Joseph Klein, Duzfreund des Kardinals Frings und Professor am Priesterseminar, mit der katholischen Kirche brach. Klein wechselte erst vom Kölner Priesterseminar an die Philosophische Fakultät der Universität Göttingen über, dann gab er den Priesterberuf auf, und erst drei Jahre später, 1953, schied er aus der katholischen Kirche aus und wurde evangelisch«.

42. Dazu der Kirchenkritiker K.H. Deschner (in *Pardon*, Heft 2, 13. Jgg. Februar 1974, 26): »Tondi, jener fast schon legendäre Jesuit, der plötzlich, verfolgt und verteufelt, dem Vatikan entsprang, zu eben jenem Kommunismus bekehrt, den er hatte bekämpfen sollen, dann aus Ostberlin jahrelang Papst und Kirche bekriegte...«.

43. In dem vom Kirchengeschichtler G. Denzler herausgebenen Buch *Lebensberichte verheirateter Priester* (München 1989) befinden sich unter den zahlreichen, mit Beiträgen vertretenen Theologen nur zwei, die es gewagt haben, nicht bloß den Priesterrock auszuziehen, sondern auch aus der Kirche auszutreten. Es sind dies der Münsteraner Kirchenrechtler Horst Herrmann, der einige Jahre nach mir, nicht ohne Zuspruch und Drängen meinerseits, die Kirche verließ, und ich selbst (vgl. ebd. 189 ff und 99 ff).

44. Der ganze Brief der *Bundesleitung des Reichsbundes*, unterzeichnet vom Generalsekretär R. Taborsky und vom Bundesobmann H. Melchart, ist in der ersten Auflage des vorliegenden Buches auf S. 302-304 abgedruckt.

45. H.J. Herbort, *Reformation durchs Schlüsselloch*, in: *Die Zeit*, Nr. 5/1974, 22.

46. Diese Zeitung hat sich an sich noch schärfer ausgedrückt, aber da mir der entsprechende Zeitungsbeleg abhanden gekommen ist, beschränke ich mich hier auf eine inhaltlich reduzierte und sinngemäße Wiedergabe.

47. Michael Jeanée wechselte ein wenig später von der *Kronenzeitung* zur *Bild*-Zeitung in der BRD, wo er als »Chef-Reporter« agierte.

48. Vgl. die zwei Berichte der *Presse* über meinen Fall vom 08.11. und vom 10.11.1972. Der erste trägt die Überschrift *Prodekan verläßt Kirche. Mynarek, Mann mit Problemen.* Der zweite die Überschrift: *Fall Mynarek: Vor allem Bedauern.*

49. Es gab erfreulicherweise auch sehr positive und objektive Pressestimmen. Die Berichte über meinen Kirchenaustritt in der *FAZ*, der *Süddeutschen Zeitung*, im *Spiegel* und einigen anderen Zeitungen und Zeitschriften gaben als eigentliches Motiv dieses Schrittes das an, was mich tatsächlich zu ihm veranlasst hatte, nämlich die autoritären Herrschaftsstrukturen der römisch-katholischen Kirche.

50. U. Ranke-Heinemann im *Stern*, Nr. 24/1987, 230.

51. *Pardon*, Heft 2, 13.Jgg. Februar 1974, 29.

52. Abgedruckt ebd. 29.

53. *Druck von außen*, in: *Der Spiegel*, Nr. 44/1977, S. 81, 84.

54. *Jagd auf Gottes frechen Rentner*, in: Stern, Nr. 19/1978 (ohne Seitennummerierung nach S. 180 ff.).

55. Vgl. dazu die ausführlichen Belege bei K.H. Deschner, *Der gefälschte Glaube*, München 1988, 179 ff (mit einem umfänglichen Literaturverzeichnis 254 ff).

56. P. de Rosa, *Gottes erste Diener. Die dunkle Seite des Papsttums*, München 1989. Der Autor hat Theologie an der Päpstlichen Universität Gregoriana in Rom studiert, war Professor für Metaphysik und Ethik im englischen »Westminster Diocesean Seminary« und am »Corpus Christi College« in London. 1970 gab er sein römisch-ka-

tholisches Priesteramt auf und heiratete. Dreißig Jahre lang hat de Rosa für dieses Buch recherchiert, bis er seine *Summa Historica* über die Moral der Päpste herausbringen konnte!

57. »Quadragesimo Anno« vom 15. 05. 1931, Freiburg 1931, S. 33.
58. Pius XI., Enzyklika »Divini Redemptoris«, Acta Apostolicae Sedis 1937, S. 104 f.
59. »Erste dogmatische Konstitution ›Pastor Aeternus‹ über die Kirche Christi, erlassen in der vierten Sitzung des Hochheiligen Vatikanischen Konzils (18.07.1870)«, 3. Kap. (Dz. 1826/1827).
60. Der Papst »hat eine mit der Gewalt des Einzelbischofs konkurrierende und dieser übergeordnete Bischofsgewalt in jedem Bistum« (der katholische Kirchenrechtler K. Mörsdorf, *Kirchenrecht*, Bd. I, München [10] 1959, 333).
61. »Erste dogm. Konstitut. Pastor Aeternus...«, Ende des 3. Kap.
62. A.B. Hasler, *Wie der Papst unfehlbar wurde*, München 1979.
63. Papst Pius IX. in seiner Enzyklika »Quanta cura« vom 8. Dez. 1864.
64. Sehr umfassend dazu neuerdings: H. Mynarek, *Die neue Inquisition* (Verlag Das Weiße Pferd), Marktheidenfeld 1999.
65. K. Galling (Hg.), *Die Religion in Geschichte und Gegenwart*, Tübingen [3] 1959, Bd. III. 812.
66. W. Menzel, *Geschichte der Deutschen*, 1872, zit. nach K.H. Deschner, *Abermals krähte der Hahn*, Düsseldorf 1980, 488.
67. »Es dürfte nicht leicht fallen, aus dem ›Stürmer‹, der berüchtigten antisemitischen Nazizeitung, niederträchtigere Schmähungen der Juden zu eruieren, als aus den Werken Martin Luthers, auf die sich denn auch Stürmer-Herausgeber Julius Streicher vor dem Internationalen Militärgerichtshof in Nürnberg berief« (K-H. Deschner, *Abermals krähte der Hahn* 457).
68. G. Mensching, *Toleranz und Wahrheit in der Religion*, Heidelberg 1955, 50; K.H. Deschner, a. a.O. 456; M.S. Bates, *Glaubensfreiheit*, 1947; H. Mynarek, *Die Neue Inquisition* 59 ff mit dem Kap. »Die Inquisition und die Juden«.
69. F. W. Foerster, *Die Jüdische Frage*, 1959; zit. bei Deschner, a.a.O. 456.
70. Deschner, a.a.O. im Anschluß an W. Maurer, *Kirche und Synagoge*, 1953, 28.
71. Deschner, a.a.O. 462.
72. Maurer, a.a.O. 49.
73. Dazu einer der besten Kenner dieser Affairen, der Publizist Nino Lo Bello (in seinem Buch *Vatikan im Zwielicht*, Düsseldorf 1983, 67 ff): »Ein Schandfleck, den der Vatikan wohl nie aus seinen Annalen tilgen kann, ist die Unterstützung, die er flüchtenden Nazis zuteil werden ließ, Kriegsverbrechern, die nach dem Ende des Zweiten Weltkrieges einen sicheren Zufluchtsort in Südamerika erreichen wollten. Diese Leute erhielten Hilfe durch ein Zusammenspiel zwischen dem Vatikan und der Organisation ODESSA (Organisation der ehemaligen SS-Angehörigen), die die sogenannte ›Klosterroute‹ zwischen Österreich, Italien und einigen faschistischen Staaten in Südamerika aufgebaut hatte«.

    Nino Lo Bello zeigt auch, welche menschenverachtende Rolle in diesem Zusammenhang das Geld für den Vatikan spielte: »Allzu vielen Nazis wurde nach dem Krieg vom Vatikan geholfen, aber ein Fall soll besonders hervorgehoben werden, weil er zeigt, dass der Vatikan tätig wird, sobald Geld ins Spiel kommt. Es ist der Fall des französischen Nazikollaborateurs Paul Touvier, der vom Präsidenten begnadigt wurde, nachdem der Vatikan Druck ausgeübt hatte.

    Touvier war während der deutschen Besatzung stellvertretender Kommandant der pronazistischen Miliz in Lyon. Nach dem Krieg wurde zweimal in Abwesenheit gegen ihn verhandelt und er wur-

de beide Male zum Tode verurteilt, aber irgendwie gelang es ihm, der Verhaftung zu entgehen und dann verschwand er - auf fünfundzwanzig Jahre.
Er entkam aufgrund eines Geschäftes mit dem Vatikan. Nachdem er sich nach Kriegsende bereit erklärt hatte, die gesamten nach dem Krieg noch übrig gebliebenen Geldmittel der Miliz dem Vatikan zu übergeben, wurde ihm dessen Schutz zugesagt. Die fraglichen Milizgelder stammten aus der Plünderung jüdischen Eigentums und jüdischer Wohnungen während der Besatzungszeit. Touvier selber beschlagnahmte das Appartement eines jüdischen Textilmillionärs in Lyon und ließ seine Geliebte in die Wohnung eines anderen jüdischen Geschäftsmannes einziehen«.

74. *Päpste. Blut und Leichen*, in: *Der Spiegel*, Nr. 13/1989, 184.

75. Discorsi sopra la prima Deca di Tito Livio, *Politische Betrachtungen über die alte und die italienische Geschichte*, Köln 1965, 39 f.

76. S. zum Folgenden mit ausführlichen Belegen: Hasler, a.a.O, passim.

77. »Als ... Oriatorianerpater Augustin Theiner, Präfekt des päpstlichen Geheimarchivs, seine Freunde von der Minderheit doch Einblick nehmen ließ, war das nicht zuletzt der Grund seiner Entlassung. In einer wütenden Szene zwang Pius IX. am 5. Juni 1870 Theiner in die Knie und erklärte ihn seines Postens enthoben. Er ließ ihm die Archivschlüssel abnehmen und die direkten Zugänge von seiner Wohnung im Turm der vier Winde zu den Archivräumen vermauern-›aus Furcht, ich hätte mir die Schlüssel nachmachen lassen können‹, wie Theiner am 29. November 1872 an Professor Johann Friedrich in München schrieb« (Hasler, a.a.O. 38 f.).

78. In diesem Absatz wurde referiert und zitiert nach Hasler, a.a.O. 39, 101- 107.

79. Vgl. dazu ausführlich: Mynarek, *Erster Diener Seiner Heiligkeit. Ein kritisches Portrait des Kölner Erzbischofs Jochim Meisner* (s. Anm. 11).

80. Diese Schrift »Transitus Mariae«, die ohne jeden historischen Wert ist, enthält folgende wundersame Informationen: »Maria lebt in Bethlehem. Der Erzengel Gabriel verkündet ihr das nahe En- de. Auf ihre Bitte werden alle Apostel aus den verschiedensten Ländern der Erde in wunderbarer Wolkenfahrt nach Bethlehem gebracht. Zahlreiche Wunderhei- lungen geschehen am Krankenlager Mariens. Da Gefahr von seiten der Juden droht, trägt der Heilige Geist Maria und die Apostel in einer Wolke nach Jerusalem. Während dieser Reise und in Jerusalem geschehen wieder Wunder. Jesus erscheint, umgeben von vielen Engelscharen, auf einem Thron in Jerusalem und verkündet die Aufnahme in den Himmel. Reden und Gebete Mariens folgen. Von Christus und den Engeln wird ein Lobgesang angestimmt. Maria segnet jeden Apostel einzeln und stirbt. Christus nimmt ihre Seele in Empfang. Die Apostel tragen auf einer Bahre den heiligen Leib zu Grabe nach Getsemane.
Als unterwegs ein Jude den Leichnam frech antasten will, werden ihm von unsichtbarer Hand beide Hände abgehauen und alsbald wieder auf wunderbare Weise von Petrus angefügt. Der Jude wird christusgläubig. Während dreier Tage werden die Stimmen unsichtbarer Engel gehört. Als der Gesang nicht mehr zu hören ist, schließen daraus die Apostel, dass der Leib der hl. Jungfrau in den Himmel aufgenommen wurde. Darauf erscheinen Mariens Mutter Anna, ihre Base Elisabeth, Abraham und David, der Alleluja singt, und viele Engel, die alle das Grab verehren, in dem Maria beigesetzt war. Die Apostel preisen Gott und danken

ihm für das wunderbare Geschehen, dessen Zeugen sie gewesen sind« (B. Altaner, *Zur Frage der Definibilität der Assumptio B.M.V.*, in: *Theologische Revue* 44/1948, 135 f.).

81. Ref. und zit. nach Hasler, a.a.O. 226 f. Ein maschinegeschriebenes Protokoll des Gesprächs befindet sich im Archiv des Instituts für ökumenische Forschung der Univ. Tübingen, 37-38.
82. F. Klüber, emer. Professor für katholische Soziallehre an der Universität Regensburg in seinem Beitrag: *Charisma als Sand im Getriebe des päpstlichen Systems*, in: G. Denzler (Hg.), *Papsttum heute und morgen*, Regensburg 1975. 93 f; vgl. auch F. Klüber, *Der Umbruch des Denkens in der katholischen Soziallehre*, Köln 1982.
83. Dazu ausführlich: K.H. Deschner, *Ein Jahrhundert Heilsgeschichte (von Pius XII. 1939 bis zu Johannes Paul I. 1978)*, Köln 1983, 210 ff.
84. R. Bohne, *Fetischisierter Christus der römischen Kirche*, in: G. Denzler (Hg.), a.a.O. 40.
85. Herder-Korrepondenz 23 (1969) 380.
86. Nach einem Bericht in *Publik-Forum* vom 04.04.1975, S. 20; ref. nach St. Pfürtner, *Bruder unter Brüdern*, in: Denzler (Hg.), a.a.O. 159 ff.
87. Zit. nach R. Augstein, *Jesus Menschensohn*, München 1972, 93. Die 2. Auflage dieses Buches erschien im Verlag Hoffmann & Campe, Hamburg 2000.
88. I.v. Döllinger, *Briefe und Erklärungen über die Vaticanischen Decrete*, München 1890, 104 f.
89. Dazu ausführlich: Nino Lo Bello, a.a.O. 25. bis 31. Kapitel.
90. Ref. nach Nino Lo Bello, a.a.O. 267, 276,
91. Nach *Publik-Forum*, Nr. 6/1989, 34. Auch dieses kritisch-katholische Blatt gibt zu: »Calvi, Chef der in Konkurs gegangenen Mailänder *Ambrosiano*-Bank, einer in ihren Anfängen katholischen Sparkasse, war auf das Engste mit dem erst jüngst abgesetzten Chef der Vatikanbank IOR, Erzbischof Paul C. Marcinkus, verbunden. Nach dem Zusammenbruch von Ambrosiano hatte sich die Vatikanbank 1984 freiwilllig zur Zahlung von 250 Millionen US-Dollar - vermutlich aus Opus-Dei-Quellen - an die 88 Gläubiger-Banken der Ambrosiano verpflichtet« (ebd.).
92. A.Holl, *Die Sprache des Teufels*, in: *Der Spiegel* Nr. 12, 1989, 204.
93. Ebd. 205.
94. H. Mynarek, *Zivilisierter Westen*, in: *Stern*, Nr. 17/1989, 11.
95. H. J. Stehle, *Wie ein Ruf in der Wüste*, in: Denzler (Hg), a.a.O. 196.
96. Ausführlicher dazu: Mynarek, *Die neue Inquisition. Sektenjagd in Deutschland* (s. Anm. 64).
97. Vgl. Mynarek, *Jesus und die Frauen* (s. Anm. 8), 82-98.
98. Zu den positiven Einsichten und Ansätzen der neuen spirituellen Strömungen und ihren philosophischen Implikationen vgl. meine Bücher *Ökologische Religion* (² 1990), *Die Vernuft des Universums* (1988) und *Religiös ohne Gott?* (1989), alle drei als Goldman-Taschenbücher erschienen, sowie *Mystik und Vernunft*, Münster ² 2001 (LIT-Verlag).
99. Zur Einführung in die bizarre Welt des Islam vgl. z.B. P. Scholl-Latour, *Allah ist mit den Standhaften. Begegnungen mit der islamischen Revolution*, Stuttgart 1983; zum Islamismus: Mynarek, *Denkverbot. Fundamentalismus in Christentum und Islam*, München 1992(Knesebeck-Verlag).
100. Vgl. zu dem in diesem Absatz Gesagten: *Publik-Forum*, Nr. 6/1989, 35 f. Dort ebenfalls die Zitate in diesem Absatz.
101. *STERN*, Nr. 1/1973 (vom 27. 12. 1973), S. 103.
102. R.Augstein, *Die Memminger Schande*, in *Der Spiegel*, Nr.21/ 1989, 21.
103. R.Augstein, *Sind wir alle Mörder?*, in: *Der Spiegel*; Nr. 9/1989, 18.
104. G.K. Mainberger, *Der lange Abschied vom Endgültigen*, in: G. Denzler (Hg.) *Lebensberichte ver-*

heirateter Priester, 70.

105. G.K. Mainberger, *Rhetorica I. Reden mit Vernunft. Aristoteles. Cicero. Augustinus*, Stuttgart 1987; ders. *Rhetorica II. Spiegelungen des Geistes. Sprachfiguren bei Vico und Lévi-Strauss*, Stuttgart 1988.
106. Mainberger, *Der lange Abschied* 73.
107. Ebd. 60-75.
108. Zit und ref. nach: H. Meesmann, *Gandhi for Ratzinger*, in: *Publik-Forum*, Nr. 9/1989, S. 36.
109. S. dazu die Dokumentation *Wider das Klima der Angst* in: *Publik-Forum*, Nr. 10/1989, S. 4.
110. F. Leist, *Der Gefangene des Vatikans*. München 1971, 317.
111. Selbst der katholische Theologe K. Rahner sprach in diesem Zusammenhang von den Bischöfen als von »subalternen Beamten des Papstes« (*Primat und Kollegialität*, in: *Publik* 40/1969, 25).
112. »Demo beim Nuntius« in: *Publik-Forum*, Nr. 10/1989, 9.
113. So nach *Publik-Forum*, Nr. 9/1989, 34.
114. *Publik-Forum*-Gespräch mit W. Hildesheimer, in: a.a.O., Nr. 10/1989, 33-36.
115. Sie haben es aber auch »verdient«, denn nach dem kanonischen Recht der katholischen Kirche ist selbst ihr Austritt aus der Kirche, wenn sie denn diesen Schritt vollziehen sollten, ungültig, nichtexistent. Auch nach dem neuen katholischen Kirchengesetzbuch (Codex Iuris Canonici), in Kraft seit 1983, kann ein einmal getaufter Katholik nie mehr gültig aus der Kirche austreten. In der Praxis musss sich die Kirche zwar widerwillig der Rechtsordnung der Staaten beugen, wonach eben jeder Staatsbürger vor dem Standesamt oder sonstigen staatlichen Ämtern seinen Kirchenaustritt erklären kann. Am Prinzip wird jedoch eisern festgehalten: **Dogmatisch gibt es gar keinen Kirchenaustritt!**
116. »Durch den angefochtenen Bescheid fühle ich mich aus folgenden Gründen in dem mir verfassungsgesetzlich gewährleisteten Recht auf Glaubens- und Gewissensfreiheit sowie auf Freiheit der Wissenschaft und ihrer Lehre verletzt: Meine Versetzung in den zeitlichen Ruhestand ist mit den Verfassungsbestimmungen der Artikel 14 und 17 des Staatsgrundgesetzes unvereinbar. Auf diese Unvereinbarkeit habe ich selbst in meinem Schreiben an Frau Bundesminister für Wissenschaft und Forschung vom 03.11.1972 hingewiesen und erklärt, dass es paradox wäre, wenn ich mit dem Entzug der Professur bestraft würde, nur weil ich der aufgrund meiner wissenschaftlichen Arbeit gewonnenen Überzeugung folge. Frau Bundesminister Dr. Firnberg hat hierauf in ihrem Schreiben vom 21.11.1972, Blatt 2, Abs. 5, geantwortet, dass durch den Entzug des Plazets der zuständigen kirchlichen Behörde bloß die Lehrtätigkeit an der katholisch-theologischen Fakultät der Universität Wien abgesprochen werde und davon meine Grundrechte auf Freiheit der Wissenschaften unberührt blieben.
Dieser Satz spricht die rechtliche Situation klar aus. Bedauerlich ist daran nur, dass sich die Frau Bundesminister für Wissenschaft und Forschung durch meine gleichzeitige Versetzung in den zeitlichen Ruhestand zu ihrer eigenen Erklärung in krassen Widerspruch setzt.
Würde die Frau Bundesminister nämlich das Bestehen dieser Grundrechte der Freiheit der Wissenschaft berücksichtigen, dann wäre die Versetzung in den zeitlichen Ruhestand eine Unmöglichkeit. Es ist unverständlich, wenn die Frau Bundesminister davon spricht, dass die Grundrechte der Freiheit der Wissenschaft eines Universitätsprofessors unberührt bleiben, wenn man ihn gleichzeitig durch Versetzung in den zeitlichen Ruhestand mundtot macht.
Es ist zwar richtig, dass gerade bezüglich der Lehrbefugnis an

einer katholisch-theologischen Fakultät durch § 4 des Konkordats eine Einschränkung der Freiheit der Wissenschaft gegeben ist, diese Einschränkung ist aber eng begrenzt auf eben die katholisch-theologische Fakultät und die Lehrbefugnis innerhalb dieser Fakultät. Wie jedes Ausnahmegesetz ist dieses einschränkend auszulegen.

Durch die Missio Canonica wird nicht etwa die Kirche ebenfalls zu meiner Anstellungsbehörde, sie bleibt völlig außerhalb des Dienst verhältnisses, wenn ihr auch vom Staat das Recht des Plazets zugesprochen wurde. Dieses besondere Recht des Plazets durch eine dritte Institution entbindet die Anstellungsbehörde aber keinesfalls von der Beachtung der Grundrechte. Es kann nicht gesagt werden, dass eben deshalb, weil die Kirche in der katholisch-theologischen Fakultät ein Mitspracherecht hat, in dieser Fakultät die Grundrechte der Freiheit der Wissenschaft und der Glaubens- und Gewissensfreiheit nicht gelten würden. Die Grundrechte gelten uneingeschränkt für den gesamten Raum der staatlichen Hoheitsgewalt, soweit nicht verfassungsgemäß gesetzliche Einschränkungen gegeben sind. Im vorliegenden Fall betrifft die Einschränkung lediglich die weitere Lehrtätigkeit innerhalb der katholisch-theologischen Fakultät.

Gemäß Artikel 17 StGG steht mir als Universitätsprofessor das Grundrecht der Lehrfreiheit zu. Damit ist auch eine wie immer geäußerte Lehrmeinung, die der Wahrheitserkenntnis dient, von diesem Freiheitsrecht erfasst.

In meinem Falle dürfte aufgrund des in Ablichtung beiliegenden Schreibens an den Papst, wovon auch die belangte Behörde eine Ablichtung hat, kein Zweifel daran sein, dass es sich hier um eine im Rahmen der wissenschaftlichen Tätigkeit geäußerte Erklärung handelt. Aus dieser Meinungsäußerung darf mir also nach der Verfassung kein Nachteil erwachsen. Keinesfalls darf ich aufgrund dieser Äußerung in den zeitlichen Ruhestand versetzt werden, was zur Folge hätte, dass ich nach der Rechtprechung des Verwaltungsgerichtshofes keinen Anspruch mehr auf Reaktivierung habe.

Ebenso klar ist, dass der Bescheid gegen Artikel 14 StGG verstößt: Niemand wird aufgrund der vorgelegten Urkunden bestreiten können, dass meine Entscheidung für mich eine Glaubens- und Gewissensfrage ist. Aufgrund des Artikels 14 StGG ist die volle Glaubens- und Gewissensfreiheit gewährleistet, ebenso, dass der Genuss der bürgerlichen und politischen Rechte vom Religionsbekenntnis unabhängig ist.

Im vorliegenden Fall wird nun mein Austritt aus der katholischen Kirche in Verbindung mit dem damit verlorenen Plazet zum Anlass genommen, mich in den zeitlichen Ruhestand zu versetzen. Die Änderung meines Religionsbekenntnisses wird also zum direkten Anlass für eine erhebliche Verschlechterung der bürgerlichen bzw. öffentlich-rechtlichen Rechte genommen, was mit der Verfassung lediglich insoweit vereinbar ist, als eben die Lehrbefugnis innerhalb der katho- lisch-theologischen Fakultät entzogen wird, nicht aber was die Versetzung in den zeitlichen Ruhestand anbelangt. Eine andere Lösung würde bedeuten, dass die Glaubens- und Gewissensfreiheit deshalb verleugnet wird, weil es eben um eine theologische Professur geht, und dies kann wohl nicht berechtigt sein. Schließlich dürfte auch noch das Grundrecht der freien Meinungsäußerung verletzt sein.

Aus dem Schreiben der Frau Bundesminister für Wissenschaft und Forschung vom 21. 11.1972 geht klar hervor, dass diese den Verlust der zuständigen kirchlichen

Institution zum Anlass nimmt, um mich in den zeitlichen Ruhestand zu versetzen. Dies ist aber, wie bereits dargelegt, nicht möglich, da dieser Verlust nur Anlass der Amtsenthebung innerhalb der katholisch-theologischen Fakultät sein kann und im übrigen jedenfalls, soweit der Verlust aus Gründen eingetreten ist, die in den Schutzbereich von Grundrechten fallen, dienstrechtliche Konsequenzen im Sinne einer Versetzung in den dauernden oder zeitlichen Ruhestand nicht möglich sind.

Der Staat darf sich nicht dadurch von der Beachtung der verfassungsmäßig gewährten Grundrechte befreit sehen, wenn er es schon einem Dritten, der nicht an die Beachtung der verfassungsmäßigen Grundrechte gebunden ist, gestattet, einen Teil seiner - des Staates - Macht, auch entgegen den gesetzlich verankerten Grundrechten auszuüben. Durch das Konkordat wurde kein grundrechtsfreier Raum geschaffen.

Der Verlust des Plazets kann deshalb in einem Fall wie dem vorliegenden niemals zur Versetzung in den zeitlichen Ruhestand führen.

Der Verlust des Plazets in einem Fall wie dem vorliegenden kann lediglich die Lehrbefugnis innerhalb einer Fakultät ausschließen, niemals aber das Dienstverhältnis in seinem Wesen antasten oder irgendwie grundlegend verändern.

Da somit der angefochte Bescheid verfassungswidrig ist, stelle ich nachstehende Anträge:

Der Verfassungsgerichtshof wolle

a) den angefochtenen Bescheid infolge Verletzung des verfassungsgesetzlich gewährleisteten Rechts auf Glaubens- und Gewissenfreiheit, auf Freiheit der Wissenschaft und deren Lehre als verfassungswidrig aufheben,

b) über diese Beschwerde eine mündliche Verhandlung anberaumen,

c) die belangte Behörde schuldig befinden, mir die Kosten des Beschwerdeverfahrens zu bezahlen und

d) dieser Beschwerde die aufschiebende Wirkung zuerkennen, da keinerlei Gründe des öffentlichen Wohls die sofortige Vollziehung des Bescheides erfordern, für mich aber in meinem Ansehen und in der Möglichkeit, an einer anderen Hochschule einen Platz zu finden, erhebliche Nachteile entstehen und mir derzeit die wissenschaftliche Arbeit in der von mir geplanten Art bei den geringen zu erwartenden Ruhegenuss- zuwendungen unmöglich erscheint.

Prof. Dr. Hubertus Mynarek«.

117. Gerichte (Plural), weil ich mich auf Anraten meines Anwalts auch an den österreichischen Verwaltungsgerichtshof mit einer ähnlich lautenden Beschwerde gewandt habe.

118. Sie werden geltend gemacht in einem Schreiben meines Würzburger Anwalts an seinen, mich in Österreich vertretenden Kollegen Dr. S. Windhopp vom 13.04.1973. Es setzt sich sowohl mit der Entscheidung des Bundesministers für Wissenschaft und Forschung wie mit der des Verfassungsgerichtshofs auseinander:

Sehr geehrter Herr Kollege!

In oben bezeichneter Sache bestätige ich Ihr Schreiben vom 28. 03. 1973. Es scheint mir etwa folgende Replik am Platze:

1. Es ist richtig, dass Gegenstand des Verfahrens der angefochtene Bescheid ist. Der Brief an Frau Dr. Hertha Firnberg vom 21.11.1972 kam jedoch als Begleitschreiben des Bescheids und erläutert und begründet diesen Bescheid im ein zelnen, muss also als Teil dieses Bescheides aufgefasst werden.

2. Die Hinweise auf ähnliche Fälle in der BRD scheinen mir keineswegs für den vorliegenden Fall unerheblich, da das Problem der Kollision von staatlichem Verfassungsrecht mit dem Konkordat

keineswegs ein national österreichisches Problem ist, sondern jedenfalls bei ähnlicher Verfassungsgestaltung ein internationales Problem darstellt. Der Hinweis auf jene Fälle in Deutschland ist also durchaus legitim und beachtlich.

3. Der Hinweis, dass § 10 des Hochschulorganisationsgesetzes der beklagten Behörde die Möglichkeit nehme, in irgendeiner Weise für eine Versetzung auf einen anderen Professorendienstposten tätig zu werden, trifft nicht die hier bestehende Problematik. Es hat dieser Hinweis zur Voraussetzung, dass der Beschwerdeführer den ihm übertragenen Professorendienstposten tatsächlich verloren hätte, gerade dies ist nicht der Fall.

Die erteilte Lehrbefugnis stellt sich als eine solche der Universität dar, nicht als eine solche lediglich einer einzelnen Fakultät. Die ausgesprochene Amtsenthebung kann deshalb allenfalls Wirkung erlangen insoweit, als sie die Lehrtätigkeit innerhalb einer Fakultät behindert, nicht aber die Lehrbefugnis an der Universität total beenden.

Die Berechtigung und Notwendigkeit einer solchen Differenzierung innerhalb dieses Begriffes Lehrbefugnis ergibt sich aus dem verfassungsrechtlichen Grundsatz der Freiheit der Wissenschaften und der Bindung jeglicher Verwaltung an diese Grundrechte; ebenso aus der dienstrechtlichen Fürsorgepflicht. Die Behörde kann dem Entzug des Plazets gemäß dem Konkordat allenfalls die Bedeutung beimessen, dass sie aus dem Konkordat möglicherweise verpflichtet ist, eine Lehrtätigkeit des von dem Entzug Betroffenen innerhalb der kath.-theol. Fakultät zu verhindern, dies beendet aber keinesfalls die Lehrbe- fugnis des von einem solchen Entzug Betroffenen. Es besteht somit jedenfalls in einem Falle, in dem der Entzug die Folge von wissenschaftlichen und religiösen Grundent- scheidungen war, eine automatische Amtsenthebung, wie sie hier von der Behörde vorgenommen wurde (Mitteilung vom Kirchenaustritt mit Schreiben vom 03. 11.1972, Amtsenthebung und Versetzung in den zeitlichen Ruhestand 21. 11.1972) und rechtswidrig ist.

Die beklagte Behörde war verpflichtet zu prüfen, ob die Amtsenthebung erforderlich war oder nicht, diese Prüfung hat sie nicht vorgenommen, sonst hätte es zu dieser auch für den Normalfall einer automatischen Entscheidung erstaunlich prompten Erledigung nicht kommen können.

Nachdem der Beschwerdeührer noch im Besitze einer Lehrbefugnis der Universität Wien ist, bedarf es einer Voraussetzung nach § 10 des Hochschulorganisationsgesetzes, und die beklagte Behörde hat die Möglichkeit, den Lehrstuhl entweder außerhalb der kath.-theol. Fakultät weiter bestehen zu lassen oder aber irgendeiner anderen Fakultät zuzuschlagen. Vor allem aber: Folge des Verlustes des Plazets könnte jedenfalls nur das Herausrücken aus der kath.-theol. Fakultät sein, nicht mehr. Der Lehrstuhl besteht außerhalb dieser Fakultät weiter, bis eine anderweitige Regelung getroffen ist.

Der vereinfachende Schluss, dass mit der Beschwerde der Bescheid lediglich insoweit angefochten sei, als er eine Versetzung des Klägers in den zeitlichen Ruhestand ausspreche, besagt lediglich, dass akzeptiert wird, dass eine Beendigung der Lehrtätigkeit innerhalb der kath. Fakultät akzeptiert wird, also ein gewisser Teil der ausgesprochenen Amtsenthebung hingenommen wird, nicht aber, dass diese Entscheidung zur Gänze hingenommen wird, dies ergibt eine Auslegung der Beschwerde mit absolut überzeugender Kraft.

In den Gründen der Beschwerde wird mit aller Deutlichkeit darge-

legt, dass der Beschwerdeführer seine Lehrtätigkeit fortsetzen will (Seite 2 Mitte), dass er selbst schon vorgeschlagen hat, seine Lehrkanzel in die philosophische Fakultät einzureihen, also von deren Fortbestehen ausgegangen ist und schließlich schon damals die jetzt stärker qualifizierte Darlegung, dass eine Antsenthebung lediglich innerhalb der kath. Fakultät von der Kirche gefordert werden könne, was dem Fortbestehen der Lehrbefugnis, die nicht fakul- tätsgebunden ist, nicht entgegensteht (Seite 7 oben).
Die Auslegung ergibt somit klar, dass die Amtsenthebung, soweit sie eine Beendigung der Lehrbefugnis insgesamt mit sich bringt, die nicht lediglich auf die kath.-theol. Fakultät beschränkt ist, mit angefochten ist. Diese Anfechtung ergibt sich auch zwingend daraus, dass eine Amtsenthebung mit totaler Beendigung der Lehrbefug nis mit der Versetzung in den zeitlichen Ruhestand so eng verbunden ist, dass sie als deren direkte Folge angesehen werden muss (Urteil des Verfassungsgerichtshofes vom 02. 03. 1973, AZ: D 3/ 73-17, Seite 7, zweiter Abs.).
Bei einer derart engen Verbindung ist es feststehende Meinung, dass eine Teilanfechtung notwendig auf das Gesamte übergreift. Auch aus diesem Grunde muss die Amtsenthebung als mitangefochten angesehen werden. Mit der Einschränkung des Antrages sollte lediglich klargestellt sein, dass der Kläger keine Lehrtätigkeit in der kath.-theol. Fakultät anstrebt. Der Hinweis auf § 10 des Hochschulorganisationsgesetzes ist im übrigen als dolos zu werten, da der Beschwerdeführer nicht so behandelt werden kann, als stünde er außerhalb der Selbstverwaltungskörperschaft der Universität. Er steht innerhalb dieses Rahmens, die Auffassung der beklagten Behörde, dass ihr die Hände gebunden seien, muss bei der gegebenen Situation als schlechthin unerträglich bezeichnet werden.
Was die Entscheidung des Verw. GH vom 05.05.1924 Sig. 13. 535 angeht, entspricht diese dem vorliegenden Fall, da die Gewissensentscheidung des Beschwerdeführers mindestens im gleichen Maße als unverschuldet getroffen angesehen werden muss, wie die Auflösung einer Universität.
Hinsichtlich der Einwirkungsmöglichkeit der beklagten Behörde auf eine Professorendienstpostenbesetzung fehlen der beklagten Behörde hier natürlich die gesetzlichen und verordnungsmäßigen Grundlagen. Rein praktisch bestehen wahrscheinlich ganz erhebliche Möglichkeiten, gesetzlich allerdings möglicherweise nicht.
Für unseren Mandanten ist der Kontakt zu Studenten und die Lehrtätigkeit außerordentlich wichtig und enorm bestimmend.
Wir werden deshalb Ihre Anregung, die Sache der Kommission des Europarates vorzulegen, realisieren...
Das Urteil des VerfGH leidet meines Erachtens an einem eklatanten Fehler. Es sagt nämlich, dass aus dem Text der Beschwerde eine weitergehende Anfechtung, nämlich über die Versetzung in den zeitlichen Ruhestand hinaus, nicht vorliege, während es selbst auf Seite 6 zitiert: »er könne lediglich die Lehrbefugnis einer Fakultät ausschließen, niemals aber das Dienstverhältnis in seinem Wesen antasten oder irgendwie grundlegend verändern«. Dieses Zitat besagt eindeutig die weitergehende Anfechtung, während noch auf derselben Seite am Ende erklärt wird: »auch aus dem sonstigen In halt der Beschwerde ergibt sich nichts anderes...« (anderes als über die Anfechtung der Versetzung in den zeitlichen Ruhestand hinausgeht). Mir scheint beinahe, dass wegen dieses eklatanten Widerspruchs auf so engem Raum eine Urteilsschelte in

einer österreichischen Juristenzeitschrift angebracht wäre und wäre Ihnen verbunden, wenn Sie mir Ihre Meinung hierzu mitteilen würden«.

119. E. Fischer, *Trennung von Staat und Kirche*, Frankfurt a.M.[2] 1971, 289. Die ausführlichen Belege in Form der betreffenden Bestimmungen der Konkordate und Kir chenverträge s. bei R. Schäfer, *Die Misere der theologischen Fakultäten*, Schwerte 1970, 115 -161.

120. E.Fischer, Gutachten zur Frage der Verfassungswidrigkeit des Vertrages »zwischen dem Heiligen Stuhl und dem Freistaat Bayern zur Änderung und Ergänzung des Bayerischen Konkordats vom 19.03.1924, geändert durch den Vertrag vom 07.10.1986«, Schreibmaschinenmanuskript 4 f. Die im letzten Satz angesprochene kirchliche Gesamthochschule ist bereits in Eichstätt errichtet worden.

121. Vgl. Schäfer, a.a.O. 159.

122. Der neue Codex Iuris Canonici, seit 1983 in Kraft, verlangt ebenfalls die Abberufung aus dem Amt, »wenn die geforderten Voraussetzungen nicht mehr gegeben sind« (can. 810).

123. Zit. nach Schäfer, a.a.O. 116, 118.

124. Deutsche Jungdemokraten, Landesverband NRW, Trennung von Kirche und Staat, Dokumentation, Info 8' 73, 67.

125. Schäfer, a.a.O. 117.

126. N. Koch, *Zur politischen Funktion der Kirchen in der Bundesrepublik*, in: P. Rath (Hg.), *Trennung von Staat und Kirche*, Reinbek 1974, 55.

127. H. Herrmann, *Ein unmoralisches Verhältnis*, Düsseldorf 1974, 131.

128 *Ein Theologe als politischer Häretiker*, in: *Süddeutsche Zeitung* vom 02./03.08.1975, 8 f.

129. H.Böll. Der Fall H. Herrmann, in: *Konkret*, Nr. 12/1975, 6.

130. Fischer, *Trennung von Staat und Kirche*, 289 f.

131. Laut *Publik-Forum*; Nr. 5/1989, 42.

132. Ebd. Nr. 10/1989, 30.

133. Ebd.Nr. 6/1989, 35.

134. So in der schon erwähnten »Kölner Erklärung«.

135. *Risse im Gefüge*, in: *Der Spiegel*, Nr. 24./1989, 178-180.

136. Zit. nach *Der Spiegel*, Nr. 28/1985, 143.

137. H. Mynarek, *Religion - Möglichkeit oder Grenze der Freiheit?*, Köln 1977 (Verlag Wissenschaft und Politik).

138. S. Anm. 127.

139 Ebd. passim.

140. H. Herrmann, *Rede eines wiedergeborenen Weltkindes*, in: G. Denzler (Hg.) *Lebensberichte verheirateter Priester* 194.

141. Ebd. 197.

142. R.K., *Das neue katholische Kirchengesetzbuch*, in: *Freidenker*, Nr. 7/1987, 50.

143. W. Balssig, *Kampf um die Wahrheit*, in: *Publik-Forum*, Nr. 5/1989, 11 f.

144. Als Beispiel für die verheerenden Auswirkungen dieses Anspruchs auf absolute Moral in der Psyche von Theologen veröffentlichte ich in der ersten Auflage von *Herren und Knechte der Kirche* die anonymen Beleidigungsschreiben eines Priesters und Universitätsprofessors für das Fach »Neues Testament« (s. dort S. 217 ff.).

145. *Auf dem Schoß*, in: *Der Spiegel*, Nr. 33/1973, 51,54.

146. *Stern*, Nr. 35/1973, 116 -119.

147. Vgl. z.B. *Der Spiegel*, Nr. 38/1973, 187, in dem Artikel *Bertelsmann stoppt Zölibatsenthüllung*, 186 - 188.

148. *Furcht vor Onkel Josef*, in: *Der Spiegel*, Nr. 38/1973, 186 f. Die beiden verschiedenen Überschriften dieses Artikels über mein Buch im *Spiegel* (s. Anm. 147) erklären sich dadurch, dass einmal der Titel des Artikels vorn im Inhaltsverzeichnis dieser *Spiegel*-Nummer, das andere Mal der Titel über dem Artikel selbst im Innern der Nummer angeführt wurde.

149. *Deutsche Tagespost* vom 21/22. 09. 1973, Nr. 114, S. 2. In ihrer Ausgabe vom 18.09.73, S. 1, hatte diese Zeitung bereits triumphierend unter dem Titel *Geplatzt* über die Trennung des Verlags von mir

berichtet.

150. Kölner *Express*, 18.09.1973, S. 8.

151. *Deutsche Zeitung*, 07.12.73, S. 37.

152. Vgl. auch *Stern* Nr. 39/1973, 242 f.

153. Kölner *Express*, 18.09.73, S. 8.

154. So Herr RA Ott in einem Schreiben, ebenfalls vom 14.12.73, an mich.

155. So der 3. Zivilsenat des Oberlandesgerichts Nürnberg in seiner Charakteristik des Urteils des LG Nürnberg gegen mich. Diese Charakteristik befindet sich im Endurteil dieses Senats über den Prozess Bertelsmann gegen Myna rek (ich hatte vor dem OLG Nürnberg Berufung gegen das Urteil des LG Nürnberg eingelegt).

156. *Der Spiegel*, Nr. 36/1989, 138.

157. Vgl. z.B. Vordeman, *Verlagsrecht*, in der Rechtszeitschrift: *Grur* 1979, Heft 6, S. 396-399.

158. B. Engelmann/W.Wallraff, *Ihr da oben - wir da unten*, Köln 1973.

159. Über die Pressekonferenz in Köln vgl. auch die Zeitungsberichte, z.B. in *Westfälische Rundschau* (21. 11.73,) Aachener Nachrichten (24. 11.73), *Wuppertaler General-Anzeiger* (23.11.73).

160. Teilweiser Abdruck des Interviews z.B. im *Kölner Stadtanzeiger* vom 05.12.73 unter dem Titel *Von Knechten und Herren der Kirche.*

161. H. Johnen, *Das Skandalbuch des Ex-Priesters kommt doch*, in: Kölner *Express* vom 17./18. November 1973, S. 6.

162. *Der Spiegel*, Nr. 47/1973, 226.

163. H.J. Herbort, *Reformation durchs Schlüsseloch*, in: *Die Zeit* Nr. 5/1974 (25.01.1974), S. 22.

164. Vgl. z.B. *Buchreport/Spiegel-Bestsellerliste für den Spiegel* Nr. 52 vom 24. Dez. 1973.

165. Nach einer Meldung der AZ, Nr. 299, 28.12.73, S. 13.

166. So z.B. die *Könische Rundschau* vom 15.12.1973 in Anlehnung an eine Meldung der KNA.

167. Inserat in der *Westfälischen Rundschau* vom 20.12. 1973.

168. Unter der Überschrift: *Vertreibt der Bertelsmann Verlag das umstrittene Mynarek-Buch?* schrieb z.B. die *Main-Post* (Nr. 295, 21. 12.73, S. 8) in einem auf der KNA basierenden Bericht: »Mit der eidesstattlichen Erklärung, er habe keine Möglichkeiten, auf den Vertrieb des mit einer Reihe einstweiliger Verfügungen belegten Buches von Hubertus Mynarek *Herren und Knechte der Kirche* Einfluss zu nehmen, hat sich der Verlag Kiepenheuer & Witsch (Köln) von den gerichtlichen Auflagen distanziert. Danach sei das Unternehmen nur für die technische Herstellung des Werkes verantwortlich. Der Verlag Bertelsmann (Gütersloh) habe sich bereits vor der drucktechnischen Fertigstellung des Buches schriftlich zur Übernahme des gesamten Vertriebs und Verkaufsgeschehens verpflichtet.
Der Münchener Rechtsanwalt ... der im Auftrag von sechs in Mynareks Buch angegriffenen Theologen am 20. November beim Landgericht München die einstweilige Verfügung erwirkt hat, teilte dazu mit, wenn die Darstellung von Kiepenheuer & Witsch zuträfe, sei dies vorsätzliche Täuschung der Betroffenen durch den Bertelsmann-Konzern, der ihm bereits im September dieses Jahres schriftlich zugesichert habe, das beanstandete Buch nicht herauszubringen«, ähnlich, aber noch markanter äußerte sich das Westfalen-Blatt (*Gütersloher Morgenblatt-Westfalen Zeitung*) vom 21.12.73.

169. *Die Zeit*, Nr. 5/1974, S. 22 (s. Anm. 163).

170. Wiener *Kurier* vom 01.12.1973, S. 30; vgl. *Kölnische Rundschau* vom 01.12.73.

171. So z.B. der *Westfälische Anzeiger* vom 31.01.1974.

172. Zit. nach *Die Zeit* (s. Anm. 163 und 169).

173. So der gegnerische Anwalt im Schriftsatz vom 07.01.74 ans Gericht. Zeitungen wie z.B. *Die Welt* übernahmen diese Story.

174. Zit. nach *Süddeutsche Zeitung* vom 04.12.1973.

175. Z.B. in einem Brief an mich vom 07.01.1974.

176. Vgl. dazu mein Buch *Eros und Klerus.*

177. Eine einzige einstweilige Verfügung gegen eine Passage meines Buches wurde vom Landgericht Hamburg ausgesprochen. Bei den beiden Prozessen in Österreich gegen mein Buch wurden die Kirchenmänner selbstverständlich von einem österreichischen Anwalt vertreten.

178. Urteil des LG München I, 3. Zivilkammer, vom 30.11.1973, S. 13.

179. So z.B. laut seinem Schriftsatz vom 09.01.74 an die 3. Zivilkammer des LG München I, S. 4.

180. Im Schriftsatz des gegnerischen Anwalts vom 03.12.73 an das LG München I. 3. Zivilkammer.

181. Man sehe dazu die entsprechenden längeren Ausführungen im 5. Kapitel des vorliegenden Buches.

182. Brief vom 08.01.74, S. 1.

183. *Publik-Forum*, Nr. 6/1975, 21.

184. Schreiben meines Anwalts vom 19.04.1974, S. 1 f.

185. Zu den 41 Zeitungen gehörte auch die links-liberale *Frankfurter-Rundschau,* vgl. deren diesbezügliche Meldung vom 08.11.1974, S. 4.

186. In einem Schreiben vom 04. 02. 1974 wendet sich mein Anwalt an die Rechtsanwälte des Verlags Kiepenheuer &Witsch und betont noch einmal die Wahrheit des Sachverhalts, dass der Anwalt der Kirchenleute als erster um einen Vergleich ersucht habe:
»Im Anschluss an den Termin hatte ich noch ein längeres Gespräch mit dem Gegenanwalt, worin ich ihm ankündigte, dass wir es in allen Verfahren zur Hauptsache kommen lassen und dann die Herren Professoren der Gegenseite als Zeugen laden lassen werden. In einem kurz hierauf folgenden Telefonat machte Herr Kollege ... überraschenderweise den Vorschlag eines Globalvergleichs. Ich bat ihn, diesen Vorschlag näher zu konkretisieren, wozu Herr Kollege ... so kurzfristig und telefonisch allerdings nicht im Stande war. Wir verblieben jedoch dahingehend, dass anlässlich des nächsten Verhandlungstermins am 27.02.1974, bei dem mindestens fünf Hauptsacheklagen bei der 9. Zivilkammer anstehen, erneut in München über den Globalvergleich verhandelt werden soll. Eine solche Bereinigung des Gesamtkomplexes ist natürlich nur unter Mitwirkung des Verlages möglich«.

187. Aus dem Urteil des LG Mainz vom 02.05.1974 (Aktenzeichen: 4.O. 131/74).

188. Leserbrief an die *Main-Post,* 19. 04.1974, S.4.

189. MIZ, 3 Jgg, Nr. 1/1974, S. 8.

190. Ebd. Nr. 3/1974, S. 1.

191. *Europäische Kirchenfreie Rundschau,* Wien 29/1974, 6 f.

192. H. Mynarek, *Eros und Klerus,* Düsseldorf 1978, 20 f (in der bei Knaur erschienenen Taschenbuchausgabe, München 1980, auf S. 15; in der neuesten, fünften Auflage im Verlag Die Blaue Eule auf S. 9).

193. Ebd. 282 f (bzw. 176 bzw. 157).

194. Katholische Nachrichten Agentur, Nr. 24, 10. Mai 1978, in: Exklusivdienst der KNA zu *Weltkirche Aktuell.*

195. Vgl. 6. Kapitel!

196. *»Eros und Klerus* 279-282 (in der TB-Ausgabe: S. 174-176 bzw. in der 5. Auflage: S. 156 f).

197. *»Eros und Klerus.* Totale Tröstung« in: *Der Spiegel* Nr. 8/1978, 74 f.

198. *Jagd auf Gottes frechen Rentner,* in: *Stern,* Nr. 19/1978, 180 b,c,d,e.

199. H. Benning, *Klerotisches,* in: *WAZ* vom 21. April 1980.

200. H. Meesmann, *Vom Elend des Zölibats,* in: *Publik-Forum,* Nr. 12/ 1978, 12.

201. C.van Groote, *Herrn Mynareks Hubertusjagd,* in: *Bildpost* vom 28.05.1978, S. 8. Es muss allerdings angemerkt werden, dass nach dem Impressum dieser Zeitung namentlich gezeichnete Artikel nicht unbedingt die Meinung der Redaktion wiedergeben.

202. Beschluss der 3. Zivilkammer des Landgerichts Wiesbaden vom 12. Juni 1978 (Az. 30 193 78), S. 1. und 2.

203. Ebd. S.2.

204. Zum Beispiel brachte *die Kirchenzeitung für die Diözese Augsburg* (*Ulrichsblatt*), Nr. 30, vom 15./16.1978 lediglich folgende fragmentarische Gegendarstellung auf S. 8: »1. Unwahr ist die Behauptung, mein Buch *Herren und Knechte der Kirche* hätte mich meine Professur gekostet. Wahr ist dagegen, dass ich wegen meinens Kirchenaustritts im November 1972 meinen Lehrstuhl für Religionswissenschaft an der kathol.-theol. Fakultät Wien verlor.
2. Unzutreffend ist die Behauptung, ich hätte ›harte Rencontres mit dem deutschen Strafrecht‹ gehabt.
Wahr ist dagegen, dass ich mit dem deutschen Strafrecht nicht konfrontiert war. Die Auseinandersetzungen wurden auf zivilrechtlicher Ebene geführt«.
Auch die KNA war zu einer darüber hinausgehenden Gegendarstellung nicht bereit (vgl. meine Gegendarstellung in der KNA-*Welt Kirche Aktuell*, Nr. 72, 28. Juni 1978).

205. Schriftsatz von RA Hopkins im Rahmen des RA-Büros Gaedertz, Henn & Partner an die 3. Zivilkammer des LG Wiesbaden vom 13.07.78 (Az: 1342/78) S. 4, 5, 6.

206. Schriftsatz der Rechtsanwälte Meyer-Köring, Privat, Kade,Bosch an die 3. Zivilkammer des LG Bonn vom 10.10.78 (Az 482/78 und H), S. 7.

207. Die hier und im Folgenden angegebenen Seitenzahlen beziehen sich immer auf die hardcover-Ausgabe von *Eros und Klerus* im Düsseldorfer Econ-Verlag.

208. A.a.O. (s. Anm. 206), 2,5, sowie passim 1-8.

209. Alle hier zitierten Äußerungen meines Anwalts befinden sich in seinem Schriftsatz vom 29.12. 1978 an das Landgericht Bonn, 3. Zivilkammer, S. 1-4.

210. H. Schweizer, *Dieses starre Denken tötet Leben*, in: *Publik-Forum*, Nr. 16/1989, 27-30. Danach eskalierte offenbar der Streit um den Zölibat in Tübingen. Dazu *Publik-Forum* (Nr. 23/89, S. 36) in der Rubrik *Kirche und Konflikte*: »Harald Schweizer, katholischer Theologie-Professor in Tübingen, dem aufgrund seiner Heirat im Juli die kirchliche Lehrerlaubnis entzogen wurde, wirft der Amtskirche ›Heuchelei‹ vor. Unterstützt wird er von Ursula Neumann, der Ehefrau des inzwischen an einer-anderen Fakultät lehrenden ehemaligen katholischen Kirchenrechts-Professors in Tübingen, Johannes Neumann, sowie durch die Ehefrau des 1988 entlassenen katholischen Theologie-Professors Wolfgang Bartholomäus, Astrid Greil-Bartholomäus. Frau Neumann und Frau Greil-Bartholomäus werfen der Kirche Verdrängung vor.
Die Rottenburger Diözesanleitung sei ›Jahre‹ vor den Eheschließungen über die Beziehungen informiert worden und habe nicht gehandelt.
Auch Schweizer erklärt, er habe im Sommer 1988 ohne jede Konsequenzen mit Bischof Moser über seine Beziehung gesprochen. Schweizer wird seinerseits von Mosers Nachfolger Walter Kasper, einem ehemaligen Kollegen an der Tübinger Fakultät, der Verleumdung bezichtigt. Grund: Schweizer hatte angedeutet, er werde notfalls auf ›offene Geheimnisse über Bischöfe‹ zu sprechen kommen«.

211. Schreiben vom 07.11.1978 (Geschäfts-Nr. 50 Js 188/78) der Staatsanwaltschaft Bonn an meinen Anwalt (unterzeichnet hat ein Oberstaatsanwalt mit seinem Namen, den ich hier weglasse. Sein Schreiben ist hier nur in den mir wichtig erscheinenden Teilen angeführt).

212. Brief meines Anwalts an mich vom 04.12.1978, S. 1, 2.

213. Schriftsatz meines Anwalts vom

26.06.78 an das LG Wiesbaden, S. 5 f, 10 f.

214. Um Missverständnisse zu vermeiden: der heutige Chefredakteur der KNA ist nicht identisch mit dem aus dem Jahre 1978, um den es hier geht.

215. Bevor der Vorsitzende Richter das sagte, was ich hier und im Folgenden schildere, gab es natürlich die Plädoyers des Anwalts des Klägers und des Anwalts des Beklagten, die aber relativ kurz dauerten, weil sie auf ihre zuvor beim Gericht eingereichten Schriftsätze Bezug nahmen. Nach den Plädoyers der beiden Anwälte wurde die Sach- und Rechtslage noch eingehend erörtert.

216. Es handelt sich um zwei Anwälte. Denn mein Wiesbadener junger Anwalt, von dem hier ständig die Rede war, war beim LG Bonn nicht zugelassen. Er war zwar bei der hier debattierten Gerichtsverhandlung zugegen. Aber außerdem hatten wir noch einen Bonner Anwalt engagiert, der beim Bonner LG zugelassen war.

217. *Der Spiegel*, Nr. 29/1978, 156.

218. *Der Spiegel*, Nr. 31/1978, 162.

219. H. Mynarek, *Ökologische Religion. Ein neues Verständnis der Natur*, München 1986 (Goldmann-Taschenbuch).

220. H. Mynarek, *Religiös ohne Gott?* (als Hardvcover-Sachbuch im Erb-Verlag Düsseldorf 1983, 1989 als Goldmann-Taschenbuch erschienen).

221. Siehe zu diesen vier weiteren Büchern die Liste meiner Veröffentlichungen am Ende des vorliegenden Buches.

222. Herder-Korrespondenz 24 (1970) 515.

223. Ebd.

224. Ebd. 514.

225. Ebd. 515.

226. So kritisierte *Publik-Forum* (Nr. 24/1989, S. 8) »die schon pathologisch zu nennende Unfähigkeit der Römer, die eigenen Positionen zu hinterfragen und sich dialogisch und lernbereit einer berechtigten Kritik zu stellen. Wenn die einzige Antwort auf die Anfragen der über 400 Theologen (gemeint ist die »Kölner Erklärung«, von der oben schon die Rede war, d.Vf.) die Feststellung ist, dieser Protest sei ›Ausdruck einer Störung im Verhältnis zwischen päpstlichem Lehramt und deutschsprachiger Theologie‹, sie verdeutliche den ›Trend der Entkirchlichung der Theologie bzw. zum Verständnis der Theologie als Machtfaktor in der Kirche gegen die Kirche‹, dann zeigt dies die Unfähigkeit, überhaupt das Kernproblem zu erkennen; nämlich die zunehmende ›Beschädigung der kirchlichen Autorität duch sich selbst‹, wie es Hans Heigert in der *Süddeutschen Zeitung* richtig formuliert hat«.

227. R. Augstein, *Warum ich »Q« nicht mag*, in: *Die Zeit*, Nr. 5./1973, 46.

228. Ausführlicher und unter Zugrundelegung aller Belege ist dieser Vorfall in der ersten Auflage des vorliegenden Buches auf den Seiten 217 - 232 geschildert.

229. Nietzsche, *Also sprach Zarathustra*, Leipzig 1941, 96.

230. Ebd. 98 f.

231. Vgl. Th. Adorno - M. Horkheimer, *The Authoritarian Personality*, New York 1950; P. R. Hofstätter, *Einführung in die Sozialpsychologie*, Stuttgart 1963, 391; J. Rattner, *Tiefenpsychologie und Politik*, München o. J. 90-92.

232. A.Krims/G.Pieper, *Sinn und Unsinn des Religionsunterrichtes*, München 1974, 57.

233. Ebd. 66.

234. Vgl. dazu die ausführlichen Darlegungen in meinem Buch *Eros und Klerus*.

235. Zit. nach Krims/Pieper, a.a.O. 61.

236. Zit. ebd. 78.

237. S. Freud, *Der Witz und seine Beziehung zum Unbewussten*, Frankfurt a.M. 1975 (Fischer TB), 70.

238. Vgl. K.H. Deschner, *Das Kapital der Kirche in der Bundesrepublik*, in: Club Voltaire, Bd. IV, Hamburg 1970, 299-312.

239. Vgl. *Publik-Forum*, Nr. 25, 1989, 17.

240. Dieses Buch von F. Leist erschien

später in einem anderen Verlag (Gütersloher Verlagshaus 1972).

241. H. Küng, *Unfehlbar? Eine Anfrage*, Zürich 1970, 143, 149, 146.

242. A.Kolping, *Fundamentaltheologie*, Bd. I, Münster 1968, 187 f. Auf Seite 183 heißt es dortselbst: »Auch nach erfolgter Promulgation der Offenbarung an die Menschheit hält Gott sein Wort in seiner Gewalt. Er benützt Institutionen, die in ihrer Wirksamkeit wiederum besonders gestuft und differenziert sind: Im Alten Bund den blutsmäßigen Verband Israels, im Neuen Bund nach dem Tode und schon in den Lebenstagen der letzten Offenbarungsträger, der Apostel Christi, die Kirche. So bewahrt und interpretiert Gott in der Menschheit seinWort ... Indem die Kirche die Offenbarungswahrheit autoritativ als solche kenntlich macht, dogmatisiert sie sie. Wie das näherhin zu denken ist, davon handelt die Einleitung in die Römisch-katholische Dogmatik«.

243. Küng. a.a.O. 142.

244. Erklärung des II. Vatikanischen Konzils über das Verhältnis der Kirche zu den nicht-christlichen Religionen, Art. I.

245. Ebd., Art. 2.

246. R.Augstein, *Jesus Menschensohn*, München 1972, 8-11.

247. Vgl. das diesbezüglich bereits Ausgeführte.

248. Pastoralkonstitution über die Kirche in der Welt von heute »Gaudium et spes«, Art 43, 4. Kap.

249. Zit. nach *Der Spiegel*, Nr. 28, 1985, 143.

250. So z.B. der Kurienkardinal Paul Poupard, Propräsident des vatikanischen Sekretariats für die Nichtglaubenden, das auch als »Propagandabüro der Kirche« bezeichnet wird und in Wirklichkeit eines der Ministerien des Vatikans darstellt, dem 26 Kardinäle und Bischöfe sowie 40 Konsultoren aus allen Erdteilen angehören. Siehe das Interview Kardinals Poupards im *Spiegel* (Nr. 28/1985, 137 ff).

251. H. Küng (Hg.) *Fehlbar?*, Einsiedeln 1973.

252. H. Küng, *Warum ich in der Kirche bleibe?* in: W. Dirks/E. Stammler (Hg.), *Warum bleibe ich in der Kirche?* München [3] 1971, 119 f.

253. *Fehlbar?* 337 f., 346.

254. K.Rahner, *Kritik an Hans Küng. Zur Frage der Unfehlbarkeit theologischer Sätze*, in: *Stimmen der Zeit* 95 (1970) 365.

255. So im *Stern*, Nr. 11/1989, 9.

256. H. Mynarek, *Religion- Möglichkeit oder Grenze der Freiheit?* Köln 1977; neu aufgelegt 1986 unter dem Titel *Verrat an der Botschaft Jesu-Kirche ohne Tabu.*

257. Zit. nach B. Beuys, *Wie die Bibel missbraucht wird*, in: *Stern*, Nr. 15/ 1986, 90.

258. K.H.Deschner, *Der gefälschte Glaube*, München 1988, 218.

259. J. Sudbrack, *Neue Religiosität-Herausforderung für die Christen*, Mainz [3] 1988, 19,21.

260. J. Sudbrack, *Die vergessene Mystik*, Würzburg [2] 1988, 120.

261. Sudbrack, *Neue Religiosität* 109.

262. E.Ch. Hirsch, *Vorsicht auf der Himmelsleiter. Auskünfte in Glaubensfragen*, Hamburg 1987, 62-65.

263. Deschner, *Der gefälschte Glaube*, 220.

264. Ebd. 217 f.

265. Ebd. 218.

Ein Nachspiel

Prof. Dr. Hubertus Mynarek hat diese Ergänzung zu seinem Buch *Herren und Knechte der Kirche* als Textmanuskript am 18. Mai 2002 nachgereicht.

Beispiele jüngster »sexueller« Eskapaden der Geistlichkeit *)

1998 Sexuelle Skandale im päpstlichen Vorzimmer durch Vergehen an Jugendlichen. Kurzdanach geschieht fast das glei che in höchsten Kirchenkreisen zu Wien.

1999 Ein italienischer Mönch verfaßt einen »Pornoführer« für Rom; er läuft wie ein Bestseller.

2000 (Oktober) Neue sexuelle Skandale. Aufgrund einer Anzeige einer in Mainz wirkenden Professorin ergeht bei der Staatsanwaltschaft Anzeige ge gen einen dortigen Weihbischof wegen »Verdachts des sexuellen Mißbrauches und eines möglichen Exorzismus« ein. Dieser fromme Kirchenmann *soll* lediglich versetzt werden (oder ist es bereits).

2000 (November). Ein weltliches Gericht verurteilt im Südbadischen einen katholischen Geistlichen zu zwei Jahren Haft ohne Bewährung wegen »schweren sexuellen Mißbrauchs« von Kindern. Der Priester kontert: » Er wäre der Stellvertreter Jesu und habe ein Recht dazu «.

2002 Erneute sexuelle Skandale bei amerikanischen Geistlichen.

2002 Der Papst räuspert sich aufgrund des sich ausufernden und in die Öffentlichkeit getragenen Skandals: »In der Kir che sei kein Raum für Pädophile«.

*) Wir machen darauf aufmerksam, daß diese kleine Tabelle ein verlags seitiger Einschub ist, dernicht unbedingt im Einklang zu der Auffassung des Autor steht.

Das ganze vorliegende Buch ist der Beweis, dass die Kirche Fakten, Argumente und Diskussionen scheut, dass sie Debatten auf der Basis von gleich gegen gleich verabscheut, weil sie dann unweigerlich auf die Verliererstraße gerät. Sie will auch nicht, dass ihre schmutzigen Taten ans Licht der Öffentlichkeit kommen. Viel lieber schmäht sie die, welche diese Taten ans Licht bringen wollen. Sie verunglimpft sie so, macht sie vor Journalisten derart herunter, dass die meisten Zeitungsreporter die Lust verlieren, überhaupt noch bei Kirchenkritikern nachzufragen, wie sich die Tatbestände wirklich verhalten.

So geschah es bereits nach Fertigstellung des vorliegenden Buches jüngst auch wieder seinem Autor. *Die Zeit*, angesehenste Wochenzeitung für Intelektuelle in Deutschland, brachte ein ausführliches Dossier über Kindesmissbrauch durch Priester unter dem Titel *Sünder im Talar* (Nr. 20/2002, 8. Mai, S.15 ff). Dem recherchierenden Redaktuer der *Zeit*, der zunächst einmal die Würzburger Kirchenoberen befragte, weil in der Diözese Würzburg einige Fälle des Kindermissbrauchs durch Pfarrer passiert waren, erklärten die Oberen bezüglich Mynareks, als der Redakteur erwähnte, er wolle auch diesen zu den Missbrauchsfällen befragen: Ach, da müsse man ihn vorwarnen: »Ein armer Mensch sei das ... ein schäumender Gefallener, einer, den Prozesse ruiniert hätten, den die Frau verlassen hätte, der sich verrannt habe«.

Wir sehen wiederum, wie schon so oft im vorliegenden Buch: Das ist die Jahrhunderte alte Taktik und Strategie der Kirche: »Mach die Kirchenkritiker schlecht und herunter, dann ist er in den Augen der Öffentlichkeit, der Medien von vornherein entwertet, degradiert, dann ersparst Du Dir die Auseinandersetzung mit ihm!«.

Aber dieser *Zeit*-Redakteur, von dem hier die Rede ist, folgte nicht dem Beispiel zahlreicher anderer Journalisten, die in dieser Situation aufgegeben hätten. Er wollte das Gespräch mit der anderen Seite, getreu der uralten römischen Devise: »Audiatur et altere pars« (es möge auch die andere Seite gehört werden). Er kam zu mir und berichtete dann nach einem etwa dreistündigen Gespräch mit mir über mich und meine Sicht des sexuellen Missbrauchs von Kindern und Jugendlichen durch Priester: »Mynrek, geboren in Oberschlesien, ist ein groß gewachsener Mann von 72 Jahren und kräftigem Handschlag. Für seine Anhänger ist er einer der größten Kirchenkritiker des 20. Jahrhunderts. Mynarek war 20 Jahre Priester, hat bei Karol Wojtila in Lublin Ethik studiert, sich an der Universität Würzburg habilitiert, war Professor für Vergleichende Religionswissenschaft und Fundamentaltheologie in Bamberg und Wien, wo er auch Dekan der katholisch-theologischen Fakultät war. Mynarek war, wie er sagt, der erste Universitätsprofessor, der es wagte, aus der katholischen Kirche auszutreten, damals, 1972. Er sei bis heute ein ›tiefreligiöser Mensch‹ geblieben, beteuert er, auch wenn er sich seit seinem Austritt radikal gegen das totalitäre Amtskirchensystem‹ gestellt habe. ›Der Zwangszölibat und seine fatalen Auswirkungen, die sexualrepressive Herrschaftspolitik der Kirche müsse so lange kritisiert werden, bis dieser grandiose Unfug von der Geschichtsszene verschwunden ist‹. Dass der Kindesmissbrauch durch katholische Geistliche mit der christlichen Sexualmoral korrespondieren könnte, ist für ihn von höchster Evidenz: ›Wo komme ich ohne Verdacht am besten an Kinder heran? Als Pfarrer hat man ständig mit Kindern zu tun, keiner schöpft Verdacht, weil der Priester als begnadetes Ausnahmewesen gilt‹. Mynarek legt Bücher auf den Tisch, Bücher und nochmals Bücher, er weiß, er ist geschmähter Außenseiter, ›ein Verräter‹, er ist bemüht, seine Glaubwürdigkeit unter Beweis zu stellen. Priesterseminare seien eine Anhäufung von Homosexuellen, sagt er, weil Mädchen und Frauen durch das Zölibat Tabu und ohnehin Sünde seien. Die ›sexualrepressive Atmosphäre‹ in den Ausbildungsseminaren züchte infantile und unreife Muttertypen. ›Die Kirche will ja die Kandidaten sexuell unreif halten, ließe sie nämlich das von den Vereinten Nationen garantierte Menschenrecht des ausgelebten Sexualtriebes zu, verfiele der Zölibat und mit ihm der mittelalterliche Grundpfeiler der katholischen Macht‹. Der Priester, der über dem Fleisch stehe, verkörpere die Überlegenheit des Geistes. Der Mensch, besagt die neuplatonische Seelenlehre des Kirchenvaters Augustinus, ist gefallener Geist, und der Leib ist Kerker des Geistes. 20 - 25% der Priester seien homosexuell, sagt Mynarek, mindestens 5% pädophil. ›Viele werden Priester, weil sie pädophile Neigungen verspüren, und fünf Jahre in den Seminaren stehen sie enthaltsam durch, dann haben sie ja freie Hand und werden durch die Institutenstruktur geschützt‹ ... Die Kirche seine eine geheimnisvolle Institution mit antidemokratischer Machtstruktur, behaupten Kritiker wie Hubertus Mynarek oder Ralf Speis von der Würzburger Initiative ›Ein Mahnmal für die Millionen Opfer der Kirche‹. Sie habe seit Jahrhunderten vertuscht, verheimlicht, versteckt, habe Täter gedeckt, Opfer ignoriert, ihre Glaubwürdigkeit als moralische Autorität verloren«.

Soweit der Bericht des *Zeit*-Redakteurs über den Autor des vorliegenden Buches. Man braucht wohl diesem Bericht nichts mehr hinzuzufügen.

Buchveröffentlichungen des Autors

Philosophie des religiösen Erlebnisses
München 1963

Der Mensch - Sinnziel der Weltentwicklung?
München 1967

Mensch und Sprache
Freiburg 1967

Der Mensch - Das Wesen der Zukunft
München 1968

Gott oder der Mensch im Mittelpunkt?
Donauwörth 1968

Existenzkrise Gottes ?
Augsburg 1969

Herren und Knechte der Kirche
Köln 1973

Der kritische Mensch und die Sinnfrage
Berlin 1976

Religion - Möglichkeit oder Grenze der Freiheit?
Köln 1977

Eros und Klerus
Düsseldorf 1978.
Drei Auflagen als Knaur TB. Neuauflage Essen [5]1999

Orientierung im Dasein
München 1979

Zwischen Gott und Genossen
Berlin 1981

Religiös ohne Gott?
Düsseldorf 1983
als Goldmann -TB: München 1989

Ökologische Religion. Ein neues Verständnis der Natur
München 1986, 2.Aufl. 1990.

Kirche ohne Tabu
Rottweil a.N. 1986

Die Vernunft des Universums
München 1988 als Goldmann-TB

Die Kunst zu sein
Düsseldorf 1989
Neauflage: Essen 1998

Mystik und Vernunft
Olten 1991
Neuauflage: Münster 2001

Denkverbot. Fundamentalismus in Christentum und Islam
München 1992

Erster Diener Seiner Heiligkeit
Ein kritisches Portrait des Kölner Erzbischofs
Joachim Meisner
Köln 1993

Jesus und die Frauen
Das Liebesleben des Nazareners
Frankfurt a.M. 1995
Neuauflage: Essen 1999.

Das Gericht der Philosophen
Ernst Bloch - Erich Fromm - Karl Jaspers
über Gott - Religion - Christentum - Kirche
Essen 1997

Die Neue Inquisition
Marktheidenfeld 1999

Casanovas in Schwarz
Essen 2000

Herren und Knechte der Kirche
Neuauflage
Ulm 2002
Kritiker kontra Kriecher
Ulm 2002

Die Presse über Mynareks Publikationen

»Mynarek überzeugt durch menschliche Aufrichtigkeit und durch die ungebrochene Kraft der Schilderung«.
FAZ

»Da man innerhalb der verfaßten Kirche und ihrer Theologie ähnlich zupackende Veröffentlichungen noch immer suchen muß, erweist Mynarek auch seinen früheren Kollegen einen wichtigen Dienst. Daß diese eine solche Pionierarbeit jedoch honorieren werden, ist ausgeschlossen«.
Prof. H. Herrmann in der Frankfurter Rundschau

»Der katholische Theologe Hubertus Mynarek, der anglikanische Bischof John A.T. Robinson, der Psychoanalytiker Erich Fromm und der Philosoph Leszek Kolakowski ... haben bei ihrem mutigen Einsatz ... viele Hiebe einstecken müssen. Aber immer mehr Menschen sind an den Funden interessiert, die diese offenen Denker ausbreiten«.
Congress

»Mynarek verwebt voller Leichtigkeit genaue Kenntnis von Sachzusammenhängen mit erhellenden Momentaufnahmen, mit pointenhaften Begebenheiten«.
Hessisch-Niedersächsische Allgemeine

»Mynarek entwickelt, wie Religion aussehen soll: undogmatisch, nie abgeschlossen, ständig korrekturbedürftig, zu keinem Erfordernis der Humanität und der Freiheit in Widerspruch und stets innerlich bereit, sich aufzugeben. Organisiert soll sie sein als offenes demokratisches System«.
Der Spiegel

Mynarek schreibt »aus persönlichster Erfahrung und genauester Sachkenntnis«.
Der Humanist

»Mynarek versteht faszinierend zu schreiben. Er scheut sich nicht, Tabus zu brechen ... lernen kann man bei ihm immer«.
Freies Christentum

Mynarek schreibt »unprofessoral und erfreulich konkret ... literarisch gewandt wie psychologisch überzeugend«.
Dr. Karlheinz Deschner
Autor (u.a.)

der mehrbändigen *Kriminalgeschichte des Christentums*

»Der Autor selbst erweist sich als Vertreter einer radikalen Gesinnungsethik«. ***Publik Forum***

»Dieser Mann bezieht die Kraft seines religiösen Engagements aus sei-

In eigener Sache

–

Anzeigen

So werden unsere kirchenkritischen Bücher be- und verurteilt: (Beispiele)

»Ihre profunden Arbeiten (...) sind mir zum Teil bekannt. In Ihrem Werk *Sünden der Kirche* blättere ich gerade. Leider habe ich zu wenig Zeit, um dieses umfangreiche Material in gebührender Weise auf mich wirken zu lassen«.
Dr. jur. Christian Sailer.

»Ohne den historischen Tatsachen schonungslos ins Auge zu sehen, ohne sich der Vergangenheit zu stellen, wird es keine menschenwürdige Zukunft, kein auf Humanität gegründetes Zusammenleben geben!«
Klaus Hartmann, Vorsitzender des Deutschen Freidenkerverbandes, Offenbach.

»Mich brauchte Ihr Buch nicht zu überzeugen (...) doch für den Zweifler oder Arglosen ist es wichtig, daß ihm solche Informationen zugänglich sind, wie Sie sie zusammengetragen haben (...). Ihre Bücher verdienen weite Verbreitung«.
Alfred Ewald, Koblenz.

»Sehr geehrter Herr Wolf,
zuerst möchte ich noch einmal sagen, wie sehr ich Sie für Ihre Bücher (...) bewundere. Sie haben damit erreicht, daß ich keine Angst mehr vor »dieser« Obrigkeit habe und daß meine Entscheidung zur Trennung vom »Verein Kirche« richtig war. Irgendwie fühlt man sich von einer Last befreit (...). Für die Zukunft wünsche ich Ihnen alles Gute und daß Sie weiterhin unbequeme Bücher schreiben«.
Herzlichst, Rita Schönfeld

»Hans-Jürgen Wolf, den schon etliche stattliche und wertvolle Werke als zeitgeistwidrig-unbestechlichen Fackelträger der Aufklärung auszeichnen, hat mit diesen Büchern einen neuen Beitrag geleistet, um die Strategie der Lüge und des Schweigens zu durchbrechen (...). Seine Bücher schaden den Feinden der Menschheit und nützen der bedrohten Sache der Freiheit und Aufklärung wie wenig andere; mögen sie viele, unkontrolliert viele Leser finden«.
Dr. Fritz Erik Hoevels, Freiburg.

»Hans-Jürgen Wolf legt die Hand der Versöhnung in offene Wunden. Er legt die *Verbrechen der katholischen Kirche* bloß, begangen an den von ihr in die geistige und moralische Irre Geführten und Geblendeten«.
Friedrich Doepner, Ulm.a.d.D.

Zum Buch *Abschied vom Christentum!*
»Doch alleine das beeindruckende Literaturverzeichnis erklärt vieles. Ich muß den Autor bewundern, wie er das lesen und verarbeiten konnte. Eine wirklich unglaubliche Leistung«.
Kriemhild Hader

Lieber Herr Wolf,
»Ihr Buch *Verbrechen der katholischen Kirche* habe ich mit großem Interesse gelesen. Ich bin schockiert, was so alles im Laufe der Jahrhunderte geschehen ist. Es ist an der Zeit, daß die katholische Kirche und deren Oberhirte für diese Verbrechen zur Rechenschaft gezogen werden«.
Thomas Laepple, Ulm a.d.D.

»Ich benutze Ihre Bücher als Quellwerk für Referate und Veröffentlichungen. Für diese Arbeit als Autor und Ihre Bemühungen um die Herausgabe weiterer historisch-kritischer Werke möchte ich Ihnen, im Namen aller Freidenkerinnen und Freidenker, herzlich danken«.
Heiner Jestrabek, Heidenheim.

Lieber Herr Wolf
»Ich bin Ihnen sehr dankbar, daß Sie mir geholfen haben. Ihre Bücher lese ich sehr gerne, z.Zt. V*erbrechen der katholischen Kirche*«.
Edward Figna, Durmersheim.

»Die Veröffentlichung kirchenkritischer Texte hat vehement abgenommen. Umso erfreulicher ist es, daß es doch noch wenige gibt, die unter persönlichen Opfern die Tradition der Aufklärung aufrechterhalten. In der heutigen Zeit gehört eine erhebliche Portion Mut dazu, gegen das Unisono der Medien und durch ihre international gleichgeschalteten Reihen Informationen über den wahren Verlauf der Geschichte durchzubringen. In dieser Tradition liegen die Wolfschen Bücher, die über das Blut von Millionen Menschen geschriebene Geschichte der katholischen Kirche anschaulich informieren, einer Historie, die allzugern verschwiegen wird, obwohl die katholische Kirche mehr Opfer aufzuweisen hat als Hitler«. **Gottfried Niemietz, Leipzig.**

»Ihrem Verlag wünsche ich alles Gute in seinem Bestreben, kirchenkritisch und aufklärerisch tätig zu sein!
Dr. Klaus Uppendahl, Bund für Geistesfreiheit.

»Für Ihre verlegerische Tätigkeit in schwieriger Zeit wünsche ich Ihnen alles GUTE«. **Klaus Reinmeth, Weinheim**

Irdischer Reichtum Finanzen und Vermögen der Kirchen in Deutschland in Milliarden Euro *)	
Grundbesitz	140,0
Immobilien	65,0
Kapitalvermögen	86,0
Diakonie/Caritas	65,0
Stiftungen	52,2
Ordensgemeinschaften	36,0
Versicherungen	24,4
Siedlungswerke	18,0
Kichenausstattungen/ Bibliotheken	2,6
Hilfs- und Missionswerke	0,6
Konfessionelle Verbände	0,4
Medienunternehmen	0,35
Ferienstätten	0,2
Sonstiges	0,75
Insgesamt ca.	490,00

Nicht berücksichtigt ist hier der wohl größte Posten: die Summe der Kirchenschätze.

Ihr sollt weder Silber noch Gold in Eurem Gürtel tragen! Oder: Vom unermeßlichen Reichtum unserer Kirchen!

Das Kirchenvermögen (Geld, Aktien, Beteiligungen, Grund und Immobilien) beziffert Ferk*) auf etwa 981 Milliarden Mark (ca. 500 Milliarden Euro = 0,5 Billionen Euro). **Also sind die Kirchen die reichsten Unternehmer der Republik.** Die wichtigsten Posten sind etwa 140 Milliarden Euro an Immobilien- und Grundbesitz sowie 65 Milliarden Euro Geldvermögen. Die beiden Kirchen verfügen über 6,8 Milliarden Quadratmeter Grund und Boden - etwa dreimal so viel wie Bremen, Hamburg, Berlin und München zusammen. Dazu gehören etliche Filetgrundstücke. Den Wert aller kirchlichen Gebäude und Grundstücke beziffert Ferk auf 212 Milliarden Euro.

Zu ihren laufenden Einnahmen gesellen sich 8,5 Milliarden Euro aus der **zwangsweise** von den Mitgliedern erhobenen Kirchensteuern. Weitere etwa 10 Milliarden beziehen sie aus staatlichen Quellen. Mit öffentlichen Geldern werden u.a. extra bezahlt oder subventioniert: Militär,- Anstalts- und Polizeiseelsorge, Kirchentage, Denkmalpflege, Religionsunterricht, kirchliche Kindertagesstätten, Kirchen-Bibliotheken und Konfessionsschulen. In zahlreichen Bundesländern werden Bischöfe und Pfarrer wie Beamte vom Staat besoldet. Der Staat verzichtet außerdem auf 10 Milliarden Euro Einnahmen, indem er den Kirchen steuerliche Privilegien einräumt. Zudem kostet die Abzugsfähigkeit der Kirchensteuer mittlerweile rund 3,4 Milliarden Euro pro Jahr.
Nichts dokumentiert deutlicher als diese Recherchen, um was es wirklich geht: Es geht um Macht, Besitz, Reichtum und Einfluß auf der »irdischen« Welt. Die Kirchengläubigen haben bestenfalls die Funktionen von zahlenden Arbeitsbienen!

-

*) Sinngemäß übertragen aus: Carsten Ferk: *Finanzen und Vermögen der Kirchen in Deutschland.* Alibri Verlag, Aschaffenburg.

Kennen Sie schon unseren Bestseller? Wenn nicht, noch heute bestellen!

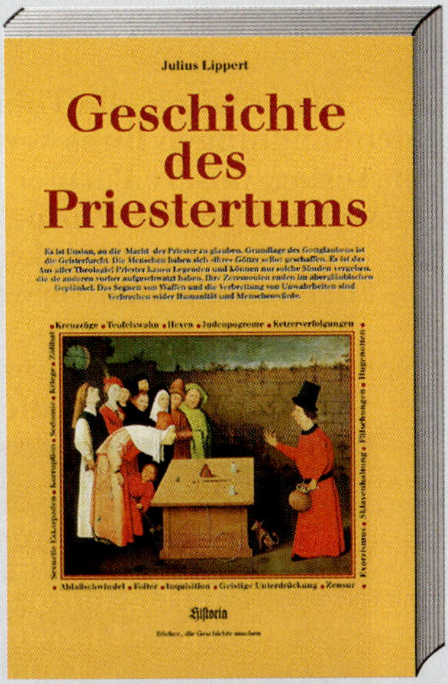

Julius Lippert
Geschichte des Priestertums
ISBN: 3-980-6576-8-x
880 Seiten einfarbig
Euro 29.70

»Der Schlüssel zum Verständnis der Religion liegt in der Kenntnis ihrer kultischen Grundlagen. Treffend meint der Autor: Das edle Bergwerk der Kultgeschichte, das die religiösen Grundlagen offenlegt, hat man mit Verachtung unter Verschluß gelegt, aber am tauben Gestein der Theologie arbeiten tausend fleißige Hände ... so brütet eine gute Brutgans weiter, wenn man ihr statt der Eier einen Stein unterlegt. Will man hier aus Borsten Sonnenstrahlen machen? Kämpfen die Theologen für die Aufrechterhaltung der Unwahrheit?

Im Umgang mit Theologen spürt man stets und immer wieder deren »historische« Unsicherheit, denn sie dürfen nicht sagen, was sie wollen und ggf. wissen. Wenn nicht Gott die Menschen mitsamt der Erde in der Zeit von 6 Tagen geschaffen hat - eine ohnehin absurde Theorie! - dann haben sich die Menschen eben »ihre« Götter selbst geschaffen. Genau das dokumentiert Julius Lippert in seinem schon damals scharf umkämpften Werk; einer Fundamentalkritik der (aber nicht nur) christlicher Theologie! Es bedeutet schlichtweg das Aus für sie! Und das darf ja wohl nicht sein, daß eine Institution, der die Knebelung der »sündigen« Welt gelungen ist, plötzlich ohne Hemd dasteht. Damit wird nicht nur der Wissenschaftlichkeit der Gotteskunde der Boden entzogen - denn dann gibt es keinen Kirchengott: Sie wäre logischerweise aus dem Konsens der ernstzunehmenden Wissenschaften zu streichen. Die Historie ist nicht die »schäbige« Magd der ach so göttlichen Theologie, sondern die Individualgeschichte der Theologie ist in die allgemeine einzubinden. Sie gelangt zu anderen Ergebnissen! Die Theologen mögen eine akzeptabe Antwort suchen!

www.historiaverlag.de

Zur Funktion »unserer« Sonderdrucke

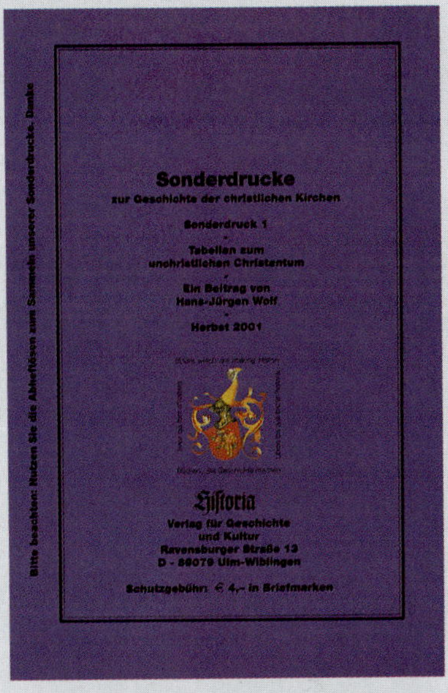

Die Sonderdrucke können Sie zum Vorzugspreis von je Euro 4.00 erwerben. Sie haben Sammelösen.

Im März des Jahres 2000 hat der Papst eingeräumt, daß die katholische Kirche im Lauf ihrer Geschichte gegenüber anderen Unrecht begangen hat (was Hunderte von kirchenkritischen Büchern seit hunderten von Jahren vor ihm registriert haben!). Eine späte Erkenntnis!
Wäre es mehr denn ein Lippenbekenntnis gewesen, gäbe es diese Sonderdrucke nicht. Geändert hat sich nur, daß der autoritäre Gefolgskurs schärfer wurde. Liberalisierung und Demokratisierung sind dieser Religionsvariante »wahre« Greuel! Gefordert sind: Rückzug aus der »weltlichen« Politik, Rückzug aus dem »staatlichen« Religionsunterricht, Eigenbewirtschaftung, Öffnen der Archive, Offenlegung der Finanzen, Aufhebung des Zölibats, Abkehr vom antik-autoritären Gehorchersystem, Zugang der Frauen durch alle kirchlichen Dienstränge, Eigenleben durch Eigendynamik, Aufhebung der Kirchensteuer, Abkehr vom unnatürlichen Imponiergehabe und zurück zu den urchristlichen Werten »dieser« Religionsvariante.
Dazu zählen - ganz selbstverständlich - materielle Leistungen aus der eigenen Tasche zur Linderung von Not und Armut. Wer glaubt, daß das jemals passiert, ist wundersüchtig!
Es müßte eine völlig neue und glaubwürdige Christenkirche entstehen, die ihrem unseligen Vorgänger das Glaubensgenick brechen müßte. Da es keine Wunder gibt, ist damit nicht zu rechnen. Der starr-autoritäre Kurs muß fortgesetzt werden, weil sonst das Machtsystem zusammenbricht. War also das schmale Lippenbekentnnis des Papstes eine (gezielte) Fehlgeburt?

Unser erster Sonderdruck
Tabellen zum unchristlichen Christentum
ist erschienen. Umfang 54 + 4 Seiten. Es ist eine kurze Einführung in die Problematik der Kirchengeschichte.

www.historiaverlag.de

AHRIMANs unerwünschte Bücher zur Kirchengeschichte

»Der russische Historiker J. R. Grigulevič hat mit seinem Buch über Inquisition (...) die gründlichste und bestrecherchierte Darstellung dieses abscheulichen Themas geliefert, die mir bis heute in die Hände gekommen ist.«

ZEITUNG VUM LETZEBUERGER VOLLEK

»Fritz Erik Hoevels, der Herausgeber des Werkes, läßt keine Zweifel an seiner Sicht der Dinge. In einem fulminanten Vorwort verdammt er die mittelalterliche Kirche nicht bloß, sondern geht seinerseits mit Feuer und Schwert gegen die Kirche vor.«

NÜRTINGER ZEITUNG

2. Auflage, 540 S., 29 Abb., davon 1 in Farbe
mit Personen-, Quellen- und Literaturverzeichnis
€ 26.- / sFr 52.- / ISBN 3-89484-500-7

Wie Maccoby Schicht um Schicht aus den, wie sich erweist, haarsträubend verlogenen Evangelien die historisch plausibelste Annäherung an die Wahrheit erschließt, liest sich nicht nur spannend wie ein Kriminalroman, es wird zugleich klar, warum die »jüdische Sekte« (wie sie von den christlichen Inquisitoren im Mittelalter genannt wurde), die angeblich den Gründer des Christentums auf dem Gewissen hat, von ihrem Ableger so barbarisch wie unbarmherzig verfolgt wurde.

176 S., mit Namens- und Sachregister
€ 16.- / sFr 29.50 / ISBN 3-89484-501-5

G. B. Guerri schildert in seinem Buch am Beispiel der heiligen Maria Goretti der Pontinischen Sümpfe, wie die »Heiligenfabrik« der katholischen Kirche funktioniert. Dabei eröffnen sich hochinteressante Einblicke in ihre Motive, Machenschaften und Fälschungen bei der Heiligenproduktion. Der Vatikan hat – mangels Index – ganze Heerscharen von »Wissenschaftlern« aufgeboten, um das Buch, das in Italien für entsprechende Furore gesorgt hat und jetzt erstmals in deutscher Übersetzung erscheint, zu widerlegen und den Autor zu diskreditieren.
Es ist ihm nicht gelungen.

219 S., 63 Abb., 2 Faks., 1 Übersichtskarte
€ 16.- / sFr 29.50 / ISBN 3-89484-503-1

www.ahriman.com

721 S., 57 Abb., 76 Faks.
mit Namens-, Orts- und Sachregister
im Großformat (A4) in Schuber
€ 32.- / sFr 58.- / ISBN 3-89484-809-X

»Beeindruckend ist das scharfe Analysieren in etlichen Beiträgen, die im guten Fall der Satire nicht entbehren, und einige sind wie mit Herzblut geschrieben: Gegen Militarismus und Rüstung, gegen Bevormundung durch den Klerus, gegen Sexualfeindlichkeit, gegen Autoritätshörigkeit mit dem dazugehörenden Parteigesülze, gegen Ausbeutung im eigenen Land und quicklebendigen Neokolonialismus außerhalb.«

SÄCHSISCHE ZEITUNG

»Auf den 700 Seiten des vorliegenden politischen Kompendiums geht es um alle Fragen der Politik und des gesellschaftlichen Lebens, die zwischen der herrschenden Klasse und dieser extremen linken – oder, wie sie sich versteht – einzigen linken Opposition strittig sind. (...) Ein anspruchsvolles Programm und ein riesiger Packen Diskussionsmaterial. (...) Mut ist ein hervorstechendes Merkmal dieses Buches.«

ZEITUNG VUM LETZEBUERGER VOLLEK

Wer diesen Band liest, begreift, warum entweder ein eiserner Vorhang des Schweigens herrscht oder, wenn dies nicht mehr genügt, haßvollste Hetze gebraucht wird, um jeden, der noch keine Hornhaut auf dem Hirn und den dringenden Wunsch nach Kontaktaufnahme mit Gleichgesinnten hat, von der Kenntnisnahme abzuhalten.

Zeitschriften bei Ahriman:

System ubw

Herausgeber: Fritz Erik Hoevels und Peter Priskil

Die einzige Zeitschrift in der unverfälschten Tradition Sigmund Freuds – wie jeder Vergleich zeigt!

Aktuelles Heft: 83 S., 9 Abb., davon 1 in Farbe
€ 7.50 / sFr 13.80 / ISBN 3-89484-704-2
im Abo € 6.50 / sFr 12.50
ISSN 0724-7923

Ein echter Geheimtip – diesmal stimmt's ...

KETZERBRIEFE

Flaschenpost für unangepaßte Gedanken

Bezugspreise: € 4.50 / sFr 9.- / im Abonnement 6 Hefte € 23.- / ISSN 0930-0503

Ausführlich im Internet: **www.ahriman.com**

AHRIMAN-Verlag

Postfach 6569, D-79041 Freiburg, Tel. 0761/502303, Fax 0761/502247, E-Mail ahriman@t-online.de

www.ahriman.com

Wir fordern:

o Trennung von Kirche und Staat, Aufhebung des Staatskirchentums, konsequente Trennung von Schule und Kirche (Konfessionsunterricht gehört nicht an staatliche Schulen), Beseitigung des Militärseelsorgevertrags mit allen Konsequenzen. Es kann nicht angehen, daß sich Kirchenvertreter für ungeborenes Leben einsetzen und auf der anderen Seite Waffen segen und damit - indirekt - Soldaten in den Tod schicken.

Vorteile für den Staat:

o Er spart jährlich Milliarden von Euro für das Durchfüttern einer ihn massiv beeinflussenden Organisation.

o Er kann der Jugend und allen Interessierten eine neutral-ethische Erziehung bieten, die Betroffene in die Lage versetzt, eine Religion »ihrer« Wahl anzunehmen, was schon das Grundgesetz proklamiert! Etwa 1/3 der Bürger sind bereits konfessionslos. Sie haben schulischen Anspruch auf eine religionsneutrale - besser noch: religionsvergleichende Ausrichtung. Das Religionsmonopol ist zu brechen und dem Fach Religion eine andere Wertung zu geben.

Vorteile für die Kirchen:

o Sie könnten staatsneutrale Friedensarbeit leisten, was nötiger denn je ist. Das Segnen von Waffen ist unchristlich, menschenunwürdig und pervers!

o Eine glaubhafte und auf Gewinnmaximierung ausgerichtete Firma - die reichste in Deutschland - ist in der Lage, sich selbst zu bewirtschaften und ihre Mitarbeiter selbst zu bezahlen. Da dies heute weitgehend der Staat aus »weltlichen« Steuergeldern erledigt, muß auch die Kirche kuschen. Es wird noch immer verschwiegen, daß nahezu alle deren so hoch gepriesenen Dienstleistungen vom Staat und nicht von der Kirche bezahlt werden. Sogar die kirchlichen Bestallten beziehen - nahezu alle - »weltliche« Gehälter.

o Sie kann über die Verwendung der nur in unserem Land möglichen Kirchensteuer - deren Beitreibung sie selbstverständlich selbst zu besorgen hat - korrekt Rechenschaft abgeben.

Vorteile für die Christen:

o Ihre Religionsvariante - als eine von Hunderten - kann mit »neuem« Leben, Vitalität und Kraft erfüllt werden.

o Sie würden erfahren, was mit »ihrem« Geld in der von ihnen vertretenen Kirche wirklich geschieht.

o An die Stelle geistiger und - (bei den katholischen Priestern auch körperlicher) Unterdrückung - kann Überzeugung treten.

www.historiaverlag.de

Zum näheren Verständnis des Nachsatzes in diesem Buch:

Die These, daß es keinen Gott gäbe, bzw., daß es die Menschen waren, die sich »ihre« Götter selbst geschaffen haben, ist keine »Gotteslästerung«, sondern ergibt sich aus dem vorurteilsfreien Studium der Geschichte nach Abnahme der theologischen Brillen.
Man kann nicht etwas lästern, was unbewiesen und es ist zu differenzieren - wenn schon - zwischen einem möglichen »wirklichen« und einen dazukomponierten »Christengott«. Schon antike Literaten haben darauf aufmerksam gemacht. Es stehen sich zwei Theorien gegenüber. Wie kann nur eine davon strafbar sein? Das Thema gehört historisch aufgearbeitet. Auch wenn die Gotteskundler zwangsläufig die göttliche Existenz voraussetzen (müssen) - Gott ist ihr Arbeitgeber - haben sie bis heute keinen Beweis für die Richtigkeit »ihrer« Theorie auf den Glaubenstisch gelegt!
Wenn sie unhaltbar ist, kann sich der Papst nicht (noch immer) auf »seinen« Kirchengott berufen und davon seine pseudo-Allmacht herleiten! Ist es das Aus der ohnehin unchristlichen Theologie?
Die Gotteskundler mögen zur Klärung »ihrer« Schicksalsfrage einen »glaubwürdigen« Beitrag leisten. Falls »sie« recht haben, widerrufen wir!

»Überall ist es der gleiche Irrtum und die falsche Geschichtsauffassung, wenn man annimmt, es habe ein Gesetz als solches früher bestanden als der entsprechende Kulturstand, den es endgültig geschaffen habe. Begann man das geordnete Leben als gesetzmäßig zu betrachten, stellte man es unter die Sanktion des herrschenden Gottes. Die Versuche einer Formulierung seiner Normen erschienen als seine Orakel.
Überall begegnen wir der Neigung der Völker, sich ihre Urgeschichte so zurechtzubiegen, daß sie zuerst **»ihre«** Götter und dann die menschlichen Könige regieren lassen, mithin nach der Geschichte der Vorstellung von Gott der vorangegangene sein muß. Bei einer solchen Betrachtung fällt die Gesetzgebung und Ordnung des Lebens in die Zeit ihrer Regierung, **vor** den Beginn der Kultur, deren Früchte sie sind. **So mußte der historische Irrtum entstehen, ihr Gott habe ihnen die Gesetze der Kultur gegeben**« (Julius Lippert).
Es ist ein ernstzunehmender Hinweis darauf, daß nicht Götter die Welt geschaffen haben (können), sondern daß es die Menschen (präziser: deren Priester) waren, die **»ihre«** Götter geschaffen haben, um sich später unter erdichtete Joche zu beugen. Es gilt uneingeschränkt für die aus Vorreligionen abgekupferten christlichen Religionsvarianten, die ja nur als historische Nachzügler interpretiert werden können. Bei einer unvoreingenommenen Betrachtung ist es das **»Aus«** jeder Theologie.

www.historiaverlag.de

Abschied vom
Es hat

Wenn man das Buch von Julius Lippert auf-
sich der logische Gedankengang von alleine
ten« Widersprüche der christlichen Frohbotschaft. Aus der frühkult
dem Einsetzen größerer Religionsformen, entsteht der Glaube; der
Menschen da und dann haben sich sich »ihre« Götter geschaffen. Wa
Schlichtweg das Aus! Warum? 1. Wenn es keinen (Christen)Gott a
Gottesvolk, keine Gottesschwüre, keine Gottesbraut, kein Lamm G
Gottvater, keine Gottesfurcht, Gottesangst und keine Prozesse wege
entsprungen. Selbst der markante Fluch
Sinn mehr und auch nicht die Redewendung,
tet!«. Welchen Sinn macht ein Herrengebet,
Herrn nicht gibt. 2. Wenn dem so ist, haben
wahrheit verbreitet, denn sie können sich
berufen. 3. Ein nichtexistierender Gottva-
er auf die von ihm in sechs Tagen geschaf-
be, auferstehe und wieder zu ihm auffahre.
glaube an den Himmel, die Auferstehung
geln und Teufeln (= Dämonen) und der an
ge Jungfrau Maria, an die vermeintliche
christlichen Zeremonien, die Teilung des
die Vergebung der Sünden, der Zwangs-
chen Sakramente und an den der Gebete;
übrigen sich alle christlichen Verheißungen
Dienst der Priester wird zur Farce. Sie - mit-
kein göttliches, sondern ein von Menschen
fallen die christlichen Fest- und Feiertage;
Pfingsten auf Illusionen. Weiterhin fällt der
christlichen Bibeln und das Wirrwar der sich
wird begreiflich. Sie sind von Menschen ge-
plumpes Machwerk. 7. Wenn es keinen
radies, an die wundersamen Gestalten des
und an die Sündenvergebung. 8. Fazit: die
christlichen Religionsvariante - als einer von
muß zwangsweise im Götterwahn enden.
ebenfalls seit Jahrhunderten: dies immer ve-
nimmt inzwischen (berechtigt) die inner-
Theorien gegenüber, aber es kann nicht
zu verwerfen, wenn man sie nicht akzeptiert. Es ist der neuralgisch
verbreitete Religion ist unglaubwürdig. Die Herren Gotteskundler mö
errichtetes theoretisches Bollwerk. So wird der Glaube unter dem V
dem Vorwand der Religion und bei dieser Religionsvariante gar noch
Diesen unwürdigen Status erreicht die unchristliche und ungöttliche
Jh. unter Papst Gregor VII., dem Schenker des menschenunwürdigen
Kirchenpolitik über die weltliche! Es wäre nun falsch, aus diesen we
antasten, den sog. Religionsfrieden (den die Kirche ja immer selbst g
die historische Aufarbeitung bislang ungeklärter Fragen. Der »persön
ist der Glaube an sie spekulativ! Wenn die Menschen mehr Selbst- u
cher aus! Das Verstecken hinter Fabelwesen ist sinnlos!

Gab es die
So kunsthistorisch wertvoll a
Jesus sein mögen; niemal
damaligen römischen Rechts
setzt seit vielen Jahrhundert
Texten das Bild als Mittel z
Vorstellung
Sp

Wir fordern die christlich orien
zu entkräften. Geling